# Geschichte

der

# Wissenschaften in Deutschland.

## Neuere Zeit.

Achtzehnter Band.

1. Abtheilung.

## Geschichte der deutschen Rechtswissenschaft.

AUF VERANLASSUNG
UND MIT
UNTERSTÜTZUNG
SEINER MAJESTÄT
DES KÖNIGS VON BAYERN
MAXIMILIAN II.

HERAUSGEGEBEN
DURCH DIE
HISTORISCHE COMMISSION
BEI DER
KÖNIGL. AKADEMIE DER
WISSENSCHAFTEN.

München & Leipzig 1880.
Druck und Verlag von R. Oldenbourg.

# Geschichte

der

# Deutschen Rechtswissenschaft

von

**R. Stintzing.**

**Erste Abtheilung.**

AUF VERANLASSUNG
UND MIT
UNTERSTÜTZUNG
SEINER MAJESTÄT
DES KÖNIGS VON BAYERN
MAXIMILIAN II.

HERAUSGEGEBEN
DURCH DIE
HISTORISCHE COMMISSION
BEI DER
KÖNIGL. AKADEMIE DER
WISSENSCHAFTEN.

München & Leipzig 1880.
Druck und Verlag von R. Oldenbourg.

# Vorwort.

Bei Darstellung der Geschichte der deutschen Rechtswissenschaft, deren erste Abtheilung hier erscheint, war mein Bemühen vor allem darauf gerichtet, die treibenden Kräfte der Bewegung, sowie das Allgemeine und Höhere, welches die Einzelheiten verbindet, zur Anschauung zu bringen.

Allein zugleich habe ich es als meine Aufgabe angesehen, die Einzelheiten nicht nur zu ermitteln, sondern auch darzustellen, da nur durch sie das Ganze festen Grund und Leben gewinnen kann. Daher ist namentlich den biographischen Theilen besondere Sorgfalt gewidmet, wobei es mir neben Feststellung des Thatsächlichen hauptsächlich darum zu thun war, die bedeutenderen Männer als wissenschaftliche und persönliche Individualitäten erscheinen zu lassen.

Der erhebliche Umfang, welchen diese bis zum Jahre 1650 geführte erste Abtheilung gewonnen hat, giebt keinen Maßstab für die zweite, welche die folgenden zwei Jahrhunderte umfassen soll. Denn einestheils waren manche historische Fragen, welche in der Folgezeit nicht wiederkehren, aber auch für diese bedeutungsvoll sind, hier abzuhandeln; anderntheils sind die folgenden Jahrhunderte an Reichthum und Mannigfaltigkeit der Entwicklung dem sechzehnten nicht zu vergleichen. Hier galt es zu zeigen, wie eine neue Zeit sich dem Mittelalter entwindet, die Keime und Wurzeln nachzuweisen, aus denen die Erscheinungen der folgenden Jahrhunderte hervorgewachsen sind.

Daß ich bemüht gewesen bin aus erster Quelle zu schöpfen, bedarf der Versicherung nicht. Dennoch habe ich mich nicht selten mit abgeleiteten Quellen begnügen, auch manche literarische Notiz ohne die Möglichkeit eigener Prüfung aufnehmen müssen, um empfindliche Lücken auszufüllen. Denn wenn auch dieses Werk nicht ein literärgeschichtliches Repertorium sein soll und daher die Vollständigkeit nicht zur wesentlichen Aufgabe hat, so war sie doch bis zu einem gewissen Grade zu erstreben. Und da wir eine irgend wie genügende Darstellung der Geschichte deutscher Rechtswissenschaft nicht besitzen, so glaubte ich selbst dem Bedürfnisse derjenigen, welche ein Buch nicht nur zum Lesen, sondern auch zum Nachschlagen verlangen, entgegenkommen zu müssen. Die beigefügten beiden Register, deren mühevolle Herstellung der gütigen Hülfe meiner jungen Freunde der Herren Referendare Dr. jur. Landsberg in Aachen und Dr. jur. Scheiff in Köln zu verdanken ist, werden, wie ich hoffe, diesem Bedürfnisse genügen und daher die Brauchbarkeit des Buchs wesentlich erhöhen.

Bonn am 18. August 1880.

Stintzing.

# Inhalt.

## Erstes Kapitel. Die Rechtswissenschaft in Deutschland bis zum Schlusse des 15. Jahrhunderts.



## Zweites Kapitel. Der Sieg des römischen Rechts und der Juristenstand.



## Drittes Kapitel. Humanismus und Reformation.



**

## Viertes Kapitel. Die wissenschaftlichen Methoden bis in das 17. Jahrhundert.



## Fünftes Kapitel. Ulrich Zasius.



## Sechstes Kapitel. Kritische Bearbeitung und Erweiterung des Quellenmaterials.

## Siebentes Kapitel. Beginn der synthetischen Richtung und Principienkämpfe bis um die Mitte des 16. Jahrhunderts.



## Achtes Kapitel. Johann Oldendorp.



## Neuntes Kapitel. Die niederländische Schule.



## Zehntes Kapitel. Die französische Schule. Franzosen und Italiener in Deutschland. Deutsche Schüler der Franzosen.

## Elftes Kapitel. Die Systematiker in der zweiten Hälfte des 16. Jahrhunderts.



## Zwölftes Kapitel. Das Reichskammergericht in der zweiten Hälfte des 16. Jahrhunderts.



## Dreizehntes Kapitel. Praxis und Gesetzgebung.

## Vierzehntes Kapitel. Das Strafrecht.



## Fünfzehntes Kapitel. Die Epigonen und Vorboten in der ersten Hälfte des 17. Jahrhunderts.

## Erstes Kapitel.

# Die Rechtswissenschaft in Deutschland bis zum Schlusse des 15. Jahrhunderts.

1. Eike von Repgow und Heinrich von Kirchberg. — 2. Klerus und kanonisches Recht. — 3. Das kaiserliche Recht. — 4. Deutschenspiegel und Schwabenspiegel. — 5. Johann von Buch. Johann von Brünn. Nikolaus Wurm. — 6. Kanonistisch-romanistische Literatur bis zum Schlusse des 14. Jahrhunderts. — 7. Summae confessorum und Verwandtes. — 8. Das kanonische und römische Recht auf den deutschen Universitäten. — 9. Einzelne Rechtsgelehrte, namentlich in Köln, Erfurt, Leipzig.

1. Um die Zeit, als in Italien die römische Rechtsgelehrsamkeit der Glossatoren ihrem Abschluß durch Accursius entgegenging und das kirchliche Recht in der Decretalensammlung Gregors IX. (1234) eine feste Gestalt erhielt, faßte der deutsche Ritter Eike von Repgowe unweit des Harzes die Rechtssätze seines Stammes im Spiegel der Sachsen zusammen. Einem beliebten literarischen Brauche folgend hat er selbst diesen Namen seinem Buche beigelegt, in welchem die freien Sachsen ihr Recht schauen sollten. Ohne Vorgänger in der Darstellung, unmittelbar aus dem Rechtsleben schöpfend, das er aus langjähriger Thätigkeit als Schöffe (nachweisbar von 1209 bis 1233) kannte, bezeugt er das überlieferte geltende Recht, indem er den einzelnen Rechtssätzen den treffenden Ausdruck und die Form giebt, in welcher sie bis zu späten Zeiten fortlebten.

Die deutsche Nation stand damals am Schlusse ihrer Jugendblüthe. Eigenthümlich und ungestört hatte sich ihr Rechtsleben entfaltet, dessen Höhepunkt der Sachsenspiegel bezeichnet. Denn kein Werk aus der folgenden Zeit läßt sich nennen, welches ihm an Fülle des eigenthümlichen Stoffs gleich käme; keines, das so wie er rein volksthümlich und von fremden Einflüssen frei geblieben wäre. Und in bemerkenswerther Weise unterscheidet diese Ursprünglichkeit ihn von dem fast gleichzeitigen Werke des Engländers Heinrich Bracton „de legibus et consuetudinibus Angliae“, in welchem das heimische Recht mit dem römischen verbunden unter dem Einflusse der Methode der Glossatoren dargestellt wird.

Allein auch in Deutschland begann bereits die Macht der in Italien gepflegten, von Kaisern und Päpsten geförderten römisch-kanonischen Rechtsgelehrsamkeit fühlbar zu werden. Wie der Untergang der Hohenstaufen einen Wendepunkt im deutschen Kulturleben, so bezeichnet der Sachsenspiegel den Abschluß der productiven Periode des nationalen Rechts. Ja wir greifen wohl nicht fehl, wenn wir annehmen, daß Eike selbst durch die steigende Autorität des geschriebenen fremden Rechts, in der er die Gefährdung des heimatlichen erkannte, zur Aufzeichnung des sächsischen sich getrieben fühlte. Daraus auch erklären wir es uns, daß er sein deutsches Rechtsbuch, um es in der Form den fremden ebenbürtig gegenüber zu stellen, zuerst in lateinischer Sprache verfaßt hat.

Es ist bedeutsam, daß der Sachsenspiegel, der doch nur das Recht eines Stammes wiedergab, kein gleichartiges Werk anderer Stämme neben sich entstehen sah oder weckte, sondern von diesen mühelos recipirt oder in andern Rechtsbüchern und städtischen Satzungen verarbeitet sich über Deutschland verbreitete. Wo wir in der nächstfolgenden Zeit Aufzeichnungen des deutschen Rechts in literarischer Form finden, da lehnen sie sich an Eike's Werk; zugleich aber wird auch schon in mehr oder minder kräftigen Zügen die Geltung und Einwirkung der fremden Rechtsgelehrsamkeit sichtbar [1]).

Ein typisches Gegenbild zur ehrwürdigen Gestalt des ritterlichen Schöffen Eike hat uns die Satire des Occultus Erfordensis

1) Vgl. zum Folgenden Stobbe, Gesch. d. d. Rechtsquellen 1. Abth. S. 609 ff. Muther, römisches u. kanon. R., in: Zur Geschichte der Rechtswissenschaft S. 1 ff.

(Nikolaus von Bibra, 1282—1283) in seinem Carmen historicum erhalten [1]). Es schildert uns das Leben des Heinrich von Kirchberg, der nach langjährigen Studien auf ausländischen Universitäten, mit dem Nimbus fremder Rechtsgelehrsamkeit umgeben, als Doctor Decretorum nach Deutschland heimkehrte, um hier das vielbewegte und vielgeschäftige Leben eines Sachwalters und Rechtsconsulenten zu beginnen. Das Gedicht lehrt uns, wie schon seit Mitte des 13. Jahrhunderts die Doctoren im socialen Leben Deutschlands einen so bedeutsamen Raum einnehmen, daß schon damals das Treiben eines gelehrten Rabulisten als dankbarer Stoff für die Satire gewählt werden konnte. Allein wir würden irren, wenn wir der Doctoren Bedeutung und Geltung nach dieser Satire beurtheilen wollten. Es fehlt nicht an Zeugnissen, die uns Männer mit rechtsgelehrter Bildung als Gegenstand des Vertrauens und der Verehrung in einflußreichen Lebensstellungen vorführen.

In großer Zahl zogen seit dem 12. Jahrhundert deutsche Kleriker nach Paris, Bologna, Padua und andern Hochschulen, um die fremden Rechte zu studiren [2]). Unter den Nationen, in welche sich die Scholaren zu Bologna und Padua gliederten, war die deutsche mit besonderen Privilegien ausgerüstet. Manche von ihnen fanden ihre Verwendung in Italien; die Mehrzahl doch wohl kehrte nach Deutschland zurück, wo die juristische gelehrte Bildung, zumal der Doctorgrad, einflußreiche Stellungen bei geistlichen und weltlichen Herren eröffnete und angesehene Städte gelehrte Juristen in ihren Dienst zu ziehen bemüht waren.

**2.** Der Klerus ist es gewesen, welcher auch diesen Zweig wissenschaftlicher Bildung nach Deutschland übertrug, um ihn in

1) Muther, der Occultus Erfordensis. Zur Geschichte der Rechtswissenschaft 1876 S. 38 ff., wo die übrige Literatur zu ersehen ist.

2) Ein Verzeichniß deutscher Rechtsstudenten auf ausländischen Hochschulen bis 1500 hat Muther (Zur Geschichte der Rechtswissenschaft und der Universitäten in Deutschland. 1876. S. 399 ff.) zusammengestellt. Vgl. auch Stölzel, die Entwicklung des gelehrten Richterthums S. 43. 78 Ott, Beiträge zur Receptionsgeschichte S. 33 ff.

der kirchlichen Verwaltung und Rechtspflege zu verwerthen [1]). Nachdem die Kirche seit dem 13. Jahrhundert durchaus „den Charakter einer äußeren juristisch organisirten Anstalt angenommen und eine rein formale rechtliche Anschauung für das ganze kirchliche Leben den Sieg davongetragen hatte“ und die kirchliche Gesetzgebung bis in die kleinsten Einzelheiten ausgebildet war, konnte die complicirte kirchliche Verwaltung nur durch Geistliche, welche des kanonischen Rechts vollkommen kundig waren, geführt werden. Hervorragende Kenntniß des kanonischen Rechts, der Erwerb akademischer Grade schaffte nicht nur den Eintritt in einflußreiche weltliche Stellungen, sondern war auch eine Empfehlung, um zu den höheren geistlichen Würden und Benefizien zu gelangen. Mehr und mehr aber erweiterte sich der Umfang der geistlichen Jurisdiction über den geistlichen Stand und das Gebiet der geistlichen Sachen hinaus. Wie schon die geistliche Gesetzgebung, diese Grenzen weit überschreitend, in rein weltliche Angelegenheiten bestimmend eingegriffen hatte, so ermöglichte die Dehnbarkeit des Begriffs der res ecclesiasticae nicht nur solche weltlichen Rechtsverhältnisse, an die ein kirchliches Interesse sich knüpfte, sondern jeden weltlichen Handel unter die Competenz der geistlichen Gerichtsbarkeit zu ziehen, indem man die Rechtsfrage dem Gesichtspunkte der Sündlichkeit unterstellte und dadurch zu einem Gegenstande kirchlicher Cognition stempelte. „Man kann wohl sagen: es gab kein Rechtsverhältniß, keine Seite des socialen und auch staatlichen Lebens, das sich nicht unter irgend einem Vorwand zur Competenz des Klerus ziehen ließ.“

Und dieser Ausdehnung kam die Laienwelt meist bereitwillig entgegen, nicht nur durch die allgemeine Richtung der Zeit, sondern auch durch eigenes Interesse getrieben. Denn auch da, wo die Competenz eines geistlichen Gerichts mindestens zweifelhaft oder gar nicht in Anspruch genommen war, be-

1) Vgl. über das Folgende v. Schulte, Gesch. d. Quellen u. Lit. des kanon. Rechts 2, 26 f. 456 ff. und speciell für Böhmen: Ott, Beiträge zur Receptionsgeschichte (1879) S. 7—30.

gründeten die Parteien dieselbe häufig durch Compromisse, weil das geistliche Gericht einen geordneten Rechtsgang und eine wirksamere Execution in Aussicht stellte, als oft der weltliche Richter zu gewähren vermochte. So hatte bis zum 14. Jahrhundert die geistliche Jurisdiction im deutschen Leben eine Bedeutung gewonnen, welche die der weltlichen Gerichte wenn nicht überwog, so ihr jedenfalls gleich kam.

Selbstverständlich war es, daß in den geistlichen Gerichten das kanonische Recht zur Anwendung gebracht wurde, welches mit seinen Folgerungen nicht bloß den gewaltigen Organismus der Kirche durchdrang, sondern auch das bürgerliche Leben unter seine Dispositionen zog. Um es zu erlernen bedurfte es nicht des Besuchs fremder Universitäten, in den Klosterschulen ward es gelehrt[1]). Seine Handhabung war durch die festgefügte Disciplin des Klerus gesichert. Allein gern ward es von den kirchlichen Oberen gesehen und in jeder Weise begünstigt, wenn der Kleriker fremde Hochschulen besuchte, um sich tiefere Kenntniß und höheres Ansehen durch einen akademischen Grad zu erwerben.

Das kanonische Recht aber setzte die Gültigkeit des römischen voraus. Der geistliche Richter brachte dieses zur Anwendung, soweit nicht das kanonische, welches in großen Stücken als eine Fortbildung und Modification desselben nach germanischen und kirchlichen Principien zu betrachten ist, Abweichungen verfügte. Der alte Satz „ecclesia Romana vivit secundum legem Romanam", zufolge dessen sich gerade in der Kirche vorzugsweise die Justinianische Gesetzgebung durch die dunklen Jahrhunderte des frühen Mittelalters vererbt hatte, galt noch fort; und die Rivalität, in welche die kirchliche Gesetzgebung zu jener trat, fand ihre Befriedigung in dem unbestrittenen Uebergewicht ihrer Macht. Das römische Recht blieb das Civilrecht für die Kirche, aber nur so weit als letztere dasselbe nicht geändert, keine eigenen Gesetze gegeben hatte[2]). Daher konnten denn auch die Concilien-

1) Nachweisungen bei Ott, Beiträge S. 32 f.

2) Schulte, Gesch. d. Quellen u. Lit. des kanon. Rechts 1, 98.

schlüsse und Decretalen, welche seit dem 12. Jahrhundert dem Studium des römischen Rechts im Klerus entgegentraten, zwar wohl die beabsichtigte Förderung der kanonistischen Studien erzielen und die Geltung des kanonischen Rechts emporheben, keineswegs aber die Beschäftigung mit dem römischen innerhalb der Grenzen des geistlichen Berufs und soweit das kanonische selbst darauf hinführte, wirksam verhindern [1]). Ueberdies wurden jene Verbote durch Dispensationen und Privilegien in so erheblichem Umfange abgeschwächt, daß selbst die gelehrte Kenntniß des römischen Rechts im Klerus keineswegs zu den seltenen Ausnahmen gehörte [2]).

So zog denn das kanonische Recht das römische hinter sich her. Getragen vom Klerus drang die Kenntniß und Geltung beider in fremder Sprache geschriebenen Rechte weiter vor in das bürgerliche Leben. Wenn auch die Autoritäten, auf denen das geistliche und weltliche Recht beruhen, sich in der Wirklichkeit vielfach bekämpften, so flossen sie doch in den Vorstellungen des Mittelalters zu einer höheren von Gott geordneten Einheit zusammen; und beide Rechtsmassen stützen gegenseitig ihre Gültigkeit, indem sie zusammen das „jus utrumque" bilden.

**3.** Die alte Idee des heiligen römischen Reichs, die Vorstellung, daß das römische Kaiserthum zum Schutze der Christenheit als dauernde Institution providentiell geordnet, in der Kaiser-

1) Ueber die Decretale Super specula von Honorius III. 1219 siehe Savigny, Gesch. d. R. R. im M.A. Bd. 3 S. 364 ff. Schulte, Gesch. d. kanon. R. Bd. 1 S. 105 (1875). Stobbe, Krit. V.Schr. Bd. 11 S. 13. 14 (1869). Unter den Gründen, welche man zur Erklärung dieses Verbots anzuführen pflegt, scheint mir außer der allgemeinen Tendenz, das kirchliche Recht auf Kosten des kaiserlichen zu heben, der von Stobbe bezeichnete der gewichtigste zu sein. Man fürchtete die im C. jur. civ. enthaltenen Documente über die Stellung der Kirche zur weltlichen Gewalt, die Zeugnisse darüber, in wie hohem Grade die Macht der Kirche den römischen Kaisern zu verdanken sei und über das Recht der Kaiser, Concilien zu berufen und ihre Beschlüsse zu bestätigen.

2) Siehe die Belege bei Stobbe, Gesch. d. d. Rechtsquellen 1, 628. Krit. V.Schr. 11, 13 f.

würde der deutschen Könige fortlebe, das Reich deutscher Nation nur eine Fortsetzung des römischen sei, führte von selbst zu der Folgerung, daß auch dem Recht Justinians die dauernde Autorität eines Weltrechts innewohne. Seitdem Otto III. jene Idee zu neuem Leben erweckt hatte, wiederholt sich bei seinen Nachfolgern, je nachdem die politischen Verhältnisse ihr günstig sind und der Anlaß sich bietet, die Betonung seiner Gültigkeit und die Berufung auf einzelne Sätze desselben. Die Hohenstaufen gingen nur auf dem schon gewiesenen Wege fort, als sie den Glanz der Bologneser Schule förderten, damit sie der eigenen politischen Theorie vom dominium mundi diene. Allerdings aber sind es die Beziehungen der staufischen Kaiser zu den großen Rechtsgelehrten gewesen, welche auf die Befestigung und Verbreitung des Glaubens an die Gültigkeit des römischen Rechts so erfolgreich hinwirkten, daß dieser Glaube nunmehr die Macht eines politischen und staatsrechtlichen Dogmas gewann.

Unter seinem Einflusse bildete sich in Deutschland der Begriff des kaiserlichen Rechts. Man faßte in demselben allgemein das auf kaiserlicher Autorität beruhende geschriebene Recht, welchem eben deswegen im ganzen Reiche Gültigkeit zukomme, als Einheit zusammen und stellte es in Gegensatz theils zu dem mit ihm um den Vorrang streitenden päpstlichen, theils zu dem ihm untergeordneten Rechte der einzelnen Völker und Territorien. Ist auch der Umfang der Quellen, welche zum kaiserlichen Rechte gerechnet wurden, niemals genau begrenzt worden und daher die Bedeutung des Worts schwankend, so ging doch die Richtung überwiegend dahin, sowohl die deutschen Reichsgesetze, als auch die Justinianischen Rechtsbücher darin zusammenzufassen.

**4.** So war schon im 13. Jahrhundert in Deutschland die Vorstellung eingezogen, daß über den Rechten der einzelnen Völker eine zwiefache, auf den beiden höchsten Autoritäten der Christenheit ruhende Gesetzgebung stehe. Ihr Einfluß beginnt in sichtbaren Spuren hervorzutreten und die Reibung mit dem heimischen Recht nimmt ihren Anfang. Johann von Buch sagt uns in seiner Glosse zum Sachsenspiegel (nach 1325), daß dieser als das „jus unius populi“ in den geistlichen Gerichten verachtet werde; man sucht ihn zu stützen, indem man seine Uebereinstimmung mit jenen allgemeinen Rechten nachweist und die Sagen belebt, daß der Sachsenspiegel auf einem Privilegium Karls d. Gr., das sächsische Lehnrecht aber auf Gesetzen Barbarossa's beruhe. Und kaum ein Menschenalter nach Abfassung des Sachsenspiegels sehen wir bereits eine literarische Thätigkeit beginnen, welche darauf gerichtet ist, durch Verbindung heimischer Satzungen mit den fremden Rechten Rechtsbücher herzustellen, welche den Anspruch auf gemeine Gültigkeit in ganz Deutschland erheben können.

Um die Zeit des Interregnums hat ein unbekannter Verfasser im südlichen Deutschland den Sachsenspiegel ins Hochdeutsche übertragen, zugleich aber durch Einschiebungen demselben die Gestalt einer für alle deutschen Stämme gültigen Quelle zu geben versucht. Er nennt sein Werk den „Spiegel deutscher Leute“. Der Autor macht Anspruch auf wissenschaftliche Bildung; er will sich nicht mit seiner eigenen Rechtserfahrung begnügen, sondern das Recht für das deutsche Land so darstellen, wie es die Könige gegeben und die Meister des Rechts d. h. die römischen Juristen gelehrt haben. Zwar ist von römischer Rechtsgelehrsamkeit in dem Werke selbst nur wenig zu finden; allein es ist von Bedeutung, daß hier bereits der Gedanke, daß das römische Recht ein Bestandtheil des in ganz Deutschland gültigen sei, so vernehmlich durchklingt.

Dem Deutschenspiegel, der geringe Geltung erlangt zu haben scheint und uns nur in einer Handschrift überliefert ist, folgte der unbekannte Verfasser des sog. „Schwabenspiegels“ in den ersten Regierungsjahren Rudolfs I. (1275?) auf der betretenen Bahn. Er benutzt jenen und erweitert den Kreis der herbeigezogenen geschriebenen Quellen. Die Verwendung des römischen und kanonischen Rechts läßt die Hand eines Mannes erkennen, der schon von dem Einflusse der Doctrin der Glossatoren stärker berührt ist; die Gelehrsamkeit und die klerikale Gesinnung, welche ihn die weltliche Gewalt des Kaisers vom Papste ableiten läßt, verrathen den Geistlichen. Indem er aber seinen Stoff nicht mehr wie Eike aus dem Leben, sondern aus geschriebenen Quellen schöpft, unter denen die Volksrechte und Capitularien längst nicht mehr in Uebung waren, die römischen und kanonischen Rechtsbücher in Deutschland kaum bekannt zu werden anfingen, stellt er nicht das Recht dar, wie es gilt, sondern wie es nach seiner Meinung sein sollte. Seine ungenügende Herrschaft über den Stoff vermag kein einheitliches Werk zu schaffen; er bringt es nicht hinaus über eine verworrene Compilation voll von Widersprüchen und Mißverständnissen[1]).

Allein noch sind es nur die Vorzeichen und Anfänge einer beginnenden Veränderung, die wir wahrnehmen. Noch bleibt das volksthümliche Recht in seiner Integrität ein Besitzthum des Volks und seiner Schöffen, und als in der Mitte des folgenden Jahrhunderts von kirchlicher Seite ein kecker Angriff gegen den Sachsenspiegel gewagt wird, muß er dem Widerstande der erregten Volksstimme weichen. Der Augustinermönch Johann Klenkok[2]), im Anfang des 14. Jahrhunderts zu Buke bei Hoya geboren, Professor der Theologie zu Erfurt, schrieb auf Veranlassung des Dr. theol. Walther Kerlinger, welcher das officium inquisitionis haereticae bekleidete, um die Mitte des Jahrhunderts eine Abhandlung (Decadicon), in welcher er zehn Artikel des Sachsenspiegels als unchristlich und dem Kirchenrecht widersprechend bekämpfte. Durch Widerspruch und Verfolgung gereizt steigerte er in wiederholten Bearbeitungen des Decadicon seine Angriffe, dehnte sie (um 1365) auf 21 Artikel des Sachsenspiegels aus und bewirkte, daß Gregor XI. im Jahre 1372 in einer an sechs Erzbischöfe und den Kaiser Karl IV. gesendeten Bulle vierzehn der ihm von Klenkok bezeichneten Artikel verdammte. Zwar hat dieser kirchliche Angriff noch einige Abhandlungen über die

1) Stobbe, Gesch. d. d. Rechtsquellen 1, 342.

2) Homeyer, Joh. Klenkok. Abh. d. Berl. Akademie Bd. 55.

articuli reprobati hervorgerufen, ist sonst aber ohne erhebliche Folgen geblieben.

Noch längere Zeit hindurch bildet der Sachsenspiegel den Mittelpunkt und die Grundlage literarischer Arbeiten. Die lateinischen Uebersetzungen desselben, welche schon im 13. Jahrhundert beginnen; die systematischen Bearbeitungen; das unter seinem Einflusse entstandene, für das Bedürfniß der sächsischen Städte bestimmte „sächsische Weichbild“ aus dem Anfange des 14. Jahrhunderts; das zu gleichem Zwecke verfaßte „Rechtsbuch nach Distinctionen“, welches der zweiten Hälfte desselben Jahrhunderts angehört; endlich die „Richtsteige“ des Landrechts und Lehnrechts von Johann von Buch — dies sind die hervorragendsten Zeugen einer nationalen auf jenem Grunde erwachsenen Literatur. Nehmen wir dazu das dem Anfange des 14. Jahrhunderts angehörende, im mittleren Deutschland entstandene „Kleine Kaiserrecht“, die nicht viel jüngeren, unter dem Einflusse des Schwabenspiegels entstandenen Rechtsbücher Ruprechts von Freysing, endlich die systematischen Sammlungen und Bearbeitungen der Schöffensprüche: so gewinnen wir für das 14. Jahrhundert das Bild einer blühenden, sich unmittelbar an das Leben anlehnenden und für die praktische Anwendung bestimmten Literatur, welche nur noch der Technik und Methode zu bedürfen scheint, um zu höherer wissenschaftlicher Vollkommenheit durchzudringen.

Das Bedürfniß diesen Mangel zu ergänzen ist es, welches die deutschen Rechtskundigen der fremden Gelehrsamkeit zuführt. So verfallen sie dem Einflusse der fremden Schule, und die angelernte römisch-kanonische Denkform ersetzt langsam die absterbende nationale Gestaltungskraft.

5. Der Verfasser der oben genannten „Richtsteige“, der märkische Ritter Johann von Buch[1], markgräflicher Rath, Richter des Hofgerichts und um 1335 zum capitaneus generalis

1) Stobbe 1, 376 ff. Allg. deutsche Biographie 3, 463 (Steffenhagen).

der ganzen Mark vom Kaiser Ludwig ernannt, mit der gerichtlichen Praxis wohl vertraut, schrieb (zwischen 1325 und 1355) noch vor dem Richtsteige eine Glosse zum Sachsenspiegel in sächsischer Mundart, um gegenüber der bereits ins Schwanken gerathenden Deutung desselben die richtige Auslegung zu sichern. Allein schon genügt ihm nicht mehr das heimische Recht als Hülfsmittel der Erläuterung. Er zieht das römische und das kanonische Recht herbei und sucht die Uebereinstimmung nachzuweisen, weil, wie es sagt, man denjenigen, welcher sich vor den geistlichen Gerichten auf den Sachsenspiegel berufe, ohne jene Uebereinstimmung zu erweisen, für einen Thoren halte. Der Kampf mit dem fremden Recht auf deutschem Boden hat zunächst in dem Gegensatze geistlicher und weltlicher Rechtspflege begonnen; der märkische Ritter sucht ihn zu schlichten; wo aber der Widerstreit nicht zu verleugnen, da tritt er noch für die Geltung des heimischen Rechtssatzes ein.

Um dieselbe Zeit verarbeitete der Stadtschreiber Johannes das Stadtrecht Brünns zu einem lateinischen Rechtsbuche, dem sog. Brünner Schöffenbuch [1]), welches nach Stoff und Form von der romanistisch-kanonistischen Gelehrsamkeit durchdrungen ist. Mehr noch zeigen die in der zweiten Hälfte des Jahrhunderts geschriebenen Werke des Nikolaus Wurm [2]) aus Neu-Ruppin die Hand des in römischer Schule herangebildeten Gelehrten. Ein Schüler des Johannes de Lignano zu Bologna († 1383), dann in Diensten der Stadt Görlitz und des Herzogs Ruprecht von Liegnitz (zuletzt 1401 urkundlich genannt), stellt er sich die Aufgabe, das ihm aus der Praxis bekannte deutsche Recht nach den in der Schule des römischen Rechts gewonnenen Gesichtspunkten zu bearbeiten. Seine nicht gedruckten Werke, die Bearbeitungen der Buch'schen Glosse und des Richtsteigs, die „Blume" des Sachsenspiegels und des Magdeburger Rechts,

1) E. F. Rößler, deutsche Rechtsdenkmäler aus Böhmen und Mähren Bd. 2 (1852). Stobbe 1, 527 f. Ott, Beiträge S. 174 ff.

2) Stobbe 1, 380 f. 416 f.

das Liegnitzer Stadtrechtsbuch u. A., zeigen das Bemühen, das deutsche Recht mit dem römischen, welches ihm als das gemeine Recht gilt, auszugleichen, noch mehr als dies bei Joh. von Buch hervortrat. Er trägt den Stempel seiner Schule auch in seiner Breite und Geschmacklosigkeit.

Die Literatur über den Sachsenspiegel, namentlich in der Form deutscher und lateinischer Glossen, setzt sich durch das fünfzehnte Jahrhundert in den sächsischen Ländern fort. Brand von Tzerstedt, Rathsherr zu Lüneburg († 1451), Dr. Tammo von Boxdorf, Domherr zu Merseburg, und sein Bruder Theoderich von Boxdorf, Professor zu Leipzig und Bischof von Naumburg († 1461), sind die hauptsächlichen Vertreter einer Behandlung des deutschen Rechtsbuchs, in welcher die fremden Rechte immer größere Bedeutung gewinnen.

Es ist endlich noch der merkwürdigen „Summa der rechte Weg genannt" zu gedenken [1]). Ein Schöffe in Breslau hat am Ende des 15. Jahrhunderts dieses umfängliche Werk aus den Schriften Wurm's und Boxdorf's, dem Breslauer Particularrecht, sowie aus Urtheilen und Rechtssprüchen compilirt. Er will die „rechten Weg" weisen, da der „Weg des Rechten seie vorerret und krumm worden".

6. In der bisher besprochenen Literatur bildet, wie wir sehen, das heimische Recht den Mittelpunkt und das fremde wird nur zur Ergänzung und Hülfe herbeigezogen. Daneben aber fehlt es nicht an einer anderen, welche das fremde und zwar vorzugsweise das kanonische Recht zu ihrem eigentlichen Gegenstande hat [2]).

Ihre Anfänge reichen vor die Zeit des Sachsenspiegels zurück und sind Zeugnisse einer seit Gratians Decret beginnenden rechtswissenschaftlichen Thätigkeit im deutschen Klerus. Wie die weltliche und geistliche Rechtspflege neben einander im deutschen

1) Böhlau, Summa der rechte Weg; Zeitschr. f. R.G. 8, 165 ff.
2) Vgl. darüber auch Ott, Beiträge S. 101 ff.

Reiche walten, so fließen eine Zeit lang neben einander zwei Strömungen juristischer Literatur, von denen die eine das deutsche Volksrecht, die andere das kanonische und daneben das römische trägt, bis endlich jene vertrocknet und diese die Dämme überfluthend durchbricht.

Die sog. Summa Coloniensis[1]), von einem Deutschen verfaßt um 1170, enthält eine Uebersicht des geistlichen Rechts, welche sich sowohl durch Selbständigkeit der Methode, als auch durch Kenntniß des römischen Rechts vor ähnlichen Werken auszeichnet.

Eilbert von Bremen schrieb zwischen 1191 und 1204 einen Ordo judiciarius in Hexametern, welchen er dem Bischof Wolfram von Passau zueignete[2]).

Wahrscheinlich schon in der ersten Hälfte des 12. Jahrhunderts ist der berühmte Ordo judiciarius in Deutschland verfaßt worden, welcher später unter dem Namen des Johannes Andreä die weiteste Verbreitung erlangte[3]). Zahlreiche Handschriften, welche zum Theil den Text mit Aenderungen und Zusätzen wiedergeben, und Commentare bezeugen den ausgedehnten Gebrauch dieses kleinen Lehrbuchs des römisch-kanonischen Processes, und das Erscheinen von mehr als zwanzig gedruckten Ausgaben bis in den Anfang des 16. Jahrhunderts beweist, daß es auch noch in späteren Zeiten eines der beliebtesten Hülfsbücher blieb. Frühzeitig ist das lateinische Original deutsch bearbeitet und mit Zusätzen versehen worden, in welchem dem gerichtlichen Redner rhetorische Regeln und Anweisungen für ein kluges und geschicktes Verhalten gegeben werden. Auch diese deutsche „Ordnung des Gerichts“ oder „Ordnung und

1) Schulte, Gesch. d. Quellen u. Lit. des kanon. Rechts 1, 223 f.

2) Siegel, über den Ordo jud. des Eilbert (1867). A. d. B. 5, 756 (Muther).

3) Rockinger, über einen Ordo judiciarius (München 1855). Stintzing, Gesch. d. popul. Literatur S. 202 ff. Bethmann-Hollweg, Gesch. d. Civilprocesses 6, 144 ff Muther, zur Gesch. d. Rechtswissenschaft S. 179 ff.

Unterweisung, wie sich ein Jeglicher halten soll vor dem Rechten" ist in Handschriften und später in Drucken weit verbreitet[1]). Daß das Original dem Johann von Buch bei Abfassung des Richtsteigs bekannt war, darf man annehmen, wenn gleich die Aehnlichkeit beider Werke nur gering ist. In späterer Zeit hat man dasselbe dem Johannes Andreä zugeschrieben, ohne daß sich dafür mit Sicherheit ein anderer Grund angeben ließe, als die in vielen ähnlichen Erscheinungen hervortretende Neigung, ein beliebtes, angesehenes Werk an den Namen eines berühmten Autors anzuknüpfen. In Wahrheit ist dasselbe nicht einmal auf ein italienisches Vorbild zurückzuführen.

Ein Werk von umfassender Gelehrsamkeit ist das Speculum abbreviatum, welches im Druck von 1511 einem Johannes de Stynna zugeschrieben wird. Eingehende Untersuchungen[2]) ergaben, daß dasselbe in der ersten Hälfte des 14. Jahrhunderts in Deutschland verfaßt, also etwa ein Jahrhundert jünger ist als jener Ordo judiciarius, und demnach in die Zeit fällt, als Johann von Buch seine Gelehrsamkeit auf die Bearbeitung des Sachsenspiegels verwendete.

Der Verfasser Johannes de Zinna oder Scynna, Doctor der Theologie und um 1339 bis 1342 Abt des Cistercienserklosters Colbatz im Bisthum Camin, gehört wahrscheinlich dem in jener Gegend angesessenen Adelsgeschlecht von der Zinne an. Seine juristische Bildung hat er, eigener Angabe gemäß, in Paris unter dem Magister Johannes de Borbonio erworben und später seinem Orden in vielen Geschäften und Processen als Rechtsbeistand gedient.

Die Grundlage seines Werks ist das Speculum juris des Durantis († 1296), welches damals wohl nur Wenigen in Deutsch-

1) Die Drucke führen zum Theil die angeführten, zum Theil andere, zum Theil gar keine Titel.

2) Stintzing, Gesch. d. popul. Literatur S. 229 ff. und vorzüglich Muther, zur Gesch. d. röm.-kanon. Processes in Deutschland S. 1 ff. — Bethmann-Hollweg, Gesch. d. Civilprocesses 6, 234 ff.

land bekannt sein mochte. Weil er dies voluminöse Werk und andere Hülfsmittel auf seinen Geschäftsreisen nicht immer zur Hand haben konnte, so hat er, wie er selbst erzählt, zu seinem eigenen Gebrauch sich Excerpte und Sammlungen angelegt, die er als „viaticum" bei sich zu führen pflegte. Hieraus ist dieses Lehrbuch des kanonischen Rechts und Handbuch für die Praktiker entstanden, welches im ersten Theil den Proceß, im zweiten die Klaglibelle und Urkunden, im dritten die regulae juris behandelt, in jenen dem Durantis folgend, in diesem die Commentare des Dynus und anderer Kanonisten zu dem entsprechenden Titel des Sextus excerpirend. In einsichtiger Weise sind diese Compilationen angefertigt, und manches hat der erfahrene Praktiker aus eigener Kenntniß neu hinzugethan. Als Formularien benutzt er, außer den bei Durantis gefundenen, vielfach Originalurkunden aus seinem eigenen Geschäftskreise. Der Clem. Saepe contingit widmet er einen besonderen selbständigen Commentar.

In mancher Beziehung dem Speculum abbreviatum verwandt, aber von viel geringerem Werthe und Umfang ist das Defensorium juris[1]), welches ein unbekannter Gerhard, Cistercienſermönch im Kloster „Rivus Sanctae Mariae", d. h., wie es nach den Handschriften scheint, im Kloster Scharnbeck (St. Marien-Beck) bei Lüneburg, um 1414 verfaßt hat. Frühzeitig ist es dem Johannes Monachus, dem berühmten Cistercienser, der um die Zeit des Johannes Andreä als juristischer Schriftsteller, Cardinal und päpstlicher Legat thätig war, zugeschrieben worden, während es in Wirklichkeit nur ein Excerpt aus andern Schriften und zwar hauptsächlich aus dem Libellus fugitivus des Nepos de Montalbano (zwischen 1245 und 1274 verfaßt) ist. Eine Erfurter Handschrift giebt diese Grundlagen ausdrücklich an.

7. Neben dieser für die eigentliche Rechtspflege bestimmten Literatur entwickelt sich im Schooße der Geistlichkeit seit dem

1) Stintzing, Gesch. d. popul. Literatur S. 279 ff. 554. Wetzell, Civilproceß 3. Aufl. S. 17. Bethmann-Hollweg, Gesch. d. Civilprocesses 6, 233 f. Muther, zur Gesch. d. Rechtswissenschaft S. 173 ff.

Ende des 13. Jahrhunderts eine andere, welche Grund und Ursprung in der Verwaltung des Sacraments der Buße findet[1]). Der Beichtstuhl giebt den Geistlichen den Anlaß, Rechtsfragen zu erörtern, Belehrung zu ertheilen und Entscheidungen auszusprechen, indem die speciellen Gewissensfragen, casus conscientiae, häufig in engster Verbindung mit jenen stehen; und je mehr sich die Ethik und Dogmatik zu einem Systeme äußerlich bindender Normen unter dem Einflusse der Hierarchie herausbildete, desto mehr verschwand die Grenze, welche sie von der Jurisprudenz unterschied. Ganz naturgemäß ist in einer Zeit, welche nur den geistlichen Stand als den Träger der Bildung kennt, der Laie auf ihn als seinen Berather hingewiesen, wie es andrerseits der Stellung und dem Streben der Hierarchie entspricht, ihren Einfluß auf das bürgerliche Leben dadurch zu sichern, daß sie sich nicht nur diesem Bedürfnisse gewachsen erweist, sondern geradezu vom Beichtstuhl aus die Rechtsordnung zu beherrschen unternimmt.

Zuerst hat der Orden der Dominicaner, welchem neben den Franciscanern das Privilegium ertheilt war, überall in der Christenheit in Concurrenz mit der Pfarrgeistlichkeit das Sacrament der Buße zu verwalten, die Wichtigkeit juristischer Bildung für den confessor praktisch erfaßt. Während die Cistercienser, wie wir sahen, juristische Werke für die jurisdictio contentiosa und voluntaria schrieben, beginnt mit der Summa de poenitentia des Raimund von Pennaforte († 1275), dem berühmten Compilator der Decretalen Gregors IX. und Ordensgeneral der Dominicaner, eine Literatur, welche bestimmt ist, den confessor nicht nur mit Allem auszurüsten, was ihm zur Verwaltung seines Amtes wissenswürdig ist, sondern namentlich ihn über das Recht zu belehren[2]). Den hauptsächlichen Inhalt der Summa Raymundi

1) Stintzing, Gesch. d. popul. Literatur 10. Kapitel. Vgl. darüber jetzt v. Schulte, Gesch. d. Quellen u. Lit. des kanon. Rechts 2, 408—455. 512—526.

2) In diesem Sinne muß ihn auch Schulte Gesch. 2, 523 als den „Vater der Casuistik“ gelten lassen.

bildet eine übersichtliche populäre Darstellung der geistlichen und weltlichen Rechtsordnungen, die sich in scholastischer Methode über Vergehen und Privatrecht verbreitet. Selbstverständlich tritt überall das kanonische Recht in den Vordergrund, aber auch das römische nimmt seinen Platz ein.

Mit Eifer sorgte der Orden für die Verbreitung dieses wichtigen Werkes. Schon um die Mitte des 13. Jahrhunderts schrieb ein Ordensbruder Wilhelm von Rennes dazu nach der Sitte der Zeit eine ausführliche Glosse (Apparatus), und beide Werke verarbeitete der Dominicaner Vincenz von Beauvais in seinem berühmten Speculum doctrinale lib. IX. X.

Der deutsche Dominicaner Johannes Friburgensis[1]), der als Lector seines Klosters in Freiburg 1314 starb, widmete gegen das Ende des Jahrhunderts der Summa Raymundi eine Reihe von Arbeiten sorgfältigsten Fleißes. Er begann mit der Anfertigung eines alphabetischen Verzeichnisses, fügte Glossen und Quaestiones casuales hinzu, schrieb dann seine große Summa confessorum und schloß seine Arbeiten ab mit den kürzeren Handbüchern Manuale collectum de summa confessorum und Confessionale.

Die Abfassungszeit der Summa fällt zwischen die Jahre 1277 und 1298. Nach Publication des Liber Sextus Decretalium von Bonifaz VIII. 1298 fügte er seinem Werke einen darauf bezüglichen Anhang hinzu. Es ist ein ausführlicher Commentar zu Raymunds Summa, der die Worte derselben und die Glosse des Wilhelm von Rennes meistens wiedergiebt, aber durch eigene Zuthaten jenen Text erläutert und erweitert, dabei die kanonistischen Werke des Goffredus de Trano († 1245) und seines Zeitgenossen Henricus de Segusia, genannt Hostiensis († 30. April 1271) vielfach benutzt.

1) Stintzing, Gesch. d. popul. Literatur S. 506 ff. Schulte, Gesch. 2, 419 f.

Nicht gar lange nachher hat der **Bruder Berthold**[1]), ein Dominicaner, der, wie er uns erzählt, nachdem er dem Gebote seines Ordens gemäß viel gepredigt hatte, sich in eine Einsiedelei zurückgezogen, auf Veranlassung „des andächtigen Ritters Hansen von Aur" die Summa des Johannes deutsch bearbeitet. Sein Werk ist ein alphabetisch geordneter Auszug, bestimmt, nicht nur den Beichtigern, sondern „allen Christenleuten zur Besserung" zu dienen. Zwar ist daher sein Augenmerk vorzugsweise auf das Moralische und Religiöse gerichtet, allein es fehlt nicht an Rechtsbelehrungen, bei denen auf das römische und kanonische Recht verwiesen, aber auch die deutsche Gewohnheit berücksichtigt wird, welche, wie Berthold sagt, dem geschriebenen Rechte nicht weichen soll.

Je weiter sich die Summistenliteratur unter dem Einflusse scholastischer Distinction casuistisch entwickelt, desto mehr löst sich die Moral in ein System juristisch construirter Regeln auf. Zahlreiche Summen, meist von erheblichem Umfang, erscheinen im Laufe des 14. und 15. Jahrhunderts; der Franciscaner-Orden ringt in dieser Literatur mit den Dominicanern um Autorität und Einfluß[2]). Der deutsche Klerus aber hat sich nur wenig daran betheiligt. Erst im Anfang des 15. Jahrhunderts treten wieder zwei deutsche Dominicaner, Joh. **Nieder von Isny** in Schwaben († 1438) und ein **Ungenannter**, als Verfasser zweier Manualia confessorum auf. Es sind kurzgefaßte Anweisungen über die zahllosen von einem confessor zu beachtenden Vorschriften und Gesichtspunkte, welche der Ungenannte in Verse gebracht hat.

Der Einfluß der Summen auf die Gestaltung des Bußwesens kann nicht hoch genug angeschlagen werden. Nicht geringer

1) **Stintzing**, Gesch. d. popul. Literatur S. 516 ff. Von diesem Bruder Berthold ist ein Horologium devotionis circa vitam Christi, ein deutsches Gebetbuch, bekannt. — **Schulte** 2, 423.

2) **Schulte**, Gesch. 2, 416 bestreitet den Einfluß dieser Rivalität ohne Gründe anzugeben. Mir scheinen die von mir a. a. O. hervorgehobenen Thatsachen für sich selbst zu sprechen.

aber ist ihre Bedeutung für die Verbreitung des römischen und kanonischen Rechts in Deutschland geworden, denn sie rüstete den Stand mit seiner Kenntniß aus, welcher vom Beichtstuhl aus das Gewissen und die Anschauungen der Zeit beherrschte. Das größte Ansehen erwarb sich unter allen im Laufe des 15. Jahrhunderts die Summa Angelica[1]) von Angelus Carletus de Clavasio, einem Minoriten aus Chiavasso († 1495), durch Vollständigkeit und zweckmäßige Einrichtung. Als wichtigste Stütze der katholischen Lehre von der Buße und den guten Werken bildete sie eines der ersten Angriffsobjecte für die reformatorische Bewegung. Luther erklärte, „man sollte sie nicht angelica, sondern diabolica nennen um der großen Büberei und Sophisterei willen, so darinnen ist", und verbrannte sie mit der Bannbulle und den kanonischen Rechtsbüchern am 10. December 1520 zu Wittenberg.

Die Kirche hatte es im Laufe des Mittelalters verstanden, die gesammte Rechtsordnung ihrer Oberaufsicht zu unterwerfen. Vornehmlich war es die Lehre vom Wucher, welche in ihrer casuistischen Ausbildung allmählich den ganzen Verkehr in ihren Bereich zog, nicht bloß den Kapitalzins, sondern jeglichen Speculationsgewinn als sündlich verfolgend. Der als Gebot christlicher Nächstenliebe ausgesprochene Satz des Neuen Testaments „Mutuum date, nihil inde sperantes" war, dem Zuge der Entwicklung der Kirche folgend, zu einem System von zwingenden Rechtssätzen ausgestaltet, mit welchen sie das äußere Leben beherrschte. Nur die Juden standen außerhalb dieses Zwanges und durften desto vortheilhafter das Geldgeschäft betreiben, dessen man nicht entbehren konnte[2]). Mühsam kämpften überall die natürlichen Interessen des Güterlebens gegen die Fesseln der kanonischen Doctrin, neue Formen von Rechtsgeschäften erfindend, welche von den Verboten frei zu sein schienen. Mit Zähigkeit

---

1) Stintzing, Gesch. d. popul. Literatur S. 539 ff.

2) Endemann, Studien. 1874. Bd. 1. Endemann, die nationalökonomischen Grundsätze der kanonistischen Lehre in Hildebrand's Jahrb. f. Nationalökonomie Bd. 1. 1863. Roscher, Gesch. d. Nationalökonomie S. 5—12.

aber folgt die kanonistische Doctrin in den Summen dieser Bewegung, um festzustellen, auf welchem Punkte der kaufmännische Gewinn in den verbotenen Wucher übergehe. Gegen das Ende des 14. Jahrhunderts erscheint daneben eine Literatur casuistischer Tractate, welche die Zinsgeschäfte, den Wechsel- und Handelsverkehr, ja die Werthverhältnisse überhaupt erörtern[1]). Neben den Franzosen Johann Gerson und Nikolaus Oresme stehen die deutschen Theologen Heinrich von Langenstein († 1397) (Henricus de Hassia, aus Langenstein in Hessen) und Heinrich von Oyta (in Ostfriesland), welche beide längere Zeit in Paris lebten und 1383 zur Begründung der theologischen Facultät nach Wien zogen, mit ihren Tractatus de contractibus. In Wien gaben sie den Anstoß zur Fortbildung dieser Literatur, an der sich die Theologen Konrad von Ebrach und Johannes Nieder († 1438), sowie der Jurist Johann Reutter († nach 1404) betheiligten. Aehnliche Abhandlungen über den Handel, Zinsen und Contracte schrieben im Anfang des 15. Jahrhunderts der Dominicaner Johann von Frankfurt, des Hieronymus von Prag namhafter Gegner, 1409 Rector in Heidelberg, und der Karthäuser Jacob von Jüterbock in Erfurt. Neu belebt aber ward die geistige Bewegung durch den fanatischen Franciscaner Johannes de Capistrano, der um die Mitte des 15. Jahrhunderts predigend Deutschland durchzog und die Gemüther gegen den Wucher, das kaufmännische Gewerbe, vor allem aber gegen die Juden aufregte, welche die Wirksamkeit seiner Eloquenz in harten Verfolgungen empfinden mußten[2]). Seine Schriften über Contracte und Wucher, sowie zahlreiche Abhandlungen von Leipziger Gelehrten, die durch ihn angeregt waren, sind uns handschriftlich auf der Leipziger Bibliothek erhalten. Ihren Abschluß fand diese Literatur in dem großen

---

1) Stintzing, Gesch. d. popul. Literatur S. 539 ff. Roscher, Geschichte S. 18 ff. Schulte 2, 432.

2) Stobbe, die Juden in Deutschland S. 192. Muther, aus dem Gelehrtenleben S. 154 f.

Opus septipartitum de contractibus pro foro conscientiae des Tübinger Theologen Konrad Summenhard von Calw[1]), sowie in der Schrift des Leipziger Juristen Dr. Christoph Kuppener[2]) Consilia elegantissima in materia usurarum etc. Lips. 1508. fol. und deutsch: Ein schons Buchlein — daraus ein itzlicher Mensch — lernen mag was wucher und wucherische Händel sein &c. Leiptzk 1508. Fol. Kuppener, 1466 zu Löbau in Westpreußen geboren, studirte in Leipzig, war seit 1493 Doctor jur. utr. und Syndicus der Stadt Braunschweig bis etwa zum Jahre 1500, dann (wie es scheint) kurze Zeit Kanzler für Ostfriesland, von 1503 bis zu seinem Tode 1511 Professor in Leipzig: ein in Geschäften erfahrener und persönlich am Handelsverkehr betheiligter Mann und gelehrter Jurist, der dennoch die Handelsgeschäfte von keinem andern Gesichtspunkte als dem der kanonischen Legalität casuistisch zu behandeln weiß.

8. Die Rechtswissenschaft, welche gleich bei Begründung deutscher Universitäten ihren festen akademischen Platz einnahm, war dieselbe, welche in Italien und Frankreich seit Jahrhunderten gepflegt wurde. Es verstand sich daher von selbst, daß nur die kanonischen und römischen Rechtsbücher ihren Gegenstand bildeten, die massenhafte Literatur jener Länder sie beherrschte. Das deutsche Recht lag gänzlich außerhalb des Kreises akademischer Interessen.

Selbst wenn die Universitäten in geringerem Grade von der Tradition abhängig gewesen wären, hätten sich der akademischen Behandlung des deutschen Rechts unübersteigliche Hindernisse in den Weg gestellt. Denn nirgends war dasselbe als Einheit zu

1) Sein Geburtsjahr ist ungewiß. 1476 wird er Baccalarius in Paris, kehrt 1478 als Magister heim und wird Professor in der Tübinger Artistenfacultät, 1484 Rector, 1489 Doctor und Professor der Theologie. Er starb schon am 20. Octbr. 1502. Von seinen Schriften gehören hierher: Tractatus bipertitus de decimis. 1497. fol. Septipartitum opus de contractibus. 1500. fol. Vgl. Stintzing, Gesch. d. popul. Literatur S. 545; namentlich aber Linsenmann, Konrad Summenhart. Tübinger Festprogramm. 1877.

2) Muther, aus dem Universitäts- und Gelehrtenleben S. 129—177. 396—414. Endemann, Studien 1, 38. 145. Roscher, Geschichte S. 18f.

finden; es bestand nur in particulären Bildungen, aus denen die einheitlichen Principien zu abstrahiren eine wissenschaftliche Kraft, eine Schulung des juristischen Denkens und namentlich eine Fähigkeit zur Synthese voraussetzte, die nicht entfernt vorhanden waren. Dazu kam, daß man mit vollem Grund das heimische Recht als ein „jus incertum" betrachtete, ein in stetem Flusse befindliches Recht, das seinen Inhalt im einzelnen Fall durch das Gutdünken der Schöffen empfing und daher der wissenschaftlichen Formulirung zu spotten schien. Die herrschende Methode endlich, welche ausschließlich in der Exegese bestand, schien auf ein Recht nicht anwendbar, das in keiner Codification vorlag.

Wohl hätte man indessen, so wie es schon Johann von Buch mit dem Sachsenspiegel gethan, die particulären Rechtsaufzeichnungen zum Gegenstande glossirender Erörterung machen können. Allein wenn einestheils die Auslegung eines dem Volke verständlichen Rechtsbuches überflüssig und kein der wissenschaftlichen Behandlung bedürftiger und würdiger Gegenstand erschien, so lag andrerseits auch das heimische Recht außerhalb des Interesses derjenigen Kreise, welche die Universitäten beherrschten. Diese waren gegründet als geistliche Anstalten, unter klerikalem Einflusse, die Professoren waren meistens Kleriker; die Bildung des Klerus war der überwiegende Zweck, und die Befähigung zur geistlichen Verwaltung und Rechtspflege nach den Vorschriften des kanonischen Rechts vorzugsweise das praktische Ziel des juristischen Studiums [1]).

Daraus erklärt es sich, daß an den deutschen Universitäten bis gegen das Ende des 15. Jahrhunderts selbst das römische Recht zurückstand und überwiegend das kanonische Recht gelehrt

1) Ueber das Folgende vgl. Stintzing, U. Zasius S. 85 f. 323—344. Stobbe, Gesch. d. d. Rechtsquellen 1, 630; 2, 12 ff. Muther, Zeitschr. f. Rechtsgeschichte 4, 382 ff.; 9, 50 ff. Stölzel, die Entwicklung des gelehrten Richterthums 1, 79—124. Muther, zur Geschichte S. 107. Ott, Beiträge S. 52 ff.

wurde, wenn gleich die Facultäten für das „jus utrumque“ begründet waren, manche Doctores legum und juris utriusque neben den Doctores decretorum zu ihren Mitgliedern zählten und die akademischen Würden in beiden Rechten ertheilten. Die päpstliche Gesetzgebung und Disciplin wirkten principiell dem Studium des kaiserlichen Rechts entgegen. Indeß war es als Hülfswissenschaft für das Verständniß des kanonischen nicht zu entbehren; auch ließen päpstliche Privilegien, die einzelnen Personen und Universitäten ertheilt wurden, sowie eine nachsichtige Praxis eingehendere Beschäftigung mit dem römischen Rechte zu. Im Ganzen aber blieb es in untergeordneter Stellung; und erst als es in der zweiten Hälfte des 15. Jahrhunderts in die weltlichen Gerichte weiter einzudringen begann und die akademische Bevölkerung mehr und mehr vom Laienelement durchsetzt wurde, gelangten die Leges zu ständiger und dem kanonischen Rechte gleicher Vertretung. Allein das lange fortdauernde Uebergewicht der kanonistischen Studien zeigt sich darin, daß die deutschen Buchdruckereien bis zum Ende des 15. Jahrhunderts nur wenig Ausgaben der römisch-rechtlichen Quellen und Literatur veranstalteten, in erheblicher Zahl dagegen die einzelnen Theile der C. j. canonici und die kanonistischen Schriftsteller auf den Markt brachten.

Weit mehr als bezüglich des kanonischen Rechts bestand das nicht unbegründete Vorurtheil fort, daß die volle Bildung im römischen nur auf fremden Universitäten zu gewinnen sei und daß die Berufung ausländischer Doctoren den deutschen Universitäten einen besonderen Glanz verleihe. In Heidelberg war (1387) der erste Ordinarius codicis Dr. Matthäus Clementis aus Aragonien, der bald verschwindet, ohne einen Nachfolger auf seinem Lehrstuhl zu erhalten. In Basel sind bei der Eröffnung 1460 drei italienische Doctoren, darunter zwei für die Leges angestellt, denen nach kurzer Amtsführung zwei andere folgen, um ebenfalls nur kurze Zeit zu bleiben. In Ingolstadt vertritt bei der Eröffnung (1472) Dr. Carolus Fromont aus

Paris das päpstliche Recht. In Tübingen wird bei der Stiftung (1477) Laurentius Marenchus aus Genua J. U. D. als Legum ordinarius genannt. Ihm folgt 1482 Gabriel Chabot aus Chambery, J. U. D., der 1479 in Freiburg als erster Legist angestellt war, wohin 1495 Paulus Cittadinus und Angelus de Besutio, beide aus Mailand, Ersterer für römisches, der Andere für kanonisches Recht berufen wurden. In Wien beginnt 1493 die Vertretung der Leges mit Jeronimus Balbus aus Venedig, dem 1497 der Sicilianer Joh. Silvius folgte. Herzog Bogislaus X. von Pommern führte 1498 den Petrus Thomais Ravennas mit sich aus Italien nach Greifswalde.

Die fremden Doctoren sind indeß meistens nur vorübergehende Zierden, und bald werden die Lehrstühle von Deutschen eingenommen. Der Mehrzahl nach sind sie im Auslande promovirt, und nicht selten kommt es vor, daß einem Professor bei seiner ersten Anstellung zur Bedingung gemacht wird, sich den Doctorhut binnen bestimmter Frist an einer italienischen Universität zu erwerben. Noch durch das ganze 16. Jahrhundert hindurch gilt die fremdländische Promotion als die vornehmere, nicht etwa deswegen allein, weil ein Vorurtheil zu Gunsten der wälschen Universitäten besteht, sondern hauptsächlich deswegen, weil der Besitz des fremden Doctorhuts ein Zeugniß dafür ist, daß man seine Bildung nicht bloß in der Heimat erworben und fremde Länder kennen gelernt hat. Und wenn auch die Besetzung der Lehrstühle mit geborenen Deutschen bald die durchstehende Regel bildet, so fehlt es doch auch später nicht an Beispielen auswärtiger Berufungen.

Am Schlusse des 15. Jahrhunderts hat das römische Recht seinen festen Platz auf den deutschen Universitäten eingenommen, und es ist bezeichnend für sein Ansehen, daß man selbst außerhalb der Hochschulen auf seine Lehre bedacht ist. Lüneburg ließ sich im Jahre 1471 ein kaiserliches Privilegium ertheilen, um eine Akademie zu errichten, an der gerade die „leges Imperiales, quae jura civilia“ gelehrt werden sollten. In Hamburg schrieb die Schulordnung 1529 vor, daß zwei Juristen Vorlesungen über Institutionen und Codex zu halten hätten. Das Gymnasium in Straßburg, 1532 für das Studium der alten Sprachen begründet, nimmt bald auch Vorträge über Institutionen in seinen Lehrplan auf. Neben dem praktischen Bedürfnisse war es eben der Humanismus, welcher zu den römischen Quellen, als einem Elemente der allgemeinen Bildung, hinleitete: und in diesem Interesse hat selbst der den Juristen so wenig geneigte Eberlein von Günzburg den Ulmern empfohlen, eine Schule zu errichten, in der neben der evangelischen Lehre und den der Jugend nützlichen Dingen den Erwachsenen alte Historien, Landrecht, Stadtrecht und kaiserliches Recht gelehrt würde [1]).

Die Verbindung, in welcher wir das römische und kanonische Recht auf den deutschen Universitäten finden, war eine ganz äußerliche, wenn gleich nur beide zusammen das geltende Recht darstellten und das jus commune aus dem „jus utrumque" bestand. Die exegetische Methode der Lehre aber brachte es mit sich, daß die Vertreter der Wissenschaft den Stoff nicht nach systematischen Gesichtspunkten unter sich vertheilten, sondern nur nach der Verschiedenheit der quellenmäßigen Grundlagen. In Italien hatten die Legisten und Decretisten verschiedene Schulen gebildet. In Deutschland waren sie zwar zu einer Facultät vereinigt, bildeten jedoch lange Zeit zwei getrennte Abtheilungen, von denen jede ihre eigenen akademischen Grade ertheilte. Neben einander erscheinen die Doctores Legum und Doctores Decretorum, bis seit dem Anfang des 16. Jahrhunderts diese Scheidung schwindet und die Doctores utriusque juris immer häufiger und endlich zur Regel werden. Nicht aber fand eine Verschmelzung der beiden Rechtsmassen zu einer akademischen Disciplin statt. Vielmehr blieb die äußerliche Theilung der Lehraufgaben nach den beiden neben einander stehenden Corpora juris.

1) Später gestiftete Gymnasien dieser Art, welche zum Theil in Universitäten übergingen, sind in Altdorf, Dillingen, Lauingen, Herborn, Brieg, Steinfurt, Rinteln, Bremen.

Die äußerliche, durch die Exegese gegebene Theilung beschränkte sich aber nicht auf den Gegensatz der beiden Rechte, sondern ging zufolge der äußeren Gliederung des Quellenapparats noch weiter. Für das Decret, die Decretalen, den liber Sextus und die Clementinen gab es gesonderte Lehrstellen; auf dem Gebiete des römischen Rechts besondere Professuren für die Institutionen, den Codex und die Pandekten, deren altüberlieferte Dreitheilung in Digestum vetus, infortiatum und novum nicht selten noch zu einer weiteren Spaltung der Lehrstellen Veranlassung bot. Unter diesen Professuren galten nach akademischen Herkommen und Statuten die für das Decret und den Codex als die vornehmsten, und zwar die letztere deswegen, weil sie mit den kaiserlichen Gesetzen im engeren Sinn und unter Einfügung der Authenticae mit der schließlich entscheidenden neuesten Gestalt des justinianischen Rechts befaßt war. Erst allmählich kommt die höhere wissenschaftliche Bedeutung der Pandekten zu der äußeren Geltung, welche später den ihnen gewidmeten Vorlesungen das Uebergewicht verleiht. Auf der untersten Stufe der Schätzung stehen die Institutionen. Ihre Vertretung auf dem Katheder, gering besoldet, ist gewöhnlich den Anfängern, auch wohl Humanisten überlassen; der Doctorgrad wird nicht vorausgesetzt. Und dieser niedrigen Rangstellung ist es zum Theil zuzuschreiben, daß bei ihrer akademischen Behandlung die durch den Zweck gebotene Beschränkung nicht eingehalten zu werden pflegt: denn um seine Befähigung zu den höheren Lecturen darzuthun, ist der Institutionarius nur zu geneigt, die ganze Fülle überlieferter Gelehrsamkeit in seine Vorlesungen hineinzuziehen.

Eine systematische Unterscheidung nach dem Stoffe, wie sie uns heutzutage selbstverständlich scheint, gab es noch im Anfange des 16. Jahrhunderts nicht, und erst langsam lösten sich später einzelne Disciplinen zu gesonderter Behandlung ab. Daß der Legist vorzugsweise mit dem Privatrecht, der Kanonist vorzugsweise mit dem Kirchenrecht beschäftigt war, ergab sich freilich aus dem überwiegenden Inhalte ihrer Rechtsbücher von selbst. Das Lehnrecht fiel dem Legisten zu, weil es auf kaiserlicher Sanction beruhte und demgemäß die Libri fundorum als zehnte Collation herkömmlich den Novellen angehängt waren; eben so das Criminalrecht, welches er bei Exegese der „libri terribiles“ (Dig. l. 47. 48) zu tractiren hatte. Der Proceß dagegen, und zwar der Criminalproceß mit dem Civilproceß verbunden, war vorzugsweise ein Thema für den Kanonisten, das er bei der Exegese des zweiten Buchs der Decretalen abzuhandeln hatte: und die Bedeutung dieses Theils der Decretalen, als der Sitz der processualischen Vorschriften, läßt ihn auf den Universitäten seine Geltung auch zu der Zeit und da behaupten, wo, wie in Wittenberg und Marburg, in der reformatorischen Bewegung dem kanonischen Recht im Allgemeinen die Geltung bestritten wird. Die Vorlesung betrachtet man als eine über den Proceß — und so tritt hier die erste Unterscheidung nach der Materie hervor. Erst nach der Mitte des 16. Jahrhunderts[1]) finden wir hier und dort, z. B. in Tübingen und Jena, für das Criminalrecht und Lehnrecht eine gesonderte Professur, auf deren Begründung wohl besonders die eingreifende Gesetzgebung des Reichs für das Strafrecht hingewirkt hatte; das Lehnrecht scheint nur zur Ergänzung der Lehraufgabe beigefügt zu sein.

Als ein Beispiel der von Italien überkommenen äußeren Organisation des Studienganges können die Bestimmungen der Wittenberger Statuten von 1508 dienen, welche Christoph Scheurl nach dem Muster Bolognas entworfen hatte[2]). Die Promotion zum Baccalaureus setzt regelmäßig ein 2½jähriges Studium voraus; zum Licentiaten soll Keiner promovirt werden, welcher nicht fünf Jahre in demjenigen Rechte, in welchem er die „doctorandi licentia“ erwerben will, Vorlesungen gehört

1) Wächter, gemeines Recht S. 95 ff.

2) Statuta facult. jurecons. Vitebergens. ed. Muther. 1859. p. 11 s. 17 s. Die Wittenberger Universitäts- und Facultätsstatuten vom Jahre 1508. 1867. S. 29. 32.

hat. Wer in beiden Rechten graduirt werden will, muß nachweisen, daß er in jedem drei Jahre lang auf einer privilegirten Universität studirt hat. Indeß kann einem Wittenberger Studenten der Baccalaureat und die Licenz ertheilt werden, wenn er hier zwei und resp. vier Jahre fleißig Vorlesungen besucht hat, von denen die Hälfte auf das Civilrecht verwendet sein muß.

Bezüglich der Vorlesungen ist Folgendes vorgeschrieben. Der erste Ordinarius jur. canonici (Praepositus) soll im Sommer um 6 Uhr, im Winter um 7 Uhr Morgens „titulos ordinarios diligenter" lesen; der Ordinarius novorum jurium um 12 Uhr. Genaueres ist nicht angegeben, daher anzunehmen, daß jener das Decret und vielleicht die Decretalen, dieser die Decretalen, Sextus und Clementinen zu behandeln hatte. Der erste Ordinarius legum soll im Sommer um 8 Uhr, im Winter um 9 Uhr lesen und zwar im ersten Jahr den Tit. Dig. de officio ejus 1, 21; im zweiten Tit. C. de pactis 2, 3; im dritten Tit. D. si certum pet. 12, 1; im vierten Tit. C. qui admitti ad b. p. 6, 9. Der zweite Ordinarius legum soll Nachmittags um 3 Uhr lesen und zwar im ersten Jahr Tit. Dig. d. op. nov. nunc. 39, 1; im zweiten Jahr Tit. Dig. Soluto matrimon. 24, 3; im dritten Tit. Dig. d. Verb. obl. 45, 1; im vierten Tit. Dig. de legatis 1. Der Ordinarius Institutionum soll im Sommer um 7 Uhr, im Winter um 8 Uhr, also gleichzeitig mit dem ersten Ordinarius legum seine Vorträge halten. Zugleich ist vorgeschrieben, daß jede Vorlesung vom 3. November an das ganze Jahr hindurch, mit Ausnahme der Festtage und Ferien, eine Stunde lang täglich gehalten werden soll und daß die Legisten nach Absolvirung der vorgeschriebenen Titel aus den folgenden die „utiliores et frequentiores" auswählen sollen. Der auf vier Jahre normirte Cursus der Legisten beginnt nach Ablauf derselben von neuem nach derselben Ordnung.

9. In Prag war in Folge der eingetretenen Spaltung unter den Facultäten 1372 eine eigene Juristen-Universität gegründet worden, von deren wissenschaftlicher Thätigkeit wir in

zwei processualischen Schriften ehrenwerthe Zeugnisse besitzen[1]). Die eine, wahrscheinlich verfaßt von Nikolaus Buchnick (1376 promovirt, 1385 Official des Erzbischofs), schildert den kanonischen Proceßgang an einem fingirten Proceß; die andere, von einem Unbekannten 1389 verfaßt, ist eine mehr compendiarische Darstellung. Nach den hussitischen Unruhen im Beginn des 15. Jahrhunderts ging die Juristenfacultät ein.

Als Pflegstätten der Jurisprudenz kommen im 15. Jahrhundert vorzugsweise in Betracht Köln, Erfurt und Leipzig, deren namhafteste Juristen im Folgenden zusammengestellt sind.

1. Köln, gestiftet 1388. — Heinrich von dem Birnbaum[2]), Henricus Brunonis alias de Pyro, ist der Sohn des Bruno v. d. B., gegen Ende des 14. Jahrhunderts in Köln geboren, hat dort studirt, den Grad eines Doctor Legum erworben und als Professor gewirkt; 1423 war er Rector. Bald nach Stiftung der Universität Löwen (1425) ist er dahin berufen, am 10. November 1428 in die juristische Facultät recipirt; las Institutionen und Pandekten; 1429 Rector; 1432 giebt er seine Professur auf und wird Scholaster und Canonicus zu St. Paul bei Lüttich, dann Official der Dompropsten von Köln, tritt aber 1434, des weltlichen Lebens müde, in das Karthäuserkloster zu St. Barbara in Köln; 1447 war er Prior des Klosters in Wesel, später in Trier; zieht gegen Ende seines Lebens nach Köln zurück, wo er am 19. Februar 1473 stirbt. — Er ist Verfasser eines scholastischen Commentars über die Institutionen, den er in Löwen vorgetragen hat; 3 Ausgaben s. l. et a. fol. Ein von ihm selbst erwähnter Tractatus actionum ist unvollendet geblieben. Quaestiones III de emtione redituum. Oppenh. 1514. 4°. Seine Consilia scheinen verloren zu sein; eine Anzahl geistlicher Schriften und solcher, welche sich auf Angelegenheiten seines Ordens beziehen, sollen handschriftlich erhalten sein.

1) Muther, zur Gesch. d. röm.-kanon. Processes. 1872. S. 32 ff.

2) Nähere Nachweisungen bei Stintzing, Gesch. d. popul. Literatur S. 53 ff. A. d. B. 2, 664.

Johann Kölner de Vanckel[1]), Art. mag. et J. U. D., ordinar. juris canon. in Köln, verfaßte um 1463 ein Summarium textuale et conclusiones tam glossarum quam doctorum Sexti et Decretalium, welches zuerst Colon. 1484 fol. gedruckt worden ist. Notata super usibus feudorum s. l. 1486. fol. Tabula alphabetica zu Lanfranci de Oriano repetitiones. Colon. 1488. fol.

Nicasius von Voerda[2]) ist um 1440 in dem Dorfe Heyst op den Berg bei Mecheln geboren; vom vierten Jahre an erblindet studirte er in Löwen zuerst die Artes, dann Theologie, worin er die Licenz erlangte. Später begab er sich nach Köln, wo er am 20. September 1486 in die Artistenfacultät eintrat, dann zur Jurisprudenz überging, zum Dr. decretorum promovirt wurde und als professor juris canonici vor einem großen Auditorium juristische Vorlesungen hielt. Er starb 1492. Trithemius, mit dem er in Briefwechsel stand, schildert ihn als ein Wunder an Gedächtniß, Scharfsinn und Gelehrsamkeit. — Seine Vorlesungen über Institutionen sind nach seinem Tode gedruckt: Enarrationes Nicas. de Voerda in IV libros Institutionum. Colon. 1493. fol. Lugdun. 1550. 8°. — Daraus ist entnommen: Arborum trium consanguinitatis — lectura. Colon. 1505. 1506. 4°, welche Sebastian Brant mit einem empfehlenden Epigramm geziert hat. Den hier genannten sind zwei mir unbekannte Ausgaben vorausgegangen. — Einen Anhang bildet der Arbor actionum des Joh. Bassianus (Cremonensis) mit Commentar von Nicasius, der sich auch hinter den Casus longi super Institutis. Colon. 1497, welche dem Nicasius wohl mit Unrecht zugeschrieben werden, findet.

Haryngus Sifridus Sinnama de Hagis Frisiae[3]), Dr. jur. utr. und Professor in Köln, später Beisitzer des Reichs-

---

1) Muther, zur Geschichte S. 101. Stintzing, Gesch. d. popul. Literatur S. 69.

2) Vgl. Stintzing, Gesch. d. popul. Literatur S. 182 ff. 460 f.

3) Muther, zur Geschichte S. 100. Stintzing, Gesch. d. popul. Literatur S 47 f.

kammergerichts, bei dessen Eröffnung am 31. October 1495 er zugegen war, gestorben nach 1504. Seine Schrift Expositiones s. declarationes titulorum utriusque juris. Colon. 1491. fol. ist merkwürdig dadurch, daß er in die von Bartolus creirte „collatio undecima" die Goldene Bulle eingefügt hat. Man nimmt daher an, daß er der Erste gewesen, welcher über diese Vorlesungen gehalten habe.

Nach Köln gehört auch der im gewissen Sinne zur juristischen Literatur zu zählende berüchtigte Malleus maleficarum oder Hexenhammer von den Dominicanern Jacob Sprenger und Heinrich Institor[1]). Sprenger war 1475 Professor der Theologie in Köln und lebte dort noch 1495. Institor (Krämer) war Lector in Salzburg und wurde u. A. 1495 vom Ordensgeneral nach Venedig geschickt, um über das Altarsacrament zu predigen. Sprenger ward von Sixtus IV. zum generalis fidei inquisitor für Deutschland ernannt, ein Amt, in welchem ihn Innocenz VIII. mittels Bulle vom 5. December 1484 bestätigte, indem er ihm zugleich den Institor zum Collegen beigab. In dieser Bulle, welche den Aberglauben der fleischlichen Vermischung mit dem Teufel legalisirt, werden die beiden Ketzerrichter beauftragt, die Zauberer und Hexen zu verfolgen und zur Strafe zu ziehen. Im Interesse ihres Amts verfaßten Beide das genannte Werk, welches das fleischliche Bündniß mit dem Teufel theoretisch zu begründen und durch zahlreiche Beispiele zu beweisen sucht, endlich das Verfahren darlegt, welches von geistlichen und weltlichen Richtern gegen Hexen einzuhalten ist. Die erste datirte Ausgabe ist Colon. 1487. 4°, außerdem drei undatirte; bis zum Jahre 1600 hat es noch mindestens neun Ausgaben erlebt.

2. Erfurt, gestiftet 1379, eröffnet 1392, ist im 15. Jahrhundert für das Studium der Jurisprudenz von ganz hervorragender Bedeutung gewesen[2]). Die Inscriptionen in der Matrikel von 1395 bis 1500 ergeben, daß in diesem Zeitraum die Zahl

1) Wächter, Beiträge S. 90 f. 281. Schulte, Geschichte 2, 376 f.
2) Muther, zur Gesch. d. Rechtswissenschaft S. 201—245.

der Jura Studirenden etwa 80 bis 350 im Jahr betrug, und wir werden sehen, wie sich andere Universitäten (Leipzig, Basel) bei ihrer Stiftung gerade mit Erfurter Professoren der Jurisprudenz versorgten. Das bedeutendste processualische Lehr- und Handbuch des ausgehenden Mittelalters „Rex pacificus“ [1]), welches seit der Mitte des Jahrhunderts dem Panormitanus zugeschrieben wurde, gehört wahrscheinlich ebenfalls nach Erfurt. Sein Verfasser ist Johann Urbach, D. D. in Erfurt im Anfang des 15. Jahrhunderts, dessen Name später in Auerbach verwandelt worden ist.

Konrad Thus, 1377 Baccalarius in Prag; 1391 als Canonicus ecclesiae S. Mariae bei Minden in der Juristen-Universität in Prag immatriculirt; 1402 in Erfurt als Decret. Doctor immatriculirt; 1403 Rector; 1411 als D. J. U. erster Ordinarius in Leipzig; 1422, 3. Mai, in Rostock immatriculirt, dann wieder in Leipzig, wo er noch 1431 genannt wird.

Johannes Voß, 1395 im Winter als Joh. Böß de Susato in Erfurt immatriculirt, 1408 dort Rector „Bacc. in utr. jure“; 1409 in Lübeck als Presbyter celebrans bei St. Marien; 1415 als Protonotar des Raths von Lübeck begleitet er eine Gesandtschaft zum Constanzer Concil; 1419 in Rostock immatriculirt als Bacc. in leg.; 1421 Rector; 1423, 1425, 1428 Rector, als U. J. D. 1429 nach Erfurt, wo er noch 1447 genannt wird.

Arnold Westphal, 1399 in Lübeck geboren, studirte in Leipzig und Rostock, wird als Licent. in jure civili 1428 in Erfurt immatriculirt, 1430 Rector, dann Doctor jur. canon. und 1432 Abgesandter der Hochschule zum Concil in Basel; 1436 in Leipzig Rector und Ordinarius der Juristenfacultät; 1443 in Rostock Rector, geht 1444 ab nach Lübeck, wo er das Decanat der bischöflichen Kirche bekleidet und 1449 zur Bischofswürde gelangt. Er starb am 3. Januar 1466.

---

1) Jo. Urbach processus judicii ex recognit. Th. Muther. Halis Sax. 1873. 8°. Vgl. Stintzing, Gesch. d. popul. Literatur S. 236 ff. 553

Zwei Erfurter Professoren wurden bei Begründung der Universität 1460 nach Basel berufen, um kanonisches Recht zu lehren, während für die Lecturae in legibus Italiener gewonnen waren. Gerhardus in Curia (Imhof) de Berka, der 1441 in Erfurt immatriculirt, 1459 als Licentiatus in utroque jure Rector war und 1460 zum Doctor promovirt wurde. In Basel, wo er Canonicus zu St. Peter und 1462 Rector war, scheint er später auch Civilrecht gelesen zu haben. Er starb 1485. Mit ihm ging Johann Helmich de Berka nach Basel als Lector in Sexto, nachdem er 1454 in Erfurt Rector gewesen. 1463 war er Rector in Basel, ging 1475 nach Köln, wo er 1489 als Decan der Apostelkirche starb. Mehrere bei ihm nachgeschriebene Collegienhefte befinden sich auf der Baseler Bibliothek.

Der bedeutendste Jurist Erfurts ist ohne Zweifel Henning Göde aus Havelberg gewesen, der 1474 immatriculirt, nach etwa 30jähriger Thätigkeit als akademischer Lehrer und Rechtsconsulent 1510 nach Wittenberg übersiedelte, wo wir ihm wieder begegnen werden. Mit dem Aufblühen Wittenbergs und unter den nachtheiligen Einwirkungen bürgerlicher Unruhen erlosch der bisherige Glanz Erfurts.

3. In Leipzig[1]) ist neben den schon bei Erfurt genannten Konrad Thus, mit welchem die Reihe der Ordinarien beginnt, und Arnold Westphal, noch zu nennen Jacob Radewitz aus Jena, der mit Ersterem 1411 von Erfurt nach Leipzig kam und hier 1412 Rector war. Um 1413 ist er von Franz Zabarella in Padua gleichzeitig mit Nikolaus de Tudeschis (Panormitanus) zum Doctor promovirt. Er ist einer der drei Lehrer des kanonischen Rechts, deren der Canonicus von Upsala, Karl von Wesland, als er 1424 in Leipzig studirte, rühmend gedenkt. Die Leipziger Bibliothek bewahrt Handschriftliches von ihm.

1) (v. Gerber) die Ordinarien der Juristenfacultät zu Leipzig. 1869. Muther, zur Geschichte S. 74 ff.

Hermann Steinberg aus Duderstadt, U. J. D., ist 1444 in Erfurt immatriculirt, 1457 in Leipzig Rector, dann 1464 in Erfurt als Rector und Protonotar der Stadt verzeichnet und noch 1475 genannt.

Theodorich von Bocksdorf, Bruder des Merseburger Domherrn Thammo von B., in der Niederlausitz geboren, 1429 Baccalaureus, 1439 als D. J. U. Rector der Universität Leipzig, 1442 Ordinarius der Juristenfacultät; 1463 Bischof von Naumburg, 1466 gestorben. Ueber seine Bearbeitung der Glosse zum Sachsenspiegel, den er in den meißnischen Dialekt übertrug, und andere Schriften vgl. Stobbe 1, 384 f.; Muther, zur Geschichte S. 81 f. Manuscripte aus seiner Bibliothek befinden sich in der Leipziger Stadtbibliothek.

Johann Eberhausen aus Göttingen, 1450 Baccalaureus, 1455 Magister, 1463 als D. Decret. Rector der Universität Leipzig und wohl seit 1464 Ordinarius, gestorben 1484. Ueber seine Schriften, namentlich seine Vorlesungen zu Urbach's Proceß vgl. Muther, zur Geschichte S. 87.

Johann von Breitenbach hatte italienische Universitäten besucht, in Perugia mit Ruhm disputirt, soll 1465 zum D. J. U. promovirt sein und war seit 1479 Ordinarius, wahrscheinlich 1507 gestorben, von hervorragendem Einfluß auf das Eindringen der fremden Rechte in die Praxis der sächsischen Gerichte. Ueber seine Schriften vgl. Muther, zur Geschichte S. 89 ff. 196 ff.

4. Den hier nach localen Gruppen geordneten Namen sind noch die folgenden beizufügen: Peter von Andlau[1]), aus einem alten Adelsgeschlecht im Elsaß, studirte in Pavia und ward Doctor Decretorum, bei Stiftung der Universität Basel 1460 Lector in Sexto et Ordinarius; bis 1481 Vicekanzler der Universität; Propst zu

1) Vgl. Stintzing, Zasius S. 82 f. Pütter, Literatur des Staatsrechts 1, 77. Vischer, Gesch. d. Univers. Basel S. 238. A. d. B. 1, 431 (von Schulte).

Lauterbach und Canonicus zu Colmar. Sein um 1460 geschriebenes Werk de Imperio Romano, der erste Versuch einer wissenschaftlichen Darstellung des deutsches Staatsrechts, ist zuerst von M. Freher, Straßburg 1603, mit Anmerkungen herausgegeben.

Ulrich Krafft[1]), aus patricischem Geschlecht in Ulm stammend, war schon 1474 Geistlicher, studirte mit Sebastian Brant 1475—76 in Basel, ward in Freiburg Magister, 1478 in Tübingen immatriculirt, 1484 in Pavia zum J. U. D. promovirt, 1485 Rector in Tübingen. Im December 1490 wird mit ihm über eine Berufung nach Freiburg verhandelt; am 2. Januar 1492 ist er hier immatriculirt. 1495 wird er als Legum ordinarius nach Basel berufen, tritt am 1. Juli dort in die Facultät ein und wird am 18. October zum Rector gewählt. 1500 erhält er eine Pfründe als Canonicus zu St. Peter, verläßt aber schon im folgenden Jahre, wie sein College Sebastian Brant, Basel und nimmt eine Pfarrstelle in Ulm an, wo er zwischen 1515 und 1518 gestorben ist. Zasius, der wohl in Tübingen sein Schüler gewesen sein mag, nennt ihn in der Epist. dedicator. zu den Lucubrationes 1518 „dum vixit inter Germaniae doctores antistes". Schriften von ihm sind nicht bekannt.

Martinus Uranius Prenninger[2]) aus Constanz ist 1472 in Ingolstadt als Mag. Art. immatriculirt, darauf Advocat und Kanzler des Bischofs in seiner Vaterstadt, U. J. D., in Tübingen von 1490 bis 1501 juris pontif. ordinarius. Zasius nennt ihn in seiner Scholia ad l. 2 D. d. O. J. 1518 p. 25 „compatrem nostrum, nuper cum jactura literarum defunctum". Ein viel beschäftigter Rechtsconsulent, dessen Consilien gesammelt sind. Francof. 1597. 1607. 3 vol. fol.

1) Vgl. Stintzing, U. Zasius S. 14. 23. 312, wo nähere Nachweisungen gegeben sind. Vischer, Gesch. d. Univers. Basel S. 243 f.

2) Vgl. Stintzing, Zasius S. 19 f. 311, namentlich aber Seeger, die strafrechtl. consilia Tubingensia. 1877. S. 7 ff.

Adam Werner[1]) aus Themar war von 1491 bis 1537 Professor der Jurisprudenz in Heidelberg. Er gehört zu dem Kreise der rheinischen Humanisten; Zasius nennt ihn 1495 in einem Briefe an Jacob Locher Philomusus „delicias meas". Gedruckt ist von ihm nichts, dagegen manches Handschriftliche erhalten.

1) Stintzing, Gesch. d. popul. Literatur S. 176. Hautz, Gesch. d. Univers. Heidelberg 1, 380. Zasii Epist. p. 365.

## Zweites Kapitel.

# Der Sieg des römischen Rechts und der Juristenstand.

1. Vorbemerkung. — 2. Grund der Gültigkeit des röm. Rechts. — 3. Seine technische Ueberlegenheit. — 4. Der Klagspiegel. — 5. Das Absterben des Schöffenthums. — 6. Umgestaltung der Rechtspflege. — 7. Politische Bedeutung der Reception. — 8. Der Juristenstand. Universitätslehrer und Praktiker. Actenversendung. — 9. Beschwerden über den Juristenstand. — 10. Bildungsgang der Juristen. Die Halbgelehrten und die populäre Literatur.

**1.** Die Thatsache, welche wir die Reception[1]) des römischen Rechts zu nennen pflegen, ist ein langsamer historischer Proceß, welcher sich durch mehrere Jahrhunderte hindurchzieht, bei dessen Verlauf und Vollendung die politischen und socialen Beziehungen Deutschlands zu den romanischen Nationen sowohl, wie die mannigfaltigsten in den heimischen Verhältnissen begründeten Ursachen zusammengewirkt haben.

Man pflegt diesen historischen Vorgang gewöhnlich in Verbindung mit dem Einbringen des kanonischen Rechts zu betrachten; und in der That ist die Reception beider Rechte nicht nur in gewissem Sinne gleichzeitig geschehen, sondern es hat auch, wie oben gezeigt wurde, das kanonische ohne es zu wollen dem

---

1) Stintzing, U. Zasius S. 30 ff. 1857. Franklin, Beitr. z. Gesch. d. Reception. 1863. Stobbe, Gesch. d. d. Rechtsquellen 1, 609 ff.; 2, 9—110. 1864. Schmidt, die Reception des römischen Rechts in Deutschland. 1868. Stölzel, die Entwicklung des gelehrten Richterthums in deutschen Territorien. 2 Bde. 1872. Modderman, die Reception des römischen Rechts. Uebersetzung aus dem Holländischen mit Zusätzen von K. Schulz. 1875. Ott, Beiträge zur Receptionsgeschichte des römischen Rechts in den böhmischen Ländern. 1879.

römischen die Wege gebahnt, es hinter sich her gezogen. Allein dennoch müssen die beiden Vorgänge getrennt dargestellt werden, weil sie in ihren Gründen und in ihrem Verlaufe durchaus verschiedenartig sind. Man kann von einer Reception des kanonischen Rechts in dem gleichen Sinne wie bei dem römischen gar nicht reden, weil, so lange es überhaupt ein kanonisches Recht gab, demselben von Anfang an ein bestimmter Raum der Geltung und Anwendung in Deutschland unbestritten zukam. Für das ganze Gebiet, welches die Kirche beherrschte, war es von jeher praktisches, geltendes, gesetzliches Recht, und nur die Erweiterung dieses Gebiets, nicht, wie beim römischen Recht, die erste Begründung des gesetzlichen Ansehens und der praktischen Anwendung, ist Gegenstand einer historischen Entwicklung gewesen.

Von der Geltung des kanonischen Rechts war im vorigen Kapitel die Rede; auch sahen wir dort, wie schon im 13. Jahrhundert die römische Rechtsgelehrsamkeit nach Deutschland getragen wird. Wir finden sie steigend in der Literatur und Praxis verwerthet. Der Glaube an die für das ganze Reich gültige Autorität der Justinianischen Rechtsbücher ist zu einer geschichtlichen Macht geworden; der Begriff eines kaiserlichen gemeinen Rechts hat sich gebildet und befestigt.

Von hier aus langsam vorschreitend, vollzieht sich die thatsächliche Einbürgerung, unter Schwierigkeiten und Widersprüchen, ungleich an verschiedenen Orten, in den verschiedenen Ständen und Lebensverhältnissen, ungleich auch bezüglich der verschiedenen Materien und Rechtsinstitute. Bald ist es ein spontanes Lernen und Assimiliren, bald ein mehr oder minder rücksichtsloses Drängen von Seiten derjenigen, deren Lebensberuf mit dem fremden Rechte verwachsen ist. Ungleich und schwankend sind die einzelnen Schritte; unklar auch das Ziel, dem die Bewegung entgegenstrebt. Und wenn wir die Reception als vollendet betrachten können mit der ersten Hälfte des 16. Jahrhunderts, in so fern als nunmehr sein Uebergewicht in der gerichtlichen Praxis entschieden ist: so hat doch weder jetzt noch früher der Umfang seiner

Gültigkeit, das Maß der bindenden Kraft seiner geschriebenen Urkunden, sein Verhältniß zum heimischen Recht durch scharfe Grenzen bezeichnet werden können. Die absolute, unbedingte und ausschließliche Anwendbarkeit aller im Corpus Juris enthaltenen Rechtssätze ist niemals ernstlich behauptet worden: aber man hat weder die Gründe noch die Grenzen seiner bindenden Kraft kritisch untersucht und eben so wenig zwischen formeller Gesetzeskraft und der rationellen Autorität seines Inhalts unterschieden.

Wir werden im Folgenden die Reception zunächst von ihrer inneren technischen Seite betrachten; dann, indem wir die Umgestaltung der Rechtspflege zeigen, ihre Bedeutung für die politischen und socialen Verhältnisse nachzuweisen suchen.

**2.** Wenn auch der längst eingelebte Glaube an die Autorität des kaiserlichen und päpstlichen Rechts die Voraussetzung ihrer Anwendung war, so ist doch die Thatsache ihrer Einbürgerung nur zu begreifen, wenn man sich die Stellung, welche die deutsche Rechtspflege zum geschriebenen Rechte überhaupt einnahm, vergegenwärtigt.

Es liegt im Wesen des Schöffenthums, daß als letzte Quelle des Rechts nur die persönliche Ueberzeugung des Urtheilers wirkt, welche sich durch keine äußere Autorität gebunden fühlt. Der Begriff des zwingenden Gesetzes, dem die persönliche Meinung sich unbedingt unterzuordnen habe, kommt hier zu keiner Geltung. Die Rechtsaufzeichnungen aller Art sind dem Schöffen nicht bindende Gesetze, sondern Hülfsmittel der Erkenntniß, Belehrungen, die ihm dazu dienen, seine Ueberzeugung zu bilden. Ja selbst das Herkommen, die Gewohnheit, ist ihm nicht formell bindende Norm, sondern Motiv, Ueberzeugungsgrund. Er urtheilt danach, weil er sich dadurch bestimmen läßt: denn er ist geneigt für Recht zu halten, was und weil es immer so gehalten wurde [1]).

---

1) Martitz, eheliches Güterrecht des Sachsenspiegels S. 57 ff. Böhlau, aus der Praxis des Magdeb. Schöffenstuhls. Zeitschrift f. R.G. 9, 24—36. Planck, das d. Gerichtsverfahren im M.A. 1, 311 ff.

Bei dieser Stellung der Rechtspflege zum Rechte im objectiven Sinne war es natürlich, daß die Frage nach dem formellen Grunde und dem Umfange der Gültigkeit überlieferter Rechtsaufzeichnungen kaum aufgeworfen, noch weniger scharf untersucht wurde. Es genügte der Glaube an ihren inneren Werth, an die Weisheit und Erhabenheit ihres Urhebers, der sich allerdings häufig auf sagenhafte Ueberlieferungen von dem Ursprunge und der äußeren Autorität stützte. Und offenbar fand hier eine Wechselwirkung statt zwischen der Ehrfurcht, die man einem Rechtsbuche zollte, und der Sagenbildung über seine Herkunft.

So erklärt sich die scheinbar gesetzliche Geltung, welche die von Privatpersonen verfaßten deutschen Rechtsbücher gewannen, eben so die Wanderungen derselben von Ort zu Ort, von Stamm zu Stamm. Wie die Sage den Sachsenspiegel auf Karl d. Gr. zurückführte, so berichtete sie, daß Kaiser Lothar II. die Lehre und Anwendung des römischen Rechts gesetzlich befohlen habe: Erzählungen, in denen nur der schon bestehende Glaube an die hohe Bedeutung jener geschriebenen Quellen seinen Ausdruck fand und seine Stütze suchte. Dieser Nimbus gläubiger Verehrung stellte die römischen Rechtsbücher in gleiche Linie mit den deutschen, und es konnte für den einzelnen Fall nur darauf ankommen, ob der Schöffe durch diese oder jene seine Ueberzeugung bestimmen ließ. Wenn die Parteien oder Anwälte ihm die Grundsätze der fremden Rechte aufzudrängen suchten, so lag darin keine weniger berechtigte Prätension, als wenn sie sich auf einen außerhalb des Gerichtssprengels entstandenen Satz des deutschen Rechts beriefen. Denn nicht die formell bindende Autorität kam in Betracht, sondern die innere Kraft, mit welcher die geschriebene Norm auf die Ueberzeugung einzuwirken vermochte.

Hier aber machte sich ein Moment geltend, welches dem römischen Rechte den Sieg verhieß: es ist die geistige Ueberlegenheit, die in demselben Maße wachsen mußte, in welchem die alte Kraft des Schöffenthums verfiel.

**3.** Allerdings gab es in Deutschland eine fast unübersehbare Fülle von Rechtsaufzeichnungen. Denn neben den oben genannten Rechtsbüchern besaß das mannigfaltig gegliederte Reich in den Statutarrechten der Länder, Städte und anderen Gemeinden geschriebene Normen, die sich auf Verfassung, Strafe, Gericht und die Verhältnisse des Vermögens und der Familie bezogen. Allein es fehlten dieser Fülle einzelner Rechtssätze mit dem inneren Zusammenhang und der principiellen Einheit die technische Vollendung und selbst die Fähigkeit diese zu erlangen.

Auch die römische Nation mit ihrer eigenthümlichen Begabung zur Rechtsbildung würde es darin zur Vollendung nicht gebracht haben, wenn dieselbe nicht von vorn herein zur Einheit zusammengefaßt worden wäre. Rom war und blieb der Mittelpunkt, in welchem sich die rechtsbildende Kraft concentrirte; hier gelangte zum Ausdruck, was im weiten Leben des Staats und Verkehrs als Bedürfniß oder Ueberzeugung sich regte. Die Kraft der ganzen Nation wirkte zusammen und ward in einen Brennpunkt gesammelt, während der deutsche Geist sich in bunter Mannigfaltigkeit zersplitterte. Und diese Zersplitterung geht bis zum Individuellen herab. Denn der deutsche Schöffe, das lebendige Organ der Fortbildung des Rechts, fand sein Urtheil oder Weisthum im Angesichte des einzelnen Falls, vielfach nur durch sein subjectives Meinen bestimmt, aus der eigenen persönlichen Ueberzeugung schöpfend, ohne sich über die Gründe, den Zusammenhang mit anderen Rechtssätzen und höhere Principien Rechenschaft zu geben. Er fungirt als lebendige Quelle, keine höhere Autorität als das in seinem Bewußtsein lebende Wissen für sich anerkennend.

Ganz im Gegensatze dazu ist die Rechtserzeugung, welche sich in der römischen Rechtspflege vollzieht, seit früher Zeit eine durch die äußere Autorität des jus und der jurisdictio gebundene und daher zur Einheitlichkeit zusammengefaßte gewesen. Sie beginnt mit der „interpretatio“ des Gesetzes der XII Tafeln, und selbst die freiere Bildung der Edicte sucht zunächst die mindestens formale Anlehnung an die verba legis. Wo wir den Anfängen eines Fortschritts im Rechte begegnen, da sehen wir das Bemühen, sie in eine Falte der Worte der geschriebenen Satzung, sei es der Lex oder des Edicts, einzufügen. In diesem Bemühen findet die juristische Technik, die Consequenz des Denkens, ihre Ausbildung; in dieser Gebundenheit wurzelt die Stätigkeit der Entwicklung des Rechts, die Wahrung seines inneren Zusammenhangs und damit seiner principiellen Harmonie.

Am greifbarsten prägt sich der Gegensatz der Natur beider Rechtsbildungen aus in dem Unterschiede der römischen Actio von der deutschen Klage. Diese ist nur eine Beschwerde über geschehenes und fortbestehendes objectives Unrecht, zu dessen Beseitigung der Richter angerufen wird; in die Hand der Schöffen ist es gelegt, aus ihrem Bewußtsein zu „finden", was das Rechte sei. Die römische Actio dagegen ist die Waffe, mit welcher der Bürger zum Kampfe vortritt, um sein Recht zu erzwingen. Zwei äußere Autoritäten stehen ihm zur Seite, die Lex und das Edict, auf Grund dessen er verlangen kann, daß der Prätor ihm die Actio gewähre. Hat er sie erlangt, so handelt es sich im Gerichte nicht mehr darum, das Recht zu finden, sondern nur darum, zu entscheiden, ob die thatsächlichen Voraussetzungen im vorliegenden Falle vorhanden sind, von deren concretem Dasein der Erfolg der Actio abhängt.

Des historischen Gegensatzes, welcher die römische Actio von der deutschen Klage trennt, war sich das Mittelalter nicht bewußt; und eben weil die specifisch römischen Eigenthümlichkeiten nicht erkannt wurden, war es möglich die Actio zu recipiren. Gewiß nicht in ihrer echt römischen Bedeutung ist sie recipirt, aber in derjenigen, welche nach Abstreifung des specifisch Nationalen übrig bleibt. In dieser Umdeutung ist die Actio das zur Verfolgung gerüstete subjective Recht, das Recht des Subjects, formulirt als Grund seines gerichtlichen Begehrens. In diesem Sinne hat schon der Glossator Placentinus († 1192) das Wesen der Actio sich zurecht gelegt[1]).

1) Bethmann-Hollweg, der Civilproceß 6, 22 ff.

In den Actionen sind die subjectiven Rechte für den gerichtlichen Gebrauch formulirt, und die Ueberlegenheit, welche durch dieses Product juristischer Technik dem römischen Rechte gegeben ward, mußte dem deutschen Praktiker unmittelbar entgegentreten. Denn hier lag zu festen Typen ausgebildet vor, was das deutsche Recht nur in verschommenen Umrissen zeigte. Sie enthalten die Rechtsbegriffe in scharfer Sonderung und zwar zugleich in der zur gerichtlichen Durchführung geeigneten Gestalt. Die praktische Einführung des römischen Rechts, welche zuerst nur sporadisch in der Anwendung einzelner Rechtssätze erschienen ist, bricht sich breite Bahn durch die Actio, welche man zu Klagformeln, Formulare für die Begründung von Klagen, umgestaltet.

**4.** Aehnlich wie um drei Jahrhunderte früher die Glossatoren die praktische Einführung des römischen Rechts zuerst und vor allem durch Schriften über die Actionen zu befestigen bemüht gewesen waren[1]), so erscheint im Anfange des 15. Jahrhunderts in Deutschland als das erste und wirksamste Rechtsbuch für die Praxis das umfassende Werk, welchem später der treffende Name „der richterliche Klagspiegel“ beigelegt worden ist[2]).

Es scheint dieses Werk ursprünglich keinen Titel geführt zu haben; weder die einzige bekannte Handschrift noch der älteste Druck trägt eine Ueberschrift. Die späteren dem 15. Jahrhundert angehörenden Ausgaben nennen sich: „Ein neu geteutscht Rechtsbuch gezogen aus geistlichen und weltlichen Rechten“ und „Clag, Antwort und ausgesprochene Urtheil gezogen aus geistlichen und weltlichen Rechten“. Erst die von Sebastian Brant in Straßburg 1516 (fol.) veranstaltete Ausgabe trägt den oben angegebenen, seitdem beibehaltenen Titel.

Ein unbekannter Verfasser hat dieses „geteutschte Rechtsbuch“ im Anfange des 15. Jahrhunderts zu Schwäbisch-Hall geschrieben; es hat seinen Einfluß auf die Praxis vor Erfindung

1) Bethmann-Hollweg a. a. O. 6, 18 f.

2) Ausführliches bei Stintzing, Gesch. d. popul. Literatur 6. Kapitel.

der Buchdruckerkunst begonnen[1]). In Handschriften verbreitet erlitt es mancherlei Verunstaltungen. In solcher corrumpirten Gestalt ist es im 7. oder 8. Jahrzehnt des 15. Jahrhunderts zuerst gedruckt worden: im Manuscript war die ursprüngliche Ordnung durch Blattversetzungen gestört und manche zusätzliche Randbemerkung in den Text gerathen. Die gedruckten Ausgaben, deren bis zum Jahre 1500 fünf erschienen sind, geben den Text mit denselben Corruptionen; und auch Brant hat nichts daran gebessert, eben so wenig alle auf die seinige folgenden zahlreichen Ausgaben.

Der Verfasser, mit den ihn umgebenden Verhältnissen des bürgerlichen Lebens wohl vertraut, ein gelehrter Praktiker, der namentlich städtische Verfassung und Gewohnheit, aber auch das platte Land aus eigener Erfahrung kannte, ist tief durchdrungen von dem Unheil der in den Gerichten herrschenden Unwissenheit und Willkür. Ordnung und Rechtssicherheit erwartet er von der Anwendung des geschriebenen kaiserlichen und geistlichen Rechts, ohne jedoch für dasselbe ausschließliche Gültigkeit in Anspruch zu nehmen, indem er den guten Gewohnheiten und Statuten bereitwillig ihr Ansehen zugesteht. Er will nur „nützliche Lehren geben, wie man sich im Gericht halten soll, so viel zu täglicher Uebung noth sei, damit die Finsterniß der Unwissenheit hingelegt und das gemeine Recht offenbar werde".

Das Werk, ein mäßiger Foliant, zerfällt in zwei „Tractate", von welchen der bedeutendere erste civilrechtlichen Inhalts ist, der zweite das Criminalrecht und den Criminalproceß enthält.

Dem ersten Tractat liegt das Werk des Roffredus Epiphanii aus Benevent († nach 1243) de libellis juris civilis[2]) zu Grunde. Ausgiebig benutzt aber ist außerdem der im Jahre 1259 vollendete Commentar zum Institutionentitel de actionibus von Johannes

1) Die Richtigkeit dieser Zeitbestimmung wird auch nicht durch die Bemängelung der zwingenden Kraft einzelner Beweisgründe von E. Brunnenmeister, die Quellen der Bambergensis 1879 S. 148 erschüttert.

2) Vgl. über ihn Savigny, Gesch. d. röm. Rechts im M.A. 5, 184 ff. Bethmann-Hollweg, Civilproceß 6, 35 ff.

de Blanosco. In der Reihenfolge, welche Roffredus im Anschluß an den Arbor actionum des Johannes Bassianus († c. 1200) einhält, erörtert unser Rechtsbuch die einzelnen Klagen, indem es ihre thatsächlichen und rechtlichen Voraussetzungen mit kurzen Worten aufzählt, mit Allegationen des Corpus Juris belegt und dann Beispiele von Libellen oder Klagformulare aufstellt. Im Ganzen sind die Stücke wörtlich aus Roffredus übertragen. Allein der Verfasser erhält sich doch seinem Vorbilde gegenüber eine gewisse Selbständigkeit, indem er die Verschiedenheit der Ziele nicht vergißt. Roffred hatte die Absicht, ein zwar praktisch brauchbares, aber doch gelehrtes Buch zu schreiben, für dessen Benutzung er ein gewisses Maß theoretischer Kenntnisse voraussetzt, welches in Italien durch Bildungsanstalten und Literatur verbreitet war. Unser Verfasser dagegen weiß, daß diese Voraussetzung bei seinen Landsleuten nicht zutrifft. Er schreibt für ein ungelehrtes Publicum, dem er ein leicht faßliches Handbuch zum praktischen Gebrauch schaffen will. Er fügt daher seinen Klagformeln elementare Belehrungen, die er zum Theil den Institutionen entlehnt, ein, übergeht die schwierigen Erörterungen Roffreds und verweist bei subtilen Fragen und Specialitäten auf die gelehrte Literatur oder an den Rath der Gelehrten.

Aehnlich ist die Behandlung der Materien des Strafrechts und Strafprocesses im zweiten Tractat, nur fehlen hier die Klagformeln und die Darstellung hat eine mehr dogmatische Form. Die Grundlage bildet theils das Werk des Roffred Libelli de jure pontificio (P. VII), theils Azo's Summa zum Codex; daneben aber werden zahlreiche andere italienische Juristen benutzt[1]).

---

1) Die Quellen dieses zweiten Tractats untersucht Brunnenmeister, die Quellen der Bambergensis (1879) S. 146 f., und bestätigt durch specielle Nachweisungen, daß, wie ich (Gesch. d. popul. Lit. S. 389) sagte, „die Darstellung im Ganzen der Summa des Azo folgt". Selbst wenn aber, wie Br. meint, seine „eingehende Quellenangabe" ein von meinem Urtheil über den Klagspiegel abweichendes Resultat ergäbe, so würde sich dieses doch nur auf den von ihm untersuchten, verhältnißmäßig untergeordneten zweiten Tractat beziehen.

Die Tendenz des Verfassers geht dahin, das römische Recht für die Praxis zu lehren, und das deutsche Recht findet daher nur geringe Berücksichtigung; die deutschen Rechtsbücher werden gar nicht erwähnt. Wohl aber wird der deutschen Gewohnheit und den Statuten Geltung eingeräumt und mancher Satz des römischen Rechts als unanwendbar bezeichnet. Allein die Grenzen seiner Gültigkeit sind dem Verfasser unklar und unsicher. Von der bindenden Kraft des kaiserlichen Rechts ausgehend, ist er geneigt, die römischen Institute im deutschen Leben wiederzufinden, und die Verwischung der Unterschiede wird dadurch befördert, daß er als Uebersetzer sich bemüht, nach entsprechenden deutschen Ausdrücken für römische Institute zu suchen: denn mit der Gleichheit des Namens scheint auch die Gleichheit der Sache gegeben. Von der Praxis seiner Zeit giebt er namentlich im strafrechtlichen Theil Kunde, indem er sie bald anerkennt, bald als unvernünftig und mit geordneter Rechtspflege unverträglich bekämpft.

Der Einfluß des Klagspiegels auf die Einführung des römischen Rechts in die Praxis des 15. Jahrhunderts läßt sich zwar in Einzelheiten nicht nachweisen, wohl aber im Allgemeinen erschließen. Wer mit einer nach seinen Anweisungen formirten Klage vor Gericht auftrat und sich auf die Autorität des geschriebenen Rechts berufen konnte, besaß schon dadurch ein Uebergewicht, dem der Schöffe nur dann Widerstand zu leisten vermochte, wenn es in einer völlig klaren Sache um die Anwendung eines unzweifelhaften Satzes des heimischen Rechts sich handelte. Wo Unklarheit und Zweifel bestand, wird sich der Schöffe gern oder ungern der Ueberlegenheit der fremden Rechtsbelehrung gefügt haben, die er den Parteivorträgen entnahm oder von dem rechtsgelehrten Gerichtsschreiber empfing. Und wenn es zu den Kunstgriffen der Procuratoren gehörte,. diesen Zustand des Schwankens hervorzubringen, so war doch die zunehmende Unzulänglichkeit des Schöffenthums keine bloß künstlich gemachte, sondern ein Symptom seines inneren, durch die geschichtliche Entwicklung begründeten Verfalls.

Der hier geschilderte ist einer der stillen Wege, auf welchen die fremden Rechte ihren Eingang fanden.

5. So lange das Schöffenthum in voller ungeschwächter Kraft dastand, mochte es fremdartige Einwirkungen ablehnen. Man kann auch in dieser Zeit von Lücken des deutschen Rechts nicht reden, da es ein in stetem Flusse befindlicher Stoff ist, den das Urtheil der Schöffen fortbildet, indem es jederzeit den für den einzelnen Fall erforderlichen Rechtssatz findet und erzeugt. Allein es kam die Zeit, in welcher die Lebenskraft des Schöffenthums versiegte.

Der schöpferische Trieb pflegt in allen Gebieten schnell zu erlöschen, sobald er einmal Muster vorfindet, durch deren Nachahmung er seine Bedürfnisse decken kann[1]): und mit ihm erstarb auch die Kraft, welche zum Wesen des Schöffenthums gehört. Die deutschen Rechtsaufzeichnungen waren zu solcher Bedeutung gelangt, daß selbst den Schöffen eine gewisse Buchgelehrsamkeit zugemuthet werden mußte; daneben standen die fremden Rechte, aus denen man sich Raths erholen konnte. Und andrerseits stellten die weiter entwickelten Lebensverhältnisse dem Urtheiler Aufgaben, deren Bewältigung dem Schöffenthum nur durch gesteigerte Kraft der Production möglich gewesen wäre. Allein nach dem natürlichen Lauf der Dinge war es hier an die Grenze seiner geschichtlichen Aufgabe gelangt. Denn es ist nun einmal so, daß eine fortgeschrittene Kultur complicirte Lebensverhältnisse in sich trägt, zu deren rechtlicher Auffassung, Ergründung und Beurtheilung das Wissen und Meinen des ungeschulten Denkens nicht ausreicht; Fragen hervorbringt, die das subjective Rechtsgefühl gar nicht oder nur in einseitiger Befangenheit zu beantworten weiß. Selbst in dem vor allen übrigen traditionell hervorragenden Schöffenstuhl zu Magdeburg tritt im 15. Jahrhundert die Unfähigkeit zu Tage, den wirthschaftlichen Bedürf-

1) Lotze, Mikrokosmus 3, 63.

nissen der aufstrebenden Entwicklung zu genügen [1]). Und schon die seit dem 14. Jahrhundert entstandene Literatur zeigt die Symptome des herannahenden Verfalls und bereitet die Wendung vor. Die Werke Joh. von Buch's, N. Wurm's, Johanns von Brünn, Theodorichs von Bocksdorf sind darauf berechnet, dem Schöffenrechte Festigkeit zu gewähren und ihm durch Ergänzung aus dem römischen Rechte aufzuhelfen. Sie beweisen die Ueberzeugung der Praktiker von der Unzulänglichkeit der Schöffenweisheit; sie muthen dieser zu, sich nach dem geschriebenen Rechte zu formen, und fördern so, indem sie die Rechtsproduction als bereits gethane Arbeit zeigen, das Erlahmen des schöpferischen Triebes.

Das 15. Jahrhundert ist erfüllt von dem Ringen der Sätze des Corpus Juris mit der Spruchweisheit der Schöffen. Man kann es bezeichnen als einen Kampf des heimischen Rechts mit dem fremden. Allein man trifft das Wesen der Sache nicht, wenn man die ungelehrten Richter als die Vertreter des nationalen deutschen Bewußtseins gegen eindringende Fremdherrschaft charakterisirt. Denn einestheils war, wie wir sehen, die Aufnahme der fremden Rechtssätze zum guten Theil eine spontane; anderntheils kann im Mittelalter weder von einem national-deutschen Rechtsbewußtsein in unserm Sinne dieses Worts, noch von der Empfindung eines so tiefen Gegensatzes geredet werden. Die Autoritäten, auf denen nach herrschender Vorstellung das römisch-kanonische Recht beruhte, erschienen nicht als fremde, sondern waren tief mit den geschichtlichen Ueberlieferungen, mit der gesammten Entwicklung der Nationen verwachsen, waren Elemente des Kulturlebens und des politischen Daseins. Das deutsche Recht aber stand ihm nicht als einheitliches nationales Gebilde

1) Martitz S. 67. 372. Böhlau S. 24. 36. Stobbe, Krit. Vierteljahrsschrift 11, 21 ff. — Das Zutreffende der hier gegebenen Darstellung im Allgemeinen wird auch nicht durch die Thatsache widerlegt, daß man an einzelnen Orten, wie z. B. in Lübeck (v. Duhn, deutsch-rechtl. Arbeiten Abth. 2), recht wohl mit dem Stadtrechte auskommen zu können meinte.

gegenüber; denn nur auf particularem Bewußtsein ruhte es, nur in particularer Gestalt war es aufgezeichnet und nur in particularer Uebung führte es sein Dasein. Was in dem einen Gebiete galt, war schon in dem benachbarten ein Fremdes; und nicht in höherem Grade fremd erschien das Recht, welches von den Autoritäten gesetzt war, die über dem gesammten weltlichen und geistlichen Leben in anerkannter Hoheit bestanden. Für den Schöffen lag darin kein wesentlicher Unterschied; und wie er sich dem kaiserlichen Recht bequemte, so sehen wir ihn andrerseits die Anwendung der Landesbräuche und Statuten anderer Gebiete ablehnen [1]).

Es darf endlich nicht übersehen werden, daß es sich bei der Reception gar nicht um das reine römische Recht handelte, sondern um die Gestalt desselben, welche es in der italienischen Theorie und Praxis erhalten hatte. Der Sache nach recipirte man nicht das Corpus juris, sondern die Ergebnisse der Literatur der Postglossatoren, in welcher Justinians Gesetzgebung zu einem halbmodernen Rechte umgebildet war. Die schärfsten Gegensätze zum germanischen waren darin beseitigt oder verhüllt; das Ganze erschien als eine in lebendiger Uebung stehende Rechtspraxis.

**6.** Ein anderer Gegensatz aber ist es, welcher in dem Kampfe der fremden Rechte mit dem einheimischen zum Austrag kommt. Die geschichtliche Veränderung, welche sich vollzieht, liegt nicht bloß darin, daß neue und fremde Rechtssätze in den Gerichten zur Anwendung gebracht werden; sondern darin, daß das Wesen der Rechtsprechung selbst eine principielle Umgestaltung erfährt. Aeußerlich manifestirt sich diese durch das Eindringen der Gelehrten in die Gerichte; der Juristenstand bildet sich und tritt an die Stelle der Schöffen. Allein das innere Wesen dieses Vorganges besteht nicht in dem Wechsel der Personen; sondern das Absterben des Schöffenthums ist das Erlöschen des

1) Stobbe, Rechtsquellen 2, 67. Krit. Vierteljahrsschrift 11, 22. Böhlau a. a. O. 9, 14 ff.

Princips autonomer Rechtsfindung. An die Stelle des nach subjectiver Ueberzeugung gefundenen Rechts tritt die formale Autorität des geschriebenen Rechts [1]).

Der gelehrte Richter unterscheidet sich vom Schöffen nicht bloß durch das Merkmal akademischer Bildung, sondern dadurch, daß dieser in seinem Urtheil das Dasein eines Rechtssatzes bezeugt, den er aus eigenem Bewußtsein und eigener Erfahrung schöpft; jener dagegen ein Recht, welches außer ihm da ist, dessen Kenntniß er sich von außen her angeeignet hat, auf den einzelnen Fall zur Anwendung bringt [2]). Das Urtheilen des Schöffen ist daher zugleich Rechtsproduction: er bildet das Recht nach seiner Ueberzeugung. Das Urtheilen des gelehrten Richters ist reine Anwendung gegebener Normen: er bildet seine Ueberzeugung nach dem Recht. Sein Urtheilen ist erst die technische Thätigkeit des Juristen: die logische Subsumtion des einzelnen Falles unter die objectiv feststehende Rechtsregel. Daher liegt in der Umwandlung zugleich der Sieg eines neuen Princips: die Unterordnung unter eine außerhalb des Richters stehende formal bindende Rechtsautorität.

Schon längst war dieses Princip in der geistlichen Gerichtsbarkeit durchgeführt. Der Organismus und die Disciplin der Kirche hatten frühzeitig den Richter der freien Rechtsfindung beraubt und ihn an die Satzungen des kanonischen Rechts gebunden. War doch selbst das sittliche Gebiet, dem Zuge der formalen Autorität folgend, im forum conscientiae des Beichtstuhls der äußeren Satzung unterworfen. Die Uebertragung dieses Princips auf die weltlichen Gerichte ist schon lange vorbereitet durch die immer steigende Aufzeichnung der Sätze des deutschen Rechts, welche, wenn auch nicht formal, so doch thatsächlich bindende Normen werden. In die Rechtsprechung der Oberhöfe

1) Ueber diesen Proceß, der sich analog in der Rechtsentwicklung aller Völker wiederholt und überall dieselben theils berechtigten, theils unberechtigten Klagen hervorruft, vgl. Ihering, Geist des röm. Rechts 2, 34 ff.

2) Planck, das d. Gerichtsverfahren im M.A. 1, 315 ff.

dringt mehr und mehr das Element der juristischen Subsumtion unter geschriebene Normen ein, dem die anwachsende Literatur über die Rechtsbücher Vorschub leistet. So ist denn auch hierin der Uebergang zur modernen Gestaltung der Rechtspflege nicht im Sprunge geschehen. Aber vollendet hat er sich im Zusammenhange mit der Ausbildung des modernen Staats, die eine fundamentale Umwandlung der Gerichtsverfassung zur Folge hat.

Nach altdeutscher Gerichtsverfassung ist „Richter" nicht der Urtheiler, sondern derjenige, welcher kraft eigener Gerichtsbarkeit oder im Auftrage des Gerichtsherrn das Gericht „hegt"; nicht er, sondern die Schöffen finden das Urtheil. Mit der Steigerung und Ausbildung der landesherrlichen Autorität aber zieht allmählich der zum Richter gesetzte landesherrliche Beamte die Function des Urtheilers an sich; er wird zum Richter im heutigen Sinne des Worts. Die Rechtsprechung geht von dem Schöffenthum über an das sich jetzt bildende Beamtenthum[1]).

Drei Klassen von Beamten sind es meistens, denen wir auf dem platten Lande der Territorien begegnen: der Amtmann (Landvogt, Drost) als Stellvertreter des Landesherrn, berufen die Verwaltung, Polizei und Oberaufsicht in seinem Bezirke, dem „Amt", zu handhaben; der Rentmeister (Kastner oder Keller), dem die Erhebung der landesherrlichen Einkünfte, das Rechnungswesen, auch die Vertretung des Amtmanns als „Amtsverwalter" übertragen ist; endlich der Schultheiß (Centgraf, Vogt, Richter), der vom Landesherrn ernannte Vorsteher des Gerichts, das zwar noch aus den Schöffen besteht, allein auch sie werden schon im Anfange des 16. Jahrhunderts vielfach von dem Landesherrn durch den Beamten ernannt. Nicht gleichmäßig, sondern in mannigfaltiger Gestaltung ist dies System der Aemter durchgeführt; wir finden sie bald verbunden, bald getrennt, bald voll-

1) Stölzel, die Entwicklung des gelehrten Richterthums in den deutschen Territorien. 2 Bde. 1872. Isaacsohn, Gesch. d. preuß. Beamtenthums Bd. 1. 1874. Stintzing in v. Sybel's Hist. Zeitschrift 29, 409 ff. 1873.

ständig, bald nur einzeln besetzt; überall aber wiederholt sich, wenn auch in verschiedener Weise und in verschiedenen Zeitabschnitten, die Erscheinung, daß die richterliche Function den Beamten zufällt. Schon U. Tengler, ein glaubwürdiger Zeuge für die Praxis seiner Zeit, behandelt in seinem Laienspiegel (Ausgabe von 1511 Bl. 3, b. 4, a) die Schöffen als „Rathgeber" und „Beisitzer" des Richters, der mit ihnen beim Urtheilen zusammenzuwirken hat und zwar bald so, daß er das Urtheil nach Berathung mit ihnen spricht, bald so, daß er bei Meinungsverschiedenheit den Ausschlag giebt. In manchen Territorien z. B. in Hessen hat sich jedoch diese Theilnahme des Richters am Urtheilen erst im Anfange des 17. Jahrhunderts herausgebildet.

Aehnlich gestalten sich die Verhältnisse in den Städten. Inhaber der Gerichtsbarkeit ist entweder der Landesherr oder in den freien Städten der Rath; Richter ist der von ihm ernannte Schultheiß. In den landesherrlichen Städten nimmt der Rath eine ähnliche Stellung ein wie auf dem platten Lande der Amtmann. Das Gericht besteht aus den Schöffen, welche bald ein Collegium neben dem Rath bilden, bald Mitglieder desselben sind. In den größeren Städten finden sich gewöhnlich mehrere Gerichte neben einander mit örtlich oder anderweitig begrenzter Competenz. Auch in den städtischen Gerichten vollzieht sich die Umgestaltung, welche der Laienspiegel bezeugt.

Mit dem Absterben der richterlichen Thätigkeit der Schöffen steht das Vordringen der fremden Rechte in Wechselwirkung. Je mehr ihre Geltung vertreten, ihre Anwendung in den höheren Gerichten durchgeführt, daher von den Parteien und ihren Procuratoren in den unteren Instanzen gefordert wurde, desto unbehaglicher mußte sich der Schöffe fühlen. Man suchte sich zu helfen durch Beiziehung rechtsgelehrter Schreiber, die mit ihrer Kenntniß des geschriebenen Rechts dem Schöffen zu Hülfe kommen sollen, damit er nicht in rathlosem Schwanken den rabulistischen Sachwaltern preisgegeben sei. Seit dem Ende des 14. Jahrhunderts nehmen die Städte[1]) Rathsconsulenten in ihren Dienst, die zugleich als Beisitzer des Stadtgerichts fungiren; in Lübeck wird sogar schon 1270 ein gelehrter Stadtschreiber angestellt. Auf dem Konstanzer Concil wird der Vorschlag gemacht, daß jede Stadt Rechtsgelehrte in ihren Dienst nehmen möge. Ist die Stadt zugleich der Sitz einer Universität oder diesem benachbart, so pflegt sie unter den rechtsgelehrten Professoren ihren juristischen Beistand auszuwählen. Seit dem Ende des 15. Jahrhunderts ist wohl keine ansehnliche Stadt in Deutschland ohne einen gelehrten Stadtschreiber, Consulenten oder Syndicus. Auch auf dem platten Lande sieht man sich nach solcher Hülfe um, und wo die Mittel eines einzelnen Gerichts nicht ausreichten, da vereinigten sich wohl mehrere, um einen Schreiber gemeinsam zu besolden und sich nach Gelegenheit seiner zu bedienen. Sollte der Schreiber auch zunächst nur Rath ertheilen, das gefundene Urtheil redigiren und in das Urtheilsbuch eintragen, so mußte doch die Ueberlegenheit seiner Bildung dahin führen, daß er thatsächlich das Urtheil machte.

Gerne wählten die Schöffen in ihrer Verlegenheit diesen bequemen Ausweg. Allein wir finden auch, daß sie bei auswärtigen Rechtsgelehrten Raths erholen oder sich an die nächste Autorität, den rechtsgelehrten Beamten, wenden; und seitdem dieser bei der Fällung des Urtheils mitwirkt, ist es thatsächlich er, der es findet.

Wenn so die Rechtsprechung den Händen der Schöffen entgleitet, so zeigt sich daneben die andere merkwürdige Erscheinung, daß die Parteien ihnen den Rücken wenden. Das Vertrauen zu den Schöffengerichten schwindet; ihre Organisation, welche sie nicht zu ständig functionirenden Behörden gestaltet, sondern sie nur periodisch zusammentreten läßt, erschwert die Rechtsverfolgung. Die Parteien gewöhnen sich, den stets bereiten

---

1) Stobbe, Rechtsquellen 1, 643 f.; 2, 59 f. Kritische Vierteljahrsschrift 11, 16 f.

und zugänglichen landesherrlichen Beamten, bei dem sie sichere und schnelle Entscheidung erwarten dürfen, als Schiedsrichter anzurufen und das Schöffengericht zu umgehen. In ausgedehntem Umfange und in der mannigfaltigsten Gestalt entwickelt sich diese compromissarische Jurisdiction der Beamten unter Begünstigung der Landesherren; und selbst da, wo das Schöffengericht noch in alter Verfassung als das ordentliche Forum bis in neuere Zeiten hinein erhalten bleibt, verkümmert seine Bedeutung neben der von den Parteien gesuchten Rechtspflege der Beamten[1]). Die im 15. Jahrhundert so weit verbreitete Sitte compromissarischen Verfahrens hatte häufig geradezu den Zweck, die Anwendung des römischen Rechts zu sichern und die Entscheidung unter diese Autorität zu stellen, indem man einen gelehrten Doctor als Schiedsrichter erwählte. Allein eben so oft ist es den Parteien nur um die persönliche Autorität und Gewalt des Schiedsrichters zu thun. Wie der gemeine Mann sich an den landesherrlichen Beamten wendet, so wählen angesehenere Parteien den Inhaber der Gerichtsbarkeit selbst, den Herzog, Bischof, Stadtrath, zum „Korrichter", der dann das Urtheil nicht selbst zu finden pflegt, sondern von einem Schöffenstuhl oder einer juristischen Facultät einholt[2]).

Am schärfsten und klarsten zeigt sich die Ausbildung des gelehrten Richterthums in den höheren Instanzen, und zwar vollzieht sie sich mit der gleichzeitigen Ausbildung der Appellation. Ihre Durchführung ruht auf dem Gedanken eines Subordinationsverhältnisses unter den Gerichten, der in Rom ein Product des Principats war und in Deutschland an der Hand der steigenden und sich consolidirenden Fürstenmacht Raum und Eingang gefunden hat. Sie setzt das dem Schöffenthum fremde Princip

1) Stölzel a. a. O. 1, 238 ff. Stintzing, zur Geschichte des röm. Rechts in Deutschland in v. Sybel's Historischer Zeitschrift 29, 416 ff. Ott, Beiträge S. 142 f.

2) Böhlau, Zeitschrift für Rechtsgeschichte 8, 193 f.; 9, 40 f. Ott, Beiträge S. 135 ff.

der Gebundenheit durch fixirte Normen voraus, da sie die Prüfung der richtigen Subsumtion des einzelnen Falles unter die Norm bezweckt.

Von der allgemeinsten Bedeutung ist hier die Einsetzung des „kaiserlichen und Reichs-Kammergerichts“ durch den Reichsabschied zu Worms von 1495, das am Gallustage (16. Octbr.) desselben Jahrs zu Frankfurt a. M. eröffnet wurde, bestimmt als erste Instanz für die Reichsunmittelbaren, als Appellationsinstanz für die Angehörigen der Territorien und Reichsstädte zu fungiren. An der Spitze steht der Kammerrichter, der Fürst, Graf oder Freiherr sein sollte; das Collegium besteht aus 16 „Urtheilern“ (Assessoren oder Beisitzern), deren eine Hälfte Doctoren („der Rechte gelehrt und gewürdigt“), deren andere Hälfte „auf das geringst aus der Ritterschaft geboren“ sein sollen. Ihr Eid verpflichtet sie nach „des Reichs gemeinen Rechten“, aber auch nach „redlichen, ehrbaren und leidenlichen Ordnungen, Statuten und Gewohnheiten der Fürstenthümer, Herrschaften und Gerichte“ zu urtheilen. Allein es lag in der ganzen Stellung des Gerichts, dem die Kenntniß particulärer Rechte wenig zugänglich sein konnte, daß in seiner Rechtsprechung das römisch-kanonische Recht in solchem Grade überwog, daß man nicht ohne Grund seine Einsetzung als ein entscheidendes Moment für die Reception des römischen Rechts bezeichnet.

In den Territorien trat die Appellation an die Stelle des alten Rechtszuges an die Oberhöfe. War es von Alters her gebräuchlich, daß das Schöffengericht einer Stadt sich in Zweifeln, sei es auf Antrag einer Partei oder aus eigenem Entschluß, an den Schöffenstuhl derjenigen Stadt, deren Recht sie durch Bewidmung empfangen hatte, wendete, um Belehrung zu empfangen oder den Proceß selbst durch jenen entscheiden zu lassen; so bildete sich dieses Verfahren unmerklich um zur Appellation, die schon längst in den geistlichen Gerichten zur Durchführung gekommen war.

Allein die überlieferte Stellung der Oberhöfe und selbst die des neugeschaffenen Reichskammergerichts war schwer zu vereinigen mit den auf territoriale Absonderung und Unabhängigkeit gerichteten Strebungen der Fürstenmacht, die jeden Einfluß auswärtiger Autoritäten eifersüchtig fern zu halten bemüht sein mußte. Gegen die Jurisdiction des Reichskammergerichts suchte man sich durch Erwirkung der privilegia de non appellando zu sichern. Den Rechtszug an „ausländische" Oberhöfe, wie dieser z. B. in den Städten des Kurfürstenthum Sachsen und der Markgrafschaft Brandenburg an den Schöffenstuhl zu Magdeburg ging, untersagte man durch landesherrliche Verfügungen. Allein um solchen Maßregeln den Erfolg zu sichern, war es nothwendig, einen Ersatz zu bieten durch Aufstellung inländischer, der fürstlichen Macht untergebener Autoritäten. Es ergingen daher landesherrliche Verfügungen, welche Schöffen und Parteien an die Obrigkeit, die fürstlichen Räthe oder an die juristische Facultät der Landeshochschule wiesen, um hier Rath und Urtheil einzuholen. Wichtiger aber war es, daß die Landesherren zur Concurrenz mit dem Reichsgerichte und der auswärtigen Oberhöfe seit dem Ende des 15. Jahrhunderts die Hofgerichte und Oberhofgerichte als höhere Instanzen in ihren Territorien einsetzten. Sie waren zum Theil nur Umgestaltungen der alten Lehnhöfe und Mannengerichte, die, zur Hälfte mit Adeligen besetzt, für Rittermäßige als erste Instanz fungirten, zur andern Hälfte mit gelehrten Beisitzern versehen wurden und für die übrigen Stände als Appellationsinstanz zu sprechen hatten.

Gleichzeitig bildet sich an den Fürstenhöfen die „Canzlei", das Collegium der fürstlichen Räthe, welche dem „Canzler" des Fürsten beigegeben wird. Denn wie der Kaiser längst seinen Kanzler hielt, so findet dieser höchste Regierungsbeamte auch bei den Fürsten seinen Platz. Die weitere Ausbildung der Verwaltung, die Häufung der Geschäfte nöthigt zur collegialen Gestaltung der Behörde. Und hier wiederholt sich dieselbe Erscheinung, welche wir bei den Untergerichten wahrnahmen: wie das Amt dem Schöffengericht, so macht die Kanzlei dem Hofgerichte Concurrenz; die Parteien suchen diese als die ständig amtirende und daher leichter zugängliche und expeditere Behörde zu schiedsrichterlicher Entscheidung, und das mehr bureaukratisch organisirte Collegium trägt über das lockerer gefügte, nur periodisch fungirende Gericht den Sieg davon; hin und wieder wird die Kanzlei mit dem Hofgericht combinirt oder zur dritten Instanz erhoben. Und schließlich ist noch der Jurisdiction der commissarischen Richter zu gedenken, welche Kaiser und Landesherrn nach päpstlichem Vorbild als judices delegati je nach Bedürfniß zu ernennen pflegten. Auch in dieser Gestalt kommt die Jurisdiction der rechtsgelehrten Beamten zur Geltung.

7. In dem Absterben des deutschen Schöffenthums wiederholt sich das Bild, welches die Umgestaltung des römischen Gerichtswesens unter dem Einflusse des Principats darbietet. Aus dem magistratus populi Romani, der nur das judicium ordinirte, in welchem der judex privatus das Urtheil zu fällen hatte, wird der kaiserliche Beamte; und indem die Ausnahmsfälle, in denen jener extra ordinem durch Decret eine Streitsache entscheiden durfte, sich stätig vermehren, fällt unter dem Absterben des alten ordo judiciorum privatorum im 3. Jahrhundert dem Beamten als kaiserlichem Richter die Urtheilsfindung zu. Wie im römischen Reich der Gegensatz von jus dicere und judicare seinen Sinn verliert und zu Einer Function zusammenfließt, nachdem seit Hadrian die viva vox juris civilis des Prätors verstummt, sein Edict in codificirtes Recht umgewandelt und den Rechtssprüchen der kaiserlichen Juristen bindende Autorität beigelegt worden ist; so geht in Deutschland unter dem Ersterben altgermanischer Autonomie, dem Erstarken der Autorität des geschriebenen Rechts und der aufstrebenden Staatsgewalt, aus der Vereinigung des Richters und des Urtheilers in eine Person der „Richter“ im heutigen Sinne des Worts hervor.

Es ist also die Entstehung des modernen Staats eine Grundbedeutung dieses geschichtlichen Vorgangs, bei dem das römische Recht nicht als Ursache, wohl aber als wesentlich mitwirkender Factor erscheint. Denn sein gefördertes Studium liefert den geschulten Beamtenstand; sein Vordringen in der Praxis giebt diesem das Uebergewicht in der den Schöffen entwachsenen und verleideten Justiz; seine Grundsätze über die Rechte des princeps gewähren dem Landesherrn die erwünschte Stütze und Förderung zur Ausbildung der neuen Staatsordnung.

Daß die Staatsbildung in Deutschland eine territoriale, particularistische war und sich auf Kosten der Autorität des Reichs vollzog, hat seinen Grund in geschichtlichen Verhältnissen, die dem Wesen des römischen Rechts fremd sind. Ruhte doch gerade umgekehrt die Autorität desselben in Deutschland ursprünglich auf der centralen, kaiserlichen. Die Männer, welche im 15. Jahrhundert seine Anwendung theoretisch begründeten und forderten, P. von Andlau, Seb. Brant u. A., erwarteten von ihm, als dem kaiserlichen, die Kräftigung der kaiserlichen Macht als der höchsten Rechtsautorität im Reiche; und die Entstehung des Begriffs des „gemeinen Rechts" schuf in der That ein neues, alle Glieder des Reichs zusammenfassendes rechtliches Band. Hätte das Kaiserthum die Kraft besessen, einen deutschen Staat zu bilden, so würde ihm vor allem die Reception des römischen Rechts diejenigen Dienste geleistet haben, welche jetzt die Fürsten und Städte zu ihrem Vortheil verwendeten. An Aufforderungen, sich dieses Hebels zu bemächtigen, hat es nicht gefehlt. An die Klagen über die Verwirrung, in welche das Recht durch die scholastische Wissenschaft gerathen ist, knüpft sich seit dem Anfange des 16. Jahrhunderts regelmäßig das Verlangen, der Kaiser möge als ein neuer Justinian das gemeine Recht des Reichs zur Einfachheit und Klarheit gesetzlich reformiren. In diesem Sinne schreiben Bebel und Cochläus an Zasius (Zas. epist. p. 404. 501). Sebastian Derrer († 1541) erzählt (Jurisprudentiae lib. I. Epist. dedicatoria), daß Maximilian mit dem Plane umgegangen sei, das Civilrecht neu redigiren zu lassen, und schon ein Verzeichniß gelehrter Juristen Deutschlands aufgestellt worden sei, aus denen der Kaiser die Mitarbeiter wählen wollte. Wie Sebastian Derrer, so wendet sich Viglius von Zuichem (Theophil. Institut. graecae. Epist. dedicatoria 1533) an Karl V. mit der dringenden Bitte, das Werk in die Hand zu nehmen; dasselbe Verlangen richtet Joh. Oldendorp (Action. forens. progymnosmata. Epist. dedicatoria 1543) an König Ferdinand, und ähnlichen Aeußerungen begegnen wir bei Cantiuncula, Eisner, Mynsinger, Vultejus u. A. Aehnliches proponirt Peter Loriot dem Kanzler Olivier und fordert Hotomanus in seinem Antitribonian für Frankreich. Das Verlangen nach einer Codification des gemeinen Rechts zieht sich durch das ganze 16. Jahrhundert: und D. Horst legt in den drei Dedicationen seiner Synopsis die Bestimmung des Speyrer R.A. von 1570 (§ 77 „damit ohne alle Veränderung") über die Sammlung und Entscheidung der dubia cameralia als Verheißung und Anfang eines solchen Unternehmens aus. Allein selbst wenn die intellectuelle Befähigung zur Herstellung einer gemeinrechtlichen Codification vorhanden gewesen wäre, so würde schwerlich die politische Macht zu ihrer praktischen Durchführung ausgereicht haben. Nur mit schwerer Mühe langer Jahre gelang es 1532 die Verhandlungen über die Reformation des Strafrechts und Strafprocesses durch Publication der Peinlichen Halsgerichtsordnung zum Abschluß zu bringen, und nicht ohne den Vorbehalt, daß „durch obgemeldte Ordnung Churfürsten, Fürsten und Ständen an ihren alten wohlhergebrachten rechtmäßigen und billigen Gebräuchen nichts benommen" sein solle[1]). Mit viel größerem Nachdruck würde sich die particularistische Eifersucht gegen die einschneidende Codification des Privatrechts aufgelehnt haben. Dagegen nahmen die Fürsten und Städte selbst die reformirende Gesetzgebung in die Hand und übten sie als eine willkommene Gelegenheit, die eigene legislatorische Autorität zu bethätigen und dem Gebiet der selbständigen Herrschaft seine eigenthümliche, dasselbe zusammenfassende und abgrenzende recht-

---

1) Wächter, gemeines Recht S. 30 f. Stobbe, Rechtsquellen 2, 246 ff. Güterbock, die Entstehungsgeschichte der Carolina. 1876. S. 173 ff.

liche Verfassung zu geben. So entstehen denn seit dem Ende des 15. Jahrhunderts die zahlreichen Reformationen der Stadtrechte und die Landrechte in den Territorien, welche darauf ausgehen, das Recht zu fixiren und nach den Grundsätzen des römischen zu ergänzen und mehr oder weniger eingreifend umzugestalten[1]).

8. Man ist geneigt, es zu beklagen, ja man hat es dem römischen Rechte und seiner Wissenschaft zum bitteren Vorwurf gemacht, daß sie dem deutschen Particularismus die Wege bahnte. Allein es darf nicht vergessen werden, daß eben dieser staatliche Particularismus die geistige Befreiung Deutschlands getragen und gesichert hat. Eine damals durchgeführte Concentration des deutschen Staatslebens in der Hand des Kaisers wäre nur auf Kosten der reformatorischen Bewegung möglich gewesen, während die staatliche Organisation der Territorien zwar die Lockerung des Reichsverbandes zur bedauernswerthen Folge hatte, aber in höherem Grade die Befreiung des Staats von der Suprematie der Kirche bedeutete. Und hier liegt der Punkt, auf welchem sich die Reception des römischen Rechts mit der reformatorischen Bewegung der Zeit in ihrer politischen Bedeutung berührt. Denn während nach den Traditionen des Mittelalters die Geistlichkeit im fast ausschließlichen Besitze gelehrter Bildung sich befand, die Rechtsgelehrten in der Praxis wie auf den Kathedern fast ausschließlich Kleriker waren und daher die Kirche mittels dieser ihrer bureaukratischen Disciplin und Gesetzgebung unterworfenen Männer ihren herrschenden Einfluß durch das Staatsleben verzweigte, entsteht jetzt ein weltliches Gelehrtenthum; und der Juristenstand, welcher aus diesem hervorgeht, ist nicht mehr ein Werkzeug kirchlicher Macht, sondern Vertreter weltlicher Autorität, Diener und Beamter des Staats, der durch ihn zum festgefügten Organismus ausgebildet wird.

Das Beamtenthum ist die Form, in welcher sich auf dem politischen Gebiete die Befreiung des Lebens von der Herrschaft

---

1) Stobbe, Rechtsquellen Bd. 2 Abschn 4; s. unten Kapitel 13. 14.

der Hierarchie, die Scheidung der neuen Zeit vom Mittelalter vollzogen hat.

Unter dem Einflusse dieser Umgestaltungen bildet sich die Jurisprudenz zum Lebensberuf heraus; ein weltlicher Juristenstand tritt auf, der nun die leitende Stellung des Klerus übernimmt. Wie bisher nur das Studium der Theologie und die Erlangung der Weihen eine gesicherte Laufbahn begründet hatten, so eröffnet jetzt das Studium der Jurisprudenz mannigfaltige Lebensstellungen. Was Johann Pirkheymer seinem berühmteren Sohne Wilibald (geb. am 5. December 1470) nach Padua schrieb: die Kenntniß des weltlichen und geistlichen Rechts sei unbedingt nothwendig, um als Staatsmann mit Erfolg auftreten zu können, zeigt, wie ein weltkundiger Mann die Lebensverhältnisse beurtheilte. Die in Italien ausgebildete Theorie, daß die Doctoren der Rechte den Adel besäßen, hatte in Deutschland frühzeitig Eingang gefunden[1]). Niemand bestritt, daß sie als milites legalis militiae der vornehmsten und privilegirten Klasse der Ritterbürtigen gleich ständen. Wir finden sie in der Umgebung der Kaiser und Fürsten als Kanzler und Räthe, sie erscheinen als Bevollmächtigte auf den Reichstagen, und zu Verhandlungen aller Art werden sie in politischen Missionen verwendet. So sind sie von den Großen des Reichs umworben; und sprechend bezeichnet eine Anekdote, die Joh. Apell[2]) uns erzählt, die Stellung und den kecken Uebermuth der Doctoren. Ein Fürst, der, erzürnt darüber, daß ein Doctor die Sache seines Gegners verfochten, drohte, ihm künftig ein ungnädiger Fürst sein zu wollen, erhielt zur Antwort: er werde sich bemühen, dem Fürsten künftig ein ungnädiger Doctor zu sein. Und als bald nachher der Fürst in schwierige Lage gerieth, sah er sich genöthigt, den Doctor durch Geschenke und Versprechungen zu versöhnen, der sich aber erst nachdem drei Boten an ihn abgesendet waren, bereit finden ließ, seinen Frieden zu machen.

1) Vgl. Fitting, das peculium castrense S. 583 ff.

2) Isagoge 1541. Reusner, Cynosura 1, 174.

Nicht minder bemühten sich die wohlhabenden Städte um den Dienst der Doctoren, und um sich ihrer zu versichern, sind hohe Herren und Städte bereit, talentvollen jungen Männern die Mittel zum Studium reichlich zu gewähren, wenn sie sich verpflichten, nach vollendeter Ausbildung in ihren Dienst zu treten. Schon im Anfang des 15. Jahrhunderts gab der Rath von Braunschweig Stipendien für Juristen, die in Bologna studiren wollten. Gregor Haloander erhielt für seine Reise nach Italien ein doppeltes Stipendium auf drei Jahre von der Stadt Zwickau, wurde dafür „in das Buch darin man zeicht welchermaaßen des Raths Gesinde ufgenommen" eingetragen und verpflichtete sich in einem noch vorhandenen Reverse, nach seiner Rückkehr dem Rathe auf Verlangen Dienste zu leisten [1]). Fichard erzählt, wie ansehnliche Unterstützungen der Frankfurter Rath ihm zu auswärtigen Studien gegen Uebernahme der Verpflichtung, später in städtische Aemter einzutreten, angeboten habe. Und in gleicher Weise hat das Geschlecht der Fugger sich aus der Geizkofler'schen Familie mit Rechtsconsulenten recrutirt [2]).

Es sind zum Theil sehr wechselnde Functionen, in denen wir die Doctoren finden. Denn noch ist die Entwicklung des Beamtenthums in raschem Flusse, der Aemterschematismus zu wenig ausgebildet, um die Competenzverhältnisse fest abzugrenzen. Die Assessuren am Reichskammergericht, die Professuren an den Universitäten, das Amt des Consulenten, Stadt- und Rathsschreibers oder Syndicus, eben so die Stellung eines fürstlichen Raths und selbst die des Kanzlers wird gewöhnlich nur auf eine Reihe von Jahren übernommen, nach deren Ablauf der Doctor sehr häufig in andere Dienste übergeht. Auch werden die verschiedenen Functionen mannigfaltig combinirt. So ist die Assessur an den Hofgerichten und das Amt eines fürstlichen Raths sehr oft mit der Professur an der Landesuniversität verbunden. Denn

1) Schmidt, Symbolae ad vitam Gr. Haloandri. 1866. p. 18. Flechsig, Gregor Haloander. 1872. S. 13 ff.

2) Wolf, Lucas Geizkofler und seine Selbstbiographie. 1873.

neben den „wesentlichen Räthen“, welche verpflichtet sind, sich beständig am Hofe aufzuhalten, pflegt der Fürst in größerer Zahl „Räthe von Haus aus“ zu ernennen, welche nur in besonderem Auftrage Dienste zu leisten haben. Und mancher Doctor war „Rath von Haus aus“ bei mehreren Fürsten gleichzeitig, fungirte je nach Bedürfniß auf Requisition und unterhielt wohl daneben eine fortlaufende Correspondenz, in welcher er dem Fürsten über wichtige Vorgänge, die zu seiner Kenntniß kamen, im politischen Interesse berichtete. Gesandtschaften in politischen Geschäften, commissarische und gerichtliche Verhandlungen aller Art nöthigten die Doctoren zu einem bewegten Leben auf Reisen, zu denen auch der „Rath von Haus aus“ sich auf Erfordern bereit finden lassen muß; wie denn auch die Bestallungen der städtischen Syndici gewöhnlich die Verpflichtung zum „Reisen“ und „Reiten“ ausdrücklich enthalten. Die Doctoren begleiten, oft in Mehrzahl, ihre Fürsten auf die Reichstage, wo ihnen die Vertretung der Städte ganz übertragen zu sein pflegt.

Aber nicht bloß in förmlich übertragenem Amte übten die Doctoren praktische Thätigkeit, sondern als ein freies Gewerbe ward die Ertheilung von Gutachten betrieben [1]). Seit dem Ende des 14. Jahrhunderts wenden sich Richter und Parteien an namhafte Juristen um Rechtsbelehrung; zuerst finden wir es bei geistlichen Gerichten und Schiedsgerichten, die Respondenten sind Kanonisten. Ein Jahrhundert später beginnt die Spruchpraxis ausgedehnteren Umfang anzunehmen; auch die weltlichen Gerichte nehmen sie in Anspruch. Neben den Professoren finden wir im 16. Jahrhundert Doctoren in andern Aemtern, wie z. B. den Frankfurter Syndicus Fichard, welche die Ertheilung von Consilien als Nebengeschäft betreiben, und Andere, welche ohne amtliche Stellung, wie Kuppener, zeitweilig Val. Forster, M. Kling, Dethard Horst, ganz von dieser Beschäftigung leben.

---

1) Stobbe 2, 75 f. Stölzel 1, 187 ff. Seeger, die strafrechtlichen consilia Tubingensia. 1877. S. 20 f.

In der zweiten Hälfte des 16. Jahrhunderts erreicht die Spruchpraxis der einzelnen Juristen ihren Höhepunkt. Daneben aber hat sich allmählich die Uebung ausgebildet, die Facultäten als Collegien um Consilien anzugehen. Das früheste uns erhaltene Facultätsgutachten scheint ein Erfurter aus dem Ende des 15. Jahrhunderts (Goden, Consilia 1575 No. 79) zu sein; bald mehrt sich ihre Zahl, und seit der Mitte des 16. Jahrhunderts finden sich in den Facultätsstatuten Bestimmungen über ihre Abfassung.

Was sich auf diese Art im Gebrauche herausbildete, ward durch gesetzliche Bestimmungen gefördert und befestigt. Land- und Stadtrechte, welche die subsidiäre Geltung des römischen Rechts anerkennen, schreiben zugleich vor, daß sich die Urtheiler in Zweifelsfällen an Gelehrte, an Universitäten wenden sollen. Und von entscheidender Bedeutung ist es gewesen, daß die P.G.O. vielfach bei Lücken des Gesetzes auf das gemeine Recht und den Rath der Rechtsverständigen verwies, in ihrem Schlußartikel aber für gewisse Fälle ausdrücklich den Richtern befahl, „bei den nächsten hohen Schulen Rath zu suchen“ — eine Bestimmung, welche dann in vielen particulären Strafgerichtsordnungen wiederholt und noch erweitert wurde.

Fast unmerklich entwickelte sich so das Institut der Actenversendung, d. h. die Einrichtung, daß eine Facultät auf Grund der ihr übersendeten Acten statt des einsendenden Gerichts und in dessen Namen das Urtheil verfaßte, welches dann von diesem nur zu verkünden war. Unmerklich war die Veränderung, daß den Gutachten ein formulirtes Urtheil einverleibt oder beigefügt wurde; es lag darin nur eine geschäftliche Erleichterung für die Gerichte. Bedeutender ist der zweite Schritt, daß das Elaborat der Facultät nicht mehr bloß die Bedeutung eines Raths, sondern einer Gericht und Parteien bindenden Entscheidung hat; eine Gestaltung der Sache, welche nur unter dem Einflusse jener gesetzlichen Bestimmungen erfolgen konnte, denen die Bequemlichkeit und Unsicherheit der Gerichte die weiteste Anwendung zu geben geneigt war.

Die Facultäten haben nicht nur die alten Oberhöfe verdrängt, sondern eine viel einflußreichere Stellung als diese gewonnen; und nur dem Namen nach wurden einzelne Schöffenstühle dadurch in ihrem Ansehen erhalten, daß sie wie in Leipzig und Jena mit der Facultät verschmolzen oder wie in Halle und Koburg mit Rechtsgelehrten besetzt wurden.

Für die Universitäten war die Cumulation der Aemter, die Verbindung praktischer Thätigkeit mit dem Lehrberuf von der nachtheiligen Wirkung, daß die Vorlesungen nur mit langen Unterbrechungen gehalten werden konnten. In Ingolstadt tadelt schon 1488 ein amtlicher Erlaß die juristischen Professoren, daß sie die Lesetage zu andern Geschäften verwenden und kaum die Hälfte des Jahres Vorlesungen halten; und fast genau ein Jahrhundert später (1584. 1586) wird derselbe Vorwurf wiederholt[1]). Aus einem handschriftlichen Verzeichnisse der zu Wittenberg vom 24. August bis zum 15. December 1519 gehaltenen juristischen Lectionen geht hervor, daß zwar von sämmtlichen Docenten 6 Stunden täglich angekündigt waren, aber in der That nur in der Zeit vom 17. October bis 11. November täglich in 3 oder 4 Stunden regelmäßig gelehrt wurde, während außerdem das Lesen wochenlang ganz unterblieb oder nur hin und wieder in einer oder zwei Stunden fortgesetzt wurde[2]). Aehnliche Verhältnisse bestanden an andern Universitäten, und wenn auch hier und dort Abhülfe versucht wurde, wie z. B. der Pfalzgraf Ludwig VI. für Heidelberg die Verwendung der juristischen Professoren zu andern Geschäften während der Vorlesungen untersagte und der akademische Senat in Freiburg gegen Mynsinger (1539) einschritt, weil er sich dem Abt von Murbach als Rath verpflichtet hatte, so blieben doch solche Maßregeln gegenüber dem Bedürfnisse der Fürsten und den pecuniären Interessen der Professoren ohne nachhaltige Wirkung. Hatte doch der Pfalz-

1) Prantl, Gesch. d. Ludwig-Maximilians-Universität 1, 73. 310 f.
2) Muther, aus dem Universitätsleben S. 238.

graf Ludwig selbst bei seiner Verordnung für die beiden Pandektisten eine Ausnahme verfügt, da er sie „zu unserer und unseres Fürstenthumbs Geschäften“ gebrauchen wolle. M. v. Ossa[1]) (1556) klagt, daß die „vornehmsten“ Mitglieder der Juristenfacultät in Leipzig „mit andern Geschäften als Schöppenstuhl, vieler Fürsten und Herren Diensten und mit überhäuften Praktiken dermaßen beladen seien, daß sie der Schulen täglich abzuwarten verhindert nur gar selten lesen, dadurch die Scholares treffenlich versäumt werden“. — Zu diesen amtlichen Functionen kam dann die ausgedehnte Spruchpraxis, von deren Umfang die großen Consiliensammlungen des 16. und 17. Jahrhunderts einen greifbaren Maßstab geben (vgl. Kap. 13). Außer den Sammlungen der Consilien verschiedener Autoren sind uns von Zasius, H. Göden, Schürpf, Mynsinger, Wesenbeck, Hartmann und Modestinus Pistoris u. A. Folianten erhalten, in denen die Gutachten nach Hunderten zählen; und gewissenhafte Lehrer wie Zasius und Wesenbeck beklagen sich in Briefen und Reden über den Abbruch, der durch das Respondiren ihrer wissenschaftlichen Thätigkeit geschieht[2]).

Die Beschäftigung mit praktischen Arbeiten, der sich kein Professor der Jurisprudenz in Deutschland entziehen konnte, hat nicht nur auf die Gestaltung der Rechtspflege einen bestimmenden Einfluß zu Gunsten der fremden, gelehrten Jurisprudenz ausgeübt, sondern auch auf die Gestaltung der wissenschaftlichen Thätigkeit zurückgewirkt, indem es ihre hauptsächlichsten Träger in eine überwiegend praktische Richtung drängte. Ohne Zweifel liegt in dieser engen Berührung mit der Rechtsanwendung ein Vorzug, ein Gewinn für die Theorie, sofern sich diese durch die Kenntniß des praktischen Lebens befruchten und vor den Irrwegen der Abstraction bewahren läßt. Und für den akademischen Unterricht war die praktische Erfahrung der Lehrer um so unentbehrlicher, als jenem die Aufgabe gestellt war, den jungen Juristen

1) Testament 1556, herausgegeben von Thomasius, S. 382. 388.

2) Zasii Epist. p. 111. 116. 146. 158. 171. 461. 507. Wesenbeck, Prolegomena. 1563. Oratio de Mudaeo. 1572.

vollständig für die Praxis auszubilden, in die er sofort nach vollendetem Studium übertrat. Allein man entging auch nicht der in solcher Verbindung liegenden Gefahr, daß die Theorie mit den untergeordneten Bedürfnissen der Praxis, diese mit denen der Schule und ihren Gewohnheiten überlastet und gehemmt wurde.

Auch ist es nicht zu verkennen, daß unter dem Uebermaße praktischer Geschäfte denen, welche vor Allen zur Förderung der Wissenschaft berufen waren, der Sinn für die freie Forschung vielfach erlahmte. Wie die praktischen Bildungsziele der alten Lehrmethode des mos Italicus die Herrschaft sicherten (vgl. Kap. 4), so finden wir nicht selten, daß Juristen, welche bei ihrem ersten Auftreten der Wissenschaft ersprießliche Dienste zu leisten versprachen, in späteren Jahren völlig unproductiv werden, und daß lange Zeit der deutschen Jurisprudenz ein gewisses banausisches Gepräge anhaftet und nur bei wenigen Vertretern ein höherer Schwung wahrzunehmen ist.

Es sind indeß nicht bloß die Doctoren in ihren hervorragenden Stellungen, welche bei der Bildung eines Juristenstandes in Betracht kommen, sondern fast noch mehr die weitverbreitete Klasse juristischer Praktiker, welche die summi honores nicht erworben haben. Die kleineren Städte, die niederen Gerichte mußten sich mit Schreibern begnügen, die bescheidenere Ansprüche an Erwerb und Ehre erhoben, und das Personal, deren die fürstliche Justiz und Verwaltung bedurfte, konnte sich nur in seinen Spitzen aus den Doctoren recrutiren. Zu diesen amtlichen Stellungen kamen endlich die freien Gewerbe des Notariats, der Advocatur und Procuratur.

Die Abfassung von Urkunden aller Art ist von Alters her als Gewerbe schriftkundiger Kleriker betrieben worden. Von den Notariatsschulen in Italien drang dann auch die ars notariatus nach Deutschland und fand mit dem schriftlichen Processe und den fremden Rechten immer weitere Verbreitung. Zum Unterschiede von dem gewöhnlichen Schreiber übte der Notar seine Kunst auf Grund höherer Autorisation, welche ursprünglich von

Papst und Kaiser, später, und zwar seit Friedrich III. gewöhnlich, von den kaiserlichen Hofpfalzgrafen ertheilt wurde, auf Grund einer Prüfung, in der ein gewisses Maß juristischer Kenntnisse, namentlich aber Geschäftsroutine gefordert wurde. Kaiser Maximilians Notariatsordnung von 1512 verfügt, daß die Notarien „recht gelehrt sein sollen, aufs wenigst in den Dingen, die solch Notariatsamt betreffen". Auch die Vertretung und der rechtskundige Beistand vor Gericht bildete sich zu einem standesmäßigen Gewerbe heraus. Wenn es früher üblich war, den „Fürsprech" aus den Schöffen zu wählen, so werden seit dem Ende des 15. Jahrhunderts bei den Gerichten „gemeine Redner und Procuratoren" ernannt, wie denn die Kammergerichtsordnungen nur eine gewisse Anzahl geprüfter Advocaten und Procuratoren zuließen. Allein die Rechtsbeistände und gerichtlichen Vertreter bildeten keinen geschlossenen Stand. Im Allgemeinen blieb es den Parteien unverwehrt, sich dieselben nach Belieben zu wählen, soweit nicht positive Schranken gezogen waren. Je mehr aber das Recht und der Proceßgang sich dem Wissen des Volks entzog, desto allgemeiner mußte das Bedürfniß empfunden werden, die Führung der Rechtsstreitigkeiten Rechtskundigen und Rechtserfahrenen anzuvertrauen.

So ungleich nun auch die juristischen Kenntnisse in diesen verschiedenen Stellungen verbreitet sein mochten, so bilden sie und ihre berufsmäßige Verwendung doch das gemeinsame Element, welches deren Inhaber zu einem Juristenstande verbindet, der seit dem letzten Viertel des 15. Jahrhunderts durch Ehren und pecuniären Gewinn steigende Anziehungskraft ausübt. Schon damals ist es Sitte, daß die Angehörigen der vornehmsten Klassen ihre akademische Bildung in der juristischen Facultät suchen; der gewaltige Zudrang, von welchem uns in der ersten Hälfte des 16. Jahrhunderts berichtet wird, zeigt aber, daß die Anziehungskraft des Berufs sich auf die weitesten Kreise erstreckte[1]).

1) **Hegendorfinus**, oratio de artibus. Ep. nuncup. 1529. **Apell**, Isagoge. 1540. (**Reusner**, Cynosura 1, 180 s.) — Ueber die Frequenz der

**9.** Hand in Hand aber mit den Berichten über den Zudrang zur juristischen Praxis gehen die erbitterten Klagen gegen den Stand[1]. Hutten beschwert sich über den zunehmenden Einfluß der bestechlichen, nur auf Gewinn bedachten Schreiber und Juristen. Zasius schilt ihre Servilität, Habsucht und Rabulisterei. Gleich scharfen Tadel finden wir fast stereotyp bei Sichard, Melanchthon, Hegendorfinus, Apell und den zahlreichen Schriftstellern, welche sich über das juristische Studium im Allgemeinen verbreiten. Die Landstände in Baiern und Würtemberg beschweren sich über das Eindringen der fremden Räthe, der fremden Doctoren und fremden Rechte. In den Unruhen der Bauernkriege taucht die Forderung auf, das fremde Recht und die gelehrten Juristen gänzlich zu beseitigen, eine Forderung, welche in den Flugblättern Eberlin's von Günzburg, der sog. Reformation Friedrichs III. und den 12 Artikeln der Bauern (Art. 4 u. 6) ihren Ausdruck findet.

Aus diesen und ähnlichen Aeußerungen hat man auf eine dem Eindringen der fremden Rechte entgegentretende nationale

---

juristischen Facultäten sichere Ergebnisse zu gewinnen ist kaum möglich. Geht man von den sichern Ziffern der gesammten jährlichen Inscriptionen einer Universität aus, so kann man die eine Hälfte auf die Artisten rechnen, die andere auf die drei höheren Facultäten gleich vertheilen und gewinnt so 1/6 für die Juristen. Um den jährlichen Präsenzstand zu berechnen, darf man wohl nicht (mit Muther, zur Geschichte S. 242) ein durchschnittlich 5 jähriges, sondern für die Juristen schwerlich mehr als ein 3 jähriges Studium annehmen, da von diesen nur ein kleiner Bruchtheil die summi honores erstrebte. Danach würden sich ergeben: Erfurt von 1470 bis 1500 durchschnittlich ca. 270 Juristen. Ingolstadt von 1472 bis 1512 durchschnittlich ca. 100 Juristen. Tübingen von 1477 bis 1522 durchschnittlich ca. 50—60 Juristen. Basel von 1460 bis 1500 durchschnittlich ca. 40—50 Juristen. Diese Berechnung, welche ohne auf Zuverlässigkeit Anspruch zu erheben doch annähernd richtig sein wird, stützt sich auf die Mittheilungen bei Muther, zur Geschichte S. 242. Prantl, Gesch. d. Ludwig-Maximilians-Universität 1, 64 f. 101 f. Statistik d. Univers. Tübingen. 1877. S. 45. Vischer, Gesch. d. Univers. Basel S. 256. — Um 1523 klagt Zasius über geringe Frequenz (Epist. p. 62). Etwa 20 Jahre später studiren dagegen nach Wesenbeck's Zeugniß in Löwen mehr als 2000 Juristen!

1) Stobbe 2, 44 ff. Stintzing, Gesch. d. popul. Literatur S. XXIII f. Moddermann-Schulz S. 96 f.

Opposition geschlossen, auf einen Widerstand, den das Volk dem gelehrten Juristenstande geleistet habe. Allein eine nähere Betrachtung ergiebt, daß die Anklagen auf sehr verschiedenen Ursachen beruhen und zum Theil entgegengesetzte Ziele verfolgen.

Versteht man unter dem Abstractum „Volk" die Gesammtheit der bürgerlichen Klassen im Gegensatz zu den Juristen und Beamten, so kann von einer allgemeinen Opposition schon deswegen nicht die Rede sein, weil, wie wir gesehen haben, die Parteien in weitem Umfange sich freiwillig, nach eigener Wahl dem gelehrten Richterthum zu und den Schöffengerichten den Rücken wandten. Daß jene nach gemeinem geschriebenen Rechte sprachen, wußte man; und dies war zum Theil gerade der Grund, sie zu suchen. Ja, es ist zu behaupten, daß die Anwendung des geschriebenen Rechts, so wenig es auch vom Volke gekannt war, als ein Bedürfniß empfunden wurde. Denn ein ungeschriebenes, nur im Bewußtsein des Urtheilenden lebendes Recht gewährt das Gefühl der Rechtssicherheit nur so lange, als es von gleichstehenden Genossen gefunden und gehandhabt wird. So lange erkennt der Einzelne in dem, was jenem billig und recht dünkt, sein eigenes Urtheil wieder. Wenn aber durch die fortschreitende Scheidung der Berufsklassen und Interessen das genossenschaftliche Wesen sich lockert und dem Bewußtsein entschwindet, so kann die Rechtssicherheit nur noch von einem Rechte erwartet werden, das als formal bindende äußere Autorität über dem Richter und den Parteien steht; und die gefährlichste Wendung wäre es, um mit Justus Möser[1]) zu sprechen, wenn dem „ungenossen Richter eben die Macht, welche vordem die genossen hatten" gegeben würde. Nur wo in einfachen Verhältnissen das genossenschaftliche Wesen sich erhielt, blieb auch das Schöffenrecht genügend. Wo sie geschwunden waren, durften die bürgerlichen Klassen in Deutschland von dem kaiserlichen Rechte in ähnlicher Weise Rechtssicherheit erwarten, wie es die

1) Patriotische Phantasien 1, 50 am Ende.

römische Plebs von dem geschriebenen Codex der 12 Tafeln sich versprochen hatte. Gerade die volksthümlichen Elemente der Nation mußten einem Rechte zugethan sein, welches die Privilegien der gewaltthätigen Ritterschaft nicht kannte, ein gleiches Recht für Alle war und dem aufstrebenden Bürgerstande die sichern und erprobten Normen für seinen Verkehr darbot.

Die Opposition der aufständischen Bauern, von welcher noch in anderer Verbindung zu reden ist, hat durchaus keine nationale, sondern eine socialistische Bedeutung. Sie ist nicht gegen das fremde Recht als solches, sondern gegen das weltliche Recht überhaupt gerichtet, an dessen Stelle das „göttliche und natürliche“ treten soll. Sie ist durchdrungen von dem Haß gegen die Obrigkeit und die überlieferte Ordnung überhaupt, dem keine andere Bedeutung zukommt, als der unzufriedenen Begehrlichkeit, welche zu den extremen Doctrinen der Socialdemokraten unserer Tage verführt. Und geradezu entgegengesetzt erklärt sich die Opposition der Landstände aus den besonderen ständischen Interessen, der Befürchtung, ihre Vorrechte und autonome Stellung gefährdet zu sehen.

Es ist endlich allen Beschwerden gegenüber nicht zu vergessen, daß kaum eine andere Berufsarbeit in gleichem Maße der unfreundlichen Kritik ausgesetzt ist, wie die Rechtspflege. Denn Jeder, der mit ihr in Berührung kommt, pflegt seine bestimmte Meinung über sein Recht mitzubringen, und jede Entscheidung den Einen, der unterliegt, zur unzufriedenen Beschwerde zu reizen, welche dann ihre Gründe und Waffen den niemals fehlenden Gebrechen der Institution entnimmt und sie in die beliebten Schlagwörter des Tages kleidet.

Indessen bleibt die Thatsache bestehen, daß Unzufriedenheit über die Justiz in weiten Kreisen verbreitet war. Jede Veränderung gewohnter Zustände pflegt gerade in den untersten Schichten tiefes Mißbehagen zu erregen. Denn wenn schon das Neue an sich als Unbequemlichkeit empfunden wird, so erscheinen die Mängel, die es mit sich führt, doppelt bedrohlich im Vergleich mit den Uebelständen des Alten, die in der Erinnerung verblassen und deren gewohnte Last der Urtheilslose leichter tragen mag und lieber tragen will, als die Gefahren des Neuen auf sich zu nehmen. Man machte die Erfahrung, daß der Einfluß des gemeinen Mannes in den Gerichten paralysirt wurde; man war vor die Nothwendigkeit gestellt, dem fremden Recht zu Ehren sich zur gerichtlichen Führung der eigenen guten Sache eines gewerbsmäßigen Advocaten oder Procurators zu bedienen, dem man ihr Schicksal anvertrauen mußte, so gering auch sein Interesse an dem Ausgang war. Und wenn nun der Gang der Processe sich dehnte und verschleppte und schließlich eine Entscheidung erging, welche mit den überlieferten und von den Schöffen für Recht gehaltenen Ansichten in Widerspruch stand, war es begreiflich, daß oft in Unmuth und Verdruß die ganze Neuerung mit den daran betheiligten Personen verwünscht wurde.

Ueber die tieferen Ursachen des Uebels lassen uns die einsichtigen Schriftsteller dieser Zeiten nicht im Zweifel. Gewaltsam und rücksichtslos ward vielfach das heimische Recht in der Anwendung dem römischen geopfert, das Rechtsgefühl durch rabulistische Fertigkeit überwunden. Ehrgeiz und Gewinnsucht der Doctoren waren wirksame Bundesgenossen für die steigenden Ansprüche der Landesherren. Und in den untern Schichten des Juristenstandes fand sich eine unsaubere Gesellschaft zusammen, deren Treiben uns Zasius, Melanchthon, Jacob Köbel und Andere schildern. Ansehen und Reichthum, heißt es, stelle die Jurisprudenz in Aussicht; Ehrgeiz und Habsucht führe ihr Jünger in Menge zu, Wenige nur wählten sie aus edlen Motiven; daher sei sie zu der gemeinen Fertigkeit herabgesunken, zu streiten und einen Streit aus dem andern zu entspinnen. Der landläufigen Beschuldigung chicanöser Proceßführung und rabulistischer Beutelschneiderei verdankt das Sprichwort: „Juristen böse Christen“ seine populäre Bedeutung und Verbreitung. Als Ausdruck der Zeitstimmung finden wir es bei den populärsten Schriftstellern im Anfang des 16. Jahrhunderts, Geiler von

Käisersberg und Thomas Murner, in diesem Sinn erwähnt, während es in den Bewegungen der Reformation noch eine andere Bedeutung gewinnt [1]).

Sittliche Hebung derer, welche das Recht handhaben sollen, ist die Forderung, welche in den zahlreichen hodegetischen Schriften dieser Periode an die Spitze gestellt wird.

Allein nicht weniger als die sittlichen Gebrechen wird der Mangel wissenschaftlicher Bildung gerügt [2]). Schon in der ersten Hälfte des 15. Jahrhunderts schilt der Verfasser des Klagspiegels die „Unwissenheit und Kunstlosigkeit" der Richter, die sich ihrer „falschen Urtheil schämen" müßten. Aehnlich tadeln Peter von Andlau und Nauklerus die Rechtsprechung derer, die vom kaiserlichen Rechte nichts wissen. Nachdrückliche Klage erhebt Seb. Brant in seiner gereimten Vorrede zu U. Tengler's Layenspiegel (1509) über die den Parteien verderbliche Ignoranz der Richter und spottet der Anmaßung, das Recht handhaben zu wollen, ohne es gelernt zu haben. Die „Layische Anzeigung" (1531) räth, den armen Bauersmann bei seiner Feldarbeit zu lassen, „dazu er ohne Zweifel nutzer und geschickter wäre, denn zum Urtheilsprechen". Härter jedoch lautet das Urtheil über die Unwissenheit der Procuratoren. „Bei der Stumpfheit der Richter", sagt Melanchthon, „bringen in die Gerichtsstätten die fadesten Rabulisten als Sachwalter ein, die aus einem Proceß den andern herleiten, ihre Clienten schinden, die Städte plündern

1) Geiler von Kaisersberg, Irrig Schaf. Straßb. 1505. fol. Bl. A. ij, b: Es ist ein gemeines Sprichwort: Roller, Zoller; Schörgen, Börgen; Ertzet, Pocten und Juristen sind siben böser Christen. — Th. Murner, Schelmenzunft. 1513. Bl. a. V: Es heißt ein Volk zu teutsch Juristen, wie seind mir das so seltsam Christen. — In meiner Schrift: „Das Sprichwort: Juristen böse Christen" (Bonn 1875) habe ich diese frühste Formulirung übersehen. — Daß das Sprichwort schon im 13. Jahrhundert in Frankreich verbreitet gewesen sei, behauptet Caillemer, l'enseignement de droit civil en France vers la fin du XIII$^{e}$ siècle in Nouv. Revue historique de droit. 3$^{e}$ année. 1879. p. 611. Es ist zu bedauern, daß der gelehrte Verfasser keine Belege hinzugefügt hat. — Vgl. A. d. B. 5, 296 (Franck).

2) Stintzing, popul. Literatur S. XXXII ff.

und die unwissenden Richter zum Spott machen. Sie haben sich mit den Gesetzen selber nicht beschäftigt, sondern nur aus den Formeln geriebener Praktiker ihre Kenntniß geschöpft, und daher versteht sich von selbst, daß sie von der Pest der verderbtesten Schriftstellerei angesteckt sind." M. v. Ossa[1]) (Testament S. 461) sagt: „Aber noch ein größer Beschwerung des Landes ist, daß man so viel ungelehrte, unverständige Procuratorn uffen Lande und in Städten leidet, daß Handwerksleute, die verderben aber nicht arbeiten wollen, Kirchner und ander Gesindlein, das die Arbeit fliehet, sich unterstehen zu procuriren und der Recht nicht allein keinen Verstand haben, sondern einestheils auch nicht schreiben und lesen können, hetzen die armen einfältigen Bürgers- und Bauers-Leute in einander, hindern gütliche Verträge, haben auch einstheils ihre Leute die in die Schenck und Bierhäuser umbhergehen, die Leute zu Zäncken wider ihre Erbherren oder ander Leute anreizen und danach zu den elenden Leuten weisen. Dieß sind in Wahrheit die Frösche, von denen Origines sagt, bei denen Nichts ist denn unnütze Quäcken und Schreien und bringen doch solche Gesellen viel Gelds von den armen Unterthanen. Darumb sollte gut sein, daß man Advocaten und Procuratoribus, die sich solcher Unart unterstünden, in die Würffel griffe, und mein gnädigster Herr die unverständige un-

1) Melchior von Ossa, geb. 1506, war eine Zeit lang Professor des röm. Rechts in Leipzig, dann herzoglicher Rath bei Georg dem Bärtigen, seit 1542 Rath und später Kanzler Kurfürst Johann Friedrichs, erhielt 1545 seine Entlassung als Kanzler, blieb jedoch des Kurfürsten „Rath von Haus aus", während er in Meiningen lebte, mit Studien und geschäftlichen Aufträgen vieler fürstlichen Personen beschäftigt. 1549 erhielt er als Verwaltungsbeamter der Grafen von Henneberg das Schloß Schleusing zur Wohnung, wurde 1550 kaiserlicher Rath, 1553 Hofrichter zu Leipzig, daneben fortwährend von verschiedenen Fürsten zu Gesandtschaften und Verhandlungen verwendet. Er starb schon 1557. Sein Testament (mit Commentar herausgegeben von Chr. Thomasius. 1717. 4°), eine für Kurfürst August von Sachsen bestimmte Denkschrift, welche sich über alle Zweige der Staatsverwaltung ausspricht, verfaßt um 1555, ist eine der merkwürdigsten und ergiebigsten Quellen für seine Zeit, auf die wir uns noch oft berufen werden. Vgl. v. Langenn, Doctor M. v. Ossa. Leipzig 1858. 8°.

gelehrte Procuratores im Lande gänzlichen abschaffte. Denn die bringen durch ihren boshaftigen Unverstand Schaden und kein Frommen."

Man hat also den Grund vorhandener Uebelstände sowohl in der Gelehrtheit als in deren Mangel gesehen, die Anklagen sowohl gegen die Gelehrten als gegen die Ungelehrten gerichtet. Und die Vereinigung beider Urtheile liegt darin, daß, wenn es bei den alten Zuständen hätte bleiben können und geblieben wäre, die gelehrte juristische Bildung nicht nur entbehrlich, sondern vom Uebel, bei der eingetretenen Veränderung aber unentbehrlich war: und je nachdem die eine oder andere Voraussetzung die Sympathie der Urtheilenden für sich hatte, mußte das Urtheil die eine oder die andere Farbe annehmen. Von dem Standpunkte historischer Betrachtung gegebener Thatsachen aus werden wir aber denjenigen zustimmen müssen, welche die Ursache der empfundenen Uebelstände neben sittlichen Gebrechen in der mangelhaften Bildung erkannten.

**10.** Der normale Bildungsgang, welcher zu den summi honores führen sollte, begann auf der Universität mit dem Studium der artes liberales, insbesondere der Dialektik und Rhetorik; und erst nachdem der Baccalaureat und die Magisterwürde erworben war, sollte man zur Jurisprudenz, „ad studia altiora, difficiliora et graviora", übergehen. Für diese rechnete man auf einen Zeitraum von durchschnittlich fünf Jahren, so daß eine Studienzeit von sechs bis acht Jahren, in die, wenn irgend möglich, ein längerer Aufenthalt auf italienischen oder französischen Universitäten gelegt wurde, nicht ungewöhnlich war. Als selbstverständlich galt es, daß die Doctorwürde erst in reiferen Jahren angenommen werden solle, und nicht selten ließ man nach der Prüfung und Disputation, durch welche man die Licentia erwarb, d. h. die Befugniß, um die Ertheilung der summi honores zu bitten, längere Zeit verstreichen, ehe der Licentiat den feierlichen Act der Promotion begehrte. Denn der Doctortitel war, wie er Rang und Ansehen der Ritterbürtigen gab, zugleich die Signatur eines gemachten Mannes, der sich in Lehre und Praxis den höchsten Ansprüchen gewachsen zeigen mußte. Als einen unerhörten Leichtsinn beklagt es daher Fichard, daß er schon in seinem 22. Lebensjahre sich habe verführen lassen, die Doctorwürde zu erwerben, weil er dadurch in eine seiner innern Reife und Lebenserfahrung durchaus nicht entsprechende Stellung gerathen sei.

Ein Bildungsgang wie der hier bezeichnete setzte einen Aufwand von Zeit und Kosten voraus, den nur die Minderzahl derjenigen, welche sich zur juristischen Praxis drängten, bestreiten konnte. Ein Bruchtheil ohne Zweifel brachte es, auch ohne zu den summi honores durchzudringen, zu einer genügenden juristischen Ausbildung. Die große Masse dagegen, welche mit geringer Vorbildung die Universitäten bezog, verließ sie wieder ohne mehr als dürftige und lückenhafte Kenntniß des Rechts erworben zu haben [1]).

Denn wie es für den Erwerb der Vorbildung vielfach an den erforderlichen Anstalten fehlte, so stellten die Verhältnisse der Universitäten der juristischen Ausbildung die größten Schwierigkeiten in den Weg. Sie lagen nicht nur in der schon erwähnten Unregelmäßigkeit der Vorlesungen, sondern noch mehr in deren schwerfälliger und planloser Methode, welche unten (Kap. 4) ausführlich geschildert werden soll.

Wenn, wie es die Regel bildete, die Vorlesung über die Institutionen sich durch Jahre hinzog, so verfehlte sie durch Länge und Ausführlichkeit, sowie dadurch, daß ein Theil der Zuhörer mitten in das Thema eintrat, gänzlich den Zweck einer Einleitung in das juristische Studium. Die Exegese der Pandekten und des Codex beschränkte sich thatsächlich auf die breite Erörterung einer geringen Zahl von Stellen im Laufe des Jahrs; ohne systematischen Zusammenhang lehrte sie nur Fragmente der Wissenschaft. Wer zu einer vollen juristischen Bildung gelangen wollte, dem wurden selbständige Anstrengungen in einem Grade

1) Vgl. zum Folgenden Stintzing, Gesch d. popul. Literatur S. XVII ff. Ott, Beiträge S. 103 ff.

zugemuthet, dem nur Wenige gewachsen waren. Die Mehrzahl, welche nur mäßige Kraft und beschränkte Zeit auf das akademische Studium zu verwenden hatte, ward nicht wie heutigen Tages durch die Macht der Methode auf ein tüchtiges Mittelmaß der juristischen Bildung emporgehoben, sondern mußte weit hinter diesem zurückbleiben.

So kam es denn, daß seit der Mitte des 15. Jahrhunderts eine Schaar von Halbwissern und Halbgelehrten sich über das Land verbreitete und, von den Hemmnissen, welche heute der Staat durch Studienordnungen und Examina aufgebaut hat, nicht belästigt, auf den Gang der niederen Rechtspflege überwiegenden Einfluß gewann. Mit denen, welche halbgebildet die Universitäten verließen, mischten sich diejenigen, welche als Autodidakten eine oberflächliche Kenntniß der fremden Rechte und in untergeordneter Beschäftigung bei den Gerichten formale Routine erworben hatten, zu einer Klasse des Juristenstandes, welche das Mittelglied bilden zwischen den gelehrten Doctoren und den volksthümlichen Schöffen. Wir finden sie in solchen Stellungen, welche auszufüllen der vornehme Doctor sich zu gut hielt[1]); als Schreiber, Advocaten, Procuratoren, Notare und Beisitzer, auf dem Lande und in den Städten überall in der niederen Praxis. So gering ihr persönliches Ansehen, so groß war ihr Einfluß: denn erst durch sie ist das fremde Recht dem breiten Boden des kleinen bürgerlichen Lebens, dem die Doctoren fern blieben, eingepflanzt worden.

Eine eigenthümliche, umfängliche Gattung der Literatur entspricht dieser untergeordneten Bildungsstufe[2]). Durch ihre Be-

1) An J. v. Glauburg schreibt seine Mutter 1526 aus Frankfurt nach Wittenberg, er möge heimkehren, denn „wenn Du lang studierst und nit ein Ußbund von Doctor bist, so ist es Dir nit ein Heller nütz — Du wollst denn by eim Herrn ein Schryber werden, dat nit Dim Stamm gemeß ist.“ Fichard, Frankf. Archiv 2, 125 f.

2) Stintzing, Gesch. d. popul. Literatur S. XXXVII ff. Die Grenze zwischen populärer und wissenschaftlicher Behandlung ist selbstverständlich eine fließende, und es wird sich daher bei vielen Werken darüber streiten lassen, ob sie zu dieser Literatur zu zählen seien. Mir scheint indeß ein solcher Streit (Schulte, Geschichte 2, 478 Anm. 5) zwecklos.

dürfnisse hervorgerufen dient sie wiederum dazu, jenen mittleren Bildungsstand zu verbreiten. Und nicht gering ist ihre geschichtliche Bedeutung: denn ohne sie hätte sich die Reception des römischen Rechts schwerlich vollenden können, weil nur durch sie die Kluft ausgefüllt wurde, welche zwischen der von Italien überkommenen gelehrten Jurisprudenz und dem bürgerlichen Leben Deutschlands bestand.

Der durchschlagende Charakter dieser populären Literatur, welche wir uns theils als Ersatz und Ergänzung des akademischen Unterrichts, theils als unmittelbar für die Praxis bestimmte Hülfsmittel zu denken haben, liegt darin, daß sie nicht auf wissenschaftliches Verständniß, sondern auf Erfassen des Positiven mit dem Gedächtniß; nicht auf das Begreifen des innern Zusammenhanges, sondern auf die Einprägung der äußerlichen Unterscheidungen; nicht auf die Erkenntniß des Wesens der Rechtsinstitute, sondern auf die Erlernung ihrer formalen Erscheinung hinarbeitet. Mit kurzgefaßten Regeln, Uebersichten und Auszügen, mit Verzeichnissen der Eintheilungen und Titelüberschriften war man bemüht eine mechanische Herrschaft über den Inhalt der großen Rechtsbücher zu begründen, und um leicht dem Gedächtnisse nachhelfen zu können, ward häufig der alphabetischen Ordnung der Vorzug eingeräumt. Die Rechtsgeschäfte und gerichtlichen Handlungen erfaßte man von ihrer formalen Seite, als derjenigen, welche sich der sinnlichen Wahrnehmung zunächst darbietet und dem Gedächtnisse am leichtesten einprägt: Man lehrte und lernte sie in gedrängten Uebersichten und zahlreichen Formeln, durch deren Besitz man zugleich den Inhalt bis zu einem gewissen Grade beherrschte.

Bezeichnend ist es ferner, daß wir in dieser populären Literatur von der Berücksichtigung des heimischen Rechts mit wenigen Ausnahmen nur geringe Spuren finden. Ihr Zweck liegt in der Erlernung und Anwendung des fremden Rechts und kanonischen Proceßganges. Denn wenn wir bisher vorzugsweise vom römischen Rechte sprachen, so muß daran erinnert werden, daß sich dasselbe in steter Begleitung des kanonischen Rechts eingebürgert hat; und wie sich dies in der gelehrten Literatur zeigt, so tritt es auch in der populären hervor, so daß wir sie eine römisch-kanonische nennen müssen.

Die große Mehrzahl dieser Schriften gehört ihrem ersten Ursprunge nach weder Deutschland noch der Zeit an, von welcher wir reden. Dennoch aber müssen wir ihre Gesammtheit als zur Literatur dieser Zeit gehörig betrachten. Denn neben den damals am Schlusse des 15. und im Anfange des 16. Jahrhunderts in Deutschland verfaßten Schriften gewannen die mannigfaltigsten Erzeugnisse ähnlicher Art, welche in früheren Zeiten und fremden Ländern entstanden waren, jetzt auf deutschem Boden eine neue Bedeutung für das Leben und beherrschten den juristischen Büchermarkt. Wo sich irgend eine Schrift auftreiben ließ, welche dem Bedürfniß der Gegenwart dienlich schien, da bemächtigte sich ihrer schnell ein Sachkundiger, und die buchhändlerische Speculation verschaffte ihr einen Einfluß, den sie früher in solchem Maße bei weitem nicht besessen. Denn das Publicum war nicht wählerisch; was ihm in die Hände geführt ward, verschlang es mit Heißhunger und ohne prüfendes Urtheil, wenn es seinem Bedürfniß zu entsprechen schien. Und je kleiner die Schrift war, je wohlfeiler der Drucker sie mit Hülfe dürftiger Ausstattung auf den Markt bringen konnte, desto sicherer und ausgedehnter war bei den hohen Bücherpreisen ihre Verbreitung.

Im Vergleich zu dieser populären Literatur erscheint die typographische Verbreitung der großen Commentarien der italienischen Legisten und der Quellen des römischen Rechts in Deutschland sehr gering. Günstiger stellt sich allerdings das Verhältniß bei den Quellen und der gelehrten Literatur des kanonischen Rechts. Allein auch diese können den Vergleich nicht bestehen. Die kleinen und großen populären Schriften, welche theils annonym, theils unter einem obscuren oder bald erborgten, bald echten berühmten Namen in die Welt geschickt wurden, fanden einen so massenhaften Absatz, daß der ungeduldigste Speculant ihn kaum besser wünschen konnte. Nur wenig andere Zweige der buchhändlerischen Industrie lassen sich mit diesem an Ausdehnung und Regsamkeit vergleichen.

Daneben ist eine nicht ganz geringe Zahl ähnlicher Schriften überliefert, die nicht zum Druck gelangt sind. Daß auch sie, durch Abschriften vervielfältigt, in Gebrauch gewesen sind, ist außer Zweifel. Allein eben so wenig läßt sich mit Grund bestreiten, daß sie im Vergleich mit den gedruckten zurücktraten und in Vergessenheit gerathen mußten und daß daher die gedruckten uns das richtige Bild der populären Literatur am Schlusse des 15. Jahrhunderts geben. Zwar ist bei einzelnen Schriften (wie z. B. Petri exceptiones Argent. 1500. 4°) die Drucklegung ein verfehlter Versuch geblieben, da sie keinen Beifall fanden. Im Ganzen aber wird man annehmen dürfen, nicht nur, daß gerade die beliebtesten von den Drucken zum Gegenstande der Speculation gewählt worden sind, sondern auch, daß die Drucklegung ihnen einen merklichen Vorzug gab. Denn wenn auch die abschriftliche Vervielfältigung der Bücher bis gegen Ende des 15. Jahrhunderts fortgedauert hat, so kam doch bei diesen die handlichere Form und die ungleich ergiebigere Vervielfältigung durch die Typographie hinzu[1]): und naturgemäß mußten daher jene im Gebrauch verdrängt werden.

Sieht man auf den wissenschaftlichen Gehalt der Mehrzahl dieser Schriften, so begreift man wohl die Klagen eines Zasius und Melanchthon über die „Pest der verderbten juristischen

1) Allerdings ist anzunehmen, daß eine einmal gedruckte Schrift seltener noch abgeschrieben wurde und daß man die von ihr vorhandenen Handschriften weniger schätzte und conservirte. Schon aus diesem Grunde kann aus dem Umstande, ob sich gegenwärtig viele oder wenige Handschriften nachweisen lassen, auf die Verbreitung einer Schrift am Schlusse des 15. Jahrhunderts nicht mit Sicherheit geschlossen werden. Ueberdies und hauptsächlich aber ist zu bemerken, daß jener Umstand durchaus von den Zufälligkeiten der Erhaltung und Auffindung abhängig ist und daß doch überhaupt die Zahl der Abschriften mit der Zahl der Exemplare, welche durch Abdruck hergestellt wurden, den Vergleich nicht aushält. Dies gegen die Einwendungen von Schulte, Gesch. d. Quellen u. Lit. des kanon. Rechts 2, 478 Anm. 5.

Sudelei"; und diese Vorwürfe sind um so mehr begründet, als jene Schriften zum größten Theil in corrumpirter Gestalt herausgegeben wurden. Schon die Manuscripte hatten unter den Händen unverständiger Bearbeiter oder nachlässiger Abschreiber und durch mancherlei äußere Zufälligkeiten im Laufe der Zeiten vielfach Schaden gelitten. Die Flüchtigkeit, mit welcher man in Sparsamkeit und Eile den Druck zu veranstalten pflegte, that das Uebrige, um Texte herzustellen, deren Fehlerhaftigkeit und selbst Sinnlosigkeit uns unerhört scheint.

Allein die Zeit war durch Gewöhnung gegen solche Dinge abgehärtet. Und wenn die gelehrten Herren gegen die populäre Literatur überhaupt eiferten, so vergaßen sie, daß für die Kreise, welche von dieser genährt wurden, ihre massenhafte Gelehrsamkeit vollständig unbrauchbar war. Wollte man den Nachtheilen begegnen, so hätte man für die Verbesserung jener populären Schriften, für die Herstellung von Hülfsmitteln sorgen müssen, welche dem Bedürfnisse und der Fassungskraft entsprachen, ohne zugleich durch unklare und mißverständliche Darstellung zu verwirren. Dazu kam aber, daß es mit theoretischen Hülfsmitteln und elementaren Lehrbüchern nicht gethan war: denn die Kenntnisse, welche man nicht besaß, sollten sogleich unmittelbar im praktischen Leben pflichtmäßig verwendet werden. Das Leben drängte und konnte auf die Schule nicht warten.

Kein Wunder daher, daß man in dieser dringenden Noth nach den ersten besten Hülfsbüchern griff, wo man sie fand. Mochten auch hervorragende Männer ihre Mängel erkennen, so wollte dieses gegenüber dem Drängen des Bedürfnisses, welchem die Tadler nicht abhalfen, wenig bedeuten. Auch mißtraute man ihrem Tadel, weil er von dem gelehrten Hochmuthe eingegeben schien, und brachte dagegen jenen Schriften, weil sie zum Theil aus Italien stammten oder sich an italienische Gelehrsamkeit anlehnten, auch wohl durch den Namen eines berühmten Verfassers mit Recht oder Unrecht empfohlen waren, im Großen und Ganzen ein günstiges Vorurtheil entgegen.

Es kam überdies eine mit dem Humanismus parallel laufende Zeitrichtung der populären Jurisprudenz zu statten. Durch das 15. Jahrhundert geht bedeutsam der Zug einer volksthümlichen Erhebung. Die untern Stände hatten sich zur Geltung emporgearbeitet, die Städte ihre feste Stellung im Reiche, in ihnen selbst die Zünfte gegenüber dem Patriciat das gleiche politische Recht erworben. Die höfische ritterliche Poesie war zurückgetreten gegen die volksmäßige Dichtung; der Bildungsdrang bemächtigte sich der untern Schichten. Während man die vornehme und zugleich unfruchtbare Gelehrsamkeit mit beißendem Spott verfolgt, erstrebt man die Hebung der Schulen für den Unterricht des Volks, und tüchtige Pädagogen legen den Grund zu einer allgemeinen bürgerlichen Bildung. Zugleich sehen wir, wie man seit der Mitte des Jahrhunderts wieder beginnt deutsch zu schreiben und die Schätze der Bildung dem Volke in der Muttersprache zugänglich zu machen.

Mit dieser Richtung, welche der Literatur ihren Charakter gab, verschwisterte sich das Bedürfniß des Rechtslebens: und als hervorragender Repräsentant dieser Verbindung erscheint Sebastian Brant, in dessen Person sich der Humanismus, die volksthümlich didaktische Poesie und die populär romanistische Jurisprudenz vereinigten. Von der allgemeinen Strömung popularisirender Didaktik ward auch diese Literatur getragen und stellt daher mit ihren lateinischen und deutschen Hülfsbüchern eine durchaus homogene Zeiterscheinung dar. Denn gerade auch die Muttersprache trat hier in ihre Rechte ein.

Schon lange vor Seb. Brant und vor der Zeit des durch seine Uebersetzungen so hochverdienten Nik. von Wyle hat ein unbekannter deutscher Jurist es unternommen, seinen Landsleuten das römische Recht in der Muttersprache zu lehren. Das oben besprochene, später von Brant „der richterliche Klagspiegel“ genannte Rechtsbuch, zugleich ein theoretisches Compendium und praktisches Handbuch, ist merkwürdig als erster umfänglicher Versuch deutscher Uebertragung römischer Jurisprudenz, dessen langjährige und ausgedehnte Benutzung schon vor der ersten Drucklegung durch die corrumpirte Gestalt, in der es auf uns gekommen, bezeugt wird. Daneben sind andere Schriften zu nennen, welche den Text wohlbekannter lateinischer Hülfsbücher in wortgetreuer Uebersetzung oder Ueberarbeitung deutsch wiedergeben. So kommt eine uralte deutsche Bearbeitung des sog. Ordo judiciarius von Johannes Andreä (S. 13) vor; schon aus dem Anfang des 15. Jahrhunderts finden wir eine Uebersetzung der Summe des Johann von Freiburg, verfaßt von Bruder Berthold (S. 18); der berühmte Belial des Jacobus de Theramo ist in Deutschland fast gleichzeitig mit dem Original in einer abgekürzten Uebersetzung gedruckt worden. Der dem Bartolus zugeschriebene Processus Satanae fand seine Uebersetzer; eben so der kleine Tractat vom Notariat. Und zu dem allen kamen nun die deutschen Formelbücher, welche gleichzeitig den deutschen Kanzleistil und die Begriffe des römischen Rechts einbürgern. Endlich als Abschluß der ganzen Entwicklung der Laienspiegel von Ulrich Tengler und neben und nach ihm die Uebersetzungen der Institutionen von Thomas Murner, Fuchsberger und Gobler.

Im Ganzen aber ist von dieser Literatur zu sagen, daß die geistige Kraft unserer Nation sich an ihr nicht productiv betheiligte, sondern sich ihr gegenüber fast nur receptiv verhielt. Man wollte lernen, nicht schaffen: denn es galt jetzt eine fertige, außerhalb des Volkslebens entwickelte Kunst und Lehre kennen und anwenden zu lernen. Deutschland war gewissermaßen in einen neuen Zustand der Kindheit in der Rechtskunde zurückversetzt. Dem entsprechend wählte man die Bildungs- und Hülfsmittel. Es lag fern, durch quellenmäßige Forschung oder systematische Erkenntniß in den Geist des Rechts eindringen zu wollen; die wissenschaftliche Arbeit überließ man den Wenigen, welche Beruf dazu fühlten und die Kraft dazu besaßen. Aber wie die Römer schon ein Großes zu besitzen glaubten, als Flavius ihnen die Fasten und Actionen bekannt gemacht hatte; so sah auch jene Zeit nicht mit Unrecht in der äußerlichen formalen Kenntniß die erste und nothwendigste Vorbedingung, und griff nach solchen Schriften, welche dieses Wissen am schnellsten zu gewähren versprachen.

Ueberblicken wir die populäre Literatur in ihrer Gesammtheit, so treten uns darin vor allem die Schriften entgegen, welche unmittelbar zu Hülfsbüchern für die Praxis der freiwilligen und streitigen Gerichtsbarkeit bestimmt sind. Aber auch diejenigen Werke müssen wir zu ihr rechnen, welche den Zweck verfolgen, durch dürftige methodologische und encyklopädische Unterweisungen oder durch Uebersichten der Eintheilungen und summarische Andeutungen des Inhalts der Rechtsbücher in das theoretische Studium einzuführen. Diese, in Verbindung mit den lexikalischen Werken, den Uebersetzungen der leichter faßlichen Quellenstücke, sowie mit den Sammlungen juristischer Regeln und Gemeinplätze, bilden für das Bedürfniß der Zeit die unentbehrliche Ergänzung des schwerfälligen und fragmentarischen akademischen Unterrichts. In der Mitte zwischen den theoretischen und praktischen Schriften stehen Werke wie der Klagspiegel und Laienspiegel und Riedrer's Spiegel der wahren Rhetorik, welche zwar für die Praxis bestimmt sind, aber zugleich eine theoretische Belehrung mit der praktischen Anweisung verbinden.

Zu dem allen kommt endlich die schon oben besprochene eigenthümliche Klasse von Werken, welche der Pflege des geistlichen Amts ihre Entstehung verdanken und welche wir „die geistliche Jurisprudenz“ nennen können. Indem nämlich die Geistlichkeit sich veranlaßt fand, ihre Wirksamkeit im Beichtstuhl auf die Entscheidung von Rechtsfragen auszudehnen, sah sie sich zum Erwerbe einer größeren Summe juristischer Kenntnisse genöthigt. Ein ähnliches Bedürfniß wie das für die eigentliche Rechtspflege nachgewiesene machte sich daher hier geltend, welchem die Summae confessorum durch Aufnahme zahlreicher juristischer Bestandtheile zu genügen suchten. Eine verwandte Literatur von Tractaten, in welchen die Geistlichkeit von ihrem Standpunkte aus juristische Fragen erörterte, schloß sich daran; und so entstand jene Masse von Werken (S. 16 ff.), deren juristischer Inhalt überwiegend das populäre Gepräge trägt.

Es ist, wie schon oben erwähnt wurde, diese hier übersichtlich charakterisirte populäre Rechtsliteratur zum großen Theil auf unserm Boden nicht entstanden und in ihren Einzelheiten vielfach nur durch den Zufall des Auffindens und der gewerblichen Speculation bestimmt. Allein sie hat, nachdem sie um die Scheide des 15. und 16. Jahrhunderts mehr als ein Menschenalter hindurch verbreitet und vermehrt worden war, einen gewissen Abschluß gefunden durch ein Werk, welches in Deutschland selbst entstand. Dies ist der Laienspiegel von Ulrich Tengler[1]).

Der Verfasser ist in Heidenheim bei Nördlingen geboren, war von 1479 bis 1483 Stadtschreiber in Nördlingen und wurde dann pfalzbayerischer Landvogt zu Höchstädt a. d. Donau, wo er 1510 oder 1511 in hohem Alter starb. Der Laienspiegel erschien zuerst im Jahr 1509 mit einer Vorrede von Seb. Brant, die ihn dem Publikum empfahl. Bald darauf unternahm Tengler eine Ueberarbeitung seines Werkes, welche nach seinem Tode im Jahr 1511 unter dem Titel „der neue Laienspiegel" gedruckt wurde. Diese Ausgabe von 1511 ist die wichtigste. Denn Tengler hat darin seinem Werke diejenige Gestalt gegeben, in welcher es länger als ein halbes Jahrhundert die Praxis beherrschte.

Tengler war nicht Doctor juris, aber ein Mann von gelehrten Kenntnissen und ausgedehnter praktischer Erfahrung. Er erzählt selbst, wie er in seinem Berufe häufig veranlaßt gewesen sei, bei andern Rechtserfahrenen und Gelehrten Rath und Lehre einzuholen, und wie er in Folge dessen „mancherlei wohlgegründete Ordnungen, löbliche Gebräuche in Latein und Deutsch" gesammelt habe. Diese sowie die eigenen Erfahrungen in der gerichtlichen Praxis geben nächst dem römischen und kanonischen Rechte das Material zu seinem Werke. Sein Zweck ist die Unterrichtung

1) Stintzing, Gesch. d. popul. Literatur 7. Kapitel.

der Laien, damit sie sich als „weltliche Richter, Vorgeher, Beisitzer, Urtheilssprecher, Rathgeber, Schreiber, Kläger, Antworter, Zeugen, Gewalthaber, Redner und andere Gerichts- oder Rathspersonen richtig zu verhalten wissen". Allein Tengler ist nicht der Meinung, daß die in seinem Buch mitgetheilten Kenntnisse ausreichend seien, sondern sein Werk soll auch dazu dienen, die Laien auf die Mängel und Lücken ihres Wissens aufmerksam zu machen und „ihnen Ursach und Anzeigens geben", ferner „Unterricht bei den Rechtweisen zu suchen". Daher wird denn bei allen schwierigen Materien, nachdem das Einfachere darüber mitgetheilt ist, auf den Rath der Rechtsverständigen und Gelehrten verwiesen.

Sowohl den Namen seines Werkes als auch dessen Haupteintheilung hat Tengler dem Speculum judiciale des Durantis entlehnt; allein in der Auswahl und Anordnung der Materien hat er sich weder streng an dieses Vorbild noch an systematische Gründe gehalten. Zum Theil ist Tengler dabei durch das Vorbild der Magdeburger Fragen bestimmt worden. Er hat überdies den Schwabenspiegel benutzt und von der italienischen Jurisprudenz außer dem Speculator und Johannes Andreä vorzüglich den Bartolus und die Practica nova des Petrus de Ferrariis. Merkwürdiger jedoch ist die Thatsache, daß Tengler eine Reihe der am meisten verbreiteten populären Schriften theils dem Thema, theils dem Inhalte nach mehr oder weniger vollständig in sein Werk aufgenommen hat.

Unserer an systematische Begründung gewöhnten Denkart scheinen die Bestandtheile des Laienspiegel fremdartig und willkürlich gewählt zu sein; und in der That läßt sich seine Zusammensetzung nur aus dem Stande der Literatur, welchen Tengler vorfand, erklären. Er vereinigte darin das Wichtigste von dem, was in der für die Praxis bestimmten populären Literatur zerstreut vorlag, an dessen Benutzung die Zeit sich gewöhnt hatte. Und eben diesem getreuen Anschmiegen an die Gewohnheit und das Bedürfniß seiner Zeit müssen wir das ungewöhnliche und unbestrittene Ansehen zuschreiben, welches der Laienspiegel von vorn herein bei den Praktikern fand. Man besaß in ihm eine populäre Realencyklopädie der Jurisprudenz für die Praxis.

Uns mag es wie eine pomphafte und geschmacklose Uebertreibung klingen, wenn Seb. Brant in seiner Vorrede zum Laienspiegel die Arbeit Tengler's mit den Verdiensten der großen Seefahrer des 15. Jahrhunderts vergleicht. Aber wenn wir uns in die Stimmung jener Zeit versetzen und die verworrene Masse ihrer juristischen Literatur überschauen, so können wir wohl begreifen, daß Tengler ihm wie ein erfahrener Pilot erschien, der durch ein wüstes Meer die Bahnen zeigte.

Neben dem Laienspiegel, welcher einen so großen Theil der für die Praxis bestimmten populären Literatur gleichsam absorbirte, vermochten die älteren Schriften die alte Bedeutung nicht zu behaupten. Die Drucker konnten ihre Rechnung nicht mehr bei neuen Editionen derselben finden, und noch weniger hatte man Veranlassung, wie es früher geschah, ältere Schriften aus der Vergessenheit hervorzuziehen.

Nur das bedeutendste Werk der älteren populären Literatur macht hiervon eine bemerkenswerthe Ausnahme. Für den „Klagspiegel" beginnt mit dem Erscheinen des Laienspiegels eine neue Lebensepoche, indem Seb. Brant darin die Veranlassung fand, das alte Buch, welches seit dem Schlusse des 15. Jahrhunderts nicht wieder gedruckt war, der Vergessenheit zu entreißen, der es verfallen schien. Er giebt ihm 1516 den dem „Layenspiegel" analogen Namen, und seit dieser Zeit bilden beide zusammen den gebräuchlichsten Apparat für die untere Praxis.

## Drittes Kapitel.

# Humanismus und Reformation.

1. Theologie und Jurisprudenz im Mittelalter. — 2. Der ältere Humanismus. — 3. Sebastian Brant. — 4. Späterer Einfluß des Humanismus. — 5. Die Reformation.

**1.** Jurisprudenz und Theologie hatten das ganze Mittelalter hindurch schon deshalb in der engsten Beziehung zu einander gestanden, weil die Träger der ersteren überwiegend dem Klerus angehörten. Aber noch mehr die innere Verwandtschaft, daß beide den Inhalt altüberlieferter Urkunden auszuschöpfen bemüht sind, deren eine Klasse, die des kanonischen Rechts, sie in unmittelbare Berührung mit einander bringt, ja beiden gemeinsam ist, führte zu einer parallelen Entwicklung. Und dazu kam, daß gleichmäßig in beiden die scholastische Dialektik die Form der wissenschaftlichen Arbeit bestimmte. Gleichartige Erscheinungen treten daher in ihrem Entwicklungsgange hervor. Was für die Theologie die Patristik gewesen, das wurde für die Jurisprudenz die erste Zeit der Glossatoren, die ihre vier Doctoren, die „vier Lilien des Rechts", der Folgezeit als hohe Autoritäten überlieferte, wie die Theologie ihre quattuor Doctores Ecclesiae verehrte. In unmittelbarer Berührung mit den Quellen, durch keine Lehrtradition von ihnen getrennt und das Auge unverwandt auf sie gerichtet, haben Irnerius, die vier Doctoren und ihre nächsten Nachfolger zuerst den Gehalt der justinianischen Rechtsbücher dem Verständniß erschlossen, bis langsam die productive Kraft der Jurisprudenz erschlaffte, die Glossa ordinaria des

Accursius zur Autorität wurde und die Stellung einnahm, welche in der Theologie schon längst die Libri sententiarum des Petrus Lombardus inne hatten. Bald nach der Zeit, als die scholastische Theologie in Albertus Magnus, Thomas von Aquino und Duns Scotus ihre höchste Blüthe feierte, konnte die Jurisprudenz sich der glänzenden Namen des Bartolus und seines Schülers Baldus rühmen. Nicht zwar vermochten diese wie jene großen Scholastiker eine wenn auch nur der Form nach neue Gedankenwelt aufzuschließen, ein großartiges Lehrgebäude aufzuführen: allein durch verwandte Kraft scholastischer Dialektik, vollendete Virtuosität der Analyse und reiche, vielgewandte Casuistik erwarben sich ihre Schriften eine Geltung, welche nur mit der Autorität jener großen Meister verglichen werden kann.

Wie Thomas von Aquino und Duns Scotus die Grundsäulen der Dogmatik wurden, so traten Bartolus und Baldus neben der Glosse in die Reihe der Autoritäten ein: und der letzte Bruch mit den Quellen war geschehen. Nicht mehr was diese enthielten, sondern was jene Autoritäten darüber gedacht und gesagt hatten, gab bei den mit unendlicher Weitläufigkeit und dialektischer Spitzfindigkeit ausgesponnenen Quästionen und Distinctionen den Ausschlag. Im stäten Anschwellen der Commentarien hatte sich die Autorität der Tradition, die Fülle der Meinungen wie ein unübersteiglicher Wall vor die Quellen gelagert, den zu durchbrechen Muth und Kraft ermangelten.

Das Wiedererwachen der classischen Studien im 15. Jahrhundert hat die Regeneration in beiden Wissenschaften vorbereitet, wenn gleich der aus ihm geborene Humanismus sich zunächst mit vornehmer Geringschätzung und selbst feindlich ihnen gegenüber stellte. Allein die von ihm getragenen Gedanken, die Befreiung des Individuums im Denken und Erkennen, im Glauben und sittlichen Urtheil von dem Zwange überlieferter Fesseln, daher Bruch mit der Autorität der Tradition und Zurückführung der Erkenntniß auf die ursprüngliche reine Quelle — Gedanken, die auf allen Gebieten des Geisteslebens ihre Berechtigung hatten, mußten im Laufe der Zeit auch auf dem Gebiete jener im Scholasticismus erstarrten Wissenschaften ihren belebenden Einfluß äußern. So sind denn der Humanismus, die Reformation und die Regeneration der Rechtswissenschaft verwandte Erscheinungen.

**2.** Der Humanismus, um dieselbe Zeit in Italien erwacht und erstarkt als die Rechtswissenschaft erlahmte und verfiel, trat dieser mit noch größerer Verachtung und Feindseligkeit entgegen, als er die übrigen scholastischen Disciplinen empfinden ließ. Das Ansehen und der Einfluß, in deren Besitz die Juristen sich befanden und trotz aller Hohlheit und Geschmacklosigkeit ihres Bildungsstandes zu behaupten wußten, reizten zum Angriff. Laurentius Valla (geb. 1407, gest. 1457) verfolgte nicht nur die geschmacklose Barbarei der modernen Juristen mit beißender Satire, sondern unterwarf selbst die Sprache der justinianischen Rechtsbücher vom Standpunkte des classischen Latinisten der schärfsten Kritik. Nicht wesentlich anders stellten sich Franz Philelphus (geb. 1398, gest. 1481) und Angelus Politianus (geb. 1454, gest. 1494) zur Jurisprudenz: indeß hat der Letztere sich nicht rein ablehnend verhalten, sondern indem er seine philologischen Forschungen auf die juristischen Quellen erstreckte, einer bessern Zeit vorgearbeitet.

Die deutschen Humanisten überkamen es als den anerkannten guten Ton der Genossenschaft, mit Hochmuth über die Jurisprudenz und ihre Vertreter herzuziehen. Heinrich Bebel in Tübingen[1]) entschuldigt später die Angriffe, welche er als junger Mann gegen die Jurisprudenz gerichtet; er habe sich auf die Autorität des Valla und Philelphus verlassen und geglaubt „contra rationem esse, rationem quaerere". Will er nun auch bei reiferem Alter über Justinian und die alten Juristen ein billigeres Urtheil fällen, so bleibt er doch bei der Ver-

1) Excusatio H. Bebelii. Tubing. 1506. Zasii epistolae ed. Riegger p. 402.

urtheilung der „glossatores et leguleji quos scribentes dicunt Bartolum puto et Baldum, cum Azone et similes“, deren Denken und Reden so sehr entartet sei, daß ein Ulpian und Paulus glauben würden, sie redeten in fremder Sprache von ganz unbekannten Schlauheiten.

„Accursianum absynthium bibere“ ward unter den deutschen Humanisten die beliebte Bezeichnung für das Studium der Jurisprudenz[1]). Mit ihren Commentarien, sagt Hutten, haben die Juristen das sonst verständliche Studium in Dunst gehüllt und dunkler als Kimmerische Finsterniß gemacht: denn je dichter der Nebel und je schwärzer die Nacht ist, welche Einer über die Bücher der Pandekten auszubreiten verstehe, für desto classischer und bewundernswerther gilt der Schriftsteller[2]). Wenn die deutschen Fürsten einmal zu der Einsicht kämen, meint Hutten an einer andern Stelle[3]), welche Possen die Bartolisten mit feierlicher Miene behandeln, so würde es bald um ihr Ansehen geschehen sein. Und doch verachten sie alle andern Studien als eitele Mühe, während sie selbst Leute von solcher Stumpfheit sind, daß sie die besten Köpfe zu Grunde richten, wo sie mit ihrer Lehre hausen. Was ist das für eine Wissenschaft, deren wortreiche Lehre sich nur auf kindisches Geschwätz stützt? Was ist das für eine Weisheit, die nur dazu dient, die Einfalt zu betrügen und durch schlaue Interpretation in die Gesetze gerade den der Absicht des Urhebers entgegengesetzten Sinn hineinzutragen?

Unter den namhaften Humanisten war es nicht Hutten allein, der sich mit Jurisprudenz beschäftigt hatte; auch Reuchlin, Mutian, Eoban Hesse betrieben juristische

---

1) Hutten, Epist. ad N. Gerbelium 1516; ad Pirkheimerum 1518. Apell, Brief an Eoban Hesse vom Jahre 1519. Vgl. Muther, Joh. Apell S. 78; aus dem Gelehrtenleben S. 469. Dialogus de studio juris recte instituendo. Reusner, Cynosura 1588 p. 175. Strauß, U. v. Hutten 1, 167 N. 1. Zasii Lumbrationes 1518 (fol.) p. 43. Stintzing, U. Zasius S. 97. 103.

2) Hutten, Nemo, praefat. Opp. ed. Böcking 1, 180.

3) Praedones. 1520. Opp. ed. Böcking 4, 379 s.

Studien[1]). Allein die Dürre und Oede schreckte sie zurück: Mutian meinte, es sei kein Zeichen von Talent, Geschmack und Gelehrsamkeit, das juristische Zeug zu kennen, und Eoban Hesse verkaufte eines Tages seine juristischen Bücher, um ganz frei zu sein.

Andrerseits finden wir unter den Juristen seit dem Ende des 15. Jahrhunderts manche, die in ihrer Jugend eine tüchtige humanistische Bildung erworben und sich mit Eifer der neuen Geistesrichtung ergeben hatten. So war Joh. Matthias von Gengenbach, welcher 1486 als Lehrer des kanonischen Rechts in Basel starb, der Erste gewesen, welcher dort die „Poesie" als neues humanistisches Lehrfach vertreten hatte[2]). Sein Schüler war Sebastian Brant, den Zasius 1495 als „egregium et jureconsultum et poetam" rühmt, den Jacob Locher als seinen Lehrer in der Poesie feiert. Wilibald Pirkheimer war nicht minder angesehen als Philologe wie als Jurist. Um dieselbe Zeit wirkte als Rechtslehrer in Heidelberg Adam Wernher von Themar (S. 36), den Zasius „dulcissimas meas delicias" nennt und neben Locher, Celtis, Brant und Wimpheling zu den „moderatores cum sublimitatis cujusque, tum imprimis studii humanitatis tota jam Germania clarissimos" rechnet[3]).

Allein von diesen und andern Humanisten, welche die Jurisprudenz nicht wie jene vorhin erwähnten im Stiche ließen, sondern sie zu ihrem Lebensberufe machten, verstand und versuchte es Keiner, seine bei den „Poeten" gewonnene Bildung für sie fruchtbringend zu verwenden. Wo die Jurisprudenz begann, hörte bei ihnen der gute Geschmack auf, und es war, als wenn sie es für nöthig hielten, doppelte Haushaltung zu führen, „die

1) Strauß, U. v. Hutten 1, 155. Muther, aus dem Universitätsleben S. 242. Stobbe, Gesch d. d. Rechtsquellen 2, 34.

2) Vischer, Gesch. d. Univers. Basel S. 187 f.

3) Zasii epist. 9 p. 375. Hautz, Gesch. d. Univers. Heidelberg 1, 380. Stintzing, Gesch. d popul. Literatur S. 176.

eine für die Musen mit allen Blumen des classischen Alterthums geschmückt; die andere für den Dienst der Themis, vollgestopft und überladen mit dem Gerümpel eines altüberlieferten Hausraths": eine Erscheinung, die schon in früheren Zeiten an Petrarca und Cinus zu beobachten ist.

**3.** Lehrreich zeigt das Beispiel Sebastian Brant's [1]), wie schwer sich die humanistische Bildung mit der juristischen verschmolz.

Im Jahre 1457 in Straßburg geboren, vertiefte er sich mit seinem Studiengenossen Reuchlin in Basel (1475—1477) unter dem Einflusse des erwachenden Humanismus in das classische Alterthum, wirkte als beliebter Lehrer und erwarb sich bald einen angesehenen Namen unter den Humanisten durch Herausgabe classischer Schriftsteller, noch mehr durch seine lateinischen und deutschen Gedichte. Sein „Narrenschiff" machte ihn in den weitesten Kreisen berühmt, so daß sein Schüler, der eifrige Humanist Jacob Locher Philomusus, ihn als den ersten Dichter seiner Zeit feiern durfte.

Indeß hatte Brant sich die Jurisprudenz zum Lebensberuf gewählt: und wenn er auch bisweilen mit seinen Freunden beklagt, daß das trockene Studium dem Cultus der Musen manche gute Stunde entziehe, so beweist doch die Begeisterung, mit der er von der „sanctissima civilis sapientia" redet (Expositiones. Epist. dedicatoria), daß sein Verhältniß zu ihr keineswegs ein erzwungenes geblieben ist. Er ward 1489 in Basel zum Doctor beider Rechte promovirt und trat bald darauf in die Facultät ein, deren angesehenstes Mitglied er bis 1500 blieb. Dann ging er als Rechtsconsulent in die Dienste seiner Vaterstadt,

1) Strobel, das Narrenschiff von S. Brandt. 1839. Zarncke, Seb. Brant's Narrenschiff. 1854. Stintzing, Gesch. d. popul. Literatur S. 45 f. 451—462. Vischer, Gesch. d. Univers. Basel S. 188. 238. A. d. B. 3, 256 f. Charles Schmidt, histoire litteraire de l'Alsace. Paris 1879. 1, 191—333; 2, 340—356. Der Abschnitt Publications juridiques (chap. II p. 245 s.) enthält nichts Neues und ist zum Theil ungenau.

übernahm 1503 das einflußreiche Amt des Stadtschreibers, welches er bis zu seinem Tode (10. Mai 1521) verwaltete.

Von einem Mann, der in dieser Bildungssphäre herangereift war, glaubt man erwarten zu dürfen, daß sein veredelter Geschmack sich in den von ihm publicirten juristischen Schriften wiederspiegele. Allein gerade das Gegentheil ist der Fall.

Seine erste juristische Schrift: Expositiones sive declarationes omnium titulorum. Basil. 1490. 4°, zugleich die einzige selbständige juristische Arbeit von seiner Hand, ist eine aus seinen Vorlesungen hervorgegangene populäre Summa oder Uebersicht des Inhalts der Titel des Corpus juris civilis und der Decretalen. Die Worte der Rubricä werden erklärt, die Hauptbegriffe definirt und die wichtigsten Bestimmungen kurz angegeben. Als einleitendes Lehrbuch ist das Werk nicht ohne Werth. Vom Einflusse des Humanismus ist keine Spur zu finden, wohl aber sind manche überlieferte Geschmacklosigkeiten wiederholt [1]).

Diesem einleitenden Lehrbuche hat Brant in späteren Auflagen des Baptista de Caccialupis Tractatus de modo studendi hinzugefügt, eine Schrift, welche hodegetische Anweisungen für das Studium der Jurisprudenz ganz nach dem alten Geschmacke giebt. Ihre Herausgabe zeigt, wie Brant selbst über diese Fragen dachte, und sein Standpunkt der Jurisprudenz gegenüber wird um so schärfer charakterisirt, wenn wir mit dieser Schrift diejenigen vergleichen, welche nicht lange nach Brant's Tode über dasselbe Thema in großer Zahl erschienen.

Wir sehen ihn dann (um von den Editionen kleinerer Schriften und kanonischer Rechtsquellen nicht zu reden) betheiligt an der Abfassung und Herausgabe des Layenspiegels (1509) von Ulrich Tengler, den ihm der Verfasser zur Durchsicht mitgetheilt hatte, und endlich (1516) mit der Herausgabe des von

1) Ch. Schmid, hist. litter. de l'Alsace 1, 203 nennt B.'s Vorlesung über die Tituli „une heureuse innovation“ — ich weiß nicht mit welchem Recht. Ueber ähnliche populäre Summen vgl. Stintzing, Gesch. d. popul. Literatur S. 38—51.

ihm sogenannten Klagspiegels beschäftigt, der seine weite Verbreitung zum Theil wohl gerade dem berühmten Namen seines Herausgebers verdankt: obgleich Brant nichts gethan hat, um die Corruption der älteren Ausgaben zu beseitigen.

In all diesen Publicationen ist nun von humanistischer Richtung nichts zu bemerken. Dagegen geht durch dieselben der Zug des didaktischen, nur auf praktische Ziele gerichteten Strebens, jener Grundzug in Brant's Natur. Er ist ein tüchtiger Beamter seiner Vaterstadt, ein warmer Patriot, der die Hoheit und Macht des Kaisers in seinen Gesängen feiert und sie zu kräftigen sucht. So ist es ihm als Juristen auch vor allem darum zu thun, die Anwendung des kaiserlichen Rechts zu fördetn, an der festen Einbürgerung seiner Herrschaft mitzuarbeiten, von der er sich Ordnung und Sicherheit im Reiche verspricht. Er wählt dazu die kürzesten Wege: die elementare Belehrung und populäre Nachhülfe. Ein Neuerer ist er nicht; das Kaiserthum in alter Herrlichkeit, die Kirche in alter Reinheit, die Sitten in alter Einfalt sind seine Ideale, mit denen sich ohne Zwang seine Begeisterung für das Dogma von der unbefleckten Empfängniß vertrug, der er in mehreren Gedichten Worte lieh. So fühlte er denn auch keinen Beruf, ein Reformator der Rechtswissenschaft zu werden.

**4.** Allein es konnte nicht ausbleiben, daß die humanistische Bewegung mit der Zeit auf die Jurisprudenz einen positiven Einfluß geltend machte. Berührten sie sich darin, daß auch das römische Recht eine Ueberlieferung des classischen Alterthums war, so kam es nur darauf an, die Grundsätze des Humanismus auf die Behandlung der Rechtsquellen zu übertragen und die Ergebnisse der Alterthumswissenschaft bei ihrer Auslegung zu verwerthen. In diesem Sinne hatte schon Politian dem florentiner Pandektenmanuscript seinen kritischen Fleiß zugewendet, in seinen Miscellanea wie in seinen Briefen juristische Materien philologisch erörtert und auf griechische Quellen hingewiesen. Der Philologe Budäus in Paris († 1540) gab 1508 seine

Annotationes ad Pandectas heraus, in denen er die philologische Methode der Exegese fruchtbar verwendete. Ihm folgte Andreas Alciatus (geb. 1491 zu Alzato bei Mailand, gest. 1550), der als Lehrer und Schriftsteller in Italien und Frankreich der humanistischen Richtung in der Jurisprudenz Bahn brach.

Aber auch in Deutschland beginnt es sich unter den Juristen zu regen. Man wird sich bewußt, daß nicht in der überlieferten Schulweisheit das Wesen der Wissenschaft stecke; daß es auch hier gelte, dem Rufe des Humanismus „zurück zu den Quellen!“ zu folgen. Mutian[1]) prägt es seinen Schülern nachdrücklich ein, daß ohne eifriges Studium der Alten gründliche Rechtskenntniß unmöglich, daß nicht aus den Commentarien, sondern unmittelbar aus den Quellen die Kenntniß zu schöpfen sei.

Der Erste, welcher mit der Verbindung zwischen Humanismus und Jurisprudenz in Deutschland Ernst gemacht hat, ist Ulrich Zasius, der daher mit Recht neben Budäus und Alciat als Begründer der neueren Rechtswissenschaft genannt zu werden pflegt. Jene Verschwisterung aber vollzog sich in der Behandlung des römischen Rechts und kam seiner Geltung zu statten. Denn je mehr der Humanismus die allgemeine Bildung bestimmte, desto höher mußte das Ansehen und die Anziehungskraft einer Rechtsweisheit steigen, in der man einen vom classischen Alterthum überlieferten Schatz verehren konnte. In gleichem Grade mußte sich dagegen das Ansehen des kanonischen Rechts, die Neigung zu seinem Studium vermindern; in gleichem Schritte endlich die Scheidung zwischen dem Klerus und dem weltlichen Juristenstande sich vollziehen.

Der Humanismus aber vermag dem Rechte nur von der Seite seines classischen Ursprungs ein Interesse abzugewinnen; die praktische Bedeutung ist ihm gleichgültig. Daher führt sein Einfluß zu einer Spaltung der wissenschaftlichen Behandlung, zu einem Gegensatz zwischen Theorie und Praxis, wie er bis dahin

---

1) Kampschulte, die Universität Erfurt 1, 99.

in Deutschland nicht bestanden hatte. Zwar erweitert sich die Kluft hier nicht zu der Breite, wie es in Frankreich unter dem Einflusse der großen Gelehrten geschieht; die Wissenschaft steigt nicht zu der von jenen erreichten Höhe gelehrter Eleganz; die praktischen Ziele bleiben vorherrschend, wie denn auch die Theoretiker sich der Praxis nicht entziehen. Dennoch aber macht sich ein Gegensatz fühlbar zwischen denen, welche die humanistischen Neuerungen für unnützes und verfängliches Spiel der „Poeten" erklären, das dem Leben nicht diene und die Sicherheit des Rechts gefährde; und denen, welche die Jurisprudenz, ohne sich durch die praktischen Zwecke beschränken zu lassen, auf eine höhere Stufe wissenschaftlicher Erkenntniß zu heben bemüht sind. Hier ist es nun die Alterthumswissenschaft, welche nicht nur zu historischer und philologischer Erklärung, zu kritischer Behandlung des Textes des Corpus juris leitet; sondern das Interesse über den überlieferten Bestand desselben hinaus auf die Entdeckung und Edition von Quellen führt, denen praktische Gültigkeit entweder gar nicht, oder doch nur in sehr beschränktem Grade zukommt.

**5.** Zu den tiefsten Gedanken der deutschen Reformation und ihren ersten Bewegungen auf dem Gebiete des Glaubens hatte die Rechtswissenschaft keine unmittelbaren Beziehungen. Auch liegt in ihrem Wesen ein conservatives Element, das ihre Jünger und Pfleger den Bewegungen der Zeit gegenüber zu skeptischer Bedächtigkeit und kühler Zurückhaltung zu bestimmen pflegt. Denn wie das Recht berufen ist, den thatsächlich gewordenen Lebensverhältnissen die ordnende Form und Sicherheit zu gewähren; wie es das Ueberlieferte und seit Langem unangefochten Bestehende als ein durch seine Dauer im Strom der Zeit Gerechtfertigtes in seinen Schutz nimmt: so erzeugt es in denen, welche sich seiner Pflege widmen, nothwendig eine der willkürlichen und formlosen Neuerung abgeneigte Gesinnung.

Soweit aber der Humanismus in der Jurisprudenz zur Geltung kam, ward eine innere Verwandtschaft zwischen ihr und der reformatorischen Bewegung geschaffen: denn es galt in der

Religion wie im Rechte die Erkenntniß auf die Reinheit der ersten Quellen zurückzuführen und die Autorität traditioneller Irrthümer zu brechen, dem Einzelnen den Muth und die Handhabe zu geben, um mit freiem Sinn seine Ueberzeugung aus den Büchern zu schöpfen, in denen die Wahrheit vor alten Zeiten niedergelegt war.

Nehmen wir hinzu, daß in den Juristen nicht weniger als in anderen Genossen der religiös erregten Zeit das Bedürfniß einer Vertiefung des Glaubens, das Verlangen nach einer Reinigung der Kirche an Haupt und Gliedern lebte; vergegenwärtigen wir uns die hinreißende sittliche Kraft muthig bekannter religiöser Ueberzeugung und die überwältigende Macht, die das kühne Auftreten einer großen geschichtlichen Persönlichkeit ausübt: so begreifen wir wohl, daß bei der Mehrzahl freudige Zustimmung hervorbrach, als die ersten Schritte Luther's, den man noch mit Erasmus in vollem Einverständniß glaubte, das Anbrechen eines neuen Tages verkündeten.

Allein die Entwicklung der Dinge gelangte bald auf einen Punkt, wo die Wege sich trennten. Denn nothwendig und folgerichtig mußte die Reformation von den Fragen des Glaubens zu den mit ihm geschichtlich verwobenen Verfassungsfragen, von der Bestreitung schriftwidriger Lehrsätze zur Negation der Autorität des Papstes und der Concilien fortschreiten, und betrat so ein Gebiet, auf welchem sie mit dem positiven Recht hart zusammenstieß. Die Leipziger Disputation, noch mehr Luther's Verwerfung der Gültigkeit des kanonischen Rechts weckte den Widerstand der Juristen. Manche, wie Zasius, wendeten seitdem der Reformation den Rücken, ohne jedoch bei der Gegenpartei Befriedigung zu finden. Andere und namentlich die jüngere Generation folgten dennoch der Bewegung und hielten zu Luther, soweit nicht in Einzelfragen ihre rechtlichen Ueberzeugungen ein Hinderniß in den Weg stellten. Die Mehrzahl der namhaften Juristen finden wir auf dieser Seite: aber ein Streit wird geführt um das kanonische Recht im Ganzen und um einzelne

Satzungen desselben. Mit Erfolg sehen wir die Juristen für seine Gültigkeit eintreten, soweit es nicht den Worten der heil. Schrift widerstreitet; und wo Aenderungen nothwendig werden, mit vorsichtiger Hand die neuen Ordnungen den überlieferten einfügen, stürmischen Neuerungen wehrend.

Ist hiermit im Ganzen eine überwiegend „irenische" Haltung der Juristen in den ersten Entwicklungsstadien der Reformation gekennzeichnet, wie sie durch ihre Fachbildung ihnen gegeben ward: so verstehen sich daneben die individuellen Modificationen von selbst. Es fehlt nicht an stürmischen Naturen, bei denen die Erwägung der Rechtsfragen hinter den Drang des Glaubenseifers zurücktritt (Oldendorp). Andere bleiben den neuen Gedanken, welche die Zeit bewegen, innerlich fremd und weisen sie aus der Kirche wie aus der Wissenschaft zurück (H. Göden). Aber auch an solchen fehlt es nicht, welche sich in der Wissenschaft der fortschreitenden Bewegung anschließen, während sie in den kirchlichen Fragen aus Ueberzeugung, durch sehr verschiedene Motive bestimmt für das Ueberlieferte und die Autorität der Hierarchie eintreten (Zasius, Viglius, Hopper); oder umgekehrt der kirchlichen Neuerung zugethan sind, während sie in der Wissenschaft die alten Wege nicht verlassen wollen (H. Schürpf, M. v. Ossa).

Es bot indeß die Entwicklung der Jurisprudenz noch eine andere Seite dar, mit welcher sie die reformatorische Bewegung berührte. Wir haben gesehen, wie unter dem Vordringen des kaiserlichen Rechts und seiner Pflege seit dem 15. Jahrhundert ein Juristenstand sich bildete, der im Gegensatz zum Klerus als Träger der weltlichen Rechtsordnung, des Staats, erscheint. Diese Scheidung der Gebiete des Glaubens und des Rechts, der ethischen Pflicht und der positiven Satzung, die Ablösung des weltlichen Regiments von seinen überlieferten hierarchischen Voraussetzungen, die ganze staatsbildende Arbeit der Zeit ist getragen von derjenigen Geistesrichtung, welche im Protestantismus ihren schärfsten und consequentesten Ausdruck fand. Sie konnte sich nicht vorbereiten und vollziehen ohne den Widerspruch des Klerus herauszufordern. Nicht ohne Eifersucht sah er den Niedergang seiner Macht und der Bedeutung des kanonischen Rechts vor Augen; und die innerliche Verwandtschaft dieser Wendung mit der auf dem Gebiete der Kirche selbst begonnenen Bewegung entging dem Scharfblicke des Interesses nicht. Von dem Standpunkte der alten Kirche ließ sich fragen, ob eine von ihr gelöste Ordnung und Wissenschaft noch als eine christliche zu betrachten sei? Leicht genug waren ethische Bedenken gegen das so eifrig gesuchte Studium des kaiserlichen Rechts zu finden. Man machte geltend, daß die Jurisprudenz eine mit dem Christenthum unverträgliche Wissenschaft sei, da sie lehre, wie man sein eigenes Recht verfolgen könne und solle, während doch Christus gebiete, daß man das Seine nicht suchen, mit dem Bruder nicht streiten und rechten, Nachgiebigkeit üben solle.

Aus solchen Anschauungen folgerte man einen unversöhnlichen Zwiespalt zwischen dem Christenthum und der Jurisprudenz; und in dieser klerikalen Opposition gewinnt das Sprichwort „Juristen böse Christen" eine neue Bedeutung [1]).

Als Carticucula nach Basel kam, fand er unter dem Einflusse übereifriger Theologen der alten Schule die Jugend dem Studium des Civilrechts abgewendet. Er sucht in einer Oratio apologetica (1522) dem Vorurtheil zu begegnen, die theologischen Deductionen zu widerlegen. In ähnlicher Weise erhebt Sichard (Cod. Theodosianus. Epist. dedicatoria 1528) seinen Protest gegen das Schlagwort „Quid Christianis cum legibus?" Und Hegendorfinus (Oratio de artibus futuro jurisconsulto et necessariis etc. 1529) bekämpft den landläufigen Satz „Omnis jurisconsultus male de religione sentit", oder, wie es in einer spätern Bearbeitung seiner Rede heißt, „das arge Sprichwort: ein Jurist ein böser Christ". Konrad Lagus (Methodica jur. utriusque traditio. 1543. P. 5 praefatio) erörtert und widerlegt den Zweifel „an Christiano

1) Stintzing, das Sprichwort „Juristen böse Christen" in seinen geschichtlichen Bedeutungen. 1875. — S. oben S. 73.

homini conveniat tractatio judiciorum?“ Auch Oldendorp (de jure et aequitate. Colon. 1541. 8°. p. 66) behandelt dieselbe Frage, die sich dann durch das 16. Jahrhundert hindurchzieht, von Omphalius, Rittershusius, N. Everhardi, Hunnius u. A. besprochen[1]).

Die klerikale Opposition war nur gegen das kaiserliche Recht gemeint und dachte nicht daran, das Ansehen des kanonischen zu verkleinern. Daß ihre Argumente über das Ziel hinausschossen und auch jenes trafen, konnte sie übersehen, weil die Bildung des Juristenstandes sich mehr und mehr auf das römische Recht stützte. Wie aber das einmal geborene Schlagwort fortwucherte und in den verschiedensten Richtungen Verwendung fand, wird sich hier und dort gelegentlich zeigen. Nicht fehlen konnte es nach seinen Anfängen, daß beim Fortschreiten der Reformation die zahlreichen Juristen, welche ihr folgten, von katholischer Seite mit demselben bedacht wurden. Die oben formulirte Gewissensfrage ist dagegen in späterer Zeit ohne Beziehung auf die kirchlichen Gegensätze vom ethischen Gesichtspunkte aus erörtert worden.

Die Reformation hat endlich in einer bestimmten Richtung unmittelbar auf den Stoff der Rechtswissenschaft eingewirkt. Denn indem sie die Bedeutung des kanonischen Rechts schmälerte, ohne seine Geltung selbst in den protestantischen Ländern zu beseitigen; indem sie eine weit verbreitete Abneigung gegen dasselbe erweckte, ohne seine Kenntniß überflüssig zu machen, bewirkte sie, daß es, wie unten weiter auszuführen ist, als Gegenstand der akademischen Vorlesungen und der wissenschaftlichen Bearbeitung zwar nicht verschwand, aber in den Hintergrund trat. Andrerseits haben die Neugestaltungen auf kirchlichem Gebiet in den protestantischen Ländern zur Bildung der neuen Disciplin eines protestantischen Kirchenrechts den Grund gelegt und den Anstoß gegeben.

1) Omphalius de usurp. legum 4, 5. Rittershusius, oratio de judiciis. Jus Justinianum 9, 3, 33. Everhardi jun., corpus Institutionum. Dilingae 1574. fol. 189, b. Hunnius, Variar. resolut. lib. IV. Ed. 2. 1620. p. 1085. Die spätere Literatur s. bei Stintzing a. a. O. S. 30 f.

Viertes Kapitel.

## Die wissenschaftlichen Methoden bis in das 17. Jahrhundert.

1. Charakter der mittelalterlichen Wissenschaft. — 2. Der mos Italicus. — 3. Wirkungen desselben. — 4. Die Loci und Topica. Gammarus. Everardus und seine Nachfolger. — 5. Die dauernde Herrschaft des mos Italicus. Leipzig. — 6. Die Opposition und die beginnende Reform. — 7. Die Privatvorlesungen, Collegia und Disputationen. — 8. Stellung des Humanismus zum mos Italicus und zur methodus. Der mos Gallicus. Sammlungen. — 9. Der Ramismus. — 10. Umgestaltung der Form der Literatur.

**1.** Bei einer Wissenschaft, deren Object in geschriebenen Urkunden überliefert ist, versteht es sich von selbst, daß die Exegese den Anfang der Arbeit bilden wird und fortwährend ihre Grundlage bleiben muß. So sehen wir denn auch die wissenschaftliche Neubelebung des Justinianischen Rechts durch die Glossatoren mit dieser Thätigkeit beginnen, ja die Bedeutung ihres Wirkens liegt gerade darin, daß sie zuerst die exacte Methode der Exegese auf das Justinianische Recht in seiner Gesammtheit und in seiner Reinheit zur Anwendung brachten. Mit der ganzen Frische, die das Betreten eines neu gewonnenen Gebietes verleiht, mit dem auf die Versenkung in die Quellen concentrirten Interesse und durch kein zwischen ihnen und ihrem Gegenstande liegendes literarisches Medium gehemmt, zerstreut und irre geleitet, haben sie mit seltener Geisteskraft den Inhalt des Corpus juris zuerst wieder aufgeschlossen und seinen Bestand zu einem geistigen Besitzthum der folgenden Zeiten gemacht.

Wenn nach mehr als einem Jahrhundert der Verfall der Rechtswissenschaft beginnt, so liegt die Ursache weniger in dem Sinken geistiger Kraft überhaupt, als in dem Naturgesetze, daß eine gleichmäßig fortgesetzte und stets mit denselben Hülfsmitteln operirende Methode im Verlaufe der Zeit zur hohlen Virtuosität wird, ihre productive Kraft erschöpft und an einen Culminationspunkt gelangt, nach dessen Ueberschreitung sie neue Resultate nicht mehr gewinnt, sondern ihre Arbeit mit Wiederholung, Betrachtung und Erörterung des Ueberlieferten vollbringt.

Ueberdies aber trug die Methode der mittelalterlichen Wissenschaft die Keime des Verfalls in sich selbst, da sie in der reinen und überdies mit gebundenem Geiste betriebenen Analyse besteht.

Es ist das Geistesleben des Mittelalters durchdrungen von dem Glauben an die Autorität und jede tiefere Betrachtung der Dinge von der Ueberzeugung beherrscht, daß die Wahrheit eine gegebene sei, die es nicht erst zu finden, sondern aus der Ueberlieferung nur zu lernen gilt. Neben einander stehen der Scholastik die Autoritäten der heiligen Schrift für die Theologie und des Aristoteles für die Philosophie. Die Uebereinstimmung beider zu erkennen und zu beweisen ist das Problem, an dessen Lösung die scholastische Dialektik sich zerarbeitet. Aber wo der Widerstreit nicht zu lösen, da trägt die höhere Autorität der Offenbarung den Sieg davon: denn sie ist der letzte Prüfstein der Wahrheit und folglich die Autorität der Kirche, als deren Trägerin und Bewahrerin, die schließlich entscheidende. Das Ziel der Wissenschaft kann daher nur sein, einestheils die Uebereinstimmung der metaphysischen Wahrheiten, welche als Inhalt der menschlichen Vernunft erscheinen, mit der Offenbarung darzuthun; anderntheils den Inhalt beider auf dem Wege der Analyse zur Erkenntniß zu bringen, d. h. durch diejenige Forschungsart, welche den Stoff als einen gegebenen und fertigen zu Grunde legt und sich in seiner Zergliederung auf dem Wege syllogistischer Beweisführung fortbewegt. Die Form, in welcher die Scholastik sie übte, besteht in der Aufstellung von Quästionen: Fragen, die bald abstract formulirt, bald concret in der Gestalt der casus aufgestellt, mit Erörterung des Für und Gegen, unter stäter Herbeiziehung der Autoritäten, beantwortet werden, indem man die etwa entgegentretenden Widersprüche entweder durch Subordination der einen Autorität unter die andere, oder durch Distinctionen, bei denen jeder gefundene Satz seine limitirte Geltung behält, zu lösen weiß. So führt die Analyse durch Quästionen und Distinctionen eine unübersehbare Zersplitterung in Einzelheiten herbei.

Dieselben Erscheinungen wiederholen sich in der Jurisprudenz. Die rein analytische Methode herrscht auch hier und operirt mit ihren Quästionen und Distinctionen. Mehr noch als die Philosophie ist sie von der Voraussetzung einer gegebenen Wahrheit und der inneren Uebereinstimmung ihrer Ueberlieferung beherrscht. Mehr noch und mit größerem Recht macht sich in ihr durch Stoff und Ziele die Gebundenheit des Urtheils geltend. Denn sie hat es nicht mit metaphysischen Problemen, sondern mit positiven Ordnungen des menschlichen Gemeinlebens zu thun. Ihr Stoff ist ein bis in seine Einzelheiten hinein gesetzter und fester; ihre Arbeit daher, sofern sie nicht die Grenzgebiete der Philosophie und der Gesetzgebung oder Rechtsproduction überschreitet, nicht darauf gerichtet, neue Wahrheiten zu finden, sondern darauf, die objectiv gegebenen Sätze zu ermitteln und sie in ihrem Grunde, Zwecke und inneren Zusammenhang zu verstehen. Sie hat endlich ihren Zweck im äußeren praktischen Leben; ihre Aufgabe ist daher eine überwiegend didaktische und besteht im letzten Ziele darin, die juristische Kunst zu lehren, d. h. die Fähigkeit zur richtigen und sicheren Anwendung des Rechts zu entwickeln.

Die Gebundenheit der Rechtswissenschaft wird um so enger und fester sein, je mehr die positive Gesetzgebung, mit der sie sich beschäftigt, bis in die Einzelheiten zu einem vollendeten Gebäude ausgebildet ist. Kommt dazu der das ganze Geistesleben des Mittelalters durchdringende Trieb des Glaubens, die gläubige Verehrung der Tradition und die willige und gewohnte

Unterwerfung des Urtheils unter die Autorität; so ist das Entstehen historischer Kritik von vorn herein ausgeschlossen. So konnte denn auch der Justinianischen Gesetzgebung gegenüber die Thatsache keine Bedeutung gewinnen, daß zwischen ihr und den Exegeten des Mittelalters mehr als ein halbes Jahrtausend lag. Mit naiver Gläubigkeit haben die Glossatoren die Auslegung in die Hand genommen, als wenn es sich um die Durchführung eines modernen Gesetzbuchs handle. Die in dieser grundlegenden Periode festgestellten Anschauungen sind der Folgezeit überliefert; die geschichtliche Kluft, welche den Ausleger von seinem Objecte trennte, kam nicht zum Bewußtsein. Während sich der volksthümliche Schöffe in der Rechtsprechung gegenüber dem geschriebenen Wort die subjective Freiheit bewahrte, fühlt und weiß sich der Exeget von der formalen Autorität seines Textes beherrscht und setzt ohne Kritik die ihn umgebenden Verhältnisse und die ihn erfüllenden Vorstellungen bei dem Urheber seiner Quellen voraus.

Zwar erstreckte sich der Glaube an die Autorität nicht bis auf die Gestalt des Textes, da dieser in verschiedenen Lesarten vorlag, unter denen man keiner, und selbst nicht dem pisaner, seit 1401 in Florenz aufbewahrten Pandektenmanuscripte, einen absoluten Vorrang zuschrieb. Indessen ward die Kritik doch auch hier nur spärlich und ohne jegliche Methode geübt. Eine gewisse Form des Textes setzte sich traditionell fest als litera communis oder vulgata, an welche man sich im Ganzen gebunden hielt.

Mehr aber fühlte sich die Wissenschaft im Glauben gebunden durch die systematische Form und Ordnung der Justinianischen Rechtsbücher. Und wie es an den Voraussetzungen und Hülfsmitteln historischer Kritik fehlte, so lag auch das Bedürfniß und die Fähigkeit zu selbständiger systematischer Betrachtung außerhalb der dem Geistesleben gezogenen Grenzen. Selbst diejenigen Werke, welche sich der systematischen Form nähern, die Summen, sind doch nur geordnete Uebersichten über den Inhalt der gegebenen Abschnitte der Quellen.

Unter diesen Bedingungen ist die Wissenschaft auf die reine Analyse beschränkt. Sie kann sich keine andere Aufgabe stellen als diese, den Inhalt des gegebenen Stoffs durch Zergliederung darzulegen und in seinen Consequenzen aufzuweisen. Die Arbeit ist daher mehr in die Breite als in die Tiefe gerichtet, nicht auf Concentration, sondern auf Dissolution; und wenn schon die exegetische Methode an sich die Gefahr mit sich bringt, daß der relative Werth der einzelnen Stücke nicht unterschieden, ein jedes mit gleicher Wichtigkeit behandelt und daher das Einzelne in zufälliger Verbindung gehäuft wird: so muß dieselbe, in rein analytischer Weise gehandhabt, zur Zersplitterung des Stoffs und zur Auflösung in massenhafte Einzelheiten führen. Diese dissolvirende Tendenz macht sich auch da geltend, wo das Ziel die Vereinigung zu sein scheint: die gefundenen Widersprüche sucht man nicht in eine höhere Einheit principiell aufzulösen, sondern durch Distinctionen in der Weise zu versöhnen, daß jeder Satz und jede Meinung auf einem begrenzten Gebiete sich neben der andern behaupten kann.

**2.** Im Laufe der Zeit hatte sich für die analytisch-exegetische Methode ein fester Typus ausgebildet, der seit dem 16. Jahrhundert zur Unterscheidung abweichender Methoden das Dociren „more Italico“ oder „magistraliter“ genannt wird. Die Form der Literatur und der akademischen Behandlung ist im Ganzen dieselbe. Ueber die ursprüngliche Einfachheit und Natürlichkeit, die wir bei den Glossatoren finden [1]), hinaus ist die Exegese zu einem complicirten Mechanismus gestaltet worden, der mit seinem in einander greifenden Räderwerk die ihm untergelegten Texte verarbeitet.

Regeln, in der Schule traditionell gebildet und approbirt, zeigen dem Interpreten seinen Weg und geben die Bestandtheile an, aus denen jener Mechanismus sich zusammenfügt.

---

1) Ueber diese vgl. Savigny, Gesch. d. röm. Rechts im M.A. Bd. 3 Kap. 23. 24. Schulte, Gesch. d. Quellen u. Lit. d. kanon. Rechts 1, 52. 53.

Hieronymus Schürpf giebt (nach V. W. Forster, Interpres 2, 1) für die vulgaris et usitata sive communis interpretandi ratio folgendes Schema: 1. Continuatio ad praecedentia. 2. Textus partitio. 3. Summarii relatio. 4. Casus fictio. 5. Dubitandi ratio. 6. Decidendi ratio. 7. Rationis dubitandi confutatio. 8. Notabilium collectio. 9. Glossarum diversarum conciliatio. 10. Neotericorum judicium. 11. Communis opinionis judicatio. 12. Ad forum explicatio. Etwas kürzer faßt die Bestandtheile zusammen ein berühmtes Distichon des M. Gribaldus Mopha (de methodo ac ratione studendi libri tres. 1554), welchem wir folgen, da es seit Mitte des 16. Jahrhunderts zur Charakteristik des mos Italicus und als mnemonischer Leitfaden für die Methode gebraucht wird. Es lautet:

Praemitto, scindo, summo casumque figuro
Perlego, do causas, connoto, objicio.

Der Exeget beginnt mit einer Einleitung (praemitto), in welcher er die in der Textesstelle behandelte Materie allgemein charakterisirt und abgrenzt, zugleich die dabei in Betracht kommenden termini definirt und sonstige präliminäre Erläuterungen beifügt. Daran schließt sich die partitio, die Zerlegung der Materie in ihre Theile, Angabe der verschiedenen im Texte zusammengefaßten Gedanken und Gegenstände, die einzeln zu erörtern sind (scindo). Nach dieser Zergliederung wird der wesentliche Inhalt des Textes kurz wieder zusammengefaßt (summo), wobei die Summarien des Bartolus u. A. ihre Erörterung finden. Dann folgt die Aufstellung des casus. Die factischen Voraussetzungen der in der Stelle enthaltenen Rechtssätze werden angegeben und zwar, soweit sie im Texte selbst bezeichnet sind, diesem entnommen, sonst in einem erfundenen oder der Praxis entlehnten Beispiele dargelegt; die frühzeitig entstandenen Sammlungen von casus, neben den in der Accursischen Glosse enthaltenen bieten dazu reichliches Material. Giebt die vorausgegangene partitio dazu Gelegenheit, so findet schon dort eine Häufung der casus Platz.

Nun erst wird der Text selbst vorgelesen, woran die kritischen Erörterungen über abweichende Lesarten zu knüpfen sind.

Ist mit diesen Operationen der Inhalt des Textes festgestellt und klargelegt und somit im Grunde die Interpretation erschöpft, so beginnen nun die additionalen Erörterungen über den Inhalt in ungemessener Fülle. Zuerst werden die causae besprochen. Es sind darunter vor allem zu verstehen die rationellen Gründe der Entscheidung und des gefundenen Rechtssatzes unter Widerlegung der möglichen Bedenken und Gegengründe. Zugleich aber ist hier auch der Platz für die Erörterung der von der Scholastik gepflegten vier aristotelischen Gründe [1]: der causa efficiens, materialis, formalis, finalis, welche je nach der Gelegenheit und dem Geiste des Interpreten bald rein formal und äußerlich abgethan, bald tiefer eingehend als didaktische Gesichtspunkte behandelt werden. Uebrigens finden bei manchen Exegeten die vier causae nicht an diesem Orte, sondern in der Einleitung ihre Erledigung; dies ist sogar die ältere Uebung, der sich z. B. auch Zasius anschließt.

Unter dem nun folgenden „connoto" ist zu verstehen die Anreihung von Bemerkungen aller Art in willkürlicher Folge und Zahl. Dahin gehört die Verknüpfung der gefundenen Rechtssätze mit andern verwandten (cognata et similia) durch Mittheilung und Erörterung von Parallelstellen; die Vergleichung mit diesen; die Excurse auf andere Rechtsgebiete; vor allem aber die Abstraction allgemeiner Regeln, welche seit den Glossatoren den seltsamen und nicht erklärbaren Namen brocardica führen, später regulae, loci communes und axiomata genannt werden. Wird schon hierdurch der Exeget ins Weite gezogen, so bietet ihm die Operation des „objicere" schließlich den Anlaß zur breitesten Behandlung der Controversen, der contraria et oppositiones. Außer den scheinbar oder wirklich widersprechenden Stellen werden hier die abweichenden Meinungen der Glosse

---

1) Ratjen, vom Einflusse der Philosophie auf die Jurisprudenz. Programm. Kiel 1855. Stintzing, Zasius S. 112 f.

und Commentatoren zusammengetragen. Die Auseinandersetzung mit ihnen führt zu den distinctiones, ampliationes et limitationes, in deren Ausbildung die Virtuosität scholastischer Dialektik sich offenbart. Die Form, in welcher die Bedenken, Einwürfe und Controversen eingeführt und abgehandelt werden, ist die der Quästionen, zu deren Lösung die Autoritäten für und gegen allegirt werden[1]).

1) Eine satirische Beschreibung des mos Italicus giebt von seinem Standpunkte aus Joh. Thom. Freigius, Neuwe Practica juris. 1574. fol. Vorrede S. 3 f.: „Dann was sonst für grosser Nutz aus den Schulen komme da der Welsch Pracht und Apparatus mit Lesen gehalten wird, das giebt die tägliche Erfahrung zu erkennen. Ich hab all meine Tag kein seltamere Logicam in docendo gesehen, denn derselbig apparatus ist, da muß man nur viel dictieren, große Bücher schreiben, Dinten und Papier versudeln. Da giebt es erstlich continuationes titulorum und explicationes rubricarum, die zu Zeiten in einem halben Jahr kaum zu End bracht werden. Nach diesem, so man zu dem Lege kommt, da schickt man ettliche Vorleuterungen vor, das nennt man praemittere, und seind die selbigen Vorleuterungen offtermals nichts Anderes denn merae repetitiones ex Institutionibus oder grammatica interpretatio quorundam vocabulorum. Auf dieses folgt weiters Legis divisio, das man heißt Scindo, da erzeigt sich die Logica zum Theil ein wenig. Zum dritten summirt man den Legem ex Bartoli aut Baldi aut alterius opinione oder wohl aus dreien, vieren Doctoribus, deren summaria gleichwohl verworfen und von dem professore ein neue Summarium erdacht wird. Zum vierten figuriert und formiert man in nube ein fremden, undienstlichen oder auch überflüssigen casum, der oft und mehrmalen in ipsa lege wird begriffen, allein das man Titium oder Sempronium oder dominum Petrucium hinzuthun mag. Und wenn das mit großer Pracht geschrien und dictiert ist, alsdann folgt das Fünft und lugt der doctor ob er den Text noch lesen könne, das heißt Perlego. Alsbald kommt do causas, die auch (wie der casus) gemeinlich im Text selbst (welcher es verstände) begriffen seien. Die zwei letzten Stücke seind connoto et objicio. Da heißt es nota primo, nota secundo und erhebt sich erst ein neue Gefecht, daß derjenige der den Legem durch diese vielfältige Zerstücklung nunmehr schier in Kopf bracht hat (wo er so ein gnädigen Gott hat) daß er, sag ich, erst wiederum anhebt de legis intellectu zu zweifeln. Und das seind großwichtigen, enthebliche, truegenlichen Ursachen die uns treiben aus unserem geliebten Vaterland der teutschen Nation, den fremden ausländischen Schulen nachzulaufen; da heißt es dann billig: accipimus pecuniam et mittimus asinum in Germaniam. Daß ich geschweige ausländischer grober Sitten Anerbung, welcher unser geliebt Vaterland mit Geiz, Unzucht, Untreue, Pracht, Hoffart und allerlei Unthaten leider schier überschwemmt."

3. Es liegt auf der Hand, daß diese Methode in ihrer rein analytischen Richtung zur Zersplitterung des Wissens führen mußte. Wäre sie mit Einfachheit und weiser Enthaltsamkeit geübt worden, so hätte dem ungeachtet der Gewinn einer gründlichen Exegese nicht ausbleiben können. Allein man muß sich der ganzen formalistischen Richtung der Wissenschaft erinnern, um ihren verderblichen Einfluß zu verstehen. Ueber die formale Befriedigung der magistralen Ansprüche geht das lebendige Verständniß und endlich auch der Sinn und das Bedürfniß danach verloren. Man glaubte die Sache verstanden zu haben, wenn sie die Operationen des mannigfaltig gefügten Räderwerks überstanden hatte, obgleich deren Ziel vielfach gar nicht so sehr auf das Erkennen der Sache selbst, als der in ihr oder ihrem Ausdruck zum Vorschein kommenden dialektischen Gesetze und Formen gerichtet war: es war die verhängnißvolle Verwechselung der logischen Formen mit sachlicher Erkenntniß. Gab nun schon die Methode mit ihren complicirten Anweisungen den Anlaß zur Weitläufigkeit, so kam die individuelle Neigung zur Subtilität, die verbreitete Uebung zu spitzfindiger Argumentation und Distinction und die Gewohnheit, mit der eigenen Erörterung die Berufung auf Autoritäten fortlaufend zu verflechten, hinzu. Das Herkommen verlangt, daß der Spätere von den Meinungen der Aelteren Rechenschaft gebe; die Eitelkeit führt zu dem Bemühen, durch einen reichen gelehrten Apparat zu glänzen und die Vorgänger durch feinere Distinction oder durch Aufstellung einer neuen Quästion zu übertreffen. So schwillt die Literatur nicht nur an zu einer unübersehbaren Masse gehäufter Einzelheiten, sondern die exegetische Methode verliert auch mehr und mehr den Boden, auf welchem sie ruht, aus dem Gesichte. Statt mit dem Texte, beschäftigt sie sich vorzugsweise mit den Meinungen über den Text; und bei der Neigung zum Glauben an Autoritäten, bei der Gebundenheit, in der sich das subjective Urtheil der Tradition gegenüber fühlt, vollendet sich ein Stand der Wissenschaft, in welchem die Ansichten der Glossatoren, die communis

opinio, die Meinungen des Bartolus und Baldus und anderer namhafter Juristen mit größerer oder geringerer Offenheit der Autorität des Textes selbst gleich gestellt werden. Wie in der Theologie Thomas von Aquino und Duns Scotus die Grundsäulen der Dogmatik geworden und zum Theil selbst durch päpstliche Autorität für infallible Lehrer erklärt waren, so gründete sich später die Jurisprudenz auf die Glosse und den Bartolus. Selbst gesetzliche Verfügungen ergingen, um seine Autorität zu befestigen und eigene Lehrstühle für seine Schriften zu errichten.

Daß die Praxis diesem Zuge bereitwillig folgte, liegt in der Natur der Dinge. Wenn die Theorie auf selbständige Prüfung verzichtet, so wird um so bereitwilliger die Praxis der Autorität sich anschließen. Raphael Fulgosius († 1427 in Padua) warnt seine Schüler, sich auf seine von der Glosse abweichende Meinung vor Gericht zu berufen oder auch einem gerichtlichen Urtheile zu Grunde zu legen. Er selbst würde lieber die Glosse als den Text auf seiner Seite haben: denn wenn man sich auf den Text berufe, so heiße es in den Gerichten: „Glaubst du, daß die Glosse den Text nicht eben so gut gesehen und verstanden hat wie du?" Daß diese Haltung der Praxis auf die Theorie zurückwirken und die Quellen selbst immer mehr in den Hintergrund drängen mußte, war unvermeidlich.

Bei der Beurtheilung dieser Ergebnisse pflegt unsere moderne Wissenschaft zwei Gesichtspunkte nicht genügend zu unterscheiden. Man hat Recht, vom Standpunkte der Wissenschaft aus für einen traurigen Verfall es zu erklären, daß der Zugang zum reinen Verständniß der Quellen nicht nur verschlossen war, sondern kaum mehr gesucht wurde. Anders aber ist von dem allgemeinen Standpunkte historischer Rechtsentwicklung zu urtheilen. Betrachten wir zunächst die Behandlung des römischen Rechts, so dürfen wir nicht übersehen, daß Auslegungen der Quellen, welche unser geschärftes Auge als Mißverständnisse erkennt, getragen und eingegeben sind von modernen Rechtsanschauungen, welche den Exegeten erfüllen. Der historischen Gegensätze sich nicht bewußt, durchaus nicht bestrebt diese zu erkennen, sondern das Corpus juris unbefangen als ein bindendes Gesetzbuch für die Gegenwart behandelnd, setzt der mittelalterliche Exeget, wie wir sagten, die ihn erfüllenden Anschauungen bei dem Gesetzgeber voraus; und unvermerkt wird die schwer zu findende Grenze, welche das Voraussetzen von dem Hineintragen trennt, in der Casuistik überschritten. So gestaltet sich das römische Recht unter der Hand der Juristen um zu einem mit germanischen Anschauungen versetzten, halbmodernen Rechte: und wenn dies vom Standpunkte der reinen Exegese verwerflich ist, so verdient die gethane Arbeit die volle Anerkennung vom Standpunkte des Rechtslebens, dessen realen Bedürfnissen man auf diesem Wege instinctiv Geltung schaffte und Befriedigung gewährte. Wir dürfen nicht vergessen, daß die bedeutendsten Commentatoren zugleich Praktiker waren, daß es ihnen nicht um die Herstellung einer Wissenschaft für die Schule, sondern um ein anwendbares Recht für das Leben zu thun war; die feine und reiche Casuistik erscheint ihnen daher als die höchste Stufe ihrer Leistung, und diese ist es auch, um derentwillen selbst von den Vertretern einer veredelten Wissenschaft die Schriften des Bartolus später noch gepriesen und empfohlen werden. Noch am Schlusse des 16. Jahrhunderts wiederholen daher z. B. die Consultationes Saxonicae II, 1, 1 den alten Satz: Bartoli auctoritas supremo habetur in actu practico; contra ipsum velle concedere aut contrarium defendere perquam est temerarium. Es hat diese Zeit die Fortbildung und Umgestaltung des Rechts durch dieselbe „interpretatio“ und „disputatio fori“ in ihrer Art geübt, welche wir als Verdienst an den römischen Juristen preisen[1]). Fälschung und Mißverständniß kann die Umbildung nicht genannt werden, da man nicht die Prätension erhob, das römische Recht in seiner Reinheit zu lehren, sondern einfach den Faden der Tradition

1) Vgl. über diese und die falsche Beurtheilung ähnlicher Erscheinungen in neuerer Zeit die treffenden Bemerkungen von Ihering, Geist des röm. Rechts 4, 464 ff.

in der Exegese fortspann. Aber von der Autorität des geschriebenen Rechts beherrscht, sucht man sich für Rechtssätze, die man als Bedürfniß des Lebens empfindet, die Rechtfertigung und Deckung zu schaffen, indem man die spitzfindigste und selbst gewaltsame Auslegung nicht verschmäht.

Es hat diese Umgestaltung dem römischen Rechte die Wege in das praktische Leben gebahnt. Wäre man sich der Kluft, welche die Gegenwart vom Alterthume trennt, in solchem Grade bewußt gewesen, wie wir es heute sind, so hätte es sicherlich an dem Muthe gefehlt, die Ueberlieferung der antiken Welt unmittelbar im Leben als bindende Norm zu verwenden; und wäre man darauf ausgegangen, das römische Recht in seiner Reinheit — falls man sie hätte erfassen können — durchzuführen, so würde das Leben unübersteigliche Hindernisse in den Weg gestellt haben.

Für die Behandlung des kanonischen Rechts[1]) kommt hinzu, daß der Lehrer wie der Schriftsteller unter der zwingenden Autorität einer lebendig wirksamen rechtssetzenden Gewalt steht, deren Willen als kanonische Ordnung zur Geltung zu bringen er sich verpflichtet und getrieben fühlt. Zwischen der Schule und dem Papstthum, zwischen Wissenschaft und kirchlicher Gesetzgebung findet die lebendigste Wechselwirkung statt; die Fortbildung des Rechts vollzieht sich durch das Bedürfniß beider. Daher geschieht die wissenschaftliche Arbeit unter dem Drange einer praktischen Tendenz; das Ziel ist, die in Uebung stehenden oder zur Geltung zu bringenden Rechtssätze durch die Quellen mit Hülfe distinguirender Auslegung zu begründen. Und weil man die Entwicklung in lebendigem Flusse weiß, der in der Literatur seinen festen Niederschlag absetzt, so tritt diese hier noch weit mehr in den Vordergrund, als es beim römischen Rechte der Fall ist.

Mochte nun aber das bloße Mißverständniß oder der rechtsbildende Instinct den Exegeten leiten — der Einfluß beider

1) Vgl. Thaner, die Summa Magistri Rolandi. 1874. Vorrede. Schulte, Gesch. d, Quellen u. Lit. 1, 215.

ward in diesem Grade nur ermöglicht durch die Herrschaft der Analyse, welche dahin führt, die Einzelheiten aus dem sie bedingenden geistigen Zusammenhange zu lösen und als selbständige Dinge zu betrachten. In seiner Isolirung läßt sich durch Argumente, welche für den gegebenen Fall schlagend scheinen, dem einzelnen Satze eine Deutung geben, gegen welche er geschützt ist, sobald er als organisches Glied eines Ganzen, als Ausfluß eines höheren Rechtsgedankens aufgefaßt wird. Aber gerade diese synthetische Betrachtungsweise war durch Distinction und Casuistik bis auf geringe Reste erdrückt.

4. So lange die überlieferte Methode in voller Geltung steht, erscheint die Auflösung des Wissens in eine unübersehbare Fülle von Einzelheiten nicht als ein wissenschaftlicher Fehler, sondern nur als eine unvermeidliche, in der Natur des positiven Rechts liegende Schwierigkeit, welche durch die Kraft des Gedächtnisses in langjährigem Studium überwunden werden müsse. Die Uebung des Gedächtnisses, die Mnemonik, die mechanischen Hülfsmittel zur Uebersicht werden daher gepflegt und nachdrücklich empfohlen; die aus der Wissenschaft selbst verlorene Einheit soll in dem wissenden Subjecte durch seine Gedächtnißkraft hergestellt werden: denn wo der Begriff und das System die Einzelheiten nicht zu einem organischen Gefüge verbindet, da bleibt als Mittel zur Beherrschung des Ganzen nur das Gedächtniß übrig.

Hieraus erklärt sich die eigenthümliche Rolle, welche der „Locus“ in der scholastischen Methode spielt, ein Wort, mit welchem die verschiedensten Bedeutungen verbunden werden, die indeß insgesammt auf die Vorstellung eines außerhalb der Materie liegenden Platzes, von welchem aus die Einzelheiten überschaut werden können, zurückzuführen sind. Man bemüht sich solche Loci zu finden und festzustellen, um sowohl dem Gedächtniß als dem Urtheil einen sichern Anhalt zu gewähren; und zu den ersten hodegetischen Regeln gehört es, die Loci zu erlernen. Sie dienen als ein Fachwerk, in welches Argumente und Materien zu schneller Auffindung eingeordnet sind. Sowohl der Terminus wie die Sache selbst ist der Rhetorik und Dialektik aus dem Alterthume überliefert, hat aber in der Jurisprudenz eine eigenthümliche Ausbildung erfahren[1]).

Unter Loci ordinarii versteht die juristische Schule diejenigen Stellen des Corpus juris, an welche nach festem Herkommen die eingehende Erörterung einer bestimmten Rechtsmaterie angeknüpft wird. So war der locus ordinarius der Lehre von der mora l. 32 D. d. usuris 22, 1, später l. 84 D. d. V. O. 45, 1; für die Lehre von den statuta l. 9 D. d. j. et j. 1, 1; für die Lehre von der culpa l. 32 D. depositi 16, 3; für die Lehre von der obligatio naturalis die lex damnata Frater a fratre l. 38 D. d. cond. ind. 12, 6. Gribaldus nennt sie auch „sedes materiarum“ und stellt ein Verzeichniß von hundert zusammen, mit der Anweisung für die Schüler, es auswendig zu lernen, um jederzeit zu wissen, wo bei den Commentatoren das Gewünschte zu finden sei. Die innere Beziehung der Stelle zur Materie wird natürlich vorausgesetzt und hat die Wahl bestimmt; aber das Herkommen giebt ihr die magistrale Bedeutung, rechtfertigt und verlangt hier den Excurs.

In mehrfacher Bedeutung und Anwendung finden wir die Loci communes. Es sind zunächst die allgemeinen Begriffe als dialektische Ausgangspunkte für die Erörterung, dann die analytischen Gesichtspunkte, welche die partitio et divisio bestimmen, also die Gründe und Glieder der Eintheilung, und somit das Schema der Analyse.

Dabei gewinnt dann das Wort wiederum die ganz äußerliche magistrale Bedeutung von Registern oder schematischen Collectaneen. Es ist nur eine überlieferte methodologische und mnemonische Weisheit, wenn R. Agricola (Epistola ad Barbirianum) als Hülfsmittel, um das Gelernte in Bereitschaft zu haben, die Regel giebt, man müsse sich Loci communes aus-

1) Ueber die verschiedenen Bedeutungen des Locus in der Philosophie vgl. Goclenius († 1628), Lexicon philosophicum.

denken, unter welche man das Einzelne subordinirend vertheile. Von Anderen wird den Scholaren empfohlen, sich Bücher anzulegen, in welche sie solche Loci verzeichnen, um unter diese die gelernten Einzelheiten einzutragen. Gribaldus giebt dafür die Anleitung durch Aufstellung eines langen Verzeichnisses von Loci; in gleichem Sinne hebt Hegendorfinus (de ratione discendi jura 1529) die Wichtigkeit der Loci als mnemonisches Hülfsmittel hervor und erläutert es in Beispielen. M. v. Ossa spricht von dem „Eintragen in die Loci" als einer allgemein üblichen Form des häuslichen Fleißes.

Bei solcher Anweisung wird die Arbeit systematischer Gliederung, welche die analytische Behandlung vernachlässigt, von dem Lehrer dem Schüler zugewiesen; was die gelehrte Wissenschaft selbst nicht giebt, soll das wissende Subject äußerlich ergänzen. Als in späterer Zeit die synthetischen Ansprüche zur Geltung kommen, stellt M. Wesenbeck zwar dem Lehrer die systematische Aufgabe, empfiehlt aber daneben dem Schüler „more sedulae et diligentis apiculae" das Gelernte in seine Loci einzutragen. Allein nicht bloß systematisch geordnet sind diese Loci zu denken, sondern auch rein äußerlich nach dem Alphabet: und der einzelne Locus hat dann nur die Bedeutung einer Rubrik oder eines Stichworts.

Unter Locus communis ist ferner der Gemeinplatz, in Anwendung auf die Jurisprudenz eine allgemeine Rechtsregel zu verstehen; und der Ausdruck Locus verdrängt den älteren Brocardica, wird dann mit Regula und Axioma synonym gebraucht. Frühzeitig hat man diese im Anschluß an den Tit. D. de reg. juris in Sammlungen unter dem Namen Flores legum zusammengestellt. Oldendorp, der die altüberlieferte Sammlung bearbeitete, gab sie (Lugdun. 1545. 8°) unter dem durch Melanchthon zu neuer Ehre gelangten Titel Loci communes heraus. Wenn M. v. Ossa von der ihm verhaßten systematischen Methode tadelnd sagt, die Schüler würden durch sie „wohl locales, können aber das, so sie lernen, nicht vertheidigen", so ist damit gemeint, daß die Lehre bei allgemeinen Sätzen stehen bleibt und die Specialität der Casuistik versäumt. Der Gegner, welchen M. v. Ossa hauptsächlich vor Augen hat, Loriot, bediente sich des eleganteren Terminus „Axiomata", um die Loci communes zu bezeichnen.

Zu all diesen Bedeutungen und Anwendungen des Locus kommt endlich die der Rhetorik entlehnte: „Locus (τόπος) est sedes argumenti". Diese Loci bilden den Gegenstand der Topica i. e. ars ratiocinandi. R. Agricola hatte sie in seinem Werke „de inventione dialectica" für die Dialektik in Anspruch genommen, deren ersten Theil nach ihm die inventio bildet, während die überlieferte Lehre diese nach Cicero als Theil der Rhetorik behandelte. Dadurch wird dem Locus erst schulmäßig diejenige allgemeinere Bedeutung zuerkannt, welche er thatsächlich schon hatte. Denn in Wirklichkeit sind sie nicht bloß wie in der Topik die Ausgangspunkte der Beweisführung, sondern der Standpunkt der Reflexion überhaupt, gegeben durch die Verhältnisse und Umstände, welche bei einem Gegenstande in Betracht kommen. Sie sind von Alters her nicht bloß für die Argumentation im engern Sinn, sondern als Gesichtspunkte, von denen aus die Quästionen erfunden und erhoben werden, verwendet.

Die Jurisprudenz macht von den Loci ausgiebigen Gebrauch. Und zwar gehört es zu der überlieferten Lehrmethode, bei der Argumentation von den bestimmt gegebenen Loci auszugehen. Nur diejenige Beweisführung gilt für sicher und schlagend, welche einen anerkannten, schulmäßig approbirten Locus zum Ausgangspunkte hat, und zwar werden hier die logische Schlußfolgerung bei der Exegese und die processualische Beweisführung ohne strenge Unterscheidung neben einander gestellt. Zugleich dienen sie als Hülfsmittel für die Formulirung der Quästionen. Das Bemühen ist dahin gerichtet, einen möglichst reichhaltigen Apparat von juristisch brauchbaren Loci zusammenzutragen. Schon Baldus hatte sie auf hundert gebracht. Später sind noch viele hinzugethan, deren magistrale Geltung zweifelhaft wird. Man beginnt daher am Ende des 15. Jahrhunderts sie zu sichten und die anerkannten zu klassificiren.

Peter Andreas Gammarus [1]) will in seiner Schrift De modo ratiocinandi et disputandi in jure „die in Bologna stets zur Anwendung gebrachte Kunst der dialektischen Argumentation, deren Werth in neuerer Zeit angezweifelt werde" in klares Licht stellen. Er giebt eine übersichtliche Theorie der Beweisführung nach den vier Formen der Schlußfolgerung: Syllogismus, Induction, Enthymema und Exemplum. Daran reiht sich die Lehre von den Loci, die er in drei Klassen vertheilt: aut sunt in ipso de quo agitur; aut aliunde nascuntur; aut extrinsecus assumuntur. Hiervon handeln die beiden ersten Bücher, während das dritte die quinque universalia ex decem praedicamentis und die vitia argumentorum darstellt.

Nikolaus Everardus von Middelburg [2]) sucht in seinem Werke Topicorum seu locorum legalium opus de inven-

1) Geb. 1480, gest. 1528. Vgl. Schulte, Gesch. d. kanon. Rechts 2, 343 f., welcher die Angabe des Panzirolus 3, 50, daß G. in Bologna docirt habe, bestreitet und ihn Gambarus nennt. Die Schrift ist nach Schulte unter dem Titel Legalis dialectica Bol. 1514. 1536. Basil. 1543 (auch Topicorum libri 3) gedruckt. — Ich benutzte die Ausgabe Bas. 1545. fol. hinter Cantiuncula's Topik; darin führt die Schrift den im Text angegebenen Titel und der Verfasser heißt P. A. Gammarus Bononiensis J. U. Professor. Seine Schrift de praestantia legalis scientiae ist dem Cancellarius Gymnasii Bononiensis dedicirt, dessen Protection er sich empfiehlt.

2) Nikol. oder Klaas Everts oder Evertszoon ist geb. 1462 zu Grypkerke bei Middelburg; sein Vater war Schiffer; studirt in Löwen, wo 11. Juni 1493 promovirt. Official des Bischofs von Kamryck, dann Decan des Kapitels St. Guido zu Anderlecht bei Brüssel. Entsagt 1497 dem geistlichen Stande und heirathet. Dann Professor in Löwen, wo 1504 Rector. 1505 Mitglied des großen Raths zu Mecheln. 1509 Präsident des höchsten Gerichts für Holland, Seeland und Friesland. 1528 Präsident des großen Raths zu Mecheln. † 1532, 9. August. Seine Topica erschien zuerst 1516. Lovan. fol. Neue Auflage, von ihm vorbereitet Löwen 1552. fol. Später noch oft gedruckt. Lyon 1568. 1579. Frankf. 1591. 1604. 1624. Zu der Ausgabe Francof. 1604. 8° schrieb Dion. Gothofredus eine Vorrede; wiederholt Francof. 1625. 8°. Der Titel des Werks in späteren Ausgaben ist: Loci argumentorum legales. — Consilia. 1554. 1577. 1643. — Vgl. A. d. B. 6, 433 f. (Rivier).

tione et argumentatione durch Aufstellung und Zergliederung von hundert Loci der Beweisführung Methode, Sicherheit und Reichthum zu geben; später hat er die Zahl auf 131 vermehrt. Ein wissenschaftlicher Fortschritt ist darin nur etwa in so fern wahrzunehmen, als dem Verfasser das Bedürfniß einer Reform der dialektischen Hülfsmittel zum Bewußtsein gekommen ist. Aber sein Werk bringt diese Reform nicht, sondern bewegt sich ganz in den ausgetretenen Spuren der Scholastik, und es ist unrichtig, wenn in seinem Buche „ein ganz eigenthümlicher Versuch, die hergebrachten Schranken der Rechtswissenschaft zu durchbrechen“ gesehen wird [1]). Vielmehr zeugt seine diffuse, geschmacklose, mit den üblichen Citaten aus Cicero, Boethius und Quinctilian überlastete Darstellung, sowie die Häufung anderer Allegationen eben so von der Befangenheit in den überlieferten Bildungselementen, wie sein Unternehmen selbst sich ganz innerhalb der Schranken der überlieferten Methode hält [2]). Auch ist es grund-

1) Savigny, Gesch. des röm. Rechts im M.A. 6, 465.

2) Einige Proben mögen dies Urtheil rechtfertigen. Ich gebe nur das Gerippe der Erörterung, um Stoff und Behandlung zu veranschaulichen; zu jedem Satze ist eine Fülle von Allegationen und casus hinzuzudenken.

No. 1. Locus ab ordine. Formatur hoc argumentum ab ordine multipliciter ad multiplicem effectum. Uno modo sic: non attento ordine verborum talis ordo praesumitur qualis esse debet. Hinc etiam est, quod ubi in instrumento plures actus reperiuntur successive celebrati, semper praesumitur ille actus praecessisse, qui reddit actum validum. Secundo argumentum ex hoc loco potest formari contrario modo sic: neglectus vel praeposteratio ordinis vitiat actum et reddit eum nullum. Tertio formatur aliter sic: ponderandus est ordo eorum quae in lege vel canone aut dispositione alicujus ponuntur, quia ex ordine praesumitur et colligitur mens et voluntas disponentis. Quarto ex ordine arguitur praerogativa. Ita notat Glossa quod illi religiosi sunt praeferendi in processionibus, in sessionibus et aliis, qui primo fuerunt approbati et confirmati per Ecclesiam.

No. 52. Locus a sententia ad testamentum. Occurrit nunc locus a sententia ad testamentum a quo sumptum argumentum est probabile, forte, frequens et utile, quia aequiparantur a jure; praeterea testamentum est sententia. Unde 1. sicut per sententiam judicis, cum causae cognitione latam potest impediri alienatio et translatio dominii, ita etiam potest

los, wenn Savigny meint, daß Everardus, wenn er Nachfolger auf seinem Wege gefunden hätte, der Stifter einer neuen Schule geworden sein würde, die einen wohlthätigen Gegensatz gegen die ausschließende Richtung der Humanisten gebildet hätte. Denn in der That hat es Everardus an Nachfolgern nicht gefehlt. Johann Oldendorp, der 1515 in Bologna studirt und die Licentia erworben hatte, gab in seiner Dissertation Rationes s. argumenta quibus in jure utimur (Rostoch. 1516. 4⁰) eine kurzgefaßte Topik. Im Jahre 1520 erschienen die Topica legalia des Cl. Cantiuncula. Hegendorfinus' Dialectica legalis 1531 behandelt die Topik im 4. Buch, und Oldendorp hat

---

impediri alienatio per testatorem in testamento. Secundo haec argumentatio facit ad aliud, videlicet quod quemadmodum scriptura, quam habet judex formare vel concipere et postea in mundum redigere non est sententia, ita etiam dispositio praevia ad testandum seu nuda verborum enunciatio in testamentum postea redigenda, non est testamentum.

No. 12. Locus ab opinione vulgi. Nunc locum ab opinione vulgi seu vulgari usu loquendi, certissimo rerum magistro, ut inquit Rod. Agricola, tractabimus. A quo depromptum argumentum et probabile et frequens et utile. Valet enim ad conjecturandum mentem seu voluntatem defuncti. Praesumitur enim res sic se habere, uti vulgus opinatur. Item valet ad habendum intellectum cujuscunque dispositionis; verba enim ambigua debent intelligi, ut opinatur vulgus et secundum communem usum loquendi, etiam si repugnat propria significatio. Tamen hoc fallit in tribus casibus. Primus est, quando lex vel dispositio in sensu proprio continet absurditatem, iniquitatem vel inhumanitatem. Secundus est, quando ratio dispositionis repugnat, quae in dubio est attendenda. Tertius casus serviens proposito est, quando communis usus loquendi esset in contrarium. — Cave tamen ne decipiaris, quia dicta doctrina, communis usus praeferendus est propriae significationi vocabuli, recipit plures notabiles declarationes, fallencias seu limitationes etc.

No. 80. Locus a cessatione rationis. Nunc subnectimus locum a cessatione rationis, a quo sumptum argumentum est forte, frequens et utile. Et formatur uno modo sic: cessante ratione legis cessat lex ipsa. Et istud procedit generaliter, sive hoc contingat ex eo, quod ratio legis cessat in casu de quo quaestio, nam utique tunc cessat dispositio; sive hoc proveniat ex eo, quod ratio legis est correcta, nam correcta ratione legis, censetur etiam correcta ipsa lex. Sed istud recipit tres notabiles limitationes etc.

1545 eine neue Topik herausgegeben, in der er seine Vorgänger benutzte. Diese drei Letztgenannten stehen unter dem Einflusse des Humanismus, sie repräsentiren die Verbindung desselben mit der dialektischen Richtung und beweisen durch die That, daß zwischen beiden ein ausschließender Gegensatz nicht bestand — aber auch, wie wenig fruchtbar für die Entwicklung der Wissenschaft die Topik war. Nicht als Ansatz zu einer neuen Richtung, sondern nur als der Rest einer absterbenden Schultradition können daher die topischen Schriften betrachtet werden. Das Ansehen, welches sie und namentlich Everard's Werk bis in das 17. Jahrhundert behaupten, hat seinen Grund theils in der fortdauernden Herrschaft der alten Methode, theils und hauptsächlich aber darin, daß sie die Topik nicht bloß theoretisch lehren, sondern praktisch exemplificiren. Sie enthalten daher eine reiche und feine Casuistik und dienen mit dieser der praktischen Jurisprudenz in derselben Weise wie die Schriften der großen Commentatoren.

5. In Italien bleibt die heimische Kunst, die der rhetorischen und dialektischen Naturanlage so weiten Spielraum gewährt, in voller Blüthe trotz der Anfechtungen, welche das barbarische Latein und die Geschmacklosigkeit ihrer Vertreter von den Humanisten zu erleiden haben; und die Virtuosität der Methode ist es, welche auch noch im 16. Jahrhundert die Deutschen zahlreich nach den italienischen Universitäten zieht. Guido Panzirolus († 1599) [1]) stellt sie als die herrschende und richtige ausführlich dar, zwar nicht ohne die Entartung in Weitläuftigkeit hart zu tadeln. Nicht minder herrschen in Frankreich die „Bartolisten und Accursianer“. In Toulouse, Montpellier, Orleans, Avignon, Valence, Grenoble, Paris behaupten sie sich trotz der von Alciat und Budäus ausgehenden Erweckung eines neuen Geistes, der nur in Bourges zur Oberherrschaft gelangt. Für seine Zuhörer in Toulouse publicirte Matthäus Gribaldi aus Chieri in Piemont, als er 1541 nach Valence übergesiedelt war, seine

1) Panzirolus, de claris legum interpretibus Lib. 2 c. 4. 6. 8.

Libri tres de methodo ac ratione studendi, in der er den, auch in Frankreich, wie er sagt, hochgehaltenen mos legendi Italicus darlegt, allerdings nicht ohne dem Humanismus Concessionen zu machen. Den großen Juristen gelingt es nicht, die alte Form der Schulweisheit auszurotten, für deren praktischen Werth Albericus Gentilis in seinen 1582 erschienenen Dialogen de juris interpretibus kämpft. War es auch seit der Mitte des Jahrhunderts vorzugsweise die durch Duaren, Donellus, Cujas und Andere vertretene neue Richtung, welche die Deutschen auf die französischen Hochschulen zog, so finden wir sie doch auch in den Hörsälen der alten Methode; und Lucas Geizkofler erzählt uns in seiner Selbstbiographie[1]), wie er noch 1577 bei seiner Promotion in Dôle die Disputation und Probevorlesung more Italico habe halten müssen.

Deutschland übernimmt mit dem Stoff der italienischen Wissenschaft zugleich ihre Methode; und wenn wir auch hier wie in Frankreich von tiefgreifenden Gegenströmungen zu berichten haben, welche die Wissenschaft langsam in andere Bahnen drängen, so wird doch der mos Italicus überwiegend als die echt juristische Methode angesehen und officiell festgehalten. Gleich Alciat, der es von Frankreich und Italien berichtet, klagt Zasius über die Hindernisse, welche von den Facultäten jeder Abweichung von dem alten Wege entgegengestellt werden. Den Neuerungen gegenüber, welche in Wittenberg von Einzelnen versucht wurden, verordnete 1538 ein kurfürstliches Rescript, daß „der vorige Brauch gehalten und der Apparat mit dem Text absolvirt, die contraria ordentlich, förmlich und völlig inducirt und die Solution der Glossen und Scribenten mit Fleiß absolvirt" werden sollen. M. v. Ossa meint in seinem Testament[1]) (1555), daß die Schüler durch die versuchten neuen Methoden „die ordinarias glossas et distinctiones in utroque jure nicht kennen lernen,

---

1) A. Wolf, Lucas Geizkofler und seine Selbstbiographie. 1873. S. 130 ff.

2) Herausgegeben von Thomasius. 1717. 4°. S. 403 ff.

bekommen kein recht scharff judicium; werden wohl locales, können aber das, so sie lernen, wenn ihnen ein rechter Meister auf die Haut tritt, nicht vertheidigen, bleiben also Lückenbüßer; gründlich gelahrte Leute in Jure werden selten aus solchen Leuten". Er verlangt daher, daß den Scholaren „solche Legenten geordnet" werden, „die lesen, wie die alten fürtrefflichen Leute Bartolus, Baldus, Cynus, Dinus, Jason, Decius u. A. gelesen haben"; die in Leipzig anzustellenden Professoren für das kanonische und Civilrecht müßten daher „beyde fürtreffliche Leute sein, die more Italico magistraliter lesen, die oppositiones und ordinarias glossas et distinctiones doctorum wohl expliciren" u. s. w. In Wittenberg mahnt Michael Teuber in seiner Oratio de vita Schurfii 1554, man möge dem alten Brauche folgen und sich nicht durch diejenigen beirren lassen, welche sich rühmen „novam formam doctrinae juris se demonstraturos esse"; und Justus Jonas geräth mit der Facultät in Händel (1561), weil er auf „andere Art" lehrte.

Die Statuten und Lectionskataloge der deutschen Universitäten lassen über die Herrschaft dieser Methode keinen Zweifel, wenn auch seit der Mitte des Jahrhunderts an manchen eine neue Richtung sich Bahn bricht und nicht bloß thatsächlich geübt, sondern selbst statutarisch (wie in Greifswald 1545, in Rostock 1564) anerkannt wird. Aber noch 1552 sieht selbst Bonif. Amerbach ein Bedenken gegen die Berufung Duaren's und Balduin's nach Tübingen darin, daß sie von „vieljährigen Schulbrauch in profitendo abgetreten" seien[1]). Dem größten Vertreter der mit voller Beherrschung der Quellen verbundenen Synthese, Hugo Donellus, ward noch am Ende des Jahrhunderts in Altdorf die Abweichung vom Herkommen als Mangel an Gelehrsamkeit ausgelegt; und als eine Concession an den mos Italicus ist wohl die an ihn von den Scholarchen gerichtete Bitte anzu-

1) Maudry, Joh. Sichardt S. 12. 35. Die unter humanistischem Einflusse entworfene Universitätsordnung für Tübingen von 1536 weist doch die Juristen auf die „gewöhnlichen Apparatus und Scribenten" hin.

sehen: „ob er es nicht auf sich nehmen wolle, neben Pertexirung seiner Methodus etwa zwei Stunden Textum in jure zu interpretiren“. Aehnlich wird dem gelehrten Giphanius in Ingolstadt 1598 vorgeworfen, daß er mehr „Criticus“ als Jurist sei. Wie früher Zasius, so klagt später M. Wesenbeck darüber, daß die Universitätsstatuten Neuerungen der Methode verbieten, und 1593 schreibt Vigelius, daß er in Marburg „Justinianeam confusionem in legendo“ gezwungen habe beibehalten müssen.

Wilhelm Valentin Forster (geb. in Marburg 1574, gest. 1620, Sohn des berühmten Valentin) stellt in seiner Schrift de Juris interpretatione. Witeb. 1613. 8° (Otto Thesaurus II, 990 s.) als die „communis methodus“ den mos Italicus unter Berufung auf Gribaldus dar. Für Leipzig befahl 1616 ein Decret, daß nicht „in forma tractatuum oder paratitlorum“ gelesen, sondern „in explicatione textuum per formationem casus seu quaestionis, propositis rationibus dubitandi cum notabilibus aufs schleunigste fortgefahren“ werden solle[1]); und 1624 wird den Professoren Jerem. Reußner und Konrad Carpzov von dem Kurfürsten geboten, sie sollten nicht mehr „synopticos tractatus lesen, sondern die textus expliciren“.

Wenn der mos Italicus sich bis in das 17. Jahrhundert hinein, zwar unter Kämpfen und in abgeschwächter Gestalt, aber doch als die in den amtlichen Hauptvorlesungen herrschende Methode erhielt; so war es nicht bloß die Macht des Herkommens und der Nimbus schwer wiegender Gelehrsamkeit, was ihn stützte, sondern der Vorzug, den er durch die Einführung in die Controversen, die recipirten Meinungen und in die Casuistik darbietet. Er galt daher für die Methode, welche den gewandten und sattelfesten Praktiker bildet. Dem akademischen Unterricht aber war nicht nur die theoretische, sondern auch die praktische Ausbildung zur Aufgabe gestellt: denn nicht schloß sich damals, wie heute, an die Studienjahre selbstverständlich eine praktische Uebungszeit des jungen Juristen.

1) Stobbe 2, 29.

Aus diesem Grunde war auch der Zeitaufwand von 6 bis 8 Jahren für die akademische Lehrzeit nicht so unerträglich, wie sie unter heutigen Verhältnissen erscheint. Denn die heutige Kürze der Studienzeit hat ihren Grund nicht etwa bloß in unserer bessern Methode, die sie möglich macht, nicht bloß in der Raschlebigkeit unserer Zeit, die sie fordert; sondern zum großen Theil darin, daß der Universität die praktische Hälfte der Bildungsaufgabe abgenommen ist, welche damals als die wichtigere, als das eigentliche Ziel angesehen wurde.

Dieses Uebergewicht der praktischen Richtung, in welche die Vertreter der Rechtswissenschaft durch das Bedürfniß des Lebens und die fortgesetzte eigene Beschäftigung mit praktischen Arbeiten geführt und gebannt wurden, hat es bewirkt, daß in Deutschland weder die systematische noch die antiquarische Methode zu voller Ausbildung und Herrschaft gelangten. Und aus demselben Grunde hat Deutschland zwar tüchtige Strebungen und Anläufe, auch einzelne bedeutendere Leistungen, aber keinen Vertreter der Rechtswissenschaft aufzuweisen, welcher den großen französischen Juristen an die Seite gestellt und noch jetzt, wie jene, als unübertroffenes Vorbild genannt werden könnte.

Noch von einem andern Gesichtspunkte aus war die praktische Richtung einer neuen Methode hinderlich. Es darf nicht übersehen werden, daß die wissenschaftliche Behandlung in Wechselwirkung steht mit dem materiellen Bestande des geltenden Rechts. Die Thatsache, daß unter den Händen der Exegeten, daß durch die Auslegung und die von ihr geleitete Praxis das Recht selbst umgestaltet und fortgebildet wird, hatte sich, wie schon oben hervorgehoben wurde, seit den Glossatoren naturgemäß vollzogen und ihren Ausdruck in der Autorität der Literatur gefunden. Wenn man in Deutschland auch die Justinianischen Rechtsbücher als bindend ansah, so ließ sich doch nicht bestreiten, daß ihr Inhalt nicht ohne Einschränkung und Modificationen recipirt sei: und eben diese lagen in den überlieferten opiniones doctorum und waren nur aus der Literatur zu erkennen. Die Beseitigung dieser, die Rückkehr zum ursprünglichen Inhalt der Quellen, die kritische Säuberung derselben rührte daher geradezu am materiellen Bestande des positiven Rechts. Von diesem Gesichtspunkte aus konnte man die Neuerung in der Wissenschaft als unberechtigte Auflehnung bekämpfen und den mos Italicus als diejenige Methode, durch welche allein das wirklich geltende Recht in seinem auf der lex und der interpretatio zusammen beruhenden Bestande zur Darstellung gebracht werde, mit Erfolg vertheidigen.

Von diesem Standpunkte aus richtet sich die Vertheidigung des Herkommens selbst gegen die humanistische Forderung einer gereinigten und veredelten Sprache. Wer die herkömmliche Ausdrucksweise verläßt, wird von den zünftigen Juristen zu den „Poeten" gezählt, die in der Praxis nicht zu brauchen seien. Nach so langem alten Brauch, meint M. v. Ossa[1]), sei es nicht möglich in der Jurisprudenz so rein zu reden, wie Cicero gethan; und „wenn man jemals neue terminos in jure einführen wollte, so müßte die Justitia viele Jahre kalt liegen, bis man die neuen lernte, die alten vergäß und neue Commentaria über den Text schriebe. Denn da die Schüler in den Büchern die alten terminos befinden, von dem Praeceptore neue hörten, so würden sie ja irre und wüßten nicht, wie sie sich darin schicken sollten." In welchem Maße die casuistische Literatur der Italiener die praktische Jurisprudenz in Deutschland beherrschte, wird unten (Kap. 13) berührt werden.

Die hier besprochenen Gegensätze haben sich besonders in Leipzig in charakteristischer Weise ausgeprägt. Peter Loriot (vgl. Kap. 10), den Kurfürst August aus Frankreich gerufen hatte und, wie M. v. Ossa berichtet, mit 600 fl. besoldete, so daß sein Gehalt mehr betrug als die übrigen juristischen Professoren zusammen erhielten, fand zwar bei den Studenten vielen Beifall; desto entschiedeneren Widerstand aber bei der Facultät. Aus der Acta Rectorum geht hervor, daß er, obgleich seit dem Juni 1546 in

1) Testament S. 405 ff.

Leipzig anwesend, noch 1550 nicht in das Album eingetragen war und die Aufforderung sich einschreiben zu lassen ablehnte, vermuthlich um sich seine Unabhängigkeit im Lehrvortrage von den Satzungen der Facultät zu wahren. Er scheint danach eine ordentliche Professur gar nicht bekleidet zu haben und nicht aus den Mitteln der Universität, sondern aus der Kasse des Kurfürsten besoldet zu sein. Nach seinem Abgange (1554) schlägt M. v. Ossa die Berufung von zwei Gelehrten aus Italien vor, die more Italico et magistraliter dociren, damit seine Landsleute nicht in die Fremde zu ziehen brauchten um etwas Ordentliches zu lernen, Leipzig vielmehr Glanz und Anziehungskraft gewinne. Indeß meint er, man könne von auswärtigen Berufungen wohl absehen, wenn Dr. Ulrich Mordeisen und Dr. Modestinus Pistoris „sich aller andern Geschäfte entschlagen und der Schule stracks warten" wollten. In der That ist es dann auch zu Vocationen nicht gekommen, aber eben so wenig hat sich die neue Richtung Bahn gebrochen, vielmehr ist Leipzig die eigentliche Heimatstätte hervorragender Praktiker, die als Gelehrte die Casuistik und den mos Italicus vertreten.

Der von M. v. Ossa gerühmte Ulrich Mordeisen, am 3. Juli 1519 in Leipzig geboren, ist ein Schüler des Hier. Schürpf in Wittenberg und Mar. Socinus d. J. in Padua, von Ersterem 1539 zum Doctor promovirt, dann Professor in Wittenberg und Beisitzer des Hofgerichts, Kanzler des Kurfürsten Moritz; ward 1554 von Kurfürst August zum Ordinarius in Leipzig ernannt, sofort aber wieder zum Kanzleramt berufen. Er verfiel 1565 in Ungnade und starb 1574 am 6. Juni als kurfürstlicher Kammerrath in Dresden. Die Würde des Ordinarius behielt er bis zu seinem Tode; da er aber das Lehramt nicht wirklich versah, so fungirte seit seiner Ernennung zum Kanzler Modestinus Pistoris (von ihm unten Kap. 13) als Vice-Ordinarius. Beide sind vielbeschäftigte Praktiker gewesen, gesuchte Consulenten und mit Arbeit überhäufte Beamte, von denen eine erhebliche Förderung der Studien nicht ausgehen konnte. Daß sie, soweit sie das Lehramt übten, Männer nach M. v. Ossa's Herzen waren, ist leicht zu erkennen. Indeß scheint doch Modestinus Pistoris von der systematischen Richtung nicht unberührt geblieben zu sein, wie aus seinem „Index[1]) locorum communium totius juris in octo partes distributus, observato naturae et artis ipsius ordine ac methodo συνθετικῇ sive compositiva" hervorgeht. Diese kleine Schrift ist der Entwurf eines vollständigen Rechtssystems, das allerdings nicht über das Schema hinaus ausgeführt ist.

Sein Nachfolger im Vice-Ordinariate, Jacob Thoming aus Schwerin (geb. 1518, seit 1558 Rathsherr und Proconsul der Stadt Leipzig, bis 1573 Beisitzer des Schöppenstuhls, gest. 1576), verschließt sich zwar in seinem modus et ratio discendae jurisprudentiae[2]) nicht den methodologischen Verdiensten eines Wesenbeck, dem Werthe eines geordneten, mit den Elementen einfach beginnenden Studiengangs, und schärft den Vorzug der Quellen vor den Commentarien ein. Allein den Nachdruck legt er überhaupt nicht auf theoretische Bildung, sondern auf die Praxis, und empfiehlt daher, sich mit dieser zu beschäftigen, sobald man eine allgemeine Kenntniß vom Recht erworben. Man möge sich dann einem praktischen Juristen anschließen und von ihm Acten zum Studium geben lassen, auf die Weise mit der theoretischen Fortbildung die praktische Einführung verbinden. Auch hier also die Praxis und die praktischen Ziele überwiegend, die es zu einem freien Aufschwunge der Wissenschaft in Leipzig nicht kommen lassen. Desto förderlicher waren sie der legislatorischen Thätigkeit, von welcher später (Kap. 13) eingehend gehandelt werden wird.

Um aber die fortdauernde Herrschaft des mos Italicus zu begreifen, darf man ihn nicht als eine isolirte Erscheinung, sondern nur im Zusammenhang mit der die Zeit beherrschenden Bildungsform betrachten, in welcher trotz aller Neuerungen die

---

1) Reusner, Cynosura 1, 131—158.

2) ibid. 1, 60.

schulmäßige Dialektik fort und fort ihren Einfluß behauptete. Sie ist im mos Italicus das eigentlich bewegende Element, und mit ihr behalten daher auch die der dialektischen Analyse dienenden didaktischen Hülfsmittel ihre Geltung. Daher kommt es, daß z. B. Everard's Topik in Ansehen blieb, daß sogar Dionys Gothofredus sie noch 1604 mit einer empfehlenden Vorrede begleitete. Es ist freilich nicht viel, was er zu ihrem Lobe sagen kann: aus der Topik soll man lernen, wie man die Wahrheit beweisen und gegen die cavillationes et fallaciae vertheidigen könne. Als ein Hülfs- und Schutzmittel gegen die Sophistik also hält man diese Waffe fest: beide Nachwirkungen der Scholastik, ist die eine das Correctiv der andern. Und in der That ist die Topik bei einer überwiegend analytischen Behandlung der Dinge von praktischem Nutzen, während sie ihren Werth verliert, sobald die Einzelheiten durch Synthese dem innern Zusammenhange eingeordnet und höheren Principien untergeordnet werden. Denn nun sind es nicht mehr von außen herbeigezogene Gesichtspunkte, die man versuchsweise ergreifen und wieder aufgeben kann, sondern die aus dem systematischen Zusammenhange sich ergebenden, von denen aus die Einzelheiten ihr Licht empfangen.

Das Gesagte wird deutlich durch Vergleichung der Commentaria jur. civ. von Donellus mit den Erörterungen Val. Wilh. Forster's über die Methode der Interpretation (Interpres. 1613. 8°). Bei jenem, dessen Werk ein bis ins Einzelne hinein vollendetes System, dessen Darstellung eine vollendet synthetische ist, wird der Locus niemals erwähnt, von der Topik gar kein Gebrauch gemacht. Forster dagegen, welcher im zweiten Buche die schulmäßige analytische Methode der Interpretation, wie sie im gemeinen Gebrauche ist, darlegen will, recurrirt vielfach auf den „utilissimus et aureus liber“ des Everardus, indem er dessen Loci als Interpretationsregeln verwendet.

**6.** Neben der traditionellen Verehrung, mit der man die alte Methode betrachtet, gehen allerdings die Klagen über die

Weitläufigkeit, zu der sie ausgeartet ist, einher, bei der selbst ein fünf- bis siebenjähriges Studium nur zu fragmentarischer Kenntniß des Rechts führt[1]). Franz Frosch schickte 1533 seinen Sohn nach Bourges, weil dort unter dem Einflusse der Alciatischen Methode „in einem Jahre mindestens so viele Titel der Pandekten abgehandelt würden, als more Italico einzelne leges". In Padua wurden nach Viglius' Zeugniß um diese Zeit zwei ganze Jahre auf die Institutionen verwendet und dennoch nur einige Titel durchgenommen. Dasselbe berichtet Alciat und später Panzirol, die uns mittheilen, daß ein ganzes Jahr auf fünf Stellen des Civilrechts oder des kanonischen Rechts verwendet zu werden pflege[2]). Schlimmer noch lautet die Beschwerde des Studenten in Joh. Apell's Isagoge, der sein Studium bei einem Professor beginnt, der schon vor 5 Jahren die Institutionen more Italico zu interpretiren angefangen hat und kaum in Jahresfrist fertig zu werden hofft. Noch gegen Ende des 16. Jahrhunderts rühmt sich der Helmstädter Professor Cludius, daß er die Institutionen für reifere Studenten interpretirt habe, aber nicht wortreich und weitläufig, sondern so, daß er in 4 Jahren fertig geworden. Auch Vultejus erzählt, daß er seine erste praelectio publica über die Institutionen vor einem zahlreichen Auditorium vom 10. Januar 1582 bis zum 15. März 1585 gehalten habe — obgleich er kein Freund des mos Italicus war!

Der Zeitverlust ist der erste und durchschlagende Beschwerdegrund, welcher gegen den mos Italicus zur Geltung kommt. Es steht damit in Verbindung die Erscheinung, welche

1) Cramer, kleine Schriften S. 148 f. Savigny, Gesch. d. röm. Rechts im M.A. 3, 547.

2) Giphanius, Enarrationes et comm. in VIII lib. Codicis 1614. Praef. generalis sagt, daß zu seiner Zeit auf vielen Hochschulen Italiens, Spaniens, Frankreichs und Deutschlands die Professoren durch Statuten verpflichtet seien, 96 bestimmte leges neben 40 Titeln der Institutionen und einigen Stücken des kanonischen Rechts in 4 Jahren zu absolviren. — Die Zahl 96 ist offenbar durch die glossirten Novellen gegeben, die Vorschrift scheint aber wenig beachtet zu sein.

zum Theil in der Aenderung der socialen Verhältnisse ihren Grund hat, daß die auf das Studium zu verwendenden Jahre mehr und mehr gekürzt wurden. Auf solche, die nur kurze Zeit bleiben können oder wollen, muß Rücksicht genommen werden. In Wien bestimmen die reformirten Statuten von 1554 für das kanonische Recht, Codex und Pandekten einen Cursus von 4 Jahren; die Institutionen sollen in 2 Jahren absolvirt werden; der Doctorgrad kann nach fünfjährigem Studium erlangt werden[1]). Selbst in Ingolstadt, wo der mos Italicus durch immer wiederholte Berufungen von Italienern gepflegt wird, tritt 1563 der Vorschlag auf, die Institutionen sollten mindestens in 2 Jahren absolvirt werden; und der Lectionskatalog von 1571, welcher rühmt, daß der Lehrplan genau nach dem Muster der italienischen Universitäten eingerichtet sei, zeigt an, daß die Institutionen „cum apparatu“ in 2 Jahren und nur „textualiter“ in noch kürzerer Zeit vorgetragen würden. Daneben werden freilich für den Codex 4 Jahre und für die Pandekten 8 Jahre in Anspruch genommen. In Jena werden 1564 die Institutionen in doppelter Weise, von Basilius Monner[2]) „cum apparatu seu διέξοδον“, von M. Wesenbeck „quia necessitas flagitat in transcursu“, vorgetragen. In Greifswalde schreiben 1545 die Statuten vor, daß der Institutionarius von den Glossen nur das Nützlichste anführen, der Professor des Codex die für die Praxis wichtigsten Titel auswählen, der Pandektist mit den regulae juris beginnen solle. In Tübingen wird 1588 dem Joh. Habritter[3]) ein Verweis ertheilt, weil er 2 Jahre zu den ersten zwei Büchern der Institutionen gebraucht habe, und

1) Kink, die Rechtslehre an der Wiener Universität 1853 S. 37 f.

2) Geb. in Weimar Anfang des 16. Jahrhunderts, am 16. Januar 1539 in Wittenberg zum J. U. D. promovirt, von Johann Friedrich von Sachsen zum kurfürstl. Rath ernannt, bei Errichtung der Universität Jena (1558) erster Professor der Rechte, starb am 6. Januar 1566. Das Reichskammergericht ließ ihn als Beisitzer (August 1539) nicht zu, weil er die Anerkennung der Augsburger R.A. von 1530 verweigerte.

3) Geb. 1560 zu Michelfeld bei Amberg; 1586 Professor in Tübingen und herzogl. Rath. † 1627. Vgl. A. d. B. 10, 404.

vorgeschrieben, daß er künftig die ganzen Institutionen in 2 Jahren absolviren solle. Weiter gehen die Statuten für die Rostocker[1]) Facultät von 1564, indem sie die Institutionenvorlesung unter zwei Professoren vertheilen, damit dieselbe in einem Jahre beendigt werden könne; im Uebrigen aber wurden den Professoren bestimmte Materien zur Behandlung überwiesen (Personenrecht, Contracte, Erbrecht, Actionen, Proceß, Lehnrecht, regulae juris) und also geradezu schon eine systematische Gliederung des Unterrichts versucht, welche sich auf andern Universitäten erst ein halbes Jahrhundert später (s. unten Kap. 15) nachweisen läßt. Die Methode wird zwar statutarisch nicht vorgeschrieben, aber empfohlen wird die des Alciatus und Gribaldus, weil sie sich der dialektischen Methode am meisten nähere; Azo's Summe und Bartolus sind besonders zu berücksichtigen, man soll sich also im Ganzen an den mos Italicus halten. Für die Erlangung des Baccalaureats ist ein dreijähriges, für die Licenz und den Doctorgrad ein fünfjähriges Studium erforderlich.

7. Die Umgestaltung der Lehrmethode steht in Zusammenhang mit einer Veränderung der äußerlichen Organisation des akademischen Unterrichts. Die amtlich und daher publice et gratis zu haltenden Lecturae oder Lectiones waren der traditionellen Ordnung gemäß Vorträge über die Quellentexte und daher, so sehr man auch von diesen abschweifen mochte, ihrer ganzen Anlage nach exegetisch und analytisch. Diese durch Tradition und Statuten gegebene Norm zu verlassen ist nur in Privatvorlesungen gestattet, die von den statutarischen Vorschriften unberührt, nach Neigung und Bedürfniß eingerichtet und daher zu didaktischen Experimenten benutzt werden konnten. Ihre Entwicklung ist daher entscheidend geworden für die Umgestaltung der akademischen Lehrmethode.

Je weniger die Lecturae geeignet waren, den Anfänger in die Rechtswissenschaft einzuführen, je mehr sie eine nur fragmentarische Kenntniß von Specialitäten überlieferten, desto dringender

1) Krabbe, die Universität Rostock S. 598 f.

machte sich das Bedürfniß geltend, in besonderem Unterricht Hülfe zu suchen. So finden wir denn an allen Universitäten jüngere Gelehrte mit dieser Thätigkeit beschäftigt, und eine große Zahl der Professoren hat damit ihre akademische Wirksamkeit begonnen. Durch das Bedürfniß war man hier auf eine Gestaltung des Unterrichts hingewiesen, der zunächst wohl nur in Repetition des Wichtigsten unter Adaptirung des Stoffs für das Gedächtniß bestanden haben wird: die Summae, Tituli et Regulae, Loci communes wurden eingelernt. Dann aber sehen wir die systematische Richtung sich geltend machen. In Löwen hat G. Mudäus nach Wesenbeck's Zeugniß in seinen Privatvorlesungen die „ars juris" dargelegt, während er in den öffentlichen Vorlesungen der alten Methode Concessionen machen mußte. In Wittenberg haben Joh. Apell und Konrad Lagus für den Privatunterricht ihre Systeme entworfen, welche dann, zum Theil gegen den Willen ihres Urhebers, in die Oeffentlichkeit traten; auch die „methodischen" Schriften des Joh. Thomas Freigius haben einen ähnlichen Ursprung. Bald finden wir, daß die Exercitationes, namentlich die Disputationen privatim gehalten werden, da die statutarisch überall vorgeschriebenen öffentlichen, für welche der Samstag bestimmt zu sein pflegte, von den Professoren wenig gepflegt wurden: und zwar wohl nicht bloß aus Nachlässigkeit, sondern in Folge der Erfahrung, daß der Nutzen solcher öffentlichen Acte, an denen nur Wenige aus einer unbestimmten Menge sich mitwirkend betheiligen konnten, sehr gering war.

Für die Privatvorlesungen waren die späteren Nachmittagsstunden frei gelassen. Dadurch, sowie durch die äußere Form der Constituirung, welche auf freier Vereinbarung mit dem Lehrer über Thema und Honorar beruhte, bildeten sie einen Gegensatz zu den Lecturae. Auch der Name paßte deswegen nicht auf sie, weil die Form des Unterrichts eine mehr conversatorische war. So entstand denn für sie der Name Collegia[1]), herge-

1) Aus verschiedenen Schriften Val. Wilh Forster's ist der Stand der Sache und des Sprachgebrauchs am Ende des 16. Jahrhunderts zu

nommen von der geschlossenen Zahl der Schüler, dem Verein, welcher sich zum Zwecke des Unterrichts um den Lehrer gebildet hatte. Mit der Zeit und je mehr die Lecturae publicae wegen der alternden Methode im Ansehen sanken, haben auch die ordentlichen Professoren es nicht verschmäht, solche Collegia privata zu halten, zumal wenn sie als junge Docenten darin Erfolg gehabt. Nicht wenig trug auch der pecuniäre Vortheil zu Förderung einer Einrichtung bei, die man, befreit von den Fesseln der vorgeschriebenen exegetischen Methode, auch zu andern didaktischen Zwecken als den Disputationen verwenden konnte. Nur langsam und unter Kämpfen hat diese Neuerung festen Boden gewonnen: man verkannte die Gefahr nicht, welche den Lecturae publicae drohte, und es erschien bedenklich, ja unstatthaft, den Erwerb durch Lehrthätigkeit in den Collegia privata zu gestatten, während die Lecturae ohne Entschädigung gehalten werden mußten. In Altdorf wurden 1588 die privatae lectiones verboten. Giphanius konnte sich zwar auf den Gebrauch an andern Universitäten berufen, allein es kam dabei zur Sprache, daß „solches Fürnehmen auf andern Academiis, sonderlich zu Heidelberg allerlei mutationes gemacht habe" und es daher besser sei, es gänzlich abzustellen[1]. In Ingolstadt, wo wir schon 1574 einem Collegium Justinianeum begegnen, wurde 1603 und 1606 den Professoren gestattet, einmal in der Woche „Collegia privata" gegen Honorar zu halten[2].

ersehen. Die Mitglieder seines Seminars oder Privatissimum, wie wir sagen würden, nennt er „collegae". Vgl. auch die unten angeführte Praefatio zum Corpus Institutionum (1574) von W. Petrsik. M. Anton Buscher hielt in Jena ein Collegium Logices, in welchem die Ramistische Dialektik durchdisputirt wurde; die Schüler heißen collegae. Vgl. Buscherus, Disputationes quindecim universam logices naturam — continentes. Lemgoviae 1602. 8°.

1) Stintzing, Donellus in Altdorf S. 63 f.

2) Prantl, Gesch. d. L.M.-Universität 1, 410. Für Ingolstadt ist noch der eigenthümliche Sprachgebrauch zu beachten, daß gewisse akademische Lehrstunden „consistoria" oder „exercitia consistorialia" genannt wurden.

Allmählich ist es in einem Entwicklungsgange, dessen Stufen wir hier nicht verfolgen können, dahin gekommen, daß die akademischen Lehrer das Hauptgewicht ihrer Thätigkeit aus den Lecturae publicae in die Collegia privata verlegten: und je mehr jene in Ansehen sanken, desto mehr gerieth auch der Name in Vergessenheit. So ist es gekommen, daß das Wort Collegium die Bedeutung einer akademischen Vorlesung angenommen hat, bei dem nur noch die Seltsamkeit des Sprachgebrauchs, es mit „lesen" zu verbinden, an die Verwandtschaft mit Lectura und Lectio erinnert[1]).

Der Historiker H. Meibom d. Ä. (geb. 1555, gest. 1625) berichtet in seiner Oratio de academ. Juliae (Helmstädt) primordiis et incrementis[2]) (Rerum Germanicar. III, 220) über

Es sind dies praktische Uebungen zur Entscheidung von Rechtsfällen, welche neben den Disputationen vorgeschrieben waren. Auch sie wurden durch das Aufkommen der collegia privata zurückgedrängt. Prantl S. 310. 410. — Zwar sind die collegia in Ingolstadt wohl etwas früher aufgekommen als Prantl anzunehmen scheint (s. unten); im Uebrigen aber ist es sein Verdienst, dieser akademischen Neuerung eine Beachtung geschenkt zu haben, wie sie sich in keiner andern Universitätsgeschichte findet.

1) Daß das Wort collegium im akademischen Sprachgebrauch ursprünglich die Bursen oder Pensionsanstalten für Studenten, welche nach dem Muster von Paris in Deutschland eingerichtet wurden (Savigny 3, 351 f.), bedeutet, ist bekannt. Es ging dann auf das Gebäude über, in welchem die Bursalen oder Burschen wohnten. Und da hier auch Räume für die Abhaltung von Vorlesungen zu sein pflegten, so verstand man unter collegium auch wohl das für Vorlesungen bestimmte Haus. Unrichtig ist es jedoch, daraus den oben erörterten Sprachgebrauch erklären zu wollen, wie es versucht wird von Heumann, H. Conringii de antiquitatibus academ. dissert. Praefatio p. XV s. (Götting. 1739. 4°).

2) Die Stelle lautet: Ad publicam illam, quae in professoribus erat, diligentiam accedebat privata studiosorum solertia. Hi enim coeperunt instituere collegia, habere congressus, tradita publice excutere privatim, prolixa redigere in compendium, in singulis materiis σωματοποιεῖν et dissentientes opiniones investigata vera sententia conciliare. Atque haec cumprimis agitabantur ab illis, qui jure civili operam dabant. Institutum illud natum in Colonia Agrippina, etiamnum ibi perdurat, magno juventutis bono. Cumque apud Cattos in Marpurgensi academia locum invenisset, inde ad nos (Helmstädt) traductum est, opera et studio

die Entstehung der „Collegia“ und zwar namentlich für das Studium des Civilrechts. Nach ihm hat der Gebrauch seinen Anfang genommen in Köln, ist dann nach Marburg übertragen und hat sich von hier weiter verbreitet. Danach möchte man vermuthen, daß Joh. Oldendorp dazu den Anstoß gegeben hat, der, als er der Berufung von Köln nach Marburg folgte, eine Reform des akademischen Unterrichts zur Bedingung machte. Nachweislich haben allerdings die Collegia und zwar zum Zweck der disputationes über Civilrecht in Marburg besondere Pflege erfahren; allein erst in späterer Zeit, und ein Zusammenhang mit Oldendorp ist nicht zu erkennen. H. Vultejus übernahm dort 1580 auf Wunsch des Rectors Regner Sixtinus die Leitung von Disputationen und stiftete mit 18 Studenten ein Collegium juridicum ordinarium seu majus für die Pandekten, ein anderes für Institutionen[1]). G. Antonius[2]) war dort seit 1594 Mitglied eines solchen Collegiums und übernahm später die Leitung desselben. Von Marburg ging Val. Wilh. Forster aus, der Collegia in Wittenberg und Helmstädt leitete. Vor Allen aber ist Hieron. Treutler zu nennen, aus dessen Marburger Collegia seine berühmten Disputationes hervorgingen. Allein schon früher hat sich, wie bereits erwähnt, in Ingolstadt unter dem Präsidium des Nikol. Everardus III.[3]) ein „Collegium

---

Eberhardi Trilingii, Swalenbergensis Westvali . . . Successere alii et in his Joannes Bocerus Salcatenus, Justus Gogrevius Paderbornensis, Westvali ambo, Arnoldus de Reiger Belga pluresque alii, quorum discipuli cum per universam Germaniam dispergerentur, hunc collegiorum morem passim instituerunt . . . Nec tamen defuere, qui honestis illis conatibus oblatrarent; vèrum ut nihil efficerent frustraque perstreperent, unius Borcholdi faciebat auctoritas. . . .

1) Vita Vulteji. Estor, kleine Schriften 2, 237.

2) Geb. 1571 zu Freudenberg in Westfalen, studirte in Marburg, wo er am 1. November 1596 promovirt, 1603 Professor der Institutionen, 1604 der Pandekten wurde. 1605 nach Gießen an das Gymnasium, 1607 dort professor primarius und Kanzler der neugegründeten Universität. † 16. März 1618. Ueber seinen Streit mit Vultejus unten Kap. 11. Vgl. A. d. B. 1, 496.

3) Geb. 1537 in Ingolstadt, Sohn des gleichnamigen Professors, dessen Nachfolger er 1570 wurde. Er starb 1586. A. d. B. 6, 436 (Muther).

Justinianeum“ für Disputationen gebildet[1]), welches sein Schüler Petrsik mit Einwilligung der Facultät leitete.

Ueberall sind jetzt noch die Disputationen der Zweck; allein ihre Bedeutung ist in den Collegien eine andere geworden. Nicht mehr ist es hauptsächlich um die Uebung dialektischer Kunst, sondern um methodisches Eindringen in den Stoff zu thun. Der Inhalt der Rechtsbücher wird in Thesen aufgelöst; es sind Sätze nicht aufgestellt um durch Paradoxie zum Widerspruch zu reizen, sondern um den wesentlichen Gehalt des Rechts in knapper, dem Verständniß und Gedächtniß leicht zugänglicher Form zu lehren. Jede These bildet, sei es unmittelbar, sei es durch die daran geknüpften Fragen und Controversen, den Gegenstand der Disputation, die wir uns ohne Zweifel in den Collegien mehr conversatorisch und von den lästigen Formen befreit zu denken haben.

Aus den Collegien geht eine Form der Literatur hervor, welche längere Zeit mit Vorliebe gepflegt wird: die gehaltenen Disputationen, von dem Professor redigirt, werden in Sammlungen vereinigt herausgegeben. Indem dabei eine systematische Gliederung des Stoffs versucht wird, entstehen mehr oder weniger vollständige Handbücher. Und dieser Gebrauch beschränkt sich bald nicht mehr auf das Civilrecht; auch für Strafrecht, Lehnrecht und selbst für kanonisches Recht werden „Collegia“ gebildet, deren Arbeiten später im Druck erschienen.

Hervorzuheben sind als Beispiele Val. Wilh. Forster's Justinianeae tractationes ad Institutiones juris 1604. 8° und besonders das viel benutzte Werk von Treutler Disputationum selectarum — volumina duo. 1592. 4°. Beide Schriften sind in einzelne Disputationes über verschiedene Materien getheilt; bei jeder wird der Respondent genannt, welcher die Thesis zuerst

---

1) Vgl. die Kal. Octob. 1574 datirte Vorrede des Corpus Institutionum Justiniani in novem materias distinctum — sub praesidio D. N. Everhardi junioris — ad disputandum publice propositum cui praefixa est Wenceslai Petrsik praefatio etc Dilingae 1574. 8°. (Lindauer Stadtbibliothek.)

im Collegium vertheidigt hatte. Bei Forster werden die Themata und deren Reihenfolge durch den Text der Institutionen gegeben; für jede Disputation ist eine gewisse Anzahl von Titeln bezeichnet, deren Inhalt in Thesen (oft als Fragen formulirt) aufgelöst wird. Die Erörterung geschieht durch angeknüpfte Fragen mit Angabe der Gründe für Bejahung und Verneinung unter Allegation der Quellen und Literatur.

Selbständiger gebaut ist das Treutler'sche Buch. Nicht die Quellentexte, sondern ausgewählte Lehren bilden die Themata, und nur die Reihenfolge der Titel ist ungefähr festgehalten. Die Thesen sind dogmatisch formulirte Sätze, die sich systematisch an einander knüpfen und so die Lehre zur Darstellung bringen. Die Anmerkungen enthalten Erläuterungen, Belegstellen, Controversen und Literatur. Das Treutler'sche Werk ist so vollständig und planmäßig angelegt, daß es als ein Compendium der Pandekten Verwendung finden konnte. Es ist als Grundlage für Vorlesungen vielfach gebraucht und zum Mittelpunkt einer eigenen Literatur geworden.

Daß die so gepflegten Disputationen ihre Gegner fanden, ist zu erwarten und wird von H. Meibom in der oben erwähnten Rede hervorgehoben. Der eifrigste war wohl Vigelius in Marburg: die Studenten würden, so behauptete er in wiederholten Angriffen, zum Bestreiten des Sicheren und Gewissen verführt, ehe sie etwas gelernt hätten — und daher lernten sie überhaupt nichts Sicheres, sondern nur nichts als gewiß zu betrachten; so erziehe man oratores und Rabulisten. Allein diese, bei richtiger Handhabung der Disputationen gewiß ungerechtfertigte Opposition blieb ohne Erfolg. Die Literatur der Disputationen blühte fort. Aus den Collegien, welche Hunnius (s. unten Kap. 15) in Wittenberg, Gießen und Marburg hielt, gingen seine Disputationes Institutionum, feudales, criminales, juris canonici hervor. Arumäus[1]) publicirte unter dem Titel „Exercitationes Justi-

1) Dominicus von Arum, geb. 1579 zu Leuwarden, studirte zu Franecker, Oxford, Rostock, promovirte 1600 in Jena, wo er 1602 außer-

nianeae" (3. Aufl. 1607) die Disputationen, welche in seinen Collegien in Jena (mit 18 bis 21 collegae) abgehalten waren. In Helmstädt war nach Meibom's Bericht Johann von Borcholten (s. unten Kap. 10) ein eifriger Förderer der Disputationen; die seinigen sind in zwei Bänden (1594. 1602) erschienen. Von vielen Zeitgenossen ist Aehnliches zu berichten. Neben den Treutler'schen Disputationen aber erlangten das größte Ansehen diejenigen, welche Borcholten's Schüler Heinrich Bocer unter dem Titel „Disputationes de universo jure quo utimur" herausgab. Sie bilden eine systematisch geordnete Sammlung, welche sich über das gesammte Recht erstreckt.

Durch solche Sammlungen, wie namentlich die von Treutler und Bocer, werden die Disputationen in die systematische Jurisprudenz hinübergeleitet.

8. Unter den Gegnern des mos Italicus ist bis dahin der Humanismus nicht genannt worden, obgleich doch, wie wir schon oben darlegten und an Zasius und den kritischen Arbeiten des 16. Jahrhunderts (Kap. 5. 6) genauer nachweisen werden, sein befreiender nnd befruchtender Einfluß auf die Jurisprudenz ein mächtiger war. Allein es leuchtet ein, daß die positiven Forderungen des Humanismus in keinem unversöhnlichen Gegensatze zum mos Italicus standen. Denn diesen war genügt, wenn die wissenschaftliche Arbeit mit besserem Geschmack, in reinerem Latein betrieben wurde, wenn man den Autoritäten gegenüber ein selbständiges Urtheil bewahrte, wenn überdies die antiquarische Gelehrsamkeit Verwendung fand und die dialektischen Subtilitäten ermäßigt wurden. Dies alles aber ließ sich mit der Exegese verbinden und in die rein analytische Methode einfügen, ohne ihr Wesen zu erschüttern. Dennoch begreift man, daß diejenigen, welche es zuerst mit so durchschlagendem Erfolge thaten, wie

ordentlicher, 1605 ordentlicher Professor, 1619 Senior, 1634 Ordinarius der Facultät ward und am 24. Februar 1637 starb (s. unten Kap. 15). A. d. B. 1, 614 f. (Muther).

Zasius, als Regeneratoren der Wissenschaft erschienen, weil ihre Commentare, wenn auch in der Methode nicht fundamental verschieden, doch einen freieren, kritischen, den Quellen unmittelbar zugewendeten Sinn offenbarten und durch Verwendung antiquarischer Kenntnisse einen neuen Inhalt darboten.

Die Frage aber, auf welche es für die weitere Entwicklung ankam, war diese, ob es gelingen werde, die Synthese zu einem wirksamen Element der wissenschaftlichen Behandlung zu erheben, also die Masse der Einzelheiten zu höherer Einheit zu verbinden, auf Principien zurückzuführen.

Auch diese Frage ist zuerst in den humanistischen Kreisen gestellt worden, in denen der freie Muth geweckt war, der Ueberlieferung und selbst den Quellen gegenüber einen selbständigen Standpunkt der Beurtheilung zu wählen. An Gellius' (N. A. 1, 22) Nachricht von einer verlorenen Schrift Cicero's „de jure civili in artem redigendo", an seine Erörterung (de orat. 1, 41) über die Aufgabe des „in artem redigere" der Rechtskunde, knüpfte man die Frage, wie weit denn diese Aufgabe seitdem gelöst oder überhaupt durchführbar sei. Ohne sich über ihre Bedeutung genau Rechenschaft zu geben, erkannte man doch, daß es der überlieferten Wissenschaft an der „ars juris" gänzlich fehle; daß das von ihr gelehrte Recht nicht ein systematisch gegliedertes Ganze, sondern nur eine ungeordnete und schwer übersehbare Masse von Specialitäten ohne leitenden Gedanken darstelle; daß eben so der Gang des Unterrichts nur fragmentarisch sei. Weiter vorschreitend fragte man, ob denn in den Quellen selbst die ars juris zu finden, ob es Justinian gelungen sei, das von Cicero bezeichnete Ziel zu erreichen. Man prüfte die Ordnung der Titel in Pandekten und Codex, die Reihenfolge der Fragmente und Constitutionen, und da man fand, daß diese durch systematische Gründe nicht gegeben seien, so entstand die Frage, ob es nicht gerechtfertigt, ja geboten sei, das Recht in anderer Ordnung darzustellen. Es war die Frage nach der „Methodus", wie man die systematische Darstellung zu nennen pflegte. Wie lebhaft diese Frage seit dem zweiten Jahrzehnt des 16. Jahrhunderts die jüngeren Juristen beschäftigte, zeigen uns ihre Briefe. Amerbach hatte sich darüber gegen Viglius ausgesprochen und erhielt von ihm (Juni 1532) eine eingehende Antwort. Sie zeigt, daß Amerbach tiefer gehende systematische Reform wünschte, wogegen Viglius geltend macht, daß die „ars juris“, welche Cicero fordere, durch die Vertheilung des Stoffs in den Justinianischen Rechtsbüchern hergestellt sei. Commentarien dazu seien nothwendig; denn ohne interpretatio gebe es keine Jurisprudenz. Justinian's Verbot derselben habe ihn genöthigt, immerfort neue, umfängliche Gesetze zu erlassen; und umgekehrt sei die Trägheit der Gesetzgebung in späterer Zeit die Ursache des übermäßigen Anschwellens der Commentare gewesen: denn Dinge, welche ein Gesetz mit drei Worten feststellen könnte, gäben Anlaß, daß zwanzig Schriftsteller in breiten Erörterungen Streit führten. Es komme nur darauf an, die richtige Methode der Interpretation zu finden; man müsse kurz und klar zu schreiben lernen. Dazu sei vor allem das Studium der Dialektik erforderlich, welches zu sehr vernachlässigt und von denen, die es betrieben haben, in der Anwendung vergessen werde.

Uebrigens hatte Viglius selbst während seines Aufenthalts in Frankreich Libri isagogici für seine Zuhörer geschrieben, von deren Publication er abstand, nachdem er den mos Italicus in Padua kennen gelernt, so wenig er diesen in allen Stücken billigte. Und mit jener Antwort an Amerbach wollte er über die Methodus nicht das letzte Wort gesprochen haben, sondern, wie er sich später äußert, sein Urtheil zurückhalten, bis er die systematische Behandlung anderer Wissenschaften, mit welchen er Philipp Melanchthon beschäftigt wisse, genügend kennen gelernt habe[1]).

Daß Haloander (1530) mit den methodologischen Fragen beschäftigt war und sich mit einer darauf bezüglichen Schrift trug,

1) Anal. Belg. 1, 2, 82 f. 124. 149. 184.

wird unten berichtet werden. Auch an Zasius treten sie, wie begreiflich, aus seinem Schülerkreise heran, und es ist uns die Antwort erhalten, in der er sich (um 1532) gegen seinen Schüler Johann Fichard ausspricht[1]). Gleich Viglius findet er zu einer radicalen systematischen Reform keinen Grund; überhaupt müsse man sich mit dem System nicht viel plagen. Es sei ja leicht, das Recht in Abtheilungen und Unterabtheilungen darzustellen: allein damit werde nur eine nebelhafte Einsicht in das Ganze gewonnen. Die Hauptsache sei für den Juristen, daß er, nachdem er die allgemeinsten Rechtsbegriffe gefaßt habe, die Einzelheiten kennen lerne. Und darum müßten die 50 Bücher der Pandekten das System und der Gegenstand des Studiums sein. Fichard theilte diesen Brief dem Simon Grynäus, Melanchthon's Freund, der damals Professor in Basel war, mit und erhielt von ihm eine ausführliche Erörterung, in welcher er Zasius' Aeußerung zwar als Rath an seinen Schüler gelten läßt, im Uebrigen aber die Systematik als allgemein wissenschaftliche Forderung vertritt[2]).

Indeß waren diejenigen, welche sich den systematischen Anforderungen nicht verschlossen, keineswegs darüber einverstanden, daß in Justinian's Compilation die ars juris nicht zu finden sei[3]). Im Gegentheil ging die herrschende Meinung dahin, daß die Ordnung der Titel im Ganzen jenen Anforderungen genüge und daß man sich an diese um so mehr zu halten habe, als sie eine gesetzlich gegebene sei. Man dürfe sie in der Darstellung auch schon deswegen nicht verlassen, weil man nur durch sie die Quellen mnemonisch beherrschen könne. Die Reihenfolge der Fragmente in den Pandekten gab die Mehrzahl der Gelehrten als systematisch nicht zu rechtfertigen preis; indeß fehlte es auch

1) Zas. epist. p. 381.

2) Stintzing, Zasius S. 111. 358 ff. Winckel, varia opuscula. Argentor. 1553. p. 487 s.

3) Bluhme, über die Ordnung der Fragmente in den Pandekten. Zeitschr. f. g. Rechtswissenschaft 4, 377 ff.

dieser Ansicht nicht an Gegnern. Fast gleichzeitig haben Franz Frosch und Joachim Hopper[1]) die Reihenfolge der Fragmente als eine rationell geordnete darzustellen gesucht; und kurz vorher glaubte Joh. Drosäus[2]), „titulorum tractatus perpetuas esse orationes, genere didascalio compositas“, so daß also Justinian Cicero's Verlangen nach einer ars juris vollständig erfüllt habe!

Während nun kühnere Geister sich selbst von der Justinianischen Titelordnung, weil sie den Ansprüchen der ars juris nicht genügt, lossagen und ein System nach eigenen Principien aufzubauen unternehmen; die Bedächtigsten dagegen die methodologischen Ansprüche überhaupt und damit jede Neuerung zurückweisen: empfiehlt eine mächtige Mittelpartei als methodisches Hülfsmittel die „Paratitla“, eine Form der Darstellung, welche ja selbst Justinian gestattet hatte. Freilich aber stand nicht fest, was denn eigentlich darunter zu verstehen sei[3]); nur darüber war man einig, daß sie eine übersichtliche Darstellung nach der gegebenen Titelordnung sein sollten. Unentschieden blieb es dagegen, wie viel in die Titel aufzunehmen und wie der Stoff darin zu disponiren sei. Eine kurze Angabe des Inhalts, ein mehr ins Einzelne gehender Auszug, eine methodisch geordnete übersichtliche Darstellung derjenigen Materie, welche systematisch der Rubrica gemäß in die Titel gehörte, ohne Rücksicht darauf, wie weit sie darin wirklich abgehandelt war — all dies Verschiedene wird unter dem Namen „Paratitla“ geboten, so daß wir darunter Schriften finden, welche den alten Summae und Expositiones titulorum ganz nahe stehen, und solche, welche der synthetischen

1) S. unten Kap. 7 und Kap. 9.

2) Juris universi Justinianea Methodus etc. Paris. 1545. Colon. 1565. — Jean de Drosay war Professor in Caen; er ist vor Publication dieser Schrift gestorben. Vgl. Rivier, Jean de Drosay. Bulletins de l'Academie royale de Belgique. 2me série. t. XL. 1875.

3) Ueber die ursprüngliche Bedeutung der παράτιτλα in der byzantinischen Jurisprudenz vgl. Zachariä, Richter und Schneider's Krit. Jahrb. 8, 796 f. Heimbach, Basil. 6. Proleg. p. 4 s.

Richtung angehören. So kommt es denn, daß Seb. Brant's Expositiones titulorum später unter dem Titel Paratitla edirt worden sind (Francof. 1574), daß ein Theil von Zasius' Vorlesungen (von Thomas Freigius 1536. 1539) und M. Wesenbeck's Commentar zuerst (1563) unter diesem Titel erschienen; daß Gelehrte der verschiedensten Richtungen wie Hopper, Joh. Thomas Freigius, Cujas u. A. Paratitla herausgegeben haben.

In einem besondern Abschnitt (Kap. 7) werden wir Genaueres über einzelne methodologische Schriften und über die frühesten Versuche und Anläufe zur „methodischen" Gestaltung der Wissenschaft, welche in Deutschland selbst ihre Anregung empfingen, zu berichten haben. Eine eigenthümliche Stellung nimmt in dieser Bewegung Johann Oldendorp ein, der, als er 1543 definitiv der Berufung nach Marburg folgte, eine Reform des akademischen Unterrichts zur Bedingung machte. Es wird über ihn ausführlich berichtet werden (Kap. 8). Georg Tanner[1]), der die Methoden der italienischen und französischen Juristen aus eigener Erfahrung kannte, erzählt (1556), wie oft ihm Oldendorp's Schüler die seinige gerühmt hätten. Er charakterisirt sie als eine „connexio causarum et effectuum, qua nihil concinnius cogitari possit".

Zu der „methodischen" Bewegung in Deutschland tritt der Einfluß der französischen Juristen. Im Gegensatz zum mos Italicus bildet sich der mos docendi Gallicus heraus, welcher sich von jenem theils durch das philologisch-antiquarische, theils durch das synthetische Element unterscheidet. Und gerade diejenigen französischen Juristen, welche, wie Duaren und Donellus, dieses zweite Element mit Vorliebe pflegen, üben vorzugsweise auf die Deutschen Anziehungskraft aus. Damit begegnet sich die in den Niederlanden durch Mudäus vertretene, von M. Wesenbeck nach Deutschland getragene verwandte Methode, sowie endlich die in allen Disciplinen fühlbare, durch P. Ramus angeregte

1) Stintzing, G. Tanner's Briefe S. 43.

Bewegung. Gegen den Schluß des 16. Jahrhunderts hat die synthetische Behandlung, die in den verschiedensten Formen systematischer Gliederung des Stoffs hervortritt, den Sieg davon getragen, und mit Vorliebe wird in die Titel der Bücher das „methodice“ oder eine ähnliche Bezeichnung zur Empfehlung aufgenommen, wie zahlreiche Beispiele unten zeigen werden.

Die Zahl der Schriften, welche methodologische Fragen behandelten, war um die Mitte des Jahrhunderts bereits so erheblich geworden, daß eine Sammlung Bedürfniß schien. Sie ist veranstaltet von Winckel, varia opuscula de exercitatione Jurisconsultorum. Argent. 1553. 8°. Mit dem steigenden Interesse wuchs auch die Literatur, und bald klagte und spottete man über die Fülle und Mannigfaltigkeit der Rathschläge, welche im Interesse einer Verbesserung des Rechtsstudiums ertheilt wurden. Gegen den Schluß des Jahrhunderts erschienen zwei neue Sammlungen: Jurisconsultorum veterum et recentium Tractatus varii de studio legali recte instituendo. Colon. 1580. 1585. 8° und Nicol. Reusner, χειραγωγία sive Cynosura juris. Spirae 1588. 8°. Sie enthält Tractate von Nicol. Everhardus Middelburg. († 1532), Apell († 1536), Hegendorfinus († 1540), Baro († 1550), Alciatus († 1550), Duaren († 1559), M. Gribaldus († 1564), Modestinus Pistoris († 1565), Cantiuncula († 1560?), Goldtstein († 1568), N. Everhardus Amsterdamus († 1570), Balduinus († 1573), Thoming († 1576), Elenus († 1576), Hopper († 1576), Contius († 1577), Freigius († 1583), M. Wesenbeck († 1586), Hotomanus († 1590), N. Reusner († 1602), Menochius († 1607), Jul. Pacius († 1635) und Anderen.

**9.** Einer genaueren Besprechung bedarf die sogenannte Ramistische Methode[1]) sowohl wegen ihrer historischen Bedeutung an sich, als auch wegen der unrichtigen Meinungen, welche über sie verbreitet sind.

1) Tennemann, Gesch. d. Phil. 6, 420—440. Ritter, Gesch. d. Phil. 5, 471 ff. Waddington, Ramus. Paris 1855. Lannoius, de var. Aristot. fortuna. ed. Elswick. 1720. p. 54 s.

Um die Bewegung zu verstehen, welche sich an das Auftreten des **Petrus Ramus**[1]) auf allen wissenschaftlichen Gebieten anknüpft, muß man sich daran erinnern, in welchem Grade die gesammte wissenschaftliche Thätigkeit von der überlieferten aristotelisch-scholastischen Dialektik beherrscht wurde. Ramus erklärte dieser den Krieg, bestritt ihre Richtigkeit und suchte eine andere, einfachere an ihre Stelle zu setzen. In dem Kampfe aber, welcher sich entspann, handelte es sich nicht etwa bloß um die Schulfrage, ob die alte oder die neue Dialektik technisch die richtigere und vollkommnere sei, nicht darum, ob an die Stelle des alten strengen Herrschers ein neuer, vielleicht weniger lästiger treten solle. Vielmehr ließe sich die tiefere Bedeutung des Gegensatzes eher so formuliren: ob überhaupt die Autorität eines Systems von Schulregeln die Arbeit des Denkens beherrschen solle, oder ob es dem Geiste gestattet sei, sich nach den ihm von der Natur gegebenen Gesetzen und nur diesen folgend frei zu bewegen. Ramus geht davon aus, daß die Dialektik eine praktische Disciplin sei und sein solle, die ars bene disserendi; sie empfängt ihren Inhalt vor allem aus der Natur des menschlichen Geistes; sie lehrt nur die Kunst, die natürliche Fähigkeit zum Denken richtig zu gebrauchen; ihre Vollendung empfängt sie durch usus und exercitium, durch die Uebung in der Anwendung ihrer Regeln, so daß diese zur Gewohnheit werden. Jedes Nachdenken beginnt damit, daß man in der Stille die Gründe und Gesichtspunkte (argumenta) aufsucht, die in unserm Geiste liegen und zu finden sind; dann schreitet man dazu, diese zu verbinden, auszusprechen und geordnet darzustellen. Daher, diesem natürlichen Vorgange gemäß, muß die ars bene disserendi zwei Theile haben: die inventio und das judicium. Jene giebt die Regeln, um argumenta zu finden — sie ist also wesentlich eine Topik. Dieses lehrt die richtige Verwendung der argumenta, und zwar

1) Pierre de la Ramée, geb. 1515 in der Picardie (Cuth, Vermandois), ermordet in der Bartholomäusnacht zu Paris 1571. Die Dialecticae partitiones s. institutiones und Aristotelicae animadversiones erschienen beide Paris 1543.

ist das judicium entweder axiomaticum, indem es ausspricht, ob etwas ist oder nicht ist (Urtheil); oder dianoeticum, indem es aus einem axioma das andere folgert; seine Formen sind der Syllogismus und die Methodus, d. h. die höchste Stufe logischer Darstellung, welche die zusammengehörigen axiomata in natürlicher Ordnung vom Allgemeinen zum Besonderen fortschreitend zusammenfaßt.

Auf diesem einfachen Grundriß ist eine eben so einfache Dialektik aufgebaut, bei der es dem Ramus nicht um eine Analyse des Denkens und seiner verschiedenen Functionen und Formen, sondern um eine Anweisung zum Gebrauche der natürlichen Regeln für das Erfinden, Urtheilen, Folgern und Anordnen zu thun war. Sie ist daher, wie schon die Definition errathen läßt, mehr eine Rhetorik als eigentliche Dialektik, und seine Gegner werfen ihm vor, daß sie Keines von Beidem sei.

Eben deswegen läuft sie auf die „methodus" hinaus, d. h. die Lehre und Kunst, die zusammengehörigen Urtheile und Schlüsse in natürlicher Ordnung für das Verständniß und Gedächtniß mit Klarheit darzustellen. Sie ist demnach dispositio, Anordnung, Vertheilung und Verknüpfung dessen, was wir durch inventio gefunden, durch axioma festgestellt, durch syllogismus gefolgert haben, und bildet daher den letzten Theil und zugleich die höchste Stufe der ars bene disserendi.

Für die „Methode" stellt Ramus die allgemeine Regel auf, daß in der Darstellung vom Allgemeinen auszugehen und zum Besonderen fortzuschreiten sei. Nur d i e Methode ist ihm demnach die wahre, welche mit der Definition beginnt und daran die Distribution knüpft, welche theils partitio (Zerlegung in partes), theils divisio (Unterscheidung der species) ist. In jedem untern Gliede ist dasselbe Verfahren bis zum Speciellsten herab zu wiederholen; die einzelnen Glieder sind durch transitiones zu verbinden.

Das Ziel, auf welches Ramus steuert, ist also eine natürlich geordnete S y n t h e s e; und für die Jurisprudenz liegt seine Bedeutung darin, daß er der synthetischen Richtung die technischen Anweisungen darbot und zur wissenschaftlichen Stütze diente.

Das Einfache und Natürliche seiner Lehre im Vergleich zu dem complicirten Schematismus der Aristoteliker sicherte ihm den Erfolg. Der Hinweis auf die Natur der Sache und die natürlichen Gesetze und Anlagen des menschlichen Geistes als Grundlage jeder Kunst und Wissenschaft, die er dadurch der Schule gegenüber wieder in ihr Recht einsetzte, gab dem Ramismus die befreiende Kraft. Er stärkte den Muth, in der Wissenschaft die einfachen Wege des gesunden Menschenverstandes zu gehen, dem eigenen natürlichen Urtheil zu vertrauen, und ist daher dem Humanismus und Protestantismus verwandt, eine ihnen analoge Erscheinung auf dem Gebiete der Denklehre, die aber freilich die Gefahr in sich trug, denen ein Uebergewicht zu geben, die „von Natur wenig Lust hatten, den langen Weg der Wissenschaft selbst zu machen, aber durch schärfere Reflexion die fremden Versuche zu beurtheilen geneigt waren".

Fassen wir so den Ramismus als Abzweigung einer allgemeinen Zeitströmung, so begreifen wir einerseits den in so breitem Umfange sichtbaren Einfluß und seine erbitterten Gegensätze; andrerseits aber auch die Thatsache, daß neben ihm und unabhängig von ihm ganz ähnliche Erscheinungen in der wissenschaftlichen Methode zum Vorschein kommen. Nicht alles, was dem Ramismus verwandt ist, dürfen wir auf ihn zurückführen. In Deutschland kommen die methodischen Fragen in Fluß, ehe man von Peter Ramus weiß; sie gehen ihren Weg vielfach ohne ihn. In Frankreich entwirft Connanus sein System, bilden Duarenus und Donellus eben so wie Mudäus in Löwen ihre natürliche Synthese aus, ohne durch Ramus geleitet zu sein. Endlich aber finden wir hier wie auf dem Gebiete der eigentlichen Philosophie Halb-Ramisten und Eklektiker. Ramus selbst hat sich mit der Jurisprudenz nur im Vorbeigehen befaßt; eine ihm zugeschriebene Cynosura juris utriusque ist apokryph. Nur dadurch ist er der Aufgabe der Jurisprudenz unmittelbar nahe getreten, daß er an

Cujas und L'Hospital die Aufforderung richtete, die systematische Zusammenfassung des geltenden Rechts sich zur Aufgabe zu stellen[1]).

Man sollte nun denken, daß der Ramismus, dessen Kraft in der Negation der scholastischen Schablone lag, zu einer vollständigen Beseitigung des Schematismus geführt habe, daß der reine Naturalismus die Signatur der echten Anhänger des Ramus sei. Allein dem ist nicht so. Die Ramisten machen den Anspruch, wissenschaftliche Dialektiker zu sein; sie wollen den Vorwurf widerlegen, daß Ramus seine Schüler „fliegen lehre, ehe sie Flügel hätten"; ihre Lehre soll so gut wie die alte Dialektik „ars" sein; und wenn die Regeln derselben auch der Natur entnommen sind, so bringt doch erst die Schule sie zum Bewußtsein und die methodische Uebung erst lehrt ihren sichern Gebrauch. Der an das Gängelband der alten Dialektik gewöhnte Geist wird demnach nicht plötzlich seinem eigenen Instincte überlassen, sondern andere, brauchbarere und leichter zu handhabende Stützen werden ihm dargeboten. So kommt es denn, daß unter den erklärten Schülern des Ramus sich ein neuer Formalismus ausbildet, welcher sich in der immer wiederkehrenden Verwendung bestimmter methodischer Hülfsmittel und Formen zeigt und um so einförmiger wird, als Ramus nur die eine Methode, den Syllogismus und die Deduction des Besonderen aus dem Allgemeinen gelten läßt.

Aus diesem Grunde hat man in späterer Zeit die ursprüngliche historische Bedeutung des Ramismus vergessen und seinen Charakter in einer bestimmten schulmäßigen Form gesucht; was ihm ursprünglich nur Hülfsmittel war, erschien späterhin als sein Wesen. Und zwar sind es namentlich drei Merkmale, an denen man ihn erkennen will: die Dichotomie, die Verwendung der quattuor causae und die tabellarische Darstellung[2]). Die

1) Ramus, scholae mathem. l. II fin. Waddington, Ramus p. 355 s. 474.

2) Auf allen Gebieten werden „tabulae seu schematismi" publicirt; „in omnibus artibus et disciplinis tabulas requirimus" schreibt G. Tanner (Briefe S. 55 f.) 1567 an Bas. Amerbach. Die 4 causae sind dem Ramismus nicht eigen, sondern aus der Scholastik übernommen. Vgl. oben S. 108. Stintzing, Krit. Zeitschr. 3, 625 f.

mit diesen Hülfsmitteln operirende Methode wird die Ramistische genannt. In pedantischer Weise geübt, erhält sie sich durch das 17. Jahrhundert [1]): und so hat sich denn hier die Erscheinung wiederholt, daß eine auf Befreiung des wissenschaftlichen Geistes gerichtete Lehre, in schulmäßigem Formalismus erstarrt, zu einer neuen Fessel wird.

**10.** In der bisherigen Erörterung ist zwischen der Forschung, der akademischen Lehre und der literarischen Darstellung nicht unterschieden worden, weil sie im Ganzen von derselben Methode beherrscht werden. Der akademische Unterricht more Italico besteht darin, daß dem Schüler die Forschung selbst im Vortrage mitgetheilt und er, indem sie vor ihm geschieht, an der analytischen Arbeit betheiligt wird: ein an und für sich durchaus würdiges Verfahren, welches nur an dem Gebrechen leidet, daß es bei dem Zuhörer eine Reife und einen Besitz von Kenntnissen voraussetzt, welche erst durch längeres Studium erworben werden können. Das Ergebniß der Forschung geht, nachdem es für die Vorlesung vollendet und in dieser verwendet worden ist, in derselben Form in die Literatur über; die Bücher sind publicirte Vorlesungen — und die Arbeit der Gelehrten ist in allen drei Richtungen eine und dieselbe.

Erst allmählich kommt es zum Bewußtsein, daß in der That die Aufgaben verschieden sind und verschiedene Anforderungen stellen. In der Natur der Dinge aber liegt es, daß die wissenschaftliche Arbeit des akademischen Lehrers ihre Richtung und Gestalt zum großen Theil durch die Bedürfnisse des Unterrichts, die ihm hier entgegentretenden Aufgaben und gegebenen Anregungen empfängt. Hier wird zuerst der Mangel einer methodischen Behandlung fühlbar; die didaktischen Erfahrungen, die Mißerfolge sind es, welche hier auf die Frage nach der Möglichkeit einer ars juris führen; die systematischen Versuche

---

1) **Thomasius**, Cautelae circa praecognita Jurisprudentiae. 1710. cap. 10.

beginnen und übertragen sich von hier auf die gesammte wissenschaftliche Thätigkeit.

Allmählich indeß scheiden sich die Formen der Vorlesungen und der Bücher. Seltener werden jene von den Urhebern selbst als Commentare edirt, wie denn z. B. die Lecturen des Zasius, des Mudäus, des Sichard, des Giphanius, Rittershusius u. A. erst nach dem Tode des Verfassers, zum Theil sogar gegen ausdrückliches Verbot herausgegeben wurden. Nur die Commentare zu den Institutionen erscheinen zahlreich. Die Bücher gewinnen mehr die Gestalt monographischer Abhandlungen über einzelne Materien, systematischer Darstellungen und compendiarischer Lehrbücher. Und Hand in Hand damit geht die Ermäßigung ihres Umfangs. Nicht zufällig ist es, daß im Laufe des 16. Jahrhunderts die Folianten schmächtiger werden und allmählich den Quartanten und Octavbänden das Feld räumen. In Deutschland bleibt das große Format vorwiegend den Sammlungen der Consilien, Responsen, Observationen, Cautelen u. dergl., den Quelleneditionen, den Lexicis und den Ausgaben der Werke fremder Rechtsgelehrten vorbehalten. Es liegt darin ein Zeichen ehrenwerther wissenschaftlicher Gesinnung. Was der deutsche Gelehrte zum Zweck des Unterrichts nach alter Methode noch immer massenhaft zusammenträgt, erscheint ihm nicht mehr werth in die Oeffentlichkeit zu treten. Für Arbeiten aber, welche die Wissenschaft selbständig weiter führen, ist ihm nicht wie dem glücklicher gestellten Franzosen die freie Muße bereitet, noch auch die geistige Spannkraft rascher Production gegeben. Während Donellus, Cujas, Duarenus, Hotomanus u. A. noch Folianten mit den Ergebnissen umfassender und tief eindringender Gelehrsamkeit füllten, bescheiden sich unsere Deutschen im Ganzen damit, ihre Arbeiten in beschränktem Umfange und anspruchslosem Format zu publiciren.

Die Masse der Publicationen ist außerordentlich groß, und als bezeichnend für die Nachfrage darf die große Zahl der opera postuma betrachtet werden. Aus den hinterlassenen

Papieren der Gelehrten geben die Erben oder Freunde ohne sonderliche Vorsicht und Sorgfalt die oft nur halb vollendeten oder gar nicht für den Druck bestimmten Arbeiten der Verstorbenen heraus.

Einen merkwürdigen Aufschwung nimmt die Literatur der Disputationen, Thesen, Dissertationen. Sie hängt zusammen mit der zunehmenden Zahl der Promotionen. Der Doctortitel erfährt seit dem Schlusse des 16. Jahrhunderts dasselbe Schicksal, welchem kein äußeres Ehrenzeichen im Laufe der Zeit zu entgehen pflegt: immer mehr begehrt und immer leichter erworben zu werden und damit langsam im Werthe zu sinken. Man hört schon das Sprichwort: Accipimus pecuniam et mittimus asinum in patriam![1]) Es ist bei diesen Schriften, die wir durchaus von den in den Collegia gehaltenen Disputationen zu unterscheiden haben, schwer, den eigentlichen Verfasser festzustellen. Promotor und Doctorandus pflegen Beide auf dem Titel genannt zu sein: jener als praeses, dieser als respondens. Als das Gewöhnliche darf es angenommen werden, daß der Promotor die Thesen entworfen hat, deren Vertheidigung dann dem Respondenten überlassen ist. Dem Professor bieten die Promotionen die Gelegenheit, sich über Einzelfragen auszusprechen, kleinere Ergebnisse der Studien zu publiciren: und so vertritt die Dissertationen-Literatur die Stelle der heutigen Zeitschriften. Zugleich dient sie zur Erörterung von Streitfragen, wie die Tagesereignisse oder die wissenschaftlichen Bewegungen sie an die Oberfläche treiben. Aber auch das Unausbleibliche geschieht, daß bei der massenhaften Production dieser amtlichen Gelegenheitsschriften die Qualität unter das Mittelmaß herabsinkt: denn die Ansprüche, welche die Gelehrtenrepublik an diese Leistungen stellt, sind nachsichtig, da Jedermann weiß, wie und zu welchem Zwecke sie zusammengeschrieben werden.

---

1) Zunächst in Frankreich, wo statt patriam „Germaniam“ gesagt wird. Winther, Parthenius litigiosus. 1628. p. 154.

Bemerkenswerth für die Literatur in ihrer Gesammtheit ist dagegen die andere Erscheinung, daß seit der Mitte des Jahrhunderts die Kunst des lateinischen Stils und der eleganten Darstellung sich hebt und verbreitet. Der aphoristische, zerhackte, durch Allegationen zerrissene Stil der Italiener, wie er sich in der analytischen Methode nach der dialektischen Schablone ausgebildet hatte, weicht allmählich, indem das synthetische Element in die Gedankenarbeit eindringt, einer fließenden Diction, welche den Gedankengang zusammenhängend und den Stoff gestaltend zum Ausdruck bringt. Die Schule des Humanismus trägt auch hierin ihre Früchte. Noch bei Oldendorp finden wir in der ihm eigenen aphoristischen Diction die Nachwirkungen der herkömmlichen Manier; mehr- und mehr gelingt es dann unsern Juristen, die fließende Sprache der französischen Gelehrten sich anzueignen, und nur in den für die Praxis bestimmten Schriften, welche sich überwiegend an die italienischen Commentatoren anlehnen, erhalten sich die Reste ihres stilistischen Einflusses.

Neben diesen allgemeinen Zügen macht sich die Befreiung der Individualität, deren Berechtigung die neue Zeit dem Humanismus und der Reformation verdankt, geltend. Die scholastische Methode hatte über die gesammte wissenschaftliche Arbeit eine Gleichförmigkeit ausgebreitet, in welcher die individuelle Eigenthümlichkeit bis auf geringe Spuren unterging. Man sagt nicht zu viel, wenn man die seit den Glossatoren unter der Herrschaft des mos Italicus schreibenden Commentatoren als „fungible" Persönlichkeiten (mit seltenen Ausnahmen) bezeichnet. Seit mit der beginnenden Opposition die Einzelnen ihre eigenen Wege suchen, lösen die Individuen sich aus dem Gesammtbilde in bestimmteren Umrissen ab, und in der Mannigfaltigkeit der literarischen Ziele und Formen kommt die eigenthümliche Begabung und Richtung des Einzelnen zur Geltung.

Aber dieser Individualismus zieht gerade in der synthetischen Richtung den Mißbrauch hinter sich her. Nach subjectivem Bedürfniß werden die verschiedenartigsten Structuren versucht.

Das Bemühen, den Stoff auf einfache Gesichtspunkte zurückzuführen und übersichtlich nach logischen Regeln zu gliedern, treibt einen bunten Zweig didaktischer Literatur hervor, welche sich mit der oberflächlichsten Behandlung begnügt. Diese dürftigen Compendien treten am Schlusse des 16. Jahrhunderts an die Stelle eines Theiles der im Anfang desselben verbreiteten populären Literatur. Bei aller Dürftigkeit unterscheiden sich indeß diese Hülfsbücher von ihren Vorgängern zu ihrem Vortheil dadurch, daß sie auf ein gewisses systematisches Verständniß und nicht wie jene ein bloß mechanisches Auswendiglernen des äußeren Schematismus der Quellen und willkürlich zusammengefügter Regeln berechnet sind.

## Fünftes Kapitel.

# Ulrich Zasius.

1. Sein Leben. — 2. Sein Urtheil über die herrschende Jurisprudenz. — 3. Charakteristik seiner Schriften. — 4. Stellung zum deutschen Recht. — 5. Stellung zu den Zeitfragen. — 6. Nikolaus Freigius.

**1.** Ulrich Zäsy[1]) ist im Jahre 1461 in Constanz geboren. Er studirte 1481 in Tübingen, wo um jene Zeit, bald nach Stiftung der Universität, der Italiener Laurentius Marenchus aus Novi und der Savoyarde Gabriel Chabot aus Cambray neben Johann Crützlinger von Constanz und Ulrich Krafft von Ulm die Leges lehrten. In seine Vaterstadt zurückgekehrt, trat er in den Dienst der bischöflichen Kurie, ward Vorsteher der bischöflichen Kanzlei und bekleidete zugleich ein städtisches Amt. Er fand in diesen Stellungen Gelegenheit, sich weiteren Kreisen bekannt zu machen, und so kam es, daß ihn die Stadt Freiburg im Breisgau (um 1492) als Stadtschreiber berief.

Die Uebersiedelung nach Freiburg war für seine wissenschaftliche Entwicklung von entscheidender Bedeutung, denn mit erneutem Eifer warf er sich hier auf das Studium der Jurisprudenz, so daß er erst von dieser Zeit den eigentlichen Beginn seiner juristischen Bildung datirt. Als seine Lehrer, denen er die „rudimenta juris positivi" verdanke, nennt er die Decretisten Joh. Knapp, Joh. Odernheim und Joh. Angelus de Besutio aus Mailand, dann die Legisten Ulrich Krafft, der von Tübingen

1) Riegger, U. Zasii epistolae. 1774. 8°. Stintzing, U. Zasius. 1857. Horawitz, Briefe des Cl. Cantiuncula und U. Zasius. Sitzungsber. d. Wiener Akademie März 1879.

nach Freiburg gezogen war, und dessen Nachfolger, den Mailänder Paulus de Cittadinis, welcher 1495 gleichzeitig mit seinem Landsmann de Vesutio von Pavia nach Freiburg berufen wurde. Zäsy widmete sich vorzugsweise dem Studium des römischen Rechts und fand hierin durch Cittadinus eine Förderung, welche er noch in späteren Jahren mit Dankbarkeit rühmt. P. Cittadinus war ein Schüler des Jason de Mayno († 1519 in Pavia), der nach dem Urtheile seines großen Schülers Alciat durch die Ordnung und Klarheit, welche er in die höchst verworrenen und zerstreuten Meinungen der Schriftsteller brachte, sich ein wesentliches Verdienst um die Jurisprudenz erwarb. Zwar hat weder er noch sein Schüler Cittadinus sich wesentlich über das Hergebrachte erhoben; allein indem sich Jason bemühte, die Ausbeute seiner Vorgänger und Zeitgenossen in seinen Schriften zu concentriren, bildet er gleichsam den Schlußstein der alten Zeit, und die exactere und geschmackvollere Sprache und Exegese in seiner Schule läßt doch schon die erste Dämmerung des neuen Tages erkennen, den sein bedeutendster Schüler Alciat wirklich mit vollem Glanze herauffühiren half[1]).

Neben dieser Förderung in seinen juristischen Studien wurde dem Zasius von anderer Seite die fruchtbarste Anregung zu Theil. Es ging um diese Zeit ein frischer Strom geistigen Lebens durch die Städte des Oberrheins. Heidelberg, Straßburg, Schlettstadt, Freiburg, Basel beherbergten eine Anzahl hervorragender Männer, welche als Träger der neuerwachten humanistischen Richtung und Verfechter sittlicher Veredlung gegen Ignoranz und ausgeartete Scholastik, sowie gegen die innere Fäulniß des Kirchenregiments einen rüstigen Kampf führten. An Geiler von Kaisersberg, Jacob Wimpheling und Sebastian Brant schlossen sich jüngere Gelehrte, wie der Theologe Wolfgang Fabricius Köpflein, genannt Capito, der Dichter Jacob Locher, genannt Philomusus. Unter ihnen und den im übrigen Deutsch-

1) Savigny, Gesch. d. röm. Rechts im M.A. 6, 408.

land zerstreuten freieren Köpfen bildete sich eine geistige Genossenschaft, mit welcher die gelehrten Drucker in Basel, Froben und die Amerbachs, in regem Verkehr standen, während der eifrige Konrad Celtis auf seinen gelehrten Streifzügen die persönlichen Beziehungen pflegte und befestigte. In diese Kreise trat der Stadtschreiber Zäsy mit frischer Kraft und voller Empfänglichkeit; und bald führten seine Mitgenossen gern seinen Namen und seine Urtheile in ihren Schriften an. So ließ Jacob Locher seinen Gedichten 1495 einen schon oben erwähnten Brief des Zasius beidrucken, in welchem dieser die glücklichen Zeiten preist, die solche Werke hervorbringen, und neben Konrad Celtis und Jacob Wimpheling den egregium et jureconsultum et poetam Sebastianum Brant et dulcissimas meas delicias Adam Wernherum (damals Professor der Rechte in Heidelberg) als moderatores cum sublimitatis cujusque, tum imprimis studii humanitatis rühmt.

Wie ernst es aber ihm um die praktischen Ziele des Humanismus zu thun war, ersehen wir daraus, daß er im Jahre 1496 vom Stadtschreiberamt zurücktrat und die Leitung der Lateinischen Schule in Freiburg übernahm.

Nach Verlauf dreier Jahre, während welcher er sich ausschließlich humanistischen Studien gewidmet hatte und, wie er selber sagt, von der Jurisprudenz weit entfernt gewesen war, kehrte er zu dieser zurück. Er ließ sich am 6. November 1499 immatriculiren, ward bald darauf zum Doctor Legum promovirt und von seinem Lehrer und Freund Paulus Cittadinus für eine ordentliche Vorlesung über den Titel de conditionibus institutionum substituirt. Nicht lange nachher übertrug ihm auch die Universität die Vorlesungen über Rhetorik und Poesie, dann die Institutionen, und endlich, auf wiederholtes Drängen der Bürger und Studenten, nachdem Cittadinus zurückgetreten, im Jahre 1506 die Lectura ordinaria Legum.

Neben seiner Lehrthätigkeit war ihm bei seiner Rückkehr zur Jurisprudenz eine bedeutende Last praktischer Berufspflichten zugefallen. Seit 1502 hatte ihn die Stadt Freiburg als ihren Gerichtsschreiber angestellt; 1503 ward er Rechtsconsulent der Universität. Daneben wendeten sich Einheimische und Auswärtige an ihn mit Anfragen; zahlreiche Gutachten mußte er mündlich und schriftlich ertheilen, welche bald von ihm persönlich, bald von der Facultät für Personen aller Stände erfordert wurden, so daß seine Freunde ihn mit dem Q. Mucius Scävola verglichen, dessen Thür und Vorhalle nach Cicero's Erzählung von Rathsuchenden belagert waren. Es würden uns die Schilderungen seiner Thätigkeit als Rechtsconsulent übertrieben erscheinen, wenn nicht seine Briefe dazu den Commentar und die Fülle der von ihm hinterlassenen Consilien die Bestätigung lieferten.

Zwar ward ihm das Amt des Gerichtsschreibers durch das Recht, sich in den gewöhnlichen Sitzungen vertreten zu lassen, erleichtert; allein in allen wichtigeren Sachen hatte er dem Rath und den Richtern zu dienen und überdies noch die Verpflichtung, eine Sammlung der Erkenntnisse des Stadtgerichts anzulegen; endlich und vornehmlich aber eine Umarbeitung des Freiburger Stadtrechts unter Berücksichtigung der kaiserlichen geschriebenen Rechte vorzunehmen. Bis zum Jahre 1511 scheint Zasius in seiner amtlichen Stellung zur Stadt geblieben zu sein; die Reformation des Stadtrechts ward erst nach jahrelanger Arbeit vollendet und trat mit dem Neujahrstage 1520 in Kraft[1]). Außerdem arbeitete er für die Markgrafschaft Baden das 1511 publicirte Gesetzbuch[2]) aus und verfaßte für mehrere adelige Häuser Hausgesetze.

So finden wir Zasius mitten in die volle Thätigkeit eines Juristen hineingestellt, in Theorie und Praxis und in der Gesetzgebung seine Kräfte verwendend, zugleich aber erfüllt von dem Geiste des Humanismus und bald ergriffen von den ersten

1) Neuwe Stattrechten und Statuten der loblichen Statt Fryburg im Pryßgow gelegen. 1520. fol. Basel.

2) Der Markgrafschaft Baden statuten und Ordnungen in Testamenten Erbfellen und Vormundschaften. s. l. et a. fol.

Regungen der Reformation auf kirchlichem Gebiet. Als im Herbst des Jahres 1513 Erasmus von England nach Basel gekommen war, trat Zasius mit ihm in lebhafte Beziehungen, welche durch seinen jungen Schüler und Hausgenossen Bonifacius Amerbach aus Basel, der damals in Freiburg studirte, eingeleitet wurden. Erasmus ward der Mittelpunkt des Verkehrs der Humanisten, unter denen noch nicht von jenen Spaltungen und Gegensätzen die Rede war, welche sich nachher theils bildeten, theils nur offenbarten, als die Kirchenreformation zu einer ernsten Frage des praktischen Lebens wurde. Noch erkannten sich Erasmus und Hutten, Beatus Rhenanus und Wimpheling, dazu die Theologen Oecolampad, Capito und Bär mit den Juristen Brant, Zasius und dem jungen Claudius Cantiuncula, sowie den gelehrten Druckern, unter denen Hans Amerbach († 1514) und seine Söhne nebst Froben obenan standen — Männer, die sich entweder ständig oder vorübergehend und wechselnd in Basel und den oberrheinischen Städten aufhielten, als Arbeiter an einem und demselben großen Werke geistiger Befreiung bereitwillig an. Und wie wohlbekannt die Sinnesart des Zasius und seiner Umgebung in Deutschland war, zeigen uns die epistolae obscurorum virorum, in denen sich der Magister Schlauraff (Carmen rhythmicale) über die schlechte Aufnahme beklagt, die er zu Freiburg in dem Hause des berühmten Juristen gefunden habe.

Noch ehe Zasius als Schriftsteller zu wirken begann, war sein Name in weiten Kreisen bekannt, und selbst von Italien her fragte der gelehrte Drucker Calvus bei seinem Collegen Froben in Basel an, was es denn mit der Jurisprudenz des Zasius, von der er gehört, auf sich habe[1]). Seine Schüler waren es, die seinen Ruhm verbreiteten; in der unmittelbar persönlichen Wirksamleit lag seine größte Kraft. Erasmus war entzückt von der sprudelnden Frische seines Geistes und der Beredsamkeit, der Schönheit seines Ausdrucks. Sein Schüler Fichard, der ihn

1) Pavia Febr. 1517. Handschriftlich in der Basler Briefsammlung G. II. 33. Stintzing, U. Zasius S. 212.

erst als einen fast 70jährigen Greis kennen lernte, rühmt noch die Frische und Energie seines Vortrags[1]). „Alles lebte, was er sprach, und ich habe in Deutschland und Italien keinen Professor gehört, der ihn an Lebendigkeit der Rede übertroffen hätte." Aber diese Lebhaftigkeit und Freiheit in der lehrenden Rede brachte es mit sich, daß er sich nicht selten weitläufiger erging als nöthig und Ausdrücke brauchte, die zwar bezeichnend und treffend waren, aber die Eleganz vermissen ließen. Daher zeigen denn auch die nach seinem Tode herausgegebenen Lecturen einen ganz andern Stil und Charakter als die von ihm selbst zum Druck bearbeiteten Schriften: und bei Beurtheilung jener darf man nicht vergessen, daß sie auf die unmittelbare Wirkung der mündlichen, lebendigen Rede auf Schüler berechnet sind.

Gerade die Freiheit, das Muthige und Frische in Zasius' Persönlichkeit, die einfache Natürlichkeit seines Urtheils machte sein unmittelbares Wirken so erfolgreich. Dazu kam eine liebenswürdige Heiterkeit, die Gabe fröhlich mit der Jugend zu verkehren, wohlwollendes Eingehen in ihre Bedürfnisse und freundliche Bereitwilligkeit zu jeder Hülfe. Und wie auf die Jugend, so wirkte er auch auf einen weiten Freundeskreis: ein reines, neidloses Gemüth, zur lobenden Anerkennung jedes fremden Verdienstes willig bereit; aber auch fest und hartnäckig in Vertretung der eigenen Meinungen, Widerspruch und Tadel schwer ertragend; kein heroischer Charakter, aber von derber Rechtschaffenheit, und ein treues, redliches Herz. Seinen Pflichten sich zu opfern gewohnt, setzte er, wenn auch von Schwäche und Kränklichkeit gebeugt, seine erfolgreiche Thätigkeit als Lehrer bis in sein hohes Alter fort. Er starb am 24. November 1535, vierundsiebenzig Jahre alt.

**2.** Zasius ist Jurist und Humanist zugleich, und sein Urtheil über den Zustand der Jurisprudenz lautet nicht erheblich anders

1) Fichardus, vita Zasii. Oefter gedruckt in Fichardi vitae recentiorum Ictor. zuerst Basil. s. a. (1537) 8°, zuletzt hinter G. Panziroli de claris leg. interpret. libri quat. ed. Hoffmann Lips. 1721 p. 429 s.

als die oben mitgetheilten seiner humanistischen Freunde. „Wie zweckmäßig, ja wie nothwendig", sagt er in seiner ersten bedeutenden Schrift[1]), „wäre es, in jetziger Zeit die endlosen Commentare zu beschneiden, welche, wie jeder Verständige leicht erkennt, mehr Finsterniß als Licht enthalten. Denn mit einem Wust von Streitfragen überladen, zeigen sie nur gelehrten Prunk, statt wahre Wissenschaft zu bieten. Durch ihre wüste Masse werden die Kniffe der Advocaten genährt, und indem jeder Schriftsteller aus seinem Kopfe neue Einfälle hinzuthut, bietet er den Advocaten die Handhabe, um das Recht zu verdrehen. Diese Rabulisten vergiften die Gerichte, spotten der Richter, stören die Ruhe, suchen den Staat zu verwirren und sind Göttern und Menschen verhaßt." „Von der Jurisprudenz", sagt er an anderer Stelle[2]), „wie sie von Bartolus, Baldus und deinen Papiensern gelehrt wird, halte ich wenig. Denn wenn du davon die Irrthümer abziehst, so bleibt nicht viel übrig. Die Barbarei hat wie eine Schlingpflanze das reine Recht überwachsen und zwar so sehr, daß sie die tiefsten Wurzeln hineingetrieben hat. — Wenn die Juristen nicht immer so blindlings den Autoritäten der Glosse und des Bartolus angehangen hätten, so würde der Sinn des Rechts jetzt klarer und reiner vorliegen und die Mehrzahl jener widerwärtigen, mit Irrthümern vollgepfropften Commentarien würde verschwinden. Echte und wahre Interpreten sind nur diejenigen, welche sich vor allem bemühen, die Quellen selbst zu erklären, von der Glosse und den Commentarien aber nicht mehr vortragen, als wahr und brauchbar ist, so daß das Verständniß nicht durch den Wirbelwind der gelehrten Meinungen verworren wird." — „Die sogenannte communis opinio doctorum ist von sehr zweifelhaftem Werth. Sie beruht oft nur darauf, daß die Gelehrten sich gewöhnt haben einander blindlings zu folgen,

1) Zasii lucubrationes. Basil. 1518. fol. p. 12. Vgl. ferner ebendaselbst p. 14. 67. 68. 69.

2) Zasii Epistolae ed. Riegger p. 62. 320. Aehnliche Aeußerungen p. 59. 60. 64.

statt selbst zu prüfen. Wenn sich die communis opinio auf die Quellen gründet, so hat sie eben deswegen Gültigkeit, weil sie richtig ist; wenn sie aber mit den Quellen streitet, so hat sie gar keine Autorität und man darf sich ihr nicht unterwerfen, sondern muß sie meiden, wie der Schiffer die Sandbänke."

Diesen Bekenntnissen entsprechend erklärt er bei Publication seiner Intellectus singulares (1526) als Vorwort: „Contestatum ante omnia, ex solis me textibus juris variisque et fundatis rationibus, quae vel lege, vel natura firmantur, pendere eisque niti et haerere velle." Auch vergleicht er sich in seinem Streben mit Luther und meint: wie man von diesem sage, daß er die Scholastiker zerrieben habe, so werde er eine Menge allgemein verbreitete Meinungen zerreiben[1]).

Je geringer Zasius im Allgemeinen von den mit ihm lebenden Juristen Italiens und Frankreichs dachte, mit desto größerer Bewunderung erfüllten ihn die Leistungen des Andreas Alciatus, der im Jahre 1518 als Professor zu Avignon seine Paradoxa herausgegeben hatte. Zasius empfing ein Exemplar mit einem Briefe des Verfassers und meint schon nach dem ersten Lesen: er sehe, daß Alciat ganz aus dem Geiste der Jurisprudenz des Alterthums hervorgegangen sei und daß er, wenn irgend Einer, das Civilrecht erleuchten werde[2]). Er hofft (in seinen Intellectus), daß es im Bunde mit Alciat gelingen werde, die wichtigeren Stellen des Corpus juris so richtig zu erklären, wie es seit sechs Jahrhunderten nicht geschehen. Seinerseits erkannte auch Alciat in Zasius das verwandte Streben, den gleichen wissenschaftlichen Standpunkt; und wenn auch seine Anerkennung nur zurückhaltend war, so blieb er doch gern mit dem deutschen Gelehrten in brieflichem Austausch[3]).

Zehn Jahre vor dem Erscheinen der ersten bedeutenderen Schrift des Zasius hatte der gelehrte Philologe Budäus in Paris

1) Epist. p. 64.
2) Epist. p. 12. 13.
3) Stintzing, U. Zasius S. 211. 290. Gudii Epist. p. 76. 78.

seine Annotationes in Pandectas 1508 herausgegeben und darin gezeigt, mit welchem Erfolge die antiquarischen und sprachlichen Kenntnisse für die Interpretation der juristischen Quellen verwendet werden könnten[1]). So standen nun neben einander der Franzose, der Deutsche und der Italiener: und man ist gewohnt, sie zusammen als die Reformatoren der Rechtswissenschaft zu nennen.

Wir dürfen uns indeß die Reform, welche durch Zasius angebahnt wurde, nicht als eine durchgreifende Umwälzung und seine eigenen Leistungen als frei und gereinigt von den Schlacken der Scholastik vorstellen. Das Aufsehen, welches seine Wirksamkeit als Lehrer und Schriftsteller erregte, wird uns nur begreiflich durch den Zustand, in welchem er die Jurisprudenz vorfand. Die That, welche den Anbruch einer neuen Zeit bezeichnet und Zasius mit den Reformatoren verbindet, ist diese, daß er sich kühn und klar von der Herrschaft der Autoritäten lossagte, der Tradition selber den Krieg ankündigte, zu den Quellen selbst zurückkehrte und sich ganz und ausschließlich auf das eigene Urtheil und die eigene Quellenforschung verließ. Zugleich aber war er neben Alciat und Budäus der Erste, der für die Exegese die Ergebnisse antiquarischer Studien zu verwerthen verstand, der durch die That zeigte, welche Vortheile daraus für ein reines Verständniß der Rechtsquellen zu ziehen seien, und so die Scheidewand niederriß, welche bisher den Humanismus von der Jurisprudenz getrennt hatte. Endlich aber ist er der erste Deutsche, der es wagte, auf seine eigene Kraft vertrauend, sich dem überlieferten Ansehen der Italiener und Franzosen gegenüber und, wo es ihm recht schien, entgegen zu stellen. Das gab den eigenen Landsleuten Muth und Selbstvertrauen, den Fremden aber Anstoß. Budäus konnte es nicht unterlassen, sich über des Zasius Kühnheit zu beschweren. Auch Alciat meinte von ihm „vir mihi doctus videtur, sed qui tamen nimis sibi tribuat“.

1) Ueber sein Verhältniß zu Zasius s. Stintzing, U. Zasius S. 195—201.

3. Als Schriftsteller ist Zasius nicht sehr fruchtbar gewesen. Erst spät, in seinem 57. Jahre hat er mit seiner literarischen Thätigkeit im römischen Recht begonnen; seine Zeit war durch Vorlesungen und praktische Arbeiten in Anspruch genommen, auch pflegte er sich schwer zur Publication zu entschließen und lange zu feilen. Die größere Masse seiner Werke ist nach seinem Tode herausgegeben und besteht aus nachgeschriebenen Collegienheften und Consilien [1]).

Die erste Schrift, welche seine reformatorische Richtung bekundete, waren die Lucubrationes, welche 1518 erschienen, dann 1526 und 1532 mit den Intellectus juris singulares wieder abgedruckt sind. In derselben findet sich außer den Antinomiarum dissolutiones und der Exegese einiger schwieriger Pandektenstellen ein Commentar zur l. 2 D. d. Origine juris. Die Glossatoren hatten dieses merkwürdige Fragment von des Pomponius Enchiridion de Origine juris nur sehr dürftig behandelt; Bartolus und andere große Interpreten waren ganz mit Stillschweigen darüber hinweggegangen. Budäus hatte es in seinen Annotationen nur theilweise und mehr vom sprachlichen Gesichtspunkte aus erörtert. So war es denn für des Zasius Richtung bezeichnend, daß er sich gerade dieses Gebiet erwählte und sich bei seiner Exegese zur Aufgabe stellte, „das Geschichtliche über die Ereignisse, sowie über die Magistrate und Schriftsteller darzulegen und zugleich, wo sich Gelegenheit biete, Rechtswahrheiten zu lehren". Ein reichhaltiges Material steht ihm dabei zu Gebote, das er sich mit seltener Belesenheit aus zahlreichen Autoren des classischen Alterthums zusammengetragen hat. Er bedient sich desselben mit Geschick und verständigem Maß, bald zur weiteren Ausführung der Nachrichten des Pomponius, bald zu ihrer Bestätigung,

---

1) Zasii Opera omnia. Lugdun. apud Sennetonios fratres. 1548. fol. — Lugdun. apud Seb. Gryphium. 1550. 1551. fol. 6 vol. — Francof. ad Moenum. 1590. 1595. fol. 6 vol. Specielle Angaben über seine einzelnen Schriften finden sich bei Riegger, Zasii Epistolae. Vita p. 164—189 Stintzing, U. Zasius S. 112—157. 347—353.

bald aber auch zur Begründung kritischer Untersuchungen und Conjecturen, welche mehrfach so glücklich ausgefallen sind, daß sie noch heute für richtig gelten und anerkannt sind — wobei freilich meistens vergessen ist, daß Zasius der Erste gewesen, der sie aufgestellt hat.

In den Antinomiarum dissolutiones und den Intellectus legt er eine Sammlung von Interpretationen schwieriger Stellen und Versuchen, dunkle Rechtsfragen zu lösen, vor. Es sind kurze exegetische und dogmatische Abhandlungen, den Observationen der späteren Zeit vergleichbar. Ihr Werth liegt in der Selbständigkeit, mit welcher Zasius hier zu Werke geht und in das Verständniß der Quellen unmittelbar, ohne sich durch traditionelle Irrthümer verwirren zu lassen, eindringt.

Die Antinomiarum dissolutiones sind gegen die Angriffe des Laurentius Valla und zum Theil gegen Budäus gerichtet. Zasius sucht nachzuweisen, daß die Vorwürfe, welche den classischen Juristen von den Philologen gemacht wurden, zum großen Theil unbegründet seien und daß durch richtige Auslegung die scheinbaren Ungereimtheiten und Widersprüche beseitigt werden könnten. Seine Erklärung der l. 19 § 1 und l. 44 D. d. cond. in deb. 12, 6, welche auch heutzutage noch als richtig gilt, gab Anlaß zu einem heftigen Federkrieg, indem Petrus Stella, Professor zu Orleans, gegen dieselbe auftrat. Zasius vertheidigte sie aufs neue in der 2. Ausgabe der Antinomiarum dissolutiones hinter den Intellectus singulares von 1526, worauf 1528 zu Paris eine Schrift erschien, welche die Auslegung des Stella, die Antwort des Zasius und eine „Apologie" Stella's enthielt. Endlich gab Zasius 1530 eine defensio novissima contra Petrum Stellam heraus.

Es ist dies vielleicht der erste Fall einer derartigen Polemik unter den Juristen verschiedener Länder, und er bezeichnet die neue Bewegung, welche in der Wissenschaft begonnen hat, zugleich aber auch den Anstoß, welchen das Auftreten des Zasius, der sich vor keiner Autorität beugte und eben deswegen zum Widerspruch reizte, gegeben hat. Viglius von Zuichem, der um diese Zeit in Frankreich studirte, erzählt, welches Aufsehen dort der Streit der beiden Gelehrten unter den Studenten erregt habe, daß diese sich in zwei Parteien gespalten hätten, indem die Franzosen auf Stella's, die Deutschen auf Zasius' Seite getreten seien. Er selbst verfaßte eine Abhandlung, um des Letztern Ansicht weiter zu begründen [1]). Sieht man die Kampfart an, so findet man zwar die unvermeidliche persönliche Animosität in derber Gestalt; allein das Sachliche ist doch weit überwiegend und zeigt auf Zasius' Seite eine Methode der Argumentation, welche von den Fesseln der scholastischen Formen sich ganz befreit hat.

In den Intellectus singulares, welche zuerst 1526 erschienen, findet sich eine bemerkenswerthe Erörterung des im Privatrechte so wichtigen und vieldeutigen Begriffs genus, die zwar, soweit sie das philosophische Gebiet berührt, von der scholastischen Tradition gefärbt ist, aber doch zugleich ein tüchtiges Bestreben, die Materie freier, tiefer und systematischer zu erfassen und der Terminologie der Quellen nachzugehen, bekundet. Hier ist nun auch der Ursprung des der spätern Theorie und Praxis unentbehrlich gewordenen Terminus „res fungibiles", den Zasius als „novum nostrum vocabulum" in die Wissenschaft einführt. Die Veranlassung zu dieser Erfindung war die Beobachtung, daß der Ausdruck „quantitas" sich nur für das Geld eigne, weil nur durch dieses der Werth der Sachen bemessen werde und daher nur dies zeige „omnis res quanta sit"; für die übrigen Sachen, welche „functionem recipiunt in suo genere", bedürfe es folglich eines andern generellen Terminus und daher: rectius „res fungibiles" novo nostro vocabulo nominari possunt, quod ex communicabili natura functionem in mutuo et aliquando in aliis dispositionibus communicationem recipiant. Der Name erklärt sich aus der schon seit der Glosse üblichen Auslegung des Worts functio als „functio vicaria, promiscuus usus",

1) H. v. Papendrecht, Analecta belgica T. II P. 1 p. 94—104. Zasii Epist. ed. Riegger p. 399.

d. h. Stellvertretung; und daher ist denn die moderne Uebersetzung jenes Zasius'schen Terminus durch „vertretbar" ganz zutreffend.

Zasius hat auch die wichtige Theorie von der culpa (Intellect. singul. cap. 2) einer Revision unterworfen, sich mit Nachdruck gegen die von Bartolus aufgebrachte Unterscheidung von fünf Graden erklärt und nachgewiesen, daß nur zwei Grade, lata und levis, von den Römern selbst angenommen wurden. Wir finden also bei ihm schon die Anfänge und Grundlagen der richtigen Theorie, welche später Donellus weiter entwickelt hat.

In der seit der Glosse streitigen Frage über die Theilung der gesetzlichen Erbfolge unter Geschwisterkindern trat Zasius der von Bartolus beherrschten communis opinio entgegen und verfocht die Ansicht des Azo, daß die Theilung nach Köpfen zu geschehen habe[1]). Durch ihn ward diese Bestimmung in das Freiburger Stadtrecht (Tractat 3 Tit. 6) aufgenommen und fand so allgemeine Anerkennung, daß sie durch die Constitution Karl's V. vom Jahre 1529, auf Grund des Reichsabschieds von 1529 § 31, zur reichsrechtlich bindenden Norm erhoben werden konnte. Zasius selbst erzählt mit Befriedigung, daß sein Schüler Dr. Hieron. Vehus, damals Kanzler des Markgrafen von Baden, bei der Fassung jenes Beschlusses betheiligt gewesen sei.

4. Ueber seine **Stellung zum deutschen Recht** hat Zasius sich niemals principiell ausgesprochen. Er so wenig wie seine Zeitgenossen haben es versucht, eine Theorie aufzustellen, um danach die Geltungsgebiete der fremden und der einheimischen Rechte zu scheiden. Man befand sich mitten in der geschichtlichen Bewegung der Reception, ohne sie im Ganzen übersehen, ihr Ziel und Maß vorschreiben zu können. Von dem Grundsatze ausgehend, daß das Justinianische Recht das ohne Zweifel gültige jus commune sei, kam man zu der Folgerung, daß alles andere

---

1) Intellectus juris singul. 1526. p. 70 s. Usus feudorum 1535. p. 29 cap. 8. Singular. responsor. lib. 1 cap. 7.

Recht im Reiche jus particulore sei, das seine Gültigkeit durch Gewohnheit oder Satzung zu beweisen habe. In diesem Interesse werden die Regeln über den Beweis und die Voraussetzungen für die bindende Kraft der statuta und consuetudines nach dem Muster der Glossatoren erörtert. Allein als selbstverständlich wird es daneben behandelt, daß nicht alle Bestandtheile des kaiserlichen Rechts anwendbar seien; daß es notorisch in Deutschland Sitten und Zustände gebe, welche mit den Grundsätzen des römischen Rechts incommensurabel sind oder ihm geradezu widersprechen; daß hier die Unanwendbarkeit eines speciellen Beweises nicht bedürfe. War doch auch die kaiserliche Gewalt niemals als Despotie gedacht; ihr wie ihres Rechts praktisches Durchgreifen hatte stillschweigend anerkannte Schranken, die nirgends formulirt, sondern im einzelnen Fall zu finden waren.

In diesem Sinne bezeichnet es Zasius nachdrücklich als seine Aufgabe, von dem römischen Rechte nur dasjenige zu lehren, was „nützlich, heilsam und den Sitten Deutschlands entsprechend sei". Gern weist er daher auf deutsche Gewohnheiten hin und versäumt es nicht, bei Erörterung römischer Lehren die Abweichung oder Uebereinstimmung heimischer Grundsätze zu bezeichnen, wo sie ihm von Bedeutung zu sein scheinen. Auf manche Institute des deutschen Rechts (z. B. Hörigkeit, Reallasten, Erbverträge) geht er tiefer ein, um sie juristisch zu analysiren: aber freilich geschieht es vom Standpunkte römischer Jurisprudenz und mit Hülfe ihrer Begriffe. Die Fähigkeit, jene in ihrem eigenthümlichen Wesen zu erfassen und von diesem aus wissenschaftlich zu construiren, dürfen wir bei einem Juristen dieser Zeit nicht suchen: ist sie doch der deutschen Rechtswissenschaft erst als späte Frucht der neueren Zeiten gereift. Eine andere Technik, ein anderes Maß der Begriffe giebt es für ihn nicht, als die im Studium des römischen Rechts erworbenen: die Analogien mit diesem sucht er auf, um die deutschen Institute zu stützen und einen Boden für ihre juristische Behandlung zu gewinnen. Daß dabei dem deutschen Recht kein tieferes Verständniß abgewonnen wird und ihm kein volles Genüge geschieht, begreift sich leicht. Allein andrerseits ist Zasius mit den Bedürfnissen des Lebens zu wohl vertraut und ein zu warmer und aufrichtiger Freund seines Volks, um in vornehmer Ueberhebung eines gelehrten Theoretikers dem volksthümlichen Rechte wissentlich Abbruch zu thun.

Diese Gesinnung und Richtung hat Zasius auch in der Bearbeitung des Freiburger Stadtrechts, bei der er von dem Stadtschreiber Johann Armbruster und seinem gelehrten Freunde Ambrosius Kempf unterstützt wurde, bewährt. Dies in langjährigen Arbeiten gereifte Werk[1]) „zeigt überall eine große Vertrautheit mit dem praktischen Leben"; es ist darin „das deutsche Recht auf gesunde und zweckmäßige Weise mit dem römischen verarbeitet, ohne daß dem letzteren ein ungemessener Vorzug eingeräumt wäre".

Mehr romanisirend und weniger schonend ist Zasius bei Ausarbeitung des Landrechts für die Markgrafschaft Baden (1511) verfahren. Diese Statuten, welche vom Erbrecht, ehelichen Güterrecht, Einkindschaft und Vormundschaft handeln, „zeigen überall die Neigung, sich so eng als möglich an das gemeine Recht anzuschließen, so daß sie zu den am meisten romanisirenden Quellen dieser Periode gehören"[2]). Daß aber Zasius hier durch gelehrtes Vorurtheil und innere Abneigung gegen das deutsche Recht geleitet sei, möchten wir nach seinem ganzen Wesen nicht zugeben. Vielmehr scheint nach dem Publicationspatent die bunte Verwirrung der schwankenden Praxis in den Gerichten der Markgrafschaft eine durchgreifende Reform und Feststellung einheitlicher Grundsätze zum Bedürfniß gemacht zu haben, die dann mit größerer Sicherheit dem gemeinen Rechte als particulären Gewohnheiten zu entnehmen waren: und eben daher sind „nur da, wo Gewohnheiten und Rechtsansichten fest im Volke wurzeln, dem

1) Stintzing, U. Zasius S. 45. 157 ff. Bluntschli, Kritische Ueberschau 6, 61 ff. Stobbe 2, 306 ff.

2) Stobbe 2, 390 ff.

deutschen Rechte Concessionen gemacht" — bei schwankenden Gewohnheiten nicht.

5. Gegen manche Zeitströmungen hat Zasius sich ablehnend verhalten. So bereitwillig er in seinen Scholien das Verdienst des Cn. Flavius anerkennt, daß er „quod ad omnes cives pertinebat, omnibus exposuit", so wenig Billigung findet bei ihm die populäre Literatur seiner Zeit. Nicht nur Thomas Murner's[1]) Treiben entrüstet ihn, sondern allgemein erklärt er: „Diejenigen verdienten Züchtigung, welche jetzt die Wissenschaft des Civilrechts, die sie selbst kaum von außen kennen gelernt hätten, in die Muttersprache und allerlei Spielereien übertrugen: denn nicht genug, daß sie selber völlig unwissend seien, machten sie auch Andere zu Narren." Mit Recht sieht er in diesen populären Hülfsmitteln nicht nur eine Gefahr für die wissenschaftliche Bildung, sondern auch die Nahrung und das Handwerkszeug jener Rabulisten, deren verderblichen Einfluß er und seine Zeitgenossen so oft geißeln. In solchem Sinne meint er dann sogar: es sei recht gut, wenn die Gesetze nicht allzu plan und deutlich redeten, damit nicht jeder Ignorant sich darüber her machen könne.

Auch die beginnende methodologische Bewegung war nicht nach seinem Sinn. Wie er sich aussprach, als die Fragen wegen der ars juris in dem Kreise seiner Schüler und Freunde erörtert wurden, ist oben (S. 142) berichtet. Seine ablehnende Haltung war durch die Besorgniß motivirt, daß die systematische Richtung eine abermalige Abwendung von den Quellen in sich trage und so die Erfolge zerstören möchte, an die er die Arbeit seines Lebens gesetzt hatte.

Zu der reformatorischen Bewegung in der Kirche fühlte sich Zasius mit tiefer Sympathie hingezogen. Wir hörten

1) Ueber dessen juristische Schriften Stintzing, Gesch. d. popul. Literatur S. 462 ff. Ueber sein Chartiludium Institutionum insbesondere Sieber in Beitr. zur vaterl. Geschichte (herausgegeben von der Historischen Gesellschaft in Basel) 10, 273 ff.

schon, wie er sein eigenes Streben mit Luther's erstem Auftreten verglich: er sah in ihm den Verfechter der reinen, aus den ursprünglichen Quellen geschöpften Gotteslehre, der berufen sei, das von Erasmus begonnene Werk kühn zu vollenden. Sein tiefes religiöses Bedürfniß fand Nahrung in Luther's Schriften über die zehn Gebote, die Buße, die Epistel an die Galater; der Freimuth, die Kühnheit fesselten ihn. „Was ich von Luther in die Hände bekomme, das nehme ich auf, als wenn es von einem Engel käme!" schreibt er im Jahre 1519.

Allein schon der Verlauf der Leipziger Disputation macht ihn bedenklich. Er fühlt sich gedrungen, an Luther selbst einen Brief zu richten, um ihm das Gefährliche und rechtlich Unzulässige seiner Bestreitung der Autorität des Papstes und der Concilien vorzuhalten, ihn zur Mäßigung zu ermahnen. Hier war der Punkt, auf dem es zur Scheidung kommen mußte: und je entschlossener Luther auf seinem Wege vorwärts ging, desto weiter wurde die Kluft, die Zasius von ihm trennte. Die Reformation hatte für ihn die Bedeutung einer fundamentalen Rechtsfrage gewonnen, in welcher seine juristische Ueberzeugung ihm seine Stellung auf der Seite der festbegründeten Autorität des Papstes und Kaisers anwies. Denn hier handelte es sich nicht mehr um Lehrmeinungen und einzelne Sätze des geschriebenen Rechts, sondern um die Fundamente des durch Jahrhunderte geweihten Rechtszustandes überhaupt, für den, wenn jene wankten, kein Halt mehr zu finden schien.

Aber auch in den Lehren von den guten Werken, dem freien Willen, dem Abendmahl fühlt er sich den Reformatoren fremd.

Zu tief waren die überlieferten Autoritäten der Kirche mit seinem sittlichen Bewußtsein verwachsen, als daß er sich von ihnen hätte loslösen mögen; er war schon zu alt geworden, um sich einer neuen Gestaltung mit muthigem Vertrauen auf ideale Kräfte anschließen zu können. Dazu kamen dann die Einflüsse des Erasmus und der ihn umgebenden Verhältnisse in den österreichischen Vorlanden, die ihn zum Bruche mit der Reformation drängten.

Allein so entschieden und oft erbittert er dem Protestantismus fortan entgegentrat, so wenig war er mit der Haltung, den Zuständen und Maßregeln der katholischen Partei einverstanden. „Während man bei Euch", schreibt er 1526 an Amerbach in Basel, „in der Ketzerei verrückt geworden ist, rast man hier unter der Herrschaft des Christenthums. Der Klerus ist verderbter als jemals. Euren Wahnsinn mißbraucht man hier zum Wüthen." Ein „Erasmisches Christenthum" ist und bleibt sein Ideal; daß er die Ketzer begünstige, innerlich und heimlich zu ihnen halte, ist der Vorwurf, den er in seiner Umgebung oft vernehmen muß. Und in seinem letzten Lebensjahre äußert er gegen Amerbach: „Es ist gefährlich unter Ketzern zu leben, aber gefährlich ist auch alles, was Priester heißt. Deinen Entschluß, Basel nicht zu verlassen, lobe ich durchaus: denn auf beiden Seiten fehlt Redlichkeit, Treue und Reinheit. Bei uns je mehr Priester, desto weniger Frömmigkeit! Petrus blieb mitten in Babylon, nämlich Rom, unbefleckt, während Judas unter den Aposteln verdarb. Müßte ich dort drüben wohnen, so würde ich unter den Andersgläubigen unerschrocken mir treu bleiben und mit Gott vertraut."

Die römische Kirche hat ihm sein skeptisches Verhalten nicht verziehen. Nach seinem Tode ward sein Name in das Verzeichniß der Ketzer eingetragen: und obgleich der Freiburger Universitätssenat 1562 auf Antrag seiner Söhne in einer öffentlichen Urkunde seine bis zum Tode bewahrte Rechtgläubigkeit bezeugte, sind doch seine Werke auf den Index gesetzt worden![1])

**6.** Als erster Herausgeber mehrerer Werke des Zasius möge hier sein Schüler Nikolaus Frey eine Stelle finden.

Nikolaus Freigius (Frey), Sohn eines wohlhabenden Bauern[2]) zu Schalbach in der oberen Markgrafschaft Baden,

---

1) Riegger, Vita Zasii p. 136 s.

2) Dieser Thomas Frey verglich sich mit P. Lörracher in Schalbach wegen des an seinem Vater Hans Frey begangenen Todtschlages vor dem

am 13. April 1522 in Freiburg immatriculirt, 1525 Baccalaureus, später Magister, ward am 10. Februar 1534 von dem Markgrafen von Baden aus der Leibeigenschaft entlassen, um zum Doctor juris promovirt werden zu können; seit 1535 führt er diesen Titel, den er muthmaßlich in Freiburg erwarb, wo er Notariatsgeschäfte betrieb. Zasius erwähnt ihn oft mit Auszeichnung in seinen Briefen an Amerbach als Befreundeten. 1536 war er Rath der Herren von Rappoltstein in Rappoltsweiler, im folgenden Jahre Procurator und Advocat am fürstlichen Hofgericht in Ensisheim, später Syndicus der Stadt Freiburg. Er hatte sich hier mit Ursula Armbruster verheirathet, die ihm 1543 Johann Thomas[1]) als ältesten Sohn gebar. 1544 bemühte er sich ohne Erfolg um eine juristische Professur und folgte bald darauf einer Berufung nach Ulm als Syndicus. Hier starb er 1552 an der Wassersucht. Die vermögliche Wittwe zog mit ihren Kindern nach Freiburg zurück, verheirathete sich zum zweiten Mal und starb nach unglücklicher Ehe im Jahre 1564 mit zwei Töchtern an der Pest.

Freigius hat sich literarisch bekannt gemacht durch Herausgabe einiger Werke des Zasius nach dessen Dictaten. In Tit. Inst. de action. enarratio. Bas. 1536. fol.; Lecturae in Tit. Dig. vet. Bas. 1537. fol.; Paratitla in primam partem. Dig. Bas. 1537. 1539. fol. Zu der von Mynsinger und Jo. Ulrich Zasius veranstalteten Ausgabe der Opera Zasii. Lugdun. 1550. fol. hat er den Index verfaßt.

Die Edition der Zäsischen Vorlesungen bereitete ihm manche Unannehmlichkeiten, theils weil sie mangelhaft waren, theils weil man Frey's Berechtigung bezweifelte. Der akademische Senat von Freiburg sendete ihm das Dedicationsexemplar der Lecturae zurück. Auch wegen der Paratitla mußte er Angriffe erfahren, gegen die er sich in der 2. Ausgabe wehrt. Als er die ihm von Zasius

---

Landvogt von Röteln, Pfingstdienstag 1503. Die Urkunde findet sich in J. Th. Frey, Practica juris p. 115.

1) Von diesem unten Kap. 11.

vertraulich mitgetheilten deutschen Rechtsgutachten zu veröffentlichen unternahm, ward er auf Andringen der Zäsischen Angehörigen von der Regierung in Ensisheim gezwungen, den Druck zu sistiren. Diese, sowie die von ihm angelegte große Sammlung von Geschäftsurkunden und Proceßschriften hat sein Sohn Joh. Thomas später zu seiner Practica juris benutzt[1]).

1) Nachrichten über ihn enthalten seine und seines Sohnes Epistolae dedicatoriae, die Gedichte des Letzteren und dessen Practica juris. Vgl. ferner Adam, Vitae p. 252. Riegger, Zas. epist. Schreiber, Gesch. d. Univers. Freiburg 2, 220. 330. A. d. B. 7, 343 (Stintzing).

## Sechstes Kapitel.

# Kritische Bearbeitung und Erweiterung des Quellenmaterials.

I. Einleitung. Polizian und Bologninus. — II. Gregor Haloander. 1. Sein Leben. 2. Seine Editionen. 3. Bedeutung derselben. 4. Uebersicht der kritischen Arbeiten bis zum Schlusse des 16. Jahrhunderts, von Augustinus bis Gothofredus. — III. Die Baseler Quellen-Editionen. 1. Bonifacius Amerbach. 2. Johann Sichardt. Cod. Theodosianus, Gaius, Paulus, Maecianus. Agrimensores. Leges Barbarorum. Herold. Lindenbrog. 3. Viglius von Zuichem. Theophilus. Basiliken. Joachim Hopper. Novellen. 4. Konrad von Heresbach. 5. Die Herwagen'sche Ausgabe des Corpus juris. Alciat's Graeca. Viglius und die fratres Agnini (zum Lamm). 6. Georg Tanner und Scrimger's Novellen. 7. Agyläus. 8. Simon Scharb. 9. Leunclavius: Eustathios. Synopsis Basil. 10. Harmenopulos. Notitia dignitatum.

**I. Einleitung. Polizian und L. Bologninus.** — Die Justinianischen Rechtsbücher waren in Deutschland nur in der Gestalt, welche sie unter den Händen der Glossatoren und ihrer Nachfolger angenommen hatten, bekannt und verbreitet. Ohne methodische Kritik hatten sich diese da, wo ihnen der Text anstößig schien, zu helfen gesucht, indem sie unter den zahlreichen Varianten die ihnen richtig scheinende Lesart auswählten oder auch nach eigenem Ermessen erfanden. So ward auf unsicherer Grundlage ein Text in den Handschriften überliefert, der ohne kritische Sichtung in die gedruckten Ausgaben überging. Aus den Pandekten waren die Inscriptionen bis auf die Namen der Juristen verschwunden; auch im Codex waren sie nur lückenhaft erhalten, die Subscriptionen fast ganz verloren; die griechischen

Stücke fehlten insgesammt; die Novellen kannte man nur in der Gestalt des Authenticum. Und für die gesammte Masse war die alte Eintheilung der Glossatoren festgehalten, wonach die Pandekten in drei selbständige Stücke (Digestum vetus, infortiatum, novum) zerfielen, der Codex nur neun Bücher umfaßte, seine drei letzten Bücher mit den Institutionen und den in neun Collationen getheilten Novellen zu dem Volumen parvum vereinigt waren.

Mit diesem mangelhaften Bestande begnügte sich die Wissenschaft ohne viel Bedenken um so leichter, als ja die Bedeutung des Textes hinter die Literatur zurückgetreten war. Hatte doch dieser im Lauf der Zeit eine im Großen und Ganzen feste Gestalt angenommen, welche als litera communis oder vulgata durch die Tradition sanctionirt war. Ueber die Unsicherheiten und Abweichungen im Einzelnen half die Autorität der Glosse hinweg, indem sie sich entweder für eine Lesart bestimmt entschied oder dem Exegeten die Wahl frei stellte. Den Verlust der Inscriptionen und Subscriptionen zu bedauern lag kein Grund vor; sie hatten für das praktische Recht keinen Werth. Justinian selbst schien ihnen jede materielle Bedeutung entzogen zu haben, da er seine Rechtsbücher als einheitliche kaiserliche Erlasse behandelt wissen wollte; und der historische Sinn, welcher ihnen Interesse abgewinnen konnte, war nicht vorhanden. Noch weniger konnte eine Zeit, der die Kenntniß der griechischen Sprache abging, die „graeca" in den Rechtsbüchern und das Original der griechischen Novellen vermissen.

Auf diesem Gebiete zuerst machte der Humanismus seinen Einfluß geltend. Er weckte den Sinn, gab Handhabe und Werkzeug für die kritische Sichtung, Ergänzung und Erweiterung des Quellenschatzes.

Die Anregung ging aus von Polizian[1]) in Florenz (geb. 1454, gest. 1494). Seit 1409 befand sich dort das uralte

1) Von seinen gedruckten Schriften kommen hier hauptsächlich in Betracht Miscellaneorum centuria c. 41. 77. 78. 82. 93. 95. Epistolae lib. 5, 9;

Manuscript der Pandekten, welches der Sage nach einst die Pisaner in Amalfi erbeutet haben sollten. Nach Unterwerfung Pisas war es nach Florenz gebracht und ward hier im Palaste der Stadt aufbewahrt, wie ein Heiligthum gehütet, zu dem der Zutritt nur aus besonderen Gründen in feierlicher Weise bei Fackelschein in Gegenwart der höchsten städtischen Beamten gestattet ward[1]). Schon bei den Glossatoren hatte dieser damalige „Codex Pisanus" hohes Ansehen genossen, ohne daß sie jedoch ihm eine unbedingte Autorität gegenüber der litera Bononiensis zugestanden. Mit dem Sinken des Quellenstudiums war seine Berücksichtigung so sehr außer Gebrauch gekommen, daß Bartolus die gelegentlich von ihm veranlaßte Collation einer Stelle (l. 7 § 2 D. d. distr. pign. 20, 5) als besondere Merkwürdigkeit wiederholt erwähnt. Aus der Art, wie Polizian über das Manuscript berichtet, geht hervor, daß seine Existenz den Gelehrten seiner Zeit kaum oder nur noch als Mythus bekannt war. Er selbst hält für zweifellos, daß es ein von Justinian nach Italien gesendeter Originalcodex sei, dessen inneren Werth er durch eine Anzahl von Emendationen des Vulgat-Textes nachweist. Ihm nämlich war es durch die Gunst seines Freundes (er nennt sich Laurentii Medicis alumnus et cliens) Lorenzo Medici gestattet, das Manuscript mit Muße zu benutzen. Das Ergebniß dieser Arbeit, eine Collation, welche wir noch heute besitzen, sollte als Grundlage einer kritischen Ausgabe der Pandekten dienen, ein Plan, an dessen Ausführung ihn sein früher Tod verhinderte. Die Collation ist vom Jahre 1490, weder vollständig noch correct und würde wohl dem Polizian selbst bei erneuerter Bearbeitung nicht genügt haben[2]).

---

lib. 7, 32. 35; lib. 10, 4; lib. 11, 25. — Savigny, Gesch. d. röm. Rechts im M.A. 6, 435 ff. Buonamici, il Poliziano giureconsulto. Pis. 1863.

1) Polit. Epist. 10, 4. Miscellan. c. 41. Hotomanus, Antitribonianus c. 15. Brenckmann, historia Pandectarum 1, 10.

2) Savigny 6, 439 ff. Buonamici, il Poliziano giureconsulto. p. 102. Th. Mommsen, Praefatio ad Pandect. vol. II p. XV.

In den Miscellanea wie in seinen Briefen macht Polizian daneben auf die Ueberlieferungen des Justinianischen Rechts in griechischer Sprache aufmerksam. Er berichtet von den griechischen Bestandtheilen der Florentiner Pandekten, welche aus den Vulgat-Manuscripten verschwunden waren, und von den Institutionen Justinian's in griechischer Sprache, einer Bearbeitung, welche Justinian veranstaltet habe, um den Griechen seines Reichs in ihrer Sprache und durch ausführlichere Darstellung die ihnen fremden römischen Ueberlieferungen verständlicher zu machen.

In unmittelbarem Anschlusse an Polizian und von diesem noch unterstützt[1]) hat der Jurist Ludovicus Bologninus sich kritischen Arbeiten zugewendet, aber freilich mit ungenügenden Kräften. Während seines Aufenthalts in Florenz nach Polizian's Tode von 1501 bis 1506 fertigte er die Vorarbeiten zu einer Ausgabe der Pandekten und ließ sich die in der dortigen Bibliothek des Dominicanerklosters S. Marco befindliche Handschrift der griechischen Novellen abschreiben. Er starb 1508 ohne zur Ausführung seiner Pläne gelangt zu sein und hinterließ seine Papiere dem Dominicanerkloster seiner Vaterstadt Bologna mit der Bestimmung, daß Keinem gestattet werden dürfe, Abschriften davon oder daraus zu nehmen; überhaupt dürften sie nur in Gegenwart zweier Patres eingesehen werden; im Falle der Verletzung dieser Gebote sollten die Papiere in den Besitz anderer näher bezeichneter Klöster übergehen[2]).

Seit Antonius Augustinus (Emendationum et opinionum libri IV. 1543) wird allgemein angenommen, daß Bolognin's Arbeiten für die Pandekten sich auf das Abschreiben der Poli-

---

Außer dieser Collation, welche der Venetianer Ausgabe der Pandekten von 1485. 1486 beigeschrieben ist, besitzen wir in einem Münchener Manuscript (Cod. Lat. 755. Collectanea des P. Crinitus, Polizian's Schüler) eine Sammlung der Inscriptionen von der Hand Polizian's selbst oder seines Gehülfen Ubertus.

1) Polit. Epist. 11, 25.

2) Brenckmann, histor. Pandect. p. 319 s. Savigny, Gesch. d. röm. Rechts im M.A. 6 § 101—103. Heimbach, Zeitschr. f. gesch. Rechtswissenschaft 8, 317 ff.

zianischen Collation beschränkt haben. Allein er selbst giebt diese Grundlage nicht an, sondern erklärt wiederholt, daß er während seines Aufenthalts in Florenz den Codex persönlich verglichen habe. Sollte diese Behauptung bewußte Lüge sein? Daß Bolognin die Papiere Polizian's benutzt hat, obwohl er es verschweigt, ist zwar nicht zu bezweifeln, denn nur daraus läßt sich die Uebereinstimmung in zahlreichen Irrthümern erklären. Allein eine Benutzung der Handschrift selbst ist damit nicht ausgeschlossen. Sie wird nur eine sporadische gewesen sein[1]); und selbst da, wo sie stattgefunden hat, ist es bei der geringen kritischen Schärfe und Urtheilskraft Bolognin's nicht unbegreiflich, daß er sich sogar in Fehlern von Polizian abhängig machte und lieber diesem als seiner eigenen Lesung folgte, ja oft wohl in seiner Flüchtigkeit die Abweichungen gar nicht bemerkte.

Bolognin's Verbot scheint indessen wenig beachtet zu sein, denn schon in der Ausgabe des Dig. vetus von Fradin in Lyon 1510 fol. rühmt der Herausgeber, daß der Text nach der durch Bolognin besorgten Vergleichung der „littera Pisana" corrigirt sei[2]).

Nach Polizian und Bolognin ruhten die den Rechtsquellen zugewendeten kritischen Studien längere Zeit. Der in Italien und Frankreich herrschende mos Italicus war nicht geeignet sie zu fördern, ja gönnte ihnen kaum eine Stätte. Zwar haben Alciat und Budäus ihre Nothwendigkeit betont, das wissenschaftliche Interesse wieder auf sie hingelenkt: allein Deutschland hat sich den unvergänglichen Ruhm erworben, daß aus ihm die Männer hervorgingen, welche zuerst eine umfassende kritische Bearbeitung der Rechtsquellen in die Hand nahmen und durch neue Entdeckungen ihren Bestand erweiterten.

1) Für eine Stelle (l. 4 § 1 D. d. V. O.) ist es durch die Briefe Polizian's an ihn (Ep. 9, 25) und Bolognin's an Lorenzo Medici (Buonamici p. 158) erwiesen, daß er auf die Florentina unmittelbar zurückging.

2) Brenckmann, historia Pandect. p. 323. Spangenberg, Einleitung in das Corp. jur. civ. S. 721.

**II. Haloander.** — **1.** Gregor Haloander[1]), der seinen Familiennamen Meltzer bei seiner Immatriculation in Leipzig nach der Sitte seiner Zeit gräcisirte, ist 1501 in Zwickau geboren. Nachdem er die lateinische Schule unter Stephan Roth (Rufus), die griechische unter Georg Bauer (Agricola) in seiner Vaterstadt durchgemacht hatte, bezog er 1521 die Universität Leipzig und erwarb 1522 den Baccalaureat in der Artistenfacultät. Von 1523 bis 1529 genoß er das vom Zwickauer Rathe zu vergebende Schurtzuff'sche Stipendium, und diesem Umstande verdanken wir die sicheren Nachrichten über seinen Namen[2]) und manche andere Notiz über sein Leben.

Schon einige Jahre früher war er dem gelehrten Julius v. Pflugk[3]) als ausgezeichneter Schüler Agricola's bekannt und lieb geworden. Dieser, welcher von seiner zweiten italienischen Reise heimgekehrt, jetzt in Leipzig theologische und juristische Studien betrieb, führte Haloander zur Jurisprudenz und erhielt ihn bei derselben, als er „durch die Barbarei der Commentarien und die scholastischen Zänkereien angewidert" ihr den Rücken wenden wollte, „cohortationibus ac spe meliorum". In den Jahren 1524 und 1525 hat Haloander sich längere Zeit bei Pflugk in Zeitz, wo diesem die Dompropstei verliehen war, auf-

---

1) Conradi, vita Haloandri. Parerga Ed. 2 p. III—X. IV—XX. 1740. Hausfritz, Memoria Haloandri. 1739. Will, Nürnberger Gelehrtenlexikon 2, 28 ff.; 6, 19 ff. Panzer, W. Pirkheimer's Verdienste um die Herausgabe der Pandekten. 1805. Dirksen, zur Würdigung der Verdienste Haloander's. Hinterlassene Schriften (herausgegeben von Sanio) 2, 506—46. B. Schmidt, Symbolae ad vitam G. Haloandri. 1866. 4°. Progr. Flechsig, Gregor Haloander. 1872. A. d. B. 10, 449 ff. (Stintzing).

2) Man hat früher auf Hofmann und Salzmann gerathen. Die ersten Nachweisungen über den wirklichen Namen gab Schmidt, Symbolae; sie sind durch unwiderlegliche Zeugnisse ergänzt von Flechsig. Der „Mälzer" ist der Bearbeiter des Malzes auf der „Malztenne"; von der Tenne (ἅλως, ἀλωὰ und ἀλωή) ist der Name gebildet.

3) Jansen, Jul. Pflugk. N. Mittheilungen des thüring. Vereins 10, 24 ff. 44 ff. Unrichtig ist es, daß Haloander ihn auf seiner ersten Reise nach Italien begleitet habe.

gehalten, und der Zwickauer Rath ermahnt ihn, sich wieder an eine Universität zu begeben, wenn er das Stipendium noch ferner genießen wolle.

Inzwischen war in Haloander der Plan gereift, zur Vollendung seiner Studien nach Italien zu gehen. Pflugk's Liberalität und die Verdoppelung des Stipendiums (40 Gulden) auf drei Jahre, wie es der Stiftungsbrief für solche, die „in Welschland studiren", gestattete, setzte ihn dazu in den Stand. Durch Revers vom 23. October 1525 verpflichtete er sich, nach Ablauf der drei Jahre dem Rathe seiner Vaterstadt auf dessen Verlangen zu dienen. Ein von diesem gewährtes Darlehen (87 1/2 Gulden) verstärkte seine Reisekasse[1]).

Es ist nicht anzunehmen, daß es die noch ganz im mos Italicus befangenen Juristen waren, welche Haloander nach Italien zogen. Irren wir nicht, so suchte er Beziehungen zu den Humanisten, um mit ihrer Hülfe die Spuren weiter zu verfolgen, auf die Polizian hingewiesen hatte. In Bologna lebte der Philologe Lazarus Bonamicus, mit J. Pflugk nahe befreundet; hier waren, wie man wußte, die Papiere Bolognin's aufbewahrt, und es gelang Haloander mit Unterstützung eines gefälligen Dominicaners, diese trotz des testamentarischen Verbots in der ausgiebigsten Weise zu benutzen.

Ob er in Florenz gewesen, wissen wir nicht. Als unbekannter deutscher Gelehrter konnte er kaum daran denken, zu der Pandektenhandschrift Zugang zu erhalten. Wohl aber konnte ihn die Hoffnung, Polizian's Collation in der Mediceischen Bibliothek zu benutzen, dahin locken. Er selbst spricht sich über seine Pandektenausgabe in einer Weise aus, welche, unbefangen aufgefaßt, keine andere Deutung zuläßt, als daß ihm dies gelungen sei. „Notas Pandectarum", sagt er in der Epist. dedicatoria, „Florentinarum, quaram inspiciendarum descri-

1) Der eigenhändige Revers findet sich im Zwickauer Stadtarchiv. In der Buchung des Darlehens wird der Empfänger „Gregorius Meltzer alias Haloander" genannt. Flechsig S. 13 ff.

bendarumque potestatem magnus ille Politianus beneficio Laurentii Medicis habuit, in commune profero."

Demungeachtet wird seit Augustinus angenommen, daß Haloander nicht Polizian's Papiere, sondern nur diejenigen Bolognin's benutzt habe; und jene Aeußerung daraus erklärt, daß er aus Rücksicht auf seinen gefälligen Freund den wahren Zusammenhang habe verschweigen müssen. Die überstandenen Schwierigkeiten deutet er selbst mit den Worten an: „haec ipsae (notae) quot quantisque mihi laboribus — constiterint, ne dicam me capitis periculum adiisse — facilius cogitatione consequi, quam oratione explicare possim." Allein ob dies nur auf Bologna zu beziehen ist, bleibt dahingestellt.

Schon lange vor Augustinus hat Alciat Aehnliches behauptet. Nachdem er die Haloandrische Ausgabe durch Paumgartner zum Geschenk erhalten, schreibt er an Amerbach[1]): „Deprendi pluribus argumentis, Florentinas pandectas eum non vidisse, sed Bolognini tantum in Bibliotheca Bononiensi, ad haec contulisse antiquos codices" — eine Aeußerung, in welcher stillschweigend die Benutzung der Polizianischen Papiere geleugnet scheint. Allein demungeachtet bleibt es doch hier wie oben bei Bolognin bedenklich, die ausdrückliche Erklärung für Unwahrheit zu halten: und mehrere Gesichtspunkte sind in dieser Frage bisher übersehen worden.

Zu Haloander's Rechtfertigung pflegt hervorgehoben zu werden, daß er nicht ausdrücklich sage: „Notas Politiani in commune profero", wohl aber auf Polizian hinweisen durfte, weil Bolognin's Papiere nur Abschriften seiner Collation seien. Allein man vergißt dabei einestheils, daß Haloander ohne Zweifel seine Erklärung so verstanden wissen wollte, daß er selbst jene Notae benutzt habe, ja daß er in der Epist. dedicatoria zu den Institutionen seine Pandekten geradezu als „ipsius Politiani notis recognitas" bezeichnet; anderntheils, daß

1) Epist. autogr Bitur. s. d. in der Basler Sammlung. Stintzing, Zasius S. 293.

Haloander die Abhängigkeit Bolognin's von Polizian kaum kennen konnte, ohne den Nachlaß des Letzteren eingesehen zu haben, da Bolognin seine Arbeiten für ganz selbständige ausgiebt: es müßte denn, was kaum zu glauben, jener Dominicaner schon den Sachverhalt gekannt haben, den erst Augustinus aufdeckte. Seine Bezugnahme auf Polizian wäre also vollbewußte Unwahrheit gewesen, welche durch die Schonung seines dienstfertigen Freundes in Bologna nicht genügend gerechtfertigt wäre; zumal da Bolognin's Nachlaß schon seit 1510 von Fradin benutzt und die Benutzung ausdrücklich gerühmt war[1]): eine Thatsache, die Haloander's Kenntniß derselben, wenn er sie nur allgemein angedeutet hätte, genügend gedeckt haben würde.

Wir können uns nicht zu der Annahme entschließen, daß Haloander nicht nur das Publikum, sondern auch diejenigen, denen er Rechenschaft schuldig war, um ihre Unterstützung zu gewinnen, hartnäckig getäuscht haben sollte. Wir möchten daher glauben, daß er die Papiere Beider kennen gelernt und nachdem er die Abhängigkeit Bolognin's von Polizian wahrgenommen, des Letzteren Arbeiten vorzugsweise benutzt hat, wozu ihm sein längerer Aufenthalt in Bologna und die hier gewonnene Gunst Gelegenheit boten. Unter dieser Voraussetzung durfte er aus Schonung für seinen Freund so schreiben wie er that, ohne der Wahrheit geradezu ins Gesicht zu schlagen.

In Venedig gewann er die Freundschaft des Baptista Egnatius, Polizian's Schüler, der ihn in einem Briefe vom 20. Januar 1527 dem W. Pirkheimer in Nürnberg dringend empfiehlt. Ihm verdankte er neben einsichtigem Rath und mancherlei Hülfen namentlich die Benutzung eines alten, mit Subscriptionen versehenen Manuscripts des Codex. Auch ist zu vermuthen, daß er durch diesen Gönner die in der Marcus-Bibliothek aufbewahrte Handschrift der griechischen Novellen kennen lernte: denn in der Vorrede zu seiner Ausgabe spricht er von

---

1) Spangenberg, Einleitung S. 721.

zwei Handschriften „quae publice adservantur in Italia“, womit wohl nur diese Venetianer und die Florentiner gemeint sein können. Indeß hat er in seiner Ausgabe nur die Abschrift des Bologninus zu Grunde gelegt — und es wäre möglich, wenn auch nicht wahrscheinlich, daß er mit den „duo exemplaria“ nur das Florentiner Original und die Bologneser Abschrift bezeichnen wollte.

Mit reichen Vorarbeiten für eine neue Edition des Corpus juris ausgerüstet, kehrte Haloander im Laufe des Jahres 1527 nach Deutschland zurück. Zu umfassend und zu gewagt war das Unternehmen, die gesammten Justinianischen Rechtsbücher in neuer Gestalt herauszugeben, als daß er hoffen konnte, einen Drucker zu gewinnen, der sich demselben auf eigene Gefahr und Kosten unterziehen mochte. Vergebens bemühte er sich um die Unterstützung des Augsburger Raths. Er kam nach Nürnberg zu Pirkheimer, durch Egnatius angemeldet, und fand bei ihm die kräftigste Förderung seiner Pläne, die er dem Nürnberger Rath mit der Bitte um Unterstützung ausführlich darlegte. Die Bedenken, welche man hegte, deutet ein Brief Melanchthon's an Camerarius an: „Ducebar quibusdam conjecturis, in quibus haec quoque fuit, videri hominem novas res moliri, nec in sola librorum emendatione, quae valde sit laudanda, adquiescere, sed ex suo ingenio inaudita quaedam foro obtrudere velle, qui tamen ipse nunquam forum attigisset.“ Der Rath ließ sich von den Rathsherren Koler und Baumgärtner und vier Doctoren der Rechte, unter denen Christoph Scheurl, dann von Pirkheimer und Melanchthon Gutachten[1]) erstatten und beschloß, nachdem diese günstig ausgefallen, das Werk in liberalster Weise zu unterstützen, von welchem er nicht nur eine Förderung der Wissenschaft, sondern eben so sehr des praktischen Rechts erwartete. Haloander erhielt auf 3 Jahre Wohnung und Unterhalt

1) Das Gutachten der Commission ist datirt vom 29. Januar 1528. Danach ist doch wohl kaum zu glauben, daß Haloander nicht schon gegen Ende 1527 nach Nürnberg gekommen sein sollte.

im Egidienkloster, dessen Abt Friederich zum evangelischen Bekenntniß übergetreten war; überdies wiederholt bedeutende Geldgeschenke, welche sich im Ganzen auf 950 Gulden beliefen; dem Drucker Petrejus wurden namhafte Vorschüsse geleistet.

Das Gerücht von dem großen Unternehmen verbreitete sich rasch und erregte das lebhafte Interesse der Gelehrten. Schon im April bittet Erasmus den Pirkheimer (Pirkheim. Op. p. 281) um Auskunft und erwähnt Amerbach's frohe Erwartungen. Bald darauf meldet diesem Zasius (Epist. p. 191): Pandectas Noricae urbis noli credere fabulas; jam sex libri impressi sunt et scribunt, qui rem tractant, eam operis excellentiam futuram, ut quod aliquando de Nestore dicebatur, ille sapit solus, ceteri velut umbra vagantur: id ipsum et dictae Pandectae sint praestiturae. Jul. Pflug schreibt (December 1528) an Menter: daß die Pandekten in Nürnberg gedruckt würden, werde er wohl gehört haben; die griechischen Novellen würden, wie er hoffe, folgen (Burmann, Sylloge 2, 205). Jacob Spiegel hat in Schlettstadt durch den jungen Geuder aus Nürnberg von dem großen Unternehmen gehört und spricht Pirkheimern seine Freude und Erwartung aus (Pirkheim. Opp. Epist. 94. 23. Januar 1529).

Mit rüstiger Energie arbeiteten Herausgeber und Drucker. Schon im Frühjahr 1529 war der Druck der Pandekten vollendet; wenige Wochen darauf erschienen die Institutionen; im folgenden Jahre der Codex und 1531 die griechischen Novellen mit lateinischer Uebersetzung[1]). Daneben besorgte Haloander im Jahre

1) Digestorum seu Pandectarum libri quinquaginta. Editi Norembergae per Gregorium Haloandrum etc. Anno 1529. Col. April. 4°. — Institutionum seu Elementorum D. Justiniani sacratissimi principis libri quatuor. Norembergae IIII. Nonas Majas 1529. 8°. — Codicis Justinianei ex repetita praelectione libri XII. — a Gr. Haloandro diligentissime purgati et recogniti. Norembergae. Anno 1530. fol. — *ΝΕΑΡΩΝ ΙΟΥΣΤΙΝΙΑΝΟΥ-ΒΙΒΛΙΟΝ* Novellarum Constitutionum Dn. Justiniani principis quae extant et ut extant volumen. Norembergae s. in castro Norico. Anno 1531. fol. — Auffallend ist, daß drei verschiedene Formate an-

1529 eine Ausgabe von Epiktet's Enchiridion, vermuthlich nach einem Venetianer Manuscript, dessen Benutzung er Egnatius verdankte. So erklärt sich die wesentliche Uebereinstimmung mit der ihm unbekannt gebliebenen Venetianer Ausgabe von 1528.

Die einzelnen Rechtsbücher sind mit Epistolae dedicatoriae versehen, in denen Haloander über Hülfsmittel, Plan und Methode Rechenschaft giebt, auch Einwürfe zurückweist, welche ihm nach dem Erscheinen der ersten Stücke zu Ohren gekommen waren. Die Institutionen widmete er seinem Gastfreunde, dem Abte des Egidienklosters; die drei größeren Werke sind, wie billig, dem Nürnberger Rath zugeeignet. Ein Prachtexemplar befindet sich auf der dortigen Bibliothek; ein anderes, von seiner Hand geschenkt, besitzt seine Vaterstadt Zwickau; das kostbar verzierte Exemplar der Novellen, welches er seinem Gönner Julius Pflug übersendete, bewahrt die Zeitzer Stiftsbibliothek[1]). Noch während des Drucks der übrigen Theile des Corpus juris sandte Pirkheimer an Zasius und Egnatius, Paumgartner und Alciat Exemplare der Pandekten zum Geschenk, und die Dankbriefe bezeugen, in welchem Grade die Empfänger ihre Erwartungen erfüllt, ja übertroffen sahen[2]). Pirkheimer selbst erlebte die Vollendung des Ganzen nicht; er starb am 22. December 1530.

Nach so rüstiger Bewältigung einer gewaltigen Arbeit, die Haloander in stätem Kampfe mit den Gebrechen eines zarten Körpers vollbracht hatte, zog es ihn nach Italien zurück. Die Munificenz der Nürnberger hatte ihn mit ausreichenden Mitteln versehen und der Zwickauer Rath scheint keine Einwendungen gegen die Verzögerung der zugesagten Dienste erhoben zu haben. Im Frühling 1531, noch vor Vollendung des Drucks der

---

gewendet sind. Den Preis des ganzen Werks giebt Petrejus (Brief an St. Roth in Zwickau vom 2. August 1531. Cramer, Hauschronik S. 136) auf 10 fl. an. Gribaldi's Exemplar kostete 1557 4 fl. Mandry, Sichardt S. 36.

1) Stintzing, Zasius S. 282. Flechsig S. 21. Jansen S. 45.

2) Pirkheimer, Opera. Epist. 54. 70. 71. 74. 93. Freytag, Viror. doctor. epist. p. 40.

Novellen, brach er auf und wendete sich zunächst nach Venedig. Umfassende Pläne bewegten ihn. Nicht nur hoffte er die mancherlei Mängel und Lücken seiner Editionen, die er zum Theil in den Vorreden bezeichnet hatte, zu bessern, auch die Libri feudorum hinzuzufügen; sondern namentlich lockten ihn die Reste griechischer Quellen, von denen manche ihm bei seinem ersten Aufenthalte zu Gesicht gekommen waren. Aber auch den Doctorhut wollte er sich in Bologna erwerben[1]); und wie Peter Bunellus, der damals bei der französischen Gesandtschaft in Venedig fungirte, schreibt[2]), trug sich Haloander mit dem Entwurfe eines methodologisch-hodegetischen Werks, für welches er „jam silvam rerum summa diligentia congesserat", um es in Venedig mit Muße zu vollenden. Es ist diese Notiz höchst merkwürdig. Daß selbst dieser so tief in philologisch-antiquarische Forschungen versenkte Gelehrte mit solchem Plane beschäftigt war, zeigt, wie lebhaft und allgemein die jüngere Generation in Deutschland von dem „in artem redigere" Cicero's bewegt wurde.

Gleich den Anfang dieser zweiten Reise, die ihm so verhängnißvoll werden sollte, störte ein widriger Zwischenfall. Während er bei seiner Ankunft, vor Venedig von seinen Freunden begrüßt, sein Gepäck ins Schiff laden ließ, ward ihm aus einem verschlossenen Kasten der größte Theil seiner Baarschaft gestohlen. Erst später entdeckte er den empfindlichen Verlust. Um Pfingsten kam er nach Ferrara, wo damals Jacob Ziegler und sein vertrauter Genosse Martin Richter in freundschaftlicher Verbindung mit dem gelehrten Canonicus Coelius Calcagnini lebten. Nach vier Tagen zog er weiter nach Bologna, von wo er sich in seiner Geldverlegenheit an Petrejus in Nürnberg wendete, der ihm durch Vermittlung des Stephan Roth in Zwickau Hülfe aus seiner Vaterstadt zu schaffen bemüht war[3]). In Bologna erfreute sich zwar der nun berühmt gewordene junge Gelehrte der Gunst von

1) Brief des Petrejus Nürnberg 2. August 1531. Flechsig S. 18.
2) Epist. Bunelli ed. Stephanus p. 62. Conradi Parerga p. XII.
3) Brief des Petrejus vom 2. August 1531. Flechsig S. 18 f.

Scholaren und Doctoren, erneuerte auch die Freundschaft mit dem gefälligen Dominicaner, der ihm für die Zukunft ähnliche Dienstleistungen versprach und namentlich in Aussicht stellte, ihm gewisse Mailänder Handschriften zugänglich zu machen. Allein im Ganzen befriedigte ihn der Aufenthalt nicht; er fand keinen Gelehrten, der seinen Studien förderlich sein konnte; denn Bonomicus war inzwischen nach Padua gezogen. Die Promotion scheint wegen Geldmangels unterblieben zu sein. So kehrte er denn schon Anfangs August nach Ferrara zurück. Er verlebte hier mit den Freunden in Ziegler's Hause elf fröhliche Tage, in denen er noch Zeit fand, einen seltenen Codex, den Calcagnini ihm mittheilte, abzuschreiben. Es war eine „Matricula imperii Justiniani"; nach der Beschreibung Ziegler's ohne Zweifel nichts Anderes als die Notitia dignitatum. Wohlgemuth setzte er dann seine Reise fort, begleitet von Martin Richter. Allein nahe vor Padua befiel die Gefährten ein heftiges Unwohlsein, das sie den schlechten Fischen und verdorbenem Wein, den sie zu Mittag genossen hatten, zuschrieben. Ermattet steigen sie von den Pferden, um im Schatten der Bäume auszuruhen. Mit Mühe erreichen sie Padua, wo Martin Richter den Haloander verlassen muß, um zu dem inzwischen erkrankten Ziegler zurückzukehren. Die Traurigkeit, mit der Haloander sich von Richter trennt, die dringenden Bitten, daß er bei ihm bleiben möge, deuteten die Freunde später als Vorahnungen des nahen Todes. Einsam nach Venedig gelangt, wird er am folgenden Tage vom Fieber befallen und geräth an einen unerfahrenen polnischen Arzt, der ihm verderblicher wird als die Krankheit. Nach einem Aderlaß verliert er das Bewußtsein und stirbt in der Baderstube am 7. September 1531. Gegenüber, in der Kirche S. Salvatore, ward er beerdigt. Seine Papiere und übrigen Habseligkeiten sind zum Theil in diebische Hände gerathen, und auch das Uebrige ist trotz mancher Bemühungen, wie es scheint, nicht nach Deutschland gekommen[1]).

1) Die Nachricht über Haloander's zweite Reise und sein Lebensende sind dem Briefe J. Ziegler's an Jul. Pflugk (Conradi Parerga p. XV—XVIII)

Daß er dem heimlichen Gifte eines habsüchtigen oder auf seine gelehrten Erfolge eifersüchtigen Italieners erlegen, ist ein Verdacht, der in den schmerzlichen Aeußerungen vieler Deutschen über den allzufrühen Tod eines Landsmannes, der so Großes geleistet hatte und noch Größeres zu versprechen schien, häufig durchklingt, ohne erwiesen zu sein[1]).

2. Ueber die Ziele, welche Haloander bei seinen Editionen im Auge hatte, über die Grundsätze, welche er befolgte, sowie über die Hülfsmittel, welche ihm zur Verfügung standen, hat sich Haloander in den Vorreden ausgesprochen; und wenn die Rechenschaft, welche er giebt, auch nicht so exact ist, wie sie heutigen Tages gefordert und gegeben zu werden pflegt, so werden wir doch vor allem ihn selbst zu vernehmen haben, ehe wir an eine Beurtheilung seiner Leistungen herantreten können.

1. Bei der Kritik des Pandektentextes geht er von der Ansicht aus, daß das Florentiner Manuscript zwar das wichtigste Hülfsmittel, aber nicht die allein entscheidende Norm sein dürfe. Im Widerspruch mit Polizian, dagegen übereinstimmend mit Alciat, erklärt er es für einen Irrthum, dasselbe für das ἀρχέτυπον zu halten, von welchem die übrigen Handschriften abstammten, auf welches daher der Text zurückzuführen sei. Vielmehr enthalte die Florentina selbst Vieles, was nicht gerechtfertigt, noch ertragen werden könne. Er sei daher den Notae nicht ohne weiteres immer gefolgt, sondern nur da, wo

entnommen. Ueber Ziegler vgl. Schellhorn, Amoenitates 2, 270—286. Die „Schwierigkeit bei den zwei Briefen" bei Conradi (Hugo, Literärgesch. S. 208) löst sich durch die Mittheilungen Schellhorn's über das Verhältniß Richter's zu Ziegler, dem er Schreiberdienste zu leisten gewohnt war. — Ueber Haloander's Tod vgl. noch den Brief des Viglius von Zuichem an Amerbach Anal. Belgica II, 1, 113. Ferner Conradi Parerga p. XII s. Bei Flechsig S. 20. Auszüge aus Briefen des Petrejus. Mehrfach werden die Bemühungen des Bonamicus in Padua um Haloander's Nachlaß erwähnt. Vgl. J. Ziegler ad Camerarium a. 1531 bei Freytag, Epist. p. 53.

1) Als ausgemachte Thatsache behandelt die Vergiftung Obsopolus, Annotat. in graecor. Epigramm. libros 4. Basil. 1540. 8°. p. 497.

sie die bessere Lesart enthielten oder wo sie durch die besten alten Codices, deren er viele verglichen habe, unterstützt werden. Andrerseits sei er auch nicht so leicht von den Notae abgewichen: denn wenn es überhaupt ein Manuscript gäbe, nach welchem die Pandekten „sine controversia in integrum" restituirt werden könnten, so würde jedenfalls das Florentiner das, wenn nicht einzige, so doch vorzüglichste sein. Daher habe er in zweifelhaften Fällen es vorgezogen, dem Leser durch eine Anmerkung die Entscheidung zu überlassen, statt selbst zu entscheiden.

Auch bezüglich der Orthographie hält er ein eklektisches Verfahren für richtig, statt der in der Florentina herrschenden immer zu folgen, oder die von ihr abweichende gewöhnliche in allen Stücken beizubehalten. Geleitet habe ihn bei dieser Wahl der Rath des Egnatius und des Julius Pflug, deren vielfacher Hülfe und Unterstützung er bei dieser Gelegenheit dankbar gedenkt.

Die „Nomenclatura librorum", welche er in den Inscriptionen den Namen der Autoren beigefügt habe, sei nicht aus den Notae, sondern aus andern Manuscripten abgeschrieben. Dieselbe sei (in den meisten Handschriften) aus keinem andern Grunde ausgelassen, als weil der Rand nicht breit genug gewesen, sie aufzunehmen.

Die griechischen Fragmente des Modestinus giebt Haloander nur in Uebersetzung; und zwar ist es die alte Bologneser, nur vielfach emendirt und eleganter stilisirt. Bezüglich der Abtheilung des Ganzen hält er sich an die von Justinian vorgeschriebene in sieben Partes, verläßt dagegen ganz die herkömmliche Dreitheilung, die eben so wie ihre Benennung nur barbarisch sei. Der Druck sei so eingerichtet, daß man das Ganze nach Belieben in zwei oder in drei Stücke binden lassen könne. Typographische Abschnitte finden sich danach folgende: Lib. 1—19 (P. 1. 2. 3); Lib. 20—36 (P. 4. 5); Lib. 37—50 (P. 6. 7).

Haloander's Ansicht über die Florentina war seit den Glossatoren von den bedeutendsten Juristen vertreten. Ein eklektisches Verfahren war nach dieser Grundansicht durchaus geboten; aber leider erfahren wir von Haloander nichts Näheres über die andern Manuscripte, deren er sich bedient hat, noch über die Grundsätze, nach denen er ihren Werth schätzte. Daß es ihm an einer festen kritischen Methode fehlte, darf uns nicht wundern, und sein Verfahren nach den Ansprüchen und Regeln der heutigen Philologie zu messen, wäre thörichte Ungerechtigkeit. Ohne Zweifel hat er den Werth der benutzten Handschriften nach dem muthmaßlichen Alter geschätzt; und daß er für die ersten 25 Bücher ein altes Manuscript mit vollständigen Inscriptionen besaß, lehrt der Augenschein: denn diese sind in seiner Ausgabe bis lib. 24, 3 fast vollständig, in lib. 25, 1—4 noch überwiegend enthalten. Daß er sie nicht den Noten Polizian's verdankt, sagt er selbst; und dies ist um so sicherer, als dieser sie nur bis zum 4. Buche aus der Florentina in seine Collation eingetragen hatte[1]). Auch in den späteren Büchern kommen noch vollständige Inscriptionen einzeln und zerstreut vor, ohne daß zu erkennen wäre, woher sie genommen sind. Sie stimmen öfter mit den Inscriptionen der Florentina nicht überein[2]) (vgl. z. B. D. XXVII, 1 l. 9. 17. 41. 43. 44. 45; XXIX, 7 l. 15), und Haloander selbst ist von ihrer Zuverlässigkeit nicht überzeugt, sondern erklärt ausdrücklich „de librorum nomenclatura — nihil est quod pollicear". Haloander aber hat sich nicht an seine handschriftlichen Vorlagen gebunden, sondern nach Ermessen auch Lesarten des gedruckten Vulgat-Textes beibehalten und eine freie Conjecturalkritik geübt, wobei er namentlich die Schriften des Budäus und Alciat zu Rathe zog. Welche Lesart die „bessere"

1) Savigny 6, 442. Es finden sich jedoch auch in den späteren Büchern noch manche notirt, wie Buonamici p. 108 n. 1 mittheilt.

2) Daß Haloander die Inscriptionen aus jenem Verzeichnisse in den Collectaneen des Crinitus (s. oben S. 178 Anm.) direct oder indirect geschöpft haben sollte, wie Mommsen, Pand. II p. XVI andeutet, wird durch diesen Umstand widerlegt. Es wäre aber auch nicht einzusehen, warum Haloander eine falsche Angabe über seine Quellen gemacht haben sollte. Endlich würden wohl seine Inscriptionen nicht bloß correcter, sondern auch vollständiger sein, wenn jenes Verzeichniß direct oder indirect zur Verwendung gekommen wäre.

sei, beurtheilte er nicht nach deren äußerer Beglaubigung, sondern nach innerer Wahrscheinlichkeit, wobei er geneigt war, sich für das leichter Verständliche und das Elegantere zu entscheiden. Der Wunsch, einen lesbaren, brauchbaren, sachlich fehlerfreien Text herzustellen, hat ihn nicht selten zu kühnen Emendationen verführt. Jedoch ist es seiner Conjecturalkritik gelungen, z. B. bei der öfter besprochenen[1]) l. 6 § 1 D. d. acq. poss. 41, 2 die richtige Florentiner Lesart (intelligi) gegen den Fehler Polizian's (intelligitur) herzustellen.

Als angeblich schlagenden Beweis dafür, daß Haloander die Papiere Polizian's nicht gesehen, bezeichnet Augustinus (Emendat. 3, 3) den Umstand, daß jener eine erläuternde Anmerkung, welche Polizian zu l. 17 § 5 D. d. hered. inst. 28, 5 beifügte, für eine Florentiner Lesart gehalten habe; er sei dazu nur durch den gleichen Irrthum Bolognin's verführt worden. Allein wenn dieser Irrthum allerdings beweist, daß Bolognin bei dieser Stelle die Florentina nicht verglichen hat, so beweist er doch gegen Haloander nichts: denn auch wenn er Polizian's Collation in Händen hatte, war es für ihn nicht erkennbar, daß an dieser Stelle Polizian nicht wie sonst das Florentiner Manuscript reden ließ, sondern selbst das Wort ergriff. Das Auffallende, Inopportune der Worte entging seinem Scharfsinn nicht: er emendirte sie und erklärte sie in einer Note für „verba compilatorum".

Auch dem zweitwichtigsten Argument des Augustinus kann entscheidende Bedeutung nicht beigelegt werden. Die Vulgata hatte die Titel l. 43, 10. 11 zusammengezogen unter der Rubrica: De via publica et itinere publico reficiendo, während die Florentina unterscheidet: Tit. 10 de via publica et si quid in ea etc., der nur ein griechisches Fragment von Papinian enthält;

1) Savigny 6, 442. c. Buonamici p. 109. In der ebenfalls von Savigny erwähnten l. 9 pr. D. uti poss. 43, 17 giebt Polizian zwar die Florentiner Lesart neutrum (Mommsen p. XVI n. 1) richtig; aber Haloander setzt die bessere neuter an die Stelle.

und Tit. 11 de via publ. et itinere publ. reficiendo. Haloander liest: Tit. 10 De via publ. et si quid in ea factum esse dicatur et de ea ex edicto aedil. curulium a singulis reficienda. Er zieht also die Rubriken zusammen und eben so die Titel, indem er Papinian's Fragment an den Schluß setzt, danach zugleich die Rubrik, wie es scheint ex ingenio, ergänzend. Augustin will diesen Fehler auf einen Irrthum Bolognin's zurückführen: derselbe habe die Rubrica, welche Polizian dem griechischen Fragment beigefügt, eben so die Nota bezüglich der gestörten Ordnung, nicht abgeschrieben. Dazu komme, daß Bolognin's Verzeichniß der Titel gerade hier lückenhaft sei. Es ist nun allerdings schwer, ein Urtheil abzugeben, ohne die Papiere selbst vor Augen zu haben. Allein der Thatbestand, welcher theils vorliegt, theils von Augustinus referirt wird, scheint eher für als gegen die Benutzung der Polizianischen Collation zu sprechen. Denn woher sonst konnte Haloander die Worte „et si quid in ea factum esse etc.“ nehmen, wenn Bolognin die von Polizian angegebene Rubrica nicht abgeschrieben hatte? Daß Haloander die Nota Polizian's über die gestörte Ordnung nicht zu deuten wußte, sie nicht dahin verstand, daß das Fragment Papinian's einen eigenen Titel bilde, ist wohl begreiflich, da er keinen Grund hatte, das Titelverzeichniß Bolognin's, der ja die Florentina selbst verglichen zu haben behauptete, für unrichtig zu halten.

Hervorzuheben ist noch die Feinheit, mit der er auf Gräcismen in den Justinianischen sogenannten Proömien aufmerksam macht; die Herstellung der griechischen Texteswort selbst und ihre Erklärung; die Aufmerksamkeit, welche er vor Allen zuerst den Inscriptionen zuwendete; die Beseitigung der scholastischen Eintheilung der Pandekten, durch welche das Werk zum ersten Male in seiner ursprünglichen Gestalt wieder erschien. Auch darf es nicht unerwähnt bleiben, daß er zum richtigen Verständniß der Pandekten wesentlich dadurch beigetragen hat, daß er im Texte die Worte der Gesetze, Senatusconsulte und Edicte, sowie diejenigen der Stipulationen, Formeln und Geschäftsurkunden von den Worten der Juristen unterschied und im Druck bemerklich machte; sowie, daß schon er es gewesen, der die scholastische Bezeichnung der Pandekten durch ff, aus dem verschlungenen D richtig hergeleitet und über die älteste Citirart bei den byzantinischen Juristen Nachricht gegeben hat.

2. Für die Institutionen hat Haloander nach eigener Angabe in der Epist. dedicatoria eine ältere Handschrift nicht benutzt, sondern den Text „optima fide ex collatione Digestorum, ex quibus pene dixerim ad verbum Institutiones descriptae sunt“ hergestellt. Dies gilt natürlich nur eben so weit, als dieses Hülfsmittel reicht; im Uebrigen scheint er die Ausgabe Paris, Chevallon 1525. 12° zu Grunde gelegt und nach jüngeren Handschriften und Conjectur emendirt zu haben [1]). Die Ausgabe gehört jetzt zu den größesten Seltenheiten; man vermuthet daher, daß sie in einer geringen Anzahl von Exemplaren gedruckt worden ist. Haloander widmete sie dem Abt von St. Egidien, seinem Gastfreunde in Nürnberg, der ihn zu dieser Edition angetrieben hatte. Daß er ihn in der Dedication „Aegidianae familiae antistes“ genannt hatte, erregte den Zorn des Bischofs von Bamberg, Wiegand von Redwitz, der die Bezeichnung Antistes für ein bischöfliches Vorrecht gehalten zu haben scheint, um so mehr, als er ohnehin mit Nürnberg in Händel verwickelt war. Er verbot seinen Unterthanen den Ankauf der Haloandrischen Editionen, wie in der Epist. dedicatoria zum Codex erzählt wird.

3. Für die Bearbeitung des Codex hat sich Haloander, wie er in der Epist. dedicatoria an den Nürnberger Rath berichtet, lange vergeblich nach guten Handschriften umgesehen, ja selbst Kaufleuten, die nach Konstantinopel reisten, Aufträge zum Ankauf erfolglos gegeben, bis ihm endlich durch Egnatius ein vortreffliches altes Manuscript mitgetheilt worden ist. Es zeichnete sich nach seiner Angabe sowohl durch Correctheit des Textes, als

1) Schrader, Prodromus p. 176. 200.

auch durch Vollständigkeit der Inscriptionen und Subscriptionen aus. Allein es reichte nur vom vierten Titel des ersten Buchs bis zum vierundvierzigsten des neunten; im vierten Buche fehlte der größeste Theil, das siebente fast ganz. Außer diesem Manuscript, welchem Haloander, wie er sagt, soweit es reicht, vorzugsweise gefolgt ist, hat er noch andere Handschriften aus der Zeit vor und nach Accursius, sowie gedruckte Ausgaben verglichen. Näheres über seine Hülfsmittel giebt er selbst nicht an; und welche Handschriften er außer der Egnatianischen benutzt hat, ist nicht zu ermitteln. Dagegen läßt es sich durch Vergleichung feststellen, daß er die Editio princeps Nurimb. ap. J. Sensenschmid 1475, von dem Nürnberger Andreas Rummel besorgt, hauptsächlich benutzt und ferner Einiges aus der 1528 erschienenen Sichardt'schen Ausgabe der Lex Romana Visigothorum entnommen hat, obwohl er dieser Edition in der Epist. dedicatoria ziemlich wegwerfend gedenkt.

Ueber den Werth seiner Textesrecension lautet das Urtheil des neuesten Herausgebers sehr ungünstig. Während noch Herrmann [1]) sagt, daß Haloander in den ersten neun Büchern einen Text gebe, welcher durchgehends von der sorgfältig und scharfsinnig abgewogenen Autorität der Handschriften gestützt werde und nur darin willkürlich verfahre, daß er bisweilen das Latein der byzantinischen Kaiser corrigire, für die letzten drei Bücher aber allerdings nicht ein gleiches Lob verdiene — spricht Krüger dem Haloandrischen Texte jeden kritischen Werth so vollständig ab, daß er ihn bei seiner neuen Ausgabe gar nicht berücksichtigen zu dürfen glaubte [2]). Mit Unrecht, wie uns scheint, hat Krüger anfänglich dies Resultat aus Nachlässigkeit Haloander's bei Benutzung der Egnatianischen Handschrift zu erklären gesucht. Gegenüber der Versicherung Haloander's, daß er dem Egnatianus

1) Codex Justin. 1843. Praefat. p. III.

2) Krüger, Kritik des Justinianischen Codex (1867) S. 79. Codex Justinianus (1877) Praefatio p. XII. XXX. Zeitschr. f. Rechtsgesch. 11, 166 ff. (1873).

vorzugsweise gefolgt sei (cujus praecipue fidem secuti sumus), wäre zur Rechtfertigung des Vorwurfs „gewissenloser Vernachlässigung" doch wohl die Kenntniß jenes verlorenen Manuscripts eine unentbehrliche Voraussetzung. Besser begründet ist daher ohne Zweifel die später von Krüger aufgestellte zweite Alternative, daß Werth und Alter des Egnatianus von Holoander selbst überschätzt seien und dieser außer den Subscriptionen keine Vorzüge vor anderen Handschriften des 12. Jahrhunderts gehabt habe. Dies gilt namentlich von den Inscriptionen, während dagegen auch Krüger Haloander's Verdienste um Herstellung der Subscriptionen anerkennt, welche in den früheren Ausgaben gänzlich vernachlässigt waren. Unsere heutige Kenntniß derselben ruht noch immer zur größeren Hälfte auf seinem Zeugnisse. Spätere handschriftliche Funde bestätigen zum Theil die Richtigkeit; aber freilich weist Krüger daneben zahlreiche Irrthümer und willkürliche Aenderungen Haloander's nach. Von geringer Bedeutung sind seine Leistungen für die Inscriptionen, welche zum größeren Theil schon in der Nürnberger Editio princeps, wenn auch unvollständig und corrumpirt, enthalten, nach anderen Handschriften emendirt und ergänzt, zum Theil aber auch verschlechtert sind in der Ausgabe Fradin, Lyon 1512. Haloander hat diese Ausgaben, wie es scheint, neben dem Egnatianus und anderen Handschriften benutzt, nicht immer mit glücklicher Wahl und glücklicher Conjecturalkritik.

Für die Herstellung der griechischen Constitutionen ist durch Haloander nichts geschehen; es fehlten ihm dafür die Hülfsmittel: denn die im Egnatianus enthaltenen sind ihm, wie er in der Epist. dedicatoria vor den Novellen beklagt, wegen Undeutlichkeit der Schrift unleserlich geblieben. Er hat sich damit begnügen müssen, am betreffenden Orte anzugeben, daß eine griechische Constitution fehle, und diese Angaben sind keineswegs vollständig.

Auch hier wie bei den Pandekten hat er die scholastische Theilung beseitigt; die tres libri erscheinen bei ihm, der ursprünglichen Ordnung gemäß, als integrirender Bestandtheil des Codex.

Und in seinem Eifer für die Herstellung der ursprünglichen Gestalt hat er auch die von den Glossatoren eingefügten Authentiken aus dem Texte verbannt und in den Anhang verwiesen.

Hier findet sich ferner ein Verzeichniß der Consuln seit Begründung der Republik bis auf Justinian, von Haloander, wie er sagt, angefertigt, nachdem er fast 26 Monate an der Edition der Pandekten, Institutionen und des Codex Tag und Nacht gearbeitet hatte. Ohne dieses Hülfsmittel, meint er mit Recht, seien die Subscriptionen des Codex werthlos. Erwägt man, daß Haloander für diese Arbeit keine Vorgänger hatte, daß die Fasti capitolini noch nicht wieder aufgefunden waren [1]), er also ganz und allein auf die eigene Lecture angewiesen war, deren Umfang er uns in einem Verzeichniß der benutzten Schriftsteller [2]) angiebt; so wird man einräumen, daß uns hier eine Arbeit vorliegt, welche für den wissenschaftlichen Standpunkt sowohl, wie für den eisernen Fleiß und die Gelehrsamkeit Haloander's das ehrenvollste Zeugniß ablegt. Seine Arbeiten für dieses chronologische Werk stehen, wie begreiflich, in einer gewissen Wechselwirkung mit seiner Behandlung der Subscriptionen des Codex.

4. Haloander's Ausgabe der **Novellen** [3]) ist die erste, welche den griechischen Text enthält und zwar in der Reihenfolge der alten, aus Tiber's II. Zeit stammenden Sammlung der 168 Novellen. Die Grundlage ist Bolognin's Abschrift [4]) des in der Marcianischen Bibliothek zu Florenz damals, jetzt in der Laurentianischen, aufbewahrten Manuscripts. Es wird seit Augustinus allgemein angenommen, daß Haloander nur diese Abschrift in Bologna, nicht das Original selbst benutzt habe. Er selbst sagt in der

1) Sie wurden erst 1546 und 1547 ausgegraben.

2) Unter diesen: „Prosper chronicon“ und „Kalendarium bissextile antiquum“.

3) **Biener**, Gesch. d. Novellen S. 341 ff. 557 ff.

4) Es findet sich in ihr bei der Versetzung von Nov. 145 bis 149 folgende eigenhändige Notiz Haloander's: *τοῦτο δὲ τὸ πλημμέλημα τοῦ βιβλιογράφου ἐγὼ Γρηγόριος Ἁλώανδρος πρῶτος εὕρηκα.* **Heimbach**, Zeitschr. f. gesch. Rechtswissenschaft 8, 330.

Epist. dedicatoria, daß wie er glaube nur zwei Manuscripte der griechischen Novellen existirten, welche in Italien öffentlich aufbewahrt würden. Ob er damit das Florentiner Original und Bolognin's Abschrift bezeichnen will, oder ob er schon von dem in der Marcianischen Bibliothek zu Venedig befindlichen Manuscript Kunde hatte und jene beiden als Einheit betrachtete, muß dahingestellt bleiben: obgleich es nahe liegt anzunehmen, daß er von dem letzteren, welches einige Jahre später Viglius von Zuichem benutzte, durch Egnatius Nachricht erhalten hatte. Gewiß ist, daß er dieses nicht benutzt, dagegen die Abschrift Bolognin's, allerdings nicht ohne kühne Emendationen[1]), zum Abdruck gebracht hat. Indeß giebt er dieselbe nicht ganz; es fehlen die als Nov. 166—168 darin enthaltenen Eparchica und die Novellen anderer griechischen Kaiser, welche Haloander, wie er sagt, theils weil er nur die Novellen Justinian's publiciren wollte, theils weil ihm die Zeit fehlte, hinweggelassen hat. Demungeachtet hat er die unter Justinian's Novellen eingemischten Tiber's II. und Justin's II. nicht ausgeschieden und die Canones apostolorum hinzugefügt.

Indeß ist die Sammlung weit davon entfernt, vollständig zu sein. Nur 122 Novellen liegen vor; von 23 nur Summen oder Rubriken und Inscription; 20 fehlen ganz.

Eine sehr wichtige Zugabe bildet dagegen der lateinische Novellentext. Dieser besteht für jene 122 Novellen aus einer von Haloander selbst angefertigten Uebersetzung[2]). Wo er den griechischen Text mangelhaft fand, da ergänzte er ihn aus der Vulgata (jedoch mit Aenderungen), Ergänzungen, die er durch Cursivschrift bemerklich macht. Von 24 Novellen, deren griechischer Text ihm fehlte, gab er den Text des Authenticum, so daß also sein lateinischer Text im Ganzen 146 Novellen vollständig darbietet. Außerdem hat er von 10 Novellen die griechischen Summen

1) Heimbach, Zeitschr. f. gesch. Rechtswissenschaft 8, 326 ff. Biener, Gesch. d. Novellen S. 570.

2) Er conferirte darüber mit Pirkheimer, den er wegen einer Stelle in Nov. 1, 3 um Rath ersuchte. Freytag, Epist. p. 36 s.

übersetzt; 9 Novellen fehlen gänzlich, weil auch die Vulgata sie nicht enthält. Durch Verschiedenheit des Drucks unterscheidet er: die eigene Uebersetzung, den Vulgat-Text derjenigen Novellen, welche er für ursprünglich in lateinischer Sprache erlassen, und den Vulgat-Text, welchen er für Uebersetzung eines griechischen Originals hielt. Uebrigens giebt er den Wortlaut des Authenticum, namentlich in letzterem Falle, nicht immer genau wieder.

**3.** Mögen nun auch die Haloandrischen Arbeiten später durch exactere kritische Methode und Benutzung eines reicheren Apparats in ihren Ergebnissen übertroffen sein und mögen sie der in unsern Tagen zu methodischer Vollendung erhobenen kritischen Technik fast werthlos erscheinen, insofern sie derselben kein zuverlässiges Material darbieten; so kann doch die historische Bedeutung und das Verdienst des deutschen Gelehrten nicht hoch genug angeschlagen werden. Nicht hatte er sich die Aufgabe so gestellt, wie sie bei heutigen kritischen Unternehmungen scharf formulirt wird, die Textesform auf die am besten beglaubigte Ueberlieferung zurückzuführen; sondern er bezweckte, aus den mannigfaltigen Ueberlieferungen, unter denen er keiner eine absolut bindende Autorität zuschrieb, durch Auswahl einen lesbaren Text herzustellen. Es war ihm mehr um Brauchbarkeit und Verständlichkeit als um äußerlich beglaubigte Echtheit zu thun. Das Correcte schien ihm das innerlich am besten Beglaubigte zu sein, und er hielt sich dadurch zu oft kühner Conjecturalkritik berechtigt. Treffend sagt A. W. Cramer[1]): „seine Kritik ist, wie für verzweifelte Kranke sichs gebührt, keck, kühn, durchgreifend, und sein Geist, zu sehr durch die Blüthen des schönen Alterthums verwöhnt, findet sich vielleicht nur noch zu wenig in das falbe Laub der sinkenden Sprache Roms". Er ist der Erste gewesen, der die kühne That gewagt und durchgeführt hat, die Justinianischen Quellen auf einer von den Traditionen des Mittelalters unabhängigen Grundlage herzustellen und sie in dieser befreiten Gestalt

1) Zeitschr. f. gesch. Rechtswissenschaft 2, 302.

seinen Zeitgenossen in die Hand zu geben. Durch seine Ausgaben ist erst der Bruch mit der scholastischen Jurisprudenz sichtbar vollzogen und einer neuen Wissenschaft die äußere Grundlage bereitet. Denn mochten seine Texte auch das Ziel, die Worte des Gesetzgebers in ihrer ursprünglichen Form zu geben, nicht erreichen, so war doch in ihnen und durch sie der Grundsatz zur Geltung gebracht, daß es auf diese und nicht die scholastische Tradition ankomme.

Was ferner die Haloandrischen Ausgaben für die Förderung des Verständnisses der Quellen bedeuten, versteht man nur dann, wenn man seine Texte mit den von Fehlern und sinnlosen Abgeschmacktheiten erfüllten Texten der verbreiteten Ausgaben und Handschriften vergleicht, denen die Barbarei der Scholastik, die Gleichgültigkeit gegen die ursprünglichen Quellen an der Stirne geschrieben stand.

Diese Bedeutung der Haloandrischen Leistungen spiegelt sich in den Aeußerungen der Zeitgenossen, die je nach ihrer wissenschaftlichen Richtung Stellung dazu nehmen. Zasius, dem Pirkheimer ein Exemplar der Pandekten schenkte, weiß in seinen Briefen kaum Worte zu finden, um seiner Bewunderung Haloander's, seiner Freude über die Herstellung des reinen Textes Ausdruck zu geben. Eingehende und fester begründete Würdigung der kritischen Grundsätze ist zwar bei ihm nicht zu suchen. Obgleich er sich zu Polizian's Meinung von der unbedingten Autorität der Florentina bekannt und dies gegen Alciat vertreten hatte, ist er doch mit Halvander's, von entgegengesetztem Standpunkte ausgehendem Verfahren dem Erfolge nach einverstanden. Der innere Werth der Lesarten, die reinere Diction ist es, welche ihn gewinnt [1]). Aehnliches Lob spendet Franz Duarenus in seinen Disputationes anniversariae, deren erster Theil unmittelbar nach der Haloandrischen Pandektenausgabe erschien; er nennt ihn „juris romani vere instauratorem“, und wenn

1) Stintzing, U. Zasius S. 281 ff.

er sich auch später der Torellischen Ausgabe zuneigt, so hält er doch an dem Haloandrischen Grundsatze fest, daß neben der Florentina auch andere Handschriften Berücksichtigung verdienen. Oldendorp spricht in seiner Epistola dedicatoria zur Isagoge (1539) von der seit Haloander's Pandektenausgabe erwachten Blüthe des civilistischen Studiums und preist in seiner Abhandlung „Quo tempore Romanorum leges introductae, rursus oppressae tandemque restitutae sunt" Haloander's und des Nürnberger Raths Verdienste, den frühen Tod des großen Gelehrten beklagend. Selbst Augustinus unterläßt bei seiner Polemik nicht, seine Anerkennung für die Gelehrsamkeit und den Scharfsinn seines durch Hülfsmittel weniger begünstigten Vorgängers auszusprechen.

Haloander konnte sich schon in seiner Vorrede zum Codex der lebhaften Zustimmung und Anerkennung der besten Gelehrten rühmen; allein nicht minder hatte er über die Einwürfe einer sehr entschiedenen und mächtigen Gegenpartei zu berichten. Unter den Gegnern leugneten die Einen geradezu, daß irgend ein Bedürfniß der Revision des Textes bestehe, da er in gutem Bestande überliefert sei und überdies die Glosse nebst den Commentaren des Bartolus und Baldus die Benutzung des Textes ersetzten. Andere finden es bedenklich, ja unzulässig, den Text in eine andere Gestalt zu bringen ohne Erlaubniß des Kaisers; und diesem Einwande, der sich auf die Annahme einer durch Ueberlieferung sanctionirten Textesform gründet, glaubt Haloander in längerer Ausführung begegnen zu müssen. Er beruft sich darauf, daß es von jeher gestattet gewesen sei, bessere Handschriften den schlechteren vorzuziehen, ältere und jüngere zu vergleichen und danach den Text zu corrigiren; seit Accursius' Zeiten sei dies geschehen, und nachdem nun mehr als zwei Jahre seit der Edition seiner Pandekten verflossen, sei der Kaiser nicht nur nicht dagegen eingeschritten, sondern habe sogar dem Petrejus in Anerkennung seiner Verdienste ein Privilegium gegen Nachdruck ertheilt, worin doch jedenfalls eine stillschweigende Genehmigung liege.

Der Zweifel an der formal rechtlichen Statthaftigkeit des Haloandrischen Unternehmens weist auf eines der schwierigsten Probleme des deutschen Rechtszustandes und seiner Entwicklung hin. Ist es richtig, daß der Einwand kein Gewicht hat, richtig, daß es eine herkömmliche Befugniß der Gelehrten ist, den Text der Justinianischen Rechtsbücher nach wissenschaftlichen Gründen zu gestalten, Ueberliefertes zu verwerfen, Anderes an die Stelle zu setzen; so folgt daraus, daß es dem ganzen Rechtszustande an der festen formalen Basis fehlt und daß das kaiserliche Recht nur dasjenige ist, was die Wissenschaft anerkennt.

Die große Mehrzahl der Gelehrten jener Tage waren der Haloandrischen Arbeiten deswegen froh, weil sie darin nicht nur eine reine, sondern auch eine feste und klare Grundlage des kaiserlichen Rechts gewonnen zu haben glaubten. Allein thatsächlich hat durch Haloander gerade die Festigkeit der Grundlage den letzten Stoß erhalten. Von nun an tritt sein Text als eine zweite Potenz neben die conventionell recipirte Vulgata; und mit den fortschreitenden kritischen Arbeiten steigt die Ungewißheit, compliciren sich die Fragen. Was ist, nachdem die Torellische Ausgabe erschienen ist, das wirklich geltende Recht der Pandekten? der Text der Vulgata, der Haloandrina oder der Florentina? Was ist das geltende Recht der Novellen, die Versio vulgata im Authenticum, der griechische Text Haloander's oder der von Scrimger edirte?

Zwar gegen die bindende Kraft des griechischen Novellentextes bestanden die gewichtigsten Bedenken. Denn nicht nur fehlte ihm jede Autorität der Ueberlieferung, da er zu den Zeiten der Glossatoren, als nach der allgemeinen Annahme Kaiser Lothar II. dem römischen Recht Gültigkeit für das Reich gegeben, nicht vorhanden gewesen und nur ein Erwerb der Gelehrten neuesten Datums war; sondern schon aus dem praktisch zwingenden Grunde, daß selbst von den Rechtsgelehrten nur die Wenigsten im Stande waren, denselben zu verstehen, die Benutzung in weiterem Kreise unmöglich war. Für die Pandekten aber, den

Codex und die Institutionen, wo es sich nicht um einen so absoluten Gegensatz des Alten zum Neuen handelte, mußte es dem wissenschaftlichen Urtheile des Einzelnen überlassen bleiben, zwischen den verschiedenen Lesarten zu wählen, und zwar um so mehr, als das, was man Vulgata nannte, selbst keinen unzweifelhaften Bestand im Einzelnen aufwies. Und wenn man hier ein electives Verhalten zuließ, so konnte man es auch bezüglich der Novellen nicht ablehnen; man konnte sich nicht dagegen verschließen, den griechischen Text, sei es unmittelbar, sei es in der Haloandrischen Uebersetzung, als kritisches und exegetisches Hülfsmittel da zu gebrauchen, wo das Authenticum der Nachhülfe bedurfte.

So haben denn die Haloandrischen Arbeiten das gemeine Recht in Deutschland nicht nur von der scholastischen Tradition gelöst, sondern in gewissem Sinne von dem Texte emancipirt, indem sie diesen selbst der wissenschaftlichen Gestaltung unterwerfen, und zwar einer kritischen Prüfung, die ihre Entscheidungsnorm nicht bloß äußerer Beglaubigung, sondern inneren Gründen der Angemessenheit entnimmt. Hierin tritt der extreme Gegensatz zur mittelalterlichen Jurisprudenz hervor. War diese gebunden durch Autoritäten, die sie überall außer sich, und nur in sich selbst nicht, suchte und fand; so ist nun die durch wissenschaftliche Prüfung beglaubigte Wahrheit zur einzigen Autorität geworden, der sich selbst der Text des Gesetzes unterordnen muß. Damit ist denn aber auch sowohl das Fundament, wie der Gehalt des gemeinen kaiserlichen Rechts in Fluß gebracht.

4. Die kritische Bearbeitung des Justinianischen Textes zieht sich durch das 16. Jahrhundert fort. Sie wird aber nach Haloander von keinem Deutschen in größerem Stile unternommen, und wir haben nur in einem Ueberblicke darzustellen, in welchem Verhältnisse die hervorragendsten kritischen Arbeiten und Editionen der folgenden Zeit zu Haloander stehen.

Für die Pandekten ist seine Recension aufgenommen worden in die Ausgaben Hugo a Porta's 1538. 1539. 1542; eben so in die von J. Herwagen, Basel 1541, jedoch mit Emendationen nach einer Handschrift des Alciat. Um diese Zeit aber beginnt schon eine neue Epoche der Pandektenkritik, welche Haloander's Leistungen überflügelt.

Dem vornehmen Spanier Antonius Augustinus aus Saragossa ward es durch die Gunst Cosimo's Medici gestattet, das Florentiner Manuscript sorgfältig zu collationiren. Die Ergebnisse seiner Studien faßte er in seinen Emendationum et opinionum libri quatuor (Venet. 1543. 4°, Basil. 1544. 8°) zusammen, eine Schrift, welche von seiner eminenten kritischen Befähigung ein glänzendes Zeugniß ablegt. Von seiner sicheren Grundlage aus polemisirt er erfolgreich gegen Haloander. Er sucht nachzuweisen, daß dieser nicht einmal Polizian's Papiere unmittelbar benutzt habe, sondern auf den Schultern des unzuverlässigen Bologninus stehe. Wie weit dieser Vorwurf begründet ist, ist oben geprüft worden. Aber Augustinus ist in seiner Beurtheilung der Haloandrischen Leistungen in so fern ungerecht, als er von dem entgegengesetzten Standpunkte, nämlich der Annahme einer unbedingten Autorität der Florentina, argumentirt. Doch ist diese von nun an mehr und mehr zur Geltung gekommen und hat die folgenden kritischen Arbeiten beherrscht. Die Ausgaben des Jac. Vintimillius Paris 1548. 8° und Miräus 1548—1550 Paris 4°, eben so die von Hugo a Porta 1551. 4°, 1551—1553 fol. besorgten, verlassen schon den Haloandrischen Text und halten sich an Augustin's Emendationen, sowie an Lesarten der Florentina, welche die Herausgeber sich unter der Hand von Torelli's Freunden zu verschaffen gewußt hatten.

Denn schon während des Aufenthalts Augustin's in Florenz war Lelio Torelli mit den Vorarbeiten einer Ausgabe der Pandekten, welche das berühmte Manuscript in Reinheit und Vollständigkeit wiedergeben sollte, beschäftigt; zehn Jahre lang war es ihm zu freiester Benutzung überlassen; 1553 erschien sie endlich in glänzender Ausstattung.

Von nun an bildet der Torellische Text die Grundlage; allein da Torelli sich nicht auf eine rein mechanische Wiedergabe beschränkt, sondern Lücken bezeichnet und selbst ergänzt, auf Fehler und verdächtige Lesarten hingewiesen hatte, so behielt die Kritik selbst auf dieser Grundlage noch Spielraum. Ludwig Russard, Professor in Bourges, setzte schon 1561 neben den Torellischen Text Varianten nach anderen Handschriften und nach Haloander; ähnlich verfuhr L. Chorandas 1575 und Jul. Pacius 1580; auch Contius 1571. 1581, der jedoch den Text der Florentiner Ausgabe mit größerer Genauigkeit lieferte, auch die in der Florentina fehlenden Fragmente D. 48, 20. 22 nach Cujas' Uebersetzung aus den Basiliken ergänzte.

Der Haloandrische Text der Institutionen ist, obgleich er nicht auf selbständiger Handschriftenvergleichung beruht, in den folgenden Ausgaben fast ausschließlich recipirt worden. Allerdings kommen einige abweichende Recensionen vor, und Russard lieferte 1560 den Haloandrischen Text mit Emendationen nach 7 Handschriften. Allein erst Contius erhob (1560) gegen die kritischen Grundsätze, nach denen Haloander denselben gestaltet hatte, entschiedene Einsprache und zwar in so fern mit Recht, als die Institutionen da, wo sie mit den Pandekten übereinstimmen, doch nicht bloße Abschrift, sondern oft eine neue Bearbeitung der betreffenden Stellen sein sollen. Contius gab eine neue Recension „ex antiquissimis exemplaribus". Dann folgte 1585 die von Cujas, 1588 die von Hotomanus, welche nun zu überwiegendem Ansehen gelangten.

Der Codex ist längere Zeit nur nach Haloander's Recension wieder gedruckt worden, bis Miräus 1550, Russardus 1561 und Contius 1562 (und später) neue Recensionen publicirten und Cujas 1562 die drei letzten Bücher edirte — Ausgaben, zu denen neben manchen Handschriften namentlich die neue Ausgabe des Codex Theodosianus von Tilius 1550, sowie die auf Herstellung der griechischen Constitutionen gerichteten Arbeiten des Augustinus und Cujas verwendet werden konnten.

Bezüglich der Novellen war Haloander's Reform zu radical, als daß sie rasche Erfolge hätte haben können. Theorie und Praxis hielten an dem überlieferten Satze „Graeca non leguntur" fest. Die nächstfolgenden Ausgaben gaben nur das Volumen in seiner alten Gestalt. Erst die Herwagen'sche Ausgabe des Corpus juris, Basel 1541. fol., über welche unten ausführlicher zu sprechen ist, reproducirte die Haloandrischen Novellen, fügte jedoch Emendationen und Supplemente hinzu, welche auf Viglius' Benutzung des Venetianer Manuscripts beruhen. Auch die Ausgaben von Guillard, Paris 1542. 1548. 8°, geben Haloander's lateinischen Text; die von 1542. 1553. 8° den griechischen mit Berücksichtigung der Basler Supplemente. Inzwischen aber benutzte Augustinus seinen Aufenthalt in Italien zur Vorbereitung einer neuen, auf Vergleichung des Florentiner und des Venetianer Manuscripts beruhenden Ausgabe. Seine Vorarbeiten waren 1544 vollendet, doch ist er zur Herausgabe nicht gelangt. Dagegen edirte der Schotte Heinrich Scrimger 1558 (excudebat Henricus Stephanus Huldrici Fuggeri typographus. Genf. fol.) die griechischen Novellen in neuer Gestalt und vollständiger, als es von Haloander geschehen war. Er giebt an, daß er nonnulla vetusta exemplaria benutzt habe; nachweislich aber liegt nur die venetianische Handschrift zu Grunde. Hiernach hat nun Heinrich Agyläus (s. unten) ein Supplementum versionis Novellarum Haloandrinae. Colon. 1560. 8° herausgegeben, in welchem er die bei Haloander fehlenden 23 Novellen übersetzte und zu der Haloandrischen Uebersetzung, die er im Uebrigen für unübertrefflich erklärte, nach Scrimger's Text Ergänzungen und Emendationen lieferte. Contius hat seine kritische Thätigkeit auch auf die Novellen erstreckt, und von seinen Ausgaben ist die zweite (Lugdun. 1571. 8°) zu großer Geltung gelangt. Sie giebt den griechischen Text ohne neue Bearbeitung nach Scrimger; der lateinische Text ist dagegen aus der emendirten Vulgata, der Uebersetzung Haloander's, den Arbeiten des Agyläus, eigener Uebersetzung des Contius und noch einigen andern Stücken zusammengefügt; die Subscriptionen sind neu überarbeitet. Ueberdies hat Contius die mittelalterliche Eintheilung des Authenticum in neun Collationen auf die 168 Novellen so gut es gehen wollte übertragen, aber mit Beibehaltung der Ordnung der griechischen Sammlung, welche von der Ordnung der Vulgata nicht selten abweicht. Endlich sind von ihm die einzelnen Novellen in Kapitel getheilt; der Epilogus ist abgetrennt und der Eingang mit Praefatio bezeichnet. Angehängt sind der Sammlung die sogenannten 13 Edicte Justinian's, sowie die Novellen Justin's und Tiber's nach Scrimger u. s. w.

Diese Uebersicht der wichtigsten Erscheinungen zeigt, daß die Wissenschaft in den nächsten 40 Jahren nach Haloander eine ungemein rege und ergiebige Thätigkeit auf dem kritischen Gebiet entfaltete. Wie weit und in welcher Art deutsche Gelehrte an diesen Arbeiten sich betheiligt haben, wird der folgende Abschnitt ergeben. In gewaltigen Massen wurde das Corpus juris durch die verschiedensten Ausgaben verbreitet. Neben den neuen Recensionen ging immer noch die alte Vulgata einher und wurde in denjenigen Ausgaben, welche die Glosse beifügten, aufs neue gedruckt. Denn nicht nur behaupteten sie ihre Geltung in der Praxis, sondern man wollte auch die Glosse nicht entbehren und hielt mit Recht dafür, daß das glossirte Corpus juris als eine abgeschlossene Ueberlieferung nach anderen Grundsätzen zu behandeln sei als die reinen Textesausgaben, indem man mit der Glosse keine andere Textesform verbinden dürfe als diejenige, welche Accursius vor Augen gehabt habe. Jedoch sind in spätern glossirten Ausgaben (z. B. schon Paris 1559) die Lesarten der Florentina als Varianten am Rande bemerkt.

Das Gesammtergebniß war, daß im achten Jahrzehnt des 16. Jahrhunderts die Justinianischen Quellen in einer kaum übersehbaren Mannigfaltigkeit abweichender Formen vorlagen. Das Streben, von welchem man bei den kritischen Arbeiten ausgegangen war, für das geltende Recht eine feste Grundlage zu gewinnen, hatte zu dem entgegengesetzten Resultate geführt.

Es ist nun bemerkenswerth, daß sich auf diesem Gebiete ein ähnlicher Proceß vollzogen hat wie am Schlusse der Periode der Glossatoren auf dem Gebiete der Exegese. Im Jahre 1583 erschien die Gesammtheit der Justinianischen Rechtsbücher zum ersten Male als eine typographische Einheit unter dem Titel Corpus juris civilis, einer zwar längst gebräuchlichen, aber in dieser Art bisher nicht angewendeten Bezeichnung[1]); herausgegeben und mit Commentar begleitet von Dionys Gothofredus. Die hier gegebene Textesform ist von dem Herausgeber selbst in dreierlei Ausgaben wiederholt edirt worden: fünfmal (1583 [1585]. 1590. 1602. 1607. 1624) mit seinem Commentar, 4°; dreimal (1589. 1604. 1612) mit der Glosse, fol.; viermal (1587. 1598. 1606. 1625) ohne alle Noten, 8°. Sie hat dann zwei Jahrhunderte hindurch mehr als fünfzig Auflagen erlebt, unter den Händen verschiedener Druckereien und Editoren nur wenig verändert[2]).

Der Gothofredische Text ist ohne selbständigen kritischen Werth, nur aus den vorhergehenden Recensionen zusammengesetzt. Allein seine historische Bedeutung liegt darin, daß er einestheils den Abschluß der kritischen Richtung in der Jurisprudenz, deren Arbeit nun gänzlich ruhte, bis Heinrich Brencmann († 1736) sie ohne unmittelbaren Erfolg wieder anregte, bezeichnet; anderntheils eben dieser Text solches Ansehen erlangte, daß er geradezu als der von der Praxis recipirte betrachtet wurde. Schon Jacobus Gothofredus konnte in den späteren Ausgaben seines Manuale juris sagen (Bibliotheca c. IV): postremum omnium D. Gothofredi patris mei editio, jam totius orbis et augustissimorum tribunalium consensu recepta est; und eben so äußern sich spätere Literatoren [3]). So ist nun für lange Zeit eine Textesform

1) Corpus juris civilis in IIII partes distinctum etc. Authore Dionysio Gothofredo. J. C. — Genevae excudebat Jacobus Stoer. 1583. 4°; zugleich Lugduni in officina Bartholom. Vincentii (des Verlegers).

2) D. Gothofredus starb 1622. Die nächstfolgenden Ausgaben besorgte sein Sohn Jacobus nach den hinterlassenen Papieren seines Vaters. — Ueber seine Ausgaben vgl. Spangenberg, Einleitung S. 839 ff.

3) Stolle, Historie der juristischen Gelahrtheit. 1745. S. 36. Struv, Bibliotheca juris ed. Buderus. Ed. VIII 1756. p. 39.

geschaffen, welche die Stellung der alten lectio vulgata einnimmt. Neben dieser berücksichtigt man im Ganzen nur noch die Haloandrische und für die Pandekten die Florentiner, wie sie in der Torelli'schen Ausgabe vorliegt. Bei den Novellen aber geräth es in Vergessenheit, daß der von Gothofred edirte lateinische Text auf Contius' Bearbeitung ruht und nicht die versio vulgata des Authenticum ist, weshalb sich die Autorität dieser recipirten Form unmerklich auf die Gothofredische überträgt. In den Institutionen lebt die Haloandrische Recension fort.

**III.** Baseler Editionen. — **1.** Es ist bekannt, in wie großartigem Stile die Basler Buchdrucker Amerbach, Froben, Cretander und später Heinrich Petri und Herwagen seit dem 2. Jahrzehnt des 16. Jahrhunderts die Herausgabe von Quellenwerken betrieben und einen Kreis von Gelehrten um sich sammelten, der ihnen für Kritik und Correctur hülfreiche Hand leistete. Die Seele dieser Unternehmungen war Erasmus, zugleich der Magnet, der die deutschen Humanisten an den Oberrhein zog und seinen Einfluß auf die Basler Gelehrten nicht verlor, als er 1529 nach Freiburg übersiedelte, um erst in seinem letzten Lebensjahre nach Basel zurückzukehren.

Von dieser edlen Industrie hat auch die Jurisprudenz Früchte gezogen, wenn auch Nürnberg sich durch Haloander's Ausgaben den größeren Ruhm erwarb. Wir stellen im Folgenden die bedeutendsten in Basel erschienenen Ausgaben juristischer Quellen zusammen und werden dabei zugleich ihre Urheber schildern, wenn sie auch größtentheils persönlich nur vorübergehend in Beziehung zu jener Stadt gestanden haben. Denn der Umstand, daß die Quellenausgaben gerade in Basel erschienen, ist, wie schon das Gesagte ergiebt, nicht Zufälligkeit, sondern eine Wirkung der Tendenz der dortigen Typographie. Wie Erasmus für die theologischen und humanistischen Unternehmungen den Mittelpunkt bildete, so ward später sein liebster Schüler und Freund Bonifacius Amerbach für die juristischen Publicationen der fördernde

Pfleger und Vermittler, um dessen Person wir daher die Editoren gruppiren dürfen.

Er ist am 3. April 1495 als dritter Sohn des Buchdruckers Hans Amerbach geboren[1]) und hat seine erste Bildung in dem Kreise und unter Leitung der Humanisten empfangen, welche damals das geistige Leben seiner Vaterstadt trugen. 1513 zum Magister promovirt, zieht er nach Freiburg zum Zasius, in dessen Hause er als liebster Schüler bis 1519 glückliche Jahre verlebt; die Ferienzeiten weilt er in Basel, durch Erasmus' Lehre und Umgang gefesselt. 1520 geht er nach Avignon, um Alciat zu hören, verläßt gleich seinem Lehrer die Stadt wegen der im Jahre 1521 ausbrechenden Pest, kehrt aber nach etwa einjährigem Aufenthalt in Basel dahin zurück und besucht von 1522 bis 1524 die Vorlesungen des Franz von Ripa. Heimgekehrt bewarb er sich um die „lectio Sexti" in Freiburg; sie ward ihm im August 1524 übertragen; aber schon im October legte er sie nieder in Aussicht auf die erledigte Professur des Cl. Cantiuncula in Basel, die ihm im November verliehen ward. Dann zog er noch einmal nach Avignon, um zu promoviren (Februar 1525). Verhandlungen wegen einer Berufung nach Freiburg im August 1527 zerschlugen sich. Seitdem wirkte er in seiner Vaterstadt als Professor und Rechtsconsulent, hoch angesehen, einer der einflußreichsten Bürger, mit Glücksgütern reich gesegnet, die er in der edelsten Weise verwendete. Er war vermählt mit Martha, der Tochter des Neuenburger Bürgermeisters Bernhard Fuchs, die er um 20 Jahre überlebte. Er starb am 24. April 1562.

Erasmus, der ihn wie einen Sohn liebte, setzte ihn zu seinem Erben ein: aber die ihm zufallenden Kapitalien verwendete Amerbach zu reicherer Ausstattung der von Erasmus verordneten Stiftungen. — Zu den reformatorischen Bewegungen in seiner Vaterstadt nahm er eine zurückhaltende Stellung ein, ähnlich seinen Lehrern Erasmus und Zasius, ohne jedoch wie dieser an

1) Vgl. A. d. B. 1, 397 f.

der katholischen Kirche festzuhalten. Eine edle, ansprechende, feingebildete Persönlichkeit, allen höheren Interessen, welche die bewegte Zeit in seine Kreise trug, zugänglich, bereit sie zu fördern, den Freunden hülfreich dienend und treulich festhaltend. Wie er dem Maler Hans Holbein und den Seinigen helfend zur Seite stand und seine treue Dankbarkeit den Hinterbliebenen des Zasius[1]) bewährte, so pflegte er emsig die gelehrten Verbindungen, zu deren Anknüpfung Basel zahlreiche Gelegenheiten bot. Nicht durch gelehrte Schriften, deren Amerbach keine publicirt hat, wohl aber durch die Förderung, welche er den Arbeiten Anderer mit Rath und That zu Theil werden ließ, hat er sich um die Rechtswissenschaft verdient gemacht, dergestalt, daß wir ihn als den Mittelpunkt ansehen dürfen, an welchen die im Folgenden zu besprechenden Bestrebungen sich anlehnen. Und noch heute sind wir ihm zu Dank verpflichtet für die von ihm begründeten werthvollen Sammlungen an Handschriften, Büchern, Briefen und Holbein'schen Bildern, welche (wenn auch nicht ohne Verluste), nachdem das Amerbach'sche Geschlecht mit seinem Sohne Basilius[2]) erloschen war, in das Eigenthum der Stadt Basel übergegangen sind. Er gehört demnach zu den seltenen Persönlichkeiten, welche sich ohne eigene productive Leistungen durch einsichtiges und thatkräftiges Mäcenatenthum einen Platz in der Geschichte der Kunst und Wissenschaft erworben haben.

1) Namentlich dem Sohne Johann Ulrich, dem späteren Reichsvicekanzler († 1570). Vgl. darüber Epist Jo. Ulrici Zasii ed. Stintzing. Basil. 1857. fol.

2) Geb. 1. December 1535, gest. 25. April 1591, studirt in Basel die Rechte, geht 1552 nach Tübingen, 1553 nach Padua, 1555 nach Bologna, besucht Rom und Neapel; von November 1556 bis April 1557 in Basel, dann bis zu Duaren's Tod, Herbst 1559, in Bourges. 1560 beendigt er seine Studien durch einen praktischen Cursus am Reichskammergericht in Speier. 1562 wird er Professor in Basel und erhält 1564 die Pandektenprofessur seines Vaters, die er bis 2 Jahre vor seinem Tode versah. Auch von ihm sind keine Schriften publicirt. Vgl. A. d. B. 1, 397. Amerbachiorum Epistolae ed. Maehly. 1877. 4°. (Festprogramm.)

Nach Sichardt's Tode bat ihn Herzog Christoph von Würtemberg um Rath wegen Besetzung der erledigten Professur. Das Antwortschreiben[1]) ist merkwürdig durch die Beurtheilung der hervorragenden damals lebenden Juristen; es gab die Veranlassung, 1553 Molinäus (Du Moulin) und nach dessen Abgang 1555 Gribaldus nach Tübingen zu berufen. Nicht aber in solchen Empfehlungen und gutachtlichen Rathschlägen beruht vorzugsweise sein Einfluß, sondern in der Anregung und Förderung, welche er im persönlichen und brieflichen Verkehr ausübte. Und zwar ist es hervorzuheben, daß er vorzugsweise auf die Erweiterung des bisher bekannten Quellengebietes hinwies und das wissenschaftliche Interesse über die Grenzen des gültigen Justinianischen Rechts hinausführen half, indem er der Edition vorjustinianischer Quellen, der Restitution des griechischen Novellentextes, der Herausgabe byzantinischer Jurisprudenz seine Unterstützung lieh[2]). Darin liegt denn auch die eigenthümliche Bedeutung der im Folgenden zu besprechenden Leistungen, daß sie, abweichend von der sonst in Deutschland herrschenden Richtung, nicht durch die Zwecke der Praxis bestimmt, eine höhere und mehr historische Auffassung der Rechtswissenschaft bekunden. In ihrer Gesammtheit umfassen sie den etwa vierzigjährigen Zeitraum von Bonifacius Amerbach's Professur.

**2.** Johann Sichardt[3]), 1499 in Tauberbischofsheim geboren, hat sich gleich anderen Zeitgenossen erst nach langjährigen humanistischen Studien in reiferen Jahren der Rechtswissenschaft zugewendet. Nachdem er 1514 die Universität Ingolstadt bezogen, hier als Hörer und Privatlehrer einige Jahre verlebt, dann an

1) vom 15. October 1552, abgedruckt bei Mandry, J. Sichardt S. 35 f.

2) Genaueres im Verlauf des Folgenden. Hier sei bemerkt, daß auch E. Bonefidius (gest. 1574 in Genf) für seine Juris orientalis libri III. Excudebat H. Stephanus. 1573. 8° ein Manuscript aus Amerbach's Bibliothek erhielt.

3) Vgl. zum Folgenden G. Mandry, Johannes Sichardt (Stuttg. 1874): eine Schrift, durch welche die übrige Literatur antiquirt ist.

der Münchener schola poetica als angestellter Lehrer gewirkt hatte, ging er 1521, völlig mittellos, nach Freiburg, wohl in der leider vergeblichen Hoffnung, eine Professur in den humanistischen Fächern zu erlangen. Als Privatlehrer thätig, lebte er in vertrautem Umgange mit Zasius, auf dessen Empfehlung er 1525 nach Basel als Professor der Rhetorik berufen wurde. Hier in freundschaftlichen Beziehungen zu Erasmus, Amerbach und Glareanus, entfaltete er eine rege Thätigkeit als humanistischer Schriftsteller und Herausgeber von Quellenwerken, die zum Theil von ihm erst ans Licht gezogen wurden. Dies gilt namentlich von den beiden juristischen Editionen, welche uns hier zunächst interessiren [1]).

Es ist kaum zu bezweifeln, daß Sichardt durch Zasius und Amerbach dazu angeregt worden ist, seine humanistischen Kenntnisse für die Jurisprudenz zu verwerthen. Seine Editionen zeigen, daß er sich längst mit juristischen Studien beschäftigt hatte, ehe er sich äußerlich dieser Facultät anschloß.

Seit einer Reihe von Jahren bereits war die Aufmerksamkeit der oberrheinischen Humanisten den in deutschen Bibliotheken verborgenen handschriftlichen Schätzen zugewendet. Im Kloster Murbach hatte 1515 Beatus Rhenanus den Vellejus Paterculus gefunden, welchen wir nur noch in der von Amerbach angefertigten Abschrift besitzen. In derselben Bibliothek [2]) entdeckte Pius Hieronymus Baldung, kaiserlicher Rath und Mitglied der vorderösterreichischen Regierung zu Ensisheim, die Institutionen des Gaius und die Sententiae receptae des Paulus, wie sie im Breviarium Alaricianum überliefert sind: eine Entdeckung, welche Zasius zuerst in seinen Scholia ad l. 2 D. d. O. J. 1518 p. 35

1) Seine Schriften sind verzeichnet Athenae rauricae p. 310, vorzüglich bei Mandry, Sichardt S. 21. 26. 28.

2) Ueber das Folgende vgl. Stintzing, über die erste Auffindung und Benutzung des Cajus epist. etc. in Bekker und Muther's Jahrbuch des gemeinen deutschen Rechts 1, 41 ff. U. Zasius S. 180 f. Früher schon hatte Laurentius Valla († 1457) Kunde vom Paulus; und im Jahre 1494 soll in Rom eine Handschrift des Breviars gefunden sein.

bekannt machte und verwerthete, auch Cantiuncula in seinen Topica 1520 p. 97 benutzte. Bald nachher werden der Codex Theodosianus, Gregorianus und Hermogenianus in den Briefen Amerbach's und Alciat's aus den Jahren 1520 und 1521 erwähnt.

Inzwischen war 1517 von Peter Aegidius in Antwerpen jene unter dem Namen Summa legum bekannte alte Ueberarbeitung des Breviars erschienen[1]), deren corrumpirte Gestalt den Juristen wenig anziehend sein konnte. Dann folgte 1525 die Ausgabe des Cajus und Paulus von Bouchard, die er einem Pariser Codex entnahm und als „prodromus" der später zu edirenden übrigen Bestandtheile erscheinen ließ[2]).

Mit einem Freibriefe König Ferdinand's versehen, der ihm den Zutritt zu den Bibliotheken der Klöster und Domstifte eröffnete, trat Sichardt 1527 eine Forschungsreise an. Aus dem reichen Material, das er von Straßburg, Abtei Lorsch und Fulda heimbrachte[3]), gab er zunächst 1528 das Breviarium Alaricianum, dem er einige kleinere Schriften beifügte; dann 1530 die Volksrechte der ripuarischen Franken, der Alemannen und Baiern heraus. Durch diese Editionen hat er der Wissenschaft neue Schätze zugeführt; und wie sie ein ehrenvolles Zeugniß seines historischen Sinnes sind, so haben sie seinen Namen unter den Vertretern der humanistischen Richtung in der Jurisprudenz bis auf den heutigen Tag erhalten. Seine Zeitgenossen schenkten indeß diesen Leistungen nur getheilten Beifall. Fichard sagt,

1) Summae sive argumenta legum diversorum Imperatorum, ex corpore divi Theodosii etc. Apud Theodoricum Martinum Alustensem. s. l. 1517. fol. Vgl. Haenel, Lex Romana Visigothorum. Praefat. p. XXV s. p. LXXV s. p. C. s. Er nimmt als Druckort Löwen an. Peter Aegidius ist 1486 zu Antwerpen geboren, seit 1510 Stadtschreiber daselbst, mit Th. Morus und Erasmus befreundet, in den humanistischen Kreisen hoch angesehen. † 1533. Vgl. A. d. B. 1, 125 (Rivier).

2) Haenel, L. Rom. Visigoth. Praefat. p. CII. s.

3) Zu diesen gehören u. A. auch die Grammatiker, welche Adam Petri edirte. Rei Grammaticae Rhemnius Palaemon, Q. Terentius Scaurus etc. Basil. 1527. 8°. Eben so hatte nicht lange vorher U. Fabricius das Erzstift Trier mit Erfolg durchforscht. A. d. B. 6, 525.

man (und er nennt den Kanonisten Amelius in Freiburg) habe ihm vorgeworfen, er übertrete Justinian's Verbot, indem er antiquirtes Recht wieder aus der Vergessenheit hervorziehe. Auch Haloander äußert sich in seiner Vorrede zum Codex in wenig günstiger Weise: der Codex Theodosianus sei verstümmelt und verdorben, sei auch eben so wenig nützlich wie die Reste von Paulus und Cajus: denn selbst wenn jener vollständig vorläge, dürfte man sich nach Justinian's Vorschrift doch nicht vor Gericht darauf berufen. Daß diese Aeußerung Haloander's nur ironisch gemeint sei, wie gesagt worden ist, kann nicht zugegeben werden. Wohl aber erhält sie ihr Licht aus dem Zusammenhange, welcher ergiebt, daß es ihm darum zu thun war, die ihm selbst wegen der „inutilitas" seiner reformirenden Editionen gemachten Vorwürfe durch Hinweis auf die Beispiele Anderer abzuschwächen.

Sichardt hatte sich mit diesen Editionen ganz der Jurisprudenz zugewendet. Im Jahre 1530 verläßt er Basel, wo die Reformation, der er sonst mit mehr Entschlossenheit als Erasmus zugethan war, eine ihm zu radicale Wendung zu nehmen schien, und kehrt nach Freiburg zum Zasius zurück. Unter dem Decanate Sebastian Derrer's ward er mit seinem erst 19 jährigen Hausgenossen und Freunde Johann Fichard aus Frankfurt a. M. am 28. November 1531 zum Doctor juris promovirt. Allein trotz der Bemühungen seines alten Gönners Zasius glückte es ihm nicht, zu einer Professur zu gelangen. Er lebte in Freiburg als Privatlehrer, bis er im Jahre 1535 durch seine Berufung nach Tübingen an den Platz gestellt wurde, an welchem er bis zu seinem am 9. September 1552 erfolgten Tode die umfassendste und segensreichste Wirksamkeit als Lehrer und Praktiker entfaltet hat.

Sichardt ist zwar als Institutionarius nach Tübingen berufen, aber schon nach wenigen Monaten (August 1535) in die Professur des Codex eingetreten, über dessen privatrechtlichen Theil (lib. 2—8) er Vorlesungen gehalten hat. Auf diese beschränkte sich fortan seine theoretische Thätigkeit; als Schriftsteller ist er nicht wieder aufgetreten: aber sein Collegienheft ist trotz seines Verbots nach seinem Tode dreimal edirt worden [1]). Es läßt die Eigenschaften erkennen, welche ihn zu einem außerordentlich beliebten und wirksamen Lehrer machten: Klarheit und Natürlichkeit der Darstellung, Application der Lehrsätze auf das praktische Leben. Als Schüler des Zasius hält er sich frei von scholastischer Ueberhäufung und Subtilität; ohne den mos Italicus zu verlassen, handhabt er ihn mit Freiheit und weiß mit der Exegese ein gewisses synthetisches Element zu verbinden, indem er häufig die einzelnen Titel mit einer dogmatischen Darstellung der Lehre einleitet, auch wohl die Reihenfolge der Constitutionen verläßt, um sachlich verwandte in der Erörterung zusammenzufassen. Aber freilich ist von tieferem Eindringen, von historischer Betrachtung und von originalen Gedanken nicht die Rede; das synthetische Element ist nicht mächtig genug, um ihn vor langen Abschweifungen zu bewahren, zu welchen ihn der mos Italicus verführt. Sichardt's wissenschaftliche Entwicklung scheint ins Stocken gerathen zu sein unter den Anforderungen, welche der Lehrberuf und das praktische Leben an ihn stellten. In regster Thätigkeit finden wir ihn fortan in den Angelegenheiten der Universität, beschäftigt mit Rechtsgutachten [2]), Proceß- und Staatsschriften, als herzoglicher Rath zu Gesandtschaften, Visitationen und Verhandlungen verwendet, von legislativen Arbeiten in Anspruch genommen. Ueberall bewährt er sich als kenntnißreicher Jurist, gewandter Geschäftsmann, einsichtiger Berather, dessen Geradheit, Pflichttreue und Uneigennützigkeit ihm das unbedingte Vertrauen erwirbt.

In den Fragen der Kirchenreformation war Sichardt's Stellung dieselbe, welche wir fast bei allen bedeutenderen Juristen dieser Zeit finden. Ihren großen Principien zugethan, stemmt

1) Sichardi Praelection. in Codicem. Bas. 1565 von D. J. M. Fickler. — Francof. 1586 von Franciscus Modius. — Francof. 1598 von Samson Hertzog. Diese dritte, von der Tübinger Juristenfacultät bevorwortete Ausgabe ist die beste.

2) Seine Consilien sind herausgegeben von J. G. Godelmann, J. Sichardi responsa juris. Francof. 1599.

er sich den stürmischen Neuerungen entgegen, hält an der Gültigkeit des kanonischen Rechts fest, soweit es nicht mit göttlichen Geboten in Widerspruch steht, und sucht überall die Einigungspunkte mit der alten Kirche und den verschiedenen Richtungen der reformatorischen Bewegung festzuhalten.

Sichardt's Einfluß auf die Abfassung des Württembergischen Landrechts von 1555 wird gewöhnlich überschätzt. Allerdings ward er im Februar 1552 zum Mitglied der vorberathenden Commission ernannt, und seinem Einflusse ist es wohl zuzuschreiben, daß in dem Berichte, welchen sie noch in demselben Monat erstattete, das Freiburger Stadtrecht vorzugsweise berücksichtigt wurde. Allein als er im September desselben Jahres starb, war die Arbeit unvollendet. Erst nach seinem Tode ward das Gutachten der juristischen Facultät eingeholt.

Das Breviarium Alaricianum hat Sichardt in einer langen Epistel dem König Ferdinand zugeeignet. Er verbreitet sich darin mit schwerfälligem Stil und gesuchten Wendungen über den Werth der Gesetze, die Verderbniß der Jurisprudenz und der Praktiker; aber er tadelt auch Justinian, daß er der Kürze wegen aus den Ueberresten der römischen Juristen ein Flickwerk zusammengestellt habe, „in quo nec satis pes, nec caput appareat". Er würde besser gethan haben, dem Beispiel des Theodosius zu folgen, der einige Juristen zu besonderer Geltung erhoben habe, ohne die übrigen zu beseitigen. Denn Cajus, Paulus, Gregorianus und Hermogenianus seien ohne Zweifel von Theodosius so zusammengestellt, wie sie sich in den Handschriften finden, um den Gerichtsvorständen als ein Promptuarium zu dienen. Hätte Justinian es eben so gemacht, so würden wir nicht den Verlust der berühmtesten Autoren zu beklagen haben.

Diese Erörterung zeigt, daß Sichardt das ganze von ihm edirte Werk für den Codex Theodosianus mit dazu gehörigen Anhängen hielt. Daraus erklärt sich auch der Titel[1]). Er

1) Codicis Theodosiani libri XVI quibus sunt ipsorum principum autoritate adjectae Novellae Theodosii, Valentiniani etc. Caji Institut.

würde die historische Bedeutung vielleicht erkannt haben, wenn seine Handschriften das Commonitorium enthalten hätten, statt die Const. de Theodos. Codicis auctoritate, welche sonst die erste unter den Theodosischen Novellen zu sein pflegt, an die Spitze zu stellen. Zwar war jenes von P. Aegidius vor seiner Summa edirt worden: allein die Auffassung lag nahe genug, daß sich dasselbe eben auch nur auf jene Summa und nicht auf das ursprüngliche Werk beziehe. Erst in der Ausgabe von Tilius Paris 1550. 8° und von Cujacius Paris 1566. fol. ist es vor den Codex Theodosianus gestellt: der Name Breviarium ist zuerst von Tilius und Contius gebraucht[1]).

Ueber seinen handschriftlichen Apparat sagt uns Sichardt, daß er eine Handschrift in Straßburg gefunden, eine andere durch Cochläus aus Mainz erhalten, daß ferner Amerbach ihm den Murbacher Codex zur Benutzung überlassen und nachträglich (fol. 178) ihm noch Sigismund Ilsung ein Manuscript aus Augsburg mitgetheilt habe. Von diesen Handschriften sind die Murbacher und Augsburger verloren; die Straßburger ist jetzt in Bern, die Mainzer in Gotha[2]).

Dem Breviar hat Sichardt angehängt „L. Volusii Metiani lib. de Asse. Julii Frontini liber de Controversiis limitum cum Aggeni Urbici Commentariis“. Der Maecian ward hier zum ersten Male publicirt nach einer Handschrift, welche Sichardt in der Abtei Lorsch (unweit Heppenheim) gefunden; sie ist später nach Rom gewandert[3]).

Von der Agrimensoren[4]) waren bisher nur Bruchstücke gedruckt in den Venediger Ausgaben des Boethius, in der Schrift

libri II, Julii Pauli receptarum sentent. lib. V etc. Basil., Henricus Petrus. 1528. fol. min.

1) Haenel, L. Rom. Visig. Proleg. p. VI n. 6.

2) Ueber die Handschriften und Ausgabe Sichardt's vgl. Haenel, L. Rom. Vis. Proleg. p. CIV s. Amerbach's Abschrift des Murbacher Codex ist in Basel.

3) Mommsen in den Abh. d. kgl. sächs. Gesellsch. d. Wiss.; histor.-philol. Klasse 2, 285.

4) Bluhme, Schriften der röm. Feldmesser 2, 46 f. 49. 76.

des Petrus Crinitus de honesta disciplina 1504 und in Alciat's Dispunctiones 1519. Ueber die handschriftlichen Grundlagen Sichardt's erfahren wir nur aus einer Randbemerkang fol. 174. b, daß er einen Straßburger und einen Fuldaer Codex benutzt hat. Dieser letztere ist wahrscheinlich identisch mit dem Palatinus, welcher 1623 mit der ganzen Heidelberger Bibliothek nach Rom kam und später nicht zurückgegeben ist (Palatino-vaticanus No. 1564).

Sichardt's Ausgabe der Volksrechte[1]) ist die erste ihrer Art, weder vollständig noch correct und, wie es im kurzen Vorwort ausdrücklich heißt, nur im historischen Interesse unternommen, um die „mores majorum nostrorum non secus quam in speculo" zu betrachten. Ihr folgte im Jahre 1557 die umfassendere Sammlung der Volksrechte von Basilius Johannes Herold († 1564) in Basel; 1573 die Pariser von Tilius; 1613 die Frankfurter von Linderbrog[2]): für die Jurisprudenz aber sind sie bis nach der Mitte des folgenden Jahrhunderts ohne Einfluß geblieben und von ihr kaum berücksichtigt worden. Immerhin aber verdient es Beachtung, daß die erste umfassende Ausgabe deutscher Volksrechte ebenfalls in Basel erschienen ist. Herold, 1511 zu Höchstädt an der Donau geboren, erhielt nach Beendigung seiner humanistischen und theologischen Studien eine Dorfpfarre bei Basel und zog dann (1546) auf Veranlassung der großen Drucker in die Stadt, um für ihre Officinen zu arbeiten. Zur Belohnung seiner Leistungen ist ihm 1556 das Bürgerrecht verliehen, und seitdem legte er sich den Namen Basilius bei. Bei seiner Ausgabe hat Herold vorzugsweise, jedoch keineswegs ausschließlich, die seitdem verlorene Fuldaer Handschrift benutzt.

1) Leges Riboariorum, Baioariorumque, quas vocant, a Theodorico rege Francorum latae. Item Alemannorum leges, a Lothario rege latae. Nunc primum vetustatis ergo excusae. Basil. 1530. 8°. Stobbe, Gesch. d. d. Rechtsquellen 1, 8. 56. 142. 153.

2) Vgl. über alle drei Ausgaben Stobbe 1, 8 ff.

3. Viglius von Aytta[1]), auf dem Landgute Barahuys unweit Zwichem[2]) am 19. October 1507 geboren, empfing seine erste Bildung in Deventer, Leyden und dem Haag; studirte dann in Löwen unter Johann Hazius (de Haze) und Nikolaus Heems von Brüssel die Rechte. Von 1526 bis 1529 setzte er seine Studien in Dôle fort, besuchte von hier aus Erasmus und Amerbach in Basel und lehrte privatim die Institutionen. Im Frühjahr 1529 reiste er nach Avignon, um Alciat zu hören, setzte aber, der Pest ausweichend, seine Reise bald weiter fort nach Valence. Hier ward er am 8. Mai 1529 zum Doctor promovirt. Nach kurzem Aufenthalt folgte er dem Alciat nach Bourges, und gleich ihm zogen, wie er erzählt, dorthin die deutschen Scholaren von Dôle, Valence und Avignon, um den berühmten Lehrer zu hören. Hier erwarb er sich durch Privatvorlesungen bald einen geachteten Namen. Als Alciat 1531 nach Mailand reiste, übernahm er interimistisch dessen Vorlesungen[3]). Im Herbst brach er selber nach Italien auf, von seinen Schülern bis zum nächsten Städtchen geleitet. In Basel besuchte er Bonifacius Amerbach und Froben, in Freiburg begrüßte er Erasmus und Zasius[4]), in Augsburg ward er von den Recklingers, Fuggers und Paumgartners, deren Söhne und Verwandte seine Schüler gewesen, glänzend empfangen und reich beschenkt. Im November 1531 kam er, durch Erasmus an Egnatius und Bembus empfohlen, nach Venedig, wo er die gelehrten Freunde noch durch den jähen Tod Haloander's erregt

1) Seine Autobiographie und Briefe sind herausgegeben von Hoynck van Papendrecht, Analecta Belgica. 6 Bde. 4°. Haag 1743. Vgl. auch J. Hopperi Epistolae ad Viglium. Traj. 1802. 4°. Alph. Wauters, Memoires de Viglius et d'Hopperus. Bruxelles 1858. Notice sur Viglius p. V—XXIV.

2) Daher „Zuichemus" genannt. Nicht diesen, wie unrichtig gesagt wird, sondern den Namen „ab Aytta" führt er von einem Landgute seiner Vorfahren.

3) Alciatus ad Calvum. Gudii epist. p. 111. Viglius ward nicht, wie gewöhnlich gesagt wird, Alciat's Nachfolger.

4) Stintzing, Zasius S. 290.

fand. Was er über diesen und seinen Nachlaß vernommen, meldet er dem Amerbach[1]). Endlich gelangte er nach Padua, wo damals Franciscus Curtius, Marianus Socinus d. J. und der Humanist Lazarus Bonamicus lehrten. Ein Jahr lang besuchte er hier Vorlesungen, lehrte selbst privatim und nahm an den öffentlichen Disputationen Theil. Dann ward er fast gegen seinen Willen als Professor der Institutionen auf ein Jahr angestellt. Er hat diese, wie er berichtet, „ter in die" vorgetragen, und zwar nach dreifacher Methode: ausführlich cum apparatu; cursorisch den Text mit der Glosse; endlich für die Anfänger nur den Text erklärend. Aus diesen Vorlesungen gingen seine Commentarii in X Titulos Institutionum hervor (Basil. 1534. fol.). Dem Zasius übersendete er 1532 eine Abhandlung über die l. Repetitio (l. 44 D. d. cond. ind.), mit welcher er in dem berühmt gewordenen Streite zwischen Zasius und Petrus Stella auf des Ersteren Seite trat[2]). In seiner Antwort machte ihm Zasius das Anerbieten, auf seine Stelle zu Viglius' Gunsten zu verzichten. Allein Viglius lehnte den Vorschlag dankend ab: es sei für Zasius noch nicht an der Zeit, vom Lehramte zurückzutreten; und abgesehen davon, daß er nicht wagen dürfte, als Nachfolger eines Mannes wie Zasius aufzutreten, sei es sein Lebensplan nicht, sich dem Lehrfach zu widmen. Er wolle sich noch weiter ausbilden und dann einen praktischen Beruf ergreifen.

Die Notiz, welche Polizian über die Existenz „griechischer Institutionen" (Miscellan. c. 94) gegeben, reizte ihn zu weiteren Nachforschungen, und es gelang ihm mit Unterstützung des P. Bembus, ein Manuscript des Theophilus in der Marcianischen Bibliothek aufzufinden, welches aus dem Nachlasse des Cardinal Bessarion stammte. Ein anderes verschaffte ihm später

1) Der Brief ist in den Anal. Belgica 2, 1 p. 113 s. unrichtig vom Jahre 1532 datirt, wie schon die Vergleichung mit der Vita in Anal. Belg. 1, 1 p. 11 ergiebt.

2) Stintzing, Zasius S. 137. 291. Vgl. oben S. 165 f.

aus derselben Bibliothek Egnatius; das Florentiner, welches Polizian vorgelegen hatte, ward ihm nicht zugänglich. Sehr beglückt schreibt er darüber nach Deutschland, glaubt aber sein Vorhaben vor den Italienern verheimlichen zu müssen: doch hat er sich von Bembus die Erlaubniß zur Publication erbeten. Im Sommer 1533 sendet er die Abschrift des ersten Manuscripts zum Druck an Froben in Basel und bittet Amerbach, nicht nur den Druck zu überwachen, sondern auch die Abschrift selbst, insbesondere aber die Vorrede und den ersten Titel, welcher in beiden Handschriften fehlte und von Viglius selbst aus Justinian's Institutionen ins Griechische übersetzt war, zu revidiren[1]). Bald darauf verließ er Padua, um nach 14jähriger Abwesenheit in seine Heimat zurückzukehren. In Basel fand er den Druck des Theophilus schon rüstig gefördert. Die Abschrift des zweiten Manuscripts, welches er inzwischen von Egnatius erhalten, brachte er mit sich; sie wurde für das bereits Gedruckte in Zusätzen, für das Uebrige im Texte selbst benutzt[2]). Ohne Zweifel ist der Hülfe Amerbach's Vieles zu verdanken. Namentlich hat er aus einer Handschrift griechischer Canones die uralte Verwandtschaftstafel mitgetheilt, welche Viglius (lib. 3 tit. 6) dem Theophilus einfügte.

Die „griechischen Institutionen" sind Karl V. gewidmet. In der langen Epistola dedicatoria (Patav. Cal. Junii 1533) giebt Viglius Rechenschaft über die handschriftlichen Grundlagen und sein Verfahren. Ob der in beiden Handschriften als Verfasser genannte Theophilus derselbe sei, welcher mit Tribonian und Dorotheus die lateinischen Institutionen verfaßt habe, will

---

1) Vita No. XXV. Epist. ad Colerum 10. Febr. 1533, ad Amerb. 7. Aug. 1533. (Anal. Belg. 1, 1, 12; 2, 1, 120. 148.) Praefatio ad Institutiones (Theophil.).

2) Darauf bezieht sich die Notiz Froben's am Schlusse des Werks. Vgl. Epist. ad Erasmum 10. Novembris (gewiß irrthümlich ist Decembris gedruckt), 5. Decembris 1533. Beide Abschriften befinden sich in Löwen. Anal. Belg. 2, 1, 153 s.

er dahingestellt sein lassen: jedenfalls habe er der Justinianischen Zeit nahe gestanden und alte juristische Werke zur Verfügung gehabt. Richtiger als Polizian, der das Werk für eine von Justinian verordnete Uebersetzung hielt (Miscellan. c. 94. Epist. 10, 4), charakterisirte Viglius dasselbe als eine erweiternde Auslegung, in der zugleich die Materie und der systematische Zusammenhang erläutert wird, nicht nur im Interesse derer, denen die lateinische Sprache nicht geläufig war, sondern überhaupt um durch Erklärung aller Schwierigkeiten das elementare Lehrbuch für Anfänger brauchbarer zu machen. In Beispielen weist er nach, wie viele Stellen der Institutionen durch Theophilus ein erwünschtes Licht erhielten [1]).

Noch in demselben Jahre erschien ein Nachdruck bei Wechel in Paris (8°), der sich auf dem Titel als eine verbesserte Ausgabe ankündigte. Allein die „collatio exemplarium" ist nicht von Benutzung einer neuen, dritten Handschrift zu verstehen, sondern nur von der Combination der Lesarten aus beiden Abschriften des Viglius, und die Verbesserung besteht nur darin, daß die „Addenda et corrigenda" in den Text selbst eingefügt sind.

Durch Amerbach ward Viglius bestimmt, die Commentaria in X Titulos Institutionum drucken zu lassen. Sie erschienen mit einer Patav. Cal. Octob. 1533 datirten Vorrede, in welcher anachronistisch schon die Ausgabe des Theophilus erwähnt wird, bei Froben 1534. fol. Der Commentar umfaßt nur J. 2, 10—19, und diese Beschränkung hat ihren Grund darin, daß das Werk aus den in Padua im Jahre 1532—1533 gehaltenen Vorlesungen hervorgegangen ist. Denn, wie uns

1) Titel: *ΙΝΣΤΙΤΟΥΤΑ ΘΕΟΦΙΛΟΥ ΑΝΤΙΚΗΝΣΩΡΟΣ.* Institutiones juris civilis in graecam linguam per Theophilum Antecessorem olim traductae, ac fusissime explicatae; nunc vero primum in lucem restitutae et recognitae, cura et studio Viglii Zuichemi Phrysii etc. Basil. in off. Frobeniana Anno 1534. Am Schlusse: Basil. in officina — Anno 1534 Mense Martio. — Fol. min.

Viglius sagt, bestehe dort das feste Herkommen, in den öffentlichen Institutionen Vorlesungen alternirend in einem Jahre über die Titel von den Testamenten, im zweiten über die Titel von den Obligationen zu lesen: und da nun auf den italienischen Universitäten sehr oft Ferien gemacht würden, so habe er in dem einen Jahre seiner Professur nur zehn Titel im Zusammenhange vortragen können.

Das Werk ist in jeder Beziehung ausgezeichnet zu nennen. Darstellung und Stil sind vortrefflich. Viglius sucht den inneren Zusammenhang der Materie zu entwickeln, und aus dem reichen Schatze seiner antiquarischen Kenntnisse giebt er historische Erläuterungen. Die Häufung von Allegationen und spitzfindigen Quästionen ist vermieden; äußerlich die durch Alciat aufgebrachte Form beobachtet, die Allegationen aus dem Text auszuscheiden und an den Rand zu setzen. Allein dennoch ist das Werk von dem mos Italicus nicht frei. Er selbst beklagt es später[1]), daß er sich der „scolastica docendi consuetudo" noch zu sehr gefügt habe, und erklärt schon in der Vorrede, daß er genöthigt gewesen sei, dem Herkommen in Padua bisweilen zu folgen und gewisse berühmte Quästionen ausführlich zu erörtern, um nicht für nachlässig oder unwissend gehalten zu werden. Daraus ist z. B. die Breite zu erklären, mit welcher ad pr. J. 2, 10 die Etymologie und die Definition abgehandelt wird. Ueberhaupt aber entschuldigt er mit der ihm gebotenen Nachgiebigkeit gegen das Herkommen die Ausführlichkeit des ganzen Werks, welche durchaus nicht den von ihm als richtig erkannten methodologischen Grundsätzen für einleitende Vorträge entspricht[2]).

Das Bemerkenswertheste an dem Commentar ist die Benutzung neuer Quellen. Daß Sichardt's Edition des Codex Theodosianus berücksichtigt wird, kann uns nicht überraschen. Allein der Commentar ist auch das erste Werk, in welchem Theophilus und die Basiliken zur Exegese verwendet sind.

---

1) Epist. ad Hermannum 23. Jan. 1535. Anal. Belg. 2, 1, 184.

2) Commentar. praefat. in Rubricam de testam. ordin.

Daß er den Theophilus in der Vorrede als kürzlich im Druck erschienen bezeichnet, ist schon erwähnt. Von den Basiliken giebt er die erste Nachricht[1]) in der Vorrede zum Theophilus, wo er von dem Umfange und Werthe der byzantinischen Jurisprudenz überhaupt handelt und fortfährt: „Ego quae assero expertus sum: et percurri aliquando voluminis quod *Βασιλικὸν* inscribitur bonam partem, quae quinque libros continebat etc." Dann führt er als Beispiele die Scholien zu Bas. 40, 1, 25; 41, 1, 3; 41, 4, 1 zum Theil wörtlich an. In seinem Commentar benutzt er die Basiliken an 5 Stellen[2]): zu Tit. 13 § 1 Schol. 2 ad Bas. 39, 1, 55; zu Tit. 17 § 3 Schol. 4 ad Bas. 41, 4, 1; zu Tit. 18 § 1 Schol. 3 ad Bas. 39, 1, 52; zu Tit. 18 § 2 Schol. 1 ad Bas. 39, 1, 35; zur Rubrica Tit. 17 führt er die griechische Bas. 39, 2 an.

Die Handschrift, welche Viglius nicht nur benutzt, sondern eigenthümlich besessen hat, ist der Cod. Paris. gr. 1345, Bas. lib. 38—42 umfassend, also jene „quinque libri" — „Inter hos est primus titulus de excusationibus tutorum" fügt er dort hinzu (Bas. 38, 1). Auf dem Umschlage befindet sich von Viglius' Hand: „Librum hunc graecum continentem 38. 39. 40. 41. 42 Basilici legalis Ego Viglius Zwichemus phrysius i. u. doctor et publicus Institutionum professor in inclyta Academia Patavina sub illustri dominio Venetorum emi a monasterio canonicorum regularium apud Tarvisium anno domini 1533."

Zwanzig Jahre etwa später hat Joachim Hopper (s. unten Kap. 9) das Manuscript, welches nachher in Cujas' und Peter Faber's Besitz war und schließlich in die Pariser Bibliothek über-

1) Ob die dunkle Erwähnung bei Diplovataccius (Savigny 3, 46 b) älter ist, steht dahin. Jedenfalls kannte D. die Basiliken nur vom Hörensagen.

2) Unvollständig Heimbach, Prolegom. ad Bas. p. 176 No. 5. Cramer, kleine Schriften S. 201 vermuthete schon, daß Viglius die Basiliken benutzt habe. Die ausdrückliche Erklärung in der Vorrede zum Theoph. scheint er nicht gekannt zu haben.

ging, von seinem ihm nahestehenden Landsmann Viglius als Geschenk erhalten. Dies sagt die auf obige Worte folgende Notiz auf dem Deckel: „Qui eum dono dedit Hoppero Frisio. j. u. d.“ Die bisweilen angezweifelte Richtigkeit und Echtheit dieser Notiz wird bewiesen durch Hopper's Dedicationsschreiben an Viglius vor den Pithanon libri (1553), worin er für das Geschenk sich ausdrücklich bedankt[1]). Auch ist es unzweifelhaft, daß Hopper aus dieser Handschrift zwei Bücher zu ediren beabsichtigte. In dem Druckerprivileg vom Jahre 1553, welches Hopper's Schriften de juris arte und Pithanon libri 2 vorgedruckt ist, werden genannt: „Ἐκ τοῦ Βασιλικοῦ τιτλοὶ δύω — cum praefatione ejusdem Joachimi.“ Hopper, der bald darauf in seine politische Thätigkeit überging, hat zwar seine Absicht nicht ausgeführt. Allein G. Tanner[2]) schreibt am 9. Mai 1554 an Bonif. Amerbach: Viglius habe das Manuscript an Hopper (der damals Professor der Pandekten in Löwen geworden) geschenkt, damit es publicirt werde; zwei „Capita“ habe dieser zum Druck nach Basel gesendet oder werde es demnächst thun; Hopper's Zuhörer hätten ihm dies erzählt.

Durch die Gunst des P. Bembus wurde Viglius auch die Venetianer Handschrift der Novellen zugänglich, die er als besser und vollständiger erkannte als die von Haloander herausgegebene[3]). Die Benutzung ergiebt sich aus der Berücksichtigung der Novellen Leo's und gelegentlichen Emendationen

1) Heimbach, Basil. vol. 6 Prolegom. p. 170. 178 s. Die Zweifel haben ihren Anlaß in Cujas' Angabe, daß er das Manuscript von Viglius erhalten habe. Dagegen erzählt Giphanius, de Imperat. Justiniano (Ingolst. 1591. 4°) lit. f, a., daß Hopper dies ihm von Viglius geschenkte Manuscript auf sein (Giphan's) Zureden „nuper“ an Cujas zur Benutzung (utendas) gesendet habe. Cujas besaß es leihweise (commendati beneficio Viglii) schon 1564 und behielt es bis zu seinem Tode; seine Erben verkauften es 1594 an Peter Faber. Cujas' Erwerbsgrund bleibt zwar im Dunkeln, doch ist kein Grund, seine Rechtmäßigkeit zu bezweifeln.

2) Briefe, herausgegeben von Stintzing S. 25.

3) Epist. ad Erasmum 17. Apr. postr. Cal. Aug. 1533. Anal. Belg. 2, 1, 141. 142.

des Haloandrischen Textes in seinem Institutionen-Commentar. Dagegen scheint er eine vollständige Abschrift oder Collation nicht davon genommen, sondern sich auf Notizen und Bruchstücke beschränkt zu haben. Wir werden auf diesen Gegenstand unten bei Gelegenheit der Herwagen'schen Edition des Corpus juris zurückkommen.

Bald nach dem Erscheinen des Theophilus bereitete Viglius eine verbesserte Edition desselben vor, zögerte aber damit aus Rücksicht auf Froben, der über den schlechten Absatz klagte, während der Commentar zu den Institutionen schon im ersten Jahre fast vollständig verkauft war. Allein schon 1536 erschien (Lovan. 4°) eine verbesserte Ausgabe von dem Professor der griechischen Sprache und berühmten Buchdrucker Rescius († 1545) in Löwen, Viglius' Lehrer, mit Anmerkungen von Peter Nannius (Professor der lateinischen Sprache zu Löwen, † 1557); und noch gegen Ende desselben Jahres eine lateinische Uebersetzung von J. Curtius in Brügge (Antwerp. 1536. 8°), dessen Angriffe gegen Nannius zu einem unerquicklichen Streite führten[1]).

Viglius' späteres Leben ist für die Wissenschaft nicht fruchtbar gewesen. Zwar kehrte er, nachdem er ein Jahr lang Official des Bischofs von Münster und von 1535 bis 1537 Beisitzer des Reichskammergerichts in Speier gewesen, noch einmal zu theoretischer Beschäftigung zurück, indem er von 1537 bis 1541 eine Professur in Ingolstadt bekleidete; dann aber ward er Mitglied des geheimen Raths in Brüssel und übte von nun an bis zu seinem Lebensende (8. Mai 1577) eine hervorragende Wirksamkeit im Dienste Karl's V. und Philipp's II., deren Darstellung und Beurtheilung der politischen Geschichte zu überlassen ist. Hier möge nur noch erwähnt werden, daß er vor dieser entscheidenden Wendung seines Lebens Berufungen nach Dôle, Marburg und Frankfurt a. O. ablehnte. Wenn in der Folgezeit seine Heimat unter seinem Eifer für den Katholicismus und

1) Näheres über diese und die späteren Ausgaben bei **Reitz**, Prodromus Theoph. Excursus IV.

die spanische, von den Schrecken der Inquisition begleitete Herrschaft schwer gelitten hat, so darf ihm wenigstens das Zeugniß nicht verweigert werden, daß die zu Grunde liegende Gesinnung von Jugend auf ihn erfüllt hat und mit seinem ganzen Wesen zur Festigkeit und praktischen Schärfe herangereift ist. Er war ein Anhänger der Autorität und des positiven Rechts und gewiß nichts weniger als ein heroischer Charakter, daher ein brauchbares Werkzeug in der Hand energischer conservativer Gewalten. Allein es ist zu weit gegangen, wenn ihm unter Berufung auf seine Dedication zum Theophilus sclavischer Servilismus und Verherrlichung des absoluten Regiments als Ideal nachgesagt wird. Denn wenn es dort heißt „nec nos aliud scire aut profiteri fas est, quam quod tibi tuisque majoribus placuit, cum Caesaris juris studiosi censeamur“, so liegt darin nichts Anderes als ein etwas emphatisches Bekenntniß der herrschenden Theorie von der Autorität des kaiserlichen Rechts.

4. Um das Bild der verwandten Bestrebungen dieser Zeit zu vervollständigen, lassen wir auf Viglius **Konrad von Heresbach**[1]) folgen, dessen hier zu besprechenden wissenschaftlichen Bemühungen ihn mit jenem in nahe Berührung brachten. Auf seinem väterlichen Stammgute Herzbach (jetzt Hersbeck) unweit Mettmann im Bergischen am 2. August 1496 geboren, studirte er seit 1512 in Köln die alten Sprachen, seit 1515 als Magister Theologie und Jurisprudenz und besuchte von 1517 bis 1519 französische Universitäten. Erasmus, zu welchem er frühzeitig Beziehungen gewonnen hatte, bestimmte ihn 1520 nach Basel zu ziehen, um in den Kreis der jungen Gelehrten einzutreten, welcher sich damals um ihn und die Basler Officinen sammelte. Allein schon um Ostern 1521 folgte er einer Berufung nach Freiburg als Lehrer der griechischen Sprache und ward

1) A. **Wolters**, Konrad von Heresbach. 1867. Durch dieses werthvolle Buch sind die früheren, zum Theil sehr ungenauen Schriften über Heresbach antiquirt.

hier, vermuthlich durch Zasius, dem juristischen Studium wieder gewonnen, zu dessen Vollendung er nach Italien ging. In Ferrara am 22. October 1522 von Virgilius de Silvestris zum Doctor juris promovirt, kehrte er, nach halbjährigem Aufenthalt in Padua, wo er sich hauptsächlich dem dort in Blüthe stehenden Studium des Hebräischen widmete, nach Freiburg zurück, um (Ostern 1523) seine alte Lehrthätigkeit wieder aufzunehmen. Allein schon im Herbste desselben Jahres gewann ihn der Herzog von Cleve als Erzieher des achtjährigen Erbprinzen Wilhelm; und Heresbach betrat damit seinen heimatlichen Boden wieder, welchem von nun an die Wirksamkeit seines reichen Lebens in engster Beziehung zum Fürstenhause angehörte. Als er im September 1533 eine Reise im Auftrage seines Fürsten unternahm, um mit Erasmus in Freiburg über Fragen der Reformation zu verhandeln, dehnte er dieselbe, empfangener Erlaubniß gemäß, zu wissenschaftlichen Zwecken aus, und noch einmal besuchte er Italien. In seinem handschriftlich erhaltenen Tagebuche berichtet er darüber nur mit wenig Worten, und auch sein Biograph gedenkt der Reise nur kurz. Für uns aber hat sie ein ganz besonderes Interesse, da Viglius, der damals in Padua lebte und ihm nahe trat, uns sagt[1]), daß Heresbach hauptsächlich deswegen, gleich anderen Deutschen, nach Italien gekommen sei, um in den Bibliotheken den griechischen Rechtsquellen nachzuforschen. Und wenn wir den Bildungsgang des Mannes überschauen, so begreifen wir, daß gerade er, der Gräcist und Jurist, sich durch Polizian's Andeutungen und Haloander's Leistungen zu erneuerten Forschungen in dieser Richtung angeregt fühlen mußte. Sein Plan mochte sein, die Spuren weiter zu verfolgen, auf welche der jüngst verstorbene Haloander hingewiesen hatte. Allein seine Bemühungen blieben ohne Erfolg; vermuthlich fand er den glücklicheren und mehr begünstigten Viglius schon im Besitz, als er

1) Epist. ad J. Cholerum 10. Febr. 1533, ad Amerbach. 8. Cal. Mart. 1533. Anal. Belg. 2, 1, 121. 126. Epist. dedicator. ad Theoph. Institut. 1534.

mit ihm in Padua zusammentraf. Für uns aber hat dies vergebliche Mühen ein Interesse als Symptom der Bewegung in den juristischen Kreisen: und zwar um so mehr, als Konrad Heresbach sich auch sonst Anspruch darauf erworben hat, in der Geschichte der Rechtswissenschaft genannt zu werden. Zwar seine Scholien zu den Institutionen, deren Viglius gedenkt, sind weder gedruckt, noch in seinem handschriftlichen Nachlasse zu finden. Aber von Bedeutung ist seine Mitwirkung bei der Abfassung des Jülich-Bergischen Landrechts von 1555[1]); und noch in seinen letzten Lebensjahren hat er ein eigenthümliches rechtsphilosophisches System[2]) entworfen.

Es liegt nicht in unserer Aufgabe, die Stellung zu schildern, welche Heresbach als ernst gesinnter und mit kluger Mäßigung vorschreitender Förderer der Reformation in der viel bewegten Geschichte seiner Heimat einnahm. Nach Vollendung der Erziehung des Erbprinzen zum herzoglichen Rath (1535) ernannt, trennte er sich vom Hofe und lebte fortan unter den glücklichsten Verhältnissen auf seinem Landgute Lorward, an den öffentlichen Angelegenheiten des Landes eifrig betheiligt, seine Mußezeit mit wissenschaftlichen Arbeiten und rationeller Pflege der Landwirthschaft (Commentarii de re rustica) ausfüllend. Er starb kinderlos am 15. October 1576. Von seiner reichen Bibliothek, über die er testamentarisch verfügt hatte, besitzen wir außer dem handschriftlichen Katalog nur noch geringe Ueberreste. Von seinem Wirken als Erzieher und Rath des Herzogs Wilhelm von Cleve giebt uns auch die Thatsache ein ehrendes Zeugniß, daß sein Fürst es war, welcher mit weiser Einsicht den Hexenverfolgungen entgegentrat. Am clevischen Hofe lebte als Leibarzt der vortreffliche Jacob Weier, dessen 1563 erschienenes Werk „de praestigiis daemonum“ den herrschenden Wahnsinn zuerst bekämpfte.

1) Stobbe, Gesch. d. d. Rechtsquellen 2, 394. Wolters S. 125 ff.

2) Christianae jurisprudentiae epitome, auctore D. D. C. Heresbachis etc. Neostadii 1586. 8°. Wolters S. 201 ff. 239.

5. Johann Herwagen in Basel faßte den Plan, den Lyoneser Druckern durch eine verbesserte reine Textausgabe des Corpus juris Concurrenz zu machen. Viglius lehnte 1539 die Leitung des Unternehmens ab; auch machte er darauf aufmerksam, daß die Zahl derer, welche die Glosse gering schätzten und den Text allein verlangten, zu gering sei, um genügenden Absatz zu verbürgen, und fügte hinzu: „ego sine glossis jus civile recte disci non posse puto, nec textus nudi editionem juris studiosis valde utilem fore arbitror". Schließlich weist er Herwagen an Amerbach, der ihn am besten berathen werde[1]).

Dieser Abmahnung ungeachtet gab Herwagen das Unternehmen nicht auf. Die vier Theile des Corpus juris erschienen 1541. fol. ohne Glosse[2]): und es ist diese Ausgabe merkwürdig als Mittelstufe zwischen den Haloandrischen einerseits und den Torelli'schen Pandekten und Scrimger'schen Novellen andrerseits.

Den Pandekten liegt die Haloandrische Recension zu Grunde; doch finden sich Abweichungen, welche auf Alciat's Mitwirkung zurückzuführen sind. Ihm verdankte Herwagen auch den griechischen Text der Fragmente Modestin's im Tit. de excusation. 27, 1, welcher hier zum ersten Male publicirt wurde. Augustinus (Emendat. 1, 3. ad Modestinum, praefatio 1544) tadelt ihn als mangelhaft aus Polizian's Papieren abgeschrieben und hofft von der im Werke befindlichen Torelli'schen Ausgabe mehr und Besseres.

Auch der Codex giebt den Text Haloander's mit einigen Emendationen. Vergebens hatte sich Herwagen um die griechischen Constitutionen bemüht, welche jenem unleserlich geblieben waren. Viglius, an den er sich wendete, erwiderte ihm, er würde sehr gerne helfen, wenn er nicht seiner Zeit in Venedig, trotz der Protection eines Mannes wie P. Bembus, entschiedene Zurückweisung bei seinen Nachforschungen erfahren hätte[3]).

1) Anal. Belg. 2, 1, 263 ff.
2) Spangenberg, Einleitung S. 437. 773 f.
3) Anal. Belg. 2, 1, 266.

Die Novellen[1]) erscheinen hier im griechischen Text Haloander's, in seiner Uebersetzung und in der versio vulgata. Merkwürdig aber sind die angehängten Emendationen und Supplemente des griechischen Textes, in welchen Biener ganz richtig eine Benutzung des Venetianer Manuscripts (von Scrimger) erkannte, ohne sich den Zusammenhang erklären zu können. Die Correspondenz zwischen Viglius und Herwagen giebt den erwünschten Aufschluß[2]). Jener, der, wie wir oben sahen, das Venetianer Manuscript seiner Zeit benutzte, hatte Herwagen, der ihn um Mittheilung seines Materials gebeten, an die „fratres Agnini" gewiesen, die Alles, was er von den Novellen besitze, ebenfalls abgeschrieben hätten. Er freut sich später zu hören, daß jene Herwagen's Wunsch entsprochen hätten, und erklärt sich zu etwaigen Ergänzungen bereit. Allein, fügt er hinzu, Herwagen werde nicht gut thun, diese „fragmenta" seiner Ausgabe anzuhängen; denn sie seien „inemendata, nec justo judicio satis trutinata". Auf keinen Fall wolle er seinen Namen dazu hergeben, weil er von der Publication mehr Tadel als Lob zu erwarten habe. So erklärt es sich, daß die Verbesserungen und Ergänzungen aus dem Venetianer Manuscript ohne Angabe der Quelle aufgenommen sind. Ob die kleineren Eigenthümlichkeiten im Texte selbst, welche ihn als eine von Haloander abweichende Recension erscheinen lassen, auf Alciat's oder, was wahrscheinlicher, auf Amerbach's Conjecturen zurückzuführen sind, muß dahingestellt bleiben.

Die oben erwähnten fratres Agnini, Hieronymus und Marcus, die ihren Familiennamen „zum Lamb" in üblicher Weise latinisirten, gehören zu den jungen Deutschen, welche sich damals um die griechischen Rechtsquellen bemühten. Sie waren mit Viglius in Padua und Venedig; er gedenkt öfters ihrer Hülfe; er übergab ihnen 1533 seine Abschrift des Theophilus, um sie dem Amerbach auf ihrer Heimreise zu überbringen.

1) Biener, Gesch. d. Novellen S. 351 ff. 554 ff.

2) Anal. Belg. 2, 1, 264.

Hieronymus war später Advocat am Reichskammergericht, seit 1541 Fichard's College als Syndicus von Frankfurt. Er soll 1559 gestorben sein[1]).

6. Georg Tanner[2]), ein Oesterreicher (Austriacus Eberstorfensis), ist um 1520 geboren, hat von 1540 bis 1556 ein gelehrtes Wanderleben durch Deutschland, Frankreich und Italien geführt, bis er endlich 1557 in Wien eine Professur der griechischen Sprache in der Artistenfacultät erlangte und, nachdem er 1560 in Padua zum J. U. D. promovirt war, auch in die juristische Facultät recipirt wurde. Das letzte sichere Datum seines Lebens ist, daß er 1579/80 das juristische Decanat bekleidete; er scheint diese Amtsführung nicht oder nur kurz überlebt zu haben. Seine Wanderjahre brachten ihn in Verbindung mit den hervorragendsten Gelehrten seiner Zeit, und seine Briefe bieten eine Fülle der interessantesten literärgeschichtlichen Notizen. In Bourges war er um 1549 eifriger Schüler Baro's, Duaren's und Balduin's; in Basel trat er um 1552 in freundschaftliche Beziehungen zu Bonifacius Amerbach, mit dessen Sohn Basilius er von 1553 bis 1555 in Padua die Vorlesungen der Juristen Panzirolus und Gribaldus, sowie die des Philologen Rober-

1) Viglius praefatio ad Theoph. Anal. Belg. 2, 1, 120. 149. 176. 264. Fichardi Annales. Kirchner, Gesch. der Stadt Frankfurt a. M. 2, 362. Das hier angegebene Geburtsjahr (1518) kann nicht richtig sein. Von ihm ist publicirt: Ludw. Gremps und Hieronymi zum Lamb zween ausführliche Rathschläge — der Reichsstädte Session und Votum betreffend. Spirae ohne Jahr. Frankfurt 1615. 4°. Stepf, Galerie 3, 317.

2) Stintzing, G. Tanner's Briefe an Bonifacius und Basilius Amerbach. 1554—1567. Bonn 1879. Dazu de Wal, Opmerkingen en Gissingen etc. in den Schriften der kgl. Akademie zu Amsterdam Abtheilung Letterkonde Deel VIII. 1879. Nachzutragen ist noch die Erwähnung Tanner's Gudii Epist. p. 175. — Von einer „Entdeckung" der Tanner'schen Briefe durch mich kann nicht die Rede sein, da sie in den Verzeichnissen der Basler Briefsammlung registrirt sind. Der „glückliche Zufall", welcher mich auf dieselben „führte" und mich veranlaßte, ihre historische Bedeutung zu ermitteln und darzulegen, war ein Gespräch mit J. J. Bachofen am gastlichen Tische unseres gemeinsamen, seitdem verstorbenen Freundes Fr. Dor. Gerlach in Basel am 11. September 1876.

tellus besuchte. Nachdem er auch Rom kennen gelernt hatte, verließ er im Herbst 1556 Italien. Eifrig hat er sich dort um griechische Manuscripte bemüht. In Ancona erwarb er 1555 ein Manuscript der Synopsis minor[1]), deren Edition er geplant zu haben scheint. Vorher aber schon hatte er in Padua die kritische Arbeit vollendet, um derentwillen H. Agyläus[2]) von ihm sagt: „hunc quoque pro jurisprudentiae instauratore agnosci debere". Diese bisher wenig bekannten Bemühungen bilden eine interessante Episode in der Geschichte der Novellen-Editionen.

Im November 1553 waren Tanner durch Vermittlung des päpstlichen Legaten L. Beccatellus die Schätze der Marcus-Bibliothek in Venedig zugänglich geworden. Er verwendete den Winter darauf, die Novellen abzuschreiben, und berichtete darüber (Patav. Febr. 1554) an Bonif. Amerbach mit der Bitte, den Druck in Basel zu vermitteln. In seinem ausführlichen Briefe giebt er den Bestand seines Materials genau an, und wir erkennen, daß es dasselbe war, welches Scrimger 1558 publicirte. Von diesem erzählt Tanner, daß er (quidam Henricus Scotus) vor fünf Jahren dieselben volumina abgeschrieben und ihm sowie den Professoren Baro, Duarenus und Balduinus in Bourges seine Abschrift gezeigt habe. Dringender Aufforderung zur Publication ungeachtet habe Scrimger seinen Schatz bisher verheimlicht; jetzt aber, nachdem er von Tanner's Arbeiten gehört, intrigire er gegen ihn und verbreite das Gerücht, daß Tanner's Material gefälscht sei.

Die Verhandlungen über die Drucklegung zogen sich ohne Resultat in die Länge; es scheint, daß die Basler Drucker fürchteten, bei einer bloß griechischen Textesausgabe ihre Rechnung nicht zu finden. Inzwischen kam Scrimger ihnen mit seiner

1) Es ist der Cod. Vindob. jurid. 5, welchen Zachariä seiner Ausgabe zu Grunde gelegt hat. Jus graeco-romanum II, 3. 7.

2) Justiniani principis novellae constitutiones latine etc. 1561. Praefatio. Danach J. Gothofredus Manuale juris, Bibliotheca cap. IV.

Ausgabe[1]) zuvor. Demungeachtet hielt Tanner seine Arbeiten nicht für überflüssig; er verlangt seine seit Jahren nutzlos bei Herwagen liegenden Manuscripte zurück, um sie anderweitig zu verwenden (Viennae Mai 1561), und wir erfahren bei dieser Gelegenheit manches Interessante über seine und Scrimger's Arbeit.

Scrimger, mit welchem Tanner im November 1560 in Venedig wieder zusammentraf und nach Wien zurückreiste, hatte das Venetianer Manuscript nicht selbst abgeschrieben, sondern sich der „vicaria opera cujusdam Graeculi" bedient, welcher „majore lucelli et utilitatis, quam fidei ratione adductus" die Arbeit so schnell wie möglich absolvirte. Dann hatte Scrimger die Lücken seines Exemplars nach einer Abschrift des Legaten Beccatellus ergänzt: denn, fügt Tanner hinzu, in dem Codex der Marcus-Bibliothek seien manche Zeilen durch das Alter fast verlöscht; der Legat aber habe sie „cujusdam artificiosi liquoris subsidio" wieder lesbar gemacht.

Diese Nachrichten erläutern und erklären die Resultate, welche Heimbach's[2]) Untersuchung der Vaticanischen Novellenhandschrift ergeben haben: und in Verbindung mit einander machen sie es gewiß, daß jener Cod. Vat. Palat. 357 eben nichts Anderes ist als Scrimger's Abschrift. Er hat sie dem gelehrten Ulrich Fugger verkauft und auf dessen Kosten bei Stephanus in Genf drucken lassen: daher die Notiz auf dem Titelblatt „Ex bibliotheca ill. viri Huldrici Fuggeri — Anno 1558 excudebat H. Stephanus Huldrici Fuggeri typographus". Fugger vermachte seine Bücherschätze der Heidelberger Bibliothek, als deren Bestandtheil (Sylburg, Catalogus ms. codd. graecor. bibl. Palatinae p. 123) sie nach der Plünderung Heidelbergs in den Vatican gekommen ist.

Tanner war in der Lage, durch sein Material eine verbesserte Ausgabe der Novellen herstellen zu können, da er es in

1) A. 1558. Excudebat Henr. Stephanus Huld. Fuggeri typographus (Genf).

2) Zeitschr. f. gesch. Rechtswissenschaft 8, 335 ff.

fortgesetzten Mühen vervollkommnet hatte. Seine erste Abschrift nämlich war nicht dem Original, sondern jener Abschrift, welche der Legat Beccatellus ebenfalls durch einen unzuverlässigen „Graeculus" hatte anfertigen lassen, entnommen: denn die Benutzung der Manuscripte der Marcianischen Bibliothek war neuerdings wegen Veruntreuungen, die sich „harpyae Hispanicae per bibliothecas passim volitantes" hatten zu Schulden kommen lassen, sehr erschwert worden. Indessen unter Amerbach's Drängen hatte Tanner nicht geruht, bis es ihm gelungen war „ipsum Bessarionis archetypum" nicht nur in seinem Gasthofe in Venedig zu benutzen, sondern selbst mit sich nach Padua zu nehmen. Mit erneuter Anstrengung hat er dann eine zweite Abschrift und Collation mit der Pariser Octavausgabe der Novellen (1541. 1553) angefertigt und im Frühjahr 1556 nach Basel gesendet.

7. Von den Tanner'schen Arbeiten ist der Nachwelt nur ein kleines Stück zu gute gekommen. Seine Manuscripte sind verloren, jedoch noch vor ihrer Rücksendung in Basel von Agyläus benutzt worden. Heinrich Agyläus, um 1530 zu Herzogenbusch geboren, ist im Mai 1560 als „H. Agylaeus Sylvaducensis Jurisconsultus" in Basel immatriculirt. Später war er Gesandter von Utrecht bei den Generalstaaten, seit 1586 Mitglied des höchsten Gerichts und patronus fisci; gestorben 1595. Er hat sich durch mehrere Arbeiten um die griechischen Quellen verdient gemacht[1]). Sein Liber singularis ad ea quae in novellis Justiniani constita jus civile attingunt (Colon. 1558. 8°) ist ein eigenthümlicher Auszug, der den civilrechtlichen Inhalt der Justinianischen Novellen in der Form von Edicta, Leges, Senatusconsulta, Rescripta, Responsa zusammenstellt und durch Zusätze erläutert. Das Erscheinen der Scrimger'schen Novellen (1558) veranlaßte ihn, eine Sammlung von Verbesserungen

1) Zepernick, delectus scriptorum Novellus illustrantium. 1783. p. XXV s. p. 1—171. 280—294. Biener, Gesch. d. Novellen S. 379—385. A. d. B. 1, 158 (Muther).

und Ergänzungen der Haloandrischen Uebersetzung zu publiciren: Novellarum Justiniani principis constitutionum supplementem. Colon. 1560. 8°. Angehängt ist die Uebersetzung der Edicte Justinian's und nachjustinianischer Novellen, welche unmittelbar darauf selbständig mit Verbesserungen herausgegeben wurde: Imperatoris Leonis — novellae — Imp. Justiniani edicta, Imp. Justini constitutiones aliquot, Imp. Tiberii const. una, Imp. Zenonis const. una. — Excudebat Henr. Stephanus. 1560. 8°. Diese beiden Werke sind Vorarbeiten zu der vollständigeren und verbesserten Uebersetzung Justiniani principis novellae constitutiones latine ex G. Haloandri et H. Agylaei interpretatione, ad graecum Scrimgeri exemplum nunc primum editae etc. Basil. per Jo. Hervagium. 1561. 4° [1]).

Wir haben hier also abermals eine Basler Edition vor uns, und zwar erfahren wir aus Tanner's Brief (Mai 1561), daß Agyläus durch Amerbach auf Tanner's bei Herwagen liegende Manuscripte hingewiesen ist. In einem Briefe, den dieser verspätet erhielt, hat Agyläus ihm seinen Plan einer verbesserten Uebersetzung mitgetheilt und um Genehmigung der Benutzung jener Papiere gebeten. Hieraus erklären sich wohl zum Theil die Abweichungen dieser letzten Bearbeitung von den früheren; und Agyläus bezeugt seinen Dank durch folgenden Passus in der Vorrede: „Quos (den Florentiner Pandekten) haud ita longo post intervallo prope plenum novellarum Justiniani corpus subsecutum est, ab H. Scrimgero in publicum usum productum, quum quadriennium ante Georgius Tannerus idem librariis Basileensibus excudendum dedisset: quorum procrastinatione, quod aut graeca sola edere nollent aut nescio quid requirerent, illi ea laus praecepta est. Quod eo commemoro, ut sciatur, hunc quoque pro jurisprudentiae instauratore agnosci debere; cui postquam multos labores

1) Inzwischen war auch erschienen Novellae Justiniani imp. constit. a Gr. Haloandro e graeco versae et editae — nunc vero revisse et emendatae etc. Paris, Stephanus. 1560.

exantlasset atque quam pro re familiari plusculum impendii fecisset, eventus non responderit." Es verdient hervorgehoben zu werden, daß Agyläus dem Haloander die größte Anerkennung zu Theil werden läßt und unter seinen Tadlern namentlich den Contius abfertigt.

Dem Supplementum ist eine Abhandlung über die Subscriptionen (de dierum annotatione) vorangestellt. Ueberdies verfaßte Agyläus während seines Aufenthalts in Basel eine Uebersetzung von Photius Nomocanon, nach einer Handschrift, welche Amerbach gehörte: Photii — Nomocanonus — una cum annotationibus Th. Balsamonis — H. Agylaei auspiciis in Latinum deductus sive latinitate donatus. Basil. p. Oporinum. 1561. fol.

8. In demselben Jahre erschien ebenfalls bei Oporin: De varia temporum in jure civili observatione Eustathii olim Constantinopolitani antecessoris Libellus. Item leges Rhodiorum navales, militares et georgicae Justiniani etc. opera et studio Simonis Schard J. C. Basil. 1561. 8° [1].

Der Herausgeber Simon Schard, von welchem unter den Assessoren des R.K.G. nähere Nachricht gegeben werden soll, hatte die Handschriften — wie er in der Epist. dedicatoria an den Augsburger Bürgermeister Hainzel berichtet — im vorhergehenden Winter in Italien kennen gelernt, wobei er sich auf Empfehlung des Wilh. Sirletus auch der Unterstützung des Antonius Augustinus zu erfreuen hatte. Die Edition der Leges ruht auf der Vergleichung mehrerer Handschriften in Rom; über die handschriftliche Grundlage des Eustathius spricht Schard sich sehr undeutlich aus. Dem griechischen Texte hat er eine lateinische Uebersetzung gegenüber gestellt, der er einzelne erläuternde Anmerkungen und Verweisungen auf die Gesetze, aus denen Eustathius schöpfte, beifügt. In diesen findet sich jedoch nicht der von Zachariä (S. 6 Note 2) gerügte Irrthum, daß Harme-

1) Zachariae, *Αἱ Ῥοπαί* oder die Schrift über die Zeitabschnitte. 1836. S. 4 ff.

nopulos als Quelle citirt wird; vielmehr ist derselbe erst in die spätere Ausgabe Rostochi 1671. 4° eingefügt. Der Uebersetzung wird Ungenauigkeit vorgeworfen, und Scharb sagt selbst in der Vorrede, daß er die Beschäftigung mit dem Griechischen längere Zeit vernachlässigt habe. Im folgenden Jahre erschien die Ausgabe des Cujas nach anderen Handschriften, welche dann nach neuen Collationen in Löwenklau's jus Graeco-Romanum T. 2 mit neuer Uebersetzung überging.

9. Um dieselbe Zeit war der gelehrte Johann Löwenklau[1]) aus Amelburen in Westfalen mit verwandten Studien beschäftigt. Von den Basiliken war bisher im Original nichts gedruckt. Im Jahre 1557 erschienen von dem Theologen Gratianus Hervetus einige Bücher in lateinischer Uebersetzung; 1566 von Cujas das 60. Buch ebenfalls übersetzt. Leunclavius, der aus der Bibliothek des Johannes Sambucus eine in Tarent aufgefundene Handschrift der Synopsis erlangte, gab diese im Originaltext mit beigefügter lateinischer Uebersetzung 1575 in Basel heraus[2]). „Leider hat Löwenklau in seiner Edition, der einzigen bis jetzt existirenden, die (ursprünglich alphabetische) Ordnung der Titel umgeändert und diese nach der Originalordnung der Basiliken, wie er sie sich vorstellte, herumgeworfen." Joh. Thomas Freigius, der damals als Corrector in Basel lebte, sagt, daß er die „Epitome Basilicōn" übersetzt und corrigirt habe, daß sie dann unter anderem Namen herausgegeben sei[3]). Löwenklau dagegen behandelt die Uebersetzung als sein eigenes Werk in der Vorrede. Die Ergebnisse der fortgesetzten Studien Löwenklau's auf diesem Gebiet sind nach seinem Tode von M. Freher (Juris Graeco-Romani

---

1) Leunclavius, geb. 1533, war von 1562 bis 1565 Lehrer am Pädagogium in Heidelberg, durchreiste den Orient, ließ sich später in Wien nieder, wo er im Juni 1593 starb.

2) LX Librorum *Βασιλικῶν* — Ecloga sive Synopsis hactenus desiderata nunc edita per Joan. Leunclaium etc. Basil. Episcopius. 1575. fol.

3) Epist. ad J. M. Oltingerum Mart. 1576. Zeidler, vitae 1, 12 s.

tam canonici quam civilis tomi duo. Francof. 1596. fol.) herausgegeben. Im zweiten Bande befindet sich, wie oben erwähnt, der Eustathios.

**10.** Nicht in Basel gedruckt ist, was bei der dortigen Betriebsamkeit auffallen muß, das Manuale legum dictum Hexabiblus des Harmenopulos, obgleich es in Deutschland besonderes Interesse erweckte, nachdem es zuerst 1540. 4° in Paris von Th. Ad. Suallemberg herausgegeben war. Bernard von Rey, J. U. D. in Köln, ließ 1547 (Colon. 8°) eine lateinische Uebersetzung erscheinen, der 1556 eine andere von Mercer in Leyden folgte, welche beide mehrere Auflagen erlebten. Endlich hat Justinus Gobler das Buch ins Deutsche übersetzt unter dem Titel: Handbuch und Auszug kaiserl. und bürgerl. Rechten, aus dem Latein. des Harmenopuli ins teutsche übersetzt. Frankf. 1566. fol. Dagegen sind die ersten Ausgaben der Notitia dignitatum[1]) von Baseler Druckern veranstaltet. Nach den unvollständigen Ausgaben des Alciat (Lugdun. 1529. Basil. 1546. 1552), Georg Fabricius (Basil. 1549 oder 1550), Anton Schonhovius (Basil. 1549. 1552) besorgte der gelehrte Vorsteher und Corrector der Froben'schen Officin Sigmund Gelenus († 1554) die erste vollständige Edition: Notitia utraque cum Orientis tam Occidentis ultra Arcadii Honoriique tempora etc. Basil. 1552. fol., der erst 1593 die Venetianer mit Commentar von Panzirol folgte. Von der Abschrift, welche, wie es scheint, Haloander in Ferrara angefertigt hatte, ist niemals eine Spur wieder zum Vorschein gekommen; und ob Panzirol dieselbe Handschrift benutzt hat, welche dereinst jenem vorgelegen, ist nicht zu entscheiden.

1) Böcking, über die Notitia dignitatum. 1834. S. 43—55.

## Siebentes Kapitel.

# Beginn der synthetischen Richtung und Principienkämpfe bis um die Mitte des 16. Jahrhunderts.

1. Einleitung. — 2. Methodologische Versuche. Agricola. Cantiuncula. Hegendorfinus. Franz Frosch. — 3. Systematische Versuche. Sebastian Derrer. Eheim. Hopper. — 4. Wittenberg. Seine Anfänge. Göden. Scheurl. Schürpf. — 5. Der Kampf um das positive Recht. — 6. Der Kampf um das kanonische Recht. — 7. Melanchthon. — 8. Johann Apel. — 9. Konrad Lagus. — 10. M. Kling. — 11. Johann Schneidewin.

1. Wenn eine Wissenschaft, sei es durch fortgesetzte analytische Arbeit, sei es auf dem Wege der Beobachtung, einen reichen Schatz einzelner Kenntnisse aufgehäuft hat, so pflegt über kurz oder lang sich die Empfindung einzustellen, daß sie trotz dieses Reichthums Mangel leide, da es ihr an dem Mittel der vollen Herrschaft fehlt, die nicht schon das Wissen, sondern erst das Erkennen zu gewähren vermag. Die Fragen nach den Gründen und dem innern Zusammenhange der Einzelheiten drängen sich heran, und es beginnt (vgl. oben S. 140 ff.) die auf das Erkennen dieser hinter den Thatsachen liegenden, sie verknüpfenden geistigen Fäden gerichtete Arbeit, welche wir, insofern ihr Ziel die Zusammenfügung eines rationell geordneten Ganzen ist, mit dem Namen Synthese bezeichnen dürfen.

Zwar hat es an solcher Art der Betrachtung in der Jurisprudenz niemals ganz gefehlt. Man hatte von Alters her aus den Einzelheiten allgemeinere Sätze (brocardica, regulae, loci) abstrahirt und nicht unterlassen, für die einzelnen Bestimmungen rationes anzugeben, die sich in stabiler Form als traditionelle Schulweisheit forterbten. Allein diese dürftigen Ergebnisse synthetischer Betrachtung standen doch nur als unverbundene Einzelheiten neben einander. Sie führte nicht über ein äußeres Fachwerk hinaus, in welches die Einzelheiten zu leichtem und schnellem Auffinden vertheilt waren. Etwas Anderes und Neues ist die Frage, ob sich die Gesammtheit der Einzelheiten zu einem durch in einander greifende Gründe verbundenen Ganzen zusammenfassen und auf einen letzten und höchsten Grund zurückführen lasse.

Das Verlangen nach solcher Erkenntniß der Dinge gehört zu der dem deutschen Wesen eigenthümlichen Begabung. Wenn es sich lange Zeit dem Stoffe der Rechtswissenschaft gegenüber nicht regte, so liegt der Grund in der überwältigenden Macht der Autorität, mit welcher diese als eine fertige, abgeschlossene Masse auf den deutschen Gelehrten lastete, nicht minder in der fast ausschließlich praktischen Tendenz des Studiums.

Ein praktisches Anliegen ist es denn auch, welches zunächst zur Prüfung synthetischer Fragen den Anstoß giebt. Man untersucht, ob und wie das Recht in rationeller Weise gelehrt und gelernt werden könne. Von hier auf die Frage geführt, ob ein systematischer Zusammenhang im Recht bestehe, prüft man den rationellen Werth der Gliederung, welche Justinian seinen Rechtsbüchern gegeben hat. Wie die Antwort hier verschieden lautet, so machen sich auch über die verbindliche Kraft und über den didaktischen Werth der überlieferten Ordnung, der Bücher und Titel, abweichende Meinungen geltend. Diejenigen, welche sich zur Negative bekennen, werden von den methodologischen Fragen zu dem Versuche eines selbständigen systematischen Aufbaues des positiven Rechts und zur Untersuchung der letzten Gründe des Rechts überhaupt gedrängt.

2. **Methodologische Versuche.** Die methodologischen Schriftsteller dieser Zeit, von denen die wichtigsten hier besprochen werden sollen, unterscheiden nicht zwischen wissenschaftlicher Forschung und Schule. Das Bedürfniß der letzteren ist ihnen Ausgangspunkt und Ziel. Sie stellen sich die Frage allgemein, wie das juristische Studium einzurichten und wie es vorzubereiten

sei; und ihre Erörterungen sind eben so sehr hodegetisch, als methodologisch. Sie treffen sämmtlich in dem einen Punkte zusammen, den überlieferten Commentarien den Krieg zu erklären, humanistische Vorbildung zu fordern und allen Nachdruck auf das Studium der Quellen zu legen. Nicht minder fordern sie einen geordneten Studiengang, der mit den Institutionen zu beginnen ist — ein Satz, der uns selbstverständlich scheint, dessen immer wiederkehrende Betonung aber zeigt, in welche Zerfahrenheit und Verwirrung die akademische Lehrzeit gerathen sein mußte.

Wenn aber der Lehrer und Schüler sich auf eigene Füße stellen und von den Commentatoren emancipiren sollte, so war es desto nothwendiger, ihn mit dem zum richtigen Verständniß der Quellen erforderlichen wissenschaftlichen Apparat auszurüsten. Kenntniß der lateinischen und wo möglich auch der griechischen Sprache wird verlangt. Allein zur Zergliederung der Gedanken, zur Combination und Argumentation bedarf es der formalen Bildung durch Rhetorik und Dialektik. Wenn man auf der andern Seite sah, welches Unheil gerade die dialektische Spitzfindigkeit in der Jurisprudenz angerichtet hatte, wie die Scholastik unter der neuen Zeitströmung in Mißcredit gerathen war, so erschien es als Bedürfniß, aus jenen beiden unter sich so eng verwandten Disciplinen das für den Juristen Unentbehrliche herauszuheben und die angemessene und fruchtbare Anwendung auf die Jurisprudenz zu zeigen. Man konnte dabei auf die reformatorischen Werke Rudolf Agricola's und Melanchthon's bauen, durch welche jenen eine neue, vereinfachte Gestalt gegeben war. In diesem Sinne haben Claudius Cantiuncula seine Topica legalia und Hegendorfinus seine Dialectica legalis geschrieben, Lehrbücher zur Vorbereitung des juristischen Studiums, deren didaktischer Werth nur für eine Zeit zu verstehen ist, welche eine methodische Schulbildung nicht voraussetzen konnte.

Die Hauptgedanken der methodologischen Anweisungen, welche wir bei den folgenden Schriftstellern ausgeführt finden, hat schon Rudolf Agricola (geb. zu Baflo bei Gröningen 1443, gest. 24. Octbr. 1485) in einem öfters gedruckten Briefe vom Jahre 1484 ausgesprochen[1]).

Es handelt sich nach Agricola beim Studium überhaupt um drei Dinge: das Verstehen, das Behalten und das Erfinden. Auf das Verstehen ist alle Mühe beim Lesen zu verwenden; jedoch soll man nicht bei schwer verständlichen Stellen ängstlich hängen bleiben, sondern fortschreiten und auf günstigeren Erfolg bei Wiederholung vertrauen. Um das Verstandene zu behalten, ist das Gedächtniß anzustrengen und durch Uebung und Wiederholung zu kräftigen. In der eigenen Erfindung aber zeigt sich erst die Frucht des Studiums. Damit wir Eigenes hervorbringen können, müssen wir vor allem das Erlernte jederzeit in Bereitschaft haben, und dazu dient es, die Einzelheiten, welche wir wissen, mit allgemeinen Begriffen in Verbindung zu setzen oder unter loci communes zu ordnen. Ob dabei schriftliche Collectaneen oder nur rationelle Schemata des Gedächtnisses gemeint sind, ist nicht zu erkennen; muthmaßlich will Agricola Beides empfehlen. Endlich aber ist es zur eigenen Erfindung nothwendig, daß man die Dinge, die man weiß, unter verschiedenen Gesichtspunkten und in ihren verschiedenen Beziehungen zu anderen Dingen betrachte. Die Methode solcher Betrachtung hat er in seiner erst lange nach seinem Tode gedruckten Schrift De inventione dialectica ausführlich dargelegt. Er stellt darin die Verhältnisse oder Gesichtspunkte, die er mit dem herkömmlichen Namen loci bezeichnet, zusammen. Die inventio ist ihm nicht ein Theil der Rhetorik, wie bei Cicero, sondern der Denklehre oder Dialektik, deren zweiten, von ihm nicht behandelten Theil das Urtheil (judicium) bildet.

Claudius Cantiuncula[2]) (Claude Chansonnette), im letzten Jahrzehnt des 15. Jahrhunderts in Metz, wo sein Vater Notar

1) Libellus de formando studio vere aureus — cujus auctores sunt R. Agricola, Erasmus Roterodamus, Phil. Melanchthon. Colon. 1532. 8°.

2) Rivier, Claude Chansonnette et ses lettres inédites. Bruxelles 1878. 8°. Durch diese Schrift ist die ältere Literatur über Cantiuncula antiquirt. Vgl. noch A. d. B. 3, 767 f. 1876 (Rivier). Horawitz, Briefe des Cl. Cantiuncula und U. Zasius. Sitzungsber. d. phil.-histor. Klasse der Wiener

war, geboren, hat, wie es heißt, in Leipzig, dann in Löwen studirt. Er kam 1517 nach Basel, ward hier 1519 zum Doctor juris promovirt und noch in demselben Jahre zum Ordinarius legum ernannt und zum Rector erwählt. Von Anfang an in den Kreis der oberrheinischen Humanisten eingetreten, knüpfte er freundschaftliche Beziehungen an zu Cornelius Agrippa, Zasius in Freiburg, zu Erasmus, Beatus Rhenanus, Glareanus, Amerbach. Wie die politischen und socialen Unruhen, von denen die Durchführung der Reformation in Basel begleitet war, seinen dortigen Freundeskreis zerstreuten, so scheint er in gleichem Anlaß seine Professur aufgegeben zu haben. Er trat 1523 in den Dienst des Raths von Metz, und wir finden ihn von nun an in den mannigfaltigsten Geschäften für seine Vaterstadt und König Ferdinand verwendet; eine rastlose Thätigkeit, die ihn durch Deutschland, Oesterreich, Spanien und Frankreich führt. Im Jahre 1532 ist er Referens extraord. am Kammergericht[1]); 1538 in Wien, wie es scheint als Rath des Königs Ferdinand. Ob er dort, wie gesagt wird, eine Professur bekleidet hat, ist zweifelhaft. Seit 1542 etwa ist er Kanzler der vorderösterreichischen Regierung in Ensisheim. Wie lange er dieses Amt verwaltet hat, ist eben so ungewiß wie der Ort und die Zeit seines Todes. Es heißt, daß er in seiner Vaterstadt um 1560 gestorben sei.

Seine geschäftliche Thätigkeit hat ihn den wissenschaftlichen Interessen nicht entfremdet; er pflegt einen regen Verkehr mit den ihm befreundeten Gelehrten und besucht auf seinen Reisen die Bibliotheken. Seine elegant und klar geschriebene Paraphrasis in tres libros Institutionum ist in den Jahren 1533. 1534. 1538 vollendet; an seinen Tractatus de officio judicis legte er

---

Akademie. März 1879. Bd. 93 S. 425 ff. Schriften: Topica. Basil. 1520. 1545. Oratio apologetica in patrocinium juris civilis. Basil. 1522. Paraenesis de studio juris. Basil. 1522 u. öfter. Paraphrasis in libros tres priores Institutionum. In libr. 1. Hagen. 1533. In libr. 2. Lugdun. 1535. In libr. 3. Lovan. 1549. De officio judicis. Basil. 1543 Consilia ed. per G. Cnutelium. Colon. 1571. Seine Oratio apologetica ist oben Kap. 3 S. 100 besprochen.

1) Harpprecht, Staatsarchiv 5, 77. 97.

1543 die letzte Hand. Von Ensisheim aus erstattete er auf Ersuchen des Nürnberger Raths 1546 das handschriftlich erhaltene „Bedenken zu Pesserung und Emendation der Nürnbergischen Reformation“ (37 Folioseiten), in welchem er sich über einige Artikel vom Standpunkte eines Romanisten aus verbreitet.

Für uns sind von größerem Interesse zwei Schriften, welche seiner Basler Periode angehören.

Durch Agricola's und Melanchthon's Compendien der Dialektik angeregt und belehrt, wie diese Disciplin, auf einfache Gesichtspunkte zurückgeführt, zur Klärung und Sicherung wissenschaftlicher Argumentation dienen könne, entwarf er seine Topica legalia (vgl. oben S. 120). Von Zasius, dem er das Manuscript mitgetheilt hatte, durch Beifall ermuthigt und Besserungsvorschläge unterstützt, gab er sie 1520 heraus. Er will darin die sichere und einfache Methode der Argumentation zeigen, deren erstes Erforderniß es sei, zu wissen, wie und wo die Beweisgründe zu finden sind. Dies geben die loci (*τόποι*), die sedes argumentorum an, die man daher kennen und lernen muß. „Est enim sine Topicis jureconsultus mutus et elinguis alteroque lippiens oculo.“ Dabei läßt er die äußerlichen Beweismittel (loci externi: Zeugen, Urkunden u. s. w.) aus der Betrachtung und behandelt nur die loci interni, die logischen Beweisgründe, deren er, ähnlich wie Agricola, 26 aufstellt. Es geschieht dies im Gegensatz zu der bei den Juristen herkömmlichen Art und Weise der Argumentation, welche sich entweder über die loci gar keine Rechenschaft giebt oder deren zahllose ohne logisches Fundament annimmt und daher in Zuchtlosigkeit und willkürliche Sophistik, mit bloßen Einfällen und Scheingründen operirend, gerathen ist. Er tritt dadurch in Gegensatz zu seinem Vorgänger Everardus. Die Anwendung der loci, d. h. die Bedeutung derselben und die Herleitung des Beweises aus den in ihnen enthaltenen Momenten und Gesichtspunkten, zeigt Cantiuncula an juristischen Beispielen, ähnlich wie Cicero dem Trebatius Testa die Topik erläutert hatte. Indeß geht er über seinen didaktischen Zweck hinaus durch breite Erörterung dialektischer und juristischer Fragen. Bei Besprechung der Emancipation (p. 47) benutzt er die Sententiae receptae des Paulus und die Institutionen der Gaius, indem er berichtet, daß Bonif. Amerbach ihm den im Kloster Murbach jüngst gefundenen Schatz mitgetheilt habe. Die humanistische Richtung, die Verehrung für die drei lebenden Reformatoren der Jurisprudenz, tritt überall hervor. Indeß bleibt es unserer heutigen Bildungsform schwer begreiflich, wie man durch ein solches Werk die angehenden Juristen zu fördern glauben konnte, wenn wir es nicht mit dem wüsten Bestande der vorhergehenden Literatur vergleichen. Vor allem aber ist dabei Eins zu beachten. Cantiuncula's Topik hat nicht so sehr die Beweisführung überhaupt, als die bei der Auslegung speciell zu verwendende im Auge. Seine loci sind vornehmlich solche Gesichtspunkte, welche bei der grammatischen und logischen Interpretation in Betracht kommen: sie ist daher zugleich eine Theorie der Exegese. Und indem er dabei auf die Ergebnisse humanistischer Studien hinweist, diese verwerthet und in die Exegese schulmäßig einführt, bezeichnet er einen Fortschritt, den Zasius um so mehr mit Zustimmung begrüßen konnte, als hier in der Anwendung werthvolle Einzelheiten gewonnen waren.

Ueber die Methode des juristischen Studiums hat sich Cantiuncula eingehend ausgesprochen in der Paraenesis de studio juris legalis, einem Sendschreiben an einen Ungenannten[1]). Er verlangt humanistische Vorbildung, vor allem Kenntniß der lateinischen und wo möglich auch der griechischen Sprache, deren Werth er am besten daraus ermessen könne, daß er an sich selbst ihren Mangel bei der Lecture der Quellen schmerzlich empfinde. Durch sittliche Veredlung und Reinheit der Gesinnung soll der Jurist seinem Wissen und Streben die Würde geben, damit dem verderblichen Treiben der Rabulisten ein Ziel gesetzt werde. Kenntniß der Dialektik ist nöthig: aber man soll

1) Basil. 1522. 4°, zusammen mit der Oratio apologetica in patrocinium juris civilis. Auch hinter C. Lagi Methodus 1562. 1565, abgekürzt in Reusner, Cynosura juris. Spirae 1588. Auch Colon. 1607.

ihr nicht zu großen Raum gewähren, sonst verdrängt sie das Wichtigere und führt dahin, daß man seine Kraft in Subtilitäten verzehrt. Das Studium des Rechts soll mit den Institutionen begonnen werden und der Anfänger dabei keine Commentare, sondern nur die Auslegung seines Lehrers benutzen. Aus den 3 partes sind die allgemeinen Regeln (generales traditiones) auszuziehen und in die nach dieser Theilung geordneten „loci" einzutragen, dann auswendig zu lernen. Solche „loci", geordnete Collectaneen, sich anzulegen ist dringend zu empfehlen: allein man müsse sich überhaupt, meint er an einer andern Stelle, vor dem Uebermaß der Eintheilungen, den verwirrenden Distinctionen und Subdivisionen hüten. Wenn das Studium des Juristen zu den Einzelheiten der leges fortschreitet, so ist von jenen generales traditiones Anwendung zu machen und ihre Richtigkeit an der Entscheidung des Einzelnen zu prüfen.

Die Verwirrnng in der Auslegung der Texte, das unerschöpfliche Meer der Zweifel sei hauptsächlich aus drei Quellen geflossen. Zuerst aus dem Mißbrauch jener „loci periculosi a scripto contra sententiam et a sententia contra scriptum, dum quisque pro sua libidine verba sententiasque legum torquet ac retorquet", d. h. durch die je nach Belieben geübte Auslegung eines Gesetzes unter Berufung auf die Worte gegen den Sinn, oder auf den Sinn gegen die Worte. Die zweite Quelle sind die „Brocardica", jene unzähligen Folgerungen, Bemerkungen und Streitfragen, welche an die einfachsten Gesetze geknüpft werden, bei denen Einer den Andern ausschreibt und immer Neues hinzuthut. Die dritte Quelle des fluctus opinionum ist endlich der mangelhafte Zustand des Textes selbst, der an vielen Stellen verstümmelt und unvollständig ist, und zwar hat dies der „nimis diligens Tribunianus" bewirkt: denn da er ein ganz gereinigtes Recht herstellen wollte „non raro mancas, jejunas et aridas leges tribuit". Um diese leges zu heilen, diene die Kenntniß der Alterthümer und der Geschichte.

Ueber Accursius, Bartolus, Baldus und ähnliche Schriftsteller urtheilt Cantiuncula in sehr maßvoller Weise. Sie seien Männer von Geist, Scharfsinn und bewundernswerther Gelehrsamkeit gewesen, an ihren Fehlern seien die Zeiten, in denen sie lebten, schuld; dennoch hätten sie nicht bloß unnütze Glossen gehäuft, sondern sehr Vieles zur Erklärung der dunklen Theile des Rechts beigetragen, und selbst aus ihren Irrthümern könnten wir lernen. Indessen müsse der Anfänger die Fülle ihrer Meinungen fliehen als giftige Früchte und leere Träume. Cantiuncula bekennt, darüber früher anderer Ansicht gewesen zu sein. Wer sich aber damit beschäftigt, der möge sich hüten in verba magistri zu schwören, wie es jetzt dem Bartolus und Panormitanus gegenüber zu geschehen pflege. An die Quellen solle man sich halten, ihrem Verständniß unbefangen alle Kraft zuwenden.

Nahe verwandt mit den hodegetischen Ausführungen des Cantiuncula sind die des schon (S. 100. 243) genannten Christoph Hegendorfinus[1]), der 1500 in Leipzig geboren, sich in seiner Vaterstadt den classischen Studien, der Theologie und unter dem späteren Ordinarius der juristischen Facultät Dr. Ludwig Fachs aus Langensalza (vgl. unten Kap. 13), wie er sagt, fünf Jahre lang der Jurisprudenz widmete. Mit Begeisterung wendete er sich Luther zu, dessen Leipziger Disputation er in einem Gedichte feierte. 1525 ward er daselbst als Nachfolger seines Lehrers P. Mosellanus Professor der griechischen Literatur. Dann scheint er sich in Polen aufgehalten zu haben, kam 1535 nach Frankfurt a. O., wurde hier an Stelle des Ordinarius Albert Malsau Professor des Civilrechts, Licenciat und Doctor. 1537 ist er Syndicus der Stadt Lüneburg, 1539 beurlaubt und dem Rathe von Rostock mit Rath und That für Hebung der dortigen Universität be-

1) Hegendorphinus. Spiegel, Nomenclatura. Bertram, das evangelische Lüneburg 1719. Krabbe, die Universität Rostock S. 421 ff. Die Vorreden zu seinen Schriften enthalten Notizen über seinen Lebenslauf. Vgl. auch (Hymmen) Beiträge zur jur. Lit. in d. preußischen Staaten 3, 242 f., wo ein (nicht vollständiges) Verzeichniß seiner Schriften.

hülflich; kehrt 1540 nach Lüneburg zurück, übernimmt das Amt eines Superintendenten und stirbt in demselben Jahre am 8. August.

Seine ausgedehnte literarische Thätigkeit umfaßt das humanistische, theologische und juristische Gebiet. Seine erste juristische Publication ist die Oratio de artibus futuro jurisconsulto necessariis et frugiferis comparandis item Consilium de compendiaria discendi jura civilia ratione (Hagenoae 1529. 8°) [1]), welche er dem Landgraf Philipp von Hessen widmete, ihn wegen Stiftung der Hochschule zu Marburg beglückwünschend. Wie es von einem gründlich gebildeten Humanisten nicht anders zu erwarten ist, verlangt er zur Hebung des krankenden Juristenstandes vor allem die umfassendsten Vorstudien, ehe man an die Jurisprudenz herantrete. Mit Grammatik, Rhetorik und Dialektik sei zu beginnen, wobei Cantiuncula's Topik empfohlen wird; daran habe sich das Studium der Geschichte zu schließen, deren Kenntniß den Glossatoren gänzlich mangele; vor allem sei Fertigkeit in der lateinischen und griechischen Sprache zu erwerben; die Lecture der lateinischen Dichter, auch das Studium der Physik und Ethik nicht zu vernachlässigen. Wenn man nun das Studium der Jurisprudenz beginne, so dürfe man nicht glauben, ein des Christen unwürdiges Werk zu thun. Das bürgerliche Recht sei zum Heile der Menschen gegeben; wenn es Schaden anrichte, so sei das nur die Folge des bösen Willens, des Mißbrauchs, dem ja auch die Theologie nicht entgehe. Daher müsse der angehende Jurist sich erfüllen mit sittlicher Reinheit des Willens und christlicher Frömmigkeit. Mit fleißiger Lecture der Institutionen, ohne Berücksichtigung der Glossen und Commentare, sei der Anfang zu machen, dann seien die Regulae juris auswendig zu lernen und zum Codex überzugehen. Der Schüler möge über diesen einen tüchtigen Lehrer hören, ihn selbst lesen und vor allem sich bemühen, von allen Titeln eine Inhalts-

---

1) Gedruckt auch unter den Anhängen zu J. Spiegel, Lexicon juris. 1538. fol.; in den spätern Auflagen erweitert unter dem Titel Tyrocinium juris civilis. Ein Auszug bei Reusner, Cynosura.

übersicht zu gewinnen. So befestigt dürfe er sich zur Glosse und zu den Pandekten wenden, bei denen den Titelrubriken besondere Aufmerksamkeit zu widmen sei. Unter den Schriftstellern sei eine sorgfältige Auswahl zu treffen; der Student dürfe sich weder mit Vorlesungen, noch mit Literatur überlasten, denn die Masse schwäche das Gedächtniß; eine oder zwei Vorlesungen täglich genügten, und unter den Schriftstellern habe man sich auf folgende zu beschränken: Bartolus, Baldus, Paulus de Castro, Philipp Decius, Jason, Alex. Imolensis, Zasius und Alciatus.

Wie Hegendorfinus sich das als zweite Stufe empfohlene Studium des Codex denkt, geht deutlicher hervor aus seiner gleichzeitig erschienenen Schrift: Compendiariae titulorum Codicis exegeses (Hagen. 1529. 8°), welche er seinem Lehrer L. Fachs dedicirte. Es ist eine kurzgefaßte Summa, Inhaltsübersicht der Titel, an welcher bemerkenswerth nur ist, daß der Verfasser sich bemüht, die Bedeutung schwieriger und dunkler Worte, welche in den Titeln begegnen, auf Grund sachlicher Erklärungen der modernen Alterthumsforscher gegenüber den Mißverständnissen des Mittelalters festzustellen.

Wie man sieht, steht Hegendorfinus ganz auf dem Standpunkt des Zasius: weit entfernt von systematischen Reformen, erkennt er in dem innigsten Anschluß an die Quellen in geordnetem Gange die beste Methode.

Im Jahre 1531 schrieb er seine Libri dialecticae legalis quinque (Lipsiae, N. Faber. 1531. 8°), ein Abriß der Dialektik durch juristische Beispiele erläutert. Der Zweck des Buchs ist, zu zeigen, wie nützlich sich diese Disciplin in der Jurisprudenz verwenden lasse, wie durch Anwendurg ihrer Regeln das Verständniß gefördert, die Beweisführung auf feste Grundlagen gestellt werde. Der Topik Cantiuncula's räumt er ihr volles Verdienst ein, meint aber, daß die übrigen Theile der Dialektik dieselbe Bedeutung für die Jurisprudenz hätten. Die Topik (dialectica localis) giebt er unter Benutzung Cantiuncula's im 4. Buche.

Hegendorf's Meinung ist, daß diese Dialektik das Studium der Jurisprudenz vorbereiten, aber auch bei fortschreitendem Studium als Leitfaden für die Methode dienen soll. Indeß nicht in dem Sinne, daß die Rechtsmaterien nach dialektischen Gesichtspunkten zu ordnen wären; sondern nur in dem Sinne, daß bei Erörterung der Einzelheiten mit dialektischer Kunst zu verfahren sei. Der Fortschritt gegenüber der alten Methode liegt demnach nur darin, daß eine mehr rationelle Durchdringung des Stoffs statt der diffusen und ungeordneten Häufung von Subtilitäten verlangt wird. In der Gestaltung der Dialektik fußt Hegendorf natürlich auf den Reformen Agricola's und Melanchthon's.

Im Jahre 1536 gab Hegendorfinus Commentarii in sex titulos Pandectarum (Basil. 1536; am Schluß 1537. 8°) heraus, „scholia quaedam, quae nuper hic (Frankfurt a. O.) in aliquot titulos pandectarum juris civilis scholae meae dictavi“, in denen von stärkerer Verwendung der Dialektik wenig zu bemerken ist; nur die sachliche Behandlung und kurze Einfachheit ist daran zu rühmen.

Seine Dialectica legalis scheint ein gewisses Ansehen erlangt zu haben. Wesenbeck erzählt in seiner Oratio de Mudaeo (Wittenberg 1572), daß dieser auf den Wunsch seiner deutschen Zuhörer Hegendorfin's Dialektik zum Gegenstand einer Vorlesung gemacht habe, obgleich er der Meinung gewesen, daß es „nec jurisconsultorum, nec dialecticorum placitis admodum convenire“. Wenn Wesenbeck hinzufügt, daß die Dictate des Mudäus später großen Nutzen gebracht hätten, da der Verfasser sein Werk nach denselben verbessert habe, so ist anzunehmen, daß eine zweite Ausgabe desselben erschienen ist. Das Epitheton „homo nimium scripturiens“, welches Wesenbeck dem Hegendorfinus beilegt, ist nur durch seine schriftstellerische Thätigkeit in nichtjuristischen Disciplinen gerechtfertigt.

Berühmt ward seine in Rostock (1539 oder Anfang 1540) gehaltene Rede de rationibus restaurandi collapsas Academias publicas (Rost. 1540), worin er Reformen der Lehrmethode für alle Facultäten, für die juristische namentlich die einfache Erklärung der leges zu praktischer Anwendung ohne fremde Zusätze und ausführliche Commentationen dringend empfiehlt.

Franz Frosch[1]) aus Nürnberg machte seine juristischen Studien in Ingolstadt und Italien, kam dann nach Freiburg, wo er sich Zasius eng anschloß und von diesem 1520 als Substitut für die Abhaltung seiner Vorlesungen delegirt wurde, unter Widerspruch des Senats, weil Frosch sich in hervorragender Weise an tumultuarischen Bewegungen der Studenten betheiligt hatte. Im Jahre 1522 schreibt ihm Zasius, um eine Anstellung in Nürnberg zu erlangen. 1525 ist er Doctor und Kanzler des Bischofs von Würzburg, 1530 Assessor am Kammergericht und als solcher 1531 bei der Redaction einer „Ordnung und Reformation“ desselben verwendet; 1533 Advocat in Straßburg, dann bis zu seinem frühen Tode 1540 Syndicus der Stadt. Seine Söhne schickte er 1533 nach Bourges unter Aufsicht des Dr. Felix Rayter, für den er eine Instruction entwarf, welche später (1553) unter dem Titel Isagoge in juris civilis studium in der Winckel'schen Sammlung gedruckt worden ist.

In dieser Schrift setzt Frosch etwas weitschweifig auseinander, in welcher Ordnung und nach welcher Methode das Rechtsstudium zu betreiben sei, indem er zugleich die Elementarbegriffe erörtert und die Methode an Beispielen erläutert. Humanistische Bildung soll dem Studium des Rechts vorausgehen; mit der Kenntniß der Rhetorik und Dialektik muß der Anfänger bis zu einem gewissen Grade ausgerüstet sein, zu deren Erwerb indeß Melanchthon's Compendium und Quintilian's 4. und 5. Buch ausreichen.

1) Will, Nürnb. Gelehrtenlexikon 5, 372 ff. Riegger, Vita Zasii p. 41. 70. Epistolae p. 259. 340. 448. 449. 513. Schreiber, die Univers. Freiburg 2, 100. Stobbe 2, 195, 45. Winckel, varia opusc. de exercitat. JCtor. Argent. 1553. 8°: Typographus lectori. Declamatio funebris A. Buckii in mortem Froschii p. 601—608. Die Isagoge steht p. 275—444. Bluhme, über die Ordnung der Fragmente. Zeitschrift f. gesch. Rechtswissenschaft 4, 383 f. Harpprecht, Staatsarchiv 5, 95. 111.

Bei dem Studium des Rechts ist die fortgesetzte Lecture der Quellen die Hauptsache. Mit den Institutionen soll natürlich der Anfang gemacht, der Lecture des Textes aber eine summarische Uebersicht des Systems vorausgeschickt werden. Nachdem dann eine allgemeine Kenntniß der Geschichte des Rechts erworben ist, soll man an die Pandekten gehen; schließlich an den Codex und die Novellen. Der Lecture muß ein reiner Text zu Grunde gelegt werden, namentlich der Haloandrische, und zwar ohne Glossen, damit der Studirende genöthigt sei, selbst zu denken. Ueberhaupt warnt Frosch vor der Benutzung der Commentare, welche nur verwirren. Man möge sich mit Azo's Summen als Einleitung begnügen, bei schwierigen Worten Budäus und Alciat zu Hülfe nehmen, und die Paratitla guter Schriftsteller benutzen; wo sachliche Schwierigkeiten zurückbleiben, die Stelle sich in ein Verzeichniß eintragen und dann fortfahren: denn es sei besser, auch nur die Hälfte des Ganzen zu verstehen, als durch die Last der scholastischen Masse an einigen Titeln festgehalten zu werden und die übrigen zu vernachlässigen. Wer würde auch nicht lieber seinen Fleiß auf die classischen Juristen selbst, als auf die abgeschmackten Commentatoren wenden? Bevor Jemand die ganzen Pandekten durchgelesen hat, soll er nicht daran denken, als praktischer Jurist aufzutreten.

Neben dem Privatstudium des Textes soll man sich allerdings einem Lehrer anschließen, aber nur einem solchen, dessen Gelehrsamkeit in der Kenntniß der Quellen und nicht in der der Commentare besteht. Solche sind schwer zu finden; die meisten erledigen im ganzen Jahre kaum einen Titel: und selbst diejenigen, welche wohl nach der besseren Methode lehren könnten, befolgen die schlechte, herkömmliche, weil, wie Alciat bezeugt und Zasius dem Frosch selbst gesagt hat, sie dazu durch die ihrer vorgesetzten Behörden gezwungen sind. Darum habe er seine Söhne nach Frankreich geschickt (1533), wo die Professoren in einem Jahre mehr Titel abhandelten, als die Italiener leges absolvirten. Nach den empfangenen Berichten habe er keinen

Grund, diesen Entschluß zu bereuen. In Bourges wirkte damals (neben Peter Loriot von 1528 bis 1545) Andreas Alciat, der erst 1536 nach Pavia ging [1]).

Das Bemerkenswertheste sind die Erörterungen Frosch's über die Reihenfolge, in welcher man die Pandektentitel studiren soll, und über die Gründe der Ordnung, in welcher die Compilatoren die Titel und die Fragmente zusammengestellt haben. Er ist der Meinung, daß ein rationeller Grund für Justinian's Studienordnung nicht zu ersehen sei, eben so wenig aber für die von Tribonian beliebte Folge der Pandektentitel. Das Institutionensystem sei nicht befolgt, eben so wenig aber sei zu glauben, daß die Compilatoren sich an die Ordnung des Edicts gebunden hätten: denn die Reihenfolge der Titel im Codex, welcher ebenfalls nach dem Edictssystem verfaßt sein solle, sei eine erheblich andere, und es sei doch nicht glaublich, daß die Ordnung des Edicts zwischen der Publication der Pandekten und derjenigen des Codex abgeändert worden sei. Frosch empfiehlt daher, die Titel der Pandekten, außer den einleitenden und den beiden letzten, nach dem Institutionensystem zu ordnen, wobei in den zweiten Theil (res) alle tituli rerum acquirendarum, namentlich die contractus und ultimae voluntates zu stellen sind. In dieser Reihenfolge möge man sie lesen.

Nicht die weitere Entwicklung dieser Vorschrift, sondern eine allgemeinere Betrachtung systematischer Fragen führt den Verfasser (cap. 7) auf die Prüfung der Fragmentenordnung. Er geht davon aus, daß es die Absicht der Compilatoren gewesen sei, in jedem Titel dasjenige aus den alten Juristen zusammenzustellen, was zur Kenntniß der gesammten Materie nothwendig sei, und zwar in der Weise, daß sie in den Anfang des Titels eine Definition oder die Worte des einschlagenden Gesetzes, Edicts, Senatusconsults stellten, dann aber einzelne Fälle erörterten, um daran

1) Die gewöhnliche Annahme, daß Alciat schon 1532 Bourges verlassen habe (Jugler 3, 18), ist nach Duaren's Aeußerung, daß er nach drei Jahren (1539) des Alciat's Nachfolger geworden, unrichtig.

die Materie in ihrem ganzen Umfange und nach dem Inhalte jener vorangestellten Rechtsquellen darzulegen. Rationelle Gründe also bestimmten die Reihenfolge, und daraus erkläre es sich, daß die einander folgenden leges bald von verschiedenen, bald von demselben Juristen herrühren; wobei nur bemerkenswerth sei, daß gewöhnlich eine Stelle des Paulus oder Ulpian den Anfang mache, sei es weil diese neben Papinian für die Koryphäen galten, sei es weil sie „polygraphoteri“ als die übrigen Juristen gewesen sind. Um nun durch ein Beispiel den systematischen Zusammenhang der Fragmente klar zu machen, analysirt Frosch den Titel de pactis in der eingehendsten Weise. Allerdings ist er mit der Durchführung der systematischen Absicht nicht zufrieden und bedauert, daß Cicero seinen Plan, eine ars juris zu schreiben, nicht ausgeführt habe; wir würden dann ein klares, von den Nebeln der Commentarien nicht getrübtes Recht haben.

Zum Schlusse empfiehlt Frosch nachdrücklich die Ausbildung des Gedächtnisses und giebt in ähnlicher Weise wie Gribaldus Anweisungen für Anfertigung von Uebersichten oder systematischen Registern nach den sedes rerum und loci communes geordnet.

**3. Systematische Versuche.** Den ersten Versuch mit dem „in artem redigere“, welcher in die Oeffentlichkeit trat, machte Sebastian Derrer[1]), der sich „Areflavionensis“ nennt. Nach der Matrikel der Universität Freiburg ist er in Nördlingen geboren und hat 1512 die Hochschule bezogen. Nachdem er 1513 Baccalaureus, 1514 Magister geworden, dann Mathematik gelehrt hatte, widmete er sich unter U. Zasius der Jurisprudenz und ward 1524 zum Doctor promovirt. In demselben Jahre erhielt er die Professur des Codex, endlich nach Zasius' Tode 1535 die erste Professur in der juristischen Facultät, eine Stellung, welche er bis zu seinem Tode (am 31. Juli 1541) bekleidete.

---

1) Zasii Epist. p. 80. 82. 192. 202. Spiegel, Nomenclatura. Senckenberg, Methodus. App. III p. 100. Schreiber, Gesch. d. Univers. Freiburg 2, 330 ff. A. d. B. 5, 66 (Stintzing). Vgl. oben S. 140 f.

Er hat achtmal das Decanat seiner Facultät und neunmal das Rectorat verwaltet und ist auch sonst vielfach in den Geschäften der Universität verwendet worden. Zu Zasius, Mynsinger, Amerbach stand er in den freundlichsten Beziehungen.

Es sind keine anderen Schriften von ihm bekannt[1]) als der hier in Betracht kommende kleine Octavband: Jurisprudentiae liber primus, instar disciplinae institutus et Axiomatibus magna ex parte conscriptus. Authore Seb. Derrero, Areflavionense JCto et Leg. prof. ordin. etc. Lugdun. 1540. Lovan. 1552. 8°. Nach einem Lobgedicht von Mynsinger folgt Derrer's Epist. dedicatoria an Karl V. und König Ferdinand, datirt Cal. Jan. 1540, woran sich eine Praefatio Petri Petremandi Vesontinensis anschließt.

In diesen einleitenden Stücken wird die bisherige Vernachlässigung der disciplinae ratio, der logischen Ordnung, in der Jurisprudenz beklagt: daher die Häufung der Commentare, der undurchdringliche Wald von Meinungen, das Abschreckende des Studiums. Die Summen und Repetitionen führten nicht zum Ziele; denn auch in ihnen nehmen die Einzelheiten nur einen zufälligen Platz ein und werden ins Unglaubliche gehäuft.

Im Studium der Philosophie hat Derrer sich überzeugt, daß nicht anders geholfen werden könne, als wenn die Jurisprudenz gleich den anderen Wissenschaften systematisch von innen heraus geordnet werde; und von dem Nutzen hat ihn die Erfahrung in seinen Lehrvorträgen überzeugt. Die Jurisprudenz, fügt Petremandius hinzu, sei bisher ein Chaos gewesen; zwar hätte der „Tripus“ Budäus, Alciat und Zasius die Barbarei verbannt; allein Niemand könne behaupten, daß durch sie „jus esse in artem coarctatum“; erst jetzt sei dies Sebastian Derrer gelungen.

Nur das erste Buch seines Systems hat Derrer publicirt, als eine Probe, der noch neun andere folgen sollten. Allein

2) Ueber einen Libellus Derreri de jurisdictionibus s. unten bei J. Th. Freigius, Kap. 11.

sie sind niemals erschienen. Dem ganzen Werk sollte folgende Ordnung zu Grunde gelegt werden:

I. Jus
a) divinum,
b) humanum
aa) naturale (naturalis affectus; jus gentium),
bb) formatum (consuetudo; scriptum).
II. Juris objectum.
1. Persona.
a) Status
aa) Alieni juris,
bb) Sui juris.
b) Conditio
aa) Ingenui,
bb) Ingenuis deteriores.
c) Defensio (Tutela. Cura).
2. Res.
3. Commercium.
4. Persecutio.

Das erschienene erste Buch enthält als Einleitung die Lehre vom Jus; vom System des juris objectum nur die Persona.

Derrer hatte sein Werk handschriftlich dem Zasius mitgetheilt, der es (lange vor der Publication) in seinen Enarrationes in tit. Inst. de action. mit Zustimmung erwähnt. Auch Jac. Spiegel rühmt das Verdienst Derrer's, und mehrfach wird das Buch von Drosäus erwähnt.

Bemerkenswerth ist noch die Mittheilung, welche sich in Derrer's Dedications-Epistel findet, daß Maximilian I. den Plan einer systematischen Codification des Civilrechts gehegt und sich ein Verzeichniß der namhaftesten lebenden Doctoren habe anfertigen lassen, um aus ihnen diejenigen zu wählen, denen er das Werk anvertrauen wollte. Der Plan würde zur Ausführung gekommen sein, wenn nicht der Kaiser „viris qui id agerent, se destitutum vidisset“. An der Richtigkeit der Mittheilung kann, da sie in dem an den Kaiser Karl gerichteten Schreiben steht, kaum gezweifelt werden.

Wenn hier Derrer's Werk als der erste Versuch eines Systems bezeichnet worden ist, so soll dies nur mit Vorbehalt der Prioritätsrechte des unten zu besprechenden Joh. Apel gesagt sein.

Christoph Ehem [1]) (auch Eheim), aus einer Patricierfamilie Augsburgs stammend, ist dort am 24. März 1528 geboren. Seine humanistische Bildung hat er in Antwerpen, wo er M. Wesenbeck's Mitschüler gewesen sein soll, und in Straßburg empfangen. In Padua studirte er Philosophie und Medicin und trat in Tübingen als Interpret des Aristotelischen Organon auf (1552). Dann scheint er sich der Jurisprudenz zugewendet und in seiner Vaterstadt gelebt zu haben. Von hier ist die Epistola dedicatoria (1. Nov. 1555) datirt, mit welcher er seine Schrift De principiis juris libri septem (Basil. 1556. 8⁰) dem Pfalzgrafen Otto Heinrich widmete. Er nennt sich darin „Patricius Augustanus Jurisconsultus". Bald nachher ist er als Professor der Jurisprudenz in Heidelberg angestellt. Otto Heinrich ernannte ihn zu seinem Rath und übertrug ihm das Directorium des Kirchenraths. Unter Kurfürst Friedrich III. übernahm er 1574 das Kanzleramt und zog sich von der akademischen Thätigkeit zurück. Er starb als Geheimer Rath Kurfürst Friedrich's IV. am 1. Juni 1592 zu Heidelberg. Seine Bedeutung liegt weit mehr auf dem Gebiete der kirchlichen und politischen Angelegenheiten als dem der Rechtswissenschaft. Während man ihn als Mitgründer der pfälzischen Unionspolitik und der deutsch-reformirten Kirche bezeichnen darf, ist seine Wirksamkeit als Rechtslehrer nur vorübergehend, seine schriftstellerische Thätigkeit auf das eine oben genannte Werk beschränkt geblieben. Allerdings aber ist dieses eine merkwürdige Erscheinung. In sieben Büchern wird die Frage, ob und wie die Jurisprudenz methodice behandelt, als ars dargestellt werden könne, erörtert. Man sieht hier den Philosophen und Mediciner an der Hand des Aristoteles und Galenus sich seinen Weg in und durch die Jurisprudenz systematisch bahnen. Man kann nicht sagen, daß die Darstellung

1) A. d. B. 5, 693 f. (v. Bezold).

übersichtlich und durchsichtig wäre; aber sie ist geistreich, in klarem, vortrefflichem Latein geschrieben und berührt mehrere wichtige Fundamentalfragen, so z. B. die über den Grund des Rechts, welchen Ehem in der socialis natura des Menschen findet. Trotz ihrer unbestreitbaren Tüchtigkeit scheint die Schrift wenig Anerkennung gefunden zu haben.

In Parallele mit Ehem kann man in gewissen Beziehungen Joachim Hopper († 1576) stellen, den wir in der Gruppe der durch Mudäus beeinflußten Niederländer (Kap. 9) besprechen werden. Wie jener ist auch Hopper von philosophischen Studien ausgegangen, die seine Richtung in der Jurisprudenz bestimmten. Die „ars juris" ist es, welche er bei seinem ersten Auftreten als Schriftsteller (1553) sucht; und er verfolgt dieses Ziel auch später noch, nachdem er, dem Ehem auch darin ähnlich, in die politische Laufbahn übergetreten ist, die er bis zu seinem Lebensende nicht wieder verließ. Beiden verwandt, wenn auch kein exacter Systematiker, ist J. Omphalius († 1567, vgl. Kap. 12).

**4.** Eine hervorragende Stellung in den Principienkämpfen, welche im ersten Viertel des 16. Jahrhunderts auf dem Gebiete der Jurisprudenz begannen, nimmt Wittenberg ein. Es ist bekannt, daß die Stiftung dieser Universität einen Wendepunkt der Geschichte der deutschen Hochschulen in so fern bezeichnet, als hier trotz ihrer Fundirung auf geistliche Pfründen zum ersten Male die Ablösung der Bildungsanstalten und damit der Bildung selbst von der Herrschaft der Kirche, ihren verfassungsmäßigen Ausdruck fand, sowohl in dem Stiftungsbriefe Maximilian's I. vom 6. Juli 1502, als in den Statuten [1]). Und wenn auch Kurfürst Friedrich vorsichtig genug die Bestätigung bei dem päpstlichen Legaten (1503) und später beim Papste unmittelbar (1507)

1) Die Wittenberger Universitäts- und Facultätsstatuten, herausgegeben von Muther. 1867. Muther, zur Geschichte der Rechtswissenschaft und der Universitäten in Deutschland. 1876. S. 252 ff. Die Neuerung bezieht sich indeß nicht auf die Studienordnung, welche ganz die überlieferten Grundsätze festhält.

nachsuchte und erlangte, so blieb doch der einmal gelegte Keim fruchtbar und voll Vorbedeutung für die hier beginnende Entfaltung einer neuen Zeit.

Zwar ist die geistige Arbeit, welche diese heraufführte, von anderen Interessen als denen, welche die Jurisprudenz erfüllen, bewegt und gelenkt gewesen; allein es ist dieser ihr reicher Antheil daran zugefallen. Denn wenn gleich Wittenberg unter seinen Juristen keinen aufzuweisen hat, der auch nur entfernt einem Luther oder Melanchthon verglichen werden könnte; so sind doch hier in der geistigen Atmosphäre dieser Männer und durch die unmittelbare Berührung mit ihrem Wirken zwei für die Zukunft der deutschen Rechtswissenschaft vitale Fragen nicht nur mit Entschlossenheit gestellt, sondern auch in bestimmter Richtung entschieden worden. Die eine ist die erst durch die reformatorische Bewegung geschaffene, von der Gültigkeit des kanonischen Rechts, in welcher wir die Juristen die Rechtscontinuität gegenüber dem stürmischen Angriffe Luther's mit Erfolg behaupten sehen. Die andere ist die von der systematisch-synthetischen Behandlung des Rechts, in der wir die Juristen von den Reformatoren auf die höchsten Fragen von dem Ursprunge des Rechts hingelenkt und auf methodische Wege hingewiesen finden.

Nicht in den ersten Jahrzehnten indeß traten diese Fragen hervor; die Juristen, welche bei der Gründung und in den folgenden Jahren die Lehrstühle einnahmen, brachten nur die alte Form der Jurisprudenz nach Wittenberg. Zu diesen gehört Petrus Tomais aus Ravenna (Petrus Ravennas), der durch sein staunenswerthes Gedächtniß die Bewunderung seiner Zeitgenossen erregte. Herzog Bogislaus X. von Pommern hatte ihn im Jahre 1497 von Pisa nach Greifswalde mitgenommen, um seiner Hochschule den Glanz eines berühmten italienischen Namens zu schaffen. Auf der Rückreise in seine Heimat begriffen gewann ihn, von demselben Wunsche geleitet, Kurfürst Friedrich für Wittenberg, wo er am 3. Mai 1503 seine Antrittsvorlesung über die Gewalt des Papstes und Kaisers hielt, in der er

u. A. das Recht des Letzteren zur Gründung von Universitäten vertrat[1]).

Neben ihm sind Wolfgang Stehelin von Rothenburg für kanonisches Recht und Ambrosius Vollant aus Grüningen für Civilrecht zu nennen, die beide aus Tübingen berufen wurden. Vollant kehrte dahin schon im folgenden Jahre zurück, um dort später als Kanzler eine hervorragende Stellung einzunehmen. Auch des Petrus Sohn, Vincentius de Thomais, U. J. D. Patavinus, den der Vater mitgebracht hatte, bekleidete einige Jahre das Ordinariat des Codex, bis ihm bei seinem Abgang 1507 Schürpf succedirte.

In demselben Jahre ward der Nürnberger Christoph Scheurl[2]), der seit 1498 in Bologna die Rechte studirt und Italien durchreist hatte, nachdem er vom Ludwig Bologninus zum Doctor promovirt war (23. Decbr. 1506), durch seinen Studienfreund Staupitz für Wittenberg gewonnen. Scheurl, der in Bologna in einer Oratio in laudem Germaniae auch die Stiftung Wittenbergs gerühmt und begeistert ausgerufen hatte: „der Fürst verwandele das abgelegene Oertchen in eine Marmorstadt", fühlte sich nicht wenig enttäuscht, als er den Contrast der kleinstädtischen deutschen Wirklichkeit mit seinem unter italienischen Eindrücken entstandenen Phantasiegemälde wahrnahm. Er klagt über die elenden Häuser, die Spießbürgerlichkeit und Roh-

1) Er verließ Wittenberg im Sommer 1506 und wandte sich nach Köln, wo er mit Hogstraten in Händel gerieth. Er gab 1508 seine dortige Professur auf und ward Professor in Mainz, wo er bald nachher gestorben zu sein scheint. Muther, aus dem Gelehrtenleben S. 69 f. 95 ff. Stintzing, popul. Literatur S. 147.

2) v. Soden, Beiträge zur Geschichte der Reformation — mit besonderem Hinblick auf Christoph Scheurl. 1855. Scheurl ist geboren am 11. Novbr. 1481, geadelt durch König Ferdinand 1540 und Karl V. 1541, gestorben in Nürnberg am 14. Juni 1542. Seine ansehnliche juristische Bibliothek, welche jahrhundertelang im Stammhause der Familie aufbewahrt wurde, ist vor einigen Jahren durch Dr. Ad. v. Scheurl, Professor in Erlangen, unter Vorbehalt des Eigenthums dem Germanischen Museum in Nürnberg übergeben worden. Vgl. auch Chr. Scheurl's Briefbuch. 2 Bde. 1867. 1872.

heit der Sitten, aber nicht minder über die Last praktischer Arbeiten, mit denen er als Mitglied der Facultät, als Rector, kurfürstlicher Rath und Beisitzer des Oberhofgerichts beladen sei; doch findet er Entschädigung im Gelingen seines Lehrberufs und der Anerkennung, die ihm von allen Seiten zu Theil wird. Bald indeß gelingt es seiner Vaterstadt, ihn in ihren Dienst zu ziehen. Schon im Anfang 1512 kehrt er nach Nürnberg zurück. Seine Wirksamkeit in Wittenberg ist von bleibender Bedeutung nur durch die Statuten der Universität, welche er im Jahre 1508 verfaßte. Dagegen haben wir in ihm einen durch seine ganze Lebensstellung hervorragenden Repräsentanten der italienischen juristischen und humanistischen Bildung, die noch ohne innere Verbindung neben einander hergehen, zu sehen. Seine Stellung zur Reformation ist der des Zasius ähnlich: anfänglich Luther's warmer Verehrer, wendet er ihm später den Rücken, als der rechtliche und dogmatische Bestand der alten Kirche ernstlich gefährdet scheint.

Auch die namhaften Collegen, neben denen Scheurl einige Jahre wirkte, sind nur Repräsentanten der alten Zeit.

Henning Göde[1]) (Goden, Goeden, Gode) ist gegen 1450 in Havelberg geboren, 1464 in Erfurt immatriculirt und seitdem 35 Jahre lang hier mit umfassenden Studien, hervorragender Lehrthätigkeit und ausgedehnter juristischer Praxis beschäftigt. Nachdem er die niederen akademischen Würden erworben, das Decanat und Rectorat bekleidet hat, wird er 1489 zum Doctor beider Rechte promovirt und zum zweiten Mal zum Rector gewählt. Schon vorher war er Canonicus am Marienstift und Professor des kanonischen Rechts. Seine Gelehrsamkeit, sein klares und sicheres Urtheil verbunden mit praktischer Einsicht und männlicher Entschlossenheit gaben ihm einen wohlbegründetes Ansehen in den weitesten Kreisen. Wie der Rath von Erfurt

1) Hallische Beiträge 2, 74 ff. Kampschulte, die Universität Erfurt 1, 39 ff. 134 ff. A. d. B. 9, 314 f. (Muther).

keine wichtige Angelegenheit ohne ihn zu befragen unternahm, so war er der gesuchte Consulent der Fürsten und Städte im nördlichen Deutschland und ward von seinen Zeitgenossen als „Juris Monarcha“ gepriesen. Schon 1478 verhandelte er im Auftrage des Erfurter Raths mit der päpstlichen Curie persönlich in Rom wegen der Umwandlung des Nonnenklosters auf dem Cyriaksberge in ein Festungswerk. Zu den sächsischen Fürsten stand er in nahen Beziehungen. Die Kämpfe, welche zwischen dem von Sachsen begünstigten Rath und der von Mainz unterstützten Bürgerschaft ausbrachen, nöthigten ihn, den einflußreichsten Beistand des Raths, am 15. Juli 1509 zur Flucht. Er begab sich nach Sachsen, ward 1510 in das Album der Universität Wittenberg eingetragen, Ordinarius in jure canonico und Propst am Allerheiligenstift. Seine Geltung am sächsischen Hofe, durch die er fortgesetzten Einfluß auf die Entwicklung der Dinge in Erfurt übte, machte ihn zum erfolgreichen Vermittler, dem es gelang, im Vertrage von Naumburg 1516 die vollständige Aussöhnung zwischen Erfurt und dem sächsischen Fürstenhause herzustellen. Im Jahre 1519 begleitete er Kurfürst Friedrich zur Kaiserwahl Karl's V. Er starb am 21. Januar 1521, hinterließ ein ansehnliches Vermögen, über welches er, schon bei Lebzeiten wohlthätig und freigebig, zum Theil zu Gunsten milder Stiftungen disponirt hatte.

Göde ist nicht als Schriftsteller thätig gewesen. Die nach seinem Tode erschienenen Werke waren nicht zur Publication bestimmt. Erst 17 Jahre nach seinem Tode (1538) gab Joh. Braun von Wittenberg das Collegiendictat Göde's über den Proceß unter dem Titel „Processus Henningi. Praeclarissimi Jurecons. famantissimique practici et U. J. D. Henningi Goden — Sollemnis et perutilis ordinis judiciarii processus etc.“ (8°) heraus, das bis gegen Ende des 17. Jahrhunderts wiederholt gedruckt worden ist: eine klare und übersichtliche Darstellung des kanonischen Processes, mit gelegentlicher Berücksichtigung, aber auch gelegentlicher Bekämpfung der sächsischen Praxis.

Göde's Consilia hat **Melchior Kling** im Auftrage des Kurfürsten von Sachsen gesammelt und 1541 in Wittenberg (fol.) herausgegeben. - Sie sind später noch sechsmal gedruckt.

So bedeutend Göde's Wirksamkeit als Lehrer und Praktiker gewesen, so gering ist sein Einfluß auf die Rechtswissenschaft. Er hat das Recht in voller Herrschaft über die Materien, mit Einfachheit und aufrichtiger Wahrheitsliebe gelehrt und angewendet, ohne einen Fortschritt zu erstreben. Er hielt am Alten fest, und so wenig er den Werth humanistischer Studien verkannte, widersetzte er sich doch den Neuerungen der „Poeten". Auch gegen Luther's kühnes Vorgehen verhielt er sich ablehnend; und obwohl er Spalatin erklärte, daß er von der päpstlichen Bannbulle gegen Luther „nichts halte", da die Publication durchaus formlos geschehen war, so schien doch ihm wie seinen übrigen juristischen Collegen Luther's Kriegserklärung gegen das kanonische Recht ein arger Uebergriff. Aus dieser Haltung erklären sich die harten Urtheile, die wir bei manchen Humanisten und Reformatoren über ihn finden.

Unter Göde's Consilien sind manche, welche sich auf staatsrechtliche Fragen beziehen, namentlich aber ein auf Spalatin's Verlangen im Jahre 1519 anläßlich der Wahl Karl's V. ertheiltes Gutachten über die Fragen: ob ein Nicht-Deutscher zum römischen König erwählt werden könne? und ob Kurfürsten, welche vor dem gesetzlichen Wahltermin sich über einen zu Wählenden vereinigt hätten, vom Wahlacte auszuschließen seien? Am Schlusse seines Gutachtens sagt Göde, daß er in Wittenberg eine Vorlesung über die römische Königswahl halten wolle. Diese Bemerkung hat den Anlaß gegeben, ihn als einen der ersten akademischen Staatsrechtslehrer zu bezeichnen[1]), freilich nicht ohne daß zugleich seine staatsrechtlichen Deductionen mit Grund dürftig und oberflächlich genannt werden.

---

1) Ludewig, vollst. Erläuterung d. Gold. Bulle Thl. 2 Vorrede. Danach Aug. a Leyser, de acad. Wittenb. decoro. Progr. 7. Febr. 1745. 4°. Dagegen Pütter, Lit. d. d. Staatsrechts 1, 101 f.

In ähnlichem Verhältnisse zur Rechtswissenschaft wie Göde stand sein jüngerer College Hieronymus Schürpf[1]), geboren in St. Gallen am 12. April 1481. In Basel beginnt er sein juristisches Studium unter Dr. Ulrich Krafft, geht dann nach Tübingen, um es unter Konrad Plucklin, genannt Dr. Ebinger († 1532), und Dr. Joh. Lupfdich fortzusetzen, hört auch theologische Collegien bei Konrad Summenhart und wird Magister. Im Jahre 1502 finden wir ihn als Festgenossen bei Eröffnung der Universität Wittenberg, wohin er mit den beiden Tübinger Juristen als magister legens gerufen war. Er las über Aristoteles und hörte zugleich juristische Collegien. Schon 1504 wird er zum Rector erwählt, erhält 1505 die Lectura des Sextus und der Clementinen, endlich die Doctorwürde in beiden Rechten; im Jahre 1507 wird er Ordinarius juris civilis in Codice, später kurfürstlicher Rath, Beisitzer des gemeinschaftlichen sächsischen Oberhofgerichts, das zu Altenburg und Leipzig gehalten wurde, endlich 1536 bei der neuen Fundation der Universität erster Legent in den Rechten für die Pandekten. Seine Besoldung stieg von 30 Goldgulden, mit der er als Magister berufen war, auf 60, 100, 250 und 300 Gulden — ansehnliche Beträge, wenn man berücksichtigt, daß die Kosten des Unterhalts für einen Studenten in Wittenberg im Anfang des Jahrhunderts auf acht Goldgulden angeschlagen wurden. Schon 1512 hatte er sich verheirathet und ein glückliches Hauswesen begründet. Als sich nach der Schlacht bei Mühlberg (24. August 1546) die Universität Wittenberg bei dem Herannahen Karl's V. zerstreute, folgte Schürpf einer Berufung nach Frankfurt a. O., wo er am 6. Juni 1554 gestorben ist[2]).

Schürpf hat eben so wenig wie Göde, sein Lehrmeister in der juristischen Praxis, theoretische Schriften publicirt. Seine

1) Muther, aus dem Gelehrtenleben S. 178—229. 415—454.

2) Die Rede de vita clar. viri H. Schurffii, welche M. Teuber am 7. August 1554 in Wittenberg gehalten hat, ist von Melanchthon verfaßt. Vgl. Muther a. a. O. S. 420.

Consilien sind in drei Centurien gesammelt [1]). Außerdem sind Consilien von ihm einzeln und in anderen Sammlungen zerstreut gedruckt. Schon ihre Masse ist genügendes Zeugniß für den Umfang seiner praktischen Thätigkeit als Consulent neben seiner Theilnahme an den Sitzungen des Oberhofgerichts und seinen Functionen als kurfürstlicher Rath.

Von größerem historischen Interesse aber sind die Beziehungen, in welche er am Herde der Bewegung zur Reformation trat. Seit Luther 1508 nach Wittenberg gekommen war, gehörte Schürpf zu seinen eifrigsten Anhängern und nächsten Freunden. Die Lehre von der Rechtfertigung durch den Glauben war die Basis der sie verbindenden Ueberzeugung. Als die Bannbulle in Wittenberg eintraf, stellte sich Schürpf mit den übrigen Räthen des Kurfürsten (Dr. Stehelin und Dr. Chr. Baier) auf Luther's Seite; und selbst die von ihm mißbilligte Verbrennung der kanonischen Rechtsbücher führte keine Entfremdung herbei. Schürpf begleitete Luther nach Worms, stand ihm auf dem Reichstage als juristischer Beirath zur Seite und verhandelte zu seinen Gunsten mit dem kaiserlichen Rathe Gregorius Lamparter, seinem väterlichen Freunde und mütterlichen Anverwandten. Als Luther gegen den Willen des Kurfürsten von der Wartburg nach Wittenberg zurückkehrt, ist es vor Allen Schürpf, der seine Rechtfertigung übernimmt. Wir werden ihn wiederfinden in dem Streite um das kanonische Recht, der zwischen Luther und den Juristen ausgefochten wurde.

**5. Der Kampf um das positive Recht.** Unter den Uebelständen, welche im ersten Jahrzehnt des 16. Jahrhunderts eine so tiefgehende sociale Bewegung der unteren Stände in Deutschland hervorriefen, sind keine anderen schärfer besprochen und lauter genannt worden als diejenigen, welche der Einführung der fremden Rechte und des fremden Processes zugeschrieben wurden. Es ist oben schon von dem Unbehagen die Rede gewesen,

1) Cent. 1. 2. 1545. 1551. Francof. ad Moen. Cent. 3. 1553. Francof. ad Viadr. fol. Neue Auflagen: 1582. 1594. 1612. 1617.

mit dem das Volk den Veränderungen in der Rechtspflege zusah, von dem Verdruß und Mißtrauen, ja der Erbitterung, die das Treiben habgieriger Rabulisten erzeugte. In eigenthümlicher Weise verbanden sich mit der aus solchen Ursachen fließenden Verstimmung gegen den Juristenstand zwei einander sonst entgegengesetzte Strömungen: die oben besprochene klerikale Opposition gegen die Herrschaft und Pflege des Civilrechts und der durch die Reformation erregte Radicalismus, die beide bereit waren, die Vorwürfe zu ergreifen und zu steigern, welche einsichtige Gelehrte wie Zasius u. A. den Praktikern machten.

Als Vertreter einer geschmacklosen Schulweisheit, als Stützen der Mißregierung an den Höfen des Kaisers und der Fürsten haßte Ulrich von Hutten die „Bartolisten". Nicht bloß den halbgelehrten Schreibern und Procuratoren, sondern den Juristen überhaupt, die er mit den Pfaffen und Wucherern den das Volk ausplündernden Wegelagerern gleichstellt, galten seine weithin klingenden Angriffe[1]). Nur durch Beseitigung der Juristen und des geschriebenen Rechts, auf dem ihre Macht ruhte, nur durch Rückkehr zu den einfachen volksthümlichen Zuständen, in denen nach Hutten's Angabe noch die Sachsen am Baltischen Meere lebten, sei Hülfe zu schaffen.

Bestimmter noch ward diese Forderung ausgesprochen in den berühmten Flugblättern Eberlin's von Günzburg, den „fünfzehn Bundsgenossen" (1521). „Alle alte kaiserliche und Pfaffen-Recht thun wir ab. Kein Jurist, kein Fürsprech soll fürhin wo sein, welcher ihm selbst nit kann reden, der nehme den nächsten Mitbürger. Kein peinlich statut soll fürhin angenommen werden, das nit im Gesetz Moysi ußtruckt ist, denn der Mensch soll nit härter strafen wann Gott." Eben so proclamirt das Manifest der Bauern[2]): „Alle Doctores der Rechte,

1) Nemo. Praefatio. 1518. Praedones. 1520. Opera ed. Böcking 1, 178; 4, 379 s. Stintzing, Zasius S. 97 f. Stobbe 2, 45 ff.

2) Die fälschlich sogen. Reformation Friedrich's III. Stobbe, Rechtsquellen 2, 51 ff.

sie seindt geistlich oder weltlich, sollen an keinem Gericht bei keinen Rechten, auch in keins Fürsten oder andern Räthen mehr gelitten, sondern ganz abgethan werden. Sie sollen auch fürbas hin vor Gericht und Recht nit weiter reden, schreiben oder rathgeben."

Die Bauern lehnen es ab, für aufrührerisch zu gelten, da sie nichts begehren, als was das Evangelium lehre und gebiete. Karlstadt und Th. Münzer predigen die ewige Gültigkeit des Mosaischen Gesetzes, dem Christus nichts abgezogen habe. Gottes Gebot in der heiligen Schrift soll für alle weltlichen Angelegenheiten das entscheidende Gesetz sein. Und wie Eberlin von Günzburg in seiner „Kläglichen Klag von wegen Doctor Luthers und Ulrich von Hutten" (1521) eine Reform des ganzen öffentlichen Rechtszustandes auf christlich-evangelischer Grundlage und die Umgestaltung der privatrechtlichen Verhältnisse nach den Vorschriften des Evangeliums gegen die „Fuggereien", „die Schreiber und Finanzer" fordert; so hatte Luther[1]) in seinem Sendschreiben „an den christlichen Adel deutscher Nation" (1520) Gedanken ausgesprochen, die in gefährlicher Mißdeutung diese praktischen Consequenzen zu rechtfertigen schienen. „Dieweil denn der Papst und die Seinen selbst das ganze geistliche Recht aufzuheben, nicht achten, und sich nur nach ihrem eigenen Muthwillen halten über alle Welt, sollen wir ihnen folgen und die Bücher auch verwerfen. Warum sollten wir vergebens darinnen studiren? So könnten wir auch nimmermehr des Papstes Muthwillen, welcher nun geistlich Recht geworden ist, auslernen. Ei, so falle es gar dahin in Gottes Namen, das ins Teufels Namen sich erhoben hat, und sei kein Doctor Decretorum mehr auf Erden, sondern allein Doctores scrinii papalis, das sind des Papstes Heuchler. Man sagt, daß kein feiner weltlich Regiment irgend sei denn bei dem Türken, der doch weder geistliches noch weltliches Recht hat, sondern allein seinen Alkoran; so müssen

1) Vgl. zum Folgenden: Köhler, Luther und die Juristen. 1873.

wir bekennen, daß nicht schädlicheres Regiment ist denn bei uns durch geistliches und weltliches Recht, daß kein Stand mehr geht natürlicher Vernunft, geschweige der heiligen Schrift gemäß."

„Das weltlich Recht, hilf Gott! wie ist das auch eine Wildniß geworden! Wie wohl es viel besser, künstlicher, redlicher ist denn das geistliche, an welchem außer dem Namen nichts Gutes ist, so ist sein doch auch viel zu viel geworden. Fürwahr, vernünftige Regenten neben der heiligen Schrift wären übrig Recht genug, wie St. Paulus (1 Cor. 6, 1) sagt: „Ist Niemand unter Euch, der da möge seines Nächsten Sache richten, daß Ihr vor heidnischen Gerichten müßt hadern?" Es dünkt mich gleich, daß Landrecht und Landsitten den kaiserlichen gemeinen Rechten werden vorgezogen und die kaiserlichen nur zur Noth gebraucht. Und wollte Gott, daß, wie ein jegliches Land seine eigen Art und Gaben hat; also auch mit eignen kurzen Rechten regiert würden, wie sie regiert sind gewesen, ehe solche Rechte sind erfunden, und auch ohne sie viele Länder regiert werden. Die weitläufigen und fern gesuchten Rechte sind nur Beschwerung der Leute, und mehr Hinderniß denn Förderung der Sachen. Doch, ich hoffe, es sei diese Sache schon von Andern besser bedacht und angesehen, denn ich's mag erbringen."

Es ist nicht zu verkennen, daß sich einige dieser Sätze verwenden ließen, um den Umsturz nicht nur der Autorität des kanonischen Rechts, sondern der ganzen Rechtsordnung zu Gunsten eines theokratischen, auf die Bibel gegründeten Regiments zu rechtfertigen; eine Ordnung der Welt, in der die sittlichen Principien des Christenthums als zwingende Rechtsgesetze herrschten, die sich demnach von dem päpstlichen Systeme nur dadurch unterschied, daß der Sitz der theokratischen Herrschergewalt nicht in der Kirche und ihrem Haupt, sondern in der aus freien und gleichen Brüdern gebildeten und von der heiligen Schrift geleiteten Gemeinde liegen sollte.

So hatte denn die vom theologischen Standpunkte aus erhobene Opposition gegen die Jurisprudenz eigenthümliche Wandelungen durchgemacht. Zuerst nur gegen das kaiserliche Recht gemeint, hatte Luther sie gegen das päpstliche vorzugsweise gewendet, bis sie dann unter anderer Führung auf die Feindschaft gegen jede Rechtsordnung hinauslief.

Der in verschiedenen Formen auftretende Gedanke, daß das Mosaische Recht an die Stelle des römisch-kanonischen zu setzen sei, ist eine Zeit lang selbst von Melanchthon getheilt worden, wie seine erste Ausgabe der Loci theologici (1521) ergiebt. Kein Wunder daher, daß Herzog Johann der Beständige dem Plane, dasselbe einzuführen, geneigt war, und vielleicht das Land mit dieser legislatorischen Reform beglückt haben würde, wenn es nicht dem Prinzen Johann Friedrich und dem Kanzler Brück (Pontanus) gelungen wäre, ihn umzustimmen (1524).

Luther und Melanchthon waren schon vorher durch das wilde Treiben der Schwärmer zu einer schärferen Scheidung der ethischen und juristischen Gebiete geführt worden. „Das weltlich Regiment, sagt Luther in seiner Schrift „von weltlicher Obrigkeit" (1523), hat Gesetze, die sich nicht weiter erstrecken denn über Leib und Gut. Denn über die Seelen kann und will Gott Niemand regieren lassen, denn sich selbst allein. — Darum muß man diese beiden Regimente mit Fleiß scheiden und beide bleiben lassen, eines das fromm macht, das andere das äußerlich Frieden schafft und bösen Werken wehret." An anderen Stellen heißt es: „Man lasse Moses der Juden Sachsenspiegel sein und uns Heiden unverworren damit." „Das Gesetz Mosis gehet die Juden an, welches uns fortan nicht mehr bindet, denn das Gesetz ist allein dem Volk Israel gegeben. Da nun nicht Moses, sondern kaiserliche Rechte in der Welt angenommen seien, wolle sichs nicht gebühren, darüber Secten und Zwietracht anzuheben, sintemal der Glaube und die Liebe wohl bleiben kann mit und unter dem kaiserlichen Recht."

So konnte denn der Kurprinz und Kanzler Brück sich auf Gutachten Luther's und Melanchthon's (1524) stützen, um den

Herzog eines Besseren zu belehren. Melanchthon ging im Anblick des wüsten Treibens und der verderblichen Ziele der Volksbewegung das volle Verständniß von dem Werthe positiver Rechtsordnung, namentlich des römischen Rechts, auf, ein Fortschritt, an welchem ohne Zweifel der Einfluß seines Freundes Schürpf wesentlichen Antheil hat. Beide hielten in diesen Jahren öffentliche Reden, um das kaiserliche Recht gegen die Angriffe der Gegner zu vertheidigen.

In seiner Oratio de legibus[1]) (1525) unternimmt es Melanchthon, zu beweisen „sacris literis non modo non improbari civiles leges, sed praecipi etiam, ut religiose sancteque colantur". Dann auf das römische Recht übergehend, preist er die Weisheit der Vorfahren, dieses in die Gerichte eingeführt zu haben. Die Athener hätten es nicht für Schande gehalten ägyptische, die Römer nicht, griechische Gesetze anzunehmen; so hätten auch unsere Vorfahren nicht gefehlt, als sie die Ordnungen der Römer bei uns einbürgerten, da ja keine Kunst und Wissenschaft bei uns heimisch sei, wir alle von fremden Völkern gelernt hätten. So sei auch unser heimisches Recht barbarisch, bedürfe der Correctur durch das römische, welches von großen Männern ausgebildet und ganz der Natur des Menschen gemäß sei. Daher beschäftigten sich selbst die Angehörigen solcher Staaten, in denen das römische Recht nicht Geltung habe, mit seinem Studium, um, wie sie sagten, „animam spiritumque legum hoc est aequitatis vim ac naturam hinc decerpere". Die allgemein beklagten Uebelstände werden aus der in drastischer Weise geschilderten Geschmacklosigkeit der Commentatoren und der Unwissenheit der Richter erklärt, und als Abhülfe dagegen der Jugend das ernste Studium der bonae literae und der Quellen des Rechts dringend ans Herz gelegt.

Die Geltung des römischen Rechts, dem auch Luther wiederholt seine Anerkennung aussprach, war somit der Anfechtung

---

1) Herausgegeben von Muther 1860. 4°. 1869. 8°.

durch die Reformatoren entrückt. Aber nur die innere Vortrefflichkeit ist für sie der Grund seiner Geltung und Einführung, während sie die überlieferte Theorie von der Continuität des römischen Weltreichs verwerfen. Das echte römische Reich, sagt Luther schon in seinem Sendschreiben an den christlichen Adel, sei längst vergangen; der Papst habe nur den leeren Titel davon auf die Deutschen übertragen, um sie damit zu betrügen.

**6. Der Kampf um das kanonische Recht.** Anders stand es mit dem kanonischen Recht, dessen Geltung Luther auf die Autorität des Papstes in den deutschen Gerichten zurückführte. Wie er diese weltliche Herrschaft bekämpfte, so vermochte er auch nicht hier wie beim römischen Recht anzuerkennen, daß es seines Inhalts wegen die erworbene Herrschaft verdiene; es sei ein „kindisch, albern, schlecht Ding". Hauptsächlich aber gründet sich Luther's Widerstand gegen das kanonische Recht auf das Recht seiner religiösen Ueberzeugung, die mit den Grundanschauungen desselben im tiefsten Gegensatze stand. Denn was die Reformation vor allem bekämpfte, war die in ihm durchgeführte Scheidung eines heiligen Priesterthums vom unheiligen Laienstande, die heilsvermittelnde Stellung jenes zwischen Gott und den Menschen, und seine Herrschergewalt in geistlichen und weltlichen Dingen. Neben dieser fundamentalen Unverträglichkeit kam es für Luther wenig in Betracht, daß das kanonische Recht nicht bloß über die kirchlichen Ordnungen verfügte, sondern Normen über das Privatrecht, Strafrecht und vor allem über den Proceßgang aufstellte, die, wie sie ganz unabhängig von den kirchlichen Satzungen in Geltung bleiben konnten, so auch in der That bis auf Weiteres gar nicht zu entbehren waren. Und in Wirklichkeit ist die Autorität des Papstes nur in den geistlichen Gerichten der Grund für seine Geltung gewesen, während es sich in den weltlichen Gerichten aus ähnlichen Gründen einbürgerte, wie sie Luther für das römische Recht anerkannte.

Für die Juristen in Wittenberg war daher trotz aller Widersprüche die fortdauernde Geltung nicht zweifelhaft, wenn auch die der Reformation zugethanen Schürpf, Apel, Kling diejenigen Satzungen für nichtig erklärten, welche mit klaren und unzweifelhaften Aussprüchen Christi und der Apostel in Widerspruch stünden.

Allerdings war es mit der Vertretung des kanonischen Rechts eine Zeit lang nur mangelhaft bestellt, seit Henning Göde 1521 gestorben. Der von Erfurt berufene Justus Jonas d. Ä.[1]), dem die Propstei an der Allerheiligenkirche übertragen wurde, war nicht zu bewegen, die stiftungsmäßig damit verbundene Hauptlection des kanonischen Rechts zu übernehmen. Er beschränkte sich auf theologische Vorlesungen, mußte sich aber verpflichten, jährlich 20 Gulden zur Besoldung eines Lehrers des kanonischen Rechts zu bezahlen. 1524 übernahm Apel diese Vorträge neben den Pandekten, aber erst 1528 ward die Lectura decretalium wieder selbständig dotirt und mit Kaspar von Teutleben besetzt. Im Jahre 1534 erhielt Melchior Kling die Lectura in Sexto, dann bei der neuen Fundation der Universität 1536 die mit dem Assessorat am Wittenberger Hofgericht verbundene Lectura ordinaria in Decretalibus.

Sicherte schon die theoretische Vertretung dem kanonischen Recht die fortdauernde Geltung gegenüber der theologischen Anfechtung, so fanden sich überdies Anlässe genug, dieselbe auch praktisch zu behaupten. Zwar hatte sich Schürpf bereitwillig bei der 1527 begonnenen Kirchenvisitation verwenden lassen, hielt auch nach wie vor an den wesentlichen Glaubenssätzen der Reformatoren fest. Allein als seit den Verhandlnngen auf dem Augsburger Reichstage 1530 die Fragen über die Kirchengewalt praktisch in den Vordergrund traten, trennten sich seine und Luther's Wege: denn die überlieferte Autorität des Papstes und der Bischöfe zu negiren und damit die Kirche selbst aufzulösen

1) Geb. 1493 zu Nordhausen. Er wurde später Professor der Theologie in Wittenberg und starb 1555 als Superintendent zu Eisfeld. Er hatte Luther nach Worms begleitet und war bei dessen Tode zu Eisleben gegenwärtig.

verbot ihm seine juristische Ueberzeugung. In seinen Vorlesungen und Consilien vertrat er daher die Anwendbarkeit der kanonischen Satzungen auf die evangelischen Prediger; in Ehesachen nicht bloß diese, sondern auch die kirchliche Jurisdiction. Eben so blieb Schürpf bei dem Satze stehen, daß Fürsten und weltliche Obrigkeiten über geistliches Vermögen nicht verfügen können; wer es zu anderen als kirchlichen Zwecken verwende, sei ein „Dieb, Räuber und Kirchenschänder". Und mit ihm gingen sämmtliche Wittenberger Juristen.

Vor allem waren es die eherechtlichen Fragen, welche zu harten Conflicten führten. Luther empfand es bitter, daß die Juristen seine eigen gegen das kanonische Hinderniß der Priesterweihe geschlossene Ehe nicht für gültig erachteten; hierin fand er indeß an Dr. Johann Apel eine Stütze, den er am 15. Juni 1525 zum Zeugen seiner Verlobung neben Bugenhagen und Lucas Kranach beigezogen hatte. Auch Melchior Kling erklärt das Verbot der Priesterehe für nichtig, weil es den klaren Aussprüchen des Neuen Testaments widerspricht (Instit. 1, 10). Bezüglich der Eheschließung hielt Luther die Unterscheidung der sponsalia de praesenti und de futuro für ein „lauter Narrenspiel"; noch eifriger aber verfocht er die Nichtigkeit der heimlich, ohne Einwilligung der Eltern eingegangenen Verlöbnisse; sittlich entrüstet über die entgegengesetzte kanonische Bestimmung, in der er eine schreiende Verletzung des vierten Gebots erblickte. Gerade diese Frage, die in mehreren Fällen zu praktischer Entscheidung gestellt war, weckte erbitterten Streit, da das Consistorium die kanonischen Grundsätze zur Anwendung brachte. Luther ergoß die volle Schale seines Zorns über die „Schand-Juristen" in seinen Predigten (namentlich 1539 und 1544) und oft genug verwendete er damals in seinen Tischgesprächen das Sprichwort „Juristen böse Christen!" Die Zerwürfnisse wurden so bedenklich, daß Kurfürst Johann Friedrich einschreiten mußte[1]). Er rescribirte (Weimar, Dienstag

1) Muther, aus dem Gelehrtenleben S. 211 f. 442—452.

nach Epiphanias 1544) an Bugenhagen, G. Bruck und Melanchthon: „So wollen wir, daß die Juristen sich in denselbigen Fällen mit den Theologen vergleichen. — Und wenn dieselben in einmüthigen Verstand mehr nach christlicher Lehr, denn dem papistischen Recht gemäß bracht, seind Wir bedacht zu befehlen, daß also und nicht anders in Unsern Landen — gesprochen soll werden. Wollen aber etzliche Juristen auf des Papstes Rechten verharren, so sollten nichtsdestoweniger die andern mit den Theologen schließen, denn uns dieser Zwiespalt in solchen Sachen nit länger zu geduldenn sein will. Wir wollen auch Denjenigen, so mit Euch und den Andern nit einig sein, unser Gemuth und Meinung alsodann auch vermelden, daß Wir nicht bedacht nachzulassen anders in unser Universität zu lehren und zu sprechen, denn wie Ihr Euch das mit den Andern werdet vergleichen."

Der Vergleich gelang endlich. Es wurde eine „Concordia" zwischen den Theologen und Juristen „aufgerichtet", die sich nicht bloß auf die heimlichen Verlöbnisse, sondern auf Ehesachen überhaupt bezog, die ersteren aber, Luther's Ansicht gemäß, für nichtig erklärte. Zwar scheint die Concordia nicht förmlich zum Gesetz erhoben zu sein; allein wie sich M. Kling, der an den Verhandlungen nicht theilgenommen, nachträglich zur Anerkennung verpflichten mußte, so hat sie auch die Praxis von nun an wohl überwiegend beherrscht. Indeß stellt M. Kling in seinen Enarrationes in Institutiones (Ed. 3. 1556) und in seinem Tractatus causarum matrimonialium (Ed. 2. 1559) die Frage über die rechtliche Bedeutung des elterlichen Consenses noch als zwischen den Theologen und Juristen streitig dar und giebt in sehr unparteiischer Weise ihre beiderseitigen Gründe an, ohne sich selbst zu entscheiden.

Unterlagen demnach auch die kanonistischen Grundsätze da, wo es sich de lege ferenda handelte, so blieb doch die Autorität des kanonischen Rechts bestehen.

Nicht etwa in tendenziöser Weise zur Erhaltung des Alten und um dem Fortgange der Reformation Hindernisse in den Weg zu stellen, haben die Wittenberger Juristen an der Gültigkeit des kanonischen Rechts festgehalten; sondern sie entnahmen demselben auch die Waffe, mit welcher sie der protestantischen Opposition an die Seite traten.

Als auf dem Augsburger Reichstage von 1530 die feindselige Haltung des Kaisers gegen die protestantischen Stände die nahe Gefahr zeigte, mußte die Frage vom Recht thatsächlichen Widerstandes zur Entscheidung gebracht werden. Während die Reformatoren dieselbe bisher verneint hatten, deducirten die Juristen in einem Gutachten[1]) (1531) aus dem kanonischen Recht (c. 6. de sent. excomm. in VIto 5, 11), daß es Fälle gebe, in denen ein gewaltsamer Widerstand gegen ein richterliches Urtheil berechtigt sei, und daß diese Fälle zur Zeit gegenüber dem Kaiser vorlägen. Daneben findet sich ein zweites Gutachten von einem Ungenannten, welches das Recht des Widerstandes darauf gründet, daß der Kaiser nicht mehr wie ehemals unbeschränkter dominus mundi, sondern den deutschen Fürsten durch Eide verpflichtet sei, also nur eine beschränkte Gewalt habe; der Kaiser stehe daher nur da, wie die römischen Consuln zum Senat, der Bischof zu seinem Kapitel, der Doge von Venedig zu seinen Senatoren; die Verfassung Deutschlands sei eine Aristokratie und keine Monarchie: und so wenig die Senatoren, die Kapitel u. s. w. schuldig seien, dem Consul, Dogen, Bischof seinen „Muthwillen zu gestatten", eben so wenig seien dazu die Fürsten gegen den Kaiser verpflichtet.

Die Reformatoren haben sich den Conclusionen dieser Gutachten mit der Erklärung gefügt, daß sie von jeher gelehrt hätten, man solle weltliches Recht gelten lassen und halten; und wenn sie bisher gelehrt hätten, man solle der Obrigkeit nicht widerstehen, so hätten sie nicht gewußt, daß das Recht, dem in weltlichen Dingen Gehorsam zu leisten sei, die Befugniß zum Widerstande gewähre.

---

1) Hortleder, Ursachen des deutschen Kriegs 2, 70 ff.

Indeß war die ganze Sache Luther in innerster Seele widerwärtig; der Widerstand gegen den Kaiser bleibt ihm bedenklich, er mag nicht dazu rathen, wenn er auch dem Rechte seinen Lauf lassen will. Ueberhaupt aber hat er sich niemals mit dem formalen Rechte befreunden können; so sehr er sich auch von der Nothwendigkeit seiner Herrschaft überzeugt, erscheint doch seinem Gemüthe der Zustand der wünschenswerthe, in welchem man seiner entrathend nach Gottes Geboten lebe; die durch menschliche Gesetze beherrschte Ordnung ist ihm nur ein beklagenswerther Zustand der Unvollkommenheit. So bricht denn auch seine Antipathie gegen die Juristen, trotz mancher vertrauter persönlicher Beziehungen, immer wieder hervor; gleich wie er seinem Widerwillen gegen das kanonische Recht auch in späteren Zeiten noch oft den schärfsten Ausdruck giebt, nachdem er sich in die fortdauernde Gültigkeit desselben gefunden und es sogar zum Gegenstande eigener Studien gemacht hatte. Im Jahre 1530 erschien zu Wittenberg ein annonymes Schriftchen: „Ein kurtzer Auszuge aus den Bebstlichen rechten — unn den artickeln die ungeferlich Gottes wort und dem Evangelio gemes sind odder zum wenigsten nicht widderstreben. Mit einer schönen Vorrhede Mart. Luth.“ In dieser Vorrede erklärt der Reformator, daß er selbst längst vorgehabt habe, ein solches Buch zu schreiben, um zu zeigen, daß diejenigen, welche seine Lehre als Ketzerei verfolgten, gar nicht wüßten, wie vielfach dieselbe mit den Grundsätzen des kanonischen Rechts übereinstimme, also gegen ihre eigene Lehre tobten. Es werden zu diesem Zweck in dem Schriftchen Sätze des Decrets und der Decretalen, welche sich auf geistliche Sachen beziehen, in deutscher Sprache zusammengestellt.

Man wird die Haltung der Juristen in diesem Kampfe auch vom protestantischen Standpunkte aus als durchaus correct bezeichnen müssen. Denn wer die bindende Macht des Papstes in Sachen des Glaubens gegenüber der heiligen Schrift nicht anerkannte und sich in seinem Gewissen von ihm lossagte, leugnete damit noch nicht seine Befugniß zu weltlichen Geboten. Und wer auch diese bestritt, focht darum noch nicht seine Autorität im Kirchenregimente an. Allein selbst wenn man den ganzen Primat nach Begründung und Entwicklung für eine Usurpation erklärte, so konnte doch der Jurist nicht zugeben, daß deswegen der gesammte durch die Jahrhunderte gebaute Rechtszustand auf bindende Kraft keinen Anspruch habe. Einer Derogation durch die Gesetzgebung des Reichs oder Landes würden die protestantischen Juristen sich gefügt haben und haben sie sich gefügt, so weit sie in Einzelheiten z. B. bezüglich der geistlichen Güter im Reichstagsabschied von 1555 stattfand. Einer bloßen Negation seiner Gültigkeit mußten sie widersprechen. Die Gesetzgebung aber konnte den Schritt allgemeiner Derogation nicht thun, ohne die Lücke durch ein anderes Recht auszufüllen: und da es hierzu an den Mitteln und Voraussetzungen fehlte, so mußte es hier wie beim römischen Rechte dabei bleiben, daß es trotz aller Uebelstände und Beschwerden das gemeine Recht des Reichs sei.

Allerdings aber drängte sich die Frage auf, in welchem Umfange das kanonische Recht mit den Grundsätzen des Protestantismus zu vereinigen und demnach zur Anwendung zu bringen sei? — eine Frage, welche nach den Entwicklungsstufen der Reformation verschieden beantwortet werden mußte. Sie bildet ein noch in den folgenden Jahrhunderten immer wieder aufs neue erörtertes Thema. Hier mögen nur die Aeußerungen M. Kling's (1542) bei Gelegenheit seiner Darstellung des Eherechts in den Enarrationes in Institutiones ad Tit. 1, 10 de nuptiis angeführt werden. Fünf Rechte, meint er, kommen für die Ehe in Betracht: das Gewohnheitsrecht vor Moses, das Mosaische Gesetz, das Civilrecht, das Neue Testament und das kanonische Recht. Von diesen sei das jedesmal ältere durch das neuere aufgehoben oder wenigstens corrigirt worden. Das kanonische sei gültig theils weil der Kaiser sich selbst und alle Uebrigen demselben in Ehesachen unterworfen habe, indem er die

Cognition darüber den Bischöfen überwies; theils deswegen, weil es seit Jahrhunderten in der Praxis eingeführt sei und beobachtet werde. Allein dem Rechte des Neuen Testaments könne es nicht vorgehen, dieses zu ändern habe es keine Macht. Daher komme in allen vom Neuen Testament entschiedenen Fällen nur dieses zur Anwendung, das kanonische nur so weit es mit ihm nicht in Widerspruch stehe. Mit dem Neuen Testament im Widerspruch stehe es unzweifelhaft bezüglich der Priesterehe; ob auch noch in anderen Lehren, sei streitig, namentlich in der Frage, ob im Falle der Scheidung wegen Ehebruchs der unschuldige Theil sich wieder verheirathen dürfe, ob die desertio ohne Ehebruch ein Scheidungsgrund, endlich von welcher rechtlichen Bedeutung der elterliche Consens für die Verlöbnisse der Kinder sei.

Der Ausgang dieses Streits in Wittenberg ist für die fortdauernde Gültigkeit des kanonischen Rechts entscheidend gewesen: denn das Beispiel, welches von hier gegeben wurde, wirkte bestimmend für die übrigen dem Protestantismus gewonnenen Universitäten[1]); und so wenig in Sachsen die Landesgesetzgebung sich zur Abschaffung des C. jur. canonici entschloß und entschließen konnte, eben so wenig ist es in andern Ländern geschehen.

Allerdings aber lag es in der Natur der Dinge, daß sein Ansehen mehr und mehr in den Hintergrund gedrängt wurde. Zum Humanismus stand er in einem innern Gegensatze, und je mehr dieser die Geistesrichtung bestimmte, desto mehr hatte sich die Neigung dem Civilrecht, als einer Ueberlieferung des classischen Alterthums, zugewendet. Dazu war dann die ihm feindliche reformatorische Bewegung getreten. Während noch im Anfang des

---

1) Derselbe Streit wiederholte sich selbstverständlich fast überall. In Tübingen z. B. nahm Sichardt 1551 bei den Berathungen über die Eheordnung dieselbe Position wie die Wittenberger Juristen. Der Ausgang war ähnlich wie in Sachsen; nur daß die Ehesachen nicht den Consistorien, sondern, wie schon Herzog Ulrich verfügt hatte, den herzoglichen Räthen überwiesen wurden. Vgl. Wächter, Württemberg. Privatrecht 3, 173. Mandry, Joh. Sichardt S. 30.

Jahrhunderts die Zahl der Lehrstühle für kanonisches Recht die für das Civilrecht bestimmten erheblich übersteigt, finden wir jetzt das umgekehrte Verhältniß. In Wittenberg ist unter den vier Legenten nach der Fundation von 1536 nur ein Kanonist; für Marburg (1529) und Königsberg (1546) wurde in den Statuten auf einen Lehrstuhl für das kanonische Recht gar nicht Bedacht genommen. In Tübingen verfügte die Ordnung vom 30. Januar 1535, daß von den drei Kanonisten nur der Ordinarius bleiben soll, welcher die zwei ersten Bücher der Decretalen zu lesen hat und zwar „von wegen der Ordnung des gerichtlichen Proceß die uß dem andern Buch Decretalium und niender baß gelert werden mag". Aehnlich die Universitätsordnung vom 5. November 1536. Nach der Ordination der Universität vom 15. Mai 1557 ist unter den sechs Professoren der Facultät einer, der „jura canonica und sonderlich den processum juris darin" lesen soll. In Leipzig ist 1542 neben dem Ordinarius, der nicht zu lesen pflegt, nur noch ein Lehrer für den Sextus, und auch M. v. Ossa meint, daß ein Kanonist neben zwei Civilisten genüge; in Greifswalde ordnen die Statuten von 1543 nur drei Professuren für römisches Recht an; in Rostock ist 1549 neben drei Civilisten der bekannte Dr. A. Thraciger[1]) der einzige Kanonist; für Jena ergiebt der Lectionskatalog von 1564, daß nur über den lib. II Decretal. gelesen wird; in Heidelberg ist nach der Reform der Universität vom Jahre 1558 unter den vier Juristen nur einer für das kanonische Recht und zwar, bezeichnend genug, nur für den lib. II Decretal., also für den Proceß, wobei noch bestimmt war, daß, wer Anderes lesen wolle, vorher dem Decan und der Facultät Anzeige machen müsse, damit diese entscheiden könne, „ob es nützlich und ohne Verletzung der christlichen Religion bestehen möge". Selbst in Wien und Freiburg ist das Zurücktreten

1) Seit 1546 in Rostock zugleich Syndicus der Stadt; 1553 Syndicus in Hamburg; später Kanzler des Herzogs von Holstein-Gottorp. Gest. 17. Septbr. 1584.

des kanonischen Rechts bemerklich. In Wien hatte man schon 1497 die lectura decretorum eingehen lassen wollen, als unter der humanistischen Strömung eine lectura legum errichtet wurde[1]). Im Jahre 1533 bestand unter drei und 1537 unter vier Professuren nur eine für kanonisches Recht, und es wird ausdrücklich hervorgehoben, daß man diese Professur beibehalten wolle, obgleich sie bei dem Mangel an Zuhörern als überflüssig betrachtet werden könne. Der akademische Senat in Freiburg ließ 1543 die Entschuldigung des Kanonisten D. J. Greiß gelten, daß er wochenlang deshalb nicht lese, weil die Materie den Studenten gar widerlich sei[2]).

Allein die verhältnißmäßig schwache Vertretung schloß die Berücksichtigung des kanonischen Rechts keineswegs aus. So weit es das römische Recht abänderte, mußten seine Bestimmungen in die civilistischen Verträge eingeflochten werden; für ganze Materien waren die Rechtssätze vorzugsweise aus ihm zu schöpfen, wie es denn namentlich für das processualische Verfahren die anerkannte und unbestrittene Grundlage blieb; in den praktischen Entscheidungen und Gutachten der Facultäten kam es nach wie vor zur Anwendung. Nur dies ist zu sagen: während im vorigen Jahrhundert der juristische Unterricht überwiegend auf den Grund des kanonischen Rechts gebaut, das römische Recht nur zu seiner Erläuterung herbeigezogen wurde, hatte sich jetzt das Verhältniß umgekehrt — eine Thatsache, die zugleich Symptom, Ergebniß und mitwirkende Ursache ist des Entwachsens der Bildung und des Staatswesens aus der kirchlichen Bevormundung.

Selbstverständlich ward diese Wendung für die wissenschaftliche Bearbeitung des kanonischen Rechts von entscheidendem Einflusse. Das wissenschaftliche Interesse daran erlahmt; für die kritische Behandlung der Quellen geschieht in Deutschland

1) Kink, Gesch. d. Univers. Wien 1, 224. Beilagen S. 114.

2) Aehnlich schon Zasius 1523: Juris canonici lectio tantum non expiravit, cujus constitutiones male apud nos propter Lutherum audiunt. Epist. p. 62.

nichts und wenig für seine dogmatische Erörterung. Die wissenschaftliche Bewegung lehnt sich an das römische Recht an und bewegt sich fast ganz auf dessen Boden.

Wie man am Ende des Jahrhunderts über die Gültigkeit des kanonischen Rechts in protestantischen Ländern dachte, erfahren wir aus Hunnius' Erörterungen (de interpretatione et auctoritate juris 1615. lib. 2 c. 9). Nachdem er alle Gründe, welche gegen die Gültigkeit angeführt zu werden pflegen, zusammengestellt und zum Theil gebilligt hat, hebt er dagegen hervor, daß der in praktischer Uebung bestehende Proceß zum größten Theil auf dem kanonischen Recht beruhe und daß auch im Uebrigen seine Bestimmung auf den Universitäten und in den Gerichten der protestantischen Länder so weit anerkannt würden, als sie der Billigkeit und dem natürlichen Recht entsprächen. Allein das kanonische Recht komme überhaupt im deutschen Reich zur Anwendung nicht als ein vom Papst gesetztes, sondern als ein Recht, welches durch die Anerkennung unserer Fürsten und durch Gewohnheit das unsrige geworden sei.

7. Melanchthon. Die Fragen nach einer Reform der Wissenschaft in synthetischer Richtung, welche für die Jurisprudenz noch kaum ernstlich gestellt waren, als Melanchthon 1518 nach Wittenberg kam, sind von ihm hier in Fluß gebracht worden. Mußte schon die ausgeprägte Lehrhaftigkeit seines ganzen Wesens anregend auf seine Umgebung einwirken, so kam dazu das Vorbild der von ihm mit einer bisher unbekannten Virtuosität geübten didaktischen Methode, durch welche er die Grammatik, Rhetorik und Dialektik, die Ethik und theologische Dogmatik in seinen Vorlesungen und Lehrbüchern zu klar gegliederten Disciplinen verjüngte. Er zeigte und lehrte, wie man lehren müsse und wie man es anzugreifen habe, um eine in scholastischer Verwirrung erstarrte Wissenschaft so zu reinigen und zu gestalten, daß sie als Bildungsmittel erfaßt und lebendig wirksam werden könne. So drängte denn seine Lehre und sein Vorbild dazu, mit der Jurisprudenz ein Gleiches zu versuchen, aus dem Chaos

der überlieferten Gelehrsamkeit die leitenden Gedanken herauszulösen und die Rechtssätze selbst auf logische Gesichtspunkte zurückzuführen. Melanchthon selbst hat sich mit dem römischen Rechte beschäftigt; er soll auch über Institutionen Vorlesungen gehalten haben. Unter seinem Einflusse aber standen die jüngeren Rechtsgelehrten Wittenbergs: Apell, Lagus, Kling und Schneidewin, in deren Werken wir eine systematische und synthetische Jurisprudenz vertreten finden.

Melanchthon's schon erwähnte Verehrung für das römische Recht, welche er in mehreren Reden an den Tag legte [1]), fußte auf seinen ethischen Principien, deren Erörterung ihn zu den Fragen vom Grunde und Wesen des Rechts hinführten [2]). Die Gedanken, welche er in seinen ethisch-philosophischen Schriften über diese höchsten Probleme entwickelt hat, sind leitend geworden für die nächstfolgende Zeit. Zwar geht er von der überlieferten scholastischen Grundanschauung aus und operirt mit deren Fundamentalbegriffen; er findet daher auch nicht die Grenzscheide zwischen dem Wesen des Rechts und der Moral. Allein die fundamentale Umwandlung in der Auffassung des Verhältnisses von der Kirche zum Staat, vor allem die Anerkennung dieses letzteren als einer ebenfalls göttlichen Ordnung, führt ihn über die Scholastik hinaus.

Den Ursprung alles Rechts findet Melanchthon in Gottes Willen, der gewisse Grundbegriffe und Normen der menschlichen Natur eingepflanzt habe; ihre Gesammtheit ist die lex naturae. Den darin uns offenbarten göttlichen Willen erkennen wir durch die natürliche Vernunft (naturalis ratio), die allen Menschen

1) Oratio de legibus, 1525, s. oben; de dignitate legum, 1538. 1543. 1553; de scripto jure, vor 1541; de veris legum fontibus, 1550.

2) Hänel, Melanchthon der Jurist (Zeitschr. f. Rechtsgesch. 8, 249 1869), wo auch die ältere Literatur über Melanchthon's Verdienste um die Jurisprudenz angegeben ist. Köhler, Luther und die Juristen. 1873. Es kommen hier hauptsächlich in Betracht die Epitomes philosophiae moralis libri duo. Enarrationes aliquot librorum ethicorum Aristotelis. Loci theologici.

gemeinsam ist, aber nicht den Thieren: daher ist jus naturale und jus gentium eins und dasselbe, dagegen die römische Schuldefinition „jus naturale est quod natura omnia animalia docuit" zu verwerfen. Weil aber seit dem Sündenfall die menschliche Natur dem Gebote Gottes widerstrebt und seine Vernunft durch Gelüste und Leidenschaften verdunkelt ist, darum hat Gott sein Gebot durch nochmalige Offenbarung rein hergestellt und bekräftigt im Dekalog, welcher eine „epitome et summa legum naturae" darstellt. Die erste Tafel bezieht sich auf den Dienst Gottes, mithin auf das Verhältniß der Menschen zu ihm; ihre Gebote fallen daher der christlichen Glaubenslehre anheim. Die zweite Tafel dagegen umfaßt die menschlich-irdischen Pflichten.

Die Erfüllung aller Gebote Gottes, namentlich auch das rechte Verhalten gegen ihn, ist die justitia universalis; die justitia particularis (Gerechtigkeit i. e. S.) ist das dem Gebote Gottes entsprechende Verhalten der Menschen gegen einander, diejenige Tugend, welche das Zusammenleben der Menschen regelt; denn auch diese „societas hominum et vincula societatis" sind von Gott geordnet. Hier nimmt Melanchthon später die noch in seiner oratio de legibus verworfene Aristotelische Unterscheidung der justitia distributiva und commutativa auf; jene bewirkt nach geometrischer Proportion die Ordnung der Personen, diese regelt nach arithmetischer Proportion den Austausch der Güter.

Das Naturrecht ist danach identisch mit den von Gott eingepflanzten ethischen Grundbegriffen. Aus diesen fließt das positive Recht (jus positivum), dessen Aufgabe keine andere ist, als dem Naturrecht diejenigen näheren Bestimmungen hinzuzufügen, welche dessen Anwendbarkeit in richtiger Erwägung der thatsächlichen Umstände erfordert. Das positive Recht wird gesetzt durch die Obrigkeit, und da deren Autorität auf Gottes Willen beruht, so hat auch dieses seine bindende Kraft durch Gottes Willen, welcher dahin geht, daß Jeder der ihm gesetzten Obrigkeit gehorsam sei. Das jus naturae ist unwandelbar, das jus positivum wandelbar; aber jenes, wie es uns im Dekalog und im

Evangelium offenbart ist, schreibt keine bestimmte Staatsform vor, sondern bestätigt jede Staatsform und jedes Gesetz, welches nicht mit ihm im Widerspruch steht. Daher ist denn der bestehende Staat und das bestehende Gesetz unter dieser Voraussetzung göttlich.

Hiervon ausgehend verwirft Melanchthon den Widerstand gegen die Obrigkeit; selbst Willkür und Abweichungen von der Vernunft sind als Züchtigung Gottes zu tragen, sofern sie nur nicht gänzlich der Natur widerstreiten, oder sie gänzlich verderben. Aus demselben Gesichtspunkte vertritt er energisch die Gültigkeit und den Werth des römischen Rechts, weil die menschliche Gesellschaft der geschriebenen Gesetze zu ihrer Sicherheit bedarf, die römischen aber nur die richtig gezogenen Consequenzen aus den natürlichen Begriffen enthalten: „jus Romanum antecellere legibus aliarum gentium et vere quandam philosophiam esse“.

Daß die Reformatoren später, durch Gutachten der Juristen bewogen, den Widerstand gegen die Obrigkeit, speciell der protestantischen Fürsten gegen den Kaiser, zum Schutz der evangelischen Lehre gegen Vergewaltigung zuließen, ist oben berichtet. Melanchthon hat diese geänderte Auffassung in seinen nach 1531 erschienenen Schriften selbst vertreten, indem er davon ausgeht, daß auch die Obrigkeit den Gesetzen unterworfen sei und daß diese, wie die Juristen lehren, gewaltsame Gegenwehr gegen Mißbrauch der Amtsgewalt zulassen. Er beruft sich dabei auf l. 4 C. de legib. 1, 14 „Digna vox est majestate regnantis, legibus alligatum se principem profiteri; adeo de juris auctoritate nostra pendet auctoritas“ und auf § 8 J. quib. mod. testam. 2, 17.

Melanchthon hat auch eine Anzahl einzelner Rechtsfragen wiederholt casuistisch erörtert, unter denen die über den Wucher und das Eherecht hervorzuheben sind. Er erläutert dabei juristische Begriffe in populärer Weise, aber ohne juristische Methode, ohne Unterscheidung der moralischen Gebote von den Rechtssätzen, zum Zweck der Beruhigung der Gewissen, nicht der juristischen

Entscheidung. In der Frage über den Wucher vertritt er durchaus mit Luther den Standpunkt des kanonischen Rechts, trotz der Beide sonst erfüllenden Abneigung und ihrer Verehrung des römischen. Allein sie konnten sich hierbei auf die Autorität der Juristen und namentlich Schürpf's berufen, welcher deducirte (Consil. II, 12), daß das Civilrecht das kirchliche Verbot in sich aufgenommen habe. Denn von Justinian (Coll. IX, 14. Nov. 131) seien die Bestimmungen der vier Hauptconcilien für Gesetze erklärt worden, das Nicänische aber verbiete die Zinsen.

Melanchthon's Rechtsphilosophie und didaktische Kunst hat in weite Kreise befruchtend gewirkt. Joh. Oldendorp's Naturrecht ruht auf jener; und an Apel, Lagus und Kling, drei Männern, welche in seiner Nähe heranreiften, soll im Folgenden gezeigt werden, wie ernst jetzt die Arbeit begonnen wurde, die Rechtskunde aus dem bloßen Wissen einer ungeordneten Masse von Regeln zu einer Wissenschaft zu erheben.

8. Johann Apel[1]), 1486 in Nürnberg geboren, war unter denen, welche sich bei Eröffnung der neuen Hochschule in Wittenberg (Herbst 1502) immatriculiren ließen, mit ihm sein Landsmann Georg Burkhard aus Spalt bei Nürnberg, später berühmt unter dem Namen Spalatinus. Er scheint später in Erfurt und 1516 in Leipzig studirt zu haben; daß er sich gründlich in den humanistischen Wissenschaften umgesehen, ehe er zur Jurisprudenz überging, ist aus seinen Schriften und aus seinen mannigfachen Beziehungen zu den Vertretern des Humanismus zu schließen. Im Jahre 1519 finden wir ihn in Würzburg, vielleicht schon damals, jedenfalls 1523 Canonicus, Doctor und Rath des Bischofs Konrad von Würzburg. Als Canonicus war er, obgleich er die Priesterweihe nicht empfangen hatte, zum Cölibat verpflichtet. Allein gleich seinem Collegen Dr. Friedrich Fischer von Heidingsfeld, dem vertrauten

---

1) Muther, J. Apel. Aus dem Universitäts- und Gelehrtenleben im Zeitalter der Reformation. 1866. S. 230—328. 445—487.

Freunde Hutten's, verheirathete er sich heimlich und zwar mit einer Nonne adeligen Geschlechts aus dem Kloster St. Marx. Zur Verantwortung gezogen, aufgefordert, die Nonne dem Kloster zurückzugeben, vertheidigte er in einer dem Bischof überreichten „Defensio pro suo conjugio“ sein auf Gottes Gebot beruhendes Recht gegenüber der verderblichen menschlichen Satzung. Am 1. Juni 1523 ward er mit Fischer auf der bischöflichen Kanzlei verhaftet. Befehle der Freilassung von Seiten des Reichsregiments, erlassen auf Grund der Vorstellungen der Gefangenen und ihrer Verwandten unter Berufung auf den Nürnberger Reichstagsbeschluß vom 6. März 1523, blieben fast drei Monate lang ohne Erfolg. Endlich am 23. August 1523 wurden sie der Haft entlassen, mußten Urpheden unterschreiben, verloren ihre Pfründen und verließen einige Wochen später die Stadt. Beide begaben sich, wie es scheint, nach Nürnberg. Fischer trat in brandenburgische Dienste und folgte dem Markgrafen Albrecht nach Königsberg. Apel ward auf Antrag Luther's und Justus Jonas d. Ä. im Jahre 1524 als Professor in Wittenberg mit 40 Gulden Besoldung angestellt, und übernahm neben der ihm zugewiesenen Lectura in Dog. vetere die kanonistischen Vorlesungen an Stelle des J. Jonas, der ihm dafür jährlich 20 Gulden abgab. Diese gehäufte akademische Thätigkeit versah er, bis 1528 die Lectura decretalium dem Kaspar von Teutleben übertragen wurde. Apel's Besoldung war inzwischen erhöht; der Kurfürst Johann ernennt ihn zu seinem Rath und 1529 zum Beisitzer des Hofgerichts in Wittenberg. Im Jahre 1530 folgte er einer Berufung Herzog Albrecht's nach Königsberg als Kanzler; er ward der Nachfolger seines 1529 verstorbenen Freundes Fischer, gab jedoch die in Rechtspflege, Verwaltung und politischen Geschäften mannigfacher Art sehr einflußreiche Stellung wieder auf, als ihm 1534 seine Vaterstadt Nürnberg die bescheidenere eines Consulenten und Advocaten des Raths anbot, zu der später noch die Assessur am Stadtgericht kam. Seine Besoldung betrug 300 Gulden. Auch in seiner neuen Stellung blieb Apel mit

Herzog Albrecht in lebhafter Verbindung. Die uns zum Theil erhaltene Correspondenz zeigt, wie er in großen und kleinen Geschäften für den Nürnberg befreundeten Fürsten thätig war und namentlich die Schritte und Bemühungen des deutschen Ordens gegen den Herzog beobachtete. Indeß waren ihm nur wenig Jahre des Wirkens noch beschieden. Seine schon in Königsberg leidende Gesundheit fand in der fränkischen Heimat nicht die gehoffte Herstellung. Er starb am 27. April 1536, 50 Jahre alt.

Unter den Juristen dieser Zeit, deren Bemühen auf systematische Methode gerichtet war, ist Apel der originellste. Die Methodica dialectices ratio ad jurisprudentiam accommodata, welche er 1535 in Nürnberg herausgab [1]), ist aus Vorlesungen, die er zuerst 1527, als die Universität der Pest wegen nach Schlieben verlegt war, an diesem Orte und später in Wittenberg gehalten hat, hervorgegangen. Sie ruht nicht nur auf der Dialektik Melanchthon's, sondern ist wohl unter dem directen Einflusse desselben entstanden, und will, wie der Titel sagt, nichts Anderes sein als die Anwendung der Dialektik auf die Jurisprudenz. Apel empfiehlt in der Einleitung die didaktische Behandlung durch Zerlegung des Stoffs in sechs Abschnitte: definitio, divisio, causa efficiens, effectus, adfine, contrarium. Diese Abschnitte werden in den folgenden sechs Kapiteln erörtert und durch Tabellen und Beispiele erläutert; ein siebentes Kapitel behandelt noch die circumstantiae, welche er mit dem magistralen Verse „quis quid ubi quibus auxiliis cur quomodo quando“ zusammenfaßt. Die Beispiele sind treffend gewählt und beweisen Apel's Vertrautheit mit den Quellen und den Schriften der besseren Juristen der Neuzeit, Budäus, Alciat und Zasius.

Apel setzt für die Anwendung seiner Methode die Beibehaltung der exegetischen voraus und entfernt sich in so fern nicht von dem Herkömmlichen. Der Fortschritt aber liegt in der Vereinfachung und in der richtigen Wahl der Gesichtspunkte,

1) Norimb. apud Frid. Peypus. 4°. Die späteren Ausgaben s. bei Muther a. a. O. S. 458 ff.

welche dem Wesen der Sache entnommen und nicht, wie bei der scholastischen Methode des mos Italicus, nur von außen herangetragene loci sind. Es sind im Grunde dieselben systematischen Kategorien, welche später durch Peter Ramus zur Geltung gebracht sind, von M. Wesenbeck angewendet wurden und noch in der heutigen systematischen Methode die Ordnung der Darstellung zu bestimmen pflegen: Begriff, Eintheilung, Entstehung, Inhalt oder Wirkung; dem contrarium entspricht ungefähr unser „Untergang oder Aufhebung“, dem adfine und den circumstantiae können einigermaßen unsere „Beschränkungen, Modificationen und zusätzlichen Erörterungen“ verglichen werden.

Einen weiteren Schritt hat Apel gethan in seiner Isagoge per dialogum in quatuor libros Institutionum D. Justiniani Imperatoris, welche er in Nürnberg verfaßte, aber nicht mehr herausgab. Sie erschien erst 1540 [1]. In der Form eines Gesprächs wird hier nach einer scharfen Kritik der herkömmlichen Lehrart die Frage erörtert, ob sich nicht der gesammte Stoff des Civilrechts nach systematischen Gesichtspunkten ordnen, darstellen und somit die von Cicero erstrebte „ars juris“ herstellen lasse.

Beachtenswerth sind zunächst die Klagen des Studenten Sempronius über die Unverständlichkeit seines Lehrers, der nun schon fünf Jahre mit der Exegese der Institutionen hinbringe und wohl noch ein Jahr brauchen werde. Albericus, ein schon gereifter Jurist, bestätigt die Beschwerden des Sempronius aus eigener Erfahrung, fügt dann aber hinzu, daß er glücklicherweise nach zweijährigem Studium durch seinen Oheim einem tüchtigen Juristen empfohlen worden sei, der ihm gesagt habe, daß er, wenn er nicht die Institutionen so gut wie seine eigenen Finger kenne, keinen Professor, der Bartolus und Baldus tractire, verstehen könne, selbst wenn er sich den Kopf zerbreche. Da habe er sich dann an die Institutionen mit Eifer begeben und sie mit

1) Wratislaviae, A. Vincler 1540. 8°. Spätere Ausgaben bei Muther a. a. O. S. 464 ff.

Hülfe eines treuen, durchaus nicht berühmten Privatlehrers, der ihm und einigen andern Anfängern dieselben in seinem Hause erläutert habe, in einem Jahre gelernt. Dann erst habe er die Vorlesungen der öffentlichen Professoren mit Erfolg hören können.

Nach dieser Empfehlung der Institutionen als unentbehrlicher Einleitung und einem nachdrücklichen Tadel der berühmten Professoren, die bei ihren gelehrten Erörterungen nur ihren eigenen Ruhm und nicht den Nutzen ihrer Zuhörer im Auge haben, wird als dritte Person der Jurist Sulpitius, ein hervorragender, geistig überlegener Mann, in das Gespräch eingeführt.

Sulpitius, durch dessen Mund Apel seine systematischen Gedanken entwickelt, beginnt mit einer Kritik des Institutionensystems. Persona sei nicht ein besonderes Stück (caput) des Civilrechts oder der Jurisprudenz, sondern nichts Anderes als eine circumstantia wie causa, locus, qualitas, quantitas, eventus. Nur weil Gaius bemerkt habe, daß diese circumstantia im Recht eine so große Rolle spiele, habe er es für zweckmäßig gehalten, sie abgesondert zu behandeln und den beiden Theilen der Jurisprudenz beizufügen. In der Bestimmung dieser Theile sei aber die Bezeichnung des ersten durch „res“ unverständlich; denn „res“ könne man Alles nennen. Besser wäre es gewesen, wenn Gaius dominium gesagt hätte; dies sei bei ihm unter res zu verstehen und bilde in der That den ersten Theil des Rechts. Ist dies aber richtig, so folgt, daß der andere Theil nicht actio, sondern obligatio sei: denn die actiones seien nur officia oder effectus des Eigenthums und der Obligationen. Auf diese beiden Theile ist Alles, was sich sonst im Rechte findet, zu beziehen, entweder als Theile oder Species, oder Ursache, Wirkung, Verwandtes, Gegensatz; daneben stehen die circumstantiae, Umstände, welche überall modificirend eingreifen. Sulpitius entwickelt nun nicht ein vollständiges Rechtssystem nach den angegebenen, der Methodica dialectices ratio entsprechenden Gesichtspunkten, sondern entwirft nur ein Schema für die Erwerbsgründe (causae) des Eigenthums und die Entstehungsgründe der Obligationen und deren Arten; dann der Aufhebung beider Rechte und der Eintheilung der Klagen und Einreden. Dabei warnt er sehr treffend vor der Verwechselung der modi acquirendi dominii mit den contractus und delicta. Es habe daher auch keinen Sinn, die donatio, wie es in den Institutionen geschieht, neben die Usucapien zu stellen: vielmehr müsse sie, nachdem Justinian das pactum donationis für klagbar erklärt habe, den Consensualcontracten angereiht werden; die mortis causa donatio sei zu den ultimae voluntates zu stellen.

Apel erzählt hier, daß er in seinen systematischen Betrachtungen wesentlich unterstützt worden sei durch einen „libellus Institutionum", den er in einer Bibliothek in Königsberg, von Staub und Würmern angefressen, gefunden. Die beiden Titel de jure et justitia und de jure naturali bildeten darin eine Einleitung in das ganze Werk. Das erste Buch handele de jure personarum; das zweite reiche bis zum Titel de obligationibus; das dritte bis zum Titel de actionibus, welchem der Titel quibus modis tollitur obligatio unmittelbar vorhergehe; die actiones bilden den Inhalt des vierten Buchs. Der Titel de donationibus stehe nicht an der Stelle, wo man ihn jetzt gewöhnlich in den Institutionen finde, sondern sein Anfang (de mortis causa donatione) stehe hinter den Legaten, das Uebrige hinter dem Titel de mandato, also bei den Consensualcontracten, wie es die richtige Systematik verlangt.

Das hier beschriebene Werk ist wohl kein anderes als der sog. Brachylogus juris civilis, dessen erster Entdecker danach Apel genannt werden muß. Bedenken erregt es allerdings, daß keine der jetzt vorhandenen Handschriften genau mit der von Apel charakterisirten übereinstimmt und keine in das Zeitalter Kaiser Lothar's, in welches er die seinige versetzt, zurückreicht. Allein nicht nur die von den Institutionen Justinian's abweichende Abtheilung der Bücher trifft zu, sondern auch die Auffassung der donatio inter vivos als Consensualcontract (Brachyl. 3, 12), und man darf daher wohl die Vermuthung wagen, daß die verlorene alte Handschrift den Brachylogus in seiner ursprünglichen Form enthielt, deren Ordnung unter dem Einflusse der Glossatoren später geändert worden ist, um die Uebereinstimmung mit den Institutionen herzustellen. Dann müßten allerdings auch die Worte im Brachyl. 3, 12 „de qua (donatio) superius dictum est“ ein späterer Zusatz sein. Wer aber die Richtung der Glossatoren, ihre Gleichgültigkeit gegen systematische Fragen, das Gewicht, welches sie auf die Justinianische Ordnung der Titel legten, kennt, wird es nicht auffallend finden, daß unter ihrem Einflusse die systematische Verbesserung der formalen Uebereinstimmung zum Opfer gebracht ist. Die historische Bedeutung seines Fundes hat Apel nicht bemerkt. Die Art, wie er von dem „libellus Institutionum, annis abhinc 400 conscriptus“ spricht, läßt annehmen, daß er es mit einer Handschrift der kaiserlichen Institutionen zu thun zu haben glaubte. Fr. Balduinus verstand ihn (In libros Institutionum commentarii 1548) in diesem Sinne, und es bildete sich die Sage von einem „uralten Manuscript der Institutionen an der Ostsee“, das eine abweichende Ordnung der Materien enthalte. Apel war der Meinung, daß dies die ursprüngliche sei, welche auch die „architecti Institutionum Tribonianus, Theophilus et Dorotheus“ anerkennen würden, wenn sie von den Todten auferstünden. Die von ihm vertretene Ordnung dürfe daher nicht als Neuerung geschmäht werden. Neu könnte sie nur solchen scheinen, welche die heutige Mönchsreligion für älter erklärten als die uns von den Aposteln gelehrte, denen Accursius der „alte“ und Ulpian der „neue“ sei. Allerdings muß man bei Apel große Flüchtigkeit der Durchsicht voraussetzen, wenn er wirklich den Brachylogus vor sich hatte und seinen Unterschied von den Institutionen nur in der Anordnung bemerkte.

Der Brachylogus ist zuerst 1548 in Lyon (ap. Sennetonios f.) hinter den Institutionen gedruckt. Die zweite Ausgabe Lovan. 1551. 8° giebt Apel's Isagoge als Anhang, deren Vortrefflichkeit der Buchdrucker rühmt, ohne, wie es scheint, bemerkt zu haben, daß der Verfasser in dieser Schrift eben das edirte „Corpus legum“ beschreibt. Er hat wohl die einschlagende Stelle eben so verstanden wie Balduinus. Diese Verbindung mit Apel's Isagoge ist in den zahlreichen Ausgaben, welche der Brachylogus (so genannt zuerst Lugdun. 1553. 8°) bis in den Anfang des 17. Jahrhunderts erlebte[1]), nicht wiederholt und die innere Beziehung beider zu einander gar nicht bemerkt worden, bis der Utrechter Gelehrte Christoph Saxe 1777 die „Entdeckung“ machte, daß Apel den Brachylogus nicht nur gekannt, sondern sogar selbst verfertigt und eingeschwärzt habe. Diese auf luftigen Combinationen gebaute Behauptung ist, nachdem sie eine Zeit lang nachgesprochen worden, zuerst von Ph. Friedr. Weis in Marburg (1808) bekämpft und seit der Entdeckung der Wiener Handschrift (saec. 12—13) durch Savigny, welche noch Weis am Schlusse seiner Abhandlung[2]) melden konnte, definitiv beseitigt.

Kehren wir noch einmal zu Apel's Isagoge zurück, so ist noch auf das letzte Drittel hinzuweisen, in welchem sich Sulpitius über die wissenschaftliche Vorbereitung des Anfängers und über den richtigen Studiengang in feiner und sehr pikanter Weise verbreitet. Der Sache nach finden wir dieselben Gedanken, welchen wir bei Cantiuncula, Hegendorfinus und Franz Frosch begegneten.

Das Bemerkenswertheste aber ist dieses, daß in den beiden Schriften Apel's zum ersten Male die überlieferte Unterscheidung des jus in re und jus ad rem zum Fundamente eines Rechtssystems gemacht wird. Am Schlusse der Dialektik entwirft der Verfasser folgendes Schema:

Jurisprudentia tractat
I. Jus in re, cujus species
1. dominium,
a) cujus partes
proprietas, ususfructus;

1) Böcking, Corpus legum. 1829. p. XCIV—CXI: Index editionum.

2) Index lectionum in academ. Marburgensi per semestre hibernum 1808 habendarum.

b) cujus species
directum, utile;
2. quasi dominium (b. f. possessio);
3. jus in re specificum.
II. Jus ad rem, quod est obligatio,
cujus species
1. naturalis,
2. civilis.

Uebereinstimmend in der Sache, nur in der Terminologie abweichend ist die in der Isagoge gelehrte Gliederung des Systems; an die Stelle des jus in re setzt er dominium et ejus affinia, statt jus ad rem sagt er obligatio.

Eng mit dieser Systematik zusammenhängend ist die hier zuerst[1]) mit Bestimmtheit ausgesprochene Unterscheidung des titulus und modus acquirendi. In beiden Schriften (Method. dial. r. cap. 3 de causa) warnt Apel nachdrücklich vor der Verwechselung und Vermengung der Contracte mit den Erwerbsarten des Eigenthums. Die causa dominii sei der modus acquirendi; der contractus sei die causa obligationis; zwischen obligatio und modus acquirendi bestehe keine weitere Gemeinschaft, als daß der contractus bisweilen die causa traditionis sei. Wie demnach die traditio (neben andern modi acquirendi) die causa proxima des Eigenthums sei, so könne der contractus die causa remota genannt werden — aber nur bei der Tradition, Apprehension und Retention. Denn der, welchem tradirt worden, sei Eigenthümer nicht einfach deswegen, weil ihm tradirt worden (er den Besitz erlangt hat), sondern weil es ex causa emtionis u. s. w. geschehen.

Die causa proxima einer actio personalis sei die obligatio, die causa remota der contractus. Eine arge Unklarheit sei es dagegen, wenn bisweilen der contractus auch als causa remota der rei vindicatio bezeichnet werde. Die richtige Reihenfolge der Causalität sei vielmehr diese: 1. contractus (emtio, donatio etc.), 2. traditio, 3. dominium, 4. rei vindicatio, wonach also der

1) Fr. Hofmann, die Lehre vom titulus und modus adquirendi. 1873. S. 20 ff.

contractus nicht die causa remota der rei vindicatio, sondern der traditio und folglich nur die „causa causae remotae“ der rei vindicatio sei.

Uebrigens, fügt Apel hinzu, sei diese Unterscheidung nur bei der Tradition anwendbar. Denn die übrigen Erwerbsarten des Eigenthums setzten keine causa voraus, so daß sich nur drei Stufen ergeben: 1. Occupatio. 2. Dominium. 3. Rei vindicatio.

Apel ist demnach als der Urheber jener lange herrschenden und erst in unserm Jahrhundert angefochtenen und verlassenen Theorie vom titulus und modus acquirendi zu betrachten. Jedoch ist von ihm der Ausdruck titulus nicht gebraucht und, was wichtiger, die Unterscheidung der causa und des modus acquirendi ganz ausdrücklich auf die Tradition beschränkt. Der vollkommen richtige systematische Gedanke ist dann erst später verallgemeinert und dadurch verunstaltet worden.

Der Erste, welcher Apel's Gedanken, jedoch in unklarer Darstellung wiedergab, ist Oldendorp gewesen (Opera tom. 2 class. 3 p. 268). Nach ihm und unter Berufung auf Apel deutet Spiegel im Lexicon juris civilis (3. Auflage 1546) s. v. Titulus die Unterscheidung von causa und modus an. Eben so verweist Oldendorp in seinem Lexicon juris civilis (1547) s. v. Titulus auf seine Ausführungen an der bezeichneten Stelle. In dem Lexicon juris von Simon Schard († 1573) ist die Stelle aus Spiegel wörtlich wiederholt. Dethard Horst (vgl. Kap. 11) hat die Unterscheidung zuerst (1579) systematisch verwerthet.

**9. Konrad Lagus**[1]), der seinen deutschen Namen Hase nach der Sitte der Zeit gräcisirte, ist um das Ende des 15. Jahrhunderts zu Kreuzburg in Hessen geboren, hat in Leipzig und Wittenberg die alten Sprachen und die philosophischen Disci-

1) Muther in Glaser's Jahrbüchern für Gesellschafts- und Staatswissenschaften 5, 394—424. 1866. Derselbe, zur Geschichte der Rechtswissenschaft und der Universitäten in Deutschland. 1876. S. 299 ff.

plinen studirt und als Lehrer in der Artistenfacultät gewirkt. Seit 1522 lebt er in Wittenberg, wird Mag. artium, bekleidet aber keine öffentlichen Lehrstellen, sondern hält eine Privatschule mit Pensionat. Er wendet sich zur Jurisprudenz und erklärt seinen Zöglingen die Institutionen, treibt die Advocatur, wird gesuchter Rechtsconsulent und Notarius der Universität. Sein Bildungsgang, sowie der Einfluß Melanchthon's und Johann Apel's führen ihn zur systematischen Behandlung des Rechts. Wahrscheinlich im Jahre 1535, als die Universität der Pest wegen von Wittenberg vorübergehend nach Jena verlegt wurde, hat er zuerst den Versuch gemacht, „die Rechtsmaterien zu einem Körper zu vereinigen, an welchem der Lernende sofort wahrnehmen könne, aus welchen Hauptgliedern die Rechtswissenschaft und deren System im Allgemeinen bestehe". Er dictirte hier, ähnlich wie Apel 1527 bei Verlegung der Universität nach Schlieben, da es an dem üblichen Büchervorrath fehlte, seinen Zuhörern die systematischen Elemente des Rechts, die Grundlage seiner Methodus.

Die von dem Herkommen abweichende Methode war für Lagus ein Hinderniß der Beförderung zu einem öffentlichen Lehramte. Ja direct gegen seine Lehrthätigkeit scheint ein kurfürstliches Rescript vom Jahre 1538 gerichtet zu sein, welches allerlei Gebrechen der Universität abstellen soll und u. A. auch denjenigen, die in jure lesen ohne zuvor eine ordentliche Schule durchgemacht zu haben und sogar gegen die hergebrachte Lehrmethode aufzutreten wagen, diese Anmaßung untersagt.

Es wirft die gedrückte Stellung, in der Lagus gehalten wurde, ein eigenthümliches Licht auf die akademischen Zustände. Offenbar galt er nicht als zünftig; es fehlte ihm jede äußere Beglaubigung juristischer Gelehrsamkeit; die Vorträge über Institutionen hatten ohnehin nicht die volle Anerkennung juristischer Lecturen, und wer nicht magistraliter und more Italico die Quellen behandelte, erschien als ein oberflächlicher Neuerer. Apel, der anders geurtheilt haben würde, war nicht mehr in

Wittenberg. Jene auf Lagus gemünzte Stelle des Rescripts ist wohl dem Einflusse des Hieronymus Schürpf und des Dr. M. v. Ossa, der damals in der kurfürstlichen Kanzlei thätig war, zuzuschreiben. Es wiederholte sich hier nur die uns schon bekannte (vgl. oben S. 122 f.) Erfahrung des Widerstandes, dem Neuerungen der Lehrmethode bei den Facultäten und Behörden begegneten.

Dem Lagus war selbstverständlich diese Geringschätzung methodologischer Bestrebungen sehr wohl bekannt; er wußte, daß er sich durch sie äußere Geltung nicht erwerben könne. Hieraus erklärt es sich, daß er seinen Zuhörern nachdrücklich einschärfte, sein Dictat nur zu ihrem Privatgebrauche zu verwenden und nicht zu veröffentlichen. „Denn“, sagt er selbst, „ich wußte wohl, daß solche Weise das Recht zu lehren allen denen verhaßt und lächerlich sei, welche im Besitz des Katheders und der anerkannten Autorität, an der hergebrachten Methode festhalten.“ Und die Rücksicht auf die herrschende Meinung ist es, welche ihn auch später die Anträge auf Publication ablehnen ließ und ihn zu einer öffentlichen „Protestation“ drängte, als der Druck dennoch gegen seinen Willen geschehen war.

Nicht lange nach jenem verletzenden Rescript trat der Rath von Danzig mit Lagus in Unterhandlungen, um ihn als Syndicus der Stadt zu gewinnen. Melanchthon war es, der die Wahl des Raths auf Lagus gelenkt hatte. Nach längerer Verzögerung des Abschlusses ward ihm am 17. Juni 1539 eine Bestallung ausgefertigt, in welcher u. A. auch bekundet wird, daß Lagus versprochen habe, gelegentlich juristische Vorlesungen zu halten. Allein erst nachdem er im folgenden Jahre in Wittenberg die Doctorwürde erworben, trat er die Reise an, geleitete seine Familie bis Stettin und ging von da im Auftrage des Danziger Raths nach Lübeck, um an den Verhandlungen Theil zu nehmen, in welchen die Danziger Ersatz des Schadens, den sie durch die Lübecker zur See erlitten hatten, zu erlangen suchten. In seiner neuen Stellung ward er zu den mannigfaltigsten Geschäften, namentlich auch zu politischen Missionen verwendet;

wir finden ihn in Marienburg, in Königsberg beim Herzog Albrecht und wiederholt in Krakau. Eine Winterreise (1546) an diese polnische Residenz wurde für ihn verhängnißvoll; sein Wagen warf um und die dabei erlittene schwere Verletzung seiner Brust führte nach einigen Monaten seinen Tod herbei. Er starb am 7. November 1546.

Sein oben erwähntes systematisches Dictat war inzwischen 1543 bei Egenolf in Frankfurt a. M. unter dem Titel „Juris utriusque methodica traditio“ erschienen — unter seinem Namen, aber gegen seinen Willen. Egenolf hatte das Manuscript von einem Wittenberger Studenten gekauft, dann wiederholt den Autor brieflich gebeten, die Mängel desselben zu verbessern und die Publication zu gestatten — allein Lagus lehnte das Erstere ab und verbot die Veröffentlichung. Als sie dennoch geschehen war, ließ er im Jahre 1544 eine „Protestatio adversus improbam suorum commentariorum — editionem ab Egenolpho factam“ erscheinen, ein Sendschreiben an den Drucker Oporinus in Basel, der ihn ebenfalls wiederholt um die Erlaubniß gebeten hatte, die Methodus publiciren zu dürfen. Die in der Protestatio ausgesprochene Beschuldigung des Plagiums sucht Egenolf in seiner bald darauf erschienenen Defensio zurückzuweisen; und indem er ausführt, daß die Publication für Lagus und das Buch nur vortheilhaft sei, da die unzähligen Abschriften, welche von dem Dictat verbreitet würden, von Tag zu Tag fehlerhafter geworden seien, insinuirt er, daß Lagus wohl nur durch Oporinus aufgestiftet sei, der seinem Concurrenten ein Werk nicht gönne, um dessen Verlag er sich selbst bemüht habe.

Die Protestatio ist interessant durch die Aeußerungen des Lagus über die Ziele, welche er bei seiner ars juris verfolgte. Wenn, meint er, Cicero es für ein Leichtes gehalten habe, das Recht unter gewisse Theilungsglieder und so in ein System zu bringen, so würde dies doch nur dann wahr sein, wenn in rechtlichen Dingen allein die naturalis ratio leitend wäre. Allein da nicht diese, sondern das Bedürfniß die Rechtssätze gestalte, so müsse zugegeben werden, daß namentlich gegenüber der großen Masse von Gesetzen des römischen Rechts, zu denen noch das kanonische Recht komme, fast unüberwindliche Schwierigkeiten demjenigen entgegenständen, welcher es unternehme, das Recht in gewisse Hauptstücke zusammenzuziehen. Sein Dictat sei ein unvollkommener Versuch, der ihn allerdings überzeugt habe, daß er im Stande sein würde, etwas Besseres zu Stande zu bringen, wenn er einen Mäcen fände, welcher ihm die nöthige Muße gewähre. Ohne diese könne er das Werk nicht zur Vollendung bringen. Daher habe er auch seinen Schülern die Veröffentlichung verboten; für die Fehler des Egenolf'schen Drucks sei er nicht verantwortlich, das Manuscript sei ein fehlerhaft nachgeschriebenes und aus Fragmenten zusammengeflicktes Heft.

Trotz der Mängel hat das Werk großen Beifall gefunden. Bald nach der Egenolf'schen Ausgabe erschien eine zweite bei Gryphius; nach beiden veranstaltete 1552 Justin Gobler eine dritte, die er, nachdem er sich vergebens bemüht, ein Manuscript von einem Zuhörer zu erlangen, nach eigenem Geschmack verbesserte; bis zum Schlusse des Jahrhunderts hinein sind dann noch mindestens sechs Auflagen erschienen[1]). Lagus' Polemik gegen manche Institute der römischen Kirche brachte sein Buch auf den Index; da es aber für unentbehrlich galt, wurden mehrere nach katholischem Bedürfniß purificirte Ausgaben veranstaltet. Eine eigenthümliche Bearbeitung hat das Werk durch Joh. Thomas Freigius (vgl. Kap. 11) erfahren, der dessen System und Text nach seiner in der Schule des Ramus angenommenen Methode in tabellarische Form brachte und unter dem Titel Partitiones juris utriusque (Basil. 1571. 1581. fol.) herausgab. Die Autorschaft des Lagus erkennt Freigius in den Vorreden mit reichgespendetem Lobe an; in der zweiten Ausgabe erscheint sein Name auch auf dem Titel.

Lagus' „Methodica juris utriusque traditio" ist wohl das älteste vollständige Compendium des Rechts; der Hauptinhalt ist

1) Aufgezählt bei Muther, zur Gesch. d. Rechtswissenschaft S. 413 f.

privatrechtlich; allein an die obligationes ex delicto werden die crimina publica angereiht; ein eigener Abschnitt (de judiciis) behandelt ausführlich den Civilproceß und kurz den Criminalproceß; das jus publicum ist unter dem Gesichtspunkt des potestas im jus personarum berührt. Das römische Recht ist dargestellt mit den Aenderungen durch das kanonische; das deutsche ist nicht berücksichtigt. Daß im Criminalrecht die Carolina nicht erwähnt wird, ist eine in der damaligen strafrechtlichen Literatur (s. Kap. 14) nicht ungewöhnliche Erscheinung.

Allein Lagus beschränkt sich nicht auf die Darstellung des positiven Rechts, sondern stellt eine sehr beachtenswerthe philosophische Einleitung voran. Die „doctrina juris" hat zwei Aufgaben: erstens die Untersuchung der Gründe, welche uns zum Gehorsam gegen die Gesetze verpflichten, somit der Gründe alles Rechts überhaupt; zweitens die Untersuchung der „formae, quas in singulis negotiorum et delictorum humanorum speciebus pro jure observari leges volunt"; die erste Aufgabe ist philosophisch, die zweite historisch; bei dieser fragt es sich nicht, **warum** etwas Recht ist? sondern nur, **was** Recht ist? Denn wenn es auch für die juris formae (Rechtsinstitute) allerdings causae giebt, so werden dieselben doch sämmtlich aus jener allgemeinen Quelle „ex necessitudine naturali et civili" abgeleitet. Danach zerfällt nun sein Werk in 2 partes: philosophica und historica; und wenn auch diese Haupteintheilung in den Ausgaben äußerlich verwischt ist, so ist doch folgende Disposition von ihm selbst (P. 2 cap. 2 der Ausgaben) angegeben und genügend als die durchgeführte zu erkennen:

P. I. Philosophica.

P. II. Historica.

cap. 1. De jure personarum.
cap. 2. De modis acquirendi, alienandi et amittendi res.
cap. 3. De pactis et obligationibus.
cap. 4. De actionibus et exceptionibus.
cap. 5. De judiciis.
cap. 6. De privilegiis et juris beneficiis.

Der Ausscheidung dieses letzten Kapitels liegt der gute systematische Gedanke zu Grunde, daß das anomale Recht von dem regelmäßigen gesondert betrachtet werden müsse: die ersten fünf Kapitel bilden danach den ersten, das sechste den zweiten Abschnitt der pars secunda.

Die Pars I (philosophica) umfaßt ungefähr die Gegenstände, welche wir heute in den ersten Stücken des sogenannten „allgemeinen Theils" abzuhandeln pflegen: die Entstehung des Rechts und ihre Formen (Gesetz, Gewohnheit); die Auslegung und Anwendung (Folgerung und Beweisführung) der Gesetze; Analogie (de ratione loco legis habenda), Fictionen. Die ersten Kapitel enthalten die Anfangsgründe des Naturrechts, und es ist bemerkenswerth, daß dieses Compendium gleichzeitig mit Oldendorp's Isagoge juris naturalis (1539), welches man als das erste naturrechtliche zu bezeichnen pflegt, erschienen ist.

Recht ist dasjenige, was die Natur oder die öffentliche Autorität oder die Gewohnheit setzt und billigt. Das aus der menschlichen Natur entspringende Recht ist ein doppeltes. Jus naturale primaevum: der natürliche Trieb (instinctus) der Selbsterhaltung, welcher den Menschen mit den Thieren gemeinschaftlich, aber durch den Sündenfall verdorben ist und daher der Correctur bedarf durch die Vernunft; diese erzeugt das zweite jus naturale, das an seine Stelle getreten ist. Jus naturale secundarium ist nämlich das aus der mens humana hergeleitete Recht. Mentem vocamus istud judicium rationis, quod ex justitiae notitia, divinitus nobis indita, nobiscum nascitur. Die notitia justitiae ist die Kraft des menschlichen Geistes, Recht und Unrecht zu unterscheiden, durch Gottes Gnade dem Menschen verliehen als Hülfe gegen seine verdorbene Natur. Das daraus fließende Recht nennen die Römer jus gentium, weil es bei allen Völkern beobachtet wird. Es wird auch jus divinum genannt. Mit Unrecht beschränkten die Kanonisten diesen Namen auf die im Evangelium vorgeschriebenen Normen. Denn es giebt viele leges vere divinae, welche weder im Evangelium noch im Mosaischen Gesetz ausgesprochen sind. Jus divinum ist Alles, was Christi Willen entspricht und die reine menschliche Vernunft zum Schutze des Daseins der menschlichen Gesellschaft (ad tuendam hujus vitae societatem) fordert.

Dieses jus naturale hat mehrere „gradus", welche im Dekalog angegeben sind. Seine Gebote, und zwar sowohl die der ersten, als die der zweiten Tafel, lassen sich aus der menschlichen Natur und Vernunft herleiten.

Allein da die Triebe der Natur des Menschen so mächtig sind, daß er oft gegen das judicium naturae handelt, so genügt es nicht, den Gehorsam seinem guten Willen zu überlassen. Daher ist es nothwendig gewesen, andere „legum carceres" zu erfinden, um die Menschen durch öffentliche Autorität zum Gehorsam zu zwingen. Diese Betrachtung führt auf das positive Recht, jus civile, quod publica necessitate exigente civium suffragio in aliqua republica constituitur.

Das Merkwürdigste an dieser rechtsphilosophischen Grundlegung ist die Entschiedenheit, mit welcher Lagus (während er die überlieferte Unterscheidung des jus naturale primaevum und secundarium festhält) die Entstehung des Rechts von der Offenbarung trennt und es auf die menschliche Vernunft zurückführt. Er unterscheidet sich durch diese rationalistische Kühnheit sowohl von Melanchthon, wie von Oldendorp. Leider verfolgt er diesen Gedanken nicht weiter, sondern verweist nur für das Einzelne auf gelegentliche Andeutungen.

Die Pars II (historica), welche vom positiven Recht handelt, disponirt er nach folgender Betrachtung. Für das Verständniß aller „formae juris" (Rechtsinstitute) kommen folgende Fragen in Betracht: Wer ist berechtigt? Wie erwirbt man? Wie verliert oder veräußert man? Wie behauptet man sein Recht? Dazu dienen die Klagen, welche zum Schutz der Sachen und Rechte bestimmt sind. Da aber die ratio actionum nur durch Vergleichung der actiones mit einander richtig verstanden werden kann, so sollen bei den einzelnen formae juris nur der Erwerb und Verlust dargestellt, die actiones dagegen in einem besonderen Kapitel zusammen abgehandelt werden.

In den einzelnen Unterabschnitten (capita) werden die wichtigsten Lehren in zusammenhängender und fließender Darstellung übersichtlich entwickelt, dabei gelegentlich specielle Fragen erwähnt, aber als nicht in das „compendium“ gehörig abgelehnt; denn „cum in Compendio Regia quaedam via comprehendendarum rerum ostendi debeat, non est in ea ad singula diverticula subsistendum aut per ea deflectendum“ (P. 2 c. 7).

Allegationen der Quellen sind mit weiser Sparsamkeit eingeflochten; doch wird bei den verschiedenen Lehren ein Verzeichniß der tituli gegeben, in denen sie zu finden sind. Der Schüler soll sie für den Gebrauch des C. J. dem Gedächtniß einprägen.

Außer diesem Compendium des gemeinen Rechts, welches die Anerkennung, die ihm entgegengebracht wurde, durch Klarheit und Zuverlässigkeit in vollem Maße verdient, verfaßte K. Lagus noch ein „Compendium juris Saxonici“. Es ist eine übersichtliche Darstellung des deutschen Rechts auf Grund des Sachsenspiegels und des sächsischen Weichbildes, in deutscher Sprache, systematisch geordnet nach den in seiner Methodus juris civilis durchgeführten Gesichtspunkten. Vorausgeschickt ist auch hier eine allgemeine Einleitung (Erstes Buch), welche der pars philosophica der Methodus entspricht. Dann folgen fünf Bücher, welche den fünf capita der pars historica entsprechen; das sechste (de privilegiis) wiederholt sich hier nicht.

Kann auch der Inhalt dieses Werks keineswegs sonderlich gelobt werden, so ist es doch merkwürdig als erster Versuch, die Grundsätze des deutschen Rechts in ein dem römischen Recht entlehntes System einzuordnen.

Lagus selbst hat dieses Werk eben so wenig wie die Methodus veröffentlicht. Erst im Jahre 1597 wurde es von Dr. Joachim Gregorii aus Prietzen[1]) herausgegeben, der seine Entstehung

1) Geb. um 1527, damals wohl Assessor am Schöppenstuhl zu Magdeburg. Spätere Ausgaben: 1603. Muther, zur Geschichte S. 326. 349 (vgl. Kap. 13).

ungefähr in das Jahr 1537 versetzt. In den dazwischen liegenden 60 Jahren ist es vermuthlich in Handschriften verbreitet gewesen.

**10.** Unter dem Einflusse Melanchthon's und zwar wohl in directer Anlehnung an Apel und Lagus bildete sich Melchior Kling[1]), der im positiven Rechte Schürpf's Schüler war. Es ist schon berichtet (S. 274), daß er (geb. am 1. December 1504 zu Steinau an der Straßen in der Grafschaft Hanau) seit 1534 das kanonische Recht in Wittenberg vertrat. Im Jahre 1533 war er zum D. Jur. utr. promovirt. Seit 1535 verwendete ihn der Kurfürst zu Geschäften, welche bis dahin seinem verstorbenen Kanzler Dr. Chr. Bayer übertragen waren, und ernannte ihn 1541 unter Belassung seiner Professur zum Rath. Als solcher wohnte er 1541 dem Reichstage zu Regensburg bei und fungirte 1543 und 1544 bei der Visitation des Reichskammergerichts in Speier.

Unter der Anschuldigung, dem Kurfürsten Uebles nachgeredet und sich mit Lüneburg in Unterhandlungen wegen einer Berufung eingelassen zu haben, ward er 1544 verhaftet und in Untersuchung gezogen, indeß um Fastnacht des folgenden Jahrs wieder in Freiheit gesetzt und in seinen Aemtern bestätigt. Nach dem unglücklichen Ausgang des schmalkaldischen Kriegs, während dessen er als kurfürstlicher Gesandter nach Dänemark geschickt war, ließ er sich 1547 in Halle als privatisirender Rechtsconsulent nieder[2]) und diente bis zu seinem Lebensende vielen Fürsten und Herren als „Rath von Haus aus", indem er zugleich als Beisitzer des Schöffenstuhls zu Halle und des 1566 zu Jena errichteten Hofgerichts fungirte.

Von armen Eltern geboren, hatte er sich in seiner Jugend durch Singen vor den Thüren als Currendschüler in Halle seinen

1) Muther, Zeitschr. f. Rechtsgeschichte 4, 172. 438. Hallische Beiträge 2, 141—153. Jugler 4, 1—8. Muther, zur Gesch. d. Rechtswissenschaft S. 149 ff. Schulte, Geschichte 3, 2, 22 ff.

2) Indeß wird er auf dem Titel der ersten Ausgabe seiner Commentaria in tit. libr. II Decretal. Francof. 1550 noch als Wittenberger Professor bezeichnet.

Unterhalt erworben. Als er am 25. Februar 1571 dort starb, hinterließ er seiner zahlreichen Familie ein bedeutendes Vermögen[1]), das er durch emsigen Fleiß zusammengebracht hatte, ohne seine Hülfe der Armuth zu versagen.

Sein unfreundliches Verhältniß zu Luther, das noch 1546 bei den Verhandlungen in Eisleben, zu denen beide von den Mansfeldischen Grafen als Schiedsrichter berufen waren, zu Conflicten führte, erklärt sich aus den oben berührten Gegensätzen.

Es ist bemerkenswerth, daß dieser der Praxis zugewendete Jurist in seinen Schriften die systematische Methode vertritt, wie seine beiden bedeutendsten Werke zeigen.

Seine Enarrationes in libros IV Institutionum sind, wie er in der Dedication des Tractatus causarum matrimonialium sagt, aus Vorlesungen hervorgegangen, die er „privatim" gehalten hat[2]). Die Exegese ist darin mit systematischer Darstellung verbunden, welche überwiegt. Er giebt nicht nur den Inhalt der Institutionen wieder, sondern berührt auch das praktische Recht. Der Zweck ist überhaupt in das Rechtsstudium durch eine übersichtliche Darstellung einzuführen, deren große Klarheit und Einfachheit Lob verdient; der Stil ist populär und keineswegs von der Eleganz, deren Cantiuncula sich in seinem ähnlichen Werke befleißigte.

Gleich in der Einleitung tritt Kling für die systematische Methode ein; er lehnt die Ansicht derer ab, welche die Rechtswissenschaft nur für „prudentia" und nicht für „ars" halten; denn das Recht könne so „methodice" gelehrt werden, wie keine andere ars[3]). Demgemäß beginnt er mit Erörterung der all-

---

1) Er hinterließ 10 Kinder aus zwei Ehen. Nach Muther a. a. O. ist er „um Ostern 1571" gestorben.

2) Sie sind zuerst 1542, dann 1545 und 1556 Frankfurt fol. gedruckt; in Lyon sind 7, in Löwen 3 Nachdrucke erschienen; zuletzt Lyon 1673. 8°.

3) Si enim methodice tradi significat per locos dialecticos duci, ut definiendo, dividendo, quaerere causas, effectus, cognata et pugnantia, ut vult Aristoteles, certe nomen artis nulli professioni ita covenit quam juri etc.

gemeinsten Begriffe. Das jus naturale primaevum sind die von Gott der menschlichen Seele eingepflanzten Gebote, deren er 10 (nicht die Mosaischen) aufzählt. Aus diesen ist das jus naturale secundarium durch die „naturalis ratio humanis necessitatibus exigentibus“ hergeleitet. Es sind die allen Völkern gemeinsamen Rechtssätze (demnach das jus gentium), deren es zwei allgemeine giebt: Res dividere, Sontes punire. Aus jenem fließt das ganze Privatrecht, aus diesem das öffentliche Recht. Jus positivum ist dasjenige, welches weder mit dem Menschen geschaffen, noch durch die naturalis ratio gegeben, sondern von den Rechtskundigen und weisen Männern gesetzt ist. Es folgt aus dem jus gentium, giebt ihm aber Zusätze und Aenderungen. Das jus positivum zerfällt in das jus civile, welches theils scriptum, theils non scriptum ist, und das jus canonicum. In diesem Zusammenhange werden die geschichtlichen Notizen über die Entstehung beider Rechte und die Lehre vom Gewohnheitsrecht vorgetragen. Man sieht, daß in den rechtsphilosophischen Betrachtungen die damals verbreiteten Gedanken, wenn auch mit Modificationen, wiederkehren.

Kling's Methode besteht darin, daß er die Reihenfolge der Institutionentitel festhaltend bei jedem seine systematische Stellung darlegt, die darin behandelte Materie aber selbständig gliedert und entwickelt. Die systematische Basis bilden sorgfältige Definitionen, an deren einzelne Stücke und Elemente er die weitere Erörterung anknüpft und zwar so, daß er die Definition nicht als etwas Gegebenes nimmt, sondern sie rechtfertigt. Seine Darstellung ist daher eine fortlaufende Deduction. Nach Analyse der Definition werden die divisiones, causae und effectus des Rechtsinstituts behandelt.

In den Titel de Nuptiis (1, 10) ist ein ausführlicher Excurs über das Eherecht eingeschoben, von welchem schon oben gesprochen wurde. Kling hat diese systematische Abhandlung in etwas ausführlicherer Gestalt selbständig herausgegeben unter dem Titel „Matrimonialium causarum tractatus, methodico ordine scriptus" (zuerst Francof. 1553. fol.)[1]). In der Dedication an verschiedene Grafen und Herren spricht er sich in der oben (S. 279) angegebenen Weise über die Gültigkeit des kanonischen Rechts in Ehesachen aus, der Darstellung in seinen Enarrationes entsprechend.

Nicht minder merkwürdig ist seine systematische Bearbeitung des sächsischen Rechts. Schon 1543 erbot sich Kling in einem uns erhaltenen Schreiben[2]) an Kurfürst Johann Friedrich, das von diesem projectirte Werk einer Reformation des Sachsenspiegels zu übernehmen. Er sei bereit, „das sächsische Recht in eine solche Ordnung zu bringen, daß es Jeder leichtlich verstehen und sich darein richten solt", falls der Kurfürst ihn für solche Mühe „gnädiglich bedenken" wolle. Zugleich legt er den systematischen Plan in seinen Grundzügen dar. Die Antwort des Kurfürsten lautete ermunternd; doch solle das Werk, ehe es in Druck gegeben werde, ihm zur Genehmigung eingereicht werden; für seine Mühe solle Kling eine „stattliche Belohnung" empfangen.

Die tiefgreifenden Veränderungen im Leben beider Männer haben die Ausführung dieses Plans verzögert. Erst nach Kling's Tode erschien das Werk unter dem Titel „Das gantze sächsische Landrecht mit Text und Gloß in eine richtige Ordnung gebracht durch Doctor Melchior Klingen von Steinau an der Straße, itzo zu Halle" Leipzig 1572. fol. (Spätere Ausgaben 1577. 1600. fol.) In der Dedication an Kurfürst August ist das System dargelegt: der erste Theil behandelt die Personen „vom Kaiser bis zum Untersten"; der zweite den Proceß; „der dritte ist geschrieben

1) Spätere Ausgaben 1559. 1577. 1581. Unter dem Titel De jure connubiorum h. e. de sponsalibus etc. Fr. Hotomani Observationum liber singularis — et Tractatus D. Melchioris Kling etc. Francof. 1592. 8°. Francof. 1617. Lips. 1618. 4°. — Schulte a. a. O. nennt diese Schrift mit Recht eine „überaus lichtvolle Darstellung".

2) Muther, Zeitschr. f. Rechtsgeschichte 4, 172 f. Zur Gesch. d. Rechtswissenschaft S. 352 ff.

wie die drei ersten Bücher Institutionum imperialium"; der vierte handelt von peinlichen Sachen.

Kling selbst macht darauf aufmerksam (Titel und Dedication), daß neben seinem Werke der Sachsenspiegel und die Glosse nicht zu entbehren sei. Der ursprüngliche Plan eines systematischen Gesetzcodex, einer eigentlichen Reformation, war demnach aufgegeben; und das Werk hat nur Bedeutung als Zeugniß der sich auf das deutsche Recht erstreckenden systematischen Arbeit, ähnlich der von Lagus unternommenen.

Kling publicirte außerdem: In praecipuos — secundi libri antiquorum Decretalium commentaria. Francof. 1550. 1553. 1562. fol.; nachgedruckt schon 1551 in Lyon — wichtig für den Proceß; Explicatio et continuatio titulorum juris civilis et canonici. (1549?) Colon. 1561. 8° [1]).

**11.** Johann Schneidewin (Oenitomus), geb. zu Stollberg am 4. December 1519, wurde von seinem Vater, dem wohlhabenden Director der gräflich Stollberg'schen Bergwerke, in seinem 11. Jahre zu Luther nach Wittenberg gebracht, in dessen Hause er unter Leitung eines Informators heranwuchs. Schon in seinem 20. Jahre verheirathete er sich und begann das Studium der Jurisprudenz unter Schürpf, Goldstein und Kling. 1544 ward er Licentiat der Rechte und von Graf Günther von Schwarzburg als Kanzler berufen. Vier Jahre später kehrte er nach Wittenberg zurück und übernahm eine juristische Professur; 1550 ward er zum Doctor promovirt. Als Beisitzer des Hofgerichts, Consulent und kurfürstlicher Rath war er gleich seinen Collegen mit praktischen Geschäften überladen. Er starb in Zerbst, wohin er auf Begehren des dortigen Stadtraths bei strenger Kälte im Winter 1568 gereist war. Seine Leiche wurde an Luther's Seite beigesetzt [2]).

---

1) Die übrigen Schriften und andere Ausgaben der hier genannten s. bei Jugler, Hall. Beiträge und Schulte a. a. O.

2) Vgl. Adami vitae JCtor. p. 179 s. Sein Bruder Heinrich war Professor in Jena und starb als Arnstädtischer Kanzler am 7. Mai 1580.

Schneidewin hat keine Schriften publicirt, hinterließ aber einen fast vollendeten Commentar über die Institutionen, welchen M. Wesenbeck auf Bitten der Erben 1573 ergänzte und mit Noten herausgab. Neue Ausgabe mit Anmerkungen besorgten P. Brederode und Dion. Gothofredus 1596.

Dieser Commentar hält die Mitte ein zwischen der alten analytischen und der in Wittenberg geförderten synthetischen Methode oder verbindet in gewissem Sinne beide. Schneidewin selbst erklärt sich dahin, er wolle einen Mittelweg einschlagen zwischen denjenigen, welche die Glossen und Commentare ganz verachten, und denen, welche sich in ihre Erörterung verlieren. Er stellt Uebersichten des Inhalts der Titel an die Spitze, zeigt den systematischen Zusammenhang und erörtert den Inhalt, indem er Fragen formulirt, in zusammenhängender synthetischer Darstellung. Das analytische Element liegt in der Fragestellung, die aber von systematischen Gesichtspunkten ausgeht, daher die Rubriken: quid est? (Definition), quotuplex est? (Arten), qui sunt effectus? (Inhalt, Wirkung), quibus modis acquiritur, amittitur? regelmäßig wiederkehren. Zu diesen aber werden andere Fragen gefügt, welche den Verfasser oft zu umständlichen Excursen führen. So wird zum Tit. de jure naturali eine ausführliche Erörterung des Naturrechts gegeben, welche in Einzelheiten von Melanchthon abweicht; zum Titel de Nuptiis eine eingehende Abhandlung über das Eherecht.

Ueberhaupt aber hält sich Schneidewin keineswegs an den Stoff der Institutionen, sondern zieht das gesammte praktische Recht herbei; nicht nur das kanonische, sondern auch die Reichsabschiede, die Peinliche Gerichtsordnung Karl's V., das sächsische Recht wird berücksichtigt, Consilien und Präjudicien werden angeführt. Dadurch ist denn dieser Commentar zu einem mächtigen Quartanten angewachsen, dessen Material weit über das Bedürfniß der Anfänger hinausgeht und den Zweck eines einleitenden Lehrbuchs, trotz der sehr klaren und einleuchtenden Darstellung, verfehlt.

---

Achtes Kapitel.

# Johann Oldendorp.

1. Sein Lebensgang. — 2. Beurtheilung. — 3. Schriften.

Die bedeutendste Erscheinung unter den deutschen Juristen um die Mitte des 16. Jahrhunderts ist Johann Oldendorp[1]), hervorragend über Alle sowohl durch die Macht seiner Persönlichkeit, mit der er in die Kämpfe der Zeit eingriff, wie durch seine Bedeutung als Schriftsteller und Lehrer. Wir können seine Stellung in der deutschen Rechtswissenschaft eine centrale nennen, insofern in ihm die verschiedenen neuen Elemente, welche sie damals bewegten, vereinigt zur Geltung kamen, während seine Jugendbildung noch in den alten Ueberlieferungen wurzelte. Er ist zwar kein schöpferischer Geist, aber ein origineller Kopf, der sich seine Wege selbständig, ohne fremde Leitung gesucht hat.

**1.** Ueber seine Jugend wissen wir nur, daß er, um 1480 in Hamburg geboren, hier von seinem Oheim, dem berühmten

---

1) Vgl. Adami Vitae JCtor. p. 175. Strieder, Hess. Gel.-Gesch. 10, 110 ff. Krabbe, die Univers. Rostock S. 374 ff. 402 ff. 416. Kosegarten, Gesch. d. Univers. Greifswald S. 172 ff. Waitz, Lübeck unter J. Wullenweber 1, 192 f.; 2, 68 ff. 156. 162; 3, 51. 196 ff. 317. Harder, Zeitschr. d. Vereins f. Hamburg. Geschichte 4, 436 ff. Wichmann, Mecklenburgs altniedersächs. Litteratur 1, 160 ff. Stölzel, die Entwicklung d. gel. Richterthums 1, 50. 108 f. 415. 419; 2, 185. Krafft, theolog. Arbeiten aus dem rhein-westfäl. Predigerverein 2, 68 ff. Varrentrapp, Hermann von Wied S. 88 ff. 159 ff. — Archivalien aus Marburg sind mir durch die Güte der Herren Professoren Mangold und Varrentrapp mitgetheilt.

Alber Krantz, erzogen ist. 1504 ist er in Rostock immatriculirt, setzt dann seine Studien in Köln fort, zieht nach Bologna und wird hier 1515 zum Licentiaten promovirt. Bald darauf erhält er eine Professur an der Universität Greifswald, in deren Matrikel er am 29. April 1516 eingetragen ist und zwar „gratis propter sui honorificentiam et legalitatem". Er bekleidet 1517 das Rectorat, wird im August 1518 zum Doctor legum promovirt und an demselben Tage im Doctorornat mit Sophia Lotz getraut. Seine erste juristische Schrift „Rationes sive argumenta quibus in jure utimur" war 1516 zu Rostock erschienen. Im Jahre 1520 ging er als Professor nach Frankfurt a. O., kehrte jedoch schon 1521 auf Antrag des Herzogs Bogislav nach Greifswalde zurück und bekleidete hier die Stelle des Legum ordinarius bis 1526.

Schon von seinem Oheim auf die Schäden der Kirche hingewiesen, war er durch Luther den reformatorischen Grundwahrheiten gewonnen; und je tiefer und ernster er sich von dieser Geistesrichtung durchdringen ließ, desto mehr entfremdete er sich innerlich den Verhältnissen, welche ihn in Greifswalde umgaben, wo die reformatorische Bewegung hartnäckigem Widerstande begegnete. Noch in Greifswalde gab er seine Schrift De emtione et venditione redituum (Francof. 1525) heraus, zog aber mit Beginn des folgenden Jahres, als Syndicus der Stadt berufen, in das ihm wohlbekannte Rostock. Später übernahm er daneben eine Professur. In seiner 1531 erschienenen Schrift „Omnium fere temporalium praescriptionum ex aequo et bono brevis enarratio" nennt er sich Professor und Syndicus zu Rostock.

Die Universität hatte in diesen Jahren unter den Folgen der reformatorischen Unruhen schwer zu leiden, und Oldendorp's Wirksamkeit als Lehrer war daher nur von geringem Umfang. Desto größeren Einfluß übte er in der Bürgerschaft als Haupt der reformatorischen Partei und Syndicus des Raths, der im Jahre 1531 die Reformation zur Durchführung brachte. Merkwürdig ist aus dieser Zeit eine 1530 gedruckte, dem Hamburger

Rath gewidmete Schrift[1]) „Von radtslagende wo man gude Politie und ordenunge ynn Steden und landen erhalden möghe", in der er den „Unglauben, die Gierigkeit und den Unverstand" als die Ursachen des Mißbrauchs, des Aufruhrs und des Verderbens „guter Polizei" bezeichnet und als Abhülfe die Predigt des reinen Worts Gottes, die Pflege der Schulen und Universitäten und endlich die Beaufsichtigung der Druckereien empfiehlt.

Die Entschiedenheit und Energie, mit welcher Oldendorp für die Reformation in Rostock wirkte, machte ihn im Kampfe der beiden noch um die Herrschaft ringenden Parteien zur Zielscheibe der erbittertsten Angriffe. Schmähschriften wurden verbreitet, die ihn als Aufrührer beim Herzog Albrecht von Mecklenburg verklagten, die ärgsten Beschuldigungen und Drohungen gegen ihn erhoben, ihn Dieb und Verräther schalten. Oldendorp verantwortete sich in einer „Warhaftige entschuldinge Doctoris J. Oldendorp Syndici tho Rostock wedder de mordgirigen uprorschen schandtdichter und falschen klegern" (1533), verlangte Untersuchung der Beschuldigungen, aus der er gerechtfertigt hervorging, nahm jedoch zugleich seinen Abschied als Syndicus. Gleichzeitig mit ihm verließen zwei Rathsherren ihre Plätze mit der Erklärung, sie nicht eher wieder einnehmen zu wollen, als bis der Rath die Sache des Evangeliums mit Ernst fördere. Auf Andringen der Bürgerschaft ward Oldendorp in seine Stelle wieder eingesetzt. Allein die katholische Partei fand eine mächtige Hülfe an dem Herzog, der den Anschuldigungen Glauben schenkend, Oldendorp's Verhaftung und Bestrafung forderte. Wenn ihn auch der Rath vorläufig in Schutz nahm, so hatte Oldendorp doch wenig Grund, auf die Länge seinem guten Willen und seiner Macht zu vertrauen. Ohnehin durfte er nicht wagen, das städtische Weichbild zu überschreiten, und als er im Februar 1534 nach Hamburg berufen ward, um bei den Friedensverhandlungen

1) Waitz, Lübeck unter Jürgen Wullenwever 1, 192. 369 ff. Hochdeutsche Uebersetzung Rostock 1579. Gegen Waitz' Beurtheilung dieser Schrift vgl. auch Harder a. a. O. S. 443 f.

zwischen Lübeck und den Holländern mitzuwirken, verweigerte ihm der Herzog das freie Geleit. Statt seiner führte damals Dr. H. Schürpf das Wort für die Lübecker. Oldendorp aber hielt es gerathen, sich den Gefahren einer unhaltbar gewordenen Stellung durch heimliche Entfernung zu entziehen. Er kam nach Lübeck, wo er im ersten Viertel des Jahrs 1534 das in den hochgehenden Wogen der politischen Ereignisse einflußreiche Amt des Syndicus übernahm.

Als bei späteren Verhandlungen mit dem Rostocker Rath ihm, unter Berufung auf seinen Eid, die heimliche Entweichung zum Vorwurf gemacht wurde, erwiderte er: „jeder Eid binde nur, so weit das Halten von Gotteswegen ehrlich, möglich und billig sei". Daß dies für ihn nicht der Fall gewesen, sucht er darzulegen, und dabei kommt eine häusliche Angelegenheit zur Sprache, die ihn wesentlich mit bestimmt haben mag, Rostock zu verlassen. Ein Geistlicher, Valentinus, sagt Oldendorp, habe heimlichen Handel mit seiner Frau, dadurch sei üble Nachrede entstanden, der er habe aus dem Wege gehen wollen; nur wenn er gegen dies Aergerniß sicher gestellt würde, könne er zurückkehren. Es ist nicht klar, welche Thatsachen diesen Andeutungen zu Grunde liegen; gewiß nur, daß Oldendorp's eheliches Verhältniß ein unglückliches war. Aus den Vorwürfen, die ihm später noch gemacht wurden, scheint hervorzugehen, daß er seine Frau verlassen und das Band wegen Ehebruchs als gelöst betrachtet hat.

In Lübeck stand damals Jürgen Wullenwever auf der Höhe seiner Macht und seiner kühnen Pläne. Es ist nicht unsere Aufgabe, den Windungen seiner Politik zu folgen und die verschlungenen Fäden nachzuweisen, durch die er seine Ziele: die Befestigung eines demokratischen Regiments, Durchführung und Sicherstellung der Reformation und vor allem die Verdrängung der Holländer aus dem ostländischen Handel unter sich und mit dem Kampf um die dänische Königskrone zu verknüpfen wußte. Auch bleibt es zweifelhaft, wie weit Oldendorp in Wullenwever's

Pläne eingeweiht war und sie billigte. Aber er hat der Politik des kühnen Bürgermeisters mit klugem Rath, mit der Macht seines Worts und seiner Feder, mit der Gewandtheit eines welterfahrenen und menschenkundigen Unterhändlers gedient. Im Juli 1534 geht er im Auftrage Wullenwever's nach Wismar, Rostock, Stralsund, um die Bürgerschaften gegen den widerstrebenden Rath für den Anschluß an Lübecks Unternehmungen zu gewinnen. Er verhandelt mit seinem alten Feinde Herzog Albrecht, dem als Preis die dänische Krone in Aussicht gestellt wird; überall finden wir neben den politischen und commerciellen Interessen die kirchlich reformatorischen in den Vordergrund gestellt; überall ist Oldendorp's Sendung von Erfolg gekrönt: einen Mann „klein von Gestalt und groß von Thatkraft" nennt ihn ein Zeitgenosse; die Macht seiner Rede entflammt die Bürger, seine Klugheit überwindet die Bedenken der zögernden Fürsten und Rathsherren. Im Herbst ist er in den Verhandlungen mit Christian III. von Dänemark thätig, die zum Stockelsdorfer Frieden (18. Novbr. 1534) führten; auch wird die Herstellung des alten Raths zum Theil seinem Einfluß zugeschrieben — Ereignisse, die, weil sie für Wullenwever die Bedeutung von politischen Mißerfolgen hatten, seinen Sturz vorbereiteten. Allein die bedrängte Lage Lübecks und der dadurch verursachte Umschlag in der Stimmung der Bürgerschaft, welche jene herbeiführten, rechtfertigen Oldendorp, wenn er jetzt für Versöhnung und Mäßigung wirkte. In Wullenwever's Sturz, der schon im folgenden Jahre eintrat, ist Oldendorp nicht verwickelt, auch von der siegreichen Partei nicht in die Untersuchung gezogen, welche mit der von vorn herein bezweckten Verurtheilung und grausamen Hinrichtung des kühnen und unglücklichen Bürgermeisters endigte. Wullenwever hatte auf ihn als Mitschuldigen hingewiesen, nachher aber seine Aussagen widerrufen. Wenn gegen ihn gleichzeitig der Vorwurf erhoben wird, Wullenwever's Unternehmungen gefördert und sie durchkreuzt zu haben, so scheint dadurch bestätigt zu werden, daß er sich in einer gewissen Entfernung und Selbständigkeit zu behaupten gewußt hat. Ob und in wie weit in dieser Haltung Untreue lag, läßt sich nicht entscheiden, da wir sein persönliches Verhältniß zu Wullenwever nicht kennen[1]). Was ihm nie bestritten worden ist, sein unentwegtes Eintreten für die Durchführung und Sicherstellung der Reformation, scheint uns der feste und treue Kern seiner politischen Thätigkeit gewesen zu sein.

Nur kurze Zeit noch blieb Oldendorp in seinem Amt, das ihm durch die Rückkehr des papistischen Bürgermeisters Brömse verleidet war. Er nahm 1536 seinen Abschied[2]) und ging (wie gesagt wird) als Professor nach Frankfurt a. O.

Bald eröffnete sich ihm in Köln[3]) ein neuer bedeutungsvoller Wirkungskreis. Am 22. Juli 1538 ist er in die Kölner Matrikel eingetragen als „juris civilis Doctor Bononiensis", obgleich er in Bologna nur die Licenz erlangt hatte. Nachdem er so, fast 60jährig, zum wissenschaftlichen Beruf zurückgekehrt war, begann für ihn der literarisch ergiebigste Abschnitt seines Lebens. Von seiner Wirksamkeit als Lehrer in Köln durfte er später rühmen, daß die juristische Facultät durch ihn aus dem Verfall zur Blüthe emporgebracht sei. Aber auch in Köln hat sich in eigenthümlicher Weise sein persönliches Schicksal mit einer Entwicklungskrisis der Reformation verflochten. Können wir auch den Zusammenhang nicht nachweisen, so dürfen wir es doch wohl nicht als zufällig betrachten, daß seine Uebersiedelung in die Zeit der durch Kurfürst Hermann von Wied für sein Erzbisthum vorbereiteten Reformbewegung fiel. Der reformfreundliche Kanzler der Stadt, Peter Bellinghausen, hatte mit ihm verhandelt, um ihn als Professor und Consulent des Raths zu gewinnen. In

---

1) Vgl. darüber gegen Waitz die Ausführungen von Harder a. a. O.

2) Der Vertrag mit seinem Nachfolger Stephan Klingebyl J. U. L. ist datirt vom Michaelistage 1536; ihm folgte 1539 der Marburger Professor Joh. Rudel († 1563), später Justin Gobler.

3) Ueber das Folgende vgl. C. Krafft, theolog. Arbeiten aus dem rheinwestfäl. Predigerverein, herausg. von Ewertsbusch, 2, 68 ff. und besonders Varrentrapp, Hermann von Wied S. 88 ff. 159 ff.

das Jahr seiner Ankunft (1538) fällt die Publication des reformirten Landrechts[1]). Indeß war seines Bleibens zunächst nicht lange; Philipp von Hessen gewann ihn für die Marburger Facultät, welche damals nur mit zwei Lehrern, Ferrarius Montanus und Studäus, besetzt war. Unter des Ersteren Rectorat ist er am 8. Juli 1540 in Marburg immatriculirt als „Clarissimus J. U. Doctor Jo. Oldendorpius ab Illustrissimo principe Philippo e Colonia Agrippina liberali stipendio vocatus". Aber auch hier verweilte er nur kurze Zeit. In der zweiten Hälfte des Jahres 1541 hat er noch das halbjährig wechselnde Rectorat bekleidet; dann ist er (wir wissen nicht, aus welchen Gründen, noch genau wann?) nach Köln zurückgekehrt, wo wir ihn im Anfang 1543 wiederfinden, und zwar als offenen Anhänger der Reformbestrebungen des Erzbischofs, in Conflict mit den Stadtpfarrern. Bei dem Rathe verklagt, weil er aus der Hand des Theologen Meinertzhagen um Ostern das Abendmahl in beiderlei Gestalt empfangen hatte, wahrte er in einem Protest, der am 11. April zur Verlesung kam, den Gläubigen das Recht auf den Kelch und suchte die „muthwillige Schmähschrift der vermeinten Pastoren" zu widerlegen; für den von der theologischen Facultät verfolgten Meinertzhagen verfaßte er die Appellation an den Erzbischof. Der Rath der Stadt entschied sich gegen die Neuerungen; er kündigte Oldendorp, der sich nicht nur persönlich zu ihnen bekannt hatte, sondern auch seine Zuhörer in gleicher Richtung aufgereizt haben sollte, Gehalt und Dienst. Es ward ihm eröffnet, daß der Rath nicht gesonnen sei, ihn und seine Gesinnungsgenossen in der Stadt zu dulden; und wenn hinzugefügt wurde, daß man von jedem feindseligen Vorgehen gegen ihn absehen werde, falls er sich auf keine weiteren Neuerungen einlassen wolle, so verstand sich für Oldendorp die Unerfüllbarkeit dieser Bedingung von selbst.

---

1) v. Kamptz, Preuß. Provinzialrechte 3, 273 ff. Maurenbrecher, Rheinpreuß. Landrechte 1, 309 ff. Stobbe 2, 396 ff.

Nicht lange darauf kamen an ihn neue Anträge vom Landgrafen Philipp[1]), die ihn zur Rückkehr nach Marburg einluden. Er erklärte sich bereit unter der dreifachen Bedingung, daß ihm die Durchführung einer Reform des juristischen Studiums gestattet, eine Besoldung von 200 Gulden gewährt und eine geeignete Wohnung auf seine Kosten zugewiesen würde. Im Einverständniß mit der Universität bewilligte sie der Landgraf und übersandte Oldendorp am 13. Juni 1543 einen „offenen Paßport", um welchen er zum Schutze gegen seine Widersacher im Gebiete von Mainz und Trier gebeten hatte. So verließ Oldendorp Köln und kam nach Marburg, von wo aus er seinen Streit mit seinen dortigen Gegnern noch eine Zeit lang literarisch fortsetzte[2]).

Oldendorp hat durch seine Lehrthätigkeit, die er fast 24 Jahre lang in Marburg übte, den Grund gelegt zu einer Blüthe der juristischen Facultät, welche das Ende des 16. Jahrhunderts überdauerte. Hochangesehen bei seinen Collegen, führte er fünfmal das Rectorat. Er genoß das besondere Vertrauen seines trefflichen Fürsten, der ihn am 29. März 1544 zu seinem „Rath von Haus aus" ernannte, mit der Bestimmung, daß er in Marburg wohnen und so lange er wolle dort „jura profitiren" möge; zugleich überweist er ihm ein Haus, welches bis dahin der Kammermeister Jost von Weiters besessen. Seit 1546 ist er zugleich Rath in der fürstlichen Kanzlei. 1553 bestellte ihn Philipp zum „Reformator" der Universität und erneuerte die Anstellung aus besonderem Vertrauen, als Oldendorp zehn Jahre später seine Entlassung verlangte. Durch mannigfaltige Geschäfte ist Oldendorp öfter in seiner Lehrthätigkeit unterbrochen worden; so waren im Herbst 1548 die sämmtlichen drei Professoren der Jurisprudenz auf Geschäftsreisen, im September 1554 wird ebenfalls Oldendorp's Abwesenheit, im Sommer 1563 die Unterbrechung seiner

---

1) Briefe im Marburger Archiv vom 9. 13. 15. Juni 1543.

2) Responsio ad impiam delationem etc. Marp. 1543. 8°. Confutatio judicis abominabilis — adversus J. Meinertzhagen, 1543. 8°.

Vorlesungen erwähnt. Als „Reformator" der Universität ist er energisch eingerissenen Mißbräuchen entgegengetreten; die „reformirten Statuten der Universität" vom 14. Januar 1564 sind unter seiner Mitwirkung entworfen.

Landgraf Philipp bewahrte ihm sein Vertrauen bis zu seinem Tode. In seinem Testamente empfahl er seinen Erben und Nachfolgern den treuen Diener; sie sollten ihn „ehrlich underhalten, auch sonsten über ihn halten und ihn nicht aus dem Lande kommen lassen". Oldendorp überlebte seinen fürstlichen Gönner nur um zwei Monate; er starb am 3. Juni 1567, siebenundachtzigjährig.

**2.** Es kann nicht fehlen, daß das Urtheil der Zeitgenossen über Oldendorp in der von heftigen Kämpfen erfüllten Periode seines Lebens je nach dem Parteistandpunkt sehr verschieden lautet. Preist ihn der Eine als einen Mann „klein an Gestalt, aber groß an Thatkraft", so tadelt der Andere sein „unstilles Gemüth"; und während seine katholischen Gegner in Rostock und Lübeck ihn „Dieb und Verräther" nennen, hebt J. Spiegel in seiner Nomenclatura (Ed. 1564 p. 205) hervor, daß bei ihm der Spruch „Ein Jurist ein böser Christ" nicht zutreffe. Mag sein Verhalten in Lübeck nicht frei von Tadel sein, mag es sein, daß er in seinen Beziehungen zu Wullenwever mehr Klugheit als Aufrichtigkeit bewiesen hat, so haftet an seinem öffentlichen Wirken vor und nach dieser kurzen und gefährlichsten Periode kein Makel. Allerdings aber muß sein ganzes Wesen mit dem Maße der Kraftnaturen einer wilden, stürmischen Zeit gemessen werden. Energisch durchgreifend verwaltet er die ihm anvertrauten Aemter; wo man des klugen Raths, des zündenden Worts, der menschenkundigen Ueberredung bedarf, da ruft man ihn. Unerschütterlich tritt er ein für die Reformation, selbst die Wiedertäufer will er geschont wissen, sofern sie die Grenzen des Rechts nicht überschreiten. Mit unermüdlichem Eifer und nie versagender Arbeitskraft ist er bemüht, die juristische Wissenschaft und Praxis in höhere Bahnen zu leiten. Ethische Ziele sind es, die ihn leiten;

wir finden ihn nicht auf den Wegen des Eigennutzes. Und dennoch hinterläßt er uns nicht das Bild einer ethisch durchläuterten Persönlichkeit, an der nichts haften bliebe von den erbitterten Schmähungen, mit denen seine Widersacher ihn aller Orten überhäuft haben.

In sein Privatleben hat seine in Greifswalde geschlossene unglückliche Ehe einen trüben Schatten geworfen. In Marburg hat er in zweiter Ehe gelebt; in Briefen und Acten wird seine Frau Anna erwähnt; er mochte sich durch den Ehebruch seiner ersten Frau nach evangelischen Grundsätzen zu zweiter Heirath für berechtigt halten, auch heißt es[1]), daß der zu Rathe gezogene Luther kein Bedenken dagegen gehabt habe. In Marburg aber erregte das Verhältniß Aergerniß. Das dortige Archiv bewahrt handschriftlich ein langes Pasquill, welches Oldendorp in cynischer Weise mit Schimpfreden überhäuft, ihm unsittlichen Lebenswandel allgemein vorwirft und ihn namentlich beschuldigt, daß er seine Frau verlassen habe und in seinem Hause eine Concubine halte. In Zusammenhang mit dieser Schmähschrift steht ein Conflict zwischen Oldendorp und den Marburger Geistlichen, an deren Spitze der bekannte Theologe Adam Krafft (Crato) den Streit führte. Sie hatten ihn und seine Frau im Jahre 1554 von der Abendmahlsgemeinschaft ausgeschlossen. Die Sache kam durch einen Bericht des Professor Jacob Lersner an den Landgrafen[2]). Beigelegt war ein Schreiben von Krafft, worin es heißt: Oldendorp solle, wenn er den Prädicanten nicht mittheilen möge, wie er mit seiner Anna haushalte, sich gegen Lersner darüber expliciren. Erkläre dieser auf Ehre und Gewissen vor Gott, daß Oldendorp ehelich wohne bei seiner Anna, so wollten die Prädicanten ihr Unrecht vor der Gemeinde bekennen und Beide um Verzeihung bitten. Lersner meint in seinem Bericht, es sei jedenfalls nicht

1) Harder a. a. O. S. 460 f.

2) Die Correspondenz befindet sich im Marburger Archiv. Lersner's Brief ist vom 26. September 1554 datirt; der Brief des Landgrafen trägt kein Datum. Ueber Lersner († 1579) vgl. Strieder, Hess. Gel.-Gesch. 7, 503 f.

in der Ordnung, daß die Prädicanten gegen Oldendorp in dessen Abwesenheit, ohne ihn zu hören und mit ihm gütlich zu verhandeln, vorgegangen seien. „Bin auch ohne Zweifel, wenn die Prädicanten und die Gemein zu Marburg den Codicem, qui non est Doctoris Oldendorpii, sed Justiniani imperatoris hielten und verstünden, es würde in vielen Dingen besser hingehen, denn itzund geschieht.“ Landgraf Philipp, der allerdings in Sachen der Bigamie ein parteiischer Richter war, erließ darauf ein scharfes Schreiben an Krafft. Es nimmt ihn Wunder, daß die Prädicanten Oldendorp jetzt das Sacrament verweigerten, nachdem er mit seiner Hausfrau so viel Jahre schon in Marburg gewohnt und das Sacrament empfangen habe; ehe man sie genugsam gehört, hätte man sie nicht ausschließen dürfen. „Man merk hieraus, daß diese Ding allein aus Haß geschehen, daß Doctor Oldendorp die Universität reformiret, da mit den Ausgaben unredlich und seltsam umgangen, auch aufsieht, daß die Lectores nicht so eigene Winkel-Lectiones halten, und die Stipendiaten reformiret, daß sie nicht also ungebürlich in der Stadt umher lieffen, sondern im Pädagogio bleiben, auch denen die Stipendia gereicht würden, die die Ingenia zu studiren, und nicht nach Gunst, wie hievor mit Etlichen geschehen.“ In ähnlichen Fällen seien die Prädicanten nicht so „heilig“ gewesen. Selbst wenn die Frau Oldendorp's Concubine wäre, so wolle doch Augustinus „dieselbige Concubin, so der Mann kein Weib (hat), von der Gemein Gottes nicht ausschließen“. Mit diesem Schreiben scheint die Sache erledigt zu sein, die Oldendorp's Ansehen nicht geschadet hat. Er soll mit seiner Frau Anna bis zu ihrem Tode (26. Juli 1566) in glücklicher Ehe gelebt haben.

Oldendorp's Lehrzeit fällt in die erste Periode des deutschen Humanismus, seine Entwicklung in die Sturm- und Drangperiode der Reformation, und seine Bildung wie seine Wirksamkeit in Leben und Wissenschaft trägt von beiden ihren Stempel. Er wird von dem frischeren und freieren Geiste der Wissenschaft erfaßt, fußt aber in seiner Bildung nicht auf einer schon vollzogenen Regeneration, sondern schleppt noch die Schollen der alten Zeit, der er sich zu entwinden strebt, an den Fersen nach sich. Seiner Form fehlt die Eleganz, seiner reichen Gelehrsamkeit die Schule. Mit ganzer Manneskraft hat er sich bis zur Höhe seines Lebens an praktischen Geschäften, an den Kämpfen der gährenden Zeit betheiligt, und erst im höheren Alter, dem sechzigsten Lebensjahre nahe, gelangt er zu ergiebiger wissenschaftlicher Thätigkeit, die uns in seinen Opera (Basil. 1559. 2 vol. fol.) nur zum Theil vorliegt. Der Umfang seiner Schriften legt ein Zeugniß ab für die ungewöhnliche Geisteskraft seines Greisenalters, das neben schriftstellerischer Arbeit von den Pflichten des Lehramts und praktischen Functionen erfüllt war[1]).

Seine erste Schrift: Rationes s. argumenta quibus in jure utimur. Rost. 1516. 4°, die er als Licentiat seinem Oheim Alb. Krantz widmete, ist eine kurz gefaßte Topik, nach Baldus ganz im Geiste und der Form der alten Schule gearbeitet; nur 14 loci sind darin erörtert.

Zwischen dieser Erstlingsarbeit und den im Folgenden zu besprechenden Schriften liegt die zwanzigjährige Periode vielbewegter praktischer Thätigkeit. Daß er während derselben die Studien nicht vernachlässigt hat, zeigt der Erfolg. Als ein ganz Anderer geht er daraus hervor. Zwar die Mängel der alten Schule wirken noch, allein er ist zum selbständigen Geiste geworden, der das ganze Gebiet der Rechtswissenschaft überschaut, die Bildungsziele klar erkennt und in eigenthümlicher Weise die Probleme für eine Regeneration der Wissenschaft zu stellen und zu lösen sucht. Aber freilich dürfen wir nicht eine reiche Fülle neuer Gedanken erwarten: vielmehr sind es bestimmte Grundanschauungen, welche bei ihm in verschiedener Formulirung wiederzukehren pflegen.

1) Das vollständigste Verzeichniß seiner Schriften, namentlich auch seiner in verschiedenen Sammlungen zerstreuten Consilien giebt Strieder 10, 119—139.

Oldendorp ist kein gelehrter Forscher, sondern eine praktisch gerichtete Natur. Die Rechtswissenschaft ist ihm für den Dienst des Lebens bestimmt, aber auch die Voraussetzung einer gesunden Praxis. Didaktische Ziele sind es daher, welche er vor allem im Auge hat. Von der Hebung der Lehre ist Besserung der Rechtspflege zu erwarten, daher ist eine Reform des Unterrichts die erste Bedingung, welche er bei seiner Berufung nach Marburg stellt.

Er selbst schreibt darüber an den Landgrafen: „Nemlich zum ersten ein studium juris (neben Gots Wort, das vor allen muß getrieben und gelert sein) dermaaßen auszurichten, daß Ew. fürstl. Gnaden, desselbigen Lande und ganze teutsche Nation Lob, Ehre und Besserung nicht allein im Schein der Wort, dann auch mit der That folgen mußte und solichs im Truck offenbar ausgehen zu lassen und zu halten. Denn wannen die wahrhaftige Lehre und Education der Jugend in beschriebenen Rechten und der Billigkeit mögte wiederum (als bei Etlichen vor Augen und Philipp Melanchthon treulich dazu helfet) in den Zwang gebracht, so wurden E. F. G. und ander Stände vieler Moge und Unlust enthoben bleiben." Landgraf Philipp antwortete darauf, er sei damit einverstanden, „daß Ihr das Studium in ein richtige förmliche kurze Ordnung richtet".

Wir haben bei dieser Reform nicht an äußere Einrichtungen zu denken, und daher ist auch über dieselbe in den Acten und Statuten der Universität nichts zu finden. Oldendorp will befreit sein von dem Zwange des mos Italicus, befugt sein, jus und aequitas nach seiner Methode lehrend, brauchbare Juristen zu erziehen. Die Bildungsziele stehen ihm klar vor Augen; nicht durch Distinctionen und Zersplitterung in Einzelheiten, sondern auf synthetischem Wege sind sie zu erreichen, indem das gesammte Bildungsmaterial, welches die neue Zeit zur Verfügung stellt, Verwendung findet[1]). Von den letzten Gründen des Rechts

1) In der Epist. dedicatoria zur de jure et aequitate disputatio (Colon. 1541) schreibt er: Nemo enim sperasset unquam vel linguarum dona

philosophisch und historisch ausgehend will Oldendorp die Einzelheiten logisch begründen und nach allgemeinen Gesichtspunkten (loci) ordnen, um den Schüler durch bewußte Herrschaft über den Stoff zum tüchtigen Praktiker heranzubilden. In dieser Richtung disponirt haben wir uns seine Lehrvorträge zu denken, deren hohen Werth und Erfolg seine Schüler weithin rühmten[1]). Die Marburger Facultät stellte dieser Neuerung keine Schwierigkeiten in den Weg. Die allein in Betracht kommende Persönlichkeit, der hochangesehene Vicekanzler Ferrarius Montanus[2]),

aliasque disciplinas tam pure nobis ex summa barbarie restitui potuisse. — Quis ignorat P. Melanchthonem totam de moribus philosophiam methodica ratione in epitomen contraxisse, quo magis et captui studiosorum et foro deserviret? Quis item non videt Cantiunculam — praeter alia Institutiones certissimo docendi genere paraphrasticῶs enarrasse? Quis non legit Budaei, Alciati, Zasii monumenta? Quis proinde non admiretur G. Haloandri sudores, qui divino quodam consilio libros Romani juris corruptissimos, pristino nitori restituit, nulla prorsus valetudinis habita ratione? Quis denique nescit J. Spiegelium opera longe utilissima juris lexicon studiosis edidisse, quo Romanas voces sic explicat, ut nihil merito desiderari possit?

1) Vgl. Stintzing, Tanner's Briefe S. 43.

2) Johann Eisermann, geb. 1485 oder 1486 zu Amöneburg, ward in Wittenberg Mag. art., Baccalaureus der Theologie und Licentiat der Medicin, las als recipirter Magister über Aristoteles, Cicero, Quintilian u. s. w. Er bekleidete das Rectorat im Winter 1521/22, zog dann der Karlstädtischen Händel wegen fort nach Marburg, wo er die Wittwe eines wohlhabenden Bürgers heirathete und 1525 in den Stadtrath eintrat. Seine Thätigkeit als Schöffe führte ihn zum Studium der Jurisprudenz; er ward Beisitzer des Hofgerichts und bei Begründung der Universität 1527 Professor des Civilrechts und erster Rector, 1533 der erste in Marburg promovirte D. J. U.; 1536 Vicekanzler; starb 25. Juni 1558. Seine öfter und zwar auch außerhalb Deutschlands gedruckten Schriften sind, so weit ich sie gesehen habe: Annotationes in Institutiones. 1532. 1533. 8°. Comment. ad Tit. Pand. de reg. jur. 1537. 8°. Comment. de appellationibus et earum vero ratione. Supplicandi usu etc. 1542. 8°, Abhandlungen, welche später unter dem Titel Progymnasmata forensia (1554) vereinigt herausgegeben sein sollen. De judiciorum praeexercitamentis enchiridion. 1555. 8°. In usus feudorum collectanea quodammodo methodica. 1555. 8°. Paraenesis de republica bene instituenda. 1556. fol. — Vgl. Strieder 4, 90 ff. A. d. B. 6, 719 f. (Muther).

hatte sich in Wittenberg eine weitumfassende Bildung erworben und dort als Magister bis in sein gereiftes Mannesalter humanistische Fächer gelehrt. Diese unter Melanchthon's Einfluß verlebte Zeit wirkte nach, als er in Marburg zur Jurisprudenz überging; und seine Schriften geben Zeugniß von einer nicht gewöhnlichen humanistischen Bildung und einer gewissen Neigung zu „methodischer" Behandlung der Materien. Seine Richtung konnte also Oldendorp nicht antipathisch sein; wohl aber besteht ein merklicher Gegensatz zwischen Ferrarius' verschwommener Breite und Oldendorp's scharf disponirter markiger Kürze. Ueber das persönliche Verhältniß der Beiden zu einander fehlen uns leider alle Nachrichten.

Das hier im Allgemeinen über Oldendorp ausgesprochene Urtheil wird eine genauere Betrachtung seiner Schriften erläutern und bestätigen, in denen uns überall jene Kürze und Klarheit des Ausdrucks wohlthuend berührt, selbst wo uns Wiederholungen derselben Gedanken begegnen.

**3.** Während seiner Professur in Köln ließ Oldendorp in rascher Folge eine Anzahl juristischer Schriften erscheinen, welche er dann gesammelt und vermehrt unter dem Titel: Variarum lectionum libri ad juris civilis interpretationem (Colon. 1540. fol.) herausgab[1]).

1. Hervorzuheben unter diesen ist die *Εἰσαγωγὴ* juris naturalis sive elementaria introductio juris naturae gentium et civilis[2]) mit ihren Zusätzen und Anhängen. Oldendorp entwickelt hier die Grundlagen einer Rechtsphilosophie oder eines

1) In den zweiten Kölner Aufenthalt gehören: Collatio juris civilis et canonici. Colon. 1541. 8°. De jure et aequitate forensi disputatio. Colon. 1541. 8°.

2) Colon. 1539. 8°. Lugdun. Gall. 1546. 8°. Neue Ausgabe besorgt von C. A. Martini. Viennae 1759. 8°. — Die Isagoge findet sich außer in Variarum lectionum libri ad juris civ. interpretat. Colon. 1540. fol. auch in Oldendorpii Opera T. 1 und Tractatus tractat. Lugdun. 1549. fol. Vol. 1 fol. 46. — In Abkürzung abgedruckt bei Kaltenborn, die Vorläufer des Hugo Grotius. 1848. 8°. Abth. 2 S. 3 ff.

naturrechtlichen Systems, und es ist deswegen für ihn das Verdienst der Priorität vor H. Grotius in Anspruch genommen[1]).

Es könnte auffallen, daß ein so durch und durch dem praktischen Leben zugewendeter Mann mit einer philosophischen Arbeit seine bedeutendere schriftstellerische Thätigkeit eröffnet hat. Allein der Weg, auf welchem er zu dieser Arbeit gelangt ist, und das Ziel, welches er verfolgt, sind durchaus praktische.

Ihn erfüllt die Betrachtung, daß „zwar die Wissenschaften, namentlich auch die civilis disciplina seit Haloander's Pandektenausgabe, blühten, demungeachtet aber die Rechtswissenschaft vor allen anderen Wissenschaften dunkel sei". Er forscht nach dem Grunde und findet ihn in der falschen Lehrart, die das Einfache weitläufig mache und auf das praktische Bedürfniß keine Rücksicht nehme. Es sei vor allem nothwendig, die eitle Lust am Disputiren zu beseitigen, was freilich wohl nur durch Dazwischenkunft mächtiger Fürsten gelingen werde.

Dann ferner aber sei die richtige Methode zu befolgen, nach welcher man die Quellen vor den daraus geflossenen Bächen kennen lernen müsse. Demgemäß sei es nöthig, daß man das Studium mit dem jus naturale beginne und erkennen lerne, wie das jus civile, auf dessen Kenntniß das praktische Bestreben gerichtet ist, aus jenem fließe.

Um den Begriff des jus naturale festzustellen, weist er die bekannte Definition Ulpian's mit der Bemerkung ab, daß die Thiere, weil sie keine Vernunft hätten, auch kein Recht haben könnten, und nimmt dagegen Cicero's Definition an: „est ratio summa insita in natura, quae jubet ea quae facienda sunt, prohibetque contraria". Es ist das Gesetz, welches Gott selbst den Herzen der Menschen eingegraben hat, und daher ist das jus naturale zugleich mit dem Menschengeschlecht entstanden. Accursius interpretatur: Natura h. e. deus, nec unquam in

1) Vgl. Kaltenborn a. a. O. S. 233 ff. Hinrichs, Gesch. d. Natur- und Völkerrechts 1, 19 ff. Harder a. a. O. S. 463 f.

toto jure aut verius aliquid dixit aut plura uno verbo complexus est, quanquam vim non intelligeret.

Allein die menschliche Natur und Vernunft sind verdorben und verdunkelt durch den Sündenfall; und damit ist die Kenntniß des natürlichen oder göttlichen Rechts verloren. In seiner Barmherzigkeit aber hat Gott die Kenntniß erneuert, indem er die zehn Gebote auf steinerne Tafeln schreiben ließ, als ein sicheres Zeugniß des durch das Wort Gottes bestätigten natürlichen Rechts.

Nun folgt eine Auslegung der zehn Gebote mit Hinweisung auf diejenigen Institute und Grundsätze des Civilrechts, welche sich auf diese Principien zurückführen lassen. Diese göttlichen Gebote sind als die Quelle des ältesten römischen Civilrechts in den 12 Tafeln anzusehen, da die Römer von den Griechen, diese aber von den Hebräern gelernt haben; und es werden die Aehnlichkeiten im Inhalt hervorgehoben.

Vom göttlichen oder natürlichen Rechte wird auf das menschliche Recht übergegangen, dessen älteste Aufzeichnung in den 12 Tafeln, deren Kenntniß wir Cicero's Schrift de legibus verdanken, zu finden ist. Es folgt eine ausführliche Interpretation der wichtigsten Stücke der zwölf Tafeln mit Hinweisungen auf späteres römisches Recht.

Oldendorp ist, wie auch sein Zeitgenosse Jacob Spiegel (Lexicon juris App. col. 97) rühmend hervorhebt, der Erste gewesen, welcher das positive Recht eingehend auf das Naturrecht zurückgeführt, jenes aus diesem hergeleitet hat. Aber die Grundlagen seiner rechtsphilosophischen Betrachtungen sind nicht von ihm selbst ersonnen, sondern Melanchthon's ethischen Schriften, namentlich der Epitome philosophiae moralis entnommen[1]); und so wenig wie dieser unternahm er es, den Inhalt des Naturrechts selbst aus der menschlichen Natur herzuleiten, während er doch sagt, daß es durch diese gegeben sei. Er ent-

1) Vgl. Hänel, Melanchthon der Jurist. Zeitschr. f. Rechtsgesch. 8, 249 ff.

nimmt den Inhalt aus dem Dekalog, läßt ihn sich also durch Offenbarung geben; obgleich er nach seinen Principien ihn in der menschlichen Vernunft hätte finden können, da diese durch den Sündenfall zwar verdunkelt, aber nicht ganz verändert ist.

In dieser Anknüpfung der philosophischen Ausgangspunkte an die Offenbarung und der daneben gehenden fast unausgesetzten Anlehnung der Deduction an Cicero, dessen Autorität das schließlich entscheidende Argument zu sein pflegt, zeigt sich Oldendorp's mittelalterliche Befangenheit: er traut der gegebenen Autorität gegenüber seiner eigenen Vernunft noch nicht die letzte Entscheidung zu. Im Uebrigen aber will er es nicht zulassen, daß aus dem Evangelium positive Rechtssätze über irdische Dinge z. B. über das Eigenthum hergeleitet werden, sondern verlangt, daß geistliche und weltliche Dinge ganz geschieden bleiben. Er vertritt somit nachdrücklich den protestantischen Standpunkt, daß zwar das Recht eine göttliche Institution, nicht aber jedes göttliche Gebot ein Rechtssatz sei (Praeceptum VII).

Die Vergleichung des Dekalogs mit den 12 Tafeln ist Oldendorp eigenthümlich und um so bemerkenswerther, als damals die Collatio legum Mosaicarum et Romanarum noch nicht bekannt war. Erst 1573 ist diese Schrift von Pithöus edirt worden. Die historische Bedeutung der Oldendorp'schen Schrift liegt aber im Grunde nur in der Formulirung und dem ersten Versuch einer Lösung der Aufgabe, das positive Recht aus dem natürlichen herzuleiten und gleichsam daran seinen Werth zu messen (Tit. IV de jure civili. Epilogus). In diesem Sinne kann man ihn einen Vorläufer des Hugo Grotius nennen, keineswegs aber ist es zulässig, sein Verdienst auf Kosten des großen Niederländers zu erheben. Oldendorp ist in seiner Rechtsphilosophie weder original noch alleinstehend: denn wie er von Melanchthon bestimmt wurde, so hat gleichzeitig Konrad Lagus seinen compendiarischen Abriß des Naturrechts verfaßt, der, wie wir sahen, mit Entschiedenheit behauptet, daß das Recht seinen Ursprung in der menschlichen Vernunft habe, aus welcher auch der Inhalt des Dekalogs abgeleitet werden könne, ohne freilich diese Gedanken über einige Andeutungen hinauszuführen.

2. Nachdrücklicher als die philosophischen Fragen verfolgt Oldendorp den praktischen Zweck, eine Besserung der Rechtspflege in Deutschland herbeizuführen. Darauf zielt die Mehrzahl seiner Schriften, die er als Professor in Köln und Marburg einzeln und in seinen Opera gesammelt (Basil. 1559. fol.) herausgegeben hat. Er widmet seine Opera den Kurfürsten des deutschen Reichs, denen die Klagen über die Länge der Processe und die Unsicherheit der Entscheidungen bekannt seien, Klagen, die auf allen Reichstagen zur Sprache kämen und denen man bei kaiserlichen und fürstlichen Gerichten durch Visitationen, Vermehrung der Beisitzer und Geschäftsordnungen abzuhelfen suche. Aber das Uebel liege tiefer. Wesentlich würde nur geholfen werden, wenn die Parteien genöthigt würden, präcis und kurz formulirte Klagen und Vertheidigungen zu übergeben, und den Richtern untersagt würde, ohne Angabe von Gründen bloß mit der leeren Clausel „aus beweglichen Ursachen" Urtheile abzugeben. Vor allem aber sei der juristische Unterricht zu verbessern: denn „quali modo studiosorum animi imbuuntur a praeceptoribus in scholis, tali successu per totam vitam functiones publicas administrant". Er ermahnt die Kurfürsten, an diese Verbesserungen die Hand zu legen, und will das Seinige dazu thun im Unterricht durch Schrift und Wort.

Vor Jahren hatte Oldendorp das Verlangen ausgesprochen, daß König Ferdinand mit seinem kaiserlichen Bruder durch umfassende Gesetzgebung sich den Ruhm Justinian's erwerben und dem Reiche ein klares und sicheres Recht geben möchten (Epist. dedicator. zu den Progymnasmata. 1543). Jetzt hat er seine Hoffnungen herabgestimmt und seine Vorschläge auf Beseitigung einiger fundamentalen Uebelstände beschränkt.

3. Was er in der Vorrede zu seinen Opera nur andeutet, ist die Wiederholung von Gedanken, die er in seinen „Adsertiones ex jure et aequitate de his rebus, sine quibus neque

judicia recte constitui, neque publica tranquillitas retineri potest" ausgeführt hatte. Sie sind zuerst in Marburg 1553. 8° erschienen (Opera 1, 545), Kaiser Karl V. und dem römischen König Ferdinand gewidmet, denen er die praktische Durchführung seiner Vorschläge ans Herz legt. Die erste Adsertio lautet: Omne judicium sollemniter peragendum necessario exigit editionem actionis. Sie ist gegen die Ausartung des artikulirten Verfahrens gerichtet, welches die heillosfeste Verwirrung und Verschleppung mit sich bringe. Allein nicht die damals geltenden Bestimmungen der K.G.-Ordnungen, wonach der Kläger eine „Summari-Klage" einreichen und nach der Litiscontestation artikuliren oder auch die Artikel im Klaglibell anticipiren konnte, bekämpft sein Angriff direct. Den Ursprung der Uebelstände sieht er in der Aufhebung der Formulae durch Constantin. Danach habe man angefangen zu streiten, ob es nöthig sei, die Klagen zu benennen; und nachdem dies für überflüssig erklärt sei, habe die Nachlässigkeit und Weitläuftigkeit immer weitere Fortschritte gemacht, so daß jetzt keine Partei sich mehr Rechenschaft gebe über den Grund und das juristische Wesen ihrer Klage oder Vertheidigung, sondern Alles aufs Gerathewohl vorbringe. Daher pflegten denn auch die Richter sich in Unsicherheit und Irrthum über den Grund und Gegenstand der Klage zu befinden. Es sei durchaus nothwendig, wieder scharf formulirte Klagen einzuführen. Er verlangt daher die gesetzliche Bestimmung, daß der Kläger seine Klage benenne oder wenigstens den Rechtssatz, auf welchen er sie gründet, an der Spitze des Libells ausdrücklich angebe.

Die zweite Adsertio lautet: Judicem vel magistratum non oportet adversus conscientiam suam judicare vel statuere quicquam. Oldendorp bekämpft hier die sogenannte Verhandlungsmaxime in ihrer Uebertreibung [1]). Er will nicht, daß der

1) Dasselbe Thema behandelt er in Formula investigandae actionis. Tit. An judex conscientiam suam sequi debeat (Op. 1, 280) und schon früher in De jure et aequitate forensi. Colon. 1541. 8°. Tit. XIII.

Richter durch den formellen Inhalt der Acten gegen seine Ueberzeugung gebunden sein solle. Das materielle Recht und die materielle Wahrheit soll also nicht dem Formellen aufgeopfert werden. Man müsse auch hierin von der falschen Theorie der Glossatoren zur Anschauung der römischen Juristen zurückkehren. Und zu diesem Zwecke müsse man dem Richter auferlegen, seine Entscheidungsgründe anzugeben, wodurch er genöthigt werde, sich selbst von seiner Ueberzeugung Rechenschaft zu geben [1]).

Die Hauptsache aber, auf welche Oldendorp auch hier wieder zurückkommt, ist, daß der Rechtsunterricht in richtiger Weise ertheilt werde, daß man die Studenten nicht an das leere Disputiren über Controversen, noch an das Streiten über Alles gewöhne, sondern ihnen feste und sichere Rechtsgrundsätze beibringe, sie lehre, was wirklich brauchbar ist, nicht mit veralteten Notizen überlade und sie in der Anwendung des Rechts, im Auffinden der richtigen Klage u. s. w. praktisch übe.

4. In demselben didaktischen Geiste ist die größere exegetische Schrift gehalten, welche das erste Stück seiner Opera bildet, die Annotationes in librum I Pandectarum; ein sachlicher und einfacher Commentar, ohne spitzfindige Quästionen und ohne die herkömmliche Häufung fremder Meinungen, ein Muster verständiger Auslegung, ein Fortschritt auf dem Wege, welchen Zasius gezeigt hat, aber freilich noch ohne die feine Gelehrtheit eines Cujas und die systematische Deduction Donell's.

5. Mehr aber als die Exegese hat Oldendorp sich die Ausarbeitung von solchen Werken angelegen sein lassen, welche als Hülfsbücher dienen sollten, um die von ihm so oft gerügten Uebelstände in Schule und Praxis zu überwinden. In seinen Topica legalia [2]) will er die richtigen Grundsätze über Beweisführung

1) Die dritte Assertio betrifft eine lehnrechtliche Frage, deren Erörterung die erste Assertio bekräftigen soll. Beigefügt ist ein auf letztere bezügliches Gutachten des Bologneser Juristen Ludovicus Gozadinus, geb. 1479, gest. 1536.

2) Marp. 1545. 8°. 1551. 8°. Lugdun. 1545. 8°. Argent. 1600. 4°. Opera 1, 84.

und deren Hülfsmittel sowohl in der Theorie als in der Praxis lehren, indem er hofft, daß durch eine feste Theorie über die Beweisführung mit Rechtsgründen die Gefahren der „cavillationes vitilitigantium“ überwunden werden können. Sein Vorbild ist natürlich auch hier Cicero. Everardus und Cantiuncula werden nicht genannt, obgleich sie ohne Zweifel benutzt sind. Vor der Topik des Ersteren hat diese den Vorzug größerer Uebersichtlichkeit und logischer Ordnung; auch sind die gehäuften Allegationen verschwunden und nur die Quellen zu Belegen und Erläuterungen verwendet. Oldendorp ist weniger elegant als Cantiuncula, aber reichhaltiger. Einen Anhang zur Topik bilden Regulae praesumtionum und Regulae probationum ad praxin judiciariam admodum utiles, dann Regeln über die Consultatio, Berathung wegen juristischer Entscheidung. In der Weitläuftigkeit, mit welcher hier Dinge, die uns selbstverständlich scheinen, dargelegt und zergliedert werden, zeigen sich die Nachklänge der Scholastik, trotz der sonstigen Einfachheit der Oldendorp'schen Darstellungsweise.

6. In seinen Actionum juris civilis loci communes [1]) zeigt Oldendorp Begriff und Wesen der Klagen, lehrt ihre Geschichte und giebt ihre Eintheilungen nach der causa efficiens, materialis, formalis und finalis in ausführlicher Darstellung an. Aber auch hier wird der praktische Zweck im Auge behalten und am Schlusse gezeigt, wie die in diesen Eintheilungen gegebenen Gesichtspunkte (loci communes) dazu angewendet werden sollen, um in jedem einzelnen Falle zu entscheiden, ob, welche, gegen wen eine Klage begründet und worauf sie zu richten sei.

7. Denselben Zweck verfolgt die Formula investigandae actionis [2]), eine Abhandlung, welche die Methode lehren soll, die richtige Klage zu finden, oder zu prüfen, ob Kläger die richtige Klage gewählt habe; während in der Ab-

1) Colon. 1539. 8°. Lugdun. 1546. 8°. Genev. 1595. 8°. Colon. 1605. 8°. Variarum lectionum libr. 1540. No. 4. Opera 1, 217.

2) Colon. 1538. 8°. Var. lect No. 5. Opera 1, 271.

handlung De formula libelli per quem editur actio[1]) Anweisungen über die richtige Formulirung einer Klagschrift gegeben werden, wobei übrigens Oldendorp das artikulirte Verfahren, wenn es in den richtigen Grenzen gehalten wird, in Schutz nimmt.

8. In demselben Sinne sind zwei größere Werke geschrieben, die Practica actionum forensium absolutissima und das Enchiridion exceptionum forensium. Jene erschien zuerst Colon. 1540. 3 Vol. 8°, dann in neuer Auflage unter dem Titel Actionum forensium progymnasmata Colon. 1543. 8° und in den Opera 1559. fol., worin sie den größten Theil des zweiten Bandes füllt. Es werden darin die Klagen mit Angabe der dagegen vorzuschützenden Einreden dargestellt und zwar mit so ausführlicher Erörterung des materiellen Rechts, daß dieses umfassende Werk für ein praktisches Compendium des Civilrechts gelten kann. Oldendorp theilt die Klagen in 7 classes, indem er, wie er sagt, der Eintheilung der Pandekten folgt, jedoch ohne sich genau an die Materienfolge derselben zu halten. Er unterscheidet: 1. actiones ad judicia pertinentes. 2. a. ad controversiam possessionum pertinentes. 3. a. de dominiis et quasi dominiis. 4. a. ex contractibus et quasi contractibus[2]). 5. a. per quas ultimae voluntates conservantur. 6. a. quae de damnis injuria datis competunt. 7. a. de maleficiis. Im „Argumentum" hebt er auch hier hervor, daß der Grund der schlechten Justiz in der mangelhaften Einsicht in das Wesen der Klagen und Einreden liege; um sie zu verstehen, müsse man „causas cognoscere" und daher „actionum tractationem redigere in locos quatuor causarum" — also derselbe Gedanke, welcher in den Actionum loci communes durchgeführt ist.

---

1) Var. lect. No. 5. Opera 1, 257.

2) Von diesem Stück hat Oldendorp eine neue Separatausgabe veranstaltet unter dem Titel Actiones juris, quae ex omnibus inter vivos commerciis ad dirimendas lites proponuntur. Marp. 1541. 8°. Das Hauptwerk wird häufig als „Classes Oldendorpii" citirt.

9. In dem Enchiridion exceptionum analysirt Oldendorp nach Erörterung des Begriffs die wichtigsten Einreden, giebt in kurzen Sätzen die Voraussetzungen ihrer Begründung an und zeigt, wie sie im Processe schlüssig zu formuliren sind. Es soll dieses Werk zuerst ohne Ort und Jahr gedruckt sein; nach der Vorrede ist es jedenfalls später als die Practica actionum geschrieben; es ist nur eine weitere Ausführung der schon bei den Klagen angegebenen Exceptionen. Der (zweiten) Ausgabe von 1552 und dem Abdruck in den Opera T. 1 p. 295 ist angehängt Progymnasmata fori nonnulla, worin der Proceßgang in Gemäßheit der dritten K.G.-Ordnung von 1548 kurz und übersichtlich nach 11 Abschnitten in der ersten und 3 Abschnitten in der zweiten Instanz „populariter" dargestellt wird[1]).

10. Es ist für Oldendorp bezeichnend, daß er sich trotz seiner praktischen Richtung nicht bloß mit der Philosophie des Rechts, wie wir sahen, sondern auch mit dessen Geschichte eingehend beschäftigt hat. Wir besitzen von ihm Scholien zu den 12 Tafeln; ein Verzeichniß der in den Pandekten excerpirten Juristen mit Angabe ihrer bekannten Lebensverhältnisse; eine Abhandlung über die äußere Geschichte des römischen Rechts bis auf seine Zeit; ein Verzeichniß der römischen Kaiser: Schriften, welche in den Ausgaben von J. Spiegel's Lexicon juris seit 1564 unter den Anhängen Aufnahme gefunden haben. Von diesen ist die Expositio in leges XII tabularum[2]) die bedeutendste, weil sie einen der ersten Versuche zur Herstellung und Erklärung der 12 Tafeln enthält[3]). Schon zwei

1) Es ist diese Schrift mit einer Anzahl anderer, welche in den Opera T. 1 ihr zum Theil folgen, herausgegeben von Rösener Lips. 1692. 4°. Eine Uebersetzung derselben ist das „Enchiridion oder Handtbüchlein von Chammergerichts-Terminen" u. s. w. von Dr. H. Knaust im dritten Buche der späteren Auflagen seines „Feuerzeugs". Vgl. unten Kap. 13.

2) Zuerst in der Isagoge (Colon 1539) im Anschluß an die Erörterung der 10 Gebote, s. oben S. 327.

3) Dirksen, Uebersicht der bisherigen Versuche zur Kritik u. s. w. der Zwölf-Tafel-Fragmente S. 32 ff.

waren vorausgegangen. Alexandrus ab Alexandro († 1523) hatte in seinem Genialium dierum libri sex[1]) (lib. 6 c. 10) eine Anzahl von Fragmenten der 12 Tafeln theils wörtlich, theils nur referirend zusammengetragen. Unabhängig von ihm ist die weit umfassendere Sammlung des Aymar Rivallius († nach 1535) in dessen Historia juris lib. 2[2]), welche sich aber dadurch zu ihrem Nachtheil von jener unterscheidet, daß sie echte und unechte Fragmente ohne Unterschied zusammenwirft. Die große Mehrzahl ist aus Cic. de leg. 2, 8. 9; 3, 3. 4. 25. 28 entnommen, indem der Verfasser von der damals herrschenden Meinung ausgeht, daß Cicero überall die echten Gesetzesworte anführe. Oldendorp's Text stimmt mit dem des Rivallius überein, wobei es dahingestellt bleiben mag, ob er ihn von Rivallius ohne ihn zu nennen abgeschrieben hat, oder ob die Uebereinstimmung sich aus den Editionen, welche Beide benutzt haben, erklärt. Oldendorp sagt im Eingange, daß wir die Kenntniß der 12 Tafeln Cicero verdanken, welcher zwar nicht genau die alten Worte wiedergebe, aber sich dabei doch einer älteren Sprache bediene, als zu seiner Zeit in Gebrauch gewesen sei. Vortheilhaft unterscheidet sich Oldendorp's Arbeit von ihren Vorgängern durch die systematische Ordnung: er vertheilt die Fragmente in 12 Kapitel, erhebt dabei nicht den Anspruch, die echte Ordnung wieder herzustellen, sondern schließt sich der Materienfolge bei Cicero (Jus sacrum, publicum, privatum) und im jus privatum den Institutionentiteln an. Die Scholien, ein ausführlicher Commentar, sind ungleich vorzüglicher als die Erörterungen seiner Vorgänger und durchaus unabhängig von diesen. Ein langer Excurs über das Intestat-Erbrecht ist eingeschoben. Wenn nun auch die kritischen Leistuugen Oldendorp's gering sind, so bleibt ihm doch das Verdienst lehrreicher Behandlung des Materials; und bezüglich der systematischen Anordnung

1) Zuerst Romae 1522. fol. Savigny 6, 457 f.

2) Zuerst Valent. 1515. 8°, also vor Alexandrus. Mogunt. 1527 u. öfter. Savigny 6, 450 ff.

ist er ein Vorläufer Hotoman's. Seine Bearbeitung scheint Anlaß und textuelle Grundlage einer um die Mitte des Jahrhunderts erschienenen deutschen Uebersetzung zu sein: Die zwolf Tafeln zu Rom. Welche offentlich vor yedermann aufgehenckt wurden u. s. w. Gedruckt zu Nürnberg durch Georg Wachter. s. a. 20 Bl. 8° [1]).

11. Eine kleine Schrift, welche dem Enchiridion exceptionum angehängt ist, behandelt die Formulae antiquitatis ad rem judiciariam pertinentes [2]). Es sind darin die wichtigsten auf das Gerichtsverfahren bezüglichen Notae des Valerius Probus angegeben und erläutert, allerdings ohne tieferes Verständniß der Eigenthümlichkeiten des altrömischen Processes. Die Formeln sollen durch ihre Kürze ein Muster sein für den heutigen Proceß. Seine Quellen giebt Oldendorp nicht an, sondern spricht nur von „notarum fragmenta a doctissimis viris tradita". Mehrere Ausgaben der Notae waren damals bereits in Deutschland erschienen (Oppenheim. 1510. Basil. 1532. Ingolst. 1534); Oldendorp aber ist, so viel wir sehen, der erste Jurist gewesen, welcher davon Notiz genommen hat.

12. Noch ist zweier Werke zu gedenken, welche Oldendorp nur überarbeitet hat.

Loci juris communes tandem ex mendis et barbarie utiliter restituti in gratiam studiosorum. Marpurg. 1545. 8°. Es liegt diesem Werke die alte Sammlung allgemeiner Regeln und Legaldefinitionen, welche unter dem Titel Flores legum [3]) verbreitet war, zu Grunde. In der Epistola dedicatoria sagt Oldendorp, daß er dieselbe seinen Zuhörern empfohlen habe, obgleich sie von Irrthümern und Druckfehlern strotze; sein Schüler M. v. Boldewan, Sohn des Bürgermeisters von Rostock, habe es unternommen, sie zu verbessern und zu vermehren; nach noch-

1) Dirksen a. a. O. S. 36 f.

2) Zuerst in De jure et aequitate forensi disputatio. Colon. 1541. 8°. Tit. XI: Aequissimae propter brevitatem roman. judiciorum formulae.

3) Stintzing, Gesch. d. popul. Literatur S. 122 ff.

maliger Durchsicht und Ergänzung gebe er sie jetzt zum Nutzen der Studirenden unter dem neuen Titel heraus. Auf die Wahl des Titels ist offenbar das Vorbild Melanchthon's von Einfluß gewesen.

Lexicon juris. Epitome definitionum et rerum etc. Francof. 1546. fol., 1553. fol. Oldendorp's Schüler, der Professor Hermann Figulus (Ulner) in Marburg, hat diese alphabetisch geordnete Encyklopädie aus den Werken und Vorlesungen Oldendorp's zusammengetragen, ihm zur Durchsicht vorgelegt und mit einem empfehlenden Vorwort desselben herausgegeben.

13. Mit dem Strafrecht hat Oldendorp sich in seinen Schriften eingehender nicht beschäftigt. Die Classis VII der Progymnasmata action. handelt zwar von maleficia, beschränkt sich aber auf die Delicte und Quasidelicte und die daraus hervorgehenden actiones. Ausdrücklich sagt Oldendorp: „nos de accusatione criminali et acerba non tractabimus". Es ist daher auch nicht zu verwundern, daß er von der Carolina keine Notiz nimmt, obgleich sich ihm dazu z. B. beim Diebstahl die Gelegenheit bot. Eine in die Einleitung zur Classis VII eingeflochtene Aeußerung hat man auf die Carolina gedeutet [1]) und daraus Oldendorp's Geringschätzung dieses Gesetzbuchs, ja des deutschen Rechts überhaupt gefolgert. Er spricht von den accusationes, auf die er nicht näher eingehen will, und fährt dann fort: „in quibus plus praestat una l. respiciendum ff. de poenis (l. 11 D. 48, 19) quam totus ille liber de judicio capitali, nescio quoties editus et reformatus Vom Halsgericht". Daß Oldendorp ein Reichsgesetz einfach mit „liber" bezeichnen sollte, ist nicht wahrscheinlich; auch besteht gar kein Grund, eine Abneigung gegen die Peinliche Gerichtsordnung bei ihm anzunehmen; ist er, wie zu vermuthen, an der kurkölnischen Gesetzgebung mitbetheiligt

1) So zuerst Zieritz, später Malblank Gesch. d. P. G.O. S. 210 f. dagegen schon O. Tabor und später Koch, Vorrede zur P. G.O. § 4; in neuester Zeit aber wieder Harder a. a. O. S. 462.

gewesen, so beweist die dort 1538 geschehene Publication der Carolina das Gegentheil. Endlich aber paßt auf diese nicht die Bezeichnung: denn die Peinliche Gerichtsordnung führte nicht den Titel „Vom Halsgericht", noch konnte sie 1543 ein „liber nescio quotiens editus et reformatus" genannt werden, wenn auch Schöffer sie schon einige Male gedruckt hatte. Tabor meinte daher, es sei an Perneder's Halsgerichtsordnung zu denken: allein dies Werk lag 1543 erst in einer Auflage vor. Das Wahrscheinliche ist, daß Oldendorp den Klagspiegel gemeint hat, dessen zweiter Tractat in Gobler's Gerichtlichem Proceß 1536 ausgebeutet ist.

14. Oldendorp's Consilien sind nicht gesammelt; er ist weniger als Andere mit dieser Art Praxis beschäftigt gewesen. Eine Anzahl (etwa 24), welche sich in der Kirchhov'schen Sammlung, den Consilia Marpurgens. u. s. w. finden, verzeichnet Strieder 10, 135 ff.

## Neuntes Kapitel.

# Die niederländische Schule.

1. Gabriel Mudäus. Johann Ramus. — 2. Joachim Hopper. — 3. Matthäus Wesenbeck.

**1.** Ein in verschiedenen Richtungen wirkender Einfluß geht seit dem Anfang des 16. Jahrhunderts aus von der Universität Löwen. Hier suchte Nikolaus Everardi von Middelburg[1]) mit seiner Topica (Lovan. 1516) der Jurisprudenz durch Verbesserung eines überlieferten methodologischen Hülfsmittels neue Stützen zu geben. Nikolaus Heems von Brüssel[2]) lehrte, wenn auch noch in den Gebrechen der alten Schule befangen, die Institutionen in seinen Privatvorlesungen nach einer einfachen Methode. Viglius von Zuichem und Jod. Damhouder haben seine Vorlesungen besucht; Cl. Cantiuncula hat vor ihnen in Löwen seine Studien gemacht. Erasmus pflegte als Ehrengast des Collegium Lilianum dort öfter zu verweilen, in vertrautem Verkehr mit dem gelehrten Stadtschreiber von Antwerpen M. Peter Aegidius[3]) (Gillis). Morus widmete diesem seine Utopia,

---

1) S. oben S. 118 ff.

2) Nicolaus de Bruxella, auch de Capella genannt, hat in Löwen studirt, in der Artistenfacultät docirt, ist 1503 zum Doctor legum promovirt, 1506 Professor der Institutionen, 1520 erster Professor der Pandekten, gest. 22. Juni 1522. Aus seinen Vorlesungen ist seine einzige Schrift Compendium quatuor librorum Institutionum etc. Lovan. 1513. 4° hervorgegangen. Vgl. Rivier, le compendium Institutionum de Nicolas de Bruxelles. Extrait des Bulletins de l'Académie royale de Belgique 2me sér. t. 38 No. 11. 1874.

3) Vgl. A. d. B. 1, 125 f. (Rivier).

22*

die unter seiner Mitwirkung in demselben Jahre gedruckt wurde, wo er den als „Epitome Aegidii“ bekannten Auszug des Breviarium Alaricianum (Lovan. 1517) herausgab. Auch Ludwig Vives wirkte eine Zeit lang als Lehrer an der Hochschule, deren literarische Interessen und Leistungen an dem berühmten Drucker Martens von Alost (Theodor. Martinus) einen unternehmenden Förderer fanden.

Unter solchen Umgebungen, berührt und gefördert von dem persönlichen Einflusse der beiden großen Humanisten, empfing Gabriel Mudäus[1]) (van der Muyden, geb. 1500 in Brecht) seine erste Bildung im Collegium Lilianum. Er widmete sich der Jurisprudenz, besuchte mit den seiner Aufsicht anvertrauten Söhnen des reichen und vornehmen Herrn von Blioul französische Universitäten und trat in Paris als gerichtlicher Redner auf. Nach Löwen zurückgekehrt, ward er mit seinem Zögling Hieronymus von Blioul im Mai 1539 zum D. J. U. promovirt und erhielt, nachdem er schon längere Zeit mit großem Erfolge als Lehrer gewirkt hatte, 1544 eine juristische Professur, die er bis zu seinem Tode (am 21. April 1560) bekleidete. Eine Berufung nach Leipzig, welche dann mit besserem Erfolge an P. Loriot erging, lehnte er ab und erhielt sich seiner heimischen Hochschule, an der er, wenn auch von manchen Sorgen um die Erhaltung seiner zahlreichen Familie gedrückt und durch Conflicte und Gefahren wegen seiner friedfertigen Gesinnung in kirchlichen Dingen beunruhigt, als vielbeschäftigter Rechtsconsulent und berühmter Lehrer die juristische Facultät zu so hohem Glanze erhob, wie sie weder in früherer noch in späterer Zeit jemals erreicht hat. Sie soll damals 2000 Studenten der Jurisprudenz gezählt haben. So berichtet sein Schüler Matthäus Wesenbeck als Augenzeuge in seiner Oratio de Mudaeo (Witeb. 1572. 8°), in der er uns mit warmen Farben ein Bild von dem Wesen

1) M. Wesenbeck, Oratio de Mudaeo. Witeb. 1572. 8°. Foppens, Bibl. belg. 1, 325 s.

und Wirken seines gefeierten Lehrers, dessen vertrauter Hausgenosse er jahrelang gewesen, entwirft.

Mit Mudäus beginnt für die Jurisprudenz in Löwen eine neue Epoche, deren Wirkung sich nach Deutschland überträgt. Die Richtung, welche er vertritt, ist derjenigen verwandt, welche Duarenus und Donellus in Frankreich ausbildeten: eine auf exacte Behandlung der Quellen gebaute Synthese. Die Herstellung eines vollendeten Rechtssystems (ars juris) scheint ihm die höchste Aufgabe; aber mit Geschäften überladen, vermag er sie nicht zu lösen, und selbst zur Publication einzelner Stücke kann er sich in übertriebener Gewissenhaftigkeit und Aengstlichkeit nicht entschließen. Erst nach seinem Tode sind einige Vorlesungen von ihm gedruckt worden[1]). In diesen nun tritt allerdings die Systematik wenig hervor: denn wie uns Wesenbeck sagt, hat auch er in seinen öffentlichen Vorlesungen sich dem Herkommen und den Ansichten seiner Collegen fügen müssen. Die Methode ist die exegetische; er entzieht sich nicht der üblichen Erörterung der verschiedenen Meinungen; er knüpft an den Text Excurse. Aber seine in eleganter Diction gegebenen Erörterungen erstreben, wenn auch in analytischer Form, in so fern die Synthese, als sie darauf ausgehen, den rationellen Zusammenhang nachzuweisen. In die Materie eindringend, argumentirt er von innen heraus, und überall finden wir ein verständiges Maß gehalten. Daher kann denn der Herausgeber sagen, daß Mudäus einen Mittelweg zwischen dem Alten und Neuen gegangen sei. In seinen Privatvorlesungen dagegen hat Mudäus nach Wesenbeck's Zeugniß die systematische Methode befolgt und gerade dadurch auf die Deutschen, welche sich in großer Zahl um ihn sammelten, eingewirkt. Ihnen

1) Commentarii ad Tit. D. pro socio, de contr. emt., de a. emti vend, de pignoribus. Lovan. 1563. fol. — Comment. in Tit. D. de petit. her. in Tit. J. de action. Paris 1583. 8⁰. — Comment. in Tit. XXI prior. libri VI Cod. de testamentis. Spirae 1604. 4⁰. — Comment. in Tit. omnes C. de restit. in integr. in dem Sammelwerk De restitut. in integr. Francof. 1586. fol.

hielt er auch auf ihr Verlangen eine Vorlesung über die damals beliebte Dialectica legalis des Hegendorfinus, und die von ihm gegebenen Dictate sollen für spätere Auflagen benutzt worden sein. Für die französischen Juristen hatte Mudäus die größte Anerkennung. Die Leistungen der Deutschen schienen ihm dagegen von geringem Werthe. Wesenbeck entschuldigte sie in seinem letzten Gespräch mit Mudäus durch den Hinweis darauf, daß die deutschen Rechtsgelehrten gleich ihm so sehr von der Praxis in Anspruch genommen seien, daß ihnen für das Studium und das Ausfeilen ihrer Schriften keine Zeit übrig bleibe.

Unter Mudäus' Schülern sind zu nennen Franz Balduinus (s. Kap. 10), Andreas Gaill (den wir unten Kap. 12 besprechen), Joachim Hopper, Johann Ramus[1]) und vor Allen M. Wesenbeck. An Gaill können wir einen besonderen Einfluß seines Lehrers nicht wahrnehmen; Wesenbeck bekennt dagegen wiederholt, ihm seine wissenschaftliche Richtung ganz zu verdanken. Ramus hat von ihm die synthetische Methode erlernt, welche seine übrigens weder zahlreichen noch bedeutenden Schriften durchdringt (die Oeconomia ist ein kurzes Rechtssystem) und ihn als Lehrer berühmt machten. Seine Collegienhefte sollen handschriftlich vielfach verbreitet sein; doch ist ein weitgreifender Einfluß nicht nachweisbar. Mehr als die Genannten ist Hopper

---

1) Joh. Tack, genannt Ramus, ist geboren am 28. Februar 1535 zu Goes in Zeeland, in Wien Lehrer der griechischen Sprache und Eloquenz, studirt dann Jurisprudenz in Löwen, wo er 1559 promovirt und 1560 Professor der Institutionen wird; 1562 nach Douai berufen, kehrt 1565 nach Löwen als Professor der Pandekten zurück. Dion. Gothofred ist sein Schüler. 1578 Verhandlungen wegen Berufung nach Ingolstadt; er zieht es vor, einer Berufung nach Dôle zu folgen, und stirbt hier in demselben Jahre am 26. December 1578. Schriften: Oeconomia s. dispositio regularum jur. utriusque. Lovan. 1557. 8°. Commentarii ad Tit. XI de tutelis ex libro I Institut. Lovan. 1557. 8°. Commentarii methodici ad regul. juris, ed. Valer. Andreas. Lovan. 1641. 4°. Oratio apologet. pro jurisprudentia. Lovan. 1641. Vgl. Foppens, Bibl. belg. 2, 715. Prantl, Gesch. d. L.M.-Universität 1, 315. 413, der irrthümlich annimmt, daß die „ramistische Methode“ nach diesem Ramus benannt sei.

ausgesprochener Systematiker; seine Geltung reicht jedoch nicht an diejenige heran, durch welche M. Wesenbeck auf die deutsche Jurisprudenz eingewirkt hat.

2. Joachim Hopper[1]), geb. 11. November 1523, stammt aus einer alten bei Sneek in Friesland angesessenen Familie. Er empfing den ersten Unterricht in seiner Vaterstadt, besuchte dann drei Jahre lang die berühmte Schule in Harlem und bezog 1541 die Universität Löwen, wo er sich dem Studium der Philosophie und Jurisprudenz widmete. Plato's System wurde für seine wissenschaftliche Richtung bestimmend. In die Jurisprudenz führte ihn Gabriel Mudäus ein. Nach dreijährigem Aufenthalt besuchte er Paris und Orleans, kehrte dann nach Löwen zurück, wo er 1549 zum Licentiaten und 1553 am 27. August zum Doctor promovirt ward. Er hatte schon mehrere Jahre erfolgreich als Lehrer gewirkt, als ihm 1554 eine Professur der Pandekten übertragen wurde, die er im Januar mit dem Vortrage seiner Paratitla Digestorum nach neuer Methode inaugurirte. Allein noch in demselben Jahre verließ er den akademischen Lehrstuhl. Mit seiner Ernennung zum Mitglied des hohen Raths in Mecheln (November 1554) beginnt seine politische Thätigkeit. In dieser Stellung, sowie als Mitglied des Staatsraths (1561) trat er in nähere Beziehungen zu dessen Präsidenten, seinem ihm schon seit früher Zeit freundlich zugethanen Landsmann Viglius

1) Vgl. Suffridus, de Scriptoribus Frisiae; danach Adami Vitae JCtor. p. 223 und Sincerus 1, 85 ff. Foppens, Bibl. belg. 1, 556 f. Hoynck van Papendrecht, Analecta Belg. I, 3 (Viglius' Briefe an ihn); II, 2 (Vita und das Memorial). J. Hopperi epistolae ad Viglium. Traj. ad Rhen. 1802. 4°. Gob. de Wal, de claris Frisiae JCtis. p. 27. Add. 90 s. 428 s. Reiffenberg, diverses lettres d'Hopperus au Roi Phil. II in Bulletin de la Comm. royale d'Histoire 17, 162 s. Wauters, Mémoires de Viglius et d'Hopperus. 1858, worin p. 222 s. eine scharf aburtheilende Notice sur Hopperus. Jongsma, Jo. Hopperus in Regtsgeleerde en Geschiedk. Schetsen. Sneek 1844. Beuker Andreae, Mededelingen omtrent J. Hopperus in de vrye Fries 5, 121 s. — Di Darstellung von Hopper's politischem Verhalten beruht auf Mittheilungen Maurenbrecher's.

von Zuichem, sowie zum Cardinal Granvella. 1566 rief ihn König Philipp II. als Rath für die niederländischen Angelegenheiten nach Spanien; am 27. März machte er sich auf den Weg, am 8. Mai traf er in Madrid ein, wohin ihm 1568 seine Frau (Christine, Tochter des Senatspräsidenten von Friesland Bertolf) und Kinder folgten. Von König Philipp freundlich aufgenommen, erstattete er ihm zunächst wiederholt ausführlichen Bericht über den Zustand der Niederlande. Dann übernahm er das bisher von Tisnacq geführte Amt des Staatssekretärs und Siegelbewahrers für die Niederlande; später ward er in den Ritterstand erhoben und mit der Herrschaft Dalem bei Gorkum, nebst dem Jagdrecht im Gesterland beliehen. Der Schriftwechsel des Königs mit der Regierung in den Niederlanden ging durch seine Hand. Daneben stand er mit seinem alten Freunde und Gönner Viglius in regem brieflichen Verkehr. Diese Correspondenz gehört zu den wichtigsten Quellen für die Kenntniß der niederländisch-spanischen Verwicklungen von 1566 bis 1574. Welches Urtheil Hopper über Ursprung und Verlauf der niederländischen Unruhen sich gebildet, ist aus der sehr ruhigen und leidenschaftslosen Darlegung, welche er verfaßt hat (Recueil et Memorial des troubles des Pays-bas du Roy) zu ersehen: augenscheinlich größtentheils dem Inhalte nach das, was er nach seiner Ankunft dem König selbst berichtet hatte. Hopper war ein überzeugter und eifriger Katholik, dem an Erhaltung der katholischen Religion und an Verhinderung eines auf Duldung der Protestanten angelegten Religionsfriedens viel gelegen; er erwartete Beruhigung der Wirren von dem persönlichen Auftreten des Königs; er widerrieth die von Alba geleitete Gewaltpolitik. Hopper war genöthigt, einer Politik zu dienen, die er nicht in ihren Einzelheiten zu billigen im Stande war. Seine amtliche Thätigkeit bestand in der Bearbeitung und dem Vortrage des Schriftwechsels mit den Behörden der Niederlande; die Verfügungen Philipp's II. an die Regentschaft hatte er zu entwerfen und auszufertigen: der vertrauliche Briefwechsel mit Viglius verräth, daß er nicht immer die Maßregeln guthieß, die er amtlich auszuführen und zu vertreten hatte. Aber selbst durchgreifenden und bestimmenden Einfluß auf die Wahl der Maßregeln nach seinem Sinn auszuüben, dazu war weder seine Stellung noch seine Persönlichkeit angethan; höchstens in den untergeordneten und persönlichen Angelegenheiten hatte er freiere Hand. — Die Anstrengungen seines Amts im fremden Klima verzehrten frühzeitig die Kräfte des hochgewachsenen Friesen, dessen kräftige Schultern und breite Brust ein langes Leben zu verbürgen schienen. Im zehnten Jahre seines Aufenthalts in Madrid erlag er der sich rasch entwickelnden Schwindsucht am 15. December 1576, erst 53 Jahre alt. Seine Wittwe zog mit ihren Kindern in die Heimat zurück; König Philipp verlieh ihr ein Gnadengeschenk von 12000 Gulden und eine jährliche Pension von 1000 Gulden.

Hopper's wissenschaftliche Thätigkeit, die bis zum Jahre 1554 seinen Lebensberuf bildete, ist zwar durch seinen Eintritt in den politischen Staatsdienst unterbrochen worden; allein er hat sich in seinen Mußestunden ihr wieder zugewendet. In Madrid freute er sich an dem wissenschaftlichen Verkehr mit Diego Covarrubias, dem großen spanischen Rechtsgelehrten, und vollendete dort in seinen letzten Lebensjahren zwei gelehrte Werke. Seine Richtung in der Jurisprudenz ist durch seine philosophischen Studien und G. Mudäus' Einfluß bestimmt; ihr Ziel ist das „in artem redigere“, und die Grundgedanken, welche ihn schon in seiner Jugend leiteten, kehren in seinen letzten Werken wieder.

In seinem Erstlingswerke De juris arte libri tres. Lovan. 1553. fol. will er, wie er sagt, die allgemeinsten und unwandelbaren Principien des Rechts darstellen, und behält sich vor, später in 12 Büchern die aus jenen abgeleitete römische Jurisprudenz zu erörtern. Das erste Buch handelt, mit vielfachen Anklängen an Plato, von dem Wesen des Rechts und der Gerechtigkeit überhaupt, wobei (ähnlich wie bei Oldendorp) die höchsten Grundsätze in Anlehnung an den Dekalog entwickelt werden. Das zweite Buch erörtert die „res divinae et humanae sive justitia per res diffusa“, indem es zeigen will, wie die höchsten Grundsätze der Gerechtigkeit durch Gesetze der Kirche und des Staats in der Welt ausgesprochen und verbreitet sind. Das dritte Buch endlich bespricht die Hülfsmittel, durch welche die Gesetze zur Anwendung und Durchführung gebracht werden, nämlich die actiones und das gerichtliche Verfahren. Während die beiden ersten Bücher sich sehr im Allgemeinen halten, geht dieses dritte genauer in die Arten der Klagen und die beim Processe in Betracht kommenden Personen ein.

Dem dritten Buche angehängt ist ein (auf dem Titel genannter) Juris pontificii et civilis liber singularis. Tabellarisch wird hier der Inhalt des C. j. canonici und der Pandekten dargestellt. Hopper nimmt an, daß den Pandekten folgende Eintheilung zu Grunde liege:

1. de ipso jure,
2. de subjectis [1]) vel materia juris,
3. de judiciis et rebus forensibus —

also ungefähr dieselbe, welche er in seinem Werke eingehalten hat. Der dritte Theil umfaßt beinahe die ganzen Pandekten von den letzten Titeln des ersten Buches an. In nachfolgenden Erörterungen erklärt Hopper, daß es ein grober Irrthum sei, zu bezweifeln, daß in den Pandekten eine systematische Ordnung herrsche, und zu versuchen, eine andere an die Stelle zu setzen. Vielmehr erstrecke sich diese sogar bis in die Reihenfolge der Fragmente hinein. Es sei kein Titel in den Pandekten, der nicht „certa aliqua methodo et ratione sit congestus, si modo subtiliter in singulas leges, amputatis iis quae, quod ex variis autoribus sint collectae, superflua sunt, inspiciatur“. Hopper glaubt sogar die bei der Compilation befolgte Ordnung mit „wenig

1) Es ist zu bemerken, daß nach der damaligen philosophischen Terminologie „subjectum“ der Gegenstand des Urtheils und der Wahrnehmung, also ungefähr das, was wir Object zu nennen pflegen, bedeutet. Vgl. Prantl, Gesch. d. Logik 3, 208. Euken, Gesch. d. philos. Terminologie S. 203 f. Die subjecta juris sind nach Hopper personae und res.

Worten" angeben zu können: allein er verliert sich in eine umständliche Erörterung, die mit ihren zahllosen „vel — vel" ein sehr unbefriedigendes Resultat ergiebt. Hopper begegnet sich, ohne es auszusprechen, in seinen Ansichten mit Drosäus [1]) und dem gleichzeitig schreibenden Franz Frosch. Die Consequenzen zieht er in den Schlußkapiteln, welche „de iis qui leges sustinent", deren Eintheilung, Fehlern und Pflichten handeln. Er rügt die mangelhafte Vorbildung und den fehlerhaften Unterricht, der sich nicht an die Quellen, sondern an die Commentare hält, nicht die Gesammtheit des Rechts lehrt, sondern sich ziel- und zwecklos in fragmentarische Einzelheiten verliert. Man soll zuerst die Ordnung der Pandektentitel verstehen lehren und dann die darin enthaltenen leges ohne Aenderung der gegebenen Reihenfolge so, wie er es gezeigt habe, „ad certa capita revocare". Die Einleitung und Vorbereitung müssen die Institutionen geben; dann ist auf die Pandekten, Codex und Novellen überzugehen. Und zwar muß die „lectio" vier „gradus" einhalten. Zuerst ist der innere Zusammenhang der Titel und deren Inhalt übersichtlich darzulegen. Dann sind die Gründe der Einzelheiten zu entwickeln. In der dritten lectio sollen die scheinbaren Widersprüche aufgelöst werden. Die vierte lectio soll „ad fori usum" vorbereiten: wer die Einzelheiten gelernt hat, darf sich nun auf eigene Füße stellen und soll das Gelernte in ein breviarium zusammenfassen oder in loci communes einordnen, wodurch er die gesetzlichen Vorschriften zu täglichem Gebrauch in die Hand bekommt.

Gleichzeitig mit der Schrift de juris arte erschien „Ad Justinianum de obligationibus πειθανῶν libri quinque"

---

1) Jean de Drosay, Professor in Caen, gestorben um 1548, hinterließ ein nach seinem Tode herausgegebenes Werk Juris universi Justinianea Methodus. Paris 1545, worin er die Meinung durchzuführen sucht, daß Justinian in bewundernswerther Weise Cicero's Plan des in artem redigere vollendet habe: „titulorum tractatus perpetuas esse orationes, genere didascalico compositas". Rivier, J. de Drosay. Extrait des Bulletins de l'Académie royale de Belgique 2me sér. t. 40 No. 12. 1875. Ob Hopper diese Schrift gekannt hat, bleibt dahingestellt. Ueber Franz Frosch s. oben S. 255.

(Lovan. 1553. fol.), ein Commentar zu einigen Institutionentiteln, den Hopper Viglius von Zuichem widmete. Die Form ist streng exegetisch und analytisch; aber indem Hopper sein Augenmerk ganz auf die rationelle Erklärung richtet und die Principien, sowie den inneren Zusammenhang der Einzelheiten unter sich und mit jenen darzulegen sucht, gewinnt seine Exegese eine synthetische Richtung; Abschweifungen in Specialitäten, Casuistik und Controversen sind vermieden.

Daß Hopper sich, während er sein Lehramt versah, mit mehreren anderen Publicationen trug, ist nicht nur aus der Einleitung zu seinen libri de arte juris, sondern auch aus dem Druckerprivilegium zu ersehen, welches seinen im Jahre 1553 erschienenen Schriften vorgedruckt ist. Wir finden darin genannt: Ejudem (Hopperi) Paulus s. de mercatu, pactis et foenore posteriorum libri duo. Item, *Ἐκ τοῦ Βασιλικοῦ τιτλοὶ δύο, μετὰ σχολίων* cum praefatione ejusdem Joachimi, et de collationibus notarum libro singulari.

Von diesen Werken ist keines erschienen. Ueber die beabsichtigte Publication von zwei Büchern der Basiliken aus dem ihm von Viglius geschenkten Manuscript ist oben Kap. 6 S. 225 f. gehandelt.

Ohne Hopper's Wissen erschien „Dispositio in libros Pandectarum ex praelectionibus D. J. Hopperi — observata et collecta" (Colon. 1556. 8°), eine kleine Schrift, welche, wie der Titel angiebt und der ungenannte Herausgeber in der Vorrede sagt, nichts Anderes ist als das Dictat aus Hopper's Vorlesungen. Die Schrift zeigt uns, wie Hopper den Versuch durchgeführt hat, einen systematischen Zusammenhang unter den Titeln der 50 Bücher der Pandekten nachzuweisen, wobei indeß nicht über die Rubricae hinausgegangen wird. Auch eine Dispositio in libros Institutionum. Colon. 1557 soll erschienen sein.

Nach den Pithana ist von Hopper keine Schrift publicirt worden. Aber er hat seine Mußestunden zu Studien in der von ihm festgehaltenen Richtung verwendet. Während er das nach seinem früh verstorbenen ältesten Sohn „Seduardus" genannte Werk ausarbeitete, stellte er für seinen Sohn Gregorius ein kürzer gefaßtes einleitendes Lehrbuch zusammen, welches er als ein „Probestück" seines größeren Werks herausgeben wollte: In veram jurisprudentiam Isagoges libri octo, dem Cardinal Granvella 3 Idib. Novemb. 1574 dedicirt. Es ist erst nach seinem Tode (Colon. 1580. 8⁰) erschienen. Die vier ersten Bücher nennt er Paratitla juris civilis; sie enthalten eine kurze Uebersicht der Justinianischen Rechtsbücher und Novellen. Die folgenden vier Bücher (Elementorum juris libri 4) sind ein kurz gefaßtes Rechtssystem, in welchem sich die Grundgedanken der libri de juris arte wiederholen. Dem ganzen Werke ist die Form eines Dialogs zwischen Vater und Sohn gegeben.

Der Seduardus s. de vera Jurisprudentia ad Regem libri XII (Antwerp. 1590. fol.) ist jene Vollendung der systematischen Arbeiten, auf welche Hopper schon in seiner ersten Schrift de juris arte hingewiesen. Sie hat ihn bis zu seinem Lebensende beschäftigt; das fertige Manuscript fand sich in seinem Nachlasse, aber erst 14 Jahre nach seinem Tode ward es von seinen Söhnen mit einer Dedication an Philipp II. und einer erläuternden Vorrede herausgegeben.

Es kehren hier die Grundgedanken wieder, denen wir in seinen früheren Werken begegneten. Auch der rationelle Zusammenhang der Pandektentitel und der Fragmente wird hier (lib. 4 tit. 12—14) wieder behauptet, aber freilich in sehr viel eingeschränkterer Fassung als ehemals [1]).

Das ganze Werk trägt die Form eines Dialogs, den Hopper's Söhne Seduardus, Gregorius, Tidemanus und Cajus Antonius auf einer Seefahrt abwechselnd mit einander führen. Seine systematischen Gedanken entnimmt Hopper dem Plato, auf den er sich für seine Eintheilung der jurisprudentia in universalis und specialis beruft. Die erstere ist die Nomothetica, d. h. die

1) Die Elementa berühren dies Thema nicht. Danach ist die Angabe Bluhme's (Zeitschr. f. gesch. Rechtswissenschaft 4, 386) zu berichtigen.

allgemeine juris et legum condendarum ars; die andere hat zum Gegenstand das Recht eines bestimmten Volks und zwar hier des römischen, dessen Recht allen Christen gemeinsam ist und besonders „Frisiis nostris tam proprium ut nullo propemodum alio jure, quam Romano puro et puto utantur“.

Hopper braucht demnach den Terminus jurisprudentia universalis in anderem Sinne als z. B. Melanchthon die justitia universalis versteht. Indeß berühren sich die beiden Bedeutungen in so fern, als die Grundlage der Nomothesia die Erkenntniß des im absoluten Sinne justum et injustum, also des göttlichen Willens ist, der im Dekalog seinen Ausdruck gefunden hat. Die ars nomothetica besteht in der Aufstellung von leges, welche jenem entsprechen; sie ist theoretica in so fern sie sich auf den Inhalt, practica in so fern sie sich auf die technische Form der Gesetze bezieht. Dagegen kommen in Hopper's Erörterungen die durch die natürlichen Verschiedenheiten der Staaten und Völker gegebenen praktischen Unterschiede der Bedürfnisse und Anschauungen nicht zur Geltung.

Das jus civile Romanorum (jurisprudentia specialis) zerfällt in das publicum und privatum. Danach ergeben sich für das ganze Werk drei Theile, von denen jeder vier Bücher umfaßt.

Nomothesias s. de juris et legum condendarum scientia libri 4.
Rerum divinarum et humanarum s. de jure civili publico libri 4.
Ad Pandectas s. de jure civili privato libri 4.

Der zweite Theil enthält auch das Kirchenrecht (res divinae), allein merkwürdigerweise ohne alle Rücksicht auf das kanonische Recht, nur die im C. J. civilis enthaltenen kirchenrechtlichen Bestimmungen sind abgehandelt.

Der dritte Theil ist nach der von Hopper hier angenommenen Ordnung der Pandekten disponirt. Danach zerfällt dieser in drei Abschnitte: priora juris et judiciorum; ipsa jura et judicia; posteriora juris et judiciorum. Es versteht sich von selbst, daß der zweite Abschnitt die bei weitem größere Masse der Pandekten und dieses dritten Theils umfaßt. Der erste wird in 13, der dritte in 4 Titeln abgehandelt, während der zweite fast vier Bücher ausfüllt.

Aus diesen Andeutungen ergiebt sich schon, daß die Systematik des privatrechtlichen Theils wenig befriedigen kann. Hopper hält sich durch die Ordnung der Pandekten gebunden und müht sich ab, diese rationell zu construiren. Dagegen muß man das Werk in seiner Gesammtheit als ein im großen Stile angelegtes Rechtssystem gelten lassen und der rationellen Deduction, dem fortlaufend geübten und ausgesprochenen methodischen Bemühen, das Besondere aus dem Allgemeinen herzuleiten und von jenem zu diesem aufzusteigen, volle Anerkennung zollen. Eben diese rationelle Behandlung des positiven Rechts hat den libri de juris arte große Anerkennung erworben, die ihm M. Wesenbeck öfter bezeugt. Giphanius geht (Praef. in Lucret. 1566) in der Verehrung seines Lehrers Hopper so weit, ihn neben Cujas und Brissonius als Führer der Rechtswissenschaft zu bezeichnen. Der Seduardus hat an H. Conring einen Bewunderer gefunden. Er gab ihn (Brunsw. 1656. 4°) neu heraus und nennt ihn in der ausführlichen Dedicatio ein „admirabile opus et sine omni exemplo". Dies Lob gilt vornehmlich den ersten vier Büchern, der Nomothesia, in der Conring die echte philosophia civilis findet. Nur bedauert er, daß Hopper sich weniger mit der Aristotelischen als mit der Platonischen Philosophie beschäftigt habe, daher sich in ungewöhnlicher Terminologie bewege und die durch die Verschiedenheiten der Staaten gegebenen Unterschiede nicht genügend berücksichtige.

Angehängt sind dem Seduardus zwei kleinere Schriften: Themis hyperborea s. de tabula regum Frisiae; Ferdinandus s. de institutione principis liber.

**3. Matthäus Wesenbeck.** — 1. Er ist[1]) in Antwerpen am 25. October 1531 geboren, aus angesehener Familie, unter

1) Nachrichten über sein Leben enthält seine Oratio de Mudaeo. Witeberg. 1572. 8°. Abgedruckt in den Exempla Jurisprudentiae (Lipsiae 1585. 8°) p. 75—120 und in den Anhängen zu M. Wesenbecii Papinianus.

13 Geschwistern das zwölfte. Frühzeitig entwickelt, ward er mit seinem älteren Bruder Andreas im 14. Jahre nach Löwen geschickt, um sich unter Gabriel Mudäus der Rechtswissenschaft zu widmen. Er blieb hier bis zum Jahre 1550, im regsten Verkehr mit diesem, den er lebenslang als seinen Lehrer verehrte. Nachdem er (am 18. Juni 1550) zum Licentiaten promovirt war, ging er nach Paris, machte Reisen durch Frankreich und kehrte nach einigen Jahren in seine Heimat zurück, die er dann nach dem Tode seiner Mutter (1552) für immer verließ. Ueber den folgenden Jahren liegt ein Dunkel. Nur wissen wir aus den eigenen Aeußerungen Wesenbeck's, daß er sich der Religion wegen nach Deutschland gewendet hat. Es war die Zeit, als in den Niederlanden die Inquisition ihre Wirksamkeit begann und Philipp II. den Thron bestieg: Wesenbeck aber hatte sich in Löwen dem lutherischen Bekenntniß zugewendet. Die Narratio de M. Wesenbecio (hinter seinem Papinianus. Witeberg. 1570. 8°), welche in allen späteren Berichten wörtlich ausgeschrieben ist, sagt über seinen Abschied von den Niederlanden und die ersten Zeiten seines Aufenthalts in Deutschland: „pauloque post contra multorum exspectationem, quodam inde fato divulsus, in Germaniam superiorem, per id tempus paulo tranquilliorem, suis quibusdam inductus rationibus, concessit. Quo locorum ignoto, adventitio, variisque difficultatibus, de quibus longum esset dicere, jactato, ab omnibus deserto, a suis destituto, desperato — mediocrem locum, conjugem, literas aliaque degendae tolerabiliter vitae subsidia, propitius suffecit Deus.“ Dieser „locus mediocris“ war Jena, wo er im Jahre 1557 seine Lehrthätigkeit begann, am 21. Februar

---

Witeberg. 1570. 8°. **Rauchbar**, Oratio de vita et obitu M. Wesenbecii. Witeberg. 1587. Danach **Adami** Vitae p. 270. **Sincerus**, Vitae T. 3 p. 155 ff. **Gundling**, Otia T. 3 p. 252 ff. **Zeumer**, vitae professorum juris qui in Academ. Jenensi p. 18—27. **van de Perre**, Vita Wesenbecii vor der Ausgabe der Commentaria (Colon. 1659. 4°) behandelt Wesenbeck's protestantisches Bekenntniß als eine bedauerliche Verirrung.

1558 zum Doctor promovirt wurde[1]) und um dieselbe Zeit sich mit der Tochter des herzoglich sächsischen Kanzlers Franz Burchardt in Weimar verheirathete[2]). Wesenbeck lebte mit diesem seinem Schwiegervater († 1560) im vertraulichen Verhältniß, von welchem er in den Anhängen zu seinem Papinianus (1570) und in seinen Exempla jurisprudentiae (Lips. 1585. 8°. p. 121) Zeugniß giebt.

In Jena ward Wesenbeck gewaltsam in das Schulgezänk der Lutherischen Theologen[3]) hineingezogen (1560). Der Superintendent Winter verlangte von ihm als Zeugen bei der Taufe eines Kindes des Professor Joh. Stigel, daß er sich zu der sog. „Sächsischen Confutation" bekennen solle, und wies ihn, da er dieses Bekenntniß verweigerte, nicht nur von der Taufzeugschaft zurück, sondern schloß ihn sogar von der Abendmahlgemeinschaft aus. Nach wiederholten Beschwerden beim Herzog, in welchen Wesenbeck die Aufhebung der Excommunication oder seine Entlassung als Professor verlangte, endigte dieser Handel mit Winter's Absetzung und dem Befehl, Wesenbeck auf das Bekenntniß der Augsburgischen Confession, Apologie und Luther's Katechismus zum Abendmahl zu admittiren.

Im Jahre 1569 folgte Wesenbeck einer Berufung nach Wittenberg an Stelle des im vorhergehenden December verstorbenen Johann Schneidewin. Am 12. August eröffnete er seine Vorlesungen mit einer Rede über Papinian. Um dieselbe Zeit trafen ihn harte Schläge: noch in Jena verlor er eine blühende Tochter, in Heidelberg starb ihm sein treuester Freund und ehemaliger Jenaer College Victorinus Strigel und wenige Tage nach Beginn seiner Vorlesungen in Wittenberg ward ihm seine Gattin im 13. Jahre ihrer Ehe durch den Tod entrissen. — Aus einem

1) Er war der erste doctor juris, den die neugegründete Universität creirte; sein Promotor war Heinrich Schneidewin († 1580), der Bruder Johann Schneidewin's.

2) Ueber seine Ehe erzählt eine pikante Anekdote Sincerus 3, 186 s.

3) Vgl. Sincerus, Vitae T. 3 p. 161. Müller, Staats-Cabinet 1, 3, 40. Preger, Flacius 2, 135 ff.

Schreiben[1]) vom 5. September 1572 an den badischen Kanzler Christoph Eheim (s. oben S. 259), der ihm die vacante Lectura Codicis in Heidelberg antrug, ersehen wir, daß Wesenbeck zugleich Beisitzer des Consistoriums und des Schöppenstuhls war und in diesen Stellungen eine Einnahme von 400 Thaler bezog, während sein Professorengehalt nur 200 Thaler betrug. Er nennt sich in diesem Schreiben „maritus“, scheint also wieder verheirathet gewesen zu sein; und „pater plurium liberorum“ — deren Zahl man übrigens nicht kennt: denn die gewöhnliche Angabe, daß er deren 13 gehabt, beruht auf einer Verwechselung mit seinem Vater. Wesenbeck stellt in diesem Schreiben die Bedingungen, unter denen er nach Heidelberg zu kommen bereit ist. Da sie die Mittel der Universität überstiegen und auch dem Kurfürsten zu hoch schienen, so unterblieb die Berufung und man wendete sich an den damals flüchtig in Genf lebenden Donellus. So blieb Wesenbeck bis zu seinem Tode in Wittenberg. Er starb im 56. Lebensjahre am 5. Juni 1586.

Wesenbeck gehört zu den Persönlichkeiten, welche trotz reicher geistiger Begabung und günstiger äußerer Verhältnisse, wie die seinigen von Haus aus waren, doch gedrückt und trübsinnig durchs Leben gehen. In seinem melancholischen Gemüth ward der religiöse Sinn zu einem weinerlichen Pietismus, der ihn angeblich fünf Stunden täglich mit Gebet zubringen, das irdische Leben als jammervolle Last anschauen und auf das nahe bevorstehende Ende der Welt prophetisch hoffen ließ. Die Trennung von seiner Heimat empfand er lebenslang als ein schmerzliches Exil; die Leiden der flandrischen Provinzen trug er wie seine eigenen in bekümmertem Herzen. Er klagt, daß er von praktischen Arbeiten als Richter und Consulent erdrückt werde und für wissenschaftliche Thätigkeit der Muße des freien Geistes entbehre. Dazu gesellten sich schon in den besten Mannesjahren schwere körperliche Leiden, Gicht und Steinbeschwerden. Von seinem

1) Hautz, die Juristenfacultät d. Univers. Heidelberg. Leipzig 1853. S. 6 ff.

Siechthum gedrückt, nannte er sich selbst wohl „Matthaeus de Afflictis“ (von welchem Juristen freilich gerade umgekehrt die dauerhafte Gesundheit gerühmt wird) und dichtete für sich ein Epitaphium, in welchem es heißt:

Vita mihi studium fuit, impensique labores
Et dolor et gemitus assiduaeque preces.

Aber durch sein ganzes Wesen geht neben dieser kränkelnden Hypochondrie der Zug männlicher Tüchtigkeit und Treue. Er opfert sich seiner religiösen Ueberzeugung und den Pflichten seines Berufs ohne viel Besinnen, dem Drange seines Wesens folgend; freigebig gegen die Seinen und mildthätig gegen die Armen, ein liebender Gatte und warmer Freund, dem es Bedürfniß des Herzens ist, von den Verstorbenen, die er vor Allen geliebt hat, öffentlich gutes Zeugniß zu geben: wir verdanken ihm warm empfundene Reden und Briefe über Mudäus, Burchardt, seine Frau und eine Sammlung von Briefen seines Freundes Victorinus Strigel. In Papinian verehrte er sein classisches Vorbild, dessen menschliche Größe er beim Antritt seines Lehramts in Wittenberg in einer Rede feierte.

2. Wesenbeck giebt wenige Jahre vor seinem Tode in den Vorreden zu den Prolegomena (Lips. 1584. 8°) und zu den Exempla Jurisprudentiae (Lips. 1585. 8°) folgenden Katalog seiner Schriften: Prolegomena de finibus et ratione studiorum librisque Juris. Oeconomia Juris. Commentarius ad Institutiones. Commentarius in Pandectas vulgo Paratitla. Commentarius in Codicem. Tractatus feudalis. Consultationes. Exempla Jurisprudentiae. In diesen Exempla sind seine früher einzeln erschienenen Reden de Papiniano und de Mudaeo mit anderen gesammelt. — Seine historische Bedeutung liegt hauptsächlich in seinen Paratitla oder dem Commentarius in Pandectas und in Codicem. Das umfänglichste seiner Werke ist dagegen die Sammlung seiner Consilien, welche zuerst Basil. 1576. 2 Vol. fol. erschienen, nach seinem Tode aber von 1601 bis 1624 allmählich bis auf acht Bände aus seinen Papieren

vermehrt worden ist. Diese gewaltige Masse von Gutachten macht seine Klagen über den Druck der praktischen Geschäfte begreiflich und giebt uns genügende Erklärung dafür, daß Wesenbeck trotz seines unermüdlichen Fleißes für die Wissenschaft nicht noch Bedeutenderes geleistet hat. Dazu kommt aber, daß es ihm offenbar an dem schriftstellerischen Triebe fehlte; die in seiner Natur liegende Aengstlichkeit und Sorglichkeit hielt ihn von Publicationen zurück. Es sind daher mehrere Werke von ihm zuerst nach seinen Vorlesungen ohne seinen Willen gedruckt worden.

So groß das Ansehen war, in welchem die Consilien Wesenbeck's standen, so ist doch viel entscheidender und nachhaltiger der Einfluß gewesen, den seine Paratitla geübt haben. Sie erschienen zuerst 1565. fol. bei Oporinus in Basel und zwar, wie aus der Dedication des Druckers hervorgeht, ohne daß der Verfasser die letzte Hand daran gelegt hatte, „cui publicis distracto occupationibus nullum tempus vacuum ad haec limanda perpoliendaque conceditur". Im Jahre 1582 (Basil. fol.) hat er das Werk neu bearbeitet und mit einem Commentar zum Codex vermehrt unter dem neuen Titel „M. Wesenbecii Commentarius in Pandectas juris civilis et Codicis Justinianei libros VIII" herausgegeben. Es liegen zwischen dieser und der ersten Ausgabe noch mehrere andere; sie ist dagegen die letzte von Wesenbeck's Hand. Nach seinem Tode ist das Werk fast ein Jahrhundert hindurch oft gedruckt worden und zwar meistens mit mancherlei fremden Zusätzen; so z. B. von P. Brederode mit den Paratitla des Cujas und Sebastian Brant (der Expositio omnium titulorum) Basil. 1589. fol.[1]). Die Commentarien wurden neben Treutler's Disputationen das angesehenste Lehr-

1) Es werden ferner angegeben Basil. 1593. 4°. Colon. 1599. 1606. 4°. Francof. 1616. 1619. 4°. Basil. 1629. 4°. — Cum notis Schleifii: Witeb. 1605. 8°. Stettin. 1619. 8°. — Cum notis Bachovii: Amstelod. 1665. 1668. 4°. Colon. 1640. 1659. 4°. — Francof. ad Viadr. ed. Brunnemann. 1665. 8°. — Colon. 1650. 4° c. notis H. Hermis. Nur aus diesem Nachdruck ist mir die „zu Douai 1640 katholisch castrirte" Ausgabe (Gundling, Otia 3, 256. 272) bekannt.

buch, und namhafte Gelehrte des 17. Jahrhunderts wie Bachov, Vinnius, Hahn, Ludwell, Hermes, Tabor, Schwedendörffer, Brunnemann und Samuel Stryck gaben Notae, Observationes und Quaestiones zum Wesenbeck heraus. So ward seine Methode die herrschende bis in das 18. Jahrhundert hinein[1]).

Man pflegt es als eine bekannte Sache zu behaupten, daß Wesenbeck die ramistische Methode in die Jurisprudenz eingeführt habe oder der Begründer der ramistischen Juristenschule sei. Indeß bedarf diese seit Thomasius tralaticische Meinung[2]) der Berichtigung.

Ob Wesenbeck in Beziehungen zu Peter Ramus gestanden hat, wissen wir nicht. Als wahrscheinlich kann man es betrachten, da er gerade in den Jahren sich in Paris aufhielt, als der kecke Neuerer in Conflicte mit der Sorbonne gerathen war. Auch scheint Wesenbeck's protestantische Richtung in diesen Jahren entschieden zu sein. Allein er selbst erwähnt Ramus niemals und führt seine Methode durchaus auf den Einfluß seines Lehrers Gabriel Mudäus zurück, mit welchem er bis zum Jahre 1550 zusammenlebte, so daß also seine wissenschaftliche Richtung bereits entschieden war, ehe er sich auf Reisen begab und in Beziehung zu Ramus getreten sein könnte. Noch im Jahre 1572 aber erklärt Wesenbeck in seiner Rede über den Mudäus, daß er die von diesem gelernte Methode beibehalten werde, da ihm niemals eine bessere bekannt geworden sei.

Diejenigen, welche unsern Wesenbeck für einen Ramisten ausgeben, behaupten zugleich, daß er die sog. Methodus causarum befolgt habe und daß diese auf ihn und mittelbar auf Ramus zurückgeführt werden müsse. Allein auch in dieser Ansicht liegt ein doppelter Irrthum. Einestheils nämlich ist die Behandlung

1) Erich Mauritius († 1691): Ad Pandectas me judice sufficeret Wesenbecius, consensu eruditi orbis probatus autor, cui nihil simile ab ullo JCtorum in eo genere postea editum — quod nuper quaestionibus ad illum omnino probat Brunnemannus.

2) Vgl. Ratjen, vom Einflusse der Philosophie auf die Jurisprudenz. 1855. (Kieler Programm.) Gundling, Otia 3, 240 f.

der Materien nach den quatuor causae für Ramus so wenig charakteristisch, daß man vielmehr umgekehrt sagen kann: die quatuor causae sind fast das am meisten Hervortretende, was Ramus von der herrschenden Methode der Aristoteliker beibehielt und mit der überlieferten Methode gemein hat (s. oben S. 149). Auch Oldendorp verwendete die causae zu seiner Systematik der Actionen; und wo wir die methodus causarum am Schluß des Jahrhunderts mit Nachdruck empfohlen finden, wie bei Justus Meier, da wird sie nicht eine Erfindung des Ramus, sondern eine alte genannt, welche Oldendorp und Wesenbeck erneuert haben.

Auf der andern Seite aber ist auch die Methode Wesenbeck's keineswegs durch die Bezeichnung „Methodus causarum", welche ihr von den späteren Literarhistorikern beigelegt wird, genügend charakterisirt, da die quatuor causae bei ihm keine überwiegend hervorragende Rolle spielen.

3. Wesenbeck's Richtung ist die synthetische. Er wünscht, daß das Ziel erreicht werden möchte, welches Cicero aufgestellt hat; und da es dem Mudäus nicht möglich gewesen ist, ein System des Rechts (juris ars) zu schaffen, weil er zu sehr von praktischen Geschäften in Anspruch genommen gewesen; da es auch ihm aus gleichem Grunde nicht möglich ist, selbst wenn er die Kräfte dazu in sich fühlte: so beklagt er es, daß bei den ausgezeichneten Leistungen und der großen Gelehrsamkeit seiner Zeiten sich Niemand gefunden habe, der die Aufgabe gelöst; auch meint er, daß der Erfolg der großen französischen Gelehrten noch fruchtbarer sein würde, wenn sie die Methode des Mudäus befolgten.

In dieser Weise spricht sich Wesenbeck 1572 in seiner Rede über Mudäus aus. Ausführlicher noch erörtert er die richtige Methode in mehreren Abhandlungen.

Schon bei dem Antritt seines Lehramts in Jena (1557), wie es scheint, jedenfalls vor dem Jahre 1561, da er des Mudäus noch als eines Lebenden gedenkt, hat er sich in den Prolegomena de studio juris recte instituendo umständlich ausgesprochen. Diese Abhandlung ist zuerst ohne sein Wissen vor den Paratitla 1563, später wiederholt, namentlich auch 1584. Lips. 8° und in Reusner, Cynosura. Spirae 1588. p. 41, in verschiedenen Redactionen gedruckt. Daran schließt sich eine andere im Jahre 1566 gehaltene Rede de fine vitae et studiorum, welche vor dem Commentarius in Institutiones, zuerst 1569, gedruckt wurde und später mit den Prolegomena zusammen als besondere Schrift Lips. 1584. 8° erschien. Es bewegt sich jedoch diese Rede mehr in allgemeinen Fragen. Speciell dagegen spricht sich über die Lehrmethode aus das Programma in aditu Praelectionum Wittebergae propositum (1569) zuerst hinter der Oratio de Papiniano 1570. 8°, dann vor den Exempla Jurisprudentiae 1585. 8°. Endlich die Epistola de studio juris recte instituendo ad J. Monavium, Patr. Vratislaviensem vom Jahre 1570 (N. Reusner, Cynosura juris p. 54).

Wesenbeck bekennt in seinen Prolegomena, daß das Beste, was über die rechte Methode des Studiums gesagt sei, sich in dem bekannten Briefe des Duarenus (Opera. Cynosura juris p. 17, dat. Biturig. 1544) finde, den er nur ergänzen wolle. Die Hülfsmittel der Jurisprudenz sind die scientia disputatrix (Dialektik) und die Ethik, zu welcher auch die Geschichte gehört, ohne deren Kenntniß „jurisprudentia coeca" ist. Diese soll nun begonnen werden mit der Institutionenvorlesung, bei der man Theophilus und die Enarrationes des Hopper[1]) und Hotomanus zu Hülfe nehmen und die Pandektentitel de Verbor. Signif. und de Regulis juris hinzufügen möge. Hat man so einen festen Grund gelegt, dann wende man sich zur Lecture der Pandekten. Den Anfängern sind die übersichtlichen Compendien (Summae rerum in corpus redactae) zu empfehlen und unter diesen namentlich die Paratitla von Hopper, der mit großem Scharfsinn die innere Ordnung der Pandekten darlegt und die

1) Gemeint sind die Pithaua.

einzelnen Titel mit werthvollem und kurzem Commentar durchläuft. Eine solche Behandlung mit Beibehaltung der Titelordnung nützt aber weit mehr als alle jene methodischen Schriften, deren täglich neue erscheinen: denn es ist von höchstem Werthe, die ganze Ordnung der Pandekten dem Gedächtniß einzuprägen, wogegen jene Schriften gerade diese Ordnung umstürzen. Der so gewonnenen Uebersicht und Grundlage soll nun der eigentliche Aufbau des Werks folgen. Hierfür aber steht es dem Wesenbeck fest, daß, wenn auch die Ordnung der Titel in den Pandekten und im Codex weder leichtfertig getadelt, noch von ihr abgewichen werden darf, doch bei Behandlung des Inhalts jedes einzelnen Titels (trotz Hopper's entgegengesetzter Meinung) von den Compilatoren sehr wenig Rücksicht auf die rechte Methode genommen worden ist. Denn die kaiserlichen Constitutionen sind mehr nach der Zeitfolge als nach dem Inhalt geordnet; in den Pandekten aber haben die Compilatoren, die mehr Beamte als Gelehrte waren, sich wenig um die Ordnung der Einzelheiten bekümmert, und es unterliegt daher keinem Zweifel, daß diese Einzelheiten sowohl für das Verständniß als auch für das Gedächtniß und die Anwendung in bessere Ordnung gebracht werden können. Demnach sind die zerstreuten und verworrenen Einzelheiten „in methodum cogendae“ und die einzelnen Leges nach folgender Ordnung zusammenzustellen: 1. Definitio. 2. Divisio. 3. Causa efficiens. 4. Materia. 5. Forma. 6. Finis atque effectus. 7. Actiones quae nascantur, quibus, contra quos, ad quid competant. 8. Cognata et adjacentia. 9. Contraria. Diese „loci dialectici“ sind keineswegs neu oder dem Ramus entlehnt, sondern die von Aristoteles aufgestellten.

Bei der Darstellung, fährt Wesenbeck fort, in welcher man die Ordnung der Pandektentitel festhält, hat man hinzuzufügen, was sich über denselben Gegenstand im Codex, in den Novellen, im kanonischen Recht und in andern geltenden Rechten findet.

Nach Herstellung und Darlegung dieses systematischen Zusammenhangs „iterum retexenda haec tela erit et singuli articuli secundum ipsam Methodum diligenter explorandi". Es beginnt nun die Arbeit der Auslegung der einzelnen Gesetze. Dabei ist der Anfang zu machen mit einer allgemeinen Angabe des Inhalts (Summa); dann ist das *διοτι*, die ratio, quae legislatorem movit, aufzusuchen: denn die Kenntniß der ratio dient nicht bloß zum Verständniß dieses Gesetzes, sondern auch zur Beurtheilung ähnlicher Fälle. Hierauf folgt die Analyse des Gesetzes und die Betrachtung seiner einzelnen Theile; der Worte, Personen, Sachen, Thatsachen und Umstände: und dies alles ist auf „theses et locos communes (Regulas vocant)" zurückzuführen, damit so durch einzelne Beispiele die Regeln befestigt werden. Schließlich ist das Gesetz mit anderen übereinstimmenden oder abweichenden zu vergleichen und in Verbindung zu setzen, indem man die Gründe der Gleichheit oder Abweichung ermittelt.

Bei dem Allen habe man sich vor den vielen Subtilitäten zu hüten; nicht solle man, wie es zu geschehen pflege, dasjenige, was zum täglichen Gebrauch in der Praxis gehöre, nur flüchtig berühren und alle Mühe und Zeit auf die verwickelten Schwierigkeiten verwenden. Wesenbeck selbst erinnert sich, wie viel Mühe er und seine Freunde als Jünglinge auf Lösung der feinsten Knoten in den Lehren von den Substitutionen, der Falcidischen und Trebellianischen Quart, der Transmissionen, bonorum possessio, der theilbaren und untheilbaren, der generischen und alternativen Obligationen u. s. w. verwendet hätten; und wie es ihnen der höchste Preis geschienen habe, zur Lösung der Schwierigkeiten etwas Geistreiches auszusinnen, Neues beizubringen oder die subtilen Meinungen der Interpreten zu prüfen. Und als sie nun in die Praxis getreten seien, da hätten sie wahrgenommen daß all diese Mühe, welche sie auf Dinge, die der Praxis fern liegen, verwendet hätten, ohne Nutzen gewesen sei, und daß gerade in denjenigen Gegenständen, welche ihnen bis dahin zu gering und verächtlich geschienen hätten, vorzugsweise die eigentliche Bedeutung und Kraft der Jurisprudenz liege. Daher habe es denn auch nicht ausbleiben können, daß sie bei Verhandlung und Aburtheilung von Processen sehr oft das Nothwendigste nicht gewußt hätten, weil sie das nicht Nothwendige mit zu großer Mühe gelernt hätten.

Wesenbeck dringt wiederholt an verschiedenen Stellen und in verschiedenen Wendungen darauf, daß man sich im Lehren und Lernen an das Wesentliche halten, vor Zersplitterung in Einzelheiten durch falsch angebrachte Gründlichkeit hüten solle. Er widerräth daher dem Studenten, die angeführten Parallel- und Belegstellen alle nachzuschlagen. Er wisse aus eigener Erfahrung, wie zeitraubend und verwirrend das sei. Das gehöre späteren, reiferen Jahren, und eben so die Lecture von Interpreten. Im Anfang soll sich der Schüler ganz an die Quellen und den Vortrag des Lehrers halten. Daß aber der Lehrer seinen Vortrag nicht nach alter Weise mit Allegationen vieler Meinungen belasten darf, folgt schon aus der Methode, welche oben gezeichnet wurde.

Ueber die Literatur äußert sich Wesenbeck in beachtenswerther Weise. In dem zu seiner Zeit noch fortdauernden Streite der Praktiker einerseits, welche Bartolus und den Speculator über Alle stellen und sich an diese halten, weil sie wissen, daß in allen Gerichten deren Aussprüche „non minus jus faciant, quam ipsae Principum constitutiones“ — und den modernen Gelehrten, welche, höher gebildet und mehr auf die Wissenschaft als die Praxis gerichtet, jene für Barbaren halten und, wie sie sagen, nur die Autorität der Texte gelten lassen — in diesem Streite nimmt Wesenbeck eine vermittelnde Stellung ein, da er, wie er sagt, mit einem Fuße in der Schule, mit dem andern im Gerichte steht. Er verkennt daher keineswegs die großen Fortschritte der neueren Wissenschaft und die Mängel der älteren: allein demungeachtet sind jene Alten nicht zu entbehren wegen des unerschöpflichen Reichthums von praktischen Fällen und Fragen, die sie in ihren Schriften entscheiden. Es sind Männer von Geist, die nicht im Dunkel der Schule ihre Tage zugebracht haben, sondern mitten im Leben und in den praktischen Staatsgeschäften gestanden sind, weshalb denn der Mangel an Methode und gründlicher Kenntniß der Sprache und des Alterthums vollständig aufgewogen wird durch ihre anderen Vorzüge.

Unter den Neueren hebt Wesenbeck hervor: Zasius, Alciat, Duarenus, Molinäus, Oldendorp, Tiraquell, Balduin, Hotomanus, Hopper; fügt dann aber hinzu, daß nach seiner Meinung kein gelehrteres Werk geschrieben sei als dasjenige, welches der zu früh (1551) verstorbene Franz Connanus, leider unvollendet, hinterlassen habe. Auch Mudäus, Wesenbeck's vortrefflicher und verehrter Lehrer, habe ganz vorzügliche Commentare zu den Institutionen und andern Theilen des Civilrechts verfaßt, die jedoch leider wegen zu großer Bescheidenheit des Verfassers noch immer nicht ans Licht träten! [1])

In den späteren Redactionen der Prolegomena ist dieses Urtheil über die neueren Juristen mehrfach modificirt worden. Die sehr umfängliche Bearbeitung vom Jahre 1584 hebt unter den Neueren Keinen besonders hervor, sondern sagt nur: „quorum felicissima scripta auctores sic commendant vulgo suos, ut nostra praedicatione aut indicatione, tanquam suspensa hedera non habeant opus“. In derjenigen Redaction, welche sich vor dem Institutionencommentar (Colon. 1593. 8°) findet, sind ebenfalls alle früher genannten Namen hinweggelassen, dagegen Cujas hervorgehoben mit den Worten: „inter quos praecipuum sane locum quoad theoriam, Jacobus Cujacius tenere videtur“. Donell's Commentar war damals noch nicht erschienen, den Wesenbeck sicherlich vollkommen gewürdigt haben würde.

4. Wesenbeck's Methode ist also nicht die specifisch ramistische, sondern von den Gedanken beherrscht, welche um die Mitte des Jahrhunderts auf allen Seiten hervorbrachen. Bekennt Wesenbeck sich als getreuen Schüler des Mudäus, so entlehnt er doch auch dem Duarenus ähnlich gedachte Sätze; und als er nach Wittenberg kam, fand er dort den Boden für seine Synthese vorbereitet durch Kling und Schneidewin, deren Schriften den seinigen

1) So in der ersten noch zu Mudäus' Lebzeiten gesprochenen Form der Prolegomena.

verwandt sind. Was er vor Beiden voraus hat, ist die in besserer Schule erworbene Gewandtheit und Gelehrsamkeit bei zweckmäßiger Beschränkung des Stoffs, sowie namentlich die exactere Durchführung seiner Disposition nach den oben angegebenen „loci dialectici“. Giebt dies seiner Darstellung etwas Schematisches, so gewinnt sie dadurch auch an Klarheit und Uebersichtlichkeit: und man kann sie selbst heutigen Tages noch nicht als veraltet bezeichnen. In dem Commentar zu den Institutionen ist die exegetische Grundlage festgehalten; in den Commentarien zu Pandekten und Codex dagegen nicht: sie sind „Paratitla“ und führten ursprünglich diesen Namen. Auf die Quellen wird zum Beweise hingewiesen, aber sie gehören nicht in den Zusammenhang des Textes; die Allegationen standen in der ersten Ausgabe am Rande und sind erst später zwischen die Textesworte eingeschoben. Controversen werden nicht erörtert, Schriftsteller selten allegirt: auch dies ist jedoch in den späteren Bearbeitungen, in denen das Werk den Namen Commentarius erhalten hat, anders geworden. Wesenbeck giebt in diesen die communis opinio, die in der deutschen Praxis herrschenden Meinungen an, ohne sich in Specialitäten und Casuistik zu verlieren. Ueberhaupt geht seine Absicht dahin, das praktische Recht zu lehren: aber es ist zu beachten, wie wenig es ihm gelingt, dieses mit dem Justinianischen zu systematischer Einheit zu verarbeiten. Er erörtert z. B. (D. 45, 1) ausführlich Wesen, Form und Wirkung der Stipulation, nachdem er (D. 2, 14) die Klagbarkeit aller pacta nach kanonischem Recht und Gewohnheit dargelegt hat, ohne zu zeigen, welche Anwendung jene noch im praktischen Recht finde; eben so werden Sklaverei und Patronat ohne Vorbehalt abgehandelt. Andrerseits hält Wesenbeck sich verpflichtet, auf die Besonderheiten des sächsischen Rechts gelegentlich Rücksicht zu nehmen, weil er, wie er sagt, an sächsischen Universitäten lehrte.

5. Mit Recht durfte Wesenbeck von sich sagen, daß er „mit einem Fuße in der Praxis stehe“; die Masse seiner Consilien

ist dafür der schlagende Beweis. Zwar in seine theoretischen Erörterungen mengt er seine praktischen Erfahrungen nicht ein; er docirt als reflectirender Gelehrter. Aber die Verbindung von Theorie und Praxis hat ihn befähigt, an der sächsischen Gesetzgebung wirksamen Antheil zu nehmen, welche 1572 in den sog. Sächsischen Constitutionen zum Abschluß kam. Von ihm ist die zweite Wittenberger Controversensammlung, die sog. Casus Wesenbecii, im ersten Jahre seines dortigen Aufenthalts redigirt. Auch war er an den Berathungen des Leipziger und des Meißner Convents (1571. 1572), welche die Grundlage für die Schlußredaction bildeten, als Abgeordneter der Wittenberger Facultät betheiligt [1]).

6. Unter den übrigen Schriften Wesenbeck's sind noch folgende hervorzuheben.

Der Commentarius in Institutionum libros IV enthält zugleich den Text, ist eine ausführliche Exegese und führt daher in der ersten Ausgabe Basil. 1569 den Titel Scholia et Argumenta Institutionum. Er ist nach des Verfassers Tode wiederholt herausgegeben, z. B. Colon. 1593. 8°. Witeberg. 1596. 1609. 4°.

Die Oeconomia juris ist eine summarische Uebersicht des Justinianischen C. juris civ., der libri feudorum und des C. J. canonici, bei welcher der Zweck verfolgt wird, den inneren Zusammenhang der Rechtsbücher, so gut es gehen will, zur Anschauung zu bringen, obgleich Wesenbeck selbst an ein durchgeführtes System in diesen Gesetzgebungen nicht glaubt. Jedem Rechtsbuche ist eine instructive Einleitung vorausgeschickt, welche seine Entstehungsgeschichte mittheilt und zwar nach den loci: autor operis, causa impulsiva, materia ex qua, materia circa quam, forma compositionis, finis, effectus, adjacentia, affinia, contraria. — Wesenbeck soll zuerst Oeconomia Pandectarum et

1) Schletter, die Constitutionen Kurfürst August's von Sachsen S. 47. 54. 58. Unrichtig heißt es hier, daß Wesenbeck früher Rechtslehrer in den Niederlanden und in Frankreich gewesen sei. Vgl. auch unten Kap. 13.

Institutionum, dann Codicis et Novellarum (Basil. 1564. 4°), ferner Juris Pontificii, endlich Oeconomia Juris utriusque. Basil. 1573. 8° (1574. 4°?) herausgegeben haben. Neue Bearbeitung: Commentarius juris, Oeconomia jam olim dictus. Ex accurata authoris recognitione Basil. 1579. 4°.

Der Tractatus de feudis ist zuerst unter dem Titel Periocha de feudis ohne Wesenbeck's Wissen nach seinen Vorlesungen publicirt; dies hat ihn zu einer verbesserten Ausgabe veranlaßt, welche Witeberg. 1584. 8° erschien.

Die Exempla Jurisprudentiae (Bas. 1573. Lips. 1585. 8°) sind eine Sammlung von Lebensbeschreibungen berühmter Rechtsgelehrten. Es sind darin enthalten die Reden de Papiniano (1570. 8°), de G. Mudaeo (1572. 8°), sowie Biographien seines Schwiegervaters Burchardt, des Simon Pistoris, Anna Bourgius u. A.

Hinter der Oratio de Mudaeo (Witeberg. 1572. 8°), welche bei Gelegenheit einer Promotion gehalten ist, findet sich M. Wesenbécii Responsio ad quaestionem de Monarchiis et an Turcae possint sibi usurpare axioma et titulum Romani Imperii, sub specie occupati Bizantini.

Ihm wird zugeschrieben Aenigma timorumenon in Lutum sanguine Maceratum. s. l. 1573. 4°, ein der Königin Elisabeth gewidmetes Gedicht, in welchem er sie zur Rettung der in Frankreich und den Niederlanden verfolgten Protestanten auffordert.

Daß er die Institutionen Schneidewin's (1573) auf Wunsch der Erben mit Anmerkungen herausgegeben hat, ist schon oben (S. 310) erwähnt.

## Zehntes Kapitel.

# Die französische Schule. Franzosen und Italiener in Deutschland. Deutsche Schüler der Franzosen.

1. Alciat. Duarenus. — 2. Loriot. — 3. Cujas. Donellus. — 4. Molinäus. Balduinus. Hotomanus. — 5. Dionysius Gothofredus. — 6. Gribaldus. Pacius. a Collibus. Scipio Gentilis. — 7. Valentin Forster. Borcholten. Giphanius. Konr. Rittershusius. Val. Wilh. Forster.

1. Nicht nur das Interesse, welches die Vergleichung darbietet, sondern vorzüglich die directen und indirecten Einwirkungen, welche die französische Jurisprudenz seit etwa dem vierten Jahrzehnt des 16. Jahrhunderts auf Deutschland ausgeübt hat, veranlassen uns, einen Blick auf ihre sich damals vollendende Entwicklung zu werfen. Mit Recht wird der Beginn ihrer neuen Richtung datirt von dem Wirken des Philologen Budäus (Budé, geb. 1467, gest. 1540), der in seinen Annotationes ad Pandectas das Muster einer von philologisch-antiquarischer Gelehrsamkeit getragenen Exegese aufstellte. Neben ihn trat Andreas Alciatus aus Alzato bei Mailand (geb. 1492, gest. 1550), der mit eben so glänzendem wie durchschlagendem Erfolge in Avignon (1518—21) und in Bourges (1529—36) lehrte, in höherem Grade als jener mit philologischen Kenntnissen juristische Bildung verbindend. Unrichtig ist indeß die Vorstellung, als habe die in dieser Zeit begonnene Bewegung sich auf die Rückkehr zu quellenmäßiger Behandlung unter Verwerthung der modernen Philologie beschränkt. Vielmehr machte sich sofort neben der philologischen Richtung eine synthetische geltend. Aus der Schule

des Alciat ging Franz Connanus (geb. 1508 in Paris, gest. 1551) hervor, der seine ganze Kraft an ein ausführliches System des Rechts setzte, das er bei seinem frühen Tode unvollendet hinterließ[1]). In weiteren Kreisen knüpfte die synthetische Richtung auch hier, wie in Deutschland, zunächst an die Frage nach der Methode der akademischen Behandlung an, und auf diesem praktischen Gebiete entspann sich eine Gegnerschaft zwischen den Anhängern der alten und der neuen Zeit, welche zu harten Conflicten führte. Die herkömmliche Methode der italienischen Commentatoren behielt auch in Frankreich noch ihre Vertretung, nachdem schon die neue durch Alciat's Wirken in Avignon und namentlich in Bourges zur Geltung gelangt war. Seitdem unterschied man das Dociren „more Italico" von dem Dociren „more Gallico", und zwischen den Universitäten bildete sich nach dem Ueberwiegen der einen oder andern Methode ein Gegensatz[2]). Gribaldus sagt uns, daß er in Valence auf Verlangen seiner Zuhörer, die den mos legendi Italicus verehrten, diesen in seinem Werke de methodo 1541 darzustellen unternommen habe; in Toulouse, Avignon, Paris, Orleans behauptete er die Herrschaft, während in Bourges der mos docendi Gallicus sich siegreich entfaltete und dann auch auf jene andern Universitäten vordrang.

Hier war es Franz Duarenus (geb. 1509, gest. 1559), welcher im Verein mit seinem Collegen Eguinarius Baro (geb. 1495, gest. 1550) nach Alciat's Abgang von Bourges einer neuen rationellen Methode feste Bahnen gewiesen hat. Allein schon vor seiner Berufung (1539) hatte der durch Alciat gegebene Anstoß dort eine reformatorische Bewegung geweckt, über deren unklares und unbefriedigendes Treiben Duaren selbst berichtet[3]).

---

1) Es ist erschienen Lutet. 1553. 2 vol. fol.

2) Von der Ueberhebung, mit der die Italiener auf den mos Gallicus herabsahen, erzählt ein Beispiel G. Tanner (Epist. p. 42).

3) Oratio recitata in cooptatione D. N. Bugnerii, 15. Decbr. 1551. Opp. ed. Francof. 1592 p. 1113. Disputat. anniversariar. lib. 1 praefatio. 1547. Opp. p. 1028.

Dem Alciat, welchem Duaren nach seiner Angabe nach Ablauf von drei Jahren als Lehrer in Bourges gefolgt ist[1]), sei es zu verdanken, daß der Geist der Jugend zur Verbindung der Jurisprudenz mit den litterae elegantiores angeregt worden sei, obgleich er selbst sich in seinem Unterricht allzusehr bei Erörterung kleinlicher Fragen aufgehalten habe. Leider seien seine Nachfolger seinen Spuren nicht einfach gefolgt, sondern hätten verschiedene Wege eingeschlagen, sämmtlich bemüht, die ausgetretene Straße des Accursius und Bartolus zu verlassen. Einige hätten die lateinischen Worte zwar richtiger ausgelegt als die Andern, dagegen aber sachlich nichts vorgebracht und seien daher nicht als Rechtsgelehrte anerkannt, sondern für Grammatiker gehalten worden. Andere hätten die Materien aus den gewöhnlichen Commentaren geschöpft und dieselben, wenn auch ohne viel eigenes Urtheil, doch in einer eigenthümlichen Manier geordneter und zierlicher vorgetragen; diese seien mehr geschätzt gewesen und ihnen habe er, Duaren, unter den gegebenen Umständen sich angeschlossen, obgleich sie ihm keineswegs genügt hätten. Eine dritte Partei endlich sei nur damit beschäftigt gewesen, die alten Meinungen umzustürzen und neue aufzubringen und diese, so absurd sie auch sein mochten, der unerfahrenen Jugend einzureden, offenbar in der Hoffnung, gleichen Erfolg zu erringen wie Alciat mit der Herausgabe seiner Paradoxen. Zum großen Glück sei bald darauf Eguinarius Baro für Bourges gewonnen (1540), ein Mann voll Scharfsinn, mit unglaublichem Gedächtniß und der reichsten Gelehrsamkeit ausgerüstet. Mit ihm, dessen Ziel ganz das seinige gewesen, habe er sich leicht und schnell über die Art und Weise verständigt, wie das Studium zu verbessern sei, und diese hätten sie gemeinsam vertreten. Zwar seien von den Studenten manche, verführt von ihren Gegnern, den Sophisten und Taschenspielern, ihnen fern geblieben; die besseren aber hätten sich ihnen angeschlossen. Einen schwereren Stand

1) Duaren ist 1539 Professor in Bourges geworden, Alciat aber nach gewöhnlicher Annahme schon 1532 nach Pavia gegangen.

hätten sie gegenüber den Bürgern und den Behörden von Bourges gehabt, die nicht ahnend, welche Zukunft diese nothwendige Umgestaltung der Studien habe, die damals gerade eintretende Abnahme der Frequenz der Universität ihnen Schuld gegeben und sie mit Vorwürfen überhäuft hätten. Sie hätten die Frage hören müssen: ob sie es denn besser verstehen wollten als alle Gelehrte, die in Toulouse, Poitou, Orleans das Civilrecht vor vollen Auditorien lehrten? besser als Alciat, der doch auch die Glosse und den Bartolus glänzend interpretirt habe? als der Senat von Paris, der den Doctoren gerade jene Form und Methode des Vortrags vorgeschrieben habe?

Schon 1547 konnte Duaren rühmen, daß seine Methode den Sieg errungen und daß sie von Allen gebilligt und lebhaft erfaßt werde, welche von allen Seiten zum Studium des Rechts in Bourges zusammenströmten. Aber seine Darstellung zeigt nicht nur, mit welchen Schwierigkeiten auch in Frankreich die Verbesserung der Studien zu kämpfen hatte; sondern auch, wie sich hier die Erfahrung wiederholte, daß, wenn einmal mit Erfolg an dem Hergebrachten gerüttelt und der Glaube daran erschüttert ist, eine oscillirende Bewegung der Geister beginnt, die wunderliche Erscheinungen hervortreibt, bis sie in feste Bahnen geleitet ist.

Unter den kleinen methodologischen Schriften, welche seit der Mitte des Jahrhunderts in Menge verbreitet wurden, ist ein Brief Duaren's [1]), den er von Bourges aus 1544 an seinen Zuhörer A. Gaillart richtete, zu hervorragendem Ansehen gelangt und zwar mit Recht, weil er als ein Programm seiner Schule betrachtet werden kann. Die darin entwickelten Grundsätze, deren Durchführung seine und Donell's Werke zeigen, kennzeichnen den großen Fortschritt der Verbindung quellenmäßiger und synthetischer Behandlung, die Versöhnung der antiquarisch-gelehrten mit der rationellen Richtung.

---

1) Oft gedruckt, z. B. Winckel, varia opuscula p. 499. Reusner, Cynosura 1, 17. C. Lagi Methodus. Lugduni 1562. p. 1008. Duareni Opera. Francof. 1592. p. 1100. M. Wesenbeck verweist auf diesen Brief.

Duaren sieht die Mängel des „mos vulgaris“ theils in der Vernachlässigung der reinen lateinischen Sprache: der corrupte Sprachgebrauch erzeuge Irrthümer; theils in der Vernachlässigung der Quellen, die man über die Commentarien vergesse; endlich aber auch darin, daß „methodus et ars docendi contempta jacet“, indem man bei Auslegung der leges die Materien nach Zufall und Laune an den unpassendsten Stellen abhandele und überdies die Studirenden durch sophistische Erörterungen verwirre.

Duaren verlangt daher vor allem, daß der Student mit genügender Kenntniß der lateinischen und griechischen Sprache ausgerüstet sei. Dann soll er damit beginnen, die Institutionen zu lesen und zu lernen, unter Leitung eines Lehrers, der ihm in wenigen Monaten einfach und kurz die dunkleren Ausdrücke erklärt. Das nun folgende Studium der Pandekten ist in zwiefacher Weise zu leiten. Zuerst summarisch und cursorisch: die Titel sind in der überlieferten Ordnung zu durchlaufen, die einfachste Auslegung hinzuzufügen, die Hauptsachen und die Disposition des Ganzen hervorzuheben. Dann ins Einzelne eingehend, ohne jedoch die „nugae interpretum“ zu berücksichtigen; und zwar in der Weise, daß die Einzelheiten, welche ohne System in den Titeln der Pandekten und des Codex zerstreut sind, systematisch zusammengestellt und geordnet abgehandelt werden.

Durch nichts werde, meint Duaren, der hier vorgezeichnete Weg mehr gehemmt als durch das Studium des Bartolus, Baldus, Jason und ähnlicher Schriftsteller. Zwar wolle er seinen Nutzen nicht ganz bestreiten, aber man solle erst ganz zum Schlusse sich damit befassen, sofern man dann noch Neigung dazu habe, was eben so wenig wahrscheinlich sei, als man nach einem guten Mahle noch Appetit zu schlechter Kost zu spüren pflege. Er selbst habe leider 15 Jahre mit diesem Studium verloren, bis er auf den rechten Weg gekommen sei.

In ganz ähnlicher Weise spricht sich Eguinarius Baro (de ratione docendi discendique juris. Bitur. 1546) über die Methode aus, und die beiden Collegen, zwischen denen später

Feindseligkeiten ausbrachen, welche Baro die letzten Lebensjahre trübten († 1550), verweisen hier gegenseitig auf einander, als Muster der guten Lehrart.

Die beiden von Duaren charakterisirten Formen des Pandektenvortrags, die cursorisch-exegetische und die ausführliche systematische, sind neben einander in seinen und Donell's Schriften vertreten. Von Beiden besitzen wir Commentare zu einzelnen Titeln, in denen die leges nach gegebener Reihenfolge einfach und lichtvoll ausgelegt werden; und Abhandlungen, welche Rechtsmaterien systematisch entwickeln und das zerstreute Quellenmaterial unter die so gewonnenen Gesichtspunkte sammeln. Die größeste Leistung dieser Art aber ist das ausführliche System des Civilrechts, welches Donellus unter dem Titel Commentarii juris civilis herausgab.

Es ist bei der Reform der Rechtswissenschaft in Frankreich nicht zu übersehen, daß sie auch hier neben der reformatorischen Bewegung auf kirchlichem Gebiete einhergeht und zu dieser nicht nur in einer gewissen innern, sondern auch in sehr bestimmt erkennbarer äußerer Beziehung steht: die große Mehrzahl der hervorragenden Juristen bekannte sich mit größerer oder geringerer Entschiedenheit zur Partei der Hugenotten. Die Sympathie, welche die damals zahlreich in Bourges studirenden Deutschen[1]) dieser Richtung aus der Heimat entgegenbrachten, verband sich mit dem in Deutschland ebenfalls lebhaft erregten Drange nach systematischem Erkennen, rationeller Betrachtung, synthetischer Darstellung. So war es eine in dem Zuge der Zeit begründete Sympathie, welche die jungen Deutschen an die Person und Lehre Duaren's und seinen großen Schüler Donell fesselte. Auf ihrer Seite finden wir sie nicht nur in der Richtung der Wissenschaft, sondern auch in den persönlichen Conflicten, welche das akademische Leben in Bourges trübten und endlich zerrütteten. Und schließlich ist es gerade das kirchlich-reformatorische Be-

1) Sie bildeten dort eine eigene Corporation, für deren Freiheiten N. Cisner 1554 eine Rede vor dem Pariser Parlament hielt.

kenntniß gewesen, welches einen Balduinus, Molinäus, Donellus, Hotomanus, Gothofredus aus ihrem Vaterlande verdrängte und die französische Jurisprudenz in persönlicher Vertretung nach Deutschland führte.

2. Unter die Zahl der reformatorischen Juristen ist auch zu rechnen Pierre Lorioz (Loriotus, Loriolus) aus Evernay bei Salins (Salinensis). Er gehört zu der älteren, vorclassischen Generation, welche uns Duaren beschreibt: denn schon seit 1528 lehrte er in Bourges, als Duaren 1539 seine Wirksamkeit begann. Im Jahre 1546, als Donell dorthin kam, folgte er einer Berufung nach Leipzig (vgl. oben S. 126 f.), wo er nach dem Zeugnisse seiner Schüler und selbst seines Gegners M. v. Ossa mit großem Eifer und Beifall lehrte. Indeß bereitete ihm seine bevorzugte Stellung, seine Methode und wie es scheint auch seine calvinistische Richtung so viel Widerwärtigkeiten an der Universität, daß er diese schon 1554 wieder verließ[1]). In diesem Jahre schreibt Joach. Camerarius „apud nos P. Loriotus absurdis opinionibus sibi magis, quam aliis molestiam creat" (Epist. 1, 270), und M. v. Ossa meint, daß Loriot „in seinem Lesen einen solchen modum halte, der hiebevor dergestalt in wellischen und deutschen Landen nicht gehöret, wie wohl vielleicht derselbige den Schülern nütz sein kann". Er ist indeß von dem günstigen Erfolg keineswegs überzeugt, sondern hält dafür, daß die Scholaren kein „scharf judicium bekommen", wohl „locales"

1) Er ging nach Valence, wo er 1557 dem Cujas seinen höheren Rang in der Facultät abtrat; erbot sich 1561 die Lehrstelle Balduin's in Heidelberg zu übernehmen; ging 1564(?) nach Grenoble, wo er 1573 starb Seine Schriften sind: De gradibus affin. 1542. 1554. De juris apicibus. 1545. 1555. Commentar. ad T. D. si certum pet. 1552. fol. Summa per leges digesta. 1552. 8°. Commentar. ad secundam Dig. vet. partem. 1557. De debitore et creditore. 1565. 1586. Commentar. in usus feudor. 1587. De transaction. 1572. Ein Consilium von ihm in Kirchov's Sammlung 2, 109. Die Mehrzahl seiner Schriften hat er von seinen Schülern ediren lassen. Die ursprüngliche Schreibart seines Namens ist Lorioz. Vgl. Haase, de P. Lorioto. 1812. Villequez, Revue de législation p. Laboulaye T. 2. 1872 p. 563 s. Rivier, Zeitschr. f. Rechtsgesch. 11, 319 f.

aber nicht gründlich gelehrte Leute werden — mit andern Worten, daß sie über das Wissen allgemeiner Regeln nicht hinauskommen und weder Specialkenntnisse noch casuistische Fertigkeit erwerben. Auch Duaren scheint von seinem Collegen keine große Meinung gehabt, sondern ihn zu denen gerechnet zu haben, welche ihren „Stoff aus den gebräuchlichen Commentarien schöpfen, um ihn in eigenthümlicher Manier zierlicher vorzutragen", und sich bemühen, „alte Meinungen umzustürzen und absurde Neuerungen aufzubringen". G. Tanner (Epist. p. 42) wundert sich, wie sehr Mudäus eine Schrift Loriot's schätze, und räth, Duaren um sein Urtheil zu bitten.

Loriot's Richtung und Methode ist zu erkennen aus dem 1545 von seinem Schüler Stephan Stratius [1]) herausgegebenen Werke „de juris apicibus tractatus 8 et de juris arte tractatus 20", welchem ein Dictat für die Zuhörer zu Grunde liegt. Er lehrte durchaus nicht, wie behauptet worden ist, nach „Cujacischer Manier". Die gelehrte Exegese der Quellen ist nicht seine Sache; er will auch von den „Paratitla" nichts wissen, sondern stellt „Axiomata generalia" auf, deren Erörterung er die Belege aus den Quellen und der Literatur einordnet. Seine Methode ist also die synthetische. Er wollte in seinen „Tractatus de juris arte" nach der Vorrede ein Rechtssystem auf Grund der Gajischen Dreitheilung entwickeln, aber nur das jus quod ad personas pertinet ist ausgeführt; die Hälfte der „Tractatus" stehen in keinem inneren Zusammenhange unter sich. Der angehängte „Commentarius de regulis juris" unterscheidet sich von seinen Vorgängern vortheilhaft dadurch, daß die leges nicht in der überlieferten Reihenfolge, sondern in methodischer Ordnung erörtert werden. Aber von Cujacischer Feinheit und Gelehrsamkeit ist nichts zu finden: die Glosse und die Commentatoren stehen bei Loriot in überliefertem Ansehen. Daß er sich mit dem Plane einer umfassenden „juris in artem redactio" trug, erfahren wir aus der Epistola dedicatoria an den Kanzler

1) Rivier, Etienne van der Straten. Bruxelles 1875. 8°.

Olivarius (Olivier), in welcher er diesen auffordert, Frankreichs Tribonian zu werden, und sich zur Beihülfe erbietet.

Loriot's Wirksamkeit in Deutschland ist zwar ohne nachhaltige Spuren geblieben; doch ist vielleicht der unglückliche Justus Jonas d. J. sein Schüler gewesen und durch ihn zu einer Methode geführt worden, welche seinem Fortkommen in Wittenberg hinderlich war [1]). Gewiß ist wohl (Haase p. 25), daß der berühmte Kanzler L. Distelmayer [2]), Matth. Coler [3]) und Lorenz Kirchhoff [4]) seine Vorlesungen besucht haben, freilich ohne von seiner Methode dauernd bestimmt zu werden.

**3.** Neben den beiden befreundeten Gelehrten Duaren und seinem Schüler Donellus in Bourges stand in einem sich bis zu persönlichen Conflicten schärfenden Gegensatz der große, als gelehrter Exeget unübertroffene Jacobus Cujacius (geb. 1522, gest. 1590) [5]). Oft die Universitäten wechselnd hat auch er bei viermaligem Aufenthalt vorzugsweise in Bourges gewirkt. Sein persönlicher Einfluß auf die Deutschen ist neben Donellus geringer gewesen; indeß nennen sich N. Cisner und Giphanius seine Schüler aus dieser Zeit; und später nach der Katastrophe, welche die reformirten Juristen aus Frankreich vertreibt, geht die Anziehungskraft der Universitäten Valence und Bourges gerade von ihm aus.

---

1) Muther, zur Geschichte S. 110.

2) A. d. B. 5, 256 (Th. Hirsch).

3) Geb. 1530 in Altenburg, 1558 D. jur. und Professor in Jena, 1569 nach Leipzig, Kanzler des Fürsten von Anhalt, 1573 wieder in Jena, wo er am 22. April 1587 stirbt. A. d. B. 4, 403 (Steffenhagen).

4) Geb. 1529 in Rostock, wo er Syndicus und Professor war und am 16. October 1580 starb. Von ihm die große Sammlung Consilia et responsa. Tom. 1. 2. Francof. 1568. Krabbe, die Univers. Rostock S. 685 f.

5) Die beste Biographie ist noch immer Spangenberg, Jacob Cujas und seine Zeitgenossen. 1822. Er lehrte von 1547 bis 1554 in Toulouse; 1554—55 in Cahors; 1555—57 August in Bourges; 1557—59 Juli in Valence; 1559—66 September in Bourges; 1566—67 August in Turin; 1567—75 Januar in Valence; 1575—76 in Bourges und nach kurzem Aufenthalte in Paris wieder in Bourges bis zu seinem Tode 1590. — Ueber seine wissenschaftliche Bedeutung vgl. Lerminier, introduction à l'histoire du droit p. 14 s. Eyssell, Doneau p. 171 s.

Cujas steht im entschiedensten Gegensatze zu den „Bartolisten“, mit denen er in Toulouse in Conflict geräth, in so fern er eine exacte, alle Hülfsmittel der Kritik und der Alterthumswissenschaft verwendende Behandlung der Quellen fordert. Aber auch gegen die systematische Richtung verhält er sich ablehnend: die Ergründung des Einzelnen ist ihm die Hauptsache; wenig kommt auf die Ordnung an, in der es dargestellt wird; man kann sich mit der von Justinian gegebenen begnügen, und die „ars juris“ ist die viele darauf gewendete Mühe nicht werth. Als Exeget ist er unerreicht; die ganze Fülle seines Scharfsinns und seines Wissens wendet er darauf, den ursprünglichen Sinn der Bestandtheile des Corpus juris zu erfassen, und indem er in den Geist der einzelnen Juristen, aus deren Werken die Pandekten compilirt sind, einzudringen sucht, gelingt es ihm, einen Paulus, Africanus, Papinian, Julianus mit der Kraft historischer Intuition gleichsam wieder zu beleben. Seinen „Observationen“ verdankt die Wissenschaft einen unerschöpflichen Schatz historischen, kritischen und exegetischen Materials und fruchtbarster Gedanken; seiner Anregung und seinem eigenen kritischen Fleiße Erweiterungen unseres Quellenschatzes. Immer aber ist seine Behandlung des gegebenen Stoffs wesentlich analytisch: und wenn im Gegensatze zu ihm Donell's Mühen und Denken vor allem darauf geht, die Einzelheiten synthetisch zu einem Ganzen zu verbinden; wenn die Arbeit des Einen auf die Ergründung des Besonderen, die des Andern auf das Verständniß des Allgemeinen gerichtet ist; wenn Cujas die Rechtsbücher wie jede andere Ueberlieferung des Alterthums als gelehrtes Material behandelte, während Donell das Recht als eine lebendige, das Leben beherrschende Macht betrachtet wissen wollte — so begreift man wohl, daß zwei so heterogene Naturen, auf dasselbe Feld des Wirkens gestellt, sich unfreundlich abstoßen mußten. Aber in der Geschichte der Jurisprudenz bezeichnet es den Höhepunkt, daß die beiden selten vereinigten und doch einander gegenseitig postulirenden Richtungen gleichzeitig von den beiden größesten Rechtsgelehrten ihres und der folgenden Jahrhunderte vertreten waren. Beide haben in erheblichem Grade auf Deutschland eingewirkt; es läßt sich der zwischen ihnen bestehende Gegensatz in einzelnen Spuren an ihren Schülern wieder erkennen. Inniger aber als Cujas ist Donellus mit der deutschen Wissenschaft durch seine Lebensschicksale verbunden worden [1]).

Hugo Donellus (Doneau), geboren am 25. December 1527 zu Chalons-sur-Saone, machte seine ersten Studien in Toulouse, zog aber, unbefriedigt durch die Lehre der „Bartolisten", 1546 nach Bourges zum Duaren, der ihn 1551 zum Doctor promovirte. In demselben Jahre ward ihm das Lehramt übertragen, welches er bis zum Jahre 1572 bekleidete. Als Calvinist mußte er, persönlich von den Verfolgungen bedroht, welche nach der Pariser Bluthochzeit über die Hugenotten hereinbrachen, aus seinem Vaterlande fliehen. Er fand in Genf Zuflucht, ward noch in demselben Jahre nach Heidelberg berufen und trat am 17. Februar 1573 in die Facultät ein. Die lutherische Gegenreformation, welche Kurfürst Ludwig VI. in der Pfalz gewaltsam durchzuführen begann, veranlaßte ihn 1579 einer Berufung an die neu gegründete Universität Leyden zu folgen. Politisch-kirchliche Streitigkeiten brachten ihn hier in Conflict mit den Generalstaaten, die am 25. April 1587 ohne Urtheil und Recht seine Absetzung decretirten. Bald darauf rief ihn der Nürnberger Rath an die Universität Altdorf, wo er am 20. Juli 1588 in die Matrikel eingetragen wurde. Er wirkte hier bis zu seinem Tode am 4. Mai 1591.

Es giebt in der juristischen Gelehrtengeschichte wenig Persönlichkeiten, bei deren Betrachtung man mit gleicher Verehrung verweilt wie bei der des Donellus. Er ist eine groß angelegte, vornehme Natur, die das Erhabene in Religion und Wissenschaft mit tiefster Seele warm erfaßt, seine Ueberzeugungen im Leben mit Entschiedenheit vertritt. In Allem voll und ganz, das

1) Eyssell, Doneau, sa vie et ses ouvrages. Dijon 1860. Stintzing, H. Donellus in Altdorf. 1869. A. d. B. 5, 331 f. (Stintzing).

seinem Wesen Verwandte an sich fesselnd, aber auch das Antipathische stolz und herbe, selbst leidenschaftlich von sich stoßend. So schreitet er hoch aufgerichtet durchs Leben, das ihm der schweren Fügungen und harten Conflicte viele bringt, von Neidern und Gegnern mit Erbitterung gehaßt und verfolgt, von denen, die sein Wesen verstehen, in Ehrfurcht bewundert. Und gerade dieses Verständniß hat er vorzugsweise gefunden bei den Deutschen und in Deutschland, dem er in Heidelberg sechs und in Altdorf drei Jahre lang angehörte.

In Altdorf hat er die letzte Hand an das große Hauptwerk seines Lebens, die Commentarii juris civilis, gelegt. Der erste Band erschien mit einer Dedication an den Nürnberger Rath 1589. Francof. fol.; der zweite 1590. Den dritten Band, das 12. bis 16. Buch umfassend, hat Donellus druckfertig hinterlassen; seinem Auftrag gemäß hat Sc. Gentilis denselben 1595 — zugleich mit der zweiten Auflage der beiden ersten Bände — herausgegeben. Der vierte und fünfte Band (Buch 17 bis 28) sind aus den hinterlassenen Papieren von Scipio Gentilis zusammengestellt. In gewissem Sinne sind die zahlreichen und bedeutenden früheren Schriften Donell's nur Vorarbeiten für dieses Hauptwerk gewesen. Er selbst spricht es aus, wie sein Bemühen von jeher auf das Erkennen des Ganzen, auf die „ars juris“ gerichtet gewesen sei; und in der That tritt in allen früheren Schriften, welche einzelne Theile des römischen Rechts behandeln, das synthetische Element so bedeutend hervor, daß man wohl erkennt, wie dem Verfasser ein das ganze Privatrecht umfassendes System als sein höchstes Ziel vorschwebt. Gentilis fand unter den Papieren Donell's Stücke, welche, vor mehr als 30 Jahren geschrieben, sich ohne weiteres dem vierten Bande der Commentarii einfügen ließen und also den Beweis lieferten, seit wie langer Zeit Donell für sein System gearbeitet hatte. Er ist von der tiefen Ueberzeugung durchdrungen nicht nur, daß die Erkenntniß des Ganzen und des innern Zusammenhangs seiner Theile die höchste Aufgabe der Wissenschaft sei; sondern daß die synthetische Arbeit gerade den Bedürfnissen seiner Zeit entspreche, damit sich die Wissenschaft nicht in die Ergründung der Einzelheiten verliere.

Donellus geht von einer allgemeinen Definition des Rechts aus: Recht ist jede zwingende Vorschrift, welche das Gerechte gebietet und das Gegentheil verbietet. Vorschriften, welche Ungerechtes gebieten oder Gerechtes verbieten, sind nicht Recht; aber das römische Recht entspricht dieser Definition und ist daher Recht an und für sich, dem zu gehorchen wir eben deswegen verpflichtet sind. Aber auch aus freiem Willen gebührt ihm unser Gehorsam, wegen seiner Schönheit und Größe und weil es nicht bloß aus römischen Bestimmungen, sondern vor allem aus den Principien des jus gentium geflossen ist. Uns verpflichtet ferner die Weisheit seiner Urheber, die Aufnahme desselben als geltendes Recht bei allen Völkern und endlich der Dienst, den es uns leistet bei Erklärung und Ergänzung des heimischen Rechts.

Nach dieser grundlegenden Erörterung über das, was das Recht ist, soll dargestellt werden, was es enthält (Begriff — Inhalt), und hier gelangt Donellus nach kritischer Beleuchtung und Verurtheilung der Justinianischen Ordnung zur Entfaltung seines Systems, wobei er sich indeß auf das Privatrecht beschränkt.

Alle Rechtssätze bestimmen entweder, was unser ist, oder wie wir dazu gelangen. Legt man diese Unterscheidung zu Grunde, so ergeben sich für das System zwei Theile: Cognitio juris nostri et ejus juris obtinendi ratio. Der erste Theil des Systems enthält demnach die subjectiven Rechte, der zweite Theil ihre gerichtliche Verfolgung. Die subjectiven Rechte aber umfassen das, was uns im eigentlichen Sinne gehört, und das, was uns geschuldet wird (quod proprie nostrum est et quod nobis debetur). Das Erstere kommt unserer Person entweder als solcher zu oder durch ihre Beziehung zu den Dingen außer ihr (Personenrecht, Sachenrecht); das Zweite besteht in den

Obligationen. Der zweite Theil des Systems, die Rechtsverfolgung, behandelt zuerst die dabei thätigen Personen, dann die Gegenstände der Verhandlung (Klagen und Einreden), ferner die Form und Ordnung des Verfahrens, endlich das Ziel (Urtheil und Rechtsmittel).

Die Verwandtschaft dieses Systems mit dem der Institutionen liegt auf der Hand; und Donell hat die Absicht, dieses seinen innersten Gedanken nach wiederzugeben. Sein erster Theil soll dem jus quod ad personas und quod ad res pertinet entsprechen, indem die Obligationen als res incorporales aufzufassen sind. Sein zweiter Theil enthält das jus quod ad actiones pertinet. Ein fundamentaler Unterschied liegt aber darin, daß Donellus ein System der subjectiven Rechte entwirft, während das Schema des Gaius die Rechtsbestimmungen gliedern will. In der Durchführung des Systems begegnen wir der Unebenheit, daß Donellus nur die dinglichen Klagen in seinem zweiten Theile, die persönlichen dagegen im ersten bei den einzelnen Obligationen abhandelt. Bei den einzelnen Rechten unterscheidet Donellus Erwerb, Inhalt, Verlust. Dadurch erhalten das Erbrecht und die Schenkung ihren systematischen Platz als Erwerbsarten des quod proprie nostrum est angewiesen.

Von größerer Bedeutung übrigens als die Conception der Fundamente und Glieder des Systems ist die Durchführung. Der systematische Gedanke durchdringt das Ganze bis in seine einzelnen Theile, welche sich ihm mit classischer Sicherheit der Synthese als nothwendige Glieder ergeben. So baut er die einzelnen Rechtssätze, die er den Quellen unmittelbar entnimmt, vor uns auf; und an dem systematischen Faden reiht er die Aussprüche der Quellen zur gegenseitigen Erläuterung und Ergänzung an einander. Mit dem Bemühen aber, die fortlaufenden logischen Fäden zu zeigen, Schritt für Schritt jeden Satz durch Folgerung zu gewinnen und zu beweisen, und diese innere Verbindung im Bewußtsein des Lesers lebendig zu erhalten, hängt die Schwerfälligkeit und Breite zusammen, welche man nicht ohne

Grund seiner Darstellung vorwirft. Um Donell's Bedeutung ganz zu würdigen, wäre es nöthig, in einzelne Theorien einzugehen und zu zeigen, wie er mit tiefem Verständniß der Rechtsinstitute logische Folgerichtigkeit und rationelle Exegese verbindet. Wir müssen es uns versagen, dürfen aber diesen Verzicht ohne Nachtheil leisten, da Werth und Bedeutung der beiden Heroen Cujas und Donell noch heute im Bewußtsein der deutschen Rechtswissenschaft fortlebt.

4. Aus der großen Zahl hervorragender Rechtsgelehrten, welche neben und nach Duarenus, Donellus und Cujas in Frankreich wirkten, sind mehrere durch die Stürme der Zeit, gleich Donellus, nach Deutschland verschlagen. Wie bereit man hier herkömmlich war, fremde Gelehrte zu gewinnen, ist an verschiedenen Orten erwähnt worden; den protestantischen Universitäten erschienen die französischen Juristen, welche zum großen Theil dem evangelischen Bekenntnisse anhingen oder ihm zuneigten, besonders begehrenswerth[1]). Als nach Sichardt's Tode Herzog Christoph von Würtemberg den Bon. Amerbach wegen eines Nachfolgers consultirte, empfahl ihm dieser[2]) unter den Deutschen Ludwig Gremp, unter den Italienern M. Gribaldus, unter den Franzosen Fr. Duarenus und Fr. Balduinus, von denen er gehört hatte, daß sie kürzlich geneigt gewesen seien, einer Berufung zu folgen. Doch verhehlt er nicht, daß wohl Bedenken gegen Beide obwalten könnten, weil sie von dem „vieljährigen Schulbrauch in profitendo abgetreten und der Interpreten oder Scribenten Commentaria in gewöhnlicher Achtung nicht halten". Er nennt endlich noch Carolus Molinäus (Du Moulin), der wegen seiner Schriften gegen die Mißbräuche der römischen Kurie aus Frankreich geflohen sei und sich einige Zeit in Basel aufgehalten habe.

---

1) Auch in Wittenberg docirte kurze Zeit der Franzose Michael Bignon. Vgl. Muther, zur Geschichte S. 111.

2) Brief vom 15. October 1552. Mandry, Joh. Sichardt S. 35 f.

In der That wurde **Molinäus**[1]) für Tübingen gewonnen. Er trat im December 1553 ein, verließ aber seine Stellung schon wieder im folgenden October. Seine Aussprache des Lateinischen bereitete Schwierigkeiten, wie Amerbach schon im voraus angedeutet hatte; dazu kamen Differenzen über die Bedingungen der Anstellung und Conflicte mit einzelnen Collegen. Es war dasselbe Jahr, in welchem Loriot seine Lehrstelle in Leipzig wieder verließ. In Tübingen folgte 1555 **Matthäus Gribaldus**[2]), der aber schon 1557 wegen „abscheulicher und unchristlicher Errores" — wie es scheint als Antitrinitarier — in eine Untersuchung verwickelt sich dieser durch die Flucht entzog. Zur Deckung seiner Schulden wurden seine Mobilien und Bücher verkauft.

Unter den hervorragenden Juristen, welche von Bourges nach Deutschland kamen, ist **Franz Balduinus** (François Baudouin)[3]) der Rechtshistoriker im eigentlichen Sinn. Seine

---

1) Vgl. über ihn **Villequez**, les écoles de droit en Franche-Comté et Bourgogne in Revue de législation p. Laboulaye 1872 p. 288 s. — **Eisenbach**, Tübingen S. 260 f. **Mandry**, Sichardt S. 34. Geb. 1500 in Paris, gest. 1566. Weitere Nachweisungen s. bei **Nettelbladt**, Beiträge 1, 715. **Rivier**, introduction historique au droit Romain p. 495.

2) Geb. im Anfang des 16. Jahrhunderts zu Quiers in Piemont, lehrte in Pisa, Perugia, Pavia, Padua, Toulouse, Valence. Er starb 1564 auf seinem Landgute bei Genf. Auf den Titeln einiger Schriften führt er den Beinamen Mopha. Von seinen Schriften ist die bekannteste: De methodo ac ratione studendi in jure civili libri tres, welche er in Valence 1541 verfaßt hat. Sie erschien Lyon 1544. Sein daraus entlehntes berühmtes Distichon ist oben S. 107 f. besprochen. Auch einen Catalogus interpretum juris civilis in Distichen hat er verfaßt; zuletzt gedruckt hinter C. G. **Hoffmann's** Ausgabe des Panzirolus p. 531 s. In Fichard's Sammlung der Opin. communes 1567 findet sich ein opus postum. von ihm. Vgl. **Bayle**. **Niceron**. **Jöcher**. **Mandry**, Sichardt S. 34. 36, wo das Verzeichniß seiner juristischen Bücher mit beigesetzten Preisen mitgetheilt ist. G. Tanner war sein Schüler in Padua und erwähnt ihn oft in seinen Briefen.

3) A. d. B. 2, 16 (**Stintzing**), wo die literarischen Nachweisungen gegeben sind. Balduinus ist am 1. Januar 1520 in Arras geboren, am 11. November 1573 in Paris gestorben. In Löwen war er eifriger Schüler des G. Mudäus; in Paris stand er unter dem Einflusse des Budäus und

Schriften sind weniger juristische Erörterungen als historische Untersuchungen. Nicht so sehr der juristische Gehalt als der geschichtliche Zusammenhang, die in den Zeitverhältnissen liegenden Gründe, die chronologische Folge fesseln sein Interesse und bilden das Ziel seiner Forschung. Die systematischen Fragen sind ihm von untergeordneter Bedeutung; aus dem geschichtlichen Zusammenhang sollen die Einzelheiten ihr Licht empfangen, und er tadelt es, daß bei den vielen Erörterungen über die Methode dieser Gesichtspunkt nicht in den Vordergrund gestellt sei. Ein Mann von der seltensten Begabung an Geist und Körper, voll Ehrgeiz und Thatkraft, leidenschaftlich und unbeständig. Aus seiner Vaterstadt Arras, wo er sich der juristischen Praxis widmete, wird er 1542 wegen Ketzerei verbannt, geht zum Calvin nach Genf, sagt sich von diesem wieder los, wird 1548 Professor in Bourges und muß wegen schwerer Händel, in denen Duaren und Donellus seine Gegner waren, 1555 die Stadt verlassen. Er begiebt sich wieder zu Calvin, übernimmt eine Professur in Straßburg und folgt 1556 einer Berufung nach Heidelberg, wo er bis zum Jahre 1561 mit glänzendem Erfolge wirkt. Dann beginnt für ihn eine Zeit ruheloser Geschäftigkeit in den kirchlich-politischen Wirren Frankreichs und der Niederlande, bei welcher schwer zu entscheiden ist, ob er bei den Diensten, welche er abwechselnd beiden Parteien leistete, vom Interesse des Friedens und der Versöhnung oder des charakterlosen Eigennutzes sich leiten ließ.

Franz Hotomanus[1]) hatte wegen seines Uebertritts zum Protestantismus Frankreich verlassen, in Lausanne, dann in Straßburg Professuren bekleidet, Berufungen nach Königsberg und Marburg abgelehnt, dann drei Jahre lang in Valence

---

Molinäus, die seine kirchliche Richtung bestimmten. — Als Herzog Wilhelm von Jülich und Cleve in Duisburg eine Universität gründen wollte, suchte er (1561?) Balduinus zu gewinnen. Hymmen, Beiträge 1, 151.

1) Geb. 1524 in Paris, gest. 1590 in Basel. Seine Familie, ursprünglich „Autmann" geheißen, stammt aus Schlesien. Vgl. Dareste, Fr. Hotman. Revue historique 1876. 2. Seine Schriften verzeichnen Niceron und Leickher, vitae JCtor. p. 255 s.

docirt, als er 1566 durch L'Hospital zum Nachfolger des Cujas nach Bourges berufen wurde. Hier verband ihn mit dem gleichgesinnten Donellus die vertrauteste Freundschaft. Die Gräuel der Bartholomäusnacht (1572) vertrieben auch ihn wieder aus Frankreich; er gelangte nach Genf und übernahm dann eine juristische Professur in Basel, die er bis zu seinem Tode (1590) bekleidete. Seine wissenschaftliche Richtung ist universeller und daher weniger ausgeprägt als die der bisher Genannten.

Ein Gelehrter ersten Rangs, beherrscht er die gesammten Bildungselemente seiner Zeit; wir finden in seiner Jurisprudenz die antiquarisch-kritische Richtung sowohl wie die dogmatische vertreten. Die analytische Behandlung überwiegt; die Synthese bewegt sich in den dialektischen Formen; seine Untersuchungen dringen in die Tiefe und Einzelfragen; sein Stil ist der elegante und reine des vollendeten Philologen. Gegenstand seiner Studien ist vorzugsweise das römische Recht; dazu kommen Commentare zu Cicero's Reden und Briefen, zum Cäsar und antiquarische Untersuchungen. Aber auch das Lehnrecht hat er bearbeitet, und als politischer Schriftsteller tritt er auf mit seinen De jure regni Galliae libri tres. Bas. 1585. Genev. 1588. 8°, in denen er die Erblichkeit des französischen Königthums bestreitet, und die Ausschließung der Weiber von der königlichen Würde fordert. In seinem Antitribonianus kämpft er gegen das römische Recht, behauptet, daß es in Frankreich nur geringe Geltung habe und daß sein Vordringen zu bedauern sei. Diese Schrift ist 1567 französisch ohne des Verfassers Namen erschienen, verfaßt, wie es heißt, auf Wunsch des Kanzlers L'Hospital, der vermuthlich solche Dienste brauchte, um den von ihm gehegten legislatorischen Plänen die Wege zu bahnen[1]). In Deutschland hat Hotomanus

1) Neue Ausgaben 1603 und 1616; dann lateinisch 1647 in Hamburg und 1704 von Georg Beyer neu herausgegeben, auch hinter Ch. G. Hoffmann, historia juris. 1718. 4°. Daß L'Hospital selbst eine systematische Reconcinnation des C. J. civ. unternommen habe, erzählt 1556 G. Tanner (Briefe S. 40).

die Verbindung mit protestantischen Fürsten gepflegt, denen er mit politischen Nachrichten und juristischen Rathschlägen diente.

5. Dies sind die Repräsentanten der großen französischen Juristenschule, welche persönlich in Deutschland gelehrt haben. Ihr Aufenthalt war durchgehends zu kurz und wechselnd, als daß ihre Lehrthätigkeit von weitreichendem Einfluß hätte werden können. In welchem Grade aber die französischen Rechtsgelehrten sowohl von ihrer eigenen Heimat aus, wie auf fremdem Boden befruchtend und veredelnd durch Schrift und Wort auf die deutsche Jurisprudenz eingewirkt haben, zeigen nicht nur die Werke ihrer unmittelbaren Schüler, sondern die gesammte Gestalt der juristischen Literatur. Es ist vor allem durch sie eine Fülle historischen Materials der deutschen Jurisprudenz zugeführt worden; ihrer kritischen Thätigkeit verdankt sie den Besitz reinerer Texte und Erweiterung des Quellenschatzes, ihrem Muster und ihrer Lehre eine veredelte Exegese und Dogmatik.

Die Gründe, welche es trotzdem verhinderten, daß in Deutschland eine gleiche Blüthe sich entfaltete, die Umstände, welche hier die wissenschaftlichen Kräfte lähmten oder in Fesseln schlugen, sind mehrfach erwähnt worden. Aber auch in Frankreich erstarb die Blüthe gegen das Ende des Jahrhunderts; nur den Jacobus Gothofredus (geb. 1587, gest. 1652) kann das folgende Jahrhundert den großen Gelehrten, die sich einst in Bourges schaarten, ebenbürtig an die Seite stellen. Ohne Zweifel gehört zu den Gründen dieser Erscheinung die kirchliche Verfolgung, welche Frankreich eines Theils seiner besten Kräfte beraubte. Immerhin aber hätte es an Kräften nicht gefehlt, und die großen Juristen hatten lange genug vereinigt gewirkt, um einen bedeutenden Nachwuchs erziehen zu können. Allein die Zeiten der gelehrten Jurisprudenz waren erfüllt; die Freude am Alterthum, die Liebe zu historischen und theoretischen Studien erstarben. Praktische Aufgaben traten in den Vordergrund des allgemeinen Interesses, und von ihnen getragen und geleitet, wendete die Jurisprudenz sich mit Vorliebe der Praxis und der Bearbeitung des heimischen Rechts zu, auf

Wegen, welche bereits von Chassanäus gewiesen und durch Molinäus gebahnt und gefestigt waren. Es ist die Richtung, welche Hotomanus in seinem Antitribonian, Johann Bodinus (geb. 1530, gest. 1596) in seinem Streite mit Cujas (Methodus ad facilem historiarum cognitionem. 1566) forderten, indem sie gleich Albericus Gentilis in seinen Dialogi die antiquarische Gelehrsamkeit bekämpfen — eine praktische Richtung, deren Führer auf dem Gebiete des römischen Rechts der große Polemiker Anton Faber (geb. 1557, gest. 1624) geworden ist.

Zu den Epigonen der französischen Schule gehört Dionysius Gothofredus [1]) (Denis Godefroy), am 17. October 1549 in Paris geboren. Er machte seine juristischen Studien in Löwen unter Johann Ramus, in Köln und Heidelberg, kehrte nach Paris zurück, mußte als Hugenott aus Frankreich flüchten und ließ sich in Genf nieder, wo er 1585 nach Pacius' Abgang die Professur der Pandekten übernahm. Im Jahre 1589 fungirte er kurze Zeit im Auftrage Heinrich's IV. als Gouverneur dreier französischer Aemter am Fuße des Jura, ward von savoyischen Kriegsvölkern vertrieben, ausgeplündert, seiner Bibliothek beraubt, flüchtete nach Basel und fand 1591 eine Anstellung als Professor in Straßburg. Verhandlungen wegen Berufungen nach Altdorf als Donell's Nachfolger und nach Franecker führten zu keinem Ergebnisse; 1600 folgte er einer Berufung nach Heidelberg, kehrte aber nach wenig Monaten zu seiner Straßburger Professur zurück. Nachdem er Berufungen nach Bourges und Genf abgelehnt hatte, siedelte er 1604 definitiv nach Heidelberg über, ließ sich auch durch glänzende Berufungen nach Franecker, Angers, Valence nicht zu neuem Wechsel seines Wirkungskreises bestimmen. Als die unglückliche Schlacht am weißen Berge das Schicksal Kurfürst Friedrich's und der Pfalz unheilvoll entschieden hatte (1620),

1) Jugler 6, 240 f. A. d. B. 9, 448 r ff. (Teichmann). Eingehende Beurtheilungen seiner Ausgaben des C. J. bei Trotz, praefatio Operibus Jacobi Gothofredi praemissa. 1723. fol. p. 6—8 und Gebauer, Narratio de H. Brencmanno. 1764. p. 132. 155. 161.

floh Gothofredus nach Straßburg, wo er nach längerem Siechthum am 7. September 1622 starb.

Gothofredus ist an Geist und kritischem Scharfsinn seinen älteren Zeitgenossen nicht gleich zu stellen und von seinem großen Sohne Jacobus weit übertroffen. Sein Verdienst aber liegt in dem ausdauernden Fleiß, welcher sich auch durch die Unruhen, die den äußeren Verlauf seines wechselvollen Lebens störten, nicht erschüttern ließ. Er hat ihn hauptsächlich der Edition und Annotation von Quellenwerken zugewendet [1]). So edirte er die Auctores Latinae linguae 1584. 4°, die Fragmente der 12 Tafeln, Ulpian, Paulus, Gaius, welche er seiner Ausgabe des C. J. anhängte; Theophilus 1587. 4°, Harmenopulos 1587. 4°, Seneca 1590. 8°. Dazu kommt eine Ausgabe von Joh. Schneidewin's Institutionen-Commentar 1597; von C. Molinäus' Commentarii in Parisiensis Parlamenti consuetudines 1597; der Consuetudines civitatum et provinciarum Galliae 1598. Das bedeutendste Werk aber, welches seinen Namen bis in die neueste Zeit so populär gemacht hat wie keinen andern, ist seine mit fortlaufenden Noten versehene Gesammtausgabe des Corpus juris civilis, welche zuerst Genf 1583. 4° erschien.

Die Stellung dieser Ausgabe in der Geschichte der Textesrecensionen ist oben (S. 208 f.) besprochen. Bei seinen Anmerkungen hat ihm offenbar der Plan des Accursius vorgeschwebt: und in der That, wie Accursius ein Epigone der Glossatoren, so ist Gothofredus ein Epigone der großen französischen Juristen; beide nicht mehr berufen, das Werk der Vorgänger zu fördern oder fortzusetzen, sondern die durch jene gehäuften Schätze zum gemeinen Gebrauche zu sichten und handlich zuzurichten. Es ist Gothofredus gelungen, einen sehr brauchbaren Apparat an Parallelstellen, kritischen und sachlich oder sprachlich erklärenden Noten zusammenzufügen, die er theils der Literatur entnimmt, theils eigener Erfindung verdankt; und wenn sein Werk auch

1) Verzeichniß seiner Schriften bei Trotz, Jugler und Haag, la France protestante 5, 285 s.

keineswegs die Autorität erlangt hat wie ehemals die Glosse des Accursius, so ist sie doch zwei Jahrhunderte lang als das bereiteste und angesehenste Hülfsmittel der Interpretation auf Theorie und Praxis von überwiegendem Einfluß gewesen. Wenig wollen die Vorwürfe[1]) bedeuten, daß Gothofredus in seinen Noten oft von dem zu erklärenden Gegenstande abschweife, sich wiederhole und zur Erklärung des Textes in den Noten oft die Texteswörte gebrauche: durchgehends wird man auch heute noch sich der Gothofredischen Noten mit Nutzen bei cursorischer Lecture bedienen. Vor der Glosse des Accursius hat Gothofred's Apparat den Vorzug, daß er in geringerem Grade bloße Compilation sein will und ist und daß der Verfasser aus einer höher entwickelten Rechtswissenschaft und Alterthumskunde schöpfen konnte. Es war seine Absicht, den „notae subsecivae“ einen ausführlichen Commentar folgen zu lassen (vgl. Nota ad l. 60 § 6 D. locati). Die Anfänge dazu scheint die Praxis civilis ex antiquis et recentioribus auctoribus — collecta. Francof. 1591. fol. (2 Bde.) zu enthalten: ein Unternehmen von ungeheuren Dimensionen, welches im zweiten Buche der Pandekten stecken geblieben ist.

Von den fast zahllosen Auflagen und Nachdrücken des Gothofredischen Corpus juris mit und ohne Noten ist oben gesprochen. Auch diese letzteren sind später wiederholter Bearbeitung unterworfen. Die bedeutendste Ausgabe dieser Art ist die von S. van Leeuwen (Amst. et Lugd. Bat. 1663. fol.) besorgte, oft nachgedruckt, zum Theil mit Revisionen, namentlich Francof. 1663. 4°. und Leipzig bei Gleditsch 1720. 1740. 4°. In diesen späteren Ausgaben ist demnach die ursprüngliche Arbeit Gothofred's nicht rein wiederzufinden. Berühmt ist und öfter besprochen Gothofred's „immo“ — das Wort, mit welchem er widersprechende Stellen in den Noten allegirt, ohne den Widerspruch zu erklären. G. A. Struve hat demselben eine eigene Schrift gewidmet: Gothofredi Immo. Francof. 1695. 4°.

1) Gebauer, Narratio de H. Brencmanno p. 132 s.

Daß Gothofredus auch eine neue Ausgabe der Loci communes oder Topica des Everardus (1604) besorgt und mit einer Vorrede versehen hat, ist oben (S. 118. 129) erwähnt. Sehr beachtenswerth ist wegen der darin bewährten synthetischen Kraft die Schrift de ratione ordinis a jurisconsulto in Pandectis, Codice et Institutionibus servati, welche zuerst als eine Beigabe zu der Ausgabe des Corpus juris von Pacius 1580 erschien und später Gothofred's eigenen Editionen hinzugefügt wurde. Es ist eine tabellarische Darstellung mit kurzen Erläuterungen. Bei den Pandekten ist der Versuch gemacht, die Septem partes als systematisches Fundament zu verwerthen.

**6.** Neben allen Reformen dauert der Einfluß der in den alten Bahnen wandelnden italienischen Jurisprudenz fort. Das Herkommen, italienische Universitäten zu besuchen, welches im Laufe des 16. Jahrhunderts nicht nur nicht abnahm, sondern sich ausdehnte[1]), befestigte ihr Ansehen, ist aber selbst ein Ergebniß der Geltung, in welcher sich der mos Italicus durch seine Casuistik zu behaupten wußte. Noch immer sucht man hier und dort Vertreter desselben aus Italien heranzuziehen. Wenn in Leipzig M. v. Ossa's Vorschläge (S. 127) nicht zur Ausführung kamen, so suchte dagegen die östreichische Regierung 1562 die herabgekommene Facultät in Freiburg durch Berufung des unbekannten Olzignanus aus Padua zu heben, der indeß schon 1566 in sein Vaterland zurückkehrte[2]). Ingolstadt, wo die alte Methode in Herrschaft blieb, obgleich 1563 ein anonymes Promemoria sie als Grund des Verfalls der Facultät bezeichnete, hat eine größere Zahl von Italienern aufzuweisen[3]). Ausdrücklich rühmt der Lectionskatalog von 1571, daß der Plan der Vorlesungen genau nach

1) Stölzel, Entwicklung d. gel. Richterthums 1, 52 f.

2) Schreiber, Gesch. d. Univers. Freiburg 2, 342 ff.

3) M. Antonius Caymus aus Mailand 1538—40. Franc. Zoanetti aus Bologna 1548—64. Bartol. Romulcus aus Florenz 1548—77. And. Fachinäus aus Forli 1587—97. Vgl. Prantl, Gesch. d. L.M.-Universität 1, 194 ff. 309 ff. 416 ff. Unter diesen sind Zoanetti und Fachinäus hervorragende Gelehrte. Zoanetti war Alciat's Schüler und durch diesen zur kritischen

dem Muster der italienischen Universitäten eingerichtet sei. Allerdings deuten die vergeblichen Versuche 1579 Johann Ramus und selbst Cujas zu gewinnen auf den Wunsch, der neuen Richtung Eingang zu bereiten. Allein der Erfolg blieb aus; als später (1598) Giphanius auftrat, fand seine Methode scharfen Widerspruch; unter der Herrschaft der Jesuiten konnte eine frische, der neuen Zeit homogene Entwicklung nicht gedeihen.

Wie indessen die Reformation auch in Italien ihre Wellen schlug, so ist die von Alciat vertretene Regeneration der Rechtswissenschaft auch dort nicht ohne Folgen geblieben. Selbst der mos Italicus, dessen sinnlose Weitläufigkeit gerade in der zweiten Hälfte des Jahrhunderts nach Panzirol's († 1599) Schilderung auf der Höhe stand, hatte doch gewisse Elemente der modernen humanistischen Bildung in sich aufgenommen. Einzelne verließen ganz die traditionellen Bahnen. Auf den protestantischen Universitäten Deutschlands finden wir Juristen italienischer Herkunft, welche, gleich jenen Franzosen durch ihr reformatorisches Bekenntniß nach Deutschland getrieben, auch in der Wissenschaft der neuen Richtung folgen.

Kaum zu diesen zu rechnen ist der oben erwähnte Matth. Gribaldi, der ein Jahr lang in Tübingen lehrte. Bedeutender ist sein Schüler Julius Pacius a Beriga, der am 9. April 1550 in Vicenza geboren, vor der Inquisition aus seiner Vaterstadt nach Genf flüchtete, wo er von 1575 bis 1585 eine Professur bekleidete und dann 10 Jahre lang (1585—1596) in Heidelberg lehrte[1]. Pacius ist ein bedeutender Gelehrter, der

---

Behandlung des Quellentextes angeregt. Sein Restitutionum ad libros 50 Dig. liber singularis fand selbst bei Cujas Anerkennung. Otto Thes. IV, 21 s. 640 s. Seine übrigen Schriften verzeichnet Mederer, Ann. Ingolst. 1, 292. Er ward 1564 Professor des kanonischen Rechts in seiner Vaterstadt Bologna († 1586). — Fachinäus ging 1597 nach Pisa. Seine zahlreichen Schriften s. bei Mederer 2, 149 ff. Kobolt, Bayer. Gelehrtenlex. S. 217 u. Nachtr. S. 93.

1) Nachdem seine Berufung nach Helmstädt an seinen übertriebenen Ansprüchen gescheitert war, ward er Professor in Sedan, Montpellier, Valence,

sich durch Herausgabe, Commentation und Uebersetzung Aristotelischer Schriften einen bleibenden Namen gesichert hat. Weniger hervorragend sind seine Leistungen für die Jurisprudenz, in der er sich zuerst bekannt machte durch Herausgabe der Institutionen, in deren Anhang die 12 Tafeln, Ulpian und Gaius mit Noten[1]) (1579. 12°); ferner durch die Edition sämmtlicher Theile des Corpus juris mit kurzen Anmerkungen, welche er dem Cujas widmete (Genev. 1580. fol. 4 Bde. und 8°. 9 Bde.). Wir besitzen von ihm außerdem Ἐναντιοφανῶν s. Legum conciliandarum centuriae tres. Spirae 1586. 8°, welche später bis auf 10 centuriae (zuerst Lugdun. 1631. 8°, zuletzt Colon. 1661. 12°) vermehrt worden sind; eine Sammlung von Disputationen (1590. 4°) und mehrere Werke, welche seine didaktische Methode darlegen. Die Analysis Institutionum Imperialium. Lugdun. 1605. 12°, welche sehr oft aufgelegt und von mehreren Gelehrten bearbeitet, zuletzt von G. v. Wassenaer (Traj. 1663. 1686. 8°) mit Zusätzen versehen ist, giebt den Text in Abschnitte mit Ueberschriften getheilt; daran schließt sich eine kurze analytische Erörterung jedes Titels und eine Zusammenstellung von „Axiomata", apophtegmatisch gefaßte Regeln oder loci communes, die aus Text und Erläuterungen abstrahirt werden. Seine Isagogicorum libri. Lugdun. 1606, zuletzt von Wassenaer (Traj. 1662. 1680. 8°) herausgegeben, enthalten kurz gefaßte Uebersichten des Inhalts der Institutionen-, Pandekten-, Codex- und Decretalentitel, sind also ungefähr das, was das Mittelalter eine Summa nannte. Hervorragend sind diese Schriften eben so wenig wie seine tabellarische Synopsis. Lugdun. 1588. fol. Sein Commentarius ad

---

Padua und wieder in Valence, wo er 1635 gestorben ist. Er scheint ein eigennütziger und unfriedfertiger Mann gewesen zu sein. Es heißt, daß er in seinen späteren Lebensjahren zum Katholicismus zurückgekehrt sei. Seine ärgerlichen Händel mit Colli und Gentilis in Heidelberg werden unten berührt werden. Umständlich berichten über diese Jugler 2, 250 ff.; 6, 147 ff. 346 ff. Zeidler, Vitae 3, 148 s. Pacius' Schriften sind bei Jugler verzeichnet.

1) Freilich nur Revision der Ausgabe des Crispinus. Vgl. Dirksen, Zwölftafel-Fragmente S. 61 ff.

quartum librum Codicis. Spirae 1596. fol. befolgt die exegetische Methode. Seine philologische Gelehrsamkeit tritt überall hervor.

Kurze Zeit wirkte mit Pacius zusammen Hippolito a Colle[1]) (a Collibus). Aus alter italienischer Familie stammend, in Zürich, wohin sein Vater der protestantischen Confession wegen geflüchtet war, geboren, in Basel promovirt und zum Professor befördert, ward er 1586 nach Heidelberg berufen, gerieth hier mit Pacius in Händel und kehrte schon 1589 als Syndicus nach Basel zurück. Er bleibt seit dieser Zeit in praktischen Aemtern und entfaltet namentlich in pfälzischen Diensten eine vielseitige Thätigkeit als Gesandter und Schriftsteller.

In die Händel mit Pacius war auch Scipio Gentilis[2]) verwickelt. In Castello San-Genesio in der Mark Ancona 1563 geboren, verließ er, fast noch Knabe, mit seinem Vater, dem Arzte Matthäus und seinem Bruder Albericus (der 1572 in Perugia zum Doctor juris promovirt war und nach England zog) sein Vaterland, um ungefährdet dem evangelischen Bekenntnisse leben zu können. Er studirt in Tübingen und Wittenberg, wo Albericus ihn 1586 von England aus besuchte; geht dann nach Leyden, um unter J. Lipsius seine philologischen und unter Donellus seine juristischen Studien fortzusetzen, zieht aber, als Donellus 1587 seiner Professur entsetzt wurde, nach Heidelberg. Der Erfolg seiner dort begonnenen Lehrthätigkeit eröffnete ihm die Aussicht auf die Professur der Institutionen; die Vereitelung scheint er den Intrigen des Pacius zugeschrieben und in seinem Unmuth Drohungen ausgestoßen zu haben, die dem Pacius hinterbracht wurden. Außerdem sollte ein an Hipp. a Collibus gerichtetes Gedicht (Heidelb. 1589. 4°) Beleidigungen gegen

1) Jugler 3, 195 ff.; 6, 367. Roscher, Gesch. d. Nationalök. S. 144. A. d. B. 4, 405 f. (Steffenhagen). Geb. am 20. Februar 1561, gest. am 2. Februar 1612.

2) Piccarti laudat. funebris. Altd. 1617. 4°. Witten, Memoriae JCtor. p. 25. Zeidler, Vitae 1, 105 ff.; 3, 148 ff. Jugler 6, 146 ff. Will-Nopitsch, Nürnberg. Gelehrtenlex. 1, 522 ff.; 5, 398 f. Stintzing, H. Donellus S. 40. 44 f. 63. 69. A. d. B. 8, 576 ff. (Stintzing).

Pacius enthalten. Dieser erhob eine Anklage beim akademischen Senat. Das Epos ward confiscirt und Gentilis mußte versprechen, während des schwebenden Processes die Stadt nicht zu verlassen. Dessenungeachtet reiste er, nachdem er zwei Procuratoren bestellt hatte, seinem vorher gefaßten Plane gemäß nach Basel, wohin schon Colle vorausgegangen war. Franz Hotomanus, damals durch Krankheit und Mißgeschick gebeugt, konnte sich noch in seinem letzten Lebensjahre an dem Verkehre mit dem talentvollen jungen Gelehrten erfreuen und verhieß ihm die glänzendste Zukunft. Am 16. April 1589 ward Gentilis unter Basilius Amerbach's Decanat promovirt, kehrte für kurze Zeit nach Heidelberg zurück, verlebte den Winter in Basel und kam, nachdem er mehrere Reisen in Geschäften des englischen Gesandten unternommen hatte, im Frühjahr 1590 als Begleiter eines Grafen von Ortenburg nach Altdorf. Hier fand er seinen alten Lehrer Donellus wieder, zu dem er nun in die vertrautesten Beziehungen trat. Er übernahm interimistisch die Vorlesung über Institutionen, und die Nürnberger Scholarchen waren auf Donell's Empfehlung geneigt, ihm die durch Giphanius' Abgang erledigte Professur der Pandekten zu übertragen, als warnende Schreiben von der Heidelberger Juristenfacultät und von Pacius einliefen. Der Proceß hatte auf des Letzteren Betreiben seinen Fortgang und durch Gentilis' widerrechtliche Entfernung von Heidelberg eine für ihn schlimme Wendung genommen: die Acten waren nach Marburg versendet, die Facultät hatte am 29. August auf Relegation erkannt[1]) — und Pacius meldete diesen Ausgang sofort nach Nürnberg. Nachdem indeß die Scholarchen sich genauer über den Hergang unterrichtet hatten, fanden sie kein Bedenken, Gentilis, dessen Vorlesungen sich des größesten Beifalls erfreuten, definitiv anzustellen. Ihm wurde die Professur der Institutionen, dann der Pandekten und nachdem Donell's Nachfolger

1) In der Heidelberger Matrikel findet sich zu Gentilis' Namen 1587 beigefügt: „deletus et relegatus d. 23. Sept. 1590 cum famosi libelli accusatus fugisset".

P. Wesenbeck Altdorf wieder verlassen hatte, die erste Professur in der juristischen Facultät übertragen; zugleich ward er zum Consulenten des Nürnberger Raths ernannt. Unter den Berufungen, die er ablehnte, um bis an sein Lebensende in Altdorf zu bleiben, sind hervorzuheben die eine nach Leyden und die andere, welche Papst Clemens VIII. an ihn ergehen ließ, um ihn unter Zusicherung voller Religionsfreiheit für Bologna zu gewinnen. Erst in seinem 49. Lebensjahre verheirathete er sich mit Magdalena, des reichen Cäsar Calandrini aus Lucca, der als Kaufmann in Nürnberg lebte, gelehrter Tochter. Schon nach vier Jahren ward diese Ehe durch seinen frühen Tod am 7. August 1616 gelöst. Er ward an der Seite seines großen Lehrers Donellus bestattet.

Mit der geistvollen Frische seiner Persönlichkeit hat Gentilis eine ungewöhnliche Anziehungskraft auf die Jugend ausgeübt; seine Liebenswürdigkeit wird vielfach gerühmt; in seinem Verhältniß zu Hotomanus und Donellus hat er zarte Pietät bewährt. Aber das leidenschaftliche und erregbare Temperament des Südländers hat auch in Altdorf manche Reibungen veranlaßt, sein munterer Verkehr mit der akademischen Jugend scheint nicht das erlaubte Maß eingehalten zu haben. Die Acten der Universität Altdorf enthalten wiederholt den Vorwurf, daß er ein leichtfertiges Leben führe und sich in der Trunkenheit grobe Excesse zu Schulden kommen lasse. Allein die akademischen Sitten der Zeit waren gegen solche Dinge sehr tolerant. Er so wenig wie sein College Dr. J. Busenreuth, dem noch Schlimmeres vorgeworfen wurde, litten dadurch in ihrem Ansehen[1]).

Das innige Verhältniß, in welchem er mit Donellus noch ein Jahr lang gelebt hatte, enthielt für ihn die Aufforderung, dessen handschriftlichen Nachlaß der Nachwelt zu erhalten. Wie oben berichtet, gab er im Auftrage des Verstorbenen den fast vollendeten dritten Band der Commentarii juris civilis heraus

1) Ueber Busenreuth vgl. A. d. B. 3, 648. Stintzing, H. Donellus S. 33 f. 62 f.

und stellte die beiden folgenden aus den hinterlassenen Vorarbeiten zusammen. Diese umfassende Arbeit, die Vorreden und Ergänzungen beweisen, wie tief er in die synthetischen Gedanken seines Lehrers eingedrungen war. Donell's „opuscula posthuma“ erschienen Hanau 1604 „ex bibliotheca Scip. Gentilis“. Er selbst, eben so sehr Philolog als Jurist, hat die Jurisprudenz vorzugsweise in der philologisch-antiquarischen Richtung angebaut, wie namentlich seine am meisten verbreiteten Werke Parergorum ad Pandectas libri II und Originum liber singularis 1588. 8° (Otto Thesaurus Ed. 2 Vol. 4, 1269 s.) zeigen. Die Sammlung seiner zahlreichen philologischen, juristischen, theologischen und poetischen Schriften, zu welcher Senckenberg, Meermann und Zeidler aus ihren Bücherschätzen Beiträge lieferten (Scip. Gentilis Opera. Neap. 1763—1769. 8 vol. 4°) ist nicht vollständig, wie die Verzeichnisse bei Zeidler, Will und Jugler ergeben. Reiches Wissen, feines Urtheil und geschmackvolle Darstellung bekunden sich überall: und man sieht an ihm, daß es damals einer Studienzeit im Auslande nicht mehr bedurfte, um bei glücklichen Anlagen die höchste Stufe eleganter Bildung in Deutschland zu erreichen.

7. Unter den deutschen Schülern der großen französischen Juristen sind die hervorragendsten Valentin Forster, N. Cisner, H. Vultejus, Borcholten und der uns nur halb zugehörende Giphanius. Cisner und Vultejus haben jener als Praktiker, dieser als Systematiker ihre besondere Bedeutung erlangt und werden in anderen Gruppen besprochen werden. Dagegen reihen sich an die Uebrigen hier darzustellenden einige jüngere Gelehrte an, welche zwar nur als mittelbare Schüler der Franzosen bezeichnet werden können, in denen aber dieser mittelbare Einfluß sich entscheidend zeigt. Es sind dies der jüngere Forster und C. Rittershusius. Die jüngere Generation, deren Wirken in dem letzten Viertel des Jahrhunderts beginnt, zehrt schon in ihrer ersten Ausbildung von den in französischer Schule gezeitigten Früchten, und so kommt es, daß in einigen ihrer Arbeiten die

deutsche Jurisprudenz Leistungen aufzuweisen hat, welche denen der Franzosen mit Ehren an die Seite gestellt werden können.

1. Valentin Forster[1]) ist als Sohn des Amtmanns gleichen Namens in Wittenberg am 20. Januar 1530 geboren. Seine ersten Studien machte er in seiner Vaterstadt unter dem Einflusse Luther's, Melanchthon's und Paul Ebers'; am 14. August 1550 (nach Andern 1554) ward er Magister. Er soll dann nach Padua gegangen sein, um die Rechte zu studiren, und nach seiner Heimkehr bei Schürpf gehört haben. Dies Letzte ist jedenfalls unrichtig, da Schürpf schon 1547 Wittenberg verlassen hatte: und wenn Forster Schürpf's Schüler genannt wird, so stimmt dies nicht zu der andern Angabe, nach welcher er bis zur Magisterpromotion nur humanistische Studien betrieben haben soll. Die vita sagt nur, daß Forster sich nicht plötzlich, sondern allmählich zur Jurisprudenz gewendet, daß er bei Schürpf gehört und bei seinem späteren Aufenthalt in Padua in der Mathematik Unterricht ertheilt habe. Er ging nach Frankreich, um seine Studien unter den großen Juristen fortzusetzen. In Bourges war er gleich den übrigen Deutschen ein eifriger Zuhörer Duaren's, den er (Hist. juris III, 41, 25) als Begründer der echten Lehrmethode rühmt. Er fügt hinzu: Vita ei praecepta est immature, iis causam mortis dantibus, quos servarat. Mortuus est anno 1559 et prope Baronem sepultus. In Poitiers (1556) trat er für die Religionsfreiheit der in Frankreich studirenden, des Protestantismus wegen verfolgten Deutschen ein. Näheres über diesen Handel ist nicht bekannt, da Forster's „Vera relatio actorum in causa libertatis Germanorum, causa studiorum in Galliis existentium et de liberatione Cunr. Marii, studiosi cujusdam Germani propter veram religionem tum incarcerati",

1) Programma in funere V. Forsteri. Helmst. 1609. 4°. Danach Ex vita V. Forsteri vor dem De jurisd. Romana libri duo. Helmst. 1610. 8°. — M. Freher, Theatr. p. 980. Strieder 4, 138 ff. P. Du Roi in Hagemann und Günther, Archiv f. d. theoret. u. prakt. Rechtsgelehrsamkeit Thl. 3 S. 77 ff.

welche er in spätem Alter (Helmst. 1606) publicirt hat, verloren zu sein scheint. Auf seinem Grabsteine heißt es: „nationi teutonicae libertatem religionis in Gallia impetravit“.

Nach der für die Franzosen unglücklichen Schlacht bei St. Quentin am 10. August 1557 trat er, wir wissen nicht aus welchen Gründen, in (spanische?) Kriegsdienste. Nun folgen bewegte Jahre. Er durchreist Italien und Spanien, geht an keinem berühmten Juristen vorüber und gewinnt die Gunst des Admiranten von Castilien, der ihn bewog den Unterricht seines Sohnes zu übernehmen, ihn zu mancherlei Geschäften verwendete und ihn veranlaßte, die Bergwerksordnung für das Königreich Böhmen zum Zweck der Anwendung auf die westindischen Goldminen ins Spanische zu übersetzen. Ein Conflict mit einem Mönche brachte ihn in die Gefahr, der Inquisition in die Hände zu fallen; sein hoher Gönner schaffte ihm reichliche Mittel und Gelegenheit, bei Zeiten das Land zu verlassen. Er kam nach Bourges und ward 1560 (oder 1559) von Donellus zum Doctor promovirt. Nach Deutschland zurückgekehrt, hielt er einige Jahre lang Privatvorlesungen und Disputationen in Wittenberg und Ingolstadt; 1565 trat er zuerst mit seiner Historia juris als Schriftsteller auf.

Um diese Zeit etwa ernannte ihn Herzog Erich von Braunschweig zum Präsidenten des Hofgerichts in Minden. Doch hat er diese Stelle nicht lange bekleidet; denn 1568 ward er als Nachfolger Oldendorp's nach Marburg berufen, wo er am 9. Februar 1569 in den Senat recipirt wurde. In demselben Jahre ist er Decan; 1571/72 und 1580 bekleidet er das Rectorat [1]). Nach zehnjähriger Wirksamkeit folgte er (August 1580) einer Berufung nach Heidelberg, wo Donellus 1579 wegen der gewaltsamen Durchführung des lutherischen Bekenntnisses durch Kurfürst Ludwig VI. seine Professur aufgegeben hatte. 1581 bekleidete Forster hier das Rectorat, wie die In-

1) Marburger Archiv, wo auch Briefe über seine Berufungen.

schrift auf dem unter ihm erneuerten Scepter bezeugt [1]). Als nach dem Tode Ludwig's das Blatt sich wendete, das Land zum Calvinismus zurückgeführt wurde und die lutherischen Professoren die Universität wieder verließen, legte auch Forster 1583 sein Amt nieder. Er zog nach Worms und lebte ohne amtliche Stellung als Rechtsconsulent, bis er 1595 als Nachfolger Borchholten's nach Helmstädt berufen wurde, wo er im November 1599 Rector war und nach fast 13jähriger Wirksamkeit in hohem Alter am 26. October 1608 sein wechselvolles Leben beschloß. Aus zwei Ehen hinterließ er drei Söhne: Valentin Wilhelm, Professor zu Wittenberg; Johann, Notar zu Amelsburg; Karl, Dr. jur., der auf seinem Gute Jessen im Meißnischen lebte. Valentin Wilhelm und Karl gaben 1610 die Historia juris und den Tractatus de jurisdictione nach den Papieren ihres Vaters revidirt heraus [2]).

Seine erste Schrift: de historia juris civilis Romani libri 3 [3]) ist die am meisten bekannte und verbreitete und als das erste Compendium der äußeren Rechtsgeschichte nach Rivallius nicht ohne Bedeutung. Das erste Buch behandelt die Geschichte der Staatsverfassung und der Leges bis Augustus; das zweite die Responsa prudentum, Senatusconsulta und Edicta praetorum; das dritte Justinian's Gesetzgebung. Das erste Buch ist nach P. Manutius (Antiquit. rom.), auf den Forster am Schlusse verweist, gearbeitet. Demselben entnimmt er auch den Text der Leges regiae. Den Text der Lex Julia de adulteriis giebt er nach Brissonius (Lib. sing. ad L. Jul. Paris. 1557).

---

1) Hautz, Gesch. d. Univers. Heidelberg 1, 154 Anm. 150; 2, 111, 122.

2) Valentin Wilhelm's Sohn Valentin (geb. 4. Juni 1599, gest. 12. October 1637) war Protonotarius zu Wittenberg. Die Genealogie ist zu beachten; Freher p. 1084 und nach ihm Andere confundiren die Personen.

3) Zuerst Basil. 1565. fol. Dann Colon. 1594. fol. Dieser Ausgabe ist vom Verleger ein Verzeichniß der seit den letzten 25 Jahren gestorbenen und bekannt gewordenen Juristen angehängt. Mogunt. 1607. 8°. Aurel. 1609. 8°. Helmst. 1610. 8° (von den Söhnen Forster's besorgt). Mogunt. 1615. 8°. Witemb. 1623. 8°. 1683. 8°.

Für die übrigen leges konnte auch schon Hotomanus, de legibus liber. Basil. 1557. 8° benutzt werden[1]). Der Text der 12 Tafeln ist nach Ordnung und Wortlaut von Oldendorp entlehnt, ohne seinen Commentar. Im zweiten Buche nimmt die Lebensbeschreibung der Juristen von Papinian bis Modestinus den grössesten Raum ein. Sie ist nach Rivallius und Rutilius gearbeitet. Im dritten Buch schließt sich an die kurze Uebersicht der Justinianischen Gesetzgebung eine ausführliche Gelehrtengeschichte von Irnerius bis in die Gegenwart, in der sowohl die Kanonisten als die Legisten behandelt werden. Aus welchen Quellen sie geschöpft wurde, ist schwer zu sagen; die Benutzung Fichard's ist zwar an manchen Stellen unverkennbar: allein es ist zu weit gegangen, wenn gesagt wird[2]), daß sie meist aus Fichard ausgeschrieben sei. Denn nicht nur giebt sie über sehr viel mehr Autoren Auskunft, sondern weicht auch in den Nachrichten über dieselben Autoren nicht selten von Fichard ab. So ist z. B. seine Lebensbeschreibung des Philippus Decius so ausführlich, daß man vermuthen möchte, er habe die Vita Decii von dem Spanier Franz. Boeza (um 1523) benutzt, wenn er nicht zum Schlusse die ungenauen Nachrichten Fichard's fast wörtlich wiedergäbe. Auch die Lebensbeschreibung des Bartolus ist zwar mit Benutzung Fichard's, doch in einigen Stücken selbständig gearbeitet. Während nämlich Fichard 1355 als Todesjahr angiebt, bezeichnet Forster den 13. Juli 1359 als Todestag. Manche Grabschriften scheint er auf seinen Reisen gesammelt zu haben, zu denen auch wohl die des Bartolus gehört: es ist eine ältere, an deren Stelle später die einfache „Ossa Bartoli“ getreten ist; jene soll auch das von Forster angegebene Datum enthalten haben[3]).

Die Histor. jur. civilis ist von Späteren oft sehr ungünstig beurtheilt worden. Konr. Rittershusius (Dodecadeltos) beschuldigt

1) Irrthümlich nimmt Dirksen, Versuche S. 256 die Benutzung von Pighius' Annalen an, welche erst 1599—1615 erschienen sind.

2) Savigny, Gesch. d. röm. Rechts im M.A. 3, 52.

3) Savigny 6, 510.

Forster des Plagiats gegen Oldendorp, weil er dessen Text der 12 Tafeln ohne Angabe der Quelle republicirte. Allein er hat nur wiederholt, was Oldendorp gegenüber dem Rivallius gethan hatte; freilich mit dem Unterschiede, daß er auch die von jenem hergestellte systematische Ordnung wiedergab. Hart getadelt wird das Buch von Rupertus, Animadversiones in Enchiridion Pomponii 1639 (Lib. 3 c. 1. 4 u. öfter) und von Heineccius, Histor. juris p. 193. — Besold, Templum justitiae 1614 No. 18 empfiehlt es dagegen als gute Einleitung den Anfängern zu eifrigem Studium, und billig urtheilt G. Beyer, Notit. auctorum jurid. 1705. Spec. 3 p. 88, indem er anerkennt, daß Forster mit guter Methode das Eis gebrochen habe und trotz großer Mängel doch für seine Zeit genügende Gelehrsamkeit an den Tag lege. Die wiederholten Auflagen zeigen, daß die Hist. juris lange Zeit ein beliebtes Lehrbuch gewesen, und widerlegen die Behauptung Reinmann's (Hist. litt. 3, 4, 150), daß die Ausgabe von 1610 dem Verleger zur Maculatur geworden sei. Eine bedeutende gelehrte Leistung ist das Buch sicherlich nicht; die eigene tiefere Forschung fehlt. Allein es ist nicht zu vergessen, daß die rechtsgeschichtlichen Studien in Deutschland noch in den Anfängen standen, als dies Buch, welches Forster in späteren Jahren nicht umgearbeitet hat, entworfen wurde. Und als Compendium muß man es unbedenklich weit höher stellen als die Schrift des Rivallius, welche ohne Plan und Ordnung gelehrte Notizen zusammenträgt. Vergleicht man z. B. den Abschnitt über das prätorische Edict in beiden Werken, so findet sich bei Rivallius nur ein wüstes Durcheinander; hier dagegen nicht nur eine geordnete, sondern auch in das Wesen der jurisdictio tiefer eindringende Darstellung, welche den Gegensatz von jus dicere und judicare zu erfassen bemüht gewesen ist.

De jurisdictione Romana libri duo. Helmst. 1610. 8°; 1613. 1683. 8° [1]). Forster hat dieses Werk, wie er selbst im

1) Vgl. G. Beyer, Notitia auctorum Spec. 2 p. 99. 1701.

Eingang sagt, in seinem 78. Lebensjahre begonnen; erst nach seinem Tode ist es von den Söhnen herausgegeben[1]). Er will die historische Entwicklung der jurisdictio zeigen und zieht daher die ganze Rechtsgeschichte in seinen Plan. Nach Florus unterscheidet er vier, den menschlichen Lebensaltern entsprechende Perioden: allein in der Ausführung ist er nicht über Numa hinausgekommen. Dennoch ist das Werk bis zu 690 Seiten angewachsen! Er knüpft nämlich an die einzelnen Gesetze die ausführlichsten Excurse an, welche ihn bis auf das neueste Recht führen. So leitet ihn bei Romulus die Unterscheidung der jurisdictio publica und privata auf die väterliche Gewalt mit dem Peculiarrecht, Erbrecht und Dotalrecht bis zur Morgengabe, Gerade und Mußtheil und der emancipatio saxonica nach den sächsischen Constitutionen. Numa's Bestimmungen über die fides führen ihn auf den Eid; daran knüpft sich die Lehre vom Beweise überhaupt, in welche durch Unterscheidung der probatio inartificialis und artificialis die Topik eingeflochten wird, worauf dann unter den Beweismitteln die Urkunden bis zu den Handelsbüchern besprochen werden.

Es ist zu vermuthen, daß der Plan dieses weitschichtigen, mehr von Gelehrsamkeit als wissenschaftlicher Methode zeugenden Werks ihn abgehalten hat, seine Historia juris neu zu bearbeiten.

Unter seinen dogmatischen Schriften sind hervorzuheben die Abhandlungen De successionibus ab intestato; de jure liberorum; de usufructu, quem parentes consequuntur in bonis liberorum adventitiis. Basil. 1566. fol.

Eine Bearbeitung des ersten Tractats ist De hereditatibus quae ab intestato deferuntur, libri novem. Colon. 1594. fol. Mogunt. 1607. 1615. 4⁰, ein umfassendes systematisches Werk in klarer, wenn auch etwas schwerfälliger Darstellung, bei dem

---

1) Dennoch führen Du Roi und Strieber eine Ausgabe Lugdun. 1586. fol. an.

ihm wohl Donell als Muster vorschweben mochte[1]). Er hat es in Worms verfaßt; ein vorausgedrucktes Gedicht seines Sohnes Valentin Wilhelm, damals „legum studiosus“, preist die darin durchgeführte „methodus“.

Zu erwähnen sind schließlich Consilien, welche sich in den Consil. Marburgens. tom. 1. 2. 4 finden.

Die übrigen Schriften, meistens Thesen zu Disputationen, verzeichnen Du Roi und Strieder a. a. O.

2. Johann von Borcholten[2]), aus patricischem Geschlecht in Lüneburg, wo sein Vater Statius v. Borcholten Rathsherr war, am 5. April 1535 geboren, ging, nachdem er seine Vorbildung auf der Johannisschule in seiner Vaterstadt empfangen und in Wittenberg studirt hatte, nach Frankreich, wo er 10 Jahre zugebracht haben soll. Schüler des M. Wesenbeck, ist er, wie seine älteren Biographen behaupten, in Wittenberg nicht gewesen, da dieser erst 1569 dorthin kam, als Borcholten schon nach Frankreich gezogen war; zu seiner Zeit wirkten dort Johann Schneidewin und Joachim von Beust. In Frankreich hat er sich mit Vorliebe an Cujas angeschlossen; ob er ihn auf die verschiedenen Universitäten, welche dieser in raschem Wechsel durchzog, begleitet hat, muß dahingestellt bleiben. Er promovirte in Basel 1566, folgte dann einer Berufung der Stadt Rostock als Syndicus und Professor und bekleidete diese Aemter mit glücklichsten Erfolgen von 1567 bis 1576. Eine Berufung nach Wittenberg lehnte er ab, zog dagegen an die neu gegründete Hochschule zu Helmstädt, bei deren feierlicher Eröffnung am 15. October 1576 er anwesend war. Mit der Stadt Rostock blieb er in dauernder Verbindung und bezog von ihr einen Jahrgehalt. Auch sonst als Rechtsconsulent gesucht und viel be-

1) Cramer, kleine Schriften S. 169 behauptet, Forster habe Cujas „abgeschrieben“; aber der Nachweis fehlt, da das Citat unverständlich ist.

2) Jugler 2, 237—246. Du Roi, Biographien Helmstädter Rechtsgelehrter in Hagemann und Günther Archiv 2, 124—140. Krabbe, d. Univers. Rostock S. 626. 687 ff. 732. A. d. B. 3, 155 (Muther).

schäftigt, lebte er in dem aufblühenden Helmstädt in glänzenden Verhältnissen; studirende Fürstensöhne fanden in seinem stattlichen Hause Aufnahme, so daß es mit einer Hofhaltung verglichen wurde. Die Anstrengungen seines Berufs verzehrten vorzeitig seine Kräfte; in den letzten Jahren seines Lebens verfiel er in Schwermuth; er starb am 9. October 1593.

Seine schriftstellerische Thätigkeit begann erst in Helmstädt und zwar mit Publication von Dissertationen (Disputationes), welche im Lauf der Jahre zahlreich erschienen und die Grundlage mehrerer Commentaria bilden. Gesammelt sind sie herausgegeben von seinem Sohne Statius Borcholten (Disputationes. Helmst. 1597. Viteb. 1602. 2 vol. 4°). Seine erste größere Schrift ist Commentaria in consuetudines feudorum. Helmst. 1581. 4° (1591. 1596. 1608. 8°). Dann folgten Commentaria in Tit. 14 libri 2 Pand. de pactis (1583. 4°); in Tit. 32 lib. 4 C. d. usuris (1583. 4°); Tractatus de gradibus (1589. 8°); Commentaria in IV Institutionum libros. Helmst. 1590. 4°; Comment. in Tit. D. d. acquir. vel amitt. poss. Helmst. 1592. 8°.

Nach dieser Zeit hat Borcholten selbst nichts mehr publicirt. Sein Sohn Statius[1]) übernahm im Auftrage seines („senio confecti et magna laborum mole defatigati") Vaters die Herausgabe von 3 Commentaria (ad Tit. de transactionibus; ad Tit. de jurejurando; ad Tit. de in litem jurando), welche er mit einer Epistola dedicatoria (Kal. Aug. 1593) dem Herzog Heinrich Julius von Braunschweig widmete[2]). In dieser giebt Statius eine Uebersicht der Schriften seines Vaters. Mit beweglichen Worten nimmt er den Schutz des Herzogs für diese

1) Geb. in Rostock 1. März 1569, promovirt in Heidelberg 1594, Professor der Rechte in Helmstädt von etwa 1596 bis 1601, später Hofrath bei der Justizkanzlei in Celle, Geheimer Rath, Kanzler des Fürstenthums Grubenhagen unter Herzog Friedrich Ulrich von Braunschweig. Todesjahr unbekannt. Jugler 2, 247 f. Du Roi 3, 90 ff. (welche seine Schriften, meist Dissertationen, verzeichnen). A. d. B. 3, 156 (Muther).

2) Sie steht vor der ersten der drei genannten einzeln (Helmst. 1593. 8°) erschienenen Schriften.

Schriften als „pupilli novi a suo parente derelicti“ in Anspruch, indem er die feindseligen Angriffe beklagt, denen sein Vater in neuerer Zeit ausgesetzt gewesen sei, den man ein „mancipium Cujacii“ genannt habe. Es hängen diese Angriffe mit der ausgesprochenen Vorliebe zusammen, welche Borcholten für Cujas an den Tag legt, eine Anhänglichkeit, welche unversehens die zwischen jenem und Donellus bestehende Animosität nach Deutschland übertrug. Speciell handelt es sich um die Controverse über l. 18 C. d. transaction. 2, 4. Borcholten hatte in zwei Disputationes de transactionibus (1578) die schwerlich haltbare Cujazische Deutung des Worts „citra“ gegen Hotomanus und Donellus vertreten; sie wird aufs neue in diesen Commentaria ad T. d. transact. cap. 3 ausführlich abgehandelt, nachdem inzwischen ein Schüler Borcholten's mit einer polemischen Epistola (datirt die natali Servatoris nostri 1592) für seinen Lehrer eingetreten war.

Charakteristisch für die Schriften Borcholten's ist die auf Cujas' Einfluß hinweisende Neigung zu einer überwiegend philologischen Behandlung der Quellen. Das Sprachliche und Antiquarische pflegt mit besonderer Sorgfalt erörtert, die griechischen Quellen pflegen herbeigezogen zu werden. Dies gilt namentlich auch von dem Institutionen-Commentar, Borcholten's berühmtestem Werke, welches sein Sohn Statius in zweiter Auflage 1599 und in dritter 1608 mit Beifügung der Summarien herausgab. In der Epist. dedicatoria an den Rath der Stadt Lüneburg, welchem schon die erste Auflage gewidmet war, spricht Statius von den Vorwürfen, welche dem Werke gemacht seien: es sei aus anderen ausgeschrieben, sei zu kurz, enthalte keine besonderen „subtilitates“. Mit Recht bestreitet Statius den ersten Vorwurf und erklärt die beiden andern für Vorzüge: und der Erfolg hat sein Urtheil bestätigt, denn das Werk ist bis zum Jahre 1663 in 20 Auflagen erschienen, von denen eine große Zahl in Lyon, Paris, Löwen, Toulouse und Genf gedruckt ist. Die gewandte und klare Darstellung erhebt sich über die Grenzen eines bloßen Commentars zur Selbständigkeit eines Lehrbuchs. Auch die „Commentaria“ zu den Pandektentiteln sind selbständige Abhandlungen, nach systematischen Gesichtspunkten in Kapitel getheilt. Es sind die durch Ramus zur Geltung gebrachten und in allgemeinen Gebrauch übergegangenen: definitio, divisio, causa efficiens, vis et effectus, ohne daß dieselben in formalistischer Weise verwendet und durchgeführt werden.

Borcholten's Consilia sind von Statius Helmst. 1600. 2 vol. fol. herausgegeben; der zweite Band dieser Sammlung enthält Consilien von Nik. Everardi in Ingolstadt und Lud. Schrader in Frankfurt a. O., denen Borcholten durch Unterschrift beigetreten ist.

3. Hubert Giphanius[1]) (Hubrecht van Giffen, Obertus Giphanius) ist 1534 zu Buren in der Provinz Geldern geboren. Er hat in Löwen, Bourges und Paris Philologie und Jurisprudenz studirt und nennt Hopper, Cujas und Brissonius seine Lehrer. Die Ausgabe des Lucrez, welche er 1566 (Antwerp. 8°) als „juris studiosus“ veranstaltete, gehört zu den besten, auch heute noch geschätzten Leistungen auf diesem Gebiet. Im folgenden Jahr wird er zum Doctor der Rechte in Orleans promovirt, wo er eine Bibliothek für die dort studirenden Deutschen gegründet haben soll. Gleich darauf geht er im Gefolge des französischen Gesandten nach Venedig, lernt Italien kennen und wir finden ihn, mit philologischen und philosophischen Studien beschäftigt, in den mannigfaltigsten Beziehungen zu den bedeutendsten Gelehrten damaliger Zeit. Die in diesen Jahren von seiner Seite lebhaft geführte Correspondenz mit dem jungen Patricier Thomas Rehdiger aus Breslau, der in Frankreich studirt hatte, zeigt ihn uns als einen begehrlichen Schmeichler, der die Schwächen seines reichen Gönners zu benutzen versteht. Er hat pecuniäre Unterstützungen empfangen

1) Zeidler 1, 37 ff.; 3, 130 ff. A. d. B. 9, 182 ff. (Schirmer). Zu den in dieser Biographie angegebenen Quellen ist hinzuzufügen außer Bayle und Clarmund, Vitae 2, 14 ff., Witten, Memoriae JCtor. p. 178 s. noch J. Bernays, Scaliger S. 151 ff.

und ist bemüht, sich seinem Mäcenas als Reisebegleiter aufzudrängen; später (1569) sucht er durch seine Verwendung die Professur der Ethik in Heidelberg zu erlangen. Im Frühjahr 1570 kommt er nach Deutschland, klagt über seine hülflose Lage und erbietet sich zu jeder seinen Fähigkeiten angemessenen Thätigkeit, um seinen Lebensunterhalt zu erwerben. Endlich findet er (1571?) in Straßburg eine Anstellung als Professor der Logik, Ethik und Institutionen. In den heftigen Streitigkeiten, welche damals die Reformirten und Lutheraner unter Sturm's und Marbach's Führung in Straßburg auskämpften, trat Giphanius, obwohl von Haus aus reformirt, auf des Letzteren Seite, theils durch einen ungeschickten Angriff Sturm's gereizt, theils durch persönliche Interessen zu Marbach hingezogen, dessen Tochter Margarethe er (1573 oder 1574) heirathete. Zu Sturm ward ein leidliches Verhältniß durch Vermittlung des Crato von Crafftsheim, mit welchem Giphanius seit längerer Zeit in Verbindung stand, wieder hergestellt. Der Verwendung dieses beim Kaiser einflußreichen Mannes hatte er es auch zu danken, daß er 1575 mit einigen Monaten Untersuchungshaft davonkam, als gegen ihn ein Criminalverfahren eingeleitet war wegen einer unwahren Erzählung in den Continuationen zum Sleidanus, als deren Urheber der Drucker, Th. Richel in Straßburg, ihn genannt hatte. Nach dem Tode seiner Frau (1575 oder 1576) gerieth er wegen Rückgabe der Mitgift in ärgerliche Differenzen mit seinem gleich ihm ökonomisch peinlichen Schwiegervater. Endlich begann mit seiner Berufung nach Altdorf die glücklichste Periode seines Lebens. Am 1. Februar 1583 ward er als professor juris eingeführt. Er übernahm die Verpflichtung, außer den juristischen auch philologische Vorlesungen zu halten und dem Nürnberger Rathe als Consulent zu dienen. Noch in demselben Jahre heirathete er Justine Oelhafen, Hieron. Baumgartner's Nichte. Seine Thätigkeit gehörte vorzugsweise der Jurisprudenz, in der er auf Grund seiner eminenten philologischen Durchbildung von seinen Zeitgenossen als der deutsche Cujas gefeiert wurde. Vertrat er vorzugsweise die philologische Exegese, so hatte der philosophisch geschulte Kenner des Rechts zugleich das volle Verständniß für den Werth der synthetischen Richtung; und die Ueberzeugung, daß durch einen Vertreter derselben seine eigene Thätigkeit eine erwünschte Ergänzung empfangen würde, mag ihn geleitet haben, als er schon 1583 vergeblich, dann wieder 1587 mit Erfolg Donell's Berufung nach Altdorf lebhaft befürwortete. Allein das Verhältniß zu ihm trübte sich bald. Donell's vornehme Strenge hielt von Anfang an den ihm antipathischen Collegen, dessen unsaubere Eigenschaften ihm nicht verborgen blieben, in gemessener Entfernung. Giphanius, der bis dahin die einflußreichste Persönlichkeit in Altdorf gewesen war, empfand es bitter, daß jenem größere Ehre, volleres Vertrauen zu Theil wurde. Durch intrigante Mittel suchte er die Studenten seinem Rivalen abwendig zu machen; Zwischenträgereien verschärften die Conflicte, in welchen die Scholarchen sich Donell's anzunehmen geneigt waren[1]); und da Giphanius endlich wohl fühlen mochte, daß seine Stellung erschüttert sei, entschloß er sich 1590 eine Berufung nach Ingolstadt anzunehmen. Er zog (im August) davon, nachdem er noch durch Arrestation hatte gezwungen werden müssen, entliehene Bücher herauszugeben, ohne seine Gläubiger zu befriedigen, die er durch chicanöse Einreden hingehalten hatte. Aber für die Macht, welche Giphanius' intellectuelle Begabung ausübte, ist es ein Beweis, daß 24 Studirende, darunter sein hervorragendster Schüler Konrad Rittershusius, mit ihm auf die von den Jesuiten beherrschte Universität davonzogen. Er setzte hier für diese auserwählte Schaar die Altdorfer Vorlesung über schwierige Stellen des Codex fort, während er für die

1) Zu den Vorwürfen, die ihm gemacht wurden, gehörte, daß er die von der Facultät erforderten Gutachten allein mache und das Geld behalte; daß er lectiones privatas für Geld halte, dazu die öffentlichen Auditorien benutze, die Studenten von den publicis lectionibus abhalte und die seinigen „unmöglich mit gebührendem Fleiß verrichten könne". — Die Altdorfer Statuten gestatteten Privatvorlesungen nicht; aber ein ausdrückliches Verbot bestand eben so wenig. Stintzing, H. Donellus S. 35 f. 63 ff. Vgl. oben S. 134 f.

Uebrigen andere Vorlesungen hielt. Neben ihm stand der Italiener Andreas Fachinäus, ein tüchtiger Jurist und nicht unbedeutender Schriftsteller, der Giphanius' Werth zu schätzen wußte. Nachdem dieser Vertreter des mos Italicus 1597 nach Pisa abgegangen war, fand die akademische Visitationscommission an Giphanius zu tadeln, daß er mehr „Criticus" als Jurist sei und viele Materien anfange ohne sie zu Ende zu lesen. Vermuthlich haben solche Belästigungen zu den Gründen gehört, welche ihn bestimmten, im Jahre 1590 das akademische Lehramt aufzugeben und als Beisitzer des Reichshofraths nach Prag überzusiedeln. Er starb hier 1604 und hinterließ, wie es heißt, ein Vermögen von 25000 Ducaten.

Giphanius war in Ingolstadt zur katholischen Kirche übergetreten und hatte sich bemüht, seine Rechtgläubigkeit durch sorgfältige Beobachtung der kirchlichen Gebräuche zu legitimiren. Allein man traute dem humanistisch gerichteten schlauen Convertiten nicht, zumal er in den Streitigkeiten der Universität mit den Jesuiten gegen diese offen Partei nahm, während sein College Fachinäus zu ihnen hielt.

In traurigster Weise müssen seine häuslichen Verhältnisse durch hartherzigen Geiz zerrüttet gewesen sein, da H. Baumgartner ihn im November 1594 zur Rede stellte, weil er seine schwangere Frau mißhandelt und zu ihren Verwandten zurückgeschickt habe unter dem Vorwande, daß sie ihm aufgedrungen sei und er nicht die Mittel besitze, sie und ihre Nachkommenschaft zu ernähren. Er hat seine Frau zwar, wie es scheint, wieder zu sich nehmen müssen, jedoch bei seiner Uebersiedelung nach Prag sie mit den Kindern in Ingolstadt zurückgelassen, wo sie 1612 gestorben ist.

Schmutziger Eigennutz und Unredlichkeit, die sein Privatleben entehrten, wurden ihm auch in literarischen Dingen vorgeworfen. Scaliger erzählt, daß es seine Gewohnheit gewesen sei, sich durch seine ausgedehnte Correspondenz gelehrtes Material zu verschaffen, dann den Empfang abzuleugnen und es als das seinige zu publiciren; so habe er es auch ihm gegenüber mit dem Lucrez gemacht. „Ich bewundere“, fügt er hinzu, „seine Gelehrsamkeit und verabscheue seinen Charakter.“ Wie eine gerechte Vergeltung erscheint es dem gegenüber, was ihm mit dem berüchtigten Kaspar Schoppius begegnete. Durch Rittershusius' Empfehlung eingeführt, bestahl dieser gelehrte Gauner die ihm vertrauensvoll zur Benutzung geöffnete Bibliothek des Giphanius in schmählichster Weise.

Mit Recht ist bemerkt worden, daß Giphanius' Schriften im Vergleich zu seinem langen und arbeitsamen Leben dem Umfang nach nur gering sind. Ob er zu viel Zeit auf das Ausfeilen verwendete oder ob er, wie Andere sagen, mit der Publication zurückhielt, um seine Anziehungskraft als Lehrer nicht abzuschwächen, mag dahingestellt bleiben. Gewiß ist wohl, daß sein scharfes, fein gebildetes Urtheil an literarische Leistungen zu hohe Ansprüche stellte, um ihm bequeme Vielschreiberei zu gestatten. Nach der schon erwähnten Edition des Lucrez (Antw. 1566. 8⁰. Lugdun. 1595. 8⁰) und des Homer (Argent. 1572. 8⁰) hat er außer einer großen Zahl von ausführlichen Thesen bei Gelegenheit von Promotionen nur noch eine kleine Schrift publicirt: Commentarius de imperatore Justiniano cum indice historico rerum Romanarum. Ingolst. 1591. 4⁰. Es ist dies seine in Ingolstadt gehaltene Antrittsrede, vermuthlich in erweiterter Fassung herausgegeben. Sie erzählt Justinian's Leben und Wirken eingehend und quellenmäßig, wobei der ostgothische Krieg die ausführlichste Darstellung erfährt. Der angehängte Index historicus giebt eine annalistische Uebersicht der römischen Geschichte.

Giphanius soll seinen Schüler Rittershusius testamentarisch mit Herausgabe seiner hinterlassenen Schriften beauftragt haben; erfolgt ist sie nicht. Dagegen gab Giphanius' Sohn Johann van Giffen, der später als Gesandter am Westfälischen Friedensschlusse Theil nahm, aus den Papieren seines Vaters heraus: Tractatus de diversis regulis juris antiqui utilissimus. Argent.

1607. 8° und Explanatio difficiliorum et celebriorum legum Codicis Justiniani. Colon. Plancianae 1614. 4°. Weiteren Publicationen soll er sich widersetzt haben, weil die Papiere seines Vaters Mancherlei enthielten, was sich mit der katholischen Religion nicht vertrage! Jene Explanatio, in späteren Ausgaben Commentarius genannt, ist nichts Anderes als die in Altdorf und Ingolstadt gehaltene Vorlesung.

Es wird berichtet, daß die von Giphanius dictirten Hefte schon bei seinen Lebzeiten sehr gesucht und in vielen Abschriften von Hand zu Hand gegangen seien. Daraus erklärt es sich, daß sie gleich nach seinem Tode massenhaft publicirt wurden. Hierher gehören:

Lecturae Altorfinae in tit. Dig. et Cod. Francof. 1605. 4°. Der Herausgeber Joh. Stammler hatte den Druck sogar schon kurz vor Giphanius' Tode beginnen lassen.

Antinomiarum juris civilis s. Disputationum ex D. H. Giphanii praelectionibus desumptarum libri IV. Francof. 1605. 4°.

Antinomiae juris feudalis s. Disputationes XI ex H. Giphanii praelectionibus desumptae. Accessit tractatus feudalis H. Giphanii. Francof. 1606. 4°.

Beide Werke sind nach Privatvorlesungen, die Giphanius (die erste in Straßburg 1578) gehalten, von Dr. Konrad Olemann „artificiosa methodo" bearbeitet, herausgegeben.

Tractatus duo de ordine judiciorum etc. cura Chr. Phil. Richteri. Schleusing. 1628. 4° sind eine 1598 in Ingolstadt nachgeschriebene Vorlesung.

Bei Beurtheilung dieser Werke darf nicht übersehen werden, daß sie nur für den didaktischen Vortrag bestimmt, von Giphanius selbst nicht zum Druck durchgearbeitet waren [1]). Nicht nur In-

1) Dasselbe gilt von den Commentarii in X libros ethicorum Aristotelis ad Nicomachum. Francof. 1608. 8° und Commentarii in politicorum opus Aristotelis. Francof. 1608. 8°, welche demungeachtet zu den bedeutendsten Bearbeitungen des Aristoteles gezählt werden.

correctheiten, sondern auch die breite Bequemlichkeit der Darstellung ist daraus zu erklären. Hätte Giphanius die Publication selbst vorbereitet, so würde er wohl auch jener noch heute öfter citirten Erörterung der l. un. C. de sententiis quae pro eo quod interest proferuntur 7, 47 (Explanatio Cod. p. 258 s.) eine concisere und elegantere Fassung gegeben haben.

Ein strengerer Maßstab darf angelegt werden an zwei posthume Werke, die Giphanius druckfertig hinterlassen hatte.

1. In IV libros Institutionum commentarius absolutissimus. Argentor. 1611. 4°.

Es ist diese Vorlesung zuerst Francof. 1606. 4° fehlerhaft nach einem Collegienhefte herausgegeben[1]); dann, mit Einwilligung des Sohnes und Erben, von seinem Schüler Barthol. Imendorf nach dem Manuscript, welches Giphanius selbst zum Druck bestimmt hatte, im Jahre 1611: es muß daher dieser Druck als die eigentliche editio princeps betrachtet werden. Namentlich das dritte und vierte Buch erscheinen hier in ganz neuer Gestalt. Das Werk zeichnet sich durch elegante Gelehrsamkeit, klare und tiefe Auffassung und richtiges Maßhalten aus.

2. Oeconomia juris s. dispositio methodica omnium librorum et titulorum juris civilis etc. Francof. 1606. Argentor. 1612. 4° [2]). Der Buchhändler Laz. Zetzner gab diese Schrift aus den hinterlassenen Papieren Giphanius' heraus; die zweite Auflage scheint nach einer Andeutung in der Epist. dedicatoria zum Institutionen-Commentar ebenfalls von Imendorf besorgt zu sein.

---

1) Zeidler, 1, 53 nennt eine Ausgabe Ingolstad. 1596. 4° unter Berufung auf Ludewig vita Justiniani p. 49. Allein aus der Vorrede Imendorf's geht hervor, daß Giphanius bei Lebzeiten keine Ausgabe besorgt hat und daß die seinige die zweite ist.

2) Zeidler 1, 53 erwähnt eine Ausgabe Francof. 1596 unter Berufung auf Majansii Epistolae p. 260. Allein es ist sicher, daß die Schrift bei Giphanius' Lebzeiten nicht erschienen ist. Vgl. Haubold in Hugo's civil. Magazin 2, 303 f.

Dies kleine Werk, welches das seit Hopper so oft in Angriff genommene Problem, den inneren Zusammenhang der Justinianischen Rechtsbücher nachzuweisen, lösen soll, muß als die bedeutendste Leistung Giphanius' auf dem juristischen Gebiete bezeichnet werden. Sie allein scheint mir die geistige Ueberlegenheit des Mannes, die seine Zeitgenossen empfanden, zu documentiren. Nicht wie seine Vorgänger sucht Giphanius ein apriorisch construirtes System in die Materie hinein zu demonstriren; sondern er geht von den historisch gegebenen Voraussetzungen aus und legt dar, wie die in Gesetzgebung und Literatur überlieferten, theils auf rationellen Erwägungen beruhenden, theils durch praktische Gründe veranlaßten Anordnungen und Vertheilungen des Stoffs die oeconomia oder den ordo der Justinianischen Rechtsbücher bestimmt haben. Dann wird in einer gedrängten Uebersicht des Inhalts der Bücher und Titel der Faden, welcher die einzelnen Materien verbindet und von der einen zur andern fortleitet, mit wenigen treffenden Worten nachgewiesen. Giphanius ist also durchaus nicht der Meinung, daß in Justinian's Gesetzgebung eine vollendete „ars juris" vorliege; wohl aber, daß eine gewisse Ordnung darin herrsche, deren Gründe sich nachweisen lassen.

Die Ordnung der Institutionen ist durch Gaius gegeben, dessen systematische Basis „jus quod ad personas, ad res, ad actiones pertinet" Giphanius gegen Duarenus, Apel und Connanus polemisirend erörtert.

Von der Bücherzahl des Codex, welche von der des Cod. Theodosianus abweiche, meint Giphanius, daß Justinian vielleicht die 12 Tafeln habe nachahmen wollen oder nur durch die Theilung des As und des Jahrs geleitet sei. Die Haupteintheilung ist Jus publicum lib. 1; jus privatum lib. 2—9; jus quasi publicum lib. 10—12. Im Uebrigen entspricht seine Ordnung derjenigen, welche in den Pandekten eingehalten ist.

Denn diese ist theils durch das Edict, theils durch den Codex und die Institutionen bestimmt. Aber das Edict ist auch für den Codex selbst bestimmend gewesen, wie denn überhaupt die Edictsredaction Julian's epochemachend geworden ist sowohl für die Ordnung der Gesetzsammlungen als für einen großen Theil der juristischen Literatur. Bis dahin war die Ordnung der Schriften des Sabinus die herrschende; und wie diese sich an die 12 Tafeln anlehnte, so hat sie wiederum auf Julian's Edictsredaction eingewirkt. Um den Plan der Pandekten zu verstehen, muß erst die Ordnung des Edicts dargelegt werden. Nun folgt eine ausführliche Darstellung derselben, die nach Giphanius' Meinung sich in 10 Theile gliederte. Hieran schließt sich dann die oeconomia Pandectarum, in der er sowohl die Uebereinstimmung mit der Julianischen als auch die absichtlichen Verschiedenheiten, welche durch den erweiterten Plan bedingt waren, hervorhebt.

Zum Schlusse berührt Giphanius die Ordnung der Fragmente. Man habe diese bisher nicht erkannt und nicht erkennen können vor Publication der Florentiner Ausgabe, welche zuerst die Inscriptionen vollständig mittheile. Eine eigentliche, d. h. systematische Ordnung sei nur in den ersten Fragmenten einiger Titel zu finden: die Definitionen und Divisionen seien an die Spitze gestellt. Im Uebrigen seien gleichsam zwei ordines wahrzunehmen, die bald abwechselten, bald durch einander gemengt seien. Gewöhnlich folgten auf jene Definitionen und Divisionen die den Schriften „ad Sabinum" entnommenen leges, dann diejenigen, welche den Schriften „ad Edictum" angehörten. Bisweilen aber seien diese „ordines" vermengt, indem immer die „generaliores et faciliores leges" den Anfang des Titels bildeten. In dem zweiten ordo seien die leges nach der Reihenfolge der libri ad Edictum an einander gefügt. Beide ordines aber seien oft dadurch unterbrochen, daß Tribonian es nöthig gefunden habe, Stücke aus anderen Schriften zum Zweck der Aenderung, Beschränkung, Erweiterung der ausgesprochenen Sätze einzuschieben.

Giphanius ist der Erste gewesen, welcher die historische Tradition der Systematik oder, wie er richtiger sagt, der „Oeconomia" erkannt und verstanden hat; der Erste, welcher die Ordnung des Edictum perpetuum als eine durch das officium Praetoris gegebene begriffen und zur Anschauung gebracht hat. Wenn auch seine Eintheilung in 10 partes als willkürlich bezeichnet werden muß, so bleibt doch seine Darstellung das Beste, was bis in die neueste Zeit über dieses Thema gesagt worden ist, wogegen Jacobus Gothofredus' Tabelle (Quatuor Fontes 1653 p. 351 s.) und Heineccius' Arbeiten (1744) einen Rückschritt bezeichnen[1]). Seine Ausführungen über die Ordnung der Fragmente endlich enthalten bereits einige Fundamente der Bluhmeschen Entdeckung, so daß von ihm mehr als von Cujas gesagt werden könnte, daß er schon „ein kleiner Bluhme" gewesen ist[2]).

4. Konrad Rittershausen[3]) (Rittershusius) ist am 25. September 1560 in Braunschweig, wo sein Vater Canonicus und Senior zu St. Blasien war, geboren. Er ging 1580 nach Helmstädt, um unter Borcholten die Rechte zu studiren, dann 1584 nach Altdorf, wo Giphanius an ihm den treuesten Schüler gewann. Rittershusius folgte ihm, wie wir sahen, nach Ingolstadt und disputirte hier im Februar 1591 über die von Giphanius ausgearbeiteten Thesen de actionibus emti et venditi (Iugolst. 1591. 4°), besuchte auch die Vorlesungen des Andreas Fachinäus. In diese Jahre fallen längere Reisen, auf denen er nach Heidelberg und Marburg kam, in Oestreich, Böhmen und Ungarn Verbindungen anknüpfte. Am 9. September 1591 ward er in Basel zum Doctor promovirt. In demselben Jahre ging

---

1) Haubold, über die Versuche das Prätor. Edict herzustellen in Hugo's civil. Magazin 2, 303 ff. Rudorff, Zeitschr. f. Rechtsgesch. 3, 2 f.; de jurisdictione edictum p. 21 s.

2) Hugo, Rechtsgeschichte 11. Aufl. S. 277. Zur Erklärung dieser dunklen Stelle hat mir Bluhme mündlich Folgendes erzählt. Hugo hatte Savigny eine von Bluhme übersehene Stelle des Cujas brieflich mitgetheilt, worauf Savigny antwortete: es ergebe sich demnach, daß Cujas schon „ein kleiner Bluhme" gewesen sei.

3) Zeidler, Vitae 1, 150 ff.; 3, 174 ff. mit ausführlichen Nachweisungen biographischer Quellen und Verzeichniß seiner Schriften.

er nach Altdorf, übernahm hier zunächst die Vorlesungen über Institutionen und erhielt, nachdem Scipio Gentilis 1598 in Peter Wesenbeck's Professur vorgerückt war, dessen Stelle, ward auch zum Consulenten des Nürnberger Raths ernannt. Mit unermüdlicher Arbeit, die seine zarte Constitution frühzeitig zerstörte, versah er die Pflichten seiner Aemter und erstreckte seine Studien über die Gebiete der Philologie, Theologie und Jurisprudenz. Nach langem Kränkeln starb er (25. Mai 1613) an der Schwindsucht, noch nicht 53 Jahre alt. Er war zweimal verheirathet; von seinen 11 Kindern überlebten ihn drei Söhne und zwei Töchter aus seiner ersten Ehe. Georg Rittershusius, geb. 1595, trat in brandenburgische Dienste und ward markgräflicher Geheimer Rath; Nikolaus, geb. 1597, studirte Jurisprudenz in Altdorf, Genf, Bourges und Leyden und ward, nachdem er 1633 zum Doctor promovirt war, 1635 Professor der Institutionen und 1649 Professor der Pandekten in seiner Vaterstadt, wo er am 13. August 1670 starb. Ludwig Rittershusius, ebenfalls Jurist, war eine Zeit lang in der Nürnberger Raths-Kanzlei angestellt. Sie haben sich als Herausgeber der hinterlassenen Werke ihres Vaters und zum Theil durch eigene Schriften bekannt gemacht. Eine kleine Sammlung von Briefen des Vaters und der beiden älteren Söhne ist herausgegeben von Strobel, Rittershusiorum epistolae. 1768. 8°.

Mit besonderer Vorliebe hat Rittershusius die philologischen Interessen gepflegt; zu den bedeutendsten Philologen seiner Zeit, einem Scaliger, Douza, Casaubonus, Lipsius u. A., stand er in freundschaftlichen, durch eifrige Correspondenz belebten Beziehungen. Mit dem gelehrten Georg Remus, der seit 1600 Consulent des Raths von Nürnberg war, mit Scipio Gentilis, mit dem Mediciner und Philosophen Scherbius und dem Philologen Andreas Dinner in Altdorf lebte er in regem wissenschaftlichen Austausch, gemeinsam die griechische Literatur pflegend, deren Sprache er bis zur Redegewandtheit beherrschte. Auch der später berüchtigte Kaspar Schoppius trat in diesen Kreis. Als reich begabter Schüler schloß er sich Rittershusius an, fand Aufnahme in seinem Hause und ward von ihm dem Giphanius in Ingolstadt empfohlen, den er, wie oben berichtet, bestahl. Später (1598) in Rom zum Katholicismus übergetreten, mißbrauchte Schoppius einen vertrauten Brief seines Gastfreundes und Lehrers, um dessen kirchliche Richtung durch einen Libell (Ingolstadt 1599) zu verdächtigen. Entrüstet antwortet Rittershusius mit einem „Anti-Schoppius", eine in seinen Briefen oft erwähnte Schrift, die indeß nur handschriftlich verbreitet wurde.

Rittershusius ist ein ungemein fruchtbarer Schriftsteller gewesen; allein die umfänglichere Masse seiner Werke ist erst nach seinem Tode publicirt worden, und man erstaunt über die Fülle umfassender Arbeiten, welche er bis auf die letzte Hand vollendet hinterließ. Die hohen Ansprüche, welche er an sich selber stellte, scheinen den Entschluß zur Publication gehemmt zu haben; sie ist daher zwar einer sehr großen Zahl von Thesen und Positionen bei Gelegenheit von Promotionen, aber nur wenigen andern juristischen Schriften bei seinen Lebzeiten zu Theil geworden. Unter diesen sind zu nennen eine Ausgabe des Paulus (1594. 8°), in der er zum ersten Mal die außerhalb des Breviars überlieferten Stücke mit aufnahm; Progymnasmata juris (1598); Collatio legum Atticarum et Romanarum (1608); Partitiones juris feudalis (1603). Vorbereitet aber zur Publication lagen bei seinem Tode mehrere größere Werke, darunter sein umfassendes Jus Justinianum h. e. Novellarum expositio methodica, welches seine Söhne mit einer Dedication an den Nürnberger Rath herausgaben (Argent. 1615. 4°). Vorangeschickt sind empfehlende Briefe und Proömien der juristischen Facultäten von Rostock, Tübingen, Jena, Frankfurt und Helmstädt, denen Rittershusius das Manuscript in den Jahren 1609 und 1610 mit der Frage, ob die Publication zu wünschen sei, mitgetheilt hatte. Der zweiten Auflage 1629 wurde 1630 ein Nachtrag hinzugefügt, welcher namentlich werthvolle Indices von der Hand Georg Rittershusius' enthält. Rittershusius' Plan ist darauf gerichtet, nicht nur den gesammten Inhalt der Novellen systematisch darzustellen, sondern sie, da sie dem Justinianischen Rechte die abschließende Gestalt geben, als dogmatische Grundlage des gesammten Rechtssystems zu behandeln. Er zerlegt den Stoff in 15 Partes und giebt von jeder Materie eine systematische, sehr ansprechende Uebersicht, in welche die Bestimmungen der Novellen in eingehender Weise eingeflochten werden. In manchen Partes wie z. B. der den Proceß ausführlich behandelnden P. IX treten die Novellen sehr in den Hintergrund; in anderen dagegen, wie z. B. P. XI de praescriptionibus, beschränkt sich Rittershusius ganz auf ihren Inhalt. Daher ist das Werk weder eine bloße „Expositio methodica Novellarum“ noch ein vollständiges System des „Jus Justinianum“; aber es ist jedenfalls die erschöpfendste und vollständigste Darstellung des Novellenrechts, welche wir haben. Der Stil ist vortrefflich; die Literatur wird weniger zur Bestätigung als zur Ergänzung allegirt; einige Partes werden durch literärgeschichtliche Uebersichten eingeleitet. Die Brauchbarkeit des Werks ist wesentlich erhöht durch die von Georg Rittershusius beigefügten Indices; namentlich giebt der dritte Index die Stellen an, wo die einzelnen Kapitel der Novellen besprochen werden. Vorausgeschickt sind dem Werke selbst Prolegomena, in welchen ausführlich über die Geschichte, die Ausgaben und die Methode der Auslegung der Novellen gehandelt wird. Rittershusius macht bezüglich der formalen Gültigkeit keinen Unterschied zwischen dem lateinischen und griechischen Text. Er wirft die Frage, ob dieser letztere Geltung habe, gar nicht auf, beantwortet sie aber stillschweigend, indem er fordert, daß auf den griechischen Text zurückgegangen werde (Prooemium c. IV § 6; c. V § 17); jedoch soll schließlich die „sententia usu recepta“ (c. V § 21) gelten. Auch der Umstand, ob eine Novelle glossirt ist oder nicht, kommt für Rittershusius nicht in Betracht[1]).

---

1) Vgl. Landsberg, über die Entstehung der Regel quidquid non agnoscit glossa. 1879. S. 63 f.

Hervorgegangen ist das Werk aus Privatvorlesungen; ein Index giebt die Namen der Zuhörer an. — Ein ähnliches Werk ist das zuerst 1620 publicirte von dem Löwener Professor P. Gudelinus: Commentariorum de jure novissimo libri sex; jedoch ist Rittershusius' Plan durchaus original und seine Ausführung bei weitem vorzüglicher. Eine systematische Disposition hatte schon P. Pratejus in seinem Lexicon (Lugd. 1566. fol.) und D. Gothofredus in seiner Epitome Novellarum (im Corpus juris) versucht. Beide kritisirt Rittershusius (Prooem. c. VI § 2—5).

Auch die übrigen bedeutenderen juristischen Werke Rittershusius' sind erst nach seinem Tode von seinen Söhnen herausgegeben. Dahin gehört der Dodecadeltos sive in duodecim tabularum leges commentarius novus (Argent. 1616. 4°), der vollendet vorlag. Die Differentiarum juris civilis et canonici libri VII (Argent. 1616. 4°) hatte Rittershusius für seine Vorlesungen ausgearbeitet. Sie behandeln das oft behandelte Thema mit übersichtlicher Ausführlichkeit in klarer Ordnung der Materien. Die Einleitung giebt Nachrichten über die Geschichte des kanonischen Rechts und erörtert die Frage über seine Gültigkeit im Verhältnisse zum römischen Recht in den weltlichen Gerichten und in den Consistorien der evangelischen Länder. Daß wir öfter einer sehr scharfen Polemik gegen das päpstliche Recht begegnen, kann uns bei der kirchlichen Stellung des Verfassers nicht überraschen. Vom Standpunkte der didaktischen Methode ist die Arbeit vortrefflich zu nennen. Dasselbe gilt von seinem fast zu ausführlichen Commentarius in Institutiones. Argent. 1618. 4°, den seine Söhne nach einem Collegienheft herausgegeben haben, an welchem der Vater, auch als er längst nicht mehr die Institutionenvorlesung hielt, gefeilt und ergänzend nachgetragen haben soll.

Ueberall zeigt sich uns Rittershusius nicht nur als Gelehrter von reichstem Wissen, sondern auch als ein Mann, der den Schatz seiner Kenntnisse mit Sicherheit beherrscht und methodisch zu gliedern weiß. Durch die Methode zeichnen sich besonders die Partitiones feudales (1603) aus, zu welchen Giphanius von Prag aus ein gerade die methodischen Verdienste des Buchs würdigendes Vorwort schrieb. Die Partitiones sind ein kurzes systematisches Compendium des Lehnrechts in dialogischer Form. Die systematisch geordneten Themata, in welche die Kapitel zerfallen, sind einem Schüler als Fragen in den Mund gelegt.

Der Fortschritt, welchen die deutsche Rechtswissenschaft von Oldendorp bis zu Rittershusius gemacht hatte, tritt vielleicht am greifbarsten hervor, wenn man ihre Schriften über das Decemviralgesetz vergleicht. Rittershusius (Dodecadeltos. Proleg. c. 6) hat sich von dem durch Balduinus lange Zeit vergeblich bekämpften Grundirrthum frei gemacht, daß der Text der 12 Tafeln aus Cicero zu entnehmen sei. Er verzichtet auf eine wörtliche Restitution, trägt dagegen zusammen, was uns an Citaten und Relationen überliefert ist, und erläutert Wort und Inhalt in einsichtiger Weise durch ein reiches historisches und juristisches Material, indem er die umfassende seit dem letzten halben Jahrhundert erwachsene Literatur verwerthet. Hierin liegt sein selbständiges Verdienst, während er für die Texteskritik der 12 Tafeln nicht Erhebliches geleistet und sich bezüglich der systematischen Ordnung an Hotomanus angeschlossen hat[1]). Seine Verdienste um die Editionen des Phädrus, Oppian, Photius, Boethius, Salvianus Massiliensis u. A. sind in der Geschichte der Philologie anerkannt. Unter den Editionen juristischen Inhalts, welche seine Söhne aus seinen Papieren publicirten, sind noch zu nennen Joannis antiqui glossatoris summa in Novellas Justiniani. Francof. 1615. 8⁰ und Novellae constitutiones Imperatorum Justiniano anteriorum. Francof. 1615. 8⁰.

5. Valentin Wilhelm Forster, Sohn erster Ehe von Valentin Forster, ist im Jahre 1574 zu Marburg geboren. Ueber seinen Lebensgang haben sich nur wenig Nachrichten er-

---

1) Dirksen, Zwölftafel-Fragmente S. 75 f.

halten [1]). Während sein Vater in Worms lebte, hat er in Marburg studirt; 1589 ist er als Schüler des dortigen Pädagogiums eingetragen. Im Jahre 1594 unterzeichnet er ein Carmen vor dem Tractatus de successionibus seines Vaters als „Marburgensis L. L. studiosus“. Bald darauf ist er nach Wittenberg gegangen und hier 1598 promovirt worden. Dann hat er längere Zeit privatim docirt und zwar abwechselnd in Wittenberg und Helmstädt. Ganz besonders wendete er seine Thätigkeit auf die Leitung von Disputationen, vermuthlich durch das Beispiel Treutler's, den er in Marburg gehört haben wird [2]), angeregt und ermuthigt. Aus diesen Uebungen sind seine Tractationes Justinianeae ad Institutiones hervorgegangen. Auch eine große Zahl von Thesen, über welche unter seinem Präsidium disputirt worden ist, hat er drucken lassen, so u. A. diejenigen, welche Helferich Hunnius 1608 und Konrad Carpzow 1614 vertheidigt haben. Im Jahre 1608 war Forster Adjunctus facult. Jureconsultorum in Wittenberg mit dem Rechte, öffentliche Vorlesungen zu halten, zugleich Advocat. Seit 1609 ist er Professor und bekleidet 1615 das Rectorat. Auch als Beisitzer des Hofgerichts und Schöppenstuhls hat er fungirt. Er starb, erst 46 Jahre alt, am 29. October 1620. Der ihm von seinen Kindern gesetzte Grabstein sagt: „docuit ann. XIII“, wobei die Zeit seiner Stellung als Adjunct eingerechnet ist. — Aus seiner Ehe mit einer Schwester Friedrich Hortleder's stammt sein oft mit seinem Vater und Großvater verwechselter Sohn Valentin Forster, geboren in Wittenberg 1599, gestorben daselbst als Protonotar 1637.

---

1) Sennertus, Athenae Wittebergenses p. 74. 109. 242. Witte, diarium biographicum 2, 25. Grohmann, Annalen d. Univers. Wittenberg 2, 86. 214. Freher, Theatrum p. 1084. Bei Witte ein Verzeichniß seiner Schriften. Zuverlässig sind nur die Notizen bei Sennertus und Grohmann, sowie diejenigen, welche wir seinen Schriften und dem Marburger Archiv entnehmen konnten.

2) Unter den in Treutler's Disputationes genannten Respondenten erscheint sein Name freilich nicht.

In Forster's zahlreichen Schriften tritt eine entschiedene Verehrung der französischen Juristen, namentlich Donell's hervor. D. Hilliger erzählt, daß er durch ihn zum Studium der Commentarii jur. civ. Donell's geführt worden sei. Seine erste Publication war die Ausgabe der Opera Corasii (Witeberg. 1603. fol.); später gab er auch die Opuscula Pulvaei (Witeberg. 1610. 8°) heraus. Und unverkennbar ist, daß seine Bildung auf den Ergebnissen jener durch die französische Jurisprudenz getragenen Periode ruht und sich daher von der seines Vaters durch Eleganz und Feinheit, sowie durch gründlichere Specialstudien unterscheidet. Da er, so viel wir wissen, nicht unmittelbarer Schüler der französischen Juristen gewesen ist, so dürfen wir annehmen, daß unter seinen Lehrern in Marburg hauptsächlich Vultejus auf ihn eingewirkt hat. Dies zeigt sich namentlich in seinen Observationum succisivarum libri duo (Witeberg. 1609. 8°; das erste Buch war schon 1603 zuerst erschienen), denen selbst Everardus Otto, welcher sie in seinen Thesaurus (Vol. II p. 26. 903) aufnahm, Anerkennung zu Theil werden läßt; sie sind eine den Disceptationes scholasticae des Vultejus ähnliche Schrift. Seine Tractationes Justinianeae ad Institutiones juris, zuerst für die Mitglieder seines „collegium" auf deren Kosten gedruckt, dann Witeberg. 1604. 8° herausgegeben (später s. l. et a. 12°), sind bereits oben (S. 136 f.) besprochen. Die merkwürdigste, wenn auch nicht die an sich werthvollste, Schrift ist sein Interpres s. de interpretatione libri duo (Witeberg. 1613. 8°; Otto Thesaur. II, 946), deswegen, weil sie uns den im Beginn des 17. Jahrhunderts herrschenden methodischen Standpunkt in systematischer Uebersicht der geltenden und bestrittenen Grundsätze erkennen läßt. Das erste Buch behandelt die „interpretandi ratio communis" oder „philologosophica", d. h. diejenige, welche der Jurisprudenz mit anderen Wissenschaften gemein ist; das zweite Buch die „interpr. ratio specialis et artis ipsius propria s. domestica, in jure nata et ab ejus interpretibus excogitata". Im ersten Buche werden die ratio interpretandi grammatica, dialectica, rhetorica, historica, poetica, arithmetica, geometrica, physico-medica etc. — genug die Auslegung nach den verschiedenen Hülfsmitteln erörtert. Bemerkenswerth ist, was er über die ratio dialectica sagt. Er unterscheidet die synthetica und die analytica. Jene werde hauptsächlich bei Ordnung und Eintheilung eines ganzen Werks oder erschöpfenden Darstellung einer Materie angewendet: und solche Schriften nenne man Methodus oder Tractatus; von denen zu empfehlen seien die Commentaria des Connanus und Donellus, die verschiedenen Methodi des Vigelius, Althusius und Vultejus. Für die Tractate scheine folgende Eintheilung und Ordnung die beste: notatio, aequivocatio, definitio, divisio, origo s. causa efficiens, materia, forma, finis, effectus, subjectum, adjuncta et adfinia, contraria. Als Beispiel solcher Behandlung führt er seinen Tractatus de dominio, den er vorgetragen, und seinen Tractatus de pactis, den er vor 10 Jahren (1603) edirt habe, an: die Palme aber verdiene Matth. Wesenbeck in seinen Commentarien zu den Pandekten, ehemals Paratitla genannt, „opus unicum et aureum nec unquam satis laudatum".

Das zweite Buch stellt im ersten Kapitel den modus interpretandi juridicus communis s. vulgaris dar, nach dem Distichon Gribaldi's, wie oben S. 107. 124 erörtert ist. Dann folgt die interpretatio extensiva und restrictiva (cap. 2. 3); den Schluß bilden hundert Regeln der Interpretation (c. 4). Daß in diesen Erörterungen N. Everard's Topik benutzt wird, ist schon oben gesagt worden. Seine loci und die daran geknüpften Regeln über die Argumentation ließen sich mit geringer Umstellung als Interpretationsregeln verwenden. Zu bemerken aber ist, daß Forster eigentlich nur im zweiten Buche dasjenige behandelt, was wir heutzutage Interpretation zu nennen pflegen, während in dem ersten das Wort in so weitem Sinne genommen ist, daß die gesammte wissenschaftliche Behandlung des positiven Rechts darunter fällt.

Unter seinen übrigen Schriften sind noch hervorzuheben: Paratitla in τὰ πρῶτα s. in quatuor lib. priores Pandectarum. Witeberg. 1608. 8°; angehängt die Thesen mehrerer in Helmstädt und Wittenberg geleiteter Disputationen. — Liber singularis de nuptiis. Witeberg. 1617. 8° mit verschiedenen Anhängen. — De substitutionibus liber. (1618) 8°; angehängt die oben erwähnten Disputationen von Hunnius und Konrad Carpzow über dieselbe Materie. — Quaestiones laudemiales Amad. de Ponte cum notis. Witeberg. 1619. 8°.

## Elftes Kapitel.

# Die Systematiker in der zweiten Hälfte des 16. Jahrhunderts.

1. Vigelius. — 2. Joh. Thomas Freigius. — 3. Dethard Horst. — 4. Vultejus. — 5. Treutler. — 6. Althusius.

Die synthetische Richtung, welche in der zweiten Hälfte des 16. Jahrhunderts eine stets wachsende Macht erlangt, hat in den letzten vier Jahrzehnten systematische Werke hervorgebracht, deren Conception von dem Einfluß der französischen Juristen[1]) nur mittelbar bestimmt worden ist. Verschieden ist die Stellung der Systematiker der Legalordnung gegenüber, indem sie sich zum Theil ihr anschließen, zum Theil von ihr gänzlich abwenden. Bei der Mehrzahl macht sich mit größerem oder geringerem Uebergewicht der Ramismus geltend, der in Basel, Marburg und

1) Außer Connanus und Donellus ist hier noch zu erwähnen Petrus Gregorius Tolosanus, geb. um 1540 in Toulouse, Professor in Cahors, in seiner Vaterstadt und in Pont-a-Mousson, wo er mit den Jesuiten heftige Fehden führte und 1614 starb. Sein großes Syntagma juris universi (Lugdun. 1522. 1587. Francof. 1591. 1599. 1611. Genev. 1623. 1639. fol.) beruht auf der Institutionenordnung. Er weicht aber von dieser in so fern ab, als er die res den personae voranstellt, weil so die Ordnung bei der Schöpfung gewesen sei; und unter actiones alle Handlungen versteht, daher auch die Erwerbsarten des Eigenthums, die Verträge, Verbrechen u. s. w. hier zusammenstellt. Seine Systematik hat in Deutschland wenig Anerkennung gefunden, dennoch ist sein Werk viel benutzt worden. Einen Auszug seines Syntagma enthält seine Universi juris methodus parva. Lugdun. 1582. Francof. 1599. 12°. — Vgl. Jugler 4, 64 ff.

Herborn Fuß faßte, während er in Heidelberg keinen Raum gewinnen konnte, in Helmstädt mit Erfolg bekämpft, in Altdorf verboten, in Leipzig durch ein Decret (1603) als „Ramisterei" unterdrückt wurde[1]). Freigius, Vultejus, Horst, Treutler, Althusius sind mehr oder weniger von ihm berührt. In ihre Reihe gehört auch Wilhelm Roding, der das jus camerale nach dieser Methode darzustellen unternahm. Wir werden ihn indessen, da er sich auf dieses enge Thema in seiner Systematik beschränkte, unter die kammergerichtlichen Schriftsteller einreihen.

1. Ein hervorragender Schüler Oldendorp's ist Nikolaus Vigel[2]) aus Treisa in Hessen (geb. 1529), der zwar seine erste juristische Bildung als Autodidakt gewonnen und später den Balduin in Heidelberg gehört hat, sich aber selbst gern als Schüler und Nachfolger Oldendorp's bezeichnet. Im Jahre 1555 trat er zuerst als Schriftsteller auf mit seinen Exceptionum forensium libri tres. Basil. 8°, denen dann mehrere andere kleinere Werke folgten. Im Jahre 1560 finden wir ihn als Lehrer in Marburg thätig, wo ihm 1564 Oldendorp die Doctorwürde verleiht. Bis 1594 wirkte er hier als Professor und lebte dann, nachdem er sein Amt in Folge von Streitigkeiten mit seinem Collegen Vultejus verloren hatte, noch einige Jahre als Privatgelehrter in Marburg, wo er am 10. Juli 1600 starb.

Mit vielen Kenntnissen und ungewöhnlichem Fleiße verband Vigel ein gesundes Urtheil über die Gebrechen der juristischen Theorie und Praxis. Allein beschränkten Geistes, dazu nach Art pedantischer Autodidakten aufgeblasen vom Gefühl der eigenen Würde und des Werths seiner magern Gedanken, wird er nicht müde, dieselben immer aufs neue und fast mit denselben

1) Launoius, de varia Aristot. fortuna ed. Elswich. 1702. Darin Elswich, de varia Aristot. in scholis protestant. fort. p. 54 s. Hautz, Gesch. d. Univers. Heidelberg 3, 50. 55 ff.

2) Jugler, Beiträge 2, 79 ff. Strieder, Hessische Gelehrtengeschichte 16, 322 ff., wo die zahlreichen Schriften Vigel's und ihre Ausgaben aufgeführt sind. Schulte, Geschichte III, 2, 27 f.

Worten zu wiederholen. Und da er erfahren muß, daß man zwar diese Gedanken als im Ganzen richtig gelten läßt, ihre Bedeutung aber nicht so hoch veranschlagt, wie der Urheber wünscht, vielmehr durch ihre beständige Wiederholung sich gelangweilt zeigt; so geräth Vigelius in ein immer mehr erbittertes Schelten und Poltern.

Die beklagenswerthen Rechtszustände haben nach Vigel ihren Grund theils in fehlerhaftem Unterricht, theils in einem wesentlichen Fehler des Processes. Der Unterricht ist nicht dazu angethan, den jungen Juristen feste Rechtsbegriffe beizubringen und zu Sicherheit des Urtheils heranzubilden; sondern er dient nur dazu, die Fähigkeit und Kunst des Disputirens zu entwickeln. Noch ehe die jungen Juristen vom Rechte selbst etwas gelernt haben, werden sie schon geübt, über Rechtssätze zu streiten. So kommen sie dann dahin, daß es für sie überhaupt etwas Gewisses gar nicht mehr giebt; sie zweifeln und rütteln an Allem; man erzieht rabulistische Advocaten, aber keine Richter — oratores et disputatores, aber keine jurisconsulti. Aber nicht bloß die Rechtspflege wird durch die oratores verdorben, sondern es wird auch Treu und Glauben im Volke selbst zerstört, und damit droht dem Reiche der Untergang. Denn wo die Treue weicht, da wankt der Staat. Und die Gefahr ist um so größer, da die Türken die Grenzen des Reichs bedrängen. Diese sind nur deshalb so gefährliche Feinde, weil sie an Recht und Treue halten und unter sich einig sind. Man solle daher unsere Jugend von der Philosophie der Akademiker, die es hauptsächlich mit der inventio zu thun habe und nur oratores bilde, abwenden und sie an die Stoiker weisen, die das judicium pflegten und Juristen erzogen hätten. — Dieses Urtheil über die Stoiker ist Cicero's Topik entnommen, der es jedoch tadelnd hervorhebt, daß die Stoiker die ars inveniendi vernachlässigt hätten. Und abweichend vom Vigelius sagt Oldendorp in seinen Topica legalia: nos hodie Stoicorum errores sequimur; quando quidem adolescentes in dialecticis atque philosophicis disputationibus mediocriter exercemus, Topicen autem in disciplina civili et verum ejus usum omittimus.

Der wesentlichste Mangel des processualischen Verfahrens besteht nach Vigelius darin, daß durch das artikulirte Verfahren die Litiscontestation ganz in Abgang gerathen sei. Der Kläger löse seine Klage von vorn herein in eine Menge von Artikeln auf, die Beklagter eben so beantworte, ohne daß Kläger oder Beklagter sich klar darüber würden, worin der eigentliche Streitpunkt bestehe. So komme es denn, daß über ganz gleichgültige Dinge verhandelt, die Zeit verloren werde und schließlich der Richter gar nicht wisse, was denn eigentlich die zu entscheidende Streitfrage sei. Denn gerade solche Verwirrung anzurichten sei Kunst und Streben der Redner. — Es sei aber Zeit, meint Vigel, daß man mit der Verbesserung Ernst mache. Die Zeit sei bewegt von theologischem Gezänke der Papisten, Lutheraner und Calvinisten, und es sei zu fürchten, daß in dem Streit um die himmlischen Dinge wir die Erde an die Türken verlieren.

Das sind im Wesentlichen die Gedanken, welche Vigel in den Vorreden zu seiner Methodus juris civilis 1561, seiner Schrift de litis contestatione 1573, in den Vorreden und Dedicationen zur Methodus juris Pontificii 1577, Methodus juris controversi 1579 und Methodus Observationum camerae imperialis berührt; mit größerer Bitterkeit aber in seinem Richterbüchlein 1579 und 1581, der kleinen Schrift „vom juristischen Glauben. De fide Jurisconsultorum", in der Praefatio apologetica zur Methodus duplex commentariorum Tiraquelli 1586 und in dem Gespräch „Von der Römischen Jurisprudenz" 1587 weitläuftiger ausführt.

Vigelius hat sich nicht darauf beschränkt, seinen Tadel gegen die übliche Methode im Allgemeinen auszusprechen, sondern sich bemüht, durch eine Reihe sehr umfänglicher Werke eine bessere Methode an die Stelle zu setzen. Die wichtigsten sind sein Methodus juris civilis und seine Digesta, denen als erster Versuch seiner methodischen Bestrebungen 1557 seine Juris feudalis liber unus (später unter dem Titel Methodus juris feudalis) vorausging.

1. Vigelius war der Erste, welcher in Deutschland die Aufstellung eines vollständigen, ins Einzelne gehenden Systems unternahm und zur Durchführung brachte. Was bis dahin in dieser Richtung in Deutschland geleistet war, ging über das Elementäre und Propädeutische wenig hinaus. Man hatte Schemata entworfen, die als Leitfaden für die Lehre dienen sollten. Vigelius dagegen unternahm es, den ganzen Stoff, das gesammte Material des Justinianischen Rechts nach seinem Plane geordnet bis in die Einzelheiten darzustellen.

Seine Methodus juris civilis erschien zuerst 1561 bei Oporinus in Basel fol. unter dem Titel: Juris civilis absolutissima methodus, in qua, bone lector, non solum omnes totius juris civilis Titulos, sed et singulas singulorum titulorum Leges, singulos singularum legum Paragraphos, miro ordine ad suos Locos habes redactos et dispositos. Opus multis retro annis a multis doctissimis viris exoptatum, a multis tentatum, tandem sutoris sumptibus perfectum. Auctore Nicolao Vigelio, Jurisconsulto.

Den Plan und Zweck seines Unternehmens, das er, wie der Titel besagt, auf eigene Kosten publicirt, setzt er uns in einer Vorrede, dann in den Dedicationen, mit welchen jeder Theil des Werks versehen ist, seiner Gewohnheit gemäß des Breiteren und mit behaglichem Selbstbewußtsein aus einander. Durch das Studium seines Werks hofft er Jeden in Stand zu setzen, binnen weniger Jahre eine gründliche Kenntniß des Civilrechts zu erlangen; aber auch für die Praxis gewähre es Hülfe, indem es Jedem ein Leichtes sei, nach seinem System die entscheidenden Gesetze zu finden. Er hebt zugleich hervor, wie nachtheilig die bisher übliche Methode der Disputationen wirke. Der Lehrer pflege anerkannte Rechtssätze als Thesen aufzustellen, damit die Schüler sich übten, über diese hin und her zu streiten, und das größte Lob pflege der zu ernten, welcher die scharfsinnigsten Gründe gegen ein Gesetz ausfindig mache. So gewöhnten sich die Studenten „leges certas incertas reddere, cavillari et dubitare de omnibus“. Es sei besser, diese Methode ganz aufzugeben und statt dessen, wie er es thue, einen Rechtsfall aufzustellen und dem Einen die Rolle des Klägers, dem Andern die Rolle des Beklagten, dem Dritten die Rolle des Richters zu übertragen. Die Gründe für die Klage, Einrede und Entscheidung seien dann aus den Umständen des Falles zu entnehmen und in einfachen Deductionen ohne Form darzulegen. So lernten die Studenten die in der Sache selbst steckenden Klagen, Einreden und Entscheidungen finden und nicht die Gesetze zweifelhaft zu machen, sondern sie auf die menschlichen Verhältnisse anzuwenden. Die gebräuchlichen Worte und Formeln würden sie nebenher ganz von selbst lernen.

Man sieht, daß Vigelius eine ganz richtige Vorstellung von den Zielen des juristischen Unterrichts hat. Das Wesen des Rechts soll den Schülern zum Bewußtsein gebracht, sein positiver Gehalt durch inneres Verständniß ihr Eigenthum werden: und damit dies gelinge, soll ihnen das Recht in seiner Totalität wie ein wohlgefügtes Gebäude gezeigt werden, dessen einzelne Theile Jeder als nothwendig und zweckmäßig begreift.

Unter jus civile versteht Vigelius das gesammte Justinianische Recht, sowohl das öffentliche als das Privatrecht. Er macht indeß diese „duae positiones“ nicht zur Grundeintheilung seines Systems; vielmehr unterscheidet er so: das jus civile behandelt entweder die genera juris oder die causas juris. Die genera zerfallen in das jus publicum und jus privatum. Jenes enthält: die Lehre von den Gesetzen, den magistratus, den judicia publica et privata, Kirche, Fiscus u. s. w. In diesen Theil also gehört der Proceß.

Das jus privatum bezieht sich entweder auf Personen oder Sachen. Zu jenem gehört die Lehre von der Ehe, väterlicher Gewalt, Sklaverei, Vormundschaft u. s. w.; zu diesem Eigenthum, Besitz, jura in re aliena.

Der zweite Haupttheil enthält die causae juris, welche zerfallen in causae acquirendi, retinendi, amittendi und recuperandi.

Die causae acquir. sind entweder lucrativae oder onerosae. Jene enthalten die Erbschaft, Legat, Schenkung, Ersitzung; diese die Contracte und Delicte.

Die causae retinendi, amittendi et recuperandi juris faßt Vigelius in einen Abschnitt zusammen und behandelt darin die Exceptionen, Restitutionen, Condictionen, Liberationen, Capitis-deminutionen.

Als Anhang zum System erscheinen endlich zwei tituli generales de Verbor. signif. und de Regulis Juris.

Der Grundfehler dieses Systems liegt in dem unklaren Gegensatz zwischen genera juris und causae juris. Soll im Abschnitte der genera juris nur von dem Inhalte der Rechte die Rede sein, so müßte in dem zweiten Abschnitte jedes einzelne Recht wieder erscheinen, damit sein Entstehungsgrund angegeben werde. Allein dies ist nicht der Fall, sondern es werden die speciellen Erwerbsgründe des Eigenthums, des Besitzes, der Servituten u. s. w. in dem Abschnitt von den Sachen abgehandelt; in dem Abschnitt causae acquirendi stehen nur die oben angeführten allgemeinen Erwerbsgründe. Auch darin liegt eine Incorrectheit, daß die Unterscheidung von jus publ. et privatum nur eine Unterabtheilung der genera juris bildet. Danach hätte unter den causae juris dieselbe Unterabtheilung wieder erscheinen müssen: allein hier wird von jus publicum überhaupt gar nicht gehandelt; selbst unter den maleficia erscheinen nur die vier Privatdelicte des römischen Rechts.

Neben diesem System hält nun Vigelius die äußere Abtheilung von septem partes fest und sucht dadurch einen gewissen Einklang mit der Ordnung der Justinianischen Pandekten herzustellen.

Pars 1. Jus publicum.
Pars 2. Jus in Personis.
Pars 3. Jus in rebus.
Pars 4. Causae lucrativae.

Pars 5. Contractus.
Pars 6. Maleficia.
Pars 7. Causae retinendi etc.

Diese Partes bilden jedoch keine organischen Abtheilungen des Systems. Sie sind der Haupteintheilung in genera und causae juris untergeordnet, indem Pars 1. 2. 3 den ersten Haupttheil, die genera, Pars 4. 5. 6. 7 den zweiten Haupttheil, die causae juris, enthalten. Die Zählung der Bücher, in welche das Werk zerfällt, geht durch alle Abtheilungen bis zu 25 hindurch; und wenn auch diese Zahl wohl nicht ohne Absicht festgehalten ist, um gerade die Hälfte der Pandektenbücher darzustellen: so muß man es doch loben, daß im Uebrigen bei der Eintheilung in Bücher und Kapitel keine äußerlichen Gründe leitend gewesen sind, diese vielmehr durch das Bedürfniß der Materien bedingt wird. Daher treffen denn auch die Nummern der Bücher nicht oder nur zufällig mit den entsprechenden der Pandekten zusammen. So handelt das 7. Buch vom Eigenthum; das 11. von den Erbschaftsklagen, darin cap. 1 von der hereditatis petitio, cap. 4 von der querela inofficiosi testamenti; das 18. Buch von dem Kaufcontract u. s. w.

Die Ausführung im Einzelnen ist sehr dürftig. Von begrifflicher Deduction ist keine Rede. Es wird vielmehr das in der Ueberschrift des Buchs und Kapitels angegebene Thema in eine Reihe von Gesichtspunkten und Fragen zerlegt, die von den allgemeinen der causa, ratio et origo, nomen et definitio, species, eventus zu den speciellen: an sit utilis hic contractus, haec actio, successio? cui competit et adversus quem? quid veniat in hac actione? u. s. w. fortschreiten. Diese Loci bilden Ueberschriften, unter denen dann zum Theil kurze Regeln, zum größeren Theil aber casuistische Einzelheiten ohne Verbindung an einander gereiht werden. Allein diese sind nicht ausgeführt, sondern nur mit kurzen Worten, gleich Summarien, angedeutet und dabei auf die entsprechenden Stellen des Corpus juris verwiesen.

In den späteren Bearbeitungen hat jedoch Vigelius den Text weiter zu Regulae und Exceptiones ausgebildet. Zuerst ist es geschehen in der von Herm. Winhovius Basil. 1576. fol. besorgten Ausgabe; und seitdem ist dies die charakteristische Form für alle Compendien des Vigelius geworden.

2. Das Vorbild für diese Umgestaltung des Textes findet sich in Vigel's zweitem Hauptwerke: Digestorum juris civilis libri quinquaginta in septem partes distincti, welches in Abtheilungen Pars 1. 2. 1568. Pars 3. 1569. Pars 4. 5. 1570. Pars 6. 7. 1571 bei Oporinus in Basel (fol.) herauskam. Eine systematische Uebersicht über dieses voluminöse Werk geben die 1571 erschienenen Partitiones juris civilis, Digestorum suorum rationem et ordinem breviter demonstrantes.

Es liegt dem Werke dasselbe System zu Grunde wie der Methodus. Nur ist hier die Aenderung eingetreten, daß nicht wie in der Methodus genera juris und causae juris die höchste Eintheilung bilden, sondern jus publicum und jus privatum. Das jus publicum umfaßt die Pars 1, das jus privatum ist in den übrigen sechs Partes enthalten und zerfällt in die beiden Hauptabschnitte genera und causae[1]).

Vigelius hat also hier einen erheblichen Fehler seiner Systematik verbessert, denselben aber dennoch in der neuen Bearbeitung seiner Methodus beibehalten. Im Uebrigen befolgt Vigelius in seinen Digesta genau das System der Methodus, und daher sind auch hier die sieben Partes keine systematischen Glieder und die Nummer der Bücher trifft hier eben so wenig mit den ent-

---

1) Die Disposition ist nun:
1. Jus publicum.
2. Jus privatum
   a) Species juris
      aa) personarum
      bb) rerum
   b) Causae juris generales
      acquirendi, retinendi, amittendi, recuperandi.

sprechenden der Pandekten zusammen, obgleich die Gesammtzahl dieselbe ist. So handelt lib. 21 de rerum dominio, lib. 41 de emtione et venditione. In der Methodus entspricht diesen z. B. das 7. und 18. Buch. Allein diese Abweichung in der Zählung ist nicht durch eine Aenderung der Systematik herbeigeführt, sondern hat den ganz äußerlichen Grund, daß viele Materien, welche in der Methodus in ein Buch zusammengezogen sind, hier eigene gesonderte Bücher bilden. So enthält z. B. in der Methodus lib. 7 dominium, possessio, usus, ususfructus; lib. 8 servitutes et similia — während aus diesen Materien in den Digesta sechs Bücher gemacht worden sind.

Der Text weicht darin von der ersten Gestalt der Methodus ab, daß hier kurze Regulae und Exceptiones aufgestellt sind, welche dann mit Stellen belegt werden. Vigelius begnügt sich aber nicht damit, diese zu citiren, sondern theilt sie ihrem ganzen Wortlaute nach mit. Wir haben also in diesem Werke den Text der Pandekten nach Vigelius' System zusammengestellt: und daraus erklärt sich der große Umfang des Werks.

Nachdem Vigelius die regulae und exceptiones in die neue Bearbeitung seiner Methodus eingefügt oder vielmehr deren Text aus seinen Digesta herübergenommen hatte[1]), unterschieden sich diese beiden Werke eigentlich nur noch dadurch, daß das eine die Quellen citirt, das andere sie in wörtlichem Texte mittheilt.

Eine neue verbesserte Auflage der Digesta erschien 1584. fol.

3. Die wiederholten Auflagen der Methodus[2]) beweisen, daß das Werk große Beachtung fand. Allein wir erfahren nicht minder aus den wiederholten Klagen des Verfassers, daß es nicht zu dem von ihm gewünschten Einfluß gelangte. Vigelius hoffte es dahin zu bringen, daß seine Methodus als Leitfaden für den juristischen Unterricht förmlich anerkannt werde, und

1) Daher heißt die Ausgabe der Methodus von 1576: ex ipsius Digestis denuo recognita et emendata.

2) Basil. 1561. 1565. fol. Lugdun. 1568. fol. Basil. 1576. fol. 1586. fol. Lugdun. 1591. fol. Basil. 1606. fol. Francof. 1628. fol.

empfahl sie daher in Dedicationen zu jedem einzelnen Buch vielen einflußreichen Personen. Daneben aber berichtet er uns von Gegnerschaft und Anfechtung aller Art. Zwar behauptet er, und manche an ihn gerichtete Briefe bestätigen es, daß seine Methode in Frankreich, Italien und Spanien große Anerkennung finde; allein in Deutschland ist dieses so wenig der Fall, daß Vigel klagt, wie er durch Herausgabe seiner Werke auf eigene Kosten sein Vermögen erschöpft habe und sich zur Veröffentlichung neuer nur entschließen könne, wenn ihm von hohen Herren und Städten Unterstützung zu Theil werde. Und noch im Jahre 1593 berichtet er in seinem Examen Jurisconsultorum p. 51, daß er nie gewagt habe, in Marburg nach seiner eigenen Methode vorzutragen, sondern „Justinianeam confusionem in legendo" beibehalten habe, um nicht gegen die bestehenden Verordnungen zu verstoßen.

Indeß ward Vigelius in seinen methodischen Bestrebungen nicht müde. Im Jahre 1577 erschien Methodus juris Pontificii; 1579 Methodus juris controversi; 1581 Methodus practicarum Observationum. Es sind verhältnißmäßig kleine Werke, in denen zwar gewisse Grundzüge seines Systems des Civilrechts wieder erscheinen, die aber viel weniger in das Einzelne durchgeführt sind. Die Form der Darstellung ist immer dieselbe: in den Kapiteln werden Regulae und Exceptiones mit Belegen vorgetragen. Beim Jus Pontificium sind diese Belege dem kanonischen Recht entnommen; beim Jus controversum bestehen sie in der Angabe der Controverse mit Hinweisung auf die Schriftsteller, welche dieselbe behandeln; in der Methodus Observationum wird eben so auf die Observationensammlungen verwiesen.

Das Jus controversum ist aus einer Reihe von Sammlungen der communes opiniones et conclusiones zusammengetragen; Vigel verspricht, sein Werk in späteren Auflagen zu vermehren, wenn sich Jemand finde, der ihm die Kosten decke. Schon jetzt rühmt er sich von Fürsten und Städten unterstützt zu sein; andere hätten ihre Unterstützung in Aussicht gestellt, wenn sie zuvor eine Probe des Werks gesehen hätten. Als ein solches specimen läßt er 1579 diesen Octavband erscheinen. In späteren Ausgaben[1]) von 1596 an ist die Zahl der benutzten Schriftsteller um 24 und die Zahl der Bücher von 5 auf 6 vermehrt. Vorausgeschickt ist eine Theorie für die Behandlung des jus controversum im Gericht. Er erklärt sich hier gegen die Regel, daß man der communis opinio folgen solle; denn einestheils sei nicht festzustellen, welche opinio denn die communis sei, und sodann sei die communis opinio keineswegs immer die richtige. Vielmehr sei zu unterscheiden, ob die Streitfrage eine causa ordinaria oder extraordinaria sei. Unter jener versteht er eine solche, deren Entscheidung von der Auslegung eines einzelnen bestimmten Gesetzes abhängt; unter extraordinaria eine solche, bei welcher die Entscheidung nicht durch ein specielles Gesetz gegeben ist, sondern vom Ermessen des Richters abhängt. Wenn nun bei einer causa ordinaria das betreffende Gesetz in seiner Auslegung controvers ist, dann soll regelmäßig gegen denjenigen entschieden werden, welcher sich darauf stützt! Allein dieses sehr mechanische und äußerliche Princip wird von vielen Ausnahmen durchlöchert. In den causae extraordinariae hat sich der Richter wie überhaupt, so namentlich auch der Controverse gegenüber nach Ermessen zu verhalten. Man sieht, wie wenig bei dieser ganzen Theorie herauskommt.

Die Methodus observationum[2]) ist zusammengetragen aus den Observationen von Mynsinger, Gail, Hartmann und Wurmser. Daß es hierbei eben so wenig als beim Jus controversum auf ein vollständiges Rechtssystem abgesehen ist und abgesehen sein kann, liegt in der Natur der Sache, da sich nicht für alle Theile genügendes Material darbietet. Die Methodus observationum umfaßt

1) Basil. 1584. 8°. 1596. fol. 1606. fol. 1616. fol. Francof. 1628. fol. Mogunt. 1652. fol.

2) Ausgaben: Basil. 1581. 8°. 1588. 8°. Colon. 1595. 12°. 1601. 8°. 1620. 12°. Giess. 1624. 8°. Colon. 1630. 12°.

nur 3 Bücher: 1. de legibus, magistratibus et judiciis publicis; 2. de judiciis privatis; 3. de reliquo jure tam publico quam privato.

4. Vigelius hat sich in seiner ausgedehnten schriftstellerischen Thätigkeit über alle Gebiete des Rechts verbreitet. Schon aus dem Gesagten ergiebt sich, daß er in seinen verschiedenen Methodi das öffentliche Recht neben dem Privatrecht behandelt. Außerdem aber hat er über jenes ein eigenes Werk: Institutionum juris publici libri 3 (Basil. 1568. fol.? 1572. 1582. 8°) herausgegeben, welches nur den ersten Theil eines vollständigen Compendiums bilden sollte, aber nicht fortgesetzt ist. Dies Werk enthält ganz dasselbe, was die ersten drei Bücher der Methodus juris civilis behandelten; nur die Darstellung ist eine andere, mehr ausgeführte und didaktische. Vom eigentlichen Staatsrecht ist darin wenig zu finden und zwar vom deutschen Staatsrecht gar nichts. Dagegen wird der Criminal- und Civilproceß ausführlich behandelt; dem letzteren ist das ganze zweite Buch in 31 Kapiteln gewidmet. Dieselbe Stellung nimmt der Proceß in den Methodi juris civilis, pontificii und controversi ein.

Den Proceß[1]) hat Vigelius noch in verschiedenen andern Schriften: Exceptionum forensium libri tres. 1555. 1557; Practica forensis. 1558. 1570, dann in seiner Abhandlung über die Litiscontestation (hinter der Dialectica 1573) ganz oder theilweise behandelt.

Die merkwürdigste Schrift processualischen Inhalts ist aber sein „Richterbüchlein", welches zuerst 1579. 8° und zwar gleichzeitig in Basel und Frankfurt erschien. Vigelius hat diese kleine Schrift 1581 und 1588 (Frankfurt) neu bearbeitet und mit Zusätzen versehen. Dann ist sie 1636 von B. M. Husanus, 1663 und 1670 von E. Chr. Homberg, 1686 von Joh. Wilh. Struve, 1734 von D. G. Eckart bearbeitet und mit Zusätzen (namentlich Rechtsfällen, die bis auf 450 vermehrt sind) versehen unter dem Titel „Gerichtsbüchlein" herausgegeben worden.

1) de Wal, Beiträge S. 70 f.

Nach der Angabe von Gerh. Saur, Progymnasmata judiciorum 1607. 8° ist dies Buch zuerst pseudonym unter dem Titel „D. Jac. Pasquilli der Bauren Practica 1563“ erschienen, dann erst in neuer Bearbeitung unter Vigel's eigenem Namen. Die Schrift zerfällt in zwei Abschnitte: von der „Kriegsbefestigung“ und vom Beweis; die Darstellung ist die gewöhnliche nach Regeln und Ausnahmen. Im ersten Abschnitt bekämpft Vigel wie immer das artikulirte Verfahren, das man nicht anzuwenden habe, obgleich es von der Praxis und Gesetzgebung sanctionirt sei. Denn was gegen die naturalis ratio verstoße, sei niemals bindend. Er verlangt eine streng logische und präcise Gliederung der Klage, Einrede und ganzen Verhandlung, deren Gang er in diesem ersten Abschnitt darlegt. Daß die sächsischen Constitutionen (Const. 1, 2. 10) inzwischen die artikulirte Klage verboten und die specielle Litiscontestation vorgeschrieben hatten, giebt seinem Kampfe eine neue Stütze. Das Werkchen ist ein populäres Proceßhandbuch, das in jeder neuen Bearbeitung voluminöser geworden ist. Angehängt ist ein „Gespräch vom Richterbüchlein“ zwischen einem „orator“ und einem Juristen, in welchem die bekannten Ausfälle gegen die „oratores“ wiederkehren.

5. Das Criminalrecht und der Criminalproceß finden bei Vigel überall im öffentlichen Rechte ihren Platz, also im ersten Buche der verschiedenen Methodi und der Institutiones juris publici. Speciell aber ist dem Strafrechte und Strafprocesse eine methodische Bearbeitung der Carolina gewidmet: Constitutiones Carolinae publicorum judiciorum in ordinem redactae cumque Jure communi collatae. 8° (1583. 1590. 1596. 1603. 1613). Diese Schrift ist merkwürdig als eines der ersten Systeme des deutschen Strafrechts. Die Anordnung ist dieselbe wie in der Methodus; die fünf ersten Kapitel behandeln Allgemeines und das Verfahren, die sechs folgenden einzelne Verbrechen. Auch hier wird der Gegenstand in kurzen lateinischen Regeln und dazu gehörigen Exceptionen dargestellt,

bei denen zur Bestätigung Stellen des römischen und kanonischen Rechts und Schriftsteller citirt, die Artikel der Carolina aber wörtlich beigefügt werden. Er bemüht sich, die Uebereinstimmung der Carolina mit dem jus commune d. h. dem römischen Recht zu zeigen und jene aus diesem zu ergänzen und zu erläutern. Die Eigenthümlichkeiten der Peinlichen Gerichtsordnung entgehen ihm durchaus; ja er rühmt in der Vorrede, daß Kaiser Karl V. ausdrücklich verordnet habe, daß „causae criminales secundum jus commune Romanorum dijudicarentur". Dagegen „novas ferre constitutiones a Romano jure alienas novasque consuetudines pati inolescere, nihil aliud est quam vincula Imperii Romani dissolvere". Als ein Verdienst Vigel's wird es bezeichnet [1]), daß er die Lehren vom Versuch, Zurechnung, Milderungs- und Schärfungsgründen, Strafarten zu einem allgemeinen Theile verbunden (c. 1—5) und der Erörterung der einzelnen Verbrechen vorausgeschickt habe. Allein, wie oben angegeben, behandeln jene Kapitel hauptsächlich den Proceß, die allgemeinen Lehren nur beiläufig. Das seiner Systematik ertheilte Lob ist daher wohl einzuschränken [2]).

6. Um Vigel's wissenschaftliche Thätigkeit ganz zu überschauen, müssen wir noch seiner Dialectica juris (1573. 1581. 1597. 1620. 8°) gedenken. Die Dialektik zerfällt ihm (nach Agricola) in zwei Hauptheile: die expositio und argumentatio, d. h. die Kunst der Darstellung und der Beweisführung. Die letztere zerfällt wieder in die inventio und das judicium, die Lehre von den Beweisgründen und vom Urtheil oder Schluß. So lehrt Vigel denn die Dialektik in 3 Büchern: Expositio, Inventio, Judicium, und erläutert die Lehrsätze an juristischen Beispielen und wörtlichen Allegationen der römischen Quellen.

7. Trotz all der polternden Anpreisungen, mit denen Vigel seine Schriften in die Welt schickte und die Anwendung seiner

1) Vgl. Wächter, Gemeines Recht S. 88 f.

2) Hälschner, das preuß. Strafrecht 1, 121.

Methode, die Beseitigung der oratores als letzte Hülfe gegen den Umsturz des Reichs durch die Türken dringend empfahl, mußte er es erleben, daß seine Bemühungen gerade in seinem engsten Wirkungskreise am wenigsten Anerkennung fanden. Seine Geltung in der Facultät war von jeher gering; er selbst beklagt sich, daß man ihn nicht als Juristen gelten lassen wolle. Daher kommt es wohl, daß unter den von Vultejus gesammelten Marburger Consilien keins von ihm sich befindet. Die Responsorum juris Centuriae IV, welche er ein Jahr vor seinem Tode (Francof. 1599. 1620. 8°) herausgab[1]), enthalten keine Consilien, sondern Analysen kurz gefaßter Casus oder zum Theil fingirter Rechtsfälle. Seine anzügliche Schreibart veranlaßte die Facultät schon 1580, vermuthlich wegen des dem Gerichtsbüchlein beigefügten Gesprächs und seines „Büchleins vom juristischen Glauben", ihm zu eröffnen, daß er ohne die Erlaubniß derselben nichts drucken lassen dürfe. Vultejus' Erfolge und gemessene Zurückhaltung scheinen ihn vorzugsweise gereizt zu haben. Als dieser 1590 seine Jurisprudentia hatte drucken lassen, in deren Einleitung er die verschiedenen Methoden der Rechtswissenschaft besprochen hatte, ohne des Vigelius auch nur zu gedenken, kam sein Groll zum Ausbruch, und zwar um so heftiger, da er in der Jurisprudentia nur eine Nachahmung seiner Summa totius Jurisprudentiae Romanae (hinter dem Gespräch von der römischen Jurisprudenz 1587. 8°) sehen wollte. Er ließ im Jahre 1593 sein Examen Jurisconsultorum erscheinen, eine Schrift, in der er nach kurzer Zusammenfassung der Merkmale eines Juristen im Gegensatz zum orator eine Sammlung von 23 Briefen, welche die Anerkennung und Bewunderung seiner Methodus aussprechen, veröffentlichte und am Schlusse mit großer Schrift seinen ganzen Zorn über die „Sycophantae et Oratores", die ihn verfolgen, verleumden und herabsetzen, ergoß. Als Veranlassung dieser Publication bezeichnet Vigel selbst jenes Werk des Vultejus und

1) Die erste Centurie war schon den Decisionum juris controversi centuriae sex. Francof. 1598. 8° beigefügt.

besonders dessen Einleitung, wenn auch ohne seinen Namen zu nennen. Dies und die Geringschätzung, mit welcher in einem der Briefe[1]) (p. 41) ausdrücklich gerade Vultejus als ein zäher Anhänger der alten Methode genannt, Oldendorp und Vigel dagegen als diejenigen gepriesen waren, deren Namen die Universität Marburg über ganz Europa berühmt gemacht hätten, gab Vultejus den Grund zu einer Injurienklage[2]), die nach Intervention der landgräflichen Räthe als Commissarien damit endete, daß Vigel, nachdem er Abbitte gethan, seines Amts mit Pension entlassen wurde (7. April 1594). Die Schrift, welche den Druckort nicht angab, ward auf Verlangen des Casselischen Hofs in Frankfurt und Basel confiscirt und ist daher sehr selten[3]). Die „Eulogien" auf seine Methode hat er indeß zum zweiten Male in seiner Jurisprudentiae Romanae suspensa hedera. 8° (Hanov. 1596. 1614) abdrucken lassen. Nur der anzügliche Brief von Suistedt ist ausgefallen, dagegen sind einige andere hinzugethan.

Vigel hat seine Absetzung nicht lange überlebt. Seine Schriften sind angezeigt bei Jugler 2, 82—97. Strieder 16, 332 ff.

**2. Johann Thomas Freigius**[4]), Sohn des Dr. Nikol. Freigius[5]), 1543 in Freiburg geboren, kehrte nach dem Tode seines Vaters 1552 mit der Mutter in seine Vaterstadt zurück, ward hier 1554 immatriculirt, erlangte 1557 den Baccalaureat und 1559 die Magisterwürde. Als seine Lehrer in den alten Sprachen und den übrigen Disciplinen der Artistenfacultät nennt

---

1) Jacobus Suistedius D. N. Vigelio. Grevebroci 11. Nov. 1587.

2) Vgl. das Aktenstück bei Strieber 16, 323 f.

3) Sie findet sich auf der Bibliothek zu Erlangen, wo ich sie benutzte, und nach Strieber auch in Cassel.

4) Adam. Bayle. Will-Nopitsch, Nürnb. Gelehrtenlexikon 1, 479 ff.; 5, 361 ff. Zeltner, Corrector. eruditor. cent. p. 207 s. Zeidler, Vitae 1, 1 s.; 3, 128. Schreiber, Gesch. d. Univers. Freiburg 2, 36. 221 ff. Waddington, Ramus p. 193. 393. 442—477. A. d. B. 7, 341 (Stintzing).

5) S. oben S. 172.

er Johannes Hartung und Glareanus. Schon 1562 übernahm er Vorlesungen über die niedere Dialektik und erhielt 1564 die Professur der lateinischen Grammatik, besuchte daneben, wie es die Statuten der Artistenfacultät vorschrieben, juristische Vorlesungen. Ein oft wiederholter Irrthum ist es, daß Zasius, der schon bei seiner Geburt nicht mehr lebte, sein Lehrer gewesen sei. Die juristische Facultät in Freiburg hatte damals keine hervorragenden Kräfte; die beste mochte noch Zasius' Schüler Dr. Theobald Bapst († 4. October 1564) sein, den Freigius in einer Elegie als seinen Lehrer preist.

Eine schwere Jugendzeit lag hinter ihm: früh seines Vaters beraubt, war er durch die zweite Ehe seiner Mutter in ungünstige Verhältnisse gerathen, unter denen auch sein geringes Vermögen verloren ging. In diesen Jahren verlor er seine Mutter und zwei Schwestern an der Pest: ein Liber tristium, klagende Elegien enthaltend, war seine erste Publication (1564. Basil. 8°), dessen zweite Auflage (1583) auch seine letzte wurde. Sein empfindliches, leidenschaftlich erregtes Temperament hat es verhindert, daß seiner reichen Begabung und großen Arbeitskraft die Erfolge zu Theil wurden, welche seinem aufrichtigen Streben zu wünschen gewesen wären. Wie er seine wissenschaftlichen Interessen zersplitterte, so hemmten mit Reizbarkeit begonnene und ohne Stätigkeit durchgefochtene Conflicte die befriedigende Entwicklung seiner äußeren Lebensverhältnisse. Aber auch mit ehrenhafter Treue hat er wiederholt seine äußere Stellung seiner Ueberzeugung zum Opfer gebracht. Schon nach seiner ersten Anstellung gab es Reibungen (1566), weil er sich dem herkömmlichen Lehrplane nicht fügte. Als dann im folgenden Jahre der Eid auf das Tridentinum von ihm verlangt wurde, den er seiner Ueberzeugung nach nicht leisten konnte, ging er nach Basel, wo er eine Zeit lang Rhetorik lehrte, seine juristischen Studien fortsetzte und am 3. August zum Doctor juris promovirt wurde.

In demselben Jahre knüpfte sich die Verbindung an, welche für Freigius' Lebensrichtung entscheidend wurde. Im Spätherbst

1568 kam Peter Ramus nach Basel und verweilte dort den größesten Theil des folgenden Jahrs. Er überbrachte Freigius einen Brief seines Schwiegervaters, des Mathematikers Oswald Schreckenfuchs in Freiburg, den Ramus bei seiner Durchreise kennen gelernt hatte; ihre persönlichen Beziehungen, später durch Briefwechsel gepflegt, wurden die innigsten. Ramus gedenkt des jungen Freundes in seiner Beschreibung Basels (Basil. 1571) als eines hoffnungsvollen, hochstrebenden jungen Gelehrten, und Freigius, von Bewunderung hingerissen, ward fortan der begeisterte Jünger des Ramismus — seinem Meister auch darin ähnlich, daß er sich der verschiedensten Zweige des Wissens mittels der Dialektik zu bemächtigen strebte. Seine Studien dehnten sich von nun an über Dialektik, Rhetorik, Philologie, Mathematik, Naturwissenschaften, Geschichte und Jurisprudenz bis zu den neueren Sprachen aus. Als Ramus in der Bartholomäusnacht 1572 den Tod gefunden, gab Freigius mehrere Schriften desselben theils in wiederholter Auflage, theils neu heraus, namentlich Praelectiones in Ciceronis orationes. Basil. 1574. 1575. 4° (denen er eine Lebensbeschreibung des Ramus beifügte) und die Professio regia h. e. septem artes liberales etc. Basil. 1576. fol. Er liebte es jetzt sich den Erben des Ramus zu nennen, eine Bezeichnung, zu der er durch briefliche Erklärungen seines Meisters berechtigt zu sein glaubte.

Im Herbst 1570 war inzwischen Freigius nach Freiburg zurückgekehrt und hatte zunächst die außerordentliche Professur der niederen Dialektik und Politik erhalten. Im folgenden Jahre ward ihm die Professur der Ethik, 1573 auch die des Organon zugetheilt. Indessen konnte es nicht ausbleiben, daß Freigius' offen bekannte und in den Vorlesungen vertretene Verehrung des Ramus in Freiburg um so mehr zu Reibungen führte, als dieser wegen seiner Hinneigung zu den Hugenotten auch kirchlich verdächtig schien. Ein Zwischenfall trieb die Spannung zum Bruche. Im Juni 1575 hatte Freigius es übernommen, einem Gönner der Universität, Joh. And. v. Schwanbach, die Leichenrede zu halten, erfuhr aber am Tage zuvor, daß der Verstorbene den Jesuiten ein Legat ausgesetzt habe. Kurz entschlossen erklärte er nun dem Rector, unter Einsendung seines Concepts, daß er die Rede nicht halten werde: „ego nolo amplius vestris puerilibus nugis inservire“. Zur Verantwortung gezogen, mußte er vom Senate auch darüber Vorwürfe hören, daß er in seinen Vorlesungen statt des Aristoteles den Ramus reden lasse: und als er darauf ohne Entschuldigungen seine Vorlesungen ganz einstellte, ward ihm seine Professur entzogen (Juli 1575). Er bat nun zwar, ihm wenigstens ein Extraordinariat zu gewähren, begann aber zugleich ohne Genehmigung der juristischen Facultät Privatvorlesungen über die Institutionen zu halten und beschwor dadurch einen neuen Sturm gegen sich herauf. Schwer gereizt gelang es ihm nicht, in den amtlichen Verhandlungen die ruhige Haltung zu bewahren; durch trotzige Antworten herausgefordert, beschloß der Senat, ihn als eidbrüchig und rebellisch von der Universität auszuschließen und seinen Namen in den Matrikeln zu streichen. Den Studenten wurde verboten, seine Privatvorlesungen zu besuchen, und die Stadt aufgefordert, ihm ihren Schutz zu entziehen.

Freigius ging nach Basel zurück, wo er als Corrector in den Druckereien seinen Unterhalt fand und sich mit Eifer literarischen Arbeiten hingab. Unter Anderm hat er damals die Synopsis Basilicorum, welche Leunclavius 1575 edirte, corrigirt und übersetzt. Er sagt, sie sei unter anderem Namen gedruckt, und scheint den Leunclavius des Plagiats zu beschuldigen (s. oben Kap. 6 S. 239). In dieselbe Zeit fällt auch seine Bearbeitung des Zasius, die er dem Nürnberger Rath widmete, als dieser ihn im Herbst 1576 an Stelle des verstorbenen Erythräus zum Rector des Gymnasiums in Altdorf berief. Die günstige Wendung seines Schicksals verdankte er den Empfehlungen des Augsburger Schulrectors Hieronymus Wolf, eines Schülers des Ramus, sowie der Vermittlung des Basilius Amerbach und anderer Freunde. Ueber Augsburg, wo er dieselbe Gastfreundschaft fand, welche vor sechs Jahren P. Ramus genossen, reiste er nach Nürnberg und ward am 30. November 1576 in sein neues Amt eingeführt. Wenn es in seiner Antrittsrede heißt, daß er „a typographico praelo et aratri stiva ad dictaturam literariam" gerufen sei, so darf aus dieser rhetorischen Wendung, die nur der beigefügten Vergleichung mit Cincinnatus zu Liebe gebraucht ist, nicht, wie es oft geschieht, gefolgert werden, daß er bei Basel als Bauer gelebt habe. Bestimmt genug sagt er daneben „typographiae totum me devoveram", und in seinem Briefe an J. M. Oltinger (März 1576), in welchem er seine Schicksale erzählt, ist nur von literarischen Arbeiten die Rede.

Freigius hielt in Altdorf philosophische, philologische und juristische Vorlesungen mit bestem Erfolge. Bald aber gab es auch hier Reibungen zwischen den Aristotelikern und den Ramisten; dazu kam 1580 ein persönlicher Conflict Freigius' mit dem Jesuitenzögling Christian Francken[1]), der sich damals dem Protestantismus zugewendet hatte und um eine Professur in Altdorf bemühte. Trotz Freigius' Warnung gestattete man ihm in Nürnberg Vorlesungen über Aristotelische Logik zu halten. Auch sonst mußte Freigius wahrnehmen, daß die Nürnberger Scholarchen der ramistischen Methode nicht geneigt waren; im Jahre 1582 ward sie den Altdorfer Professoren geradezu verboten[2]). Auch die äußere Stellung des Freigius erlitt ungünstige Veränderungen. Das Altdorfer Gymnasium war 1580 zur Akademie erhoben und damit sein Schulrectorat hinfällig geworden; das erste akademische Rectorat ward durch Wahl dem von Heidelberg berufenen Theologen Edo Hilderich von Varel übertragen. Verstimmt und erzürnt verlangte Freigius im Mai 1582 seine Entlassung. Er ging abermals nach Basel zurück und trat wieder

---

1) Vgl. über ihn Will, Nürnb. Gelehrtenlexikon 1, 459 f. Apinus, vitae Prof. philos. Altd. p. 51.

2) Ann. msc. p. 19. 22. 24 s. Stintzing, H. Donellus S. 52.

als Corrector in die Henricpetrische Druckerei ein. Aus den Briefen des Joh. Jac. Grynäus hören wir, daß die Baseler Freunde diesen raschen Schritt bedauern und mißbilligen, aber nicht überrascht sind, sondern seinem Altdorfer Aufenthalt die kurze Dauer vorausgesagt haben. Vergebens bemühte sich Freigius um eine Anstellung bei dem Markgrafen von Baden; auf die erledigte Professur der Ethik in Basel machte er sich Hoffnung; die Pest entriß ihm drei Kinder. Von Schmerz und Noth gebeugt, suchte er Trost in einer neuen Bearbeitung seines Liber tristium. Aber noch während des Drucks ward er selbst am 16. Januar 1583 von der tödlichen Krankheit hingerafft.

Freigius hat sein kurzes Leben mit einer staunenswerthen literarischen Thätigkeit auf den verschiedensten Gebieten ausgefüllt. Verzeichnisse seiner Publicationen über Logik und Philosophie, Naturwissenschaften und Geschichte, Ausgaben von Ovid, Persius, Cicero; Gedichte, Schulreden und Uebersetzungen finden sich bei Will, Nopitsch und Zeidler. So weit dieselben nicht Ausgaben von Ramus' Werken (vgl. Waddington, Ramus p. 442 bis 477) oder Nachbildungen derselben sind, verfolgen sie in ihrer überwiegenden Mehrzahl den Zweck, den Ramismus in den verschiedenen Zweigen der Wissenschaft zur Geltung zu bringen. Sie enthalten demnach nicht selbständige Forschungen, sondern didaktische Darstellungen des gegebenen Stoffs nach ramistischer Methode. Dies gilt insbesondere auch von seinen juristischen Schriften. Sie sind zu didaktischen Zwecken gearbeitet. Er vertritt die systematische Methode in ramistischer Form; aber er hat es nicht versucht, den gesammten Stoff in ein eigenes System zu bringen. Wir stellen sie im Folgenden zusammen.

1. Methodica actionum repetitio, cum praefatione Freigii. Basil. 1569. 8°.

2. Partitiones juris utriusque. Basil. 1571. 1581. fol. Es ist dies eine Bearbeitung der Methodus des Konrad Lagus, nach ramistischer Manier tabellarisch schematisirend, über welche schon oben (S. 300) berichtet worden ist.

3. Neuwe Practica Juris und Formular oder Concepten allerley, in zwen theil abgetheilet. etc. Durch Joh. Thom. Freyen beyder Rechten Doctor und der Philosophey Professor zu Freyburg im Brißgow. Basel 1574. 698 S. fol.

Die satirische Beschreibung des mos Italicus in der Vorrede ist oben S. 109 mitgetheilt.

Der erste Theil ist ein systematisch geordnetes deutsches Formelbuch und zwar unter Zugrundelegung der Partitiones juris, also hauptsächlich des Systems des K. Lagus; jedoch ist der pars 4 de actionibus eine pars 5 de exceptionibus und an den Schluß eine pars 8 für das Lehnrecht angehängt.

Der zweite Theil enthält deutsche Consilien des Zasius. Freigius stellt sie als Muster logischer Disposition hin und hat durch Marginalglossen die dialektische Gliederung hervorgehoben.

Das Material verdankt Freigius hauptsächlich dem Nachlaß seines Vaters, der Urkunden aus eigener Praxis und viele aus der Praxis befreundeter Collegen gesammelt hat. Nicht wenige beziehen sich auf die persönlichen und vermögensrechtlichen Verhältnisse der Frey'schen Familie und konnten, wie geschehen, als urkundliche Lebensnachrichten benutzt werden.

Die Zasius'schen Consilien hat N. Frey von dem Verfasser selbst erhalten. Die bald nach Zasius' Tode von ihm intendirte Publication (S. 174) war auf Beschwerde der Angehörigen von der Regierung zu Ensisheim inhibirt worden; sie erschienen daher hier nach mehr als 30 Jahren zum ersten Male im Druck.

4. Zasius Joh. Th. Freigii hoc est in Pandectas jur. civ. commentarii a clariss. J. C. Ud. Zasio olim diffuse tractati nunc vero secundum leges methodicas in compendium redacti etc. Basil. 1576. fol. 802 S.

Es ist dies Werk ein Auszug aus den Lecturen des Zasius nach ramistischer Methode[1]). Die Textesworte der Pandekten sind abgedruckt; der Inhalt jedes Fragments wird kurz analysirt und der Gedankengang so viel wie thunlich auf Syllogismen zurück-

1) Vgl. Stintzing, Zasius S. 353.

geführt; Regeln (axiomata) werden abstrahirt; die beigefügten Erläuterungen in tabellarischer Form dargestellt. Auf diese Weise ist die „diffusa tractatio Zasii“ in die knappen und übersichtlichen Formen der ramistischen Schule gebracht. Angehängt ist eine tabellarische Uebersicht der gesammten Pandekten.

5. Quaestiones Justinianeae in Institutiones juris civilis. Basil. 1578. 1591. 1597. 8°. 228 S.

In der Epist. dedicatoria berichtet Freigius, daß er diese Quaestiones im ersten Jahre seines Rectorats in Altdorf für seine Vorlesungen ausgearbeitet habe. In einer Einleitung „de compendiaria juris discendi ratione“ giebt er Vorschriften über einen geordneten und fruchtbaren Studiengang. Der Jurist soll sich durch philosophische Studien vorbereiten, und hierfür wird vor Allen Ramus empfohlen. Das juristische Studium ist natürlich mit den Institutionen zu beginnen; ehe man an die Pandekten selbst geht, soll man Paratitla oder auch Lagus' Methodus studiren. Die Vorlesungen sind methodisch einzurichten und auf ein kurzes Zeitmaß zu beschränken. Zum ersten Male in der juristischen Literatur tritt hier die Forderung auf, daß nicht bloß lateinisch, sondern auch deutsch vorgetragen werde; namentlich sollen die Beispiele aus dem deutschen Leben gewählt und dadurch die Zuhörer in der deutschen Sprache geübt und mit den heimatlichen Verhältnissen bekannt gemacht werden. Das Werk selbst befolgt die Ordnung der Institutionen; zu jedem Titel werden Fragen (quaestiones) aufgestellt, welche den Inhalt analysiren. Die Antworten sind kurz gefaßt, oft in tabellarischer Form, z. B. De oblig. ex consensu 3, 23. Quot sunt obligationes ex consensu? Quatuor. Obl. ex consensu fiunt de aliena

1. re ad
   a) dominii translationem; emtio
   b) usum; locatio;
2. opera
   a) ad utilitatem communem; societas
   b) ad privatum; mandatum.

In den Erörterungen ist auf das Nürnberger und Freiburger Stadtrecht Rücksicht genommen.

Angehängt sind zwei Tractate de gradibus consanguinitatis etc. und de judiciis; endlich eine Analysis praecipuorum aliquot Zasii responsorum. Hierin ist eine Anzahl Consilien des Zasius, welche der Sammlung entnommen sind, zergliedert; die Zweifels- und Entscheidungsgründe sind in Syllogismen aufgelöst.

6. Partitiones feudales. Basil. 1581. fol.

7. De logica Jurisconsultorum libri II. Basil. 1582. 8°. Es ist nur eine Darstellung der Logik des P. Ramus, durch juristische Beispiele erläutert.

8. Paratitla seu Synopsis Pandectarum juris civilis. Basil. 1583. 8°. 1227 S. Es ist dies das letzte juristische Werk des Freigius; die Epist. dedicatoria ist vom December 1582 datirt, der Druck erst nach seinem Tode, im März des folgenden Jahrs, vollendet. Er stellt sein Werk, welches im Lauf der Jahre in Vorlesungen erwachsen ist, als eine Nachahmung der Paratitla des Zasius — die nicht über die pars prima hinausgehen — zwischen die des Cujas und diejenigen des Wesenbeck: sie seien ausführlicher als jene, kürzer als diese und nach seiner gewohnten Methode bearbeitet. Es kommt indeß diese Methode verhältnißmäßig wenig zum Vorschein; die Axiomata, Syllogismen und Tabellen sind seltener als in anderen Werken.

9. Nach seinem Tode erschien Idea boni et perfecti jurisconsulti. Basil. 1587. 8°, die auch in Reusner's Cynosura. Spirae 1588. 8° überging. Es ist eine tabellarische Darstellung der für einen vollkommenen Juristen erforderlichen sittlichen und intellectuellen Eigenschaften, der Gegenstände und der Methode seines Studiums, seiner Aufgaben und der zu ihrer Erfüllung nöthigen Qualitäten.

10. In seinem öfter erwähnten Briefe an Oltinger nennt Freigius als eine seiner frühesten Publicationen einen Libellus Derreri de jurisdictionibus. Ueber diese Schrift ist mir nichts bekannt. Sebastian Derrer (s. oben S. 256) war schon ver-

storben, als Freigius geboren wurde. Auch eine Dialectica juris. Basil. 1587. 8° wird ihm zugeschrieben; ob diese etwas Anderes ist als eine neue Ausgabe der Logica JCtorum, bleibt dahingestellt. An Nikol. Reusner's Microtechne (Francof. 1589. 8° p. 186—223) finden sich zwei kleine Schriften von Freigius angehängt: Rudimenta Institutionum und Ecloge s. Summa et quasi medulla Jurisprudentiae romanae.

3. Dethard Horst[1]), aus Norden in Ostfriesland, am 10. August 1548 geboren, hat wahrscheinlich in Marburg studirt, wo er 1574 zum Doctor promovirt ward. Im folgenden Jahre ging er nach Helmstädt und fand hier bei Eröffnung der neu gegründeten Universität im Jahre 1576 eine Anstellung als Professor, neben Pingitzer und Borcholten. Mit vielem Erfolge las er Institutionen, leitete öffentliche Disputationen und hielt Collegia, bekleidete auch zweimal das halbjährig wechselnde Prorectorat (Winter 1579/80; 1587/88), wurde aber wegen hartnäckiger Widersetzlichkeit gegen eine vom Herzog angeordnete Visitation der Universität am 12. März 1592 seines Amts entlassen. Er ging nach Wittenberg, wo er noch 26 Jahre lang ohne amtliche Stellung mit juristischer Praxis beschäftigt lebte und am 1. Februar 1618 starb. Kaiser Rudolf II. hatte ihm die Pfalzgrafenwürde verliehen. Horst wird als ein leidenschaftlicher, starrköpfiger Sonderling geschildert, der die abergläubischen Grillen seiner Zeit pflegte und sich gern mit Prophezeiungen aus dem sog. 4. Buch Esra, aus dem Daniel und der Apokalypse beschäftigte. In seinen wissenschaftlichen Werken, welche seiner Marburger und Helmstädter Zeit angehören, zeigt er sich als ein systematischer Kopf, der von dem Einflusse berührt ist, welchen damals der Ramismus in Marburg auszuüben begann, wenn auch Horst sich nirgends ausdrücklich zu ihm bekennt.

1) Du Roi, Biographien Helmstädter Rechtsgelehrten in Günther u. Hagemann, Archiv f. theoret. u. prakt. Rechtsgelehrsamkeit 2, 241 ff. (1788), wo die ältere Literatur angegeben ist. Dazu noch Foppens, Bibl. belgica 1, 239.

Indeß mag diese Richtung dazu beigetragen haben, ihm seine Stellung in Helmstädt, wo der Ramismus energisch bekämpft wurde, zu verleiden.

Seine Doctordissertation Disputatio de jure feudali (Marp. 1574. 4°) giebt eine in Thesen zerlegte systematische Uebersicht des Lehnrechts. Aus seinen Collegia ging die Tribonianea Jurisprudentia[1]) hervor: ein Compendium der Institutionen in fließender Darstellung nach eigenem System. Nachdem er die Definitionen und Divisionen von jus und lex gegeben, scheidet er das jus publicum von der weiteren Erörterung ganz aus. Das jus privatum ist entweder jus extrajudiciale oder judiciale. Das erstere, welches in den drei ersten Büchern dargestellt wird, hat zum Gegenstande entweder Personen oder Sachen und ist entweder ein plenum oder minus plenum. Bei jedem Rechte ist zu unterscheiden sein Inhalt und sein Erwerb. Dieser dichotomischen Methode gemäß ordnet sich nun das ganze Werk nach folgendem Schema.

I. Jus extrajudiciale.

A. Jura (lib. 1)

1. pertinent ad personas
   a) jus plenum: servitus,
   b) jura minus plena: patria potestas, conjugium, tutela, obligatio;
2. pertinent ad res
   a) plenum: dominium,
   b) minus plena: proprietas, possessio, administratio et custodia, pignus, servitutes.

B. Juris acquisitio

1. Causae s. tituli (lib. 2)
   a) dispositio legis,
   b) actus hominis: ultima elogia, conventiones;
2. Modi acquirendi (lib. 3): occupatio, traditio, susceptio liberorum, perceptio fructuum, accessio, usucapio, adoptio, nuptiae, successio civilis et hereditatis aditio, bonorum possessio.

---

1) Der vollständige, oft unrichtig angegebene Titel lautet: Tribonianea Jurisprudentia authore Dethardo Horstio Frisio J. U. Doctore et in Academia Julia Helmstadii Professore. Cum ejusdem disputatione de jure feudali. Helmst. 1579. 8°.

II. Jus judiciale (lib. 4).
1. Persecutio
a) actio,
b) interdictum;
2. Exceptio.

Bemerkenswerth an diesem mit Gewandtheit und Scharfsinn durchgeführten System ist die Unterscheidung der causa s. titulus und des modus acquirendi [1]), welche zwar schon von Apel geltend gemacht, hier aber zum ersten Mal zur Grundlage systematischer Darstellung verwendet und durchgeführt ist. Horst hebt nachdrücklich (lib. 3 tit. 3) die Nothwendigkeit dieser Unterscheidung hervor, indem er sagt: „per Causam acquirendi praeparatorie tantum agitur de constitutione juris, acquisitioneque et translatione; per Modum autem acquirendi fit ipsa juris constitutio et acquisitio; ideoque notorie tanquam causa et effectus Causa acquirendi et Modus acquirendi differunt". Dem wird hinzugefügt, daß sich zwei Gattungen der Modi unterscheiden ließen: „occupatio" und „translatio", Ausdrücke, welche in dem Sinne von originärer und derivativer Erwerbsart zu verstehen sind.

Horst giebt sich nicht für den Entdecker dieser Unterscheidung aus, sondern sagt nur, daß sie gewöhnlich nicht gemacht werde, ohne ihren Urheber zu nennen. Ueber Apel geht Horst durch Verallgemeinerung ihrer Bedeutung weit hinaus.

Die Anerkennung, welche dies Werk von Horst fand, bezeugen zwei demselben vorausgedruckte Epigramme, deren Verfasser keine Geringeren sind als Mynsinger und Matth. Wesenbeck.

Ein umfänglicheres Werk ist die Synopsis thesium sive axiomatum juris ad P. I. II. III Pandectarum seu Digestorum juris civilis Romani. Helmst. 1583. 3 vol. 4° [2]). Jeder Theil ist mit einer besonderen Dedication versehen, in der Horst sich

1) Hugo, civil. Magazin 4, 158. Fr. Hofmann, die Lehre vom titulus und modus acquirendi S. 19 f. Vgl. oben S. 295 f.

2) Die Wolfenbütteler Bibliothek bewahrt das Exemplar, welches Horst seinem Collegen Borcholten mit eingeschriebener Zueignung geschenkt hat.

über seine Methode ausspricht. Er will von einseitiger philologischer und historischer Behandlung des Rechts nichts wissen, sie soll nur Hülfsmittel sein, die Praxis das Ziel. Aber nur die methodica tractatio, die ars juris, nach den Regeln der Dialektik gebaut, führt dahin. Er hofft, daß die im Speirer R.A. von 1570 Art. 3 gegebene Verheißung kaiserlicher Entscheidung der Controversen erfüllt werde [1]).

Sein Werk ist aus Disputationen hervorgegangen, der Name des Respondenten steht vor jeder Disputation, die sich nach der Ordnung der Pandektentitel an einander reihen. Der Inhalt des Titels ist in Thesen oder axiomata dargestellt, welche systematisch geordnet sind. Am Rande stehen die Belegstellen, dagegen fehlen die Anmerkungen, welche die fast 10 Jahre später erschienenen Disputationes Treutler's so ausgiebig darbieten. Das Ganze kann ein übersichtliches Pandekten-Compendium genannt werden, das leider nur bis zum 19. Buche durchgeführt ist.

4. Hermann Vultejus [2]) ist am 16. December 1555 zu Wetter in Hessen geboren. Sein Vater Justus [3]), Vorsteher der dortigen Schule, ward 1560 nach Marburg als Rector des Pädagogiums versetzt. Hermann folgte ihm dahin 1561, trat 1563 in das Pädagogium ein, welches er im Jahre 1569 absolvirte. 1570 wird er Baccalaureus, geht April 1571 nach Heidelberg, wo er mit kurzer Unterbrechung bis zum Herbst 1574

1) Diese Hoffnung scheint ein Lieblingsgedanke der Helmstädter gewesen zu sein, auf den auch Mynsinger 1584 anspielt. S. oben S. 59.

2) Vita H. Vulteji ab ipso descripta in Estor, kleine Schriften Bd. 2 (2. Ausg.) S. 198—244; geht bis zum Jahre 1611. Eine handschriftliche Notiz von Vultejus giebt Caesar, catalogus studiosor. Marburg. part. 4. 1876. p. 28. — Kuchenbecker, vita H. Vulteji. 1731 und danach Strieber 16, 351 ff. Beiden sind die zuerst genannten Quellen nicht bekannt gewesen.

3) Er war der Sohn des Johannes Wöhl, Bürgermeisters zu Wetter, † 1519, welcher sich Vultejus nannte. Kuchenbecker, Appendix 1. Strieber 16, 349.

philosophische, linguistische und theologische Studien betreibt, auch mit den Juristen, unter denen Donellus, bekannt wird. Seinen Wunsch Wittenberg zu besuchen gab er wegen der dort ausgebrochenen kryptocalvinistischen Streitigkeiten auf. Nach Marburg zurückgekehrt, wendet er sich auf Wunsch seines Vaters zum juristischen Studium, hört Institutionen bei seinem nachmaligen Schwager Antrecht, erwirbt in demselben Jahre den Magistergrad und wird im folgenden (Februar 1575) als erster Lehrer am Pädagogium angestellt. Der Tod seines Vaters und Differenzen mit seinen Collegen, denen er vorgezogen war, veranlaßten ihn schon nach einigen Monaten seine Stelle wieder aufzugeben. Nachdem er fast ein Jahr in Marburg und Wetter „satis dissolute" verlebt, geht er im April 1576 nach Genf, wo er mit den Theologen Beza und Danäus und den Juristen Hotomanus und Jul. Pacius freundschaftlichen Umgang pflegt. Er betheiligt sich an den dort sehr gebräuchlichen juristischen Disputationen und hält einige deutsche Privatvorlesungen über Institutionen und die Dialektik des P. Ramus. Von einem Ausfluge nach Frankreich zurückgekehrt (März 1577), verfällt er in gefährliche Krankheit; wieder genesen verläßt er Genf und kommt im September nach Frankfurt; sein Schwager Antrecht bringt ihm dahin 1000 französische Kronen, mit denen er nun eine Reise nach Italien unternimmt, die er ausführlich beschrieben hat. Vom October 1577 bis Ende Januar 1578 hält er sich in Padua auf und hört u. A. bei Jacob Menochius. Dann durchstreift er zu Fuß, zu Pferd und zu Wagen das Land bis über Neapel hinaus. Seinen zweimaligen kurzen Aufenthalt in Florenz (Februar und März 1578) benutzt er, um die im Palazzo vecchio aufbewahrte Pandektenhandschrift einzusehen, deren zierliche Kapsel und rothseidenen, mit goldenen Kanten verzierten Einband er beschreibt; er kann sich nicht sättigen, die Blätter zu durchfliegen, hauptsächlich fesselt ihn die durch Cujas und Hotomanus neuerlichst wieder so berühmt gewordene Lex Frater a fratre. Schon Ende Mai ist er auf der Reise nach Oestreich in Innsbruck, kommt nach Linz, nach Steiermark, wo er in Eisenerz die Erziehung der Söhne des erzherzoglichen Raths und Amtmanns Georg Friewirdt übernimmt. Im Juli 1579 verläßt er diese Stellung, mit einem offenen Empfehlungsbriefe Friewirdt's versehen. In Straßburg empfängt er von seiner Mutter das zur Promotion erforderliche Geld, geht nach Basel, disputirt öffentlich unter Basilius Amerbach am 10. December 1579 und wird von diesem und Adam Henricpeter am 2. Februar 1580 promovirt. Im März kehrt er endlich heim nach Wetter.

Noch in demselben Jahre beginnt seine Lehrthätigkeit in Marburg, die bis zum Jahre 1627 nur durch die, allerdings zahlreichen, politischen Geschäfte im Dienste seines Landesherrn unterbrochen worden ist. Zunächst 1580 als Professor der griechischen Sprache angestellt, leitet er daneben privatim Disputationen über Pandekten und Institutionen in zwei „collegia“; liest auch privatim Lehnrecht. Er verheirathet sich 1581 mit der Tochter des verstorbenen Professor Weigand Happel, Eulalia Adelheid, einer Großnichte Melanchthon's; wird im November Syndicus der Universität; December 1581 Professor der Institutionen, deren Vortrag er das erste Mal am 10. Januar 1582 beginnt und am 18. März 1585 beendigt. 1582 wird er Beisitzer des Hofgerichts, 1591 professor primarius, als Regner Sixtinus' Nachfolger; 1605 an Lersner's Stelle Vicekanzler der Universität; 1611 Beisitzer des Consistoriums; 1630 kaiserlicher Rath, Pfalzgraf und in den Adelsstand erhoben. Zahlreiche auswärtige Berufungen als Professor nach Heidelberg 1590, nach Helmstädt 1594, nach Rostock 1601, nach Rinteln 1621, als Kanzler des Pfalzgrafen Johann Casimir 1588, der Könige von Dänemark 1602 und von Schweden 1604 hatte er abgelehnt, um sich dem heimischen Lehrstuhle zu erhalten.

Als Marburg im Jahre 1625 vom Landgraf Ludwig von Darmstadt occupirt, eine große Zahl der Professoren entlassen und durch Gießensche ersetzt wurde, blieb Vultejus im Amte. Jedoch bald darauf, im December 1627, nahm er seinen Abschied als Vicekanzler und Professor[1]) und trat, wie er selber sagt, in ein „otium minime otiosum", indem er seine übrigen Aemter beibehielt, auch noch literarisch thätig blieb. Er starb am 31. Juli 1634, im 79. Jahre seines Lebens, dem 54. seiner Ehe, in welcher ihm 13 Kinder geboren waren, von denen nur fünf ihn überlebten. Sein Sohn Johann Christoph, geb. 1602, starb als Regierungsrath in Cassel 1640. Johannes, geb. 1605, studirte in Leyden, reiste durch England und Frankreich, begleitete als Rath des Grafen Phil. Reinhold von Solms die schwedische Armee, ward 1633 hessischer Geheimer Kriegsrath und fungirte als hessischer Gesandter auf dem Regensburger Reichstage 1641 und bei den Friedensverhandlungen zu Münster und Osnabrück. Er starb als hessischer Kanzler 1684.

Vultejus gehört zu der Klasse von Gelehrten, welche, weil ihre Gewissenhaftigkeit größer ist als ihr Ehrgeiz, die Anforderung, welche sie an sich selbst stellen, größer als das Selbstgefühl, sich nur schwer zu Publicationen entschließen. Desto tadelloser und hervorragender sind seine Leistungen. Er selbst erzählt (de feudis, Epist. dedicatoria 1595), wie er gegen seinen Willen zum Schriftsteller geworden sei. Im Jahre 1586 erschienen H. Vulteji Tractatus tres: 1. Idea juris logica. 2. de causis juris constituentibus. 3. Expositio XIV posteriorum titul. lib. II Institut. Francof. 1586. 8°, ohne sein Wissen, ihm von dem Herausgeber Friedrich Sylburg dedicirt. Es war ein nachgeschriebenes Collegienheft, Bruchstücke seiner Institutionenvorlesung, deren eigenmächtige Publication Sylburg damit entschuldigt, daß er gefürchtet habe, Vultejus selbst werde sich nie zur Herausgabe entschließen. Seine Mißbilligung spricht er Sylburg brieflich aus (Kuchenbecker, Epist. p. 55). Indeß der Beifall, welchen die darin angedeuteten systematischen und methodologischen Gedanken in weiten Kreisen fanden, ermuthigte

1) Diese von Kuchenbecker und Strieber nicht berichtete Thatsache ergiebt sich aus dem Verzeichniß der Marburger juristischen Professoren und der Epist. dedicatoria vor Consil. Marburg. vol. 4. 1630.

ihn, eine Vorlesung über das System des gesammten römischen Rechts zu halten; und da seine Dictate vielfach abgeschrieben und zum Theil verunstaltet verbreitet wurden, so entschloß er sich zur Publication. Dies die Entstehungsgeschichte seiner Jurisprudentia.

Inzwischen jedoch berieth er mit Sylburg die Herausgabe einer Sammlung von Abhandlungen, welche noch vor der Jurisprudentia erschienen.

1. Disceptationum scholasticarum juris liber unus. Marp. 1589. 8° [1]). Diese Abhandlungen über 20 controverse Materien sind den besten wissenschaftlichen Leistungen jener Zeit an die Seite zu stellen. Man fühlt sogleich, daß die Jurisprudenz des Verfassers auf der Grundlage tüchtigster allgemeiner Bildung ruht. Frei von jeder scholastischen Gebundenheit, geht er in seinen Erörterungen von einem allgemeinen, festen Satze aus und leitet dann durch innere Entwicklung des Gedankens in klarer, fließender Sprache auf die Einzelheiten seines Thema und zu dem gesteckten Ziele hin. Einfache, sichere Exegese und Kenntniß der Rechtsgeschichte zeichnet ihn aus. In der Literatur finden wir ihn wohl bewandert; Cujas, Anton. Goveanus, beide Faber, Duarenus, Balduinus, Donellus, M. Wesenbeck citirt er; nicht aber zu gelehrtem pedantischen Schmuck, sondern um ihre Gedanken für seine Deductionen zu verwerthen, oder um sie eingehend zu widerlegen. Zugleich benutzt er in den rechtsgeschichtlichen Materien die Werke von Sigonius und Brissonius: genug, wir finden ihn ganz und gar auf der Höhe seiner Zeit.

2. Von einer eben so hervorragenden Geistesbildung, die bei aller Belesenheit die Frische und Eigenthümlichkeit sich bewahrt hat, zeugt sein im folgenden Jahre (1590) herausgegebenes Hauptwerk: Jurisprudentiae Romanae a Justiniano compositae Libri II [2]). Es ist ein System des Justinianischen

1) Spätere Ausgaben: 1594. 1600. 1608. 1630.

2) Marp. 1590. 8°. 1594. 1598. 1602. 1610. 1618. 1628; studio et cura J. J. Wynckelmanni. Hanov. 1652; curante J. G. Estore 1748. 8°.

Rechts; eine vollständige Uebersicht des Ganzen in kurzen Lehrsätzen, nach der Art unserer Institutionen-Compendien. Vorausgeschickt ist ein Prolegomenon de studio juris, in welchem die Geschichte der Quellen dargelegt und über den Gang des Rechtsstudiums einige Winke gegeben werden. Ueber die Lehrmethode bemerkt er, daß die Vielen, welche in neuerer Zeit darüber geschrieben, das Eine versäumt hätten, nämlich den Stoff, die Rechtslehren selbst nach sicheren Regeln der Wissenschaft zu ordnen; mit solcher Ordnung habe man auch die Methode zum Lehren und Lernen: und wer zu einer so geordneten Lehre noch die Quellen hinzunehme, der habe an diesen den reichlichsten Commentar. Es ist ihm ganz unzweifelhaft, daß die Ordnung der Pandekten, auf der Ordnung des Edicts beruhend, ohne wissenschaftlichen Werth, aber auch das System der Institutionen ungenügend und der Verbesserung bedürftig ist. Er selbst hat schon im Beginn seiner Lehrthätigkeit (1582) ein System entworfen und es im Grundrisse öffentlich vorgetragen; ein Vortrag, den dann, wie oben berichtet, sein Schüler Sylburg 1586 publicirte. Die Grundlagen dieses Systems hat Vultejus beibehalten. Es ist der dem Gajus (§ 12 J. 1, 2; l. 1 D. 1, 5) nachgebildete Satz: jus omne in tribus est occupatum, in hominibus, in rebus, in judiciis (Idea p. 16). In seiner Jurisprudentia führt er jedoch diese Theile auf eine dichotomische Gliederung der Rechtswissenschaft zurück. Die Jurisprudenz nämlich handelt zuerst vom jus absolutum, dann vom jus relatum. Jenes ist dasjenige, dessen Kenntniß kein anderes voraussetzt; das jus relatum dagegen setzt die Kenntniß von jenem voraus. So bilden sich zwei Theile der Jurisprudenz, denen die zwei Bücher seiner Schrift entsprechen. Das jus absolutum hat zwei Theile: homo und res; das jus relatum handelt vom judicium und zeigt die praxin et usum juris. In der Lehre vom homo wird eine absoluta und relata consideratio unterschieden. Jene enthält einestheils die Lehre von den natürlichen Eigenschaften und den status juris gentium, anderntheils die Lehre vom caput civile: und in so fern der homo ein caput civile hat, heißt er persona. Die relata consideratio hominis führt auf die Lehre von der potestas und der obligatio. Die potestas ist entweder publica und zwar ecclesiastica und politica, oder privata und zwar domestica und administratoria (tutela, cura). Die Obligationen werden abgehandelt als constituendae (conventio, delictum) und dissolvendae (ipso jure, ope exceptionis).

Im zweiten Theile des ersten Buchs de rebus wird das Wort res in der weitesten Bedeutung genommen: omnia de quibus dici non potest, quod sint personae. Unterschieden werden res corporales und incorporales. Die letzteren sind entweder res quantitatis oder qualitatis. Die res quantitatis sind Werth, Gewicht, Maß. Alle übrigen incorporalia sind res qualitatis, welche „proprie" Rechte genannt werden. Von diesen sind einige magis in facto quam in jure, ut est possessio; andere magis in jure quam in facto, ut dominium. Besitz und Eigenthum sind die jura rerum extra res posita in homine; caetera autem jura rebus ipsis insunt, d. h. sie sind gleichsam Eigenschaften der Sachen, an denen wir Besitz und Eigenthum haben, nämlich die Servituten. Diese werden zuerst abgehandelt. Die Erörterung der accessiones rerum, der res nullius und res alicujus bilden den Uebergang zum Besitz und Eigenthum. Die causa dominii acquirendi ist das Gesetz; dabei leisten bisweilen andere Menschen ministerium, daher wird von denen, durch welche wir Eigenthum erwerben können, gehandelt. Dann folgen die modi acquirendi und zwar zuerst die juris naturalis sive gentium, dann die juris civilis; unter diesen praescriptio und successio und zwar universalis (Erbrecht) und singularis (Schenkung und Legat).

Im zweiten Buch werden zunächst die allgemeinen Lehren von den Personen im Processe und vom Beweise abgehandelt, dann die Klagen ausführlich dargestellt, endlich „judiciorum distributio secundum species", d. h. Gang und einzelne Theile des Processes. Hier findet sich nun (cap. 26) unter der Ueberschrift: Vestigia ordinis judiciarii antiqui eine Darstellung des Formular-Processes, welche nach dem damaligen Stande der Quellen ganz vortrefflich ist. Daran schließt sich unter klarer Hervorhebung der innern Unterschiede der „processus judiciarius novus“, bei welchem natürlich die Berücksichtigung des kanonischen Rechts nicht zu umgehen war, während Vultejus in den übrigen Theilen dasselbe ausdrücklich von der Darstellung ausschließt.

Eine gewisse Aehnlichkeit, welche zwischen dem System des Vultejus und dem Donell's besteht, hat ihm den Vorwurf zugezogen, daß er diesen ohne es zu sagen benutzt habe[1]). Allerdings ist die Jurisprudentia ein Jahr nach dem ersten Bande von Donell's Commentarii juris civilis erschienen; allein die Grundzüge seines Systems hat Vultejus schon 1582 vorgetragen, wie seine Idea juris logica (Prolegomena) ergiebt. Wenn er nun dort die trichotomische Grundeintheilung homo, res, judicium annimmt, in der Jurisprudentia dagegen zur Dichotomie übergeht, indem er homo und res zu einem Gliede verbindet, so ist es möglich, daß ihn das Vorbild Donell's zu dieser Aenderung bestimmte, obgleich sie so nahe liegt und von Vultejus so sehr durch eine eigenthümliche Betrachtung motivirt ist, daß sie solcher Erklärung nicht bedarf. Näher betrachtet ist die Verwandtschaft beider Systeme doch nur eine oberflächliche, der Eintheilungsgrund sowohl wie die sich daraus ergebende Gliederung ganz verschieden. Denn während Donell davon ausgeht, daß das Recht zweierlei bestimme: 1. was unser ist, 2. wie wir das Unsrige erlangen — also den Inhalt des Rechts zur Grundlage nimmt; sagt dagegen Vultejus, von der Rechtswissenschaft ausgehend, sie beschäftige sich 1. mit dem jus absolutum, welches ein anderes Recht nicht voraussetzt, 2. mit dem jus relatum, welches jenes voraussetzt und dessen praxis et usus enthält. Donell's erster Theil zerfällt in die Lehren 1. quod proprie

1) Eyssell, Doneau p. 310. Dagegen Stintzing, H. Donellus S. 68 f.

nostrum und 2. quod nobis debetur; die Obligationen bilden also ein selbständiges Hauptglied. Indem Vultejus dagegen seinen ersten Theil in homo und res zerlegt, gelangt er, immer von der wissenschaftlichen Betrachtung des Stoffs und nicht von diesem selbst ausgehend und die absoluta und relata consideratio unterscheidend, zu einer Gliederung, bei welcher die obligatio nicht dem dinglichen Recht äquivalent gegenübersteht, sondern als ein Stück des Personenrechts, wie wir sagen würden, erscheint, nämlich als Object der relata consideratio hominis. — Aber auch der zweite Theil beider Systeme zeigt wesentliche Verschiedenheiten darin, daß Vultejus nicht bloß das processualische Verfahren, sondern auch die Klagen abhandelt, welche ja, weil sie das materielle Recht voraussetzen, zum jus relatum gehören; während dagegen Donell die actiones in seinem ersten Theile bei jedem Rechte erörtert.

Bei diesen fundamentalen Verschiedenheiten besteht kein Grund, einen Einfluß Donell's anzunehmen; und wenn dem Vultejus wirklich Donell's Commentarien schon bekannt gewesen sein sollten, als er die Jurisprudentia schließlich redigirte, so hatte er doch durchaus keinen Anlaß, dieselben als Vorbild zu bezeichnen.

Schwieriger ist es, das Verhältniß Vultejus' zu der Jurisprudentia des Althusius zu bestimmen, welche in der Grundeintheilung genau mit unserer Schrift übereinstimmt. Dasselbe, was Vultejus jus absolutum und relatum nennt, bezeichnet Althusius als jus primum und jus ortum de primo; er behandelt jenes im ersten, dieses im zweiten Buche und zwar den Proceß mit den Actionen wie Vultejus. Das System des ersten Buchs unterscheidet sich aber von Vultejus dadurch, daß ihm nicht der Gegensatz von persona und res, sondern von acquisitio und amissio zu Grunde gelegt wird; dominium und obligatio werden als die beiden species acquirendi jenen untergeordnet; ohne systematische Rechtfertigung wird nach dem dominium von den servitutes und der potestas publica et privata gehandelt, dann auf die Erwerbung des Eigenthums übergegangen. Bestehen somit erhebliche Verschiedenheiten, so ist doch die Gleichheit der Grundeintheilung auffallend genug. Dennoch ist Abhängigkeit des Einen von dem Andern nicht anzunehmen. Zwar erschien Althusius' Jurisprudentia schon 1586, die des Vultejus erst 1590 — aber seit Jahren hatte er sein System öffentlich vorgetragen, dessen Grundriß in den Tractatus tres 1586 publicirt war. Darauf bezieht es sich, wenn Althusius in der zweiten Auflage seiner Jurisprudentia (Herborn 1588) sagt: „nactus sum *σύνεργον* insignem, praestantissimum virum Doctorem Hermannum Vultejum, in inclyta Academia Marpurgensi professorem insignem". Als seinen auf gleichem Boden stehenden Mitarbeiter also erkennt Althusius seinen benachbarten Collegen an: und dieser Boden ist kein anderer als die ramistische Dialektik, deren bestimmender Einfluß die Verwandtschaft der systematischen Grundzüge erklärt. Zur Signatur des Ramismus gehört die Dichotomie; Beide machen sie zur Grundlage ihrer Systematik, indem sie Beide die Gajische Trichotomie auf diese zurückführen. Sie unterscheiden sich nur dadurch, daß sie aus denjenigen Eintheilungsgründen, welche in der ramistischen Dialektik eine Rolle spielen, zwei verschiedene auswählen.

3. De feudis eorundemque jure libri duo. Marp. 1595. 8° [1]), ein vorzügliches Handbuch des Lehnrechts, systematisch geordnet, dessen zweiter Theil den Lehnsproceß enthält. Es hat sich in der Praxis das größeste Ansehen erworben; spätere Schriftsteller (z. B. Stolle, Gesch. d. jurist. Gelahrtheit S. 285) bezeugen, daß es den Entscheidungen des R.K.G. in Lehnssachen zur Norm diene.

Gleichzeitig mit dieser Schrift erschien Exegesis, summa juris quod est de feudis capita continens, eine ganz kurz gefaßte Uebersicht des Lehnrechts, welche unter dem Titel Exegesis feudalis seit der dritten Auflage jenem Handbuche (1609) angehängt worden ist.

1) Marp. 1597. 1602. 1609. 1617. Francof. 1629. 8°.

4. Commentarius in Institutiones juris civilis a Justiniano compositas. Marp. 1598. 4°. 1600. 1610. 1613. Ein elegant geschriebener Commentar, aus seinen Vorlesungen hervorgegangen, dem nur die zu große Ausführlichkeit vorzuwerfen ist. Es ist Vultejus' voluminöseste Schrift.

5. Commentarius ad titulos Codicis qui sunt de jurisdictione et foro competenti. Francof. 1599. 1625. 1630. 8.

Dieses Werk ist merkwürdig durch einen Streit, zu welchem es einige Jahre später mehr den Vorwand als den Anlaß gab[1]). In der Epist. dedicatoria ging Vultejus von der Betrachtung aus, daß die Lehre von der Jurisdiction deswegen so schwierig sei, weil ihr Wesen sich seit Justinian verändert habe. Früher ein vom Kaiser verliehenes Amt, sei sie nach Karl d. Gr. ein erbliches Recht geworden. Dies hätten die Glossatoren nicht bemerkt, sondern bei ihrer Unkenntniß aller historischen Dinge alle Sätze Justinian's ohne weiteres den Verhältnissen ihrer Zeit aufgezwungen. Das Reich sei aber seit Karl d. Gr. ein ganz anderes geworden: vor ihm eine reine Monarchie, die auch monarchisch regiert wurde, sei es seitdem zu einer aristokratisch regierten Monarchie umgestaltet.

Eben so führt er ad l. 1 C. ubi senatores 3, 24 No. 3—8 aus, daß, da jetzt der Kaiser von dem Pfalzgrafen belangt und wegen Verbrechen und Mißregierung durch Spruch des Kurfürstencollegiums abgesetzt werden könne, wie es mit Kaiser Wenzel geschehen, nicht mehr gesagt werden könne, daß so wie ehemals „princeps legibus solutus" sei.

Diesen beiden Sätzen stellte Gottfried Antonius, Professor und Kanzler in Gießen, im Jahre 1607 in den Corollarien zu einer Disputatio de Camerae Imper. jurisdictione (Giessae 1607. 4°) den bestimmten Widerspruch entgegen: 1. Rudolfum II verum Monarcham esse contendimus; 2. Nefas sit cum Vultejo asserere Imperatorem hodie legibus solutum non esse.

---

1) Kuchenbecker p. 126.

Für Vultejus trat sein Schüler Georg Martinius (Bartensteinensis Borussus) auf mit einer Disputatio de potestate Imperatoris adversus G. Antonium. Marp. 1607, worauf dann G. Antonius mit einer Disp. apologetica de potestate Imperatoris legibus soluta. Giessae 1608. 4° antwortete. Die Erörterung ist eingehend sachlich, klar und scharfsinnig — daneben aber wird dem Martinius, als einem unebenbürtigen Gegner, mit der schnödesten Grobheit begegnet. In den angehängten zwei Corollarien spielt Antonius den Streit auf ein ganz anderes Gebiet. Er stellt darin gegen Vultejus' Jurisprudentia c. 74 de successione legitima und gegen verschiedene Sätze aus Vultejus' Disceptationes scholasticae 20 und resp. 18 Thesen auf. Diese werden dann in der Disputatio Anti-Vultejana secunda 1609; tertia 1609; quarta 1610 ausführlich, mit scharfer Kritik der Vultejischen Schriften vertheidigt. Antonius ist zu der vierten Disputation, wie er sagt, dadurch gereizt worden, daß Vultejus ihn keiner Antwort gewürdigt, sondern nur in „praefatiunculae cauponiae“ ihn abgefertigt habe.

Dieser Streit, in seinen Anfängen ein Vorspiel dessen, welcher später zwischen Antonius' Collegen Reinkingk und Hippolit. a Lapide geführt wurde, erklärt sich aus dem gespannten Verhältniß, welches damals zwischen Gießen und Marburg bestand. Die Einführung des Calvinismus durch Landgraf Moritz in seinem Antheile Oberhessens hatte dem Landgrafen Ludwig von Hessen-Darmstadt sowohl den Anlaß zur Stiftung eines Gymnasiums zu Gießen, als auch einen Rechtsgrund gegeben, um, zufolge einer Clausel in dem Testamente des verstorbenen Landgrafen Ludwig, Erbansprüche auf Marburg zu erheben. Es war gelungen, den Kaiser für diese Ansprüche, welche auch der Reichshofrath anerkannte, zu gewinnen; Gießen ward durch kaiserliches Privilegium zur Universität erhoben: Gründe genug, um der neuen Hochschule von vorn herein eine streng kaiserliche Gesinnung einzupflanzen und sie in scharfen Gegensatz zu ihrer benachbarten Schwester zu stellen. Die lutherischen Theologen, aus Marburg verdrängt, hatten dort Aufnahme gefunden. Auch Antonius[1]), seit 1594 in Marburg Privatvorlesungen (collegia) haltend, 1603 Professor der Institutionen, 1603 Professor der Pandekten, war 1605 der Berufung nach Gießen gefolgt, seit 1607 Kanzler der Universität, zugleich Rath des Landgrafen. Die Wendung, welche der von ihm begonnene Streit nahm, läßt erkennen, daß nicht bloß sachliche Motive ihn veranlaßten und nährten.

6. Consilia s. Responsa doctorum et professorum facult. jurid. Marpurgensis, congesta studio et opera H. Vulteji. Vol. 1 Marp. 1611. Vol. 2 Marp. 1613. Vol. 3 Marp. 1614. Vol. 4 Francof. 1631. fol. In dieser von Vultejus veranstalteten Sammlung befinden sich, durch alle Bände zerstreut, fünfzig Consilien von ihm, welche bei Strieder 16, 360 ff. einzeln verzeichnet sind. Vor dem ersten und letzten Bande stehen, neben Vorreden von Vultejus, Verzeichnisse der Marburger juristischen Professoren von der Gründung an, mit kurzen Lebensnachrichten. — Neue Ausgabe Francof. 1652. 1653. fol.

7. Tractatus de judiciis in libros IV divisus. Opus posthumum a filio Joh. Vultejo editum. Cass. 1654. 4°.

Der Herausgeber sagt, daß der Krieg ihn verhindert habe, dies von seinem Vater hinterlassene Werk früher zu ediren; nach hergestelltem Frieden erfülle er, obgleich mit Geschäften überhäuft, den Willen seines Vaters und den Wunsch vieler Freunde. Das erste Buch handelt von den judiciis in genere, hauptsächlich der Competenz und den Personen; das zweite von dem Verfahren bis zur Litiscontestation; das dritte von dieser, den Positionen und Responsionen, Beweis und Urtheil; das vierte von den Rechtsmitteln. Ein ausführliches Handbuch des Processes, von historischem Interesse dadurch, daß es eine umfassende Darstellung

---

1) Geb. 1571 zu Freudenberg in Westfalen, gest. 16. März 1618. Reinkingk hielt ihm die Leichenrede (Witten, Memoriae JCtor. p. 42 s.), welche ausführlich über sein Leben berichtet. Vgl. über ihn und seine Schriften A. d. B. 1, 496 f. (Steffenhagen). Vgl. oben S. 136 und unten Kap. 15.

des Verfahrens kurz vor den Neuerungen des J. R.A. enthält. — Auch die Dictate des Vultejus in seinen Vorlesungen über den Proceß haben sich in einem 1597 nachgeschriebenen Collegienhefte erhalten (Berliner Bibl. Ms. Lat. in Fol. No. 138. Muther, Jahrb. des gem. d. Rechts 2, 86).

Vultejus' übrige Schriften, darunter Reden, Briefe, Thesen, Editionen der Werke anderer Verfasser und Vorreden zu diesen, verzeichnet Strieder 16, 356—364.

5. Hieronymus Treutler[1]) ist am 14. Februar 1565 zu Schweidnitz geboren, studirte Jurisprudenz und Philologie in Straßburg, kam 1588 als Lehrer am Pädagogium nach Marburg, wo er auch Vigelius' Vorlesungen besucht haben soll. 1589 folgte er einer Berufung als Professor der Rhetorik an das wenige Jahre vorher gegründete akademische Gymnasium in Herborn. Am 29. Januar 1590 erwarb er sich die juristische Doctorwürde in Marburg, wohin er im folgenden Jahre als Professor der Rhetorik zurückkehrte. Ohne Mitglied der juristischen Facultät zu sein, hielt er privatim juristische Vorlesungen und leitete namentlich juristische Disputationen mit großem Erfolge in Collegien. Im Jahre 1594 siedelte er nach Bautzen über und zwar zunächst als Syndicus der Stadt; im folgenden Jahre ernannte ihn Kaiser Rudolf II. zum Kammerprocurator der Oberlausitz, dann zum böhmischen Appellations- und Lehnrathe und erhob ihn als „Treutler von Kroschwitz" in den Adelsstand. Er starb in Bautzen am 14. Februar 1607.

Treutler's wissenschaftliche Richtung ist durch P. Ramus bestimmt, als dessen Anhänger er sich in seinen Rudimenta Dialecticae P. Rami (Herborn 1589. 1593. 1599. Hal. Sax. 1603. 8°) bekennt. Die Schrift ist eine kurze Uebersicht der Ramistischen Dialektik, während seiner Professur in Herborn verfaßt. Denselben Einfluß zeigen seine Analecta libr. IV In-

1) Jugler 2, 307. Strieder 16, 231. M. Hanke, Vitae Silesiorum, handschriftlich auf der Breslauer Stadtbibliothek.

stitutionum, methodo Ramea conscripta Francof. 1577. 8° und seine Isagoge s. thesaurus eloquentiae (Lichae 1602. 8°), ein in Marburg nachgeschriebenes Collegienheft, welches die Drucker Kutzel und Nebenius ohne Treutler's Wissen herausgaben und ihm, der damals bereits kaiserlicher Rath war, dedicirten.

Sein bedeutendstes Werk, welches ihm einen lange dauernden Ruhm auf den deutschen Universitäten eintrug, sind seine Disputationes selectae[1]), hervorgegangen aus seinen Collegia und darum noch in den einzelnen Abschnitten mit dem Namen der Respondenten bezeichnet. Wie sehr diese Uebung in Marburg gepflegt wurde, wissen wir. Vultejus hatte sie längere Zeit geleitet, und nach Treutler's Abgang nahm Gottfr. Antonius diese Thätigkeit auf, während Vigelius sie heftig anfocht.

Treutler's „Disputationes", von denen schon oben S. 136 ff. die Rede war, schließen sich in der Reihenfolge den Pandektentiteln an, jedoch so, daß oft mehrere zum Thema einer Disputation zusammengefaßt sind. Die Materie wird in kurze Thesen zerlegt, denen erläuternde, aber ebenfalls knapp gefaßte Anmerkungen beigefügt sind; Belegstellen und eine ausgewählte Literatur werden darin allegirt. So gestaltet sich das Ganze zu einem Lehrbuche, welches unsern kürzeren Pandektencompendien verglichen werden kann: die Thesen bilden den Text, die Anmerkungen enthalten den Beweis und die Ergänzungen und führen in die Literatur und Controversen ein. Die Brauchbarkeit des Werks machte sich bald genug geltend; es ward das beliebteste Lehrbuch. Auf den Universitäten vielfach den Vorlesungen zu Grunde gelegt, erlebte es bis 1649 mindestens 11 Auflagen[2]) und gab den Anstoß zu

1) Selectar. disputationum ad jus civile Justinianeum quinquaginta libris Pandectarum comprehensum volumina duo. Vol. 1 Marp. 1592. Vol. 2 Marp. 1593. 4°. Der erste Band ist den Ständen des Herzogthums Breslau, der zweite dem Nürnberger Rathe gewidmet. Die Erlanger Bibliothek besitzt vom zweiten Bande das prächtig gebundene Dedicationsexemplar.

2) Vgl. Jugler 2, 309 f. Strieder 16, 232. Auch der Commentarius in Pandectas juris civilis. Cass. 1611. 4° soll nur eine Ausgabe der Disputationes sein.

einer eigenen Literatur. Bachov von Echt gab 1617—19 seine Notae et animadversiones und Hunnius fast um dieselbe Zeit seine Resolutiones absolutissimae zum Treutler heraus; beide voluminöse Werke gaben das Thema zu Herm. Goeshausen's[1]) Necessaria informatio super Bachovii animadversionum et Hunnii resolutionum ad Treutlerum libris (Rinteln 1623. 4°). Später erschienen Joh. Tilemann, Medulla monitorum ad disputationes Treutleri (Francof. 1660. 4°) und Quirin. Schacher, Index Treutlerianus ad usum locorum communium (Lips. 1670. 4°) — Schriften, welche beweisen, daß noch gegen Ende des 17. Jahrhunderts das Treutler'sche Werk in Ansehen stand.

Seine übrigen Werke sind von untergeordnetem Werth. Es gilt dies namentlich von den Annotationes aureae in jurisprudentiam Roman. Herm. Vulteji (Cass. 1612. 4°. Colon. 1612. 8°. Francof. 1615. 8°): Anmerkungen zu Vultejus' zweitem Buch, welche 1622 (Francof. 8°) unter dem Titel Treutleri processus judiciarius und 1652 (Hanov. 8°) unter dem Titel Commentarius judiciarius seu Nota practica in libr. 2 Jurisprud. H. Vulteji neu aufgelegt wurden. Die Schrift ist erst nach Treutler's Tode herausgegeben, und die aphoristische Gestalt zeigt, daß sie von ihm nicht für den Druck vollendet war. Seine Consilia sind mit denen des Syndicus Schöps in Bautzen von Joh. Büttner (Francof. 1625. fol.) herausgegeben.

Treutler gehört in so fern in die hier zusammengestellte Reihe, als er, durch den Ramismus bestimmt, ein im Einzelnen systematisch gegliedertes Pandektenrecht in selbständiger Fassung dargestellt hat. Dagegen kann er nicht mit gleichem Rechte wie Vultejus und Althusius ein Systematiker genannt werden, da er die Pandektenordnung festhält.

1) Geb. in Brakel 1593, promovirte in Rinteln und ward dort 1622 Professor der Rechte. Gest. 27. April 1632. Pütter, Lit. d. Staatsrechts 2, 236 f. Strieder 5, 21 ff.

6. Johannes Althusius[1]) (Althusen, Althaus?) ist 1557 zu Diedershausen, einem Dorfe in der ehemaligen Grafschaft Witgenstein-Berleburg, geboren. Die erste sichere Thatsache seines äußern Lebensganges ist, daß er 1586 als der erste juristische Professor an das 1584 gegründete akademische Gymnasium zu Herborn berufen wurde und um Weihnachten seine Institutionenvorlesung eröffnete.

In demselben Jahre waren seine Jurisprudentiae romanae libri duo ad leges methodi Rameae conformati in Basel erschienen. Ob er hier studirt und wie so Viele seiner Zeitgenossen den Doctorhut erworben hat, steht nicht fest. Als sicher aber dürfen wir annehmen, daß die in diesem Werk bekundete und schon auf dem Titel bekannte ramistische Methode ihn für Herborn empfahl, wohin bald darauf Treutler zur Vertretung der ramistischen Philosophie berufen wurde. Eben diese Richtung bestärkt die Vermuthung näherer Beziehungen zu Basel, vielleicht zu Freigius. Seine Erwähnung des Dion. Gothofredus als „virum bene de me meritum“ deutet auf einen Aufenthalt in Genf, wo jener seit 1579 wirkte; und Althusius' streng calvinistische Gesinnung macht solche Beziehungen noch wahrscheinlicher.

In Herborn dehnte er seine akademische Thätigkeit über die Jurisprudenz auf philosophische Disciplinen aus, die seiner wissenschaftlichen Richtung in der Jurisprudenz nahe verwandt waren. Auch die juristische Praxis beschäftigte ihn, nachdem er 1589 zum Mitglied der gräflichen Kanzlei in Dillenburg unter Erhöhung seiner Besoldung ernannt war. Im Jahre 1594 folgte er einer Berufung an das akademische Gymnasium in Steinfurt, kehrte aber nach wenig Monaten zurück und siedelte nach Siegen über, wohin das Herborner Gymnasium verlegt wurde. Hier verhei-

---

1) Jugler 2, 270 ff. (Tiaden) das gelehrte Ostfriesland 2, 279 ff. Vogel, Archiv d. nassauischen Kirchen- und Gelehrtengeschichte 1, 165 ff. A. d. B. 1, 367. O. Gierke, Joh. Althusius und die Entwicklung der naturrechtlichen Staatstheorien. 1880. Dieses sehr verdiente Werk erschien während des Drucks und konnte nur nachträglich benutzt werden.

rathete er sich mit Margarethe, der Tochter des Rentmeisters Friedrich Neurath, und blieb in Siegen, als 1599 die Mehrzahl der Professoren nach Herborn zurückgekehrt war, bis auch ihn ein landesherrlicher Befehl dahin zurückrief. In demselben Jahre bekleidete er das Rectorat, das ihm 1602 zum zweiten Male übertragen wurde.

Im Jahre 1604 übernahm er das Amt des Syndicus der Stadt Emden, als Nachfolger des 1601 auf Andringen der Bürgerschaft entlassenen Dr. Wiarda, und trat damit in die hochgehenden Wogen des Kampfes, den die Stadt gegen die Grafen von Ostfriesland führte. Emdens Beziehungen zum Hause Oranien mögen bei seiner Wahl mitgewirkt haben; entscheidender war vermuthlich sein 1603 erschienenes System der Politik, das eine demokratische Gesinnung bekundete, wie man sie für den Embener Syndicus brauchte; und sie praktisch zu bewähren hat er in seiner Stellung überreiche Gelegenheit gefunden. Eine Berufung als Professor nach Leyden schlug er aus; Anträge, die ihm von der Universität Franecker (1606. 1610) gemacht wurden, führten nicht zum Ziel. Mit dem Historiker Ubbo Emmius, Rector zu Groningen und fortwährend Rathgeber seiner Vaterstadt Emden, und dem eifrigen Prediger und Präses des Consistoriums Menso Alting nahe befreundet[1]), war er den Embenern ein kluger Berather und energischer Führer in den langen Kämpfen für die Rechte und Interessen, wie für das reformirte Bekenntniß der Stadt gegenüber den Grafen und der Ritterschaft Ostfrieslands, in denen sich eine der merkwürdigsten Episoden deutscher Particulargeschichte abspielte[2]). Zahlreiche Deductionen sind in diesen Streitigkeiten von ihm verfaßt, schwierige Unterhandlungen von ihm geführt. Ein „Ostfriesisches Receß- und Accord-Buch" (Emden 1612. 1620. 1656. 4°), welches die Vereinbarungen zwischen den Grafen und den Ständen von Ost-

1) Ueber Beide vgl. Tiaden, das gelehrte Ostfriesland 2, 3 ff.; 2, 316 f.

2) Wiarda, ostfries. Geschichte 3, 469 ff.; 4, 1 ff. O. Klopp, Gesch. Ostfrieslands von 1570—1751 S. 150 ff.

friesland „und in specie der Stadt Embden“ enthält — sowie „Statuta und Ordnungen eines ehrbaren Raths der Stadt Embden“ (Emden 1625. 4°)[1]) hat er redigirt. Im Jahre 1627 ward er zum Senior des Kirchenraths erwählt und bekleidete dies einflußreiche Ehrenamt bis zu seinem Tode. Er starb am 12. August 1638, 81 Jahre alt, und hinterließ eine zahlreiche Nachkommenschaft, aus der eine Enkelin die Ehefrau des Juristen Ulrich Huber zu Franecker wurde und ein Enkel seines Namens noch 1693 Bürgermeister von Emden war.

Daß eine so scharf ausgeprägte Persönlichkeit, ein Politiker von so consequenter Energie des Denkens und Handelns sich eine eben so scharfe Gegnerschaft erwecken mußte, begreift sich leicht. Allein erst spätere literarische Gegner seiner politischen Doctrinen[2]) haben versucht, seinen „moralischen Charakter“ anzuzweifeln, ihm einen „strafbaren Trieb zur Uneinigkeit und zum Aufruhr“ zuzuschreiben. Seinen Mitbürgern war er der Mann des öffentlichen Vertrauens, auf dessen Privatleben kein Schatten fällt, „consultissimus et clarissimus vir (so charakterisirt ihn Ubbo Emmius), doctrina, virtute, fide singulari plane eximius et ingenii sui monumentis aeternum victuris illustris“ [3]).

Aus seinen Schriften heben wir die bedeutendsten heraus, welche ihn uns als den durch Scharfsinn, Consequenz und Präcision hervorragenden Dialektiker und Systematiker zeigen, dessen energische Gedankenarbeit nach ramistischer Methode (s. oben S. 146 ff.) mit der definitio beginnend durch partitio und divisio bis zum Speciellsten in festem Schritte vorwärts dringt.

---

1) Die Unterschrift lautet: Also statuiret, vorgelesen und confirmiret den 20. Sept. 1625. Ad speciale mandatum Senatus Johannes Althusius D. et Syndicus subscr.

2) Jugler und Vogel. Dagegen enthält sich sein entschiedenster Gegner, der ostfriesische Kanzler Brenneysen, der in seiner Ostfriesischen Historie 1, 436 ff. die Urtheile über Althusius' politische Doctrin zusammenstellt, jedes persönlichen Vorwurfs.

3) Vgl. Gierke a. a. O. S. 17 Anm. 37.

1. Jurisprudentiae Romanae libri duo ad leges methodi Rameae conformati et tabellis illustrati. Basil. 1586. 8° [1]). Ueber dieses System ist schon oben S. 460 f. in Verbindung mit dem gleichnamigen Werke des Vultejus und über das Verhältniß zu diesem berichtet worden.

Das erste Buch behandelt das „jus primum", das zweite das „jus ortum de primo", d. h. 1) das materielle Recht, 2) den Proceß und die Actionen. Das jus primum bezieht sich auf Erwerb und Verlust. Beim Erwerbe sind zu unterscheiden: die allgemeinen Voraussetzungen (generales affectiones seu requisita) und die besonderen Erscheinungsformen (species), nämlich die dinglichen Rechte (dominium) und Forderungsrechte (obligationes). Von diesen beiden wird ausführlich gehandelt, dagegen der Verlust der Rechte nur bezüglich der Obligationen (liberatio ipso jure — ope exceptionis cap. 69. 70) eingehend dargestellt, während Althusius sich bezüglich des dominium damit begnügt, die Frage „an amissio quoque est in acquirendi modis?" zu bejahen. Bemerkenswerth ist, daß Althusius in der Lehre vom Erwerbe des Eigenthums unterscheidet die „generales affectiones" (c. 13), allgemeine Voraussetzungen, und die „modi acquirendi" (c. 14—24), welche er definirt: „modi acquirendi nihil aliud sunt, quam tituli seu causae justae acquirendi dominii" (c. 14): also die seit Lagus und Apel bekannte Theorie von titulus und modus nicht nur nicht festhält, sondern geradezu ablehnt. Unter den modi acquirendi dominii erscheint hier das Erbrecht (c. 17—24). Die Obligationen entstehen (c. 25—68) ex conventionibus (vel quasi) und ex maleficiis; unter die ersteren ist neben die „societas promercalis" die „societas conjugalis s. matrimonium" gestellt; bei den maleficia wird auch das Strafrecht (c. 50—68) abgehandelt. Die Magia wird zu den „convicia occulta in Deum" (c. 52) gerechnet, ihre Straf-

---

1) Zweite Ausgabe Basil. 1589. Dann Herborn 1588. 1592. 1599. 8° (der Drucker Corvinus bezeichnet die beiden letzten als editio altera und tertia). 1603. 1607. 1623. 12°. 1640. 1673. 1688. 8°.

barkeit nach **Godelmann's** Unterscheidungen beurtheilt. Seine Uebereinstimmung mit diesem hat Althusius noch in einer besonderen Schrift „Ad judicem admonitio“, welche später Godelmann's Werk angehängt wurde, bekundet (vgl. unten Kap. 14). Dem Unfug der Hexenverfolgungen tritt er mit ernster Mahnung zur Vorsicht und Gewissenhaftigkeit entgegen, und kann in diesem Sinne gleich Godelmann ein Gegner der Hexenprocesse genannt werden.

Das zweite Buch „jus ortum de primo“ behandelt zuerst die personae judicii, dann die quaestio seu causa judicii; hierin erscheinen die Klagen, dann der Gang des Processes. Angehängt sind, wie es die ramistische Methode verlangte, Tabellen.

2. Eine erweiterte Bearbeitung ist: **Dicaeologicae libri tres** totum et universum jus, quo utimur methodice complectentes, cum parallelis hujus et Judaici juris, tabulisque insertis etc. Herborn 1617. Francof. 1618 [1]). 1649. 4°.

Schon in der zweiten Herborner Auflage der Jurisprudentia (1592) meldet der Drucker Corvinus am 1. October 1591, daß Althusius ihm Hoffnung auf eine uberior et accuratior juris totius tractatio gemacht, ihm einstweilen aber nur eine epitome übergeben habe. Es ist die der Jurisprudentia seitdem vorgedruckte Epitome et brevis *ἀνακεφαλαίωσις* Dicaeologicae, welche die Grundzüge enthält.

Althusius sagt: seine vor einigen Jahren erschienene Jurisprudentia sei an verschiedenen Orten öfter gedruckt, auch ohne sein Wissen und Willen. Er sei wiederholt aufgefordert worden, das darin Enthaltene weiter und deutlicher auszuführen. Daher habe er alle Muße, welche ihm die Geschäfte für den Staat übrig ließen, auf dieses Werk verwendet, welches nun fast ein ganz

1) Der Titel der Herborner Ausgabe hat nicht den Zusatz cum parallelis etc. Beide Ausgaben stimmen im Uebrigen überein, sind bei demselben Verleger (Corvinus) erschienen und haben dieselbe Epist. dedicat. an den Rath von Emden vom 1. März 1617 und 1618 datirt. **Gierke** a. a. O. S. 15 Anm. 34.

neues geworden sei. Es ist in der That von 295 Seiten klein Octav zu 792 Seiten Quart angewachsen.

Er geht von der Definition aus, Dicaeologia est ars juris in symbiosi humana bene colendi; sie ist also juris scientia, juris prudentia — Ausdrücke, die Althusius für synonym erklärt.

Die Disposition, bei der er die Unterscheidung der partitio und divisio nach Ramistischer Manier dichotomisch durchführt, ist folgende.

Dicaeologicae

I. partitio: membra, partes.

1. Negotium symbioticum
   a) membra: res, persona,
   b) species.
2. Jus: species
   a) dominium,
   b) obligatio.

II. divisio: species.

1. Dicaeodosia, s. dicaeodotica, d. h. die Lehre vom Erwerbe und Verlust der Rechte: species
   a) acquirens
      aa) causae acq. domin.,
      bb) causae acq. obligat.
         α) conventio,
         β) delictum;
   b) amittens.
2. Dicaeocritica, d. h. die Lehre von der Verhandlung und Entscheidung einer „quaestio ex dicaeodotica orta“: membra
   a) personae
      α) judex,
      β) litigantes;
   b) quaestio
      α) species: actio, exceptio,
      β) forma tractandae quaestionis s. processus.

Diese methodische Gliederung des Systems tritt in der äußern Eintheilung des Buchs nicht klar hervor, wie folgende Uebersicht zeigt.

Lib. 1.

Pars 1. de generalibus.

Enthält die Lehren vom negotium, dessen membra (res und persona) und species, sowie von der constitutio juris (objectives Recht).

Pars 2. de dominio et possessione et horum annexis.
Pars 3. de causis acquirendi dominii.
Pars 4. de conventionibus.
Pars 5. de delictis.

Diese 4 Partes enthalten also die „species juris“ und die „Dicaeodosiae species acquirens“.

Lib. 2.
De amissione juris.

Entspricht der „Dicaeodosiae species amittens“.

Lib. 3.
De Dicaeocritica.

Pars 1. de quaestione.
Pars 2. de processu juris.

Die P. 1 behandelt die Personen des Richters und der Parteien, sowie die Actionen und Exceptionen; die P. 2 den Gang des Verfahrens.

In diesem lediglich auf dem Wege formaler Dialektik gewonnenen und mittels der Dichotomie durchgeführten Systeme finden manche Rechtsinstitute einen ihrer Bedeutung wenig entsprechenden Platz. Daß das Erbrecht nur als Erwerbsgrund des Eigenthums erscheint, ist eine Einseitigkeit, welche Althusius mit den übrigen Systematikern theilt. Aehnlich wie Vultejus behandelt er das jus publicum unter dem Gesichtspunkte der potestas, indem er die potestas privata und die potestas publica unterscheidet; außerdem ist das Oeffentliche dem Privaten gegenübergestellt in der Lehre von den Personen und den Verträgen (Societät, Mandat). Das Strafrecht endlich findet seinen Platz als zweite species der causae acquirendae obligationis, die in conventio und delictum zerfallen; der Strafproceß ist in den Civilproceß eingeflochten.

So bildet das Ganze ein vollständiges Rechtssystem. Aber wie das Privatrecht darin den größesten Raum einnimmt, so ist es auch für die Systematisirung entscheidend; auch das öffentliche Recht und das Strafrecht sind unter privatrechtliche Gesichtspunkte und Kategorien eingeordnet.

Die Darstellung schreitet in kurzem, präcisem, klarem Ausdruck definirend und distinguirend fort ohne deducirende Begründung. Mit dieser Knappheit der Form verbindet Althusius große Reichhaltigkeit des Stoffs, der Quellen und der Literatur; mit Vorliebe behandelt er, der bibelfeste Calvinist und Kenner der Mosaischen Gesetzgebung, den Vergleich mit dem jüdischen Recht. Ein Verzeichniß der benutzten Schriftsteller ist vorausgeschickt.

Man muß anerkennen, daß eine ungewöhnliche Kraft und Energie des Denkens auf die Erfindung, noch mehr auf die Durchführung dieses Systems[1]) verwendet worden ist; viele Jahre hat Althusius daran gearbeitet. Allein es ist zu subtil und complicirt, um sich Geltung in weiteren Kreisen erwerben zu können, deren Bedürfniß eine mehr übersichtliche und anschauliche Systematik verlangte[2]).

3. Politica methodice digesta et exemplis sacris et profanis illustrata: cui in fine adjuncta est oratio panegyrica de utilitate necessitate et antiquitate scholarum. Herborn 1603. 8°. Umgearbeitet und erweitert Groning. 1610. (715 S.) 4°, danach Arnheim 1617. 4°. Mit Nachträgen Herborn 1614. 1625. 8°. Spätere Ausgaben Leyden 1643. Amsterdam 1651. Herborn 1654. 4°.

Es ist dies ohne Zweifel das bedeutendste Werk des Althusius, merkwürdig als das erste ausführliche System der Politik in Deutschland, hervorragend durch den Reichthum des Stoffs und die Originalität der Gedanken, welche er mit der ganzen Kraft der ihm eigenen Dialektik durchführt. Die Bedeutung dieses von

1) Gierke a. a. O. S. 41—49 giebt eine ausführliche Analyse dieses Systems. Er hebt dabei als besonderes Verdienst des Althusius hervor, daß derselbe zuerst die allgemeinen Lehren den besonderen in einem vorbereitenden Theil vorangeschickt und „mit der Eingliederung des gesammten öffentlichen Rechts in das civilistische System vollen Ernst gemacht" habe.

2) Anerkannt und empfohlen wird es von G. Beyer (Notitia autorum jurid. Specimen III p. 103 s. 1705), der meint „non nimis subtiliter nec humiliter nimis sed medio itinere procedit". Hauptsächlich aber gefällt ihm die Hinweisung auf die heilige Schrift, die dazu anrege, sie zu lesen.

der energischsten demokratischen Gesinnung durchdrungenen Werks für Althusius' eigenes Leben ist oben erwähnt. Die publicistischen Bestandtheile seiner erst nach der neuen Bearbeitung der Politik erschienenen Dicaeologica stehen natürlich unter ihrem Einfluß.

Von der „consociatio“, zu der das Bedürfniß die Menschen treibt, geht Althusius aus. Durch stillschweigenden oder ausdrücklichen Vertrag wird sie geschlossen. Auf den species consociationis privatae (Familie, Corporation) und publicae (Gemeinde, Provinz) baut sich als die universalis publica consociatio der Staat. Seine Glieder sind die civitates und provinciae, deren Vertrag sie zu politia, imperium, regnum, respublica, populus verbindet. Nach ewigem Gesetze ist jede menschliche Gemeinschaft aus Befehlenden und Gehorchenden zusammengesetzt; der Befehlende ist berufen, das gemeinsame Leben zum Nutzen Aller zu leiten: befehlen ist daher nichts Anderes als dem Nutzen Aller dienen. — Der erste Gegenstand und zugleich das Ergebniß des Staatsvertrages ist das jus regni; dies zu setzen hat das Volk die rechtliche Macht, denn in seiner Gesammtheit ist es Inhaber des unveräußerlichen jus majestatis. Zu „imperantes“ im regnum, zu „administratores universalis consociationis“ ernennt es durch Auftrag die ephori, welche den summus magistratus zu wählen, zu berathen, zu unterstützen, aber auch seiner tyrannischen Willkür Widerstand zu leisten und ihn im äußersten Falle abzusetzen haben. Die Erörterung des Mißbrauchs der höchsten Gewalt und die dagegen anzuwendenden Mittel bilden den Schluß des Systems. Der Begriff des tyrannus wird festgestellt; resistentia et exauctoratio tyranni ist Recht und Pflicht der Ephoren, wie durch 10 rationes bewiesen wird [1]).

1) Diese kurze Skizze des außerhalb der Grenzen unseres Gebiets liegenden Werks genügt um so mehr, als demselben jetzt eine seiner Bedeutung entsprechende Würdigung von Gierke a. a. O. zu Theil geworden ist. — G. meint S. 9: „Einen näheren Einblick in das bestaubte Buch scheint jedenfalls Niemand mehr (in neuerer Zeit, vor G.) der Mühe werth gehalten zu haben“ und fügt in der Anm. hinzu: „Stintzing, A. d. B. 1, 367 (1875) macht einige richtige Bemerkungen über den Inhalt des Buchs.

4. Civilis conversationis libri II. Hanov. 1601. 1611. 8°. Ein System der praktischen Ethik und eine Sammlung verständiger Lebensregeln, welche sein Vetter Philipp Althusius J. U. D. aus Corbach herausgegeben hat.

Seine übrigen bei Jugler, Tiaden und Vogel verzeichneten Schriften sind:

Centuria conclusionum de pignoribus et hypothecis. Herborn 1591. 8°.

Theses miscellaneae. Herb. 1604. 4°.

Assertiones juridicae. Herb. 1604. 4°.

De injuriis et famosis libellis. Basil. 1601. 4°.

Tractatus tres de poenis, de rebus fungibilibus ac de jure retentionis. Cassell. 1611. 4°, ein von Chr. Grau nachgeschriebenes und publicirtes Collegienheft.

Jo. Althusii aphorismi universi juris civilis vel repertorium — editum studio W. S. a Vorburg. Aschaffb. 1630. 12°. (Gierke a. a. O. S. 16 Anm.)

Ueber die Ad judicem admonitio s. oben S. 472 und Kap. 14.

---

Allein wenn er sagt, man nenne den Althusius später „ungenau einen Vertreter der Volkssouveränetät", so kann auch er kaum die innere Struktur dieses Systems ganz durchforscht haben!" Mein Urtheil über Althusius' Politik beruht auf den Studien zu einem vor 9 Jahren in gelehrtem Kreise gehaltenen Vortrage. Es konnte in der A. d. B. nur angedeutet werden. Allein bei einiger Unbefangenheit wäre wohl zu errathen gewesen, daß mit dem „ungenau" eben auf diejenigen Besonderheiten hingedeutet werden sollte, welche G. selbst S. 157 f. und 283 f. erörtert. Denn daß Althusius im Allgemeinen zu den Vertretern der Volkssouveränetät gehört, liegt auf der Hand; und nicht um dieses, wohl aber um das Besondere zu bemerken, braucht man das System des Althusius zu „durchforschen".

Zwölftes Kapitel.

## Das Reichskammergericht in der zweiten Hälfte des 16. Jahrhunderts.

1. Einleitung. Frosch. Viglius. Schenck von Tautenburg. Omphalius. — 2. Mynsinger. — 3. Gail. — 4. Hunger. — 5. Cisner. — 6. Schard. — 7. Freymon. — 8. Meurer. Sailer. Denais. Roding.

1. Durch die Einsetzung des Reichskammergerichts[1]) hatte das im allgemeinen und ewigen Landfrieden ausgesprochene Princip, daß gegen Rechtskränkungen nicht durch Eigenmacht, sondern auf geordnetem Rechtswege durch richterliche Entscheidung Hülfe zu suchen sei, seinen praktischen Ausdruck gefunden. Als Wächter dieses Princips in Landfriedensbruchsachen unmittelbar, in allen Civilsachen als Appellationsinstanz competent und auch in Strafsachen mit der Befugniß zum Einschreiten wegen widerrechtlichen Verfahrens der Untergerichte ausgerüstet, mußte seine Thätigkeit auf den gesammten Rechtszustand in Deutschland fühlbaren Einfluß äußern. Zwar litt auch seine Autorität unter der allen centralen Institutionen Deutschlands anhaftenden Schwäche; die

1) Eine befriedigende Darstellung der Geschichte des R.K.G besitzen wir nicht. Materialien enthalten Datt, de pace publica p. 704 s. Harpprecht, Staatsarchiv des K.G. Ulm. 1757. 5 Bde. 4°, namentlich Bd. 5. — Ein Verzeichniß der Mitglieder des K.G. giebt auf Grund älterer Aufzeichnungen Ludolf, de jure camerali commentatio App. X. 1730. 4°. — Einen werthvollen Beitrag zur Geschichte giebt Thudichum, Zeitschr. f. d. Recht 20, 148—222 (1860). Sehr brauchbar ist Fahnenberg, die Litteratur des R.K.G. 1792, worin namentlich die Schriften von Dedher und Pütter benutzt sind.

mangelhafte Besetzung und der wechselnde Aufenthalt, die Reibungen, welche schon die ersten Bewegungen der Reformation hervorriefen, durch die das Kammergericht in den kirchlich-politischen Conflict, in die Streitigkeiten um Religion und Kirchengut hineingezogen wurde, stellten einer gedeihlichen Entfaltung der Jurisdiction schwer zu überwindende Hindernisse in den Weg. Dennoch stieg sein Ansehen und Einfluß, seitdem es endlich in der Reichsstadt Speier (1530) seinen ständigen Sitz gefunden hatte; und auch die Recusation der schmalkaldischen Bundesgenossen (30. Januar 1534) wegen seines Verfahrens in Religionssachen war nur von vorübergehender Bedeutung.

Da der gesammte Rechtszustand und die Gerichtsverfassung seit dem 15. Jahrhundert in den deutschen Territorien in Fluß gerathen waren, so konnte es nicht ausbleiben, daß die Institutionen, welche sich durch Gesetz und Praxis am Kammergericht ausbildeten, als ein fester Kern betrachtet wurden, an den die particularen Bildungen sich anzulehnen hätten. Gerade der oft beklagte Uebelstand, daß die Beisitzer nach wenig Jahren ihre Stellen niederlegten, um in die mehr gesicherten und besser dotirten Dienste der Landesherren und Städte überzugehen, brachte den Nutzen, eine große Zahl erfahrener Praktiker über das Land zu verbreiten, welche geneigt und geeignet waren, die Geltung der kammergerichtlichen Grundsätze in ihren Kreisen zu fördern. Mehr und mehr kommt es überdies in Gebrauch, daß jüngere Juristen nach vollendetem Studium sich am Sitze des höchsten Gerichts niederlassen, um seine Praxis kennen zu lernen und entweder dort als Advocaten und Procuratoren eine Stellung zu finden, als Rechtsconsulenten zu fungiren, oder nach kürzerem Aufenthalte in ihre Heimat zu praktischer Verwendung zurückzukehren und die Kenntniß der kammergerichtlichen Grundsätze dorthin zu tragen. Auch mancher akademische Lehrer machte einen praktischen Cursus in Speier durch, ehe er den Katheder betrat. So bildet sich gleichsam eine kammergerichtliche Schule; es sammelt sich ein Kreis jüngerer Juristen in Speier, von deren flottem Leben bei mangelhafter Beschäftigung uns Manches erzählt wird. Nach der K.G.O. von 1555 Thl. 1 Tit. 49 sollen „die jungen Doctores, Licentiaten und andere Personen, so sich zu dem Cammergericht, die Pracktiken daselbst zu lernen, begeben" dieselben Immunitäten und denselben privilegirten Gerichtsstand wie die zum Kammergericht gehörigen Personen genießen. Gebräuchlich und später vorgeschrieben war es jedoch, daß die „Praktikanten", um zu den personae camerales gerechnet zu werden, sich durch den Pedellen beim Kammergericht anmelden und in ein Album eintragen lassen mußten[1]).

Mit den Vertretern der Wissenschaft stand das Kammergericht in lebendiger Berührung. Zahlreich sind die Gutachten, welche von auswärtigen Gelehrten in kammergerichtlichen Sachen auf Verlangen der Parteien und des Gerichts selbst erstattet wurden. Unter den Beisitzern finden wir nicht Wenige, die von der akademischen Lehrthätigkeit herkamen, auch wohl zu dieser zurückkehrten und neben den praktischen Geschäften die Pflege wissenschaftlicher Studien nicht vernachlässigten.

Nahe genug lag es, die Institutionen des Kammergerichts selbst und die Praxis, welche sich an ihm herausbildete, zum Gegenstand wissenschaftlicher Bearbeitung zu wählen. Allein es bedurfte längerer Zeit, damit beide zu einer gewissen Consistenz gelangten. Die Abhängigkeit, in welcher man sich von der italienischen Doctrin befand, ließ das Bewußtsein zu eigener Gestaltung berufen und befähigt zu sein nur langsam keimen; auch war die Gesetzgebung im Laufe der ersten Hälfte des Jahrhunderts noch in raschem Flusse. Nach der Publication der zweiten K.G.O. von 1521 beschäftigten sich die Reichstage zu Nürnberg 1523, Speier 1527 und 1529, Augsburg 1530, Regensburg 1532, sowie die dazwischen liegenden und folgenden Visitationen mit gesetzlichen Reformen, welche endlich auf den Augsburger Reichstagen von 1548 und 1555 in der dritten K.G.O. ihren Abschluß fanden.

1) Roding, Pand. camer. ed. 1660. 1, 4, 28; 4, 15.

Um diese Zeit beginnt die erste literarische Bearbeitung der kammergerichtlichen Justiz, welche später unter dem Namen der Jurisprudentia cameralis zu bedeutendem Umfange und umfassender Autorität heranwuchs [1]).

Die Ersten, welche notae et commentarii zu den K.G.O. von 1548 und 1555 schrieben, sind die Gebrüder Kaspar Koch († 1553) und Werner Koch († nach 1570), beide Assessoren, deren Manuscript der pseudonyme Julian Magenhorst 1600 (Francof. 12°) herausgab. In dieselbe Zeit (1543) wird die Abhandlung eines Ungenannten de Syndicatu gesetzt, welche Deckherr, Monum. lect. camer. ant. 1691. 4° herausgab. Ihren eigentlichen Anfang aber nimmt die Cameralistik mit Mynsinger und Gail.

Der Einfluß des Reichskammergerichts auf die Praxis in den Territorien sowohl wie auf die Theorie des Rechts ist durch diese Literatur wesentlich gefördert worden; und es entsprach dem auf die Herausbildung des gemeinen Rechts gerichteten Zuge der Zeit, wenn die K.G.O. von 1555 II, 31, 2 und der R.D.A. von 1600 § 15 die Einführung eines dem kammergerichtlichen conformen Verfahrens in den Territorien vorschrieben. Dieser Einfluß besteht neben der Thatsache, daß von den unter Privaten verhandelten Rechtsstreitigkeiten nur ein verhältnißmäßig sehr kleiner Bruchtheil wirklich an das Kammergericht gelangte, da man, von anderen Motiven abgesehen, Grund genug hatte, die Umständlichkeit, Langsamkeit und Kostspieligkeit seiner Justiz zu scheuen. Von größerer Bedeutung für die Einschränkung seines Einflusses sind die privilegia de non appellando, welche in verschiedenem Umfange erworben wurden. Lübeck und Hamburg erwarben z. B. 1544, 1554, 1588 Privilegien gegen die Appellation in bestimmten Sachen [2]). Das Kurfürsten-

1) Die vollständigsten, wenn auch nicht exacten, Nachweisungen über diese enthält Fahnenberg, Literatur des kaiserl. Reichskammergerichts. Wezlar 1792. 8°, nach Deckherr, Dissert. de cultu jur. cam. Spir. 1676. 4°.

2) v. Duhn, deutschrechtliche Arbeiten S. 75.

thum Sachsen ließ sich 1559 ein allgemeines Privilegium gegen die Reichsjustiz ertheilen; ihm folgte 1586 Brandenburg, 1620 Bayern. In dem Umfange solcher Privilegien war der unmittelbare Einfluß des Reichskammergerichts gebrochen, wie dies z. B. in der ganz selbständigen, durch gemeinrechtliche Theorien unberührten Erhaltung und Entwicklung des Immobiliar-Sachenrechts jener beiden Städte wahrzunehmen ist. Weit erheblicher aber noch ist der Erfolg jenes Privilegiums für Sachsen, welchem dadurch die Ausbildung des überlieferten Rechts zu einem selbständigen gemeinen Sachsenrecht gesichert wurde.

Allein der Einfluß der kammergerichtlichen Justiz beruht nicht ausschließlich auf ihrer Macht und Competenz und ist daher in deren Grenzen nicht eingeschränkt. Weitergehend ist der Einfluß gewesen, den das Collegium durch die Persönlichkeiten übte, welche es in sich und um sich versammelte. Es ist schon hervorgehoben, von welcher Bedeutung es werden mußte, daß die Beisitzer rasch zu wechseln, in andere Stellungen überzugehen pflegten. Bei diesem Collegium wie bei anderen sind Geltung und Einfluß zum nicht geringen Theile von dem Ansehen und der Bedeutung seiner Mitglieder abhängig gewesen; und andrerseits hat die Mitgliedschaft die Wirksamkeit der einzelnen Persönlichkeiten bestimmt und ihr zur Folie gedient.

Aus diesem Grunde sollen hier die hervorragenden Schriftsteller, welche als Beisitzer am Reichskammergericht fungirt haben, zusammengestellt werden, auch wenn ihre literarische Thätigkeit mit der kammergerichtlichen Praxis sich nicht berührt. Es wird daraus ein Bild der geistigen Kräfte, welche das Kammergericht seit der Mitte des 16. Jahrhunderts an sich zog und sammelte, hervorgehen. Durch Männer, welche ihre Interessen in die verschiedensten Gebiete der Wissenschaft verzweigten, lebhaften persönlichen Verkehr mit den benachbarten Gelehrten in Heidelberg, Frankfurt, Worms und Marburg pflegten und Beziehungen zu ihren Committenten in den entfernten Theilen des Reichs unterhielten, bildete Speier eine Zeit lang einen Mittelpunkt für die deutsche Jurisprudenz. Die zweite Hälfte des 16. Jahrhunderts erscheint als die glücklichste Periode des Reichskammergerichts. Allein schon aus der vorhergehenden Zeit sind einige Beisitzer als hervorragende Gelehrte zu nennen. Zu diesen gehören Franz Frosch (s. oben S. 253), der von 1530 bis 1533, und Viglius von Zuichem (s. oben S. 220), der von 1535 bis 1537 dem Collegium angehörte. Ihnen stehen der Zeit nach am nächsten Schenck von Tautenburg und Omphalius. Es folgt die für die Autorität und den Bestand des Gerichts gefährliche Periode des Schmalkaldischen Bundes, an welche sich die Zeiten einer mehr befriedigenden Wirksamkeit anschließen.

Freiherr Friedrich Schenck von Tautenburg[1]), aus altem thüringischen Geschlecht, Sohn des Gouverneurs von Westfriesland und Gröningen. Nachdem er mit 17 Jahren Doctor juris, mit 22 Jahren Geheimer Rath Karl's V. geworden, war er von 1530 bis 1534 Assessor generosus[2]) des Kammergerichts, trat dann in den geistlichen Stand und starb als Bischof von Utrecht nach 19jähriger Amtsführung am 21. October 1580. Er ist als Schriftsteller vorzüglich durch seine Interpretationes in libros feudorum. Colon. 1553. Heidelb. 1584. fol. bekannt.

Jacob Omphalius[3]) ist 1500 in Andernach geboren. Ueber seinen Bildungsgang wissen wir nur, daß er sich zunächst den humanistischen Studien zugewendet und diese mit der Juris-

1) Foppens, Bibl. belg. 1, 321 s., wo seine Grabschrift mitgetheilt ist und seine Schriften aufgezählt sind. Juristische: Trias forensis. Antw. 1528. 8°. Progymnasmata fori. Viridarium conclusionum juridicarum. Halae Suev. 1537. fol. Colon. 1589. 8°. Jugler 3, 219 ff. Harpprecht, Staatsarchiv 5, 110 f. Walther, Lit. d. Civilprocesses § 115. de Wal, Beiträge S. 55. Jöcher. Schenck v. T. führte auch die Titel Doctor theol. und Erzbischof.

2) Die Ass. generosi d. h. die dem Reichsgrafen- und Reichsfreiherrnstande angehörigen Beisitzer führen seit 1562 den Titel Praesides. Vgl. Ludolf, de jure cam. comment. App. X p. 6. 41 s.

3) Adam 1, 88. Hartzheim, Bibl. Colon. p. 151. Ludolf, Catalogus p. 47 s. Bianco, die Univers. Cöln 1, 769. Ennen, Gesch. d. Stadt Cöln 4, 391. 516. 560. 565. Varrentrapp, Hermann v. Wied S. 262. Handschriftliche Mittheilungen des Herrn Pastor Krafft in Elberfeld.

prudenz verbunden hat. Er scheint als Begleiter vornehmer junger Leute nach Frankreich gereist zu sein; 1535 ist er in Toulouse. Er widmet hier seine Prolegomena in Cic. pro Caecina dem Joannes Dillerius, den er „summum scholae Tolosae antistitem ac juris utriusque doctorem clarissimum“ nennt, und bezeugt ihm lebhaft seinen Dank dafür, daß er ihm „nuper in maximo literatorum hominum concursu de jure publice respondenti“ geholfen habe. Es scheint dieser Vorgang sich auf Omphalius' Doctorpromotion zu beziehen, und man darf vermuthen, daß die Anfeindungen, denen er nach verschiedenen Andeutungen ausgesetzt gewesen, mit jenem dort zwischen den Bartolisten und den humanistischen Neuerern geführten Kampfe zusammenhängen.

In den folgenden Jahren ist Omphalius nach Deutschland zurückgekehrt; im Februar 1536 schreibt er noch aus Toulouse. Am 8. October 1537 tritt er als Kölnischer Beisitzer in das Reichskammergericht ein und geht 1540 nach Köln, um in dem unmittelbaren Dienst des Kurfürsten Hermann von Wied für dessen reformatorische Pläne thätig zu sein. Nachdem der bedrängte Fürst sich 1547 zur Resignation gezwungen sah, hat Omphalius noch eine Zeit lang für ihn unterhandelt, um eine Erleichterung seiner Lage herbeizuführen. Nach dieser Zeit ist Omphalius in Dienst des clevischen Hofes getreten, hat dann eine Professur in Köln erhalten, zugleich aber für seinen Fürsten und für den Kölner Rath eine ausgedehnte praktische Thätigkeit, über deren Druck er sich beklagt, fortgesetzt. Durch Verlust eines Kapitals von 7000 Thalern gerieth er 1563 in Verlegenheiten, blieb indeß im Besitz mehrerer kleiner Landgüter und zog sich später auf das eine Gut, Büchel bei Wiesdorf a. Rh. unweit Opladen, zurück, wo er, wie die Grabschrift sagt, am 25. October 1567, 67 Jahre alt, gestorben ist.

Omphalius' literarische Thätigkeit ist überwiegend durch seine Ciceronianischen Studien bestimmt. Die Rhetorik in ihren beiden Richtungen als Lehre kunstgerechter Invention und Disposition, sowie als Kunst des Vortrages hat er vertreten. Sie führt ihn überdies zur Erörterung allgemeiner theoretischer, philosophischer und methodologischer Fragen, denen namentlich seine Schrift de usurpatione legum gewidmet ist. Seine Sprache ist gewandt und rein, seine Gedanken sind klar und von tüchtiger ethischer Gesinnung durchdrungen; aber die Disposition des Stoffs ist wenig befriedigend und sein Stil von jener wortreichen Breite der Ciceronianer[1]).

2. Joachim Mynsinger von Frundeck[2]), geb. in Stuttgart am 13. August 1514, stammt aus einem schweizerischen Adelsgeschlecht, welches nach der Schlacht bei Sempach (1386) nach Schwaben auswanderte und von dem Kaiser mit dem Schlosse Frundeck am Neckar belehnt wurde. Sein Vater Joseph Mynsinger war östreichischer Kanzler von Würtemberg während des Exils des Herzog Ulrich 1519—1534. Der reichbegabte Knabe Joachim, dem man ein glückliches und kampfbereites Leben prophezeite, weil er im Scheine der Abendröthe geboren einen Zahn mit auf die Welt brachte (er nannte sich später gern

1) Prolegomena in nobilem illam M. T. Ciceronis pro A. Caecina orationem. Paris 1538. 8°. Nach den Proleg. folgt die Rede selbst mit Scholien. Er soll auch die Reden pro lege Manilia und in L. Pisonem herausgegeben haben.

De suscipienda Christianae reipubl. propugnatione etc. Ad. ill. princ. Electorem Hermannum Archiep. Colon. Colon. 1538.

De usurpatione legum et eorum studiis, qui Jurisprudentiae professionem sibi sumunt libri octo. Basil. 1550. fol.

De officio et potestate principis — libri duo. Basil. 1550. fol.

De elocutionis imitatione ac apparatu liber unus. Epistolae scriptae ad familiares. Herausgegeben von O.'s Sohn Bernhard. Colon. 1572. 1613. 8°. Die Briefe sind von 1536 bis 1566 aus Toulouse, Speier, Düsseldorf, Köln und Büchel datirt.

Außerdem werden noch genannt Commentarii de civili Politia. Nomologia. Practica.

Sein im Namen des Hermann von Wied an den Papst gerichtetes Rechtfertigungsschreiben ist im Archiv zu Neuwied.

2) H. Meibomii Panegyricus. Jugler, Beiträge 2, 1—19. Du Roi, Biographien in Hagemann u. Günther's Archiv 2, 97—116. Schreiber, J. Mynsinger. Rede. 1834. 4°. Schulte, Geschichte III, 2, 25 f.

Dentatus), genoß den vorzüglichen Unterricht des Humanisten Märklin in Stuttgart und ward schon im 13. Jahre in der Gesellschaft der jungen Truchsesse von Waldburg unter Aufsicht des Juristen Dr. Lukas Landstraß nach Dôle geschickt. Am 5. Mai 1532 ward er in Tübingen immatriculirt, um, wie es heißt, hier seine juristischen Studien zu beginnen, in die er doch wohl schon durch Landstraß eingeführt sein mochte. Bald nachher zog er in seiner früheren Begleitung nach Padua, wo er bei Viglius von Zuichem hörte. Auf einem der üblichen Ausflüge nach Venedig, dies Mal um der festlichen Vermählung des Dogen mit dem Meere am Himmelfahrtstage beizuwohnen, bestand er ein lebensgefährliches Abenteuer, das er später als „Naufragium Venetum" besang: bei einer Lustfahrt nach Murano ward seine Gondel von einer größeren überfahren und umgestürzt; doch gelang es andern Gondelfahrern, ihn mit allen Genossen zu retten. Nach seiner Rückkehr aus Italien verheirathete er sich mit der reichen Barbara Kastenkellerin (Cellaria). Die Rückkehr Herzog Ulrich's in Folge der Schlacht bei Laufen und des Vertrags zu Caban (13. Mai, 29. Juni 1534) veranlaßte Mynsinger, Würtemberg zu verlassen. Er zog nach Freiburg, ward am 28. October 1534 immatriculirt und ließ sich in dem benachbarten Herdern, dessen Schlößchen mit dazu gehörigen Gütern er kaufte, häuslich nieder. Mit Zasius, dessen Ruf ihn nach Freiburg gezogen hatte, lebte er noch ein Jahr lang in dem vertrauten Verkehr, welchen der ehrwürdige Lehrer so gern seinen strebsamen Schülern zu gönnen gewohnt war. Schon im folgenden Jahre starb Zasius (24. November 1535); allein selbst dieser kurzen Zeit der Lehre und des Umgangs glaubt Mynsinger so viel zu danken, daß er sagen kann: „quidquid mihi doctrinae in legibus accreverit, id omne soli Zasio adscribendum acceptumque ferendum esse".

Nachdem durch Zasius' Tod und das Vorrücken seiner Collegen Derrer, Amelius und Pabst in die höheren Lectionen die Institutionen vacant geworden waren, übernahm sie Mynsinger (Januar, Mai 1536); um dieselbe Zeit ward er zum Doctor promovirt. Im Jahre 1543 erhielt er die Professur des Codex, übernahm aber noch in demselben Jahre die längere Zeit ungenügend vertretene Lectura des kanonischen Rechts, welche er bis zu seinem Abgange 1548 versah. Es hat während seines 12jährigen Aufenthalts in Freiburg an Reibungen nicht gefehlt. In jugendlichem Selbstgefühl, gehoben durch Adel und Reichthum, war Mynsinger nicht geneigt sich den pedantischen Ordnungen der Universität in seinem äußeren Auftreten zu fügen. Wiederholt erzählen die Acten von Vorstellungen und Verweisen, die ihm der Senat wegen Bart, Degen und Kleidung zukommen ließ; kecke Abweisungen, mit denen er antwortete, zogen ihm die Strafe der Exclusion aus dem Rathe der Universität zu, welche nur auf Verwendung seines Vaters wieder aufgehoben wurde (1538). Aber auch gegen ein bestehendes Statut geschah es, daß Mynsinger sich dem Abte von Murbach als Rath verpflichtete und in seinen Geschäften Reisen unternahm: die Universität suspendirte ihn vom Lehramt, bis er sich entschloß (October 1539) auf seine Stellung zum Abte zu verzichten.

Indeß ließ sich Mynsinger durch solche Widerwärtigkeiten in frohem Genusse des Lebens nicht stören; nach wie vor übte er sein Talent in heiterer Poesie. Ein größeres Epos zu Ehren des Erzhauses Oestreich gab er unter dem Titel Austriados libri duo 1540 heraus und überbrachte es persönlich dem Kaiser. Die Verjagung der Türken, die Eroberung des heiligen Grabes, die Herstellung des griechischen Kaiserreichs sind die Ziele, zu denen seine politische Hoffnung sich poetisch erhebt.

Seine Stellung zur Reformation war damals noch unentschieden. Zwar hatte man, als ihn 1541 der schwäbische Kreis zum Beisitzer des Kammergerichts präsentirte, wegen angeblicher Hinneigung zu den Protestanten gegen seine Ernennung mit Erfolg Einwendungen erhoben; allein es war von solchen Bedenken nicht mehr die Rede, als Karl V. ihn im Jahre 1548 zum Beisitzer für den oberrheinischen Kreis ernannte. Schwer ward ihm die Trennung von seinem anmuthigen Landsitze und der akademischen Thätigkeit, und noch oft dachte er in seiner neuen Heimat Speier mit Sehnsucht an die alte zurück.

Er suchte Ersatz in regerer literarischer Arbeit, vollendete seinen Commentar zu den Institutionen (1555) und legte durch sorgfältige Beobachtung und Aufzeichnung der kammergerichtlichen Praxis den Grund zu seinen Observationes judicii imperialis camerae.

Nach acht Jahren (Frühjahr 1556) verließ er Speier und zog nach Wolfenbüttel, um das Amt eines Kanzlers bei dem Herzog Heinrich d. J. von Braunschweig zu übernehmen. Es beginnt nun die erfolgreichste Thätigkeit seines Lebens. Denn seinem Einflusse ist es vor allem zuzuschreiben, wenn die Regierung des harten und gewaltthätigen Herzogs seit dieser Zeit dem Lande zum Segen wurde. Die Verfolgungen der protestantischen Lehre, der die Bevölkerung ergeben war, hörten auf; das Justizwesen ward durch eine von Mynsinger 1556 entworfene, 1559 revidirte Hofgerichtsordnung verbessert; das Steuerwesen ward durch eine Schatzordnung vom Jahre 1557 nach Berathung mit den Landständen neu geordnet; 1563 erschien eine umfassende Polizeiordnung; im folgenden Jahre ward die Carolina mit einzelnen Anweisungen für die Landesgerichte förmlich publicirt.

Im Jahre 1563 ward er zur Visitation des Reichskammergerichts deputirt. Allein das Collegium wollte gegen ihn von seinem Recusationsrechte Gebrauch machen, weil er durch Publication seiner Observationes camerales gegen seinen als Beisitzer geleisteten Eid „die Heimlichkeit seiner Pflicht zuwider geoffenbaret“[1]). Indeß behielt es bei einer zu Protokoll gegebenen Protestation sein Bewenden.

Als im Jahre 1568 Herzog Heinrich starb, wollte Mynsinger sein Amt niederlegen. Allein der Nachfolger, Herzog Julius, konnte den bewährten Kanzler für seine Pläne nicht entbehren.

---

1) Vgl. den Bericht des kursächs. Deputirten bei Struben, Nebenstunden 4, 86 ff.

Er übertrug ihm den Vorsitz bei den nun beginnenden Verhandlungen wegen Durchführung der Kirchenreformation, mit der eine Verbesserung des Schulwesens verbunden werden sollte. Schon 1569 ward die neue Kirchenordnung publicirt, welche zugleich eine Schulordnung enthielt.

Nicht lange darauf (1573) nahm Mynsinger definitiv seinen Abschied; und zwar scheint es, daß er durch Hofcabalen in Mißhelligkeiten gerathen und von seinem Fürsten in Ungnade entlassen ist. Er zog sich nach Helmstädt auf den Burghof zurück, ein zum Erbkämmerer-Amte, mit welchem er vor Jahren belehnt war, gehöriges Gut, und lebte seinen Studien. Doch finden wir ihn bald wieder von dem Herzog in wichtigen Geschäften verwendet, und er benutzte nun seinen neu begründeten Einfluß, um seinen Landesherrn für den Plan zu gewinnen, das Gymnasium in Helmstädt zu einer Universität zu erheben. Nachdem das kaiserliche Privilegium erlangt und die nöthigen Vorbereitungen vollendet waren, fand die Einweihung der Academia Julia, deren Lehrthätigkeit bereits im vorhergehenden Jahre begonnen hatte, durch den Herzog in Person am 15. October 1576 feierlich statt. Mynsinger fungirte dabei als kaiserlicher Commissar, erklärte die Stiftung der Julia für genehmigt und bekleidete den Erbprinzen Heinrich Julius als ersten Rector mit dem Purpurmantel. Der Herzog ernannte ihn zum Vicekanzler der Universität und die juristische Facultät führte honoris causa seinen Namen an der Spitze ihres Lectionsverzeichnisses auf. Doch war er nicht mehr zu bewegen, den Katheder zu besteigen. Er zog sich für immer ins Privatleben zurück.

Seine Vermögensverhältnisse waren durch herzogliche und kaiserliche Belehnungen die glänzendsten geworden. Nach dem Tode seiner ersten Frau (1556) hatte er sich mit der Tochter des Erbmarschalls von Braunschweig, Agnes von Oldershausen, vermählt, die ihm zwei Söhne und drei Töchter schenkte. Im Kreise der Seinen, auf seinen Gütern, lebte er seinen Studien noch 12 Jahre in glücklicher Muße. Er starb am 3. Mai 1588 auf seinem Schlosse Großen-Alsleben an der Bode. Heinrich Meibom, Professor der Poesie und Historie zu Helmstädt, feierte ihn in einem langen poetischen Panegyricus, der sein Leben ausführlich beschreibt. Er ist mehreren Werken Mynsinger's vorgedruckt und bildet die werthvollste Quelle für die Biographie. Mynsinger's zweiter Sohn starb kinderlos; der ältere hinterließ einen Sohn, mit welchem das Mynsinger'sche Geschlecht (um 1640) erlosch.

1. Aus seinen Vorlesungen über die Institutionen sind die „Scholien" hervorgegangen, welche er in verschiedenen Formen publicirt hat.

Noch während seiner Professur in Freiburg erschien: In tit. Institutionum de actionibus J. Mynsingeri scholia. Basil. 1545. 8°, eine Schrift, welche später in die Tractatus diversorum Auctorum de actionibus. Lugdun. 1567. fol. übergegangen ist.

Als Beisitzer des Reichskammergerichts unterzog er das für seine Vorlesungen gesammelte Material einer neuen Bearbeitung, die er unter dem Titel Apotelesma sive Corpus perfectum Scholiorum ad quattuor libros Institutionum juris civilis. Basil. 1555. fol. publicirte. Nachdem 6—7 unveränderte Auflagen erschienen waren, fand endlich Mynsinger in Helmstädt die Muße zu Verbesserungen und Zusätzen, in denen er namentlich seine Observationen berücksichtigte (1580. 1584. 1586). Im Jahre 1586 ließ sich ein junger Belgier, Arnold von Reyger[1]), durch den Krieg aus seinem Vaterlande vertrieben, in Helmstädt nieder und trat bald zu Mynsinger in vertraute Beziehung. Auf sein Zureden entschloß sich dieser zu abermaliger sorgfältiger Bearbei-

1) Geb. am 17. Januar 1559; promovirte am 2. Januar 1593 in Jena und ward dort Professor der Rechte. 1596 trat er in Dienste Joachim Friedrich's von Brandenburg, lebte in Halle, Magdeburg, zuletzt als Vicekanzler in Berlin. Daß er schon 1615, wie vielfach angegeben wird, gestorben sei, ist schwerlich richtig. Unter seinen Schriften sind Disputat. ex lib. 1 Instit. Jenae 1591. 4° und Exercitationes practicae 1596, später unter dem Titel Processus judiciarius 1597. 4° hervorzuheben. Foppens 1, 102. Zeumer 2, 76.

tung seiner Scholien, welche dann unter Reyger's Aufsicht nach Mynsinger's Tode zu Helmstädt 1589. fol. erschienen. Eine Vorrede des auf dem Titel genannten Herausgebers (Epist. dedicatoria) giebt über die Schicksale des Werks nähere Auskunft; dann folgen der Panegyricus in laudem Mynsingeri von M. Heinrich Meibom und viele Epigramme.

Das Werk selbst ist in der Form eines Commentars zu dem paragraphenweise abgedruckten Texte der Institutionen geschrieben. Die Darstellung ist die einer ausführlichen Paraphrase mit ergänzenden Excursen, ungemein verständlich und reichhaltig. Sowohl das geschichtliche als das praktische Interesse kommt zur Geltung; am Rande stehen Allegationen der Quellen und der Literatur, wobei auch die Observationen Mynsinger's und die Reichsgesetze nicht vergessen sind. Als etwas Besonderes hebt Reyger hervor, daß er die Stellen des Corpus juris nach Zahlen citire: und es ist wohl dies Werk eines der ersten, in welchen diese Neuerung durchgeführt wurde. Als einleitendes Lehrbuch ist nun zwar dies bis zu 704 Folioseiten angeschwollene Werk nicht zu brauchen. Dagegen als Sammlung eines reichen, gelehrten und praktischen Apparats, in welchem die Materien mit ungewöhnlicher Klarheit und Vollständigkeit abgehandelt sind, hat es ein Jahrhundert lang seinen Platz behauptet. Die von Mynsinger unternommenen Bearbeitungen zeigen, daß er sich in lebendiger Berührung mit der rasch fortschreitenden Wissenschaft zu halten gewußt hat; die Werke der Deutschen und Franzosen, insbesondere Hotoman's Institutionen-Commentar, sind ausgiebig benutzt. Eben deswegen hat das Werk nicht nur in Deutschland Verbreitung gefunden. Von den 20 Auflagen, welche von 1588 bis 1674 erschienen, sind mehrere zu Löwen, Genf, Lyon, Douay und Antwerpen gedruckt worden.

2. Die Observationen erschienen zuerst unter dem Titel Singularium observationum Judicii Imperialis Camerae (uti vocant) Centuriae quatuor. Basil. 1563 mit kaiserlichem Privileg, und zwar, wie es scheint, gleichzeitig in fol. und in 8°; neue

Abdrücke 1565. 8°, 1566. fol.; verbessert 1570. 8°; mit Zusätzen und einer fünften Centurie vermehrt Basil. 1576. 1580. fol.; abermals durchgesehen und mit einer sechsten Centurie vermehrt Helmstädt 1584. 4°. Nach des Verfassers Tode hat Arnold von Reyger das Werk unter Benutzung der hinterlassenen Papiere revidirt und in wiederholten Auflagen (1591. 1594. 1599. 1609) mit „Additiones“ und Noten am Rande versehen. Diese Zusätze sind theils aus den Observationen von Gail, Wurmser, Hartmann u. A. geschöpft, theils beruhen sie auf Mittheilungen, welche Reyger von Beisitzern, Advocaten und Procuratoren des Kammergerichts erhalten hatte. Sie sind in bescheidenem Umfange gehalten und bestehen vielfach nur in Allegationen. Die letzte Bearbeitung von Reyger ist bis zum Jahre 1671 in etwa 10 Auflagen und Nachdrucken wiederholt worden. Im Jahre 1661 publicirte W. L. von Fabrice Annotationes ad Mynsingeri Observationes zu den ersten drei Centurien, welchen 1690 Francof. 4° die „Continuatio Mynsingero-Fabriciana seu Tractatus theoretico-practici pars secunda“ von J. D. von Gülich (Lehrer der Mathematik und der griechischen Sprache am Gymnasium in Göttingen, gest. 1696) hinzugefügt wurde. Johann Deckherr hat die Observationen in seinen Monumenta lectionis cameralis antiquae 1691 excerpirt.

Mynsinger gilt mit Recht für den Begründer der cameralistischen Jurisprudenz. Ein Werk gleicher Art war in Deutschland noch nicht unternommen; welche Werke fremder Gelehrten ihm zum Muster gedient hatten, giebt Mynsinger in der Dedication seiner ersten Ausgabe an Kaiser Maximilian II. an. Die Aufzeichnungen, welche er sich während seiner 7jährigen Amtsthätigkeit über die Praxis des Kammergerichts gemacht hatte, waren so reichhaltig, daß er aus ihnen noch in späteren Jahren für die vermehrten Auflagen schöpfen konnte. Er hat nicht etwa bloß seine eigene verhältnißmäßig kurze Erfahrung berücksichtigt, sondern auch die Acten älterer Processe durchforscht. Mit musterhafter Kürze und Klarheit stellt er die, meistens controversen

Fragen des praktischen Rechts hin und entwickelt präcis und einfach die Entscheidung. Er beschränkt sich dabei nicht auf das kammergerichtliche Urtheil, sondern führt die entscheidenden Gesetze, sowie die Autoritäten der Glossatoren und Postglossatoren pro und contra an. In einigen Observationen fehlt sogar die kammergerichtliche Entscheidung ganz und nur die eigene Meinung wird mit den nöthigen Allegationen dargelegt. Auch kommen Fragen vor, in welchen Mynsinger seine eigene Meinung der kammergerichtlichen gegenüberstellt. Indeß sind beide die selteneren Fälle; denn im Ganzen hält Mynsinger an dem Zwecke fest, die Literatur nicht durch neue Controversen zu vermehren, sondern durch Darlegung der kammergerichtlichen Präjudicate der deutschen Praxis eine feste Richtung zu geben. Er will damit einem Bedürfnisse genügen, dem aber, wie er meint, nur durch die oft in Aussicht genommene Sammlung und Redaction der kammergerichtlichen Urtheile unter kaiserlicher Autorität („Corpus decisionum cameralium“) vollständig abgeholfen werden kann. — Die Observationen sind nicht systematisch geordnet, ein Uebelstand, welcher durch indices für den praktischen Gebrauch ausgeglichen ist.

Man hätte denken sollen, daß dieses ungemein zeitgemäße Unternehmen sich der ungetheilten Zustimmung zu erfreuen gehabt hätte. Dennoch sahen wir oben, daß es von dem Kammergerichte selbst als ein unerhörtes, mit der eidlich gelobten Amtsverschwiegenheit unvereinbares betrachtet wurde. In der That lagen ähnliche Fälle noch nicht vor. Sammlungen von Urtheilen, durch die Gerichtsschreiber angelegt und fortgeführt, waren zwar gewöhnlich; aber etwas Neues lag in der Publication: und man konnte bezweifeln, ob es zulässig sei, die Entscheidungen mit Jahreszahl und Namen der streitenden Parteien bekannt zu machen, wie es hier zum Zwecke der sicheren Nachweisung geschah. Das Kammergericht, vielfach angefeindet und in seiner Autorität gefährdet, mochte überdies von der Publication neue Unbequemlichkeiten fürchten, mochte besorgen, daß seine Entscheidungen in die theoretische Polemik hineingezogen und durch scharfe Kritik in ihrem Ansehen erschüttert würden. Das Gegentheil ward von Mynsinger beabsichtigt und wirklich auch erreicht: denn es unterliegt keinem Zweifel, daß die Observationen, welche, wie die zahlreichen Auflagen beweisen, sich das größeste Ansehen erwarben, einen entscheidenden Einfluß der kammergerichtlichen Jurisprudenz auf die Praxis vermittelt haben.

Die Einwendungen, welche das Reichskammergericht gegen Mynsinger's Zulassung bei der Visitation erhob, hatten, wie berichtet, keinen Erfolg. Allein sie veranlaßten ihn zu einer besonderen Rechtfertigungsschrift, welche er der Ausgabe von 1566 vordrucken ließ. Es war ihm leicht nachzuweisen, daß es sich hier nicht um „Heimlichkeiten", sondern um Rechtsgrundsätze handele; daß er überdies formell gedeckt sei durch das für die Publication erlangte Privileg des Kaisers, der die Dedication angenommen habe.

Die letzte von Mynsinger selbst besorgte, mit der sechsten Centurie vermehrte Ausgabe (1584) verwickelte ihn in einen Streit mit Andreas Gail, dem er in der Epist. dedicatoria vorwarf, in den von ihm 1578 herausgegebenen Observationen die Mynsinger'schen ohne Angabe der Quelle ausgebeutet zu haben. Die Antwort Gail's wird uns Gelegenheit geben, auf diesen Streit zurückzukommen.

3. Unter Mynsinger's übrigen Schriften sind folgende hervorzuheben:

In tres libri II Decretal. titulos de probationibus, de testibus et de fide instrumentorum commentarii. Helmstad. 1582. fol. 1600. fol. Mit Zusätzen von Reyger Francof. 1602. 8° [1]).

Responsorum juris s. consiliorum Decades VI. Basil. 1573. fol. Vermehrte Ausgabe Decades X sive centuria in-

1) Mit welchem Rechte Jugler, Du Roi und Schulte neben diesem Werke noch ein zweites mit fast gleichem Titel und aus demselben Jahre angeben, lasse ich dahingestellt. Ich kenne nur dieses.

tegra Basil. 1576. 1580. fol. Reyger fügte noch fünf Decaden hinzu (Francof. 1601. 1613. fol.).

Es sind diese consilia der Mehrzahl nach Relationen, welche Mynsinger am Kammergericht verfaßt hat.

Seiner Pietät für Zasius hatte er schon in Freiburg ein Denkmal gestiftet durch Sammlung und Herausgabe sämmtlicher Werke, eine mühevolle Arbeit, welche er in Gemeinschaft mit Zasius' Sohn Johann Ulrich, kaiserl. Rath, unternahm. Lugduni apud Seb. Gryphium. 1550. fol. 6 Bände.

Schließlich ist noch eines Gebetbuchs zu gedenken, welches Mynsinger, wie es scheint, in den letzten Jahren seines Lebens herausgegeben hat. Wann es zuerst erschienen ist, bleibt ungewiß; Ausgaben von 1600 und 1611 sind bekannt, eben so eine lateinische Uebersetzung Enchiridion religiosum Magdeburg. 1595. 12° von S. Mencius besorgt.

**3. Andreas Gail**[1]) (Geyl, Gayll), Sohn des einem Kölner Patriciergeschlecht angehörigen Kaufmanns Philipp Gail, den Kaiser Karl V. zum Lohne für seine Verdienste um Förderung der städtischen Interessen und der Erhaltung des Katholicismus in Köln 1545 in den Adelsstand erhob, ist dort 1526 geboren. Seine erste humanistische Bildung erhielt er in der Stiftsschule zu Emmerich. Für seine juristischen Studien wählte sein Vater Löwen, das durch seine orthodoxe Richtung der kirchlichen Gesinnung genügende Garantien bot. Nach dreijährigem Aufenthalte kehrte Gail nach Köln zurück und ward hier am 3. Januar 1547 immatriculirt. Dann zog er nach Orleans, sah sich aber schon nach kaum halbjährigem Aufenthalte durch den Tod seines Vaters (1548) zur Heimkehr genöthigt. Nach Regulirung der Erbschaftsangelegenheiten und kurzem Aufenthalt in Löwen sucht er dann Orleans wieder auf, wird hier von seinen Landsleuten

1) Adami vitae p. 292. Pütter 1, 126 f. Fahnenberg, Lit. d. R.K.G. S. 37 f. Bianco, die Univers. Cöln 1, 694. Ennen, A. Gail in Pick, Monatsschrift f. rhein-westfäl. Geschichtsforschung Jahrg. 3 S. 71 ff (1877). A. d. B. 8, 307 ff. (Ennen und Stintzing).

zum Procurator der deutschen Nation erwählt und verweilt so lange, bis der Krieg zwischen Frankreich und dem Kaiser ihn bestimmt, das Land zu verlassen. Er geht wieder nach Löwen, vermählt sich mit einer jungen Brabanterin, Anna Clouven und lebt hier, wie es scheint, längere Zeit. Im September 1555 reist er nach Rom, dann nach Bologna, wo er am 12. December zum J. U. D. promovirt wird, holt seine Frau mit seinem Erstgeborenen von Löwen ab und läßt sich in Köln nieder, um die juristische Praxis zu betreiben. 1558 vom Kurfürsten von Trier zum Beisitzer des Reichskammergerichts präsentirt, bekleidete er diese Stellung, wie er selber, gegenüber dem sonst gewöhnlichen raschen Wechsel der Assessoren, hervorhebt, fast 11 Jahre lang. Er resignirte am 11. September 1568. Nach seinem Epitaphium hat er dann dem Kaiser Maximilian II. acht, dem Kaiser Rudolf II. sieben Jahre gedient. Eingerechnet ist in diese Zeit das letzte Jahr seiner Assessur, während dessen er bereits (seit April 1567) kaiserlicher Rath war. Im Jahre 1569 ward er zum Reichshofrath ernannt und nahm seinen Wohnsitz in Wien. Seit 1571 war er Referendarius des Hofraths, ward zu den wichtigsten Legationen nach Frankreich und Rom verwendet und fungirte 1577 als kaiserlicher Commissarius in den Niederlanden.

Gern benutzte er seine einflußreiche Stellung zu Gunsten seiner Vaterstadt, deren Rath sich ihm durch Geschenke wiederholt erkenntlich zeigte. Während eines längeren Aufenthalts in Prag 1575 starb seine Frau; 1578 am 14. Januar verheirathete er sich zum zweiten Male mit der Tochter des Kölner Bürgermeisters Kannegießer; von dem Tage vor seiner Hochzeit ist die Dedication seiner Observationen von Köln aus datirt. Im Jahre 1582 sandte ihn der Kaiser nach Bonn, um den Erzbischof Gebhard Truchseß zur Rückkehr zur katholischen Kirche zu bestimmen. 1583 fungirte er als kaiserlicher Commissar bei der Visitation des Reichskammergerichts. Um dieselbe Zeit nahm er seinen Abschied aus kaiserlichem Dienst und ließ sich in Köln nieder, wo er nun mit Energie gegen den inzwischen excommunicirten und vom Kaiser abgesetzten Kurfürsten Gebhard thätig war, dessen Gegner und Nachfolger Erzbischof Ernst von Bayern ihn zum Kanzler des Erzstiftes ernannte. Seitdem lebte Gail, wie es scheint, in Bonn, von wo er die Vorrede zu der vierten Ausgabe seiner Observationen 1586 datirt. Vom Schlage gerührt und gelähmt zog er sich nach Köln zurück und starb in seinem Hause auf der Herzogstraße am 11. December 1587.

1. Gail's bedeutendstes Werk sind seine Observationen, welche er zuerst 1578 publicirte: Practicarum observationum tam ad processum judiciarium praesertim imperialis camerae, quam causarum decisiones pertinentium libri duo. Colon. Agripp. apud. Jo. Gymnicum. 1578. fol. Von Mynsinger's Observationen, welche damals schon in mehreren Auflagen und seit 1576 mit der fünften Centurie vermehrt vorlagen, unterscheidet sich das Gail'sche Werk zunächst schon durch die Anordnung nach Materien. Das erste Buch behandelt in 12 Abschnitten die wichtigsten processualischen Gegenstände; das zweite Contracte und letztwillige Verfügungen. Aber auch die Methode der Behandlung ist verschieden. Die musterhafte Kürze und Präcision Mynsinger's, seine in humanistischer Schule erworbene Gewandtheit des Ausdrucks finden wir hier nicht. Zwar fehlt es auch Gail nicht an Klarheit und Sicherheit der Argumentation; allein die mehr analytische Behandlung mit ihren Distinctionen und Limitationen erinnert an die alte Schule. Und gerade diese sich mehr der italienischen Casuistik anschließende Gestalt diente den Gail'schen Observationen in der Praxis zur Empfehlung, weshalb wir sie nicht nur den Mynsinger'schen gleichgestellt, sondern selbst vorgezogen finden.

Das Kammergericht hatte sich nach seinen ersten Einwendungen gegen Mynsinger's Unternehmen an die Publication seiner Praxis gewöhnt, ja Gail ward nicht nur von seinem Vetter, dem Kammergerichtsassessor Nikolaus Geyl, in einer der ersten Ausgabe der Observationen vorgedruckten Epistel gepriesen, sondern empfing auch ein eigenes von dem ganzen Collegium viritim unterzeichnetes Dankschreiben, welches sich in den späteren Ausgaben findet. Die Lage der Dinge war freilich hier eine andere als vor 14 Jahren in Mynsinger's Fall. Gail stand nicht im Verdachte des, der Mehrzahl der Assessoren nach wie vor antipathischen Protestantismus; er war die einflußreiche Vertrauensperson am kaiserlichen Hofe und hatte sich in der an Kaiser und Reichsfürsten gerichteten Epist. dedicatoria mit Nachdruck über den Werth und die Würde, sowie über die Nothwendigkeit ausreichender Sustentation des höchsten Reichsgerichts ausgesprochen.

Von Mynsinger's Werk und seinen Verdiensten hatte Gail und mit ihm das Kammergericht geschwiegen; es ist nirgends in den Observationen erwähnt. Man begreift daher, daß jener etwas Menschliches empfand, als er 1584 seine Observationen mit der sechsten Centurie vermehrt neu herausgab. In der Epist. dedicatoria beschwerte er sich darüber, daß Gail sein Werk vielfach benutzt, Vieles daraus entlehnt habe, ohne die Quelle anzugeben, ja ohne desselben irgendwo zu gedenken. Das sei gegen die gute literarische Sitte, die er selbst niemals verletzt habe. Daneben erkennt er Gail's Verdienste bereitwillig an und räumt ihm den Vorzug besserer Ordnung und des „stylus pinguior" freimüthig ein, enthält sich überhaupt jedes harten oder unziemlichen Ausdrucks.

Die Berechtigung dieser Beschwerde ist nicht zu bestreiten, wenn sich auch im Einzelnen nicht sicher nachweisen läßt, wie weit Gail aus Mynsinger unmittelbar oder aus gemeinsamen Quellen geschöpft hat. Dies Letztere behauptet natürlich Gail in seiner aus Bonn datirten Erwiderung vom Jahre 1586; daß er den Namen irgend eines von ihm benutzten Schriftstellers absichtlich verschwiegen habe, leugnet er. Dagegen giebt er Mynsinger den Vorwurf zurück: für die sechste Centurie habe dieser, ohne es zu bekennen, aus ihm geschöpft und um es zu verstecken ältere Urtheile des Kammergerichts als Belege citirt! Abgesehen von dieser gehässigen Insinuation, welche Mynsinger wohl mit größerem Rechte hätte zurückgeben können, da es auffallen muß, daß Gail überwiegend Urtheile, welche nach der Zeit von Mynsinger's Assessur ergangen sind, allegirt und sich vielfach darauf beschränkt, die kammergerichtliche Praxis nur im Allgemeinen zu bezeugen, ist Gail's Erwiderung in einem durchaus gemäßigten und würdigen Tone geschrieben. Wir greifen wohl nicht fehl, wenn wir uns Gail's Verhalten weniger aus Rivalität und wissenschaftlichem Gegensatz, als vielmehr aus seiner kirchlichen Antipathie gegen den protestantischen Kanzler, sowie aus der Mißbilligung, welche Mynsinger durch das Reichskammergericht erfahren, und der sich daran knüpfenden Spannung erklären. Ein Werk, welches das Kammergericht perhorrescirt hatte, mochte Gail nicht durch Allegation zur Geltung bringen.

Das Ansehen, welches Gail's Observationen sich rasch erworben und dauernd in der Praxis behauptet haben, wird bezeugt durch die zahlreich wiederholten Auflagen. Gail selbst besorgte deren vier: 1578. 1580. 1581. 1586. fol. Colon.; dann sind bis zum Schlusse des 17. Jahrhunderts noch neun Ausgaben in Köln und Amsterdam erschienen; 1721 in Köln mit Zusätzen von Walter Gymnicus; zuletzt in A. Gailii opera praestantiora, herausgegeben von G. J. de Buinink. Colon. 1771. fol. Auch eine nicht unbedeutende Literatur hat sich an dieselben angeschlossen. Eine deutsche Uebersetzung besorgte Tobias Lancius. Hamburg 1601. 1663. fol. Unter den Bearbeitungen heben wir heraus:

Gothofr. Antonii Adversaria seu notae in G. observationes. Herausgegeben von dessen Sohn Wilh. Antonii a Freudenberg. Marb. 1629. 4°.

Cranius, Controversiae camerales ad G. observationes. Helmst. 1601. 4°.

B. Greven, practicae conclusiones juris observation. Gailii respondentes. 1611. fol.

W. S. a Vorburg, horologium camerale Gailianum. Mainz 1649. 12°.

E. Fabricius, Repetitiones Gailii h. e. enucleatio controversiarum. Gissae 1655. Colon. 1662. 1727. 4°.

C. O. Thyllius, Annotationes, stricturae et vindiciae in A. Gailii observationes. 1694. 12°. Francof. 1713. 4°.

Die Schriften von Thyllius und Fabricius (Gailius enucleatus) finden sich auch in den Opera praestantiora, welche übrigens sonst nur die Observationes und die 3 Tractatus von Gail enthalten.

Fast scheint es, als wenn Gail im Erfolge seinen Rivalen Mynsinger überholt hätte; er vorzugsweise ward als der „deutsche Papinian" gepriesen; aus welchem Grunde ist oben angedeutet. Indeß werden doch mit größerem Rechte beide neben einander als die Begründer der Cameraljurisprudenz genannt, deren gemeinsame fortdauernde Autorität noch Pütter am Schlusse des 18. Jahrhunderts mit den Worten bezeugt, daß „bis jetzt selten praktisch juristische Ausführungen von Wichtigkeit erscheinen, welche sich nicht auf Mynsinger und Gail bezögen".

Den Observationen sind schon in der ersten Ausgabe zwei größere Abhandlungen hinzugefügt: 1) de pace publica, 2) de pignorationibus, zu denen in der vierten Ausgabe (1586) noch kommt 3) de manum injectionibus sive arrestis Imperii. Die Tractate 1 und 2 sind die ersten ausführlichen Erörterungen dieser beiden für die kammergerichtliche Jurisdiction so wichtigen Materien; schon Mynsinger spendet ihnen großes Lob. In dem Tractatus de pace publica behandelt das erste Buch die kammergerichtliche Competenz und das Verfahren in Landfriedensbruchsachen; das zweite Buch erörtert die Acht in processualischer Anwendung, Vollstreckung und Wirkung. Wie dieser ein Commentar zum Landfrieden, so sind die beiden andern Commentare zu K.G.O. von 1548 Thl. 2 Tit. 22 und R.A. von 1570 § 84 in der Form ausführlicher systematischer Abhandlungen.

2. Charakteristisch ist es sowohl für Mynsinger's wie für Gail's Observationen, mit welcher Sorgfalt sie die italienischen Commentatoren benutzen. Es ist darin die autoritative Stellung zu erkennen, welche diese Literatur in der kammergerichtlichen Jurisdiction fortdauernd einnahm. Andrerseits ist hervorzuheben,

daß beide Autoren nicht die in unseren Tagen so oft behauptete Geringschätzung, mit der das Reichskammergericht die deutschen Gewohnheiten behandelt haben soll, bestätigen. Wenn man die Observationen (Myns. 1, 17; 5, 96; 6, 41. 68. Gail. 1, 36; 2, 31), in denen die allgemeinen Fragen von der Kraft, Gültigkeit, vom Beweise und den Voraussetzungen eines Gewohnheitsrechts behandelt werden, prüft, so findet man im Gegentheil eine Theorie vertreten, welche die Anwendung desselben begünstigt. Es wird gelehrt, daß der consensus populi eben so gut Recht setzen könne wie der Kaiser; das Reichskammergericht sei durch seinen Eid verpflichtet nach den consuetudines laudabiles locorum zu urtheilen; laudabilis sei eine Gewohnheit dann, wenn sie nach der Ueberzeugung der Uebenden ihren Sitten entspreche, wobei freilich ein „judex discretus et prudens“ noch zu prüfen habe, ob sie nicht contra rationem sei und dem göttlichen Recht widerspreche. Allerdings wird das Gewohnheitsrecht für eine „res facti“ erklärt, die der Richter nicht wissen, über welche „et prudentissimus“ sich täuschen könne, die daher im einzelnen Falle von dem bewiesen werden müsse, welcher sich darauf berufe. Aber dies ist doch nur in dem Sinne gemeint, in welchem auch unsere heutige Theorie einen Beweis der Facta fordert, aus denen das Dasein eines Gewohnheitsrechts geschlossen werden kann. Mynsinger hebt hervor, daß die Zeugen über die Thatsache der Uebung, nicht über den Rechtssatz auszusagen hätten, da dieser nicht wahrgenommen werden könne. Allein wenn ein Gewohnheitsrecht notorisch sei, bedürfe es keines Beweises; auch genüge es, wenn mehrere Doctores sein Bestehen bezeugen[1]). Mit andern Worten: wenn der Richter das Gewohnheitsrecht kennt, hat er es anzuwenden, und nur im andern Falle fordert das Reichskammergericht einen Nachweis, wie wir ihn auch heutzutage verlangen. Darin aber besteht allerdings eine Abweichung von der

1) Ueber diesen Satz scheint indeß Mynsinger's Meinung und die Praxis geschwankt zu haben Obs. 5, 96; 6, 68.

jetzt herrschenden Meinung, daß zwar nicht die Zahl der Fälle, wohl aber die Zeit, welche sie erfüllen müssen, fixirt wird. Ausgehend davon, daß ein „longum tempus“ nothwendig sei, fordert man, daß mindestens zwei Uebungsfälle 10 Jahre aus einander liegen müssen: nicht aber in dem Gedanken, als handele es sich hier um den Beweis einer erwerbenden Verjährung, sondern nur deswegen, weil das Civilrecht unter longum tempus ein decennium versteht und man sich hieran gebunden hält.

Die Anschauungsweise, welche in dieser Theorie vertreten wird, findet ihre Bestätigung in der Anerkennung, welche beide Schriftsteller bestimmten einzelnen Gewohnheiten gegen das geschriebene Recht in zahlreichen Fällen zu Theil werden lassen. Daß dagegen Gail. 1, 18 die Gewohnheit des Strandrechts für verwerflich erklärt und nicht gegen Peinliche Gerichtsordnung Art. 219 gelten lassen will, wird man nicht mißbilligen.

4. Wolfgang Hunger[1]) aus Wasserburg, geb. 1511, studirte (1530) in Ingolstadt, dann in Freiburg. Zasius, der im Frühjahr 1535 mit der Herausgabe seiner Epitome feudorum beschäftigt war, sendete an Amerbach Gedichte von Hunger, welche der Epitome vorgedruckt werden sollten, und nennt ihn einen „adolescens supra aetatem doctus, pietate et devotione in praeceptores insignis“. Er war Begleiter vornehmer junger Leute, mit denen er über Basel, wo Zasius ihn bei Amerbach einführte, nach Frankreich ging, und zwar wie es scheint zunächst nach Bourges. Dahin schrieb ihm Zasius im Sommer 1535. Wenig Monate darauf erhielt er dort die Nachricht von dem Tode seines Lehrers, den er in einer Elegie feierte und noch in späteren Jahren dankbar pries. Nach längerem Aufenthalte in Frankreich, wo er 1539 zum Doctor promovirt ward, kehrte er nach Deutschland zurück. Im Jahre 1540 ward er Professor

1) Zasii Epist. p. 234. 235. 400. Riegger, vita Zasii p. 215 s. Bayle. Prantl, Gesch. d. L.M.-Univers. 1, 196; 2, 488. Mederer, Ann. Ingolstad. 1, 175. 208—211. Kobolt, bayr. Gelehrtenlexikon 1, 353 f.

zu Ingolstadt, 1541 Rector; 1544 für den bayrischen Kreis als Beisitzer des Reichskammergerichts präsentirt, ist er 1548 als solcher eingetreten. Nach drei Jahren ward er Kanzler zu Freising, wohnte als Gesandter dem Reichstage zu Augsburg 1555 bei und starb während desselben am 26. Juli, nachdem der Kaiser ihn in den Adelsstand erhoben hatte. Er ist in Freising begraben.

Unter seinen Schriften sind hervorzuheben: eine Ausgabe von Cuspiniani Caesares mit Anmerkungen; eine Apologie Kaiser Ludwig's des Bayern, die er jedoch als Anhänger der katholischen Partei nicht selbst publicirte; eine Linguae Germanicae vindicatio, worin er (gegen den Franzosen Bovillus) eine größere Zahl französischer Wörter aus dem Deutschen abzuleiten suchte[1]). In der Jurisprudenz hat er durch Edition der Perneder'schen Schriften seinen Namen bekannt gemacht. Vgl. unten Kap. 13.

5. Nikolaus Cisnerus[2]) (Kistner), in Mosbach am 22. März 1529 geboren, auf der Neckarschule in Heidelberg vorgebildet, widmete sich hier den humanistischen Studien, ward 1545 Baccalaureus, 1547 Magister und hielt Vorlesungen über Aristoteles und Mathematik. Zu weiterer Ausbildung ging er nach Straßburg, wo er in vertrautem Umgang mit M. Bucer, seinem mütterlichen Verwandten, lebte. Als dieser 1549 nach England übersiedelte, zog Cisner, nach kurzem Aufenthalt in Heidelberg, zu Melanchthon nach Wittenberg. 1552 erhielt er die Professur der Ethik an seiner heimatlichen Universität. Als aber diese im folgenden Jahre sich wegen der Pest auflöste, ging er nach Frankreich (1553), um sich nunmehr der Rechtswissenschaft zu widmen. In Bourges war er Schüler Duaren's,

1) R. v. Raumer, Gesch. d. german. Philologie S. 48. Diese Schrift ist 1586 von seinem Sohn, die Apologie erst 1772 von Finauer publicirt.

2) Reuter, vita Cisneri, vor dessen Opuscula Francof. 1611. 8°. Danach Buder, vitae p. 307. — Fahnenberg, Lit. d. R.K.G. S. 43 f. Hautz, Gesch. d. Univers. Heidelberg. A. d. B. 4, 267 (Stintzing).

Cujas' und Donell's, denen er auch persönlich nahe trat. In den Streitigkeiten, welche damals die Universität spalteten, stand er an der Spitze der deutschen Studenten auf Duaren's Seite und führte in ihrem Namen die Feder, um Sühne zu fordern für den Tod eines Commilitonen, Gabriel Schleicher, der (März oder Mai 1554) von der Gegenpartei meuchlings überfallen war. Am 1. Juli 1556 hielt er dem als Student im Auron bei Bourges ertrunkenen Herzog Hermann Ludwig von Bayern die Leichenrede. Seinen Aufenthalt in Frankreich benutzte er, um für den Pfalzgrafen Otto Heinrich Bücher und Handschriften aufzukaufen, mit denen die Heidelberger Bibliothek ausgestattet wurde, als er 1556 zu seiner Professur dahin zurückkehrte. Nicht lange darauf unternahm er eine Reise nach Italien. 1559 in Pisa zum D. J. U. promovirt, kehrt er nach Heidelberg zurück, hält Disputationen und wird 1561 Nachfolger Balduin's in der Professur der Pandekten, bald auch kurfürstlicher Rath. Als zufolge des Reichsabschieds von 1566 eine Vermehrung der Beisitzer des Reichskammergerichts stattfand, ward er von den weltlichen Kurfürsten präsentirt und am 2. Januar 1567 recipirt, bald nach Simon Schard; bis zum Jahre 1580 lebte er in Speier. Er erneuerte von hier aus mit Donellus in Heidelberg die alte Verbindung; doch gelang es seinen Bemühungen nicht, die Gründe zu beseitigen, welche seinen ehemaligen Lehrer bestimmten 1579 Heidelberg zu verlassen [1]. Im Jahre 1580 ward Cisner vom Kurfürst Ludwig nach Heidelberg zurückgerufen. Unter den schwierigen Umständen, welche der Fürst sich selbst durch gewaltthätige Einführung des lutherischen Bekenntnisses in der Pfalz bereitet hatte, bedurfte er des erfahrenen Raths, der in kirchlichen Angelegenheiten Milde und Versöhnung zur Richtschnur seines Handelns machte und dies in einer von ihm geforderten Erklärung freimüthig bekannte (1580). Neben seiner Stellung als

1) Ueber seine Correspondenz mit Donellus s. Stintzing, H. Donellus S. 17. 56.

kurfürstlicher Rath bekleidete Cisner das Amt des Judex vicarius Curiae Palatinae (Vice-Hofrichter) und eine außerordentliche Professur, die er mit einer Rede de origine juris (am 1. Juni 1580) antrat. Aber nur wenig Jahre waren ihm noch gegönnt; er starb am 6. März 1583, bald nach dem Tode seiner Frau, einer Tochter Hartmann's von Eppingen, mit der er 30 Jahre in kinderloser Ehe gelebt hatte.

Cisner's wissenschaftliche Richtung, von humanistisch-philosophischen Studien ausgehend, war durch Duaren's und Donellus' Einfluß bestimmt; sie geht auf historisches Verständniß und methodische Darstellung. Seine ersten kleinen juristischen Schriften publicirte er 1560, als er seine Lehrthätigkeit in Heidelberg begann: Quinquaginta theses ex singulis Pandectarum libris — disputabuntur in JCtorum auditorio 24 et 25 Februarii Heidelbergae 1560. 8°. De juris divisione, quibusque populis olim — juris statuendi potestas fuerit, positiones. Heidelb. 1560. 8°. Commentarius ad Tit. Pandectar. de transactionibus. Basil. 1566. 4°. Andere Commentare, aus Vorlesungen hervorgegangen, sind nach seinem Tode publicirt worden: ad Tit. Pand. de usurpat. Spirae 1588. 8°; ad Tit. Inst. de actionibus. Spirae 1588. 8°, beide herausgegeben von Jerem. Reusner; ad l. Si priusquam d. O. N. N. Francof. 1611. 8°; de judiciis. Basil. 1588. 8°. Seine kleineren nicht juristischen Schriften sind herausgegeben von Quirinus Reuter: Cisneri Opuscula historica et philologica. Francof. 1611. 8°, in vier Bücher getheilt; es sind Reden, Vorreden und Briefe, nebst einigen lateinischen Gedichten.

Seine historischen Studien veranlaßten ihn zur Herausgabe der bedeutendsten geschichtlichen Werke seiner Zeit, die er mit Vorreden begleitete:

Alb. Krantzii Saxonia. Francof. 1575. fol.

Sim. Schardii scriptores rerum Germanicarum. Basil. 1574. 4 vol. fol. Der Druck dieses Werks hatte schon begonnen, als S. Schard am 28. Juni 1573 starb. Heinrich Petri in

Basel wendete sich an Cisner mit der Bitte es fortzusetzen und mit Vorrede und Index zu versehen. Cisner machte ihm in einem Briefe vom 16. September 1573 seinen Plan über Edition und Fortsetzung bekannt (Opusc. p. 465). Allein aus einem Briefe an Joh. Posthius (Spirae 21 Febr. 1575) ist zu ersehen, daß der Drucker auf Cisner's Vorschläge nicht mehr eingehen konnte und daß dieser sich eine bessere Anordnung des Ganzen für eine zweite Auflage vorbehielt. Er ist indeß weder zur Ausführung dieses Plans, noch zur Fortsetzung gekommen.

Jo. Aventini annalium Bojorum libri VII. Basil. 1580. fol.

Es liegt die Herausgabe dieser Werke in der Zeit seiner Assessur am Reichskammergericht, und in dieselben Jahre fallen:

Cyni Commentarius in Codicem et aliquot titulos Pandectarum a N. Cisnero correctus. Francof. 1578. fol.

Duareni opera. Lugduni 1578. 2 vol. fol.

Cisner hat diese Ausgabe zwar nicht selbst besorgt, aber durch Mittheilung seiner Sammlung von Collegienheften, die er theils selbst nachgeschrieben, theils sich abschreiben lassen hatte, wesentlich unterstützt. Auch enthält die Ausgabe zwei werthvolle Abhandlungen von ihm: „de jurisprudentiae dignitate“ und „de jureconsultis praestantibus“, die als epistolae dedicatoriae von Speier 1565 datirt, vor den beiden Theilen stehen.

Es ergiebt sich aus diesen mannigfaltigen Publicationen, in wie ausgedehntem Umfange Cisner während seiner fast 14jährigen Assessur mit wissenschaftlichen Studien beschäftigt war. Aber auch dem praktischen Rechte wandte er seine literarische Thätigkeit zu. Schon im vierten Jahre seiner Assessur publicirte er die „Visitations-Abschiede des kays. Cammer-Gerichts von Anfang desselben“ (Frankf. 1570. fol.), nach der K.G.O. von 1555 geordnet, ohne den Text des Gesetzes. Einige Jahre darauf (1574) gab ein Ungenannter die K.G.O. mit der Cisnerschen Arbeit und einigen Zusätzen heraus, ohne des Urhebers zu gedenken. Dies veranlaßte Cisner zu einer neuen Bearbeitung seines Werks, das nun in wesentlich verbesserter Gestalt und um ein Drittheil vergrößert 1580 erschien: Der Röm. kaiserl. Mayestät und gemeiner Stände des h. Reichs-Cammergerichtsordnung u. s. w. Maynß (Fr. Behem) 1580. 515 Seiten fol.

In der Vorrede (Dedication an den Kurfürsten von Mainz und den Bischof Marquard von Speier, damaligem Kammerrichter) beschwert sich Eisner über den oben erwähnten Plagiat. Er scheint den Urheber zu kennen, nennt ihn aber nicht, weil er inzwischen „todts verfahren“, und sagt nur, daß derselbe in Speier oder dessen Nachbarschaft gelebt habe. Man bezieht diese Andeutungen gewöhnlich (Pütter, Lit. d. Staatsrechts 2, 419. Fahnenberg S. 42 ff.) auf Raphael Sailer (s. unten).

Die neue Bearbeitung unterscheidet sich von der ersten Ausgabe nicht nur durch den vollständigen Abdruck des gesetzlichen Textes, sondern auch durch ein viel reicheres Material. Zu den einzelnen Titeln der K.G.O. sind beigefügt die darauf bezüglichen späteren Reichstagsschlüsse, gemeinen Bescheide, Deputations- und Visitationsabschiede bis zum Jahre 1579. Am Rande ist angemerkt, was von den verschiedenen Bestimmungen ungültig geworden; ferner wird nachgewiesen, was aus älteren Reichsgesetzen in die K.G.O. übergegangen ist; endlich werden Erläuterungen beigefügt, wie denn z. B. zu Thl. 1 Tit. 2 eine längere geschichtliche Darstellung der Aenderungen in der Besetzung des Reichskammergerichts von 1495 bis 1579 gegeben ist.

Dies Werk Eisner's ist für die damalige Praxis offenbar von dem größesten Werthe gewesen. Daß es demungeachtet nur noch einmal (1594) wieder aufgelegt worden, hat seinen Grund in der seit 1598 beschlossenen Revision der K.G.O., deren Resultat das Concept der K.G.O. von 1603 und 1613 war, für welches Eisner's Werk die Grundlage bildet. Ist auch dies Concept niemals zum Reichsgesetz erhoben worden, so hat man es demungeachtet bis zum J. R.A. als bindende Norm behandelt.

6. Simon Schard [1]) ist 1535 in Neu-Haldensleben geboren. Sein Vater Joachim Schard, der früher Mönch gewesen, bekleidete dort seit 1543 die Stelle eines Capellans und Adjuncten des ersten lutherischen pastor primarius Thomas Moller, seines Schwagers. Er hatte außer Simon noch einen zweiten Sohn, Joachim, von dessen zahlreicher Descendenz muthmaßlich das noch im Magdeburgischen und Thüringischen lebende Geschlecht abstammt. Die Söhne wuchsen in streng protestantischer Zucht und beschränkten Verhältnissen heran. 1549 ward Simon in Leipzig unter dem Rectorate des Juristen Joachim von Kneitlingen immatriculirt. Ueber den weiteren Gang seiner Studien ist nichts bekannt. Im Winter 1560 treffen wir ihn auf einer Reise durch Italien, in Padua und Rom länger verweilend, mit der Durchforschung von Bibliotheken beschäftigt, im regen Verkehr mit hervorragenden Gelehrten: Sambucus, Sirletus und Antonius Augustinus. Die erste Frucht dieser Reise war die oben (Kap. 3 S. 238) besprochene Edition und Uebersetzung des Eustathios, welche er während eines Aufenthalts in Basel 1561 vollendete. Bald darauf ist er Rath des Herzogs Wolfgang von Pfalz-Zweibrücken geworden. Diese Stellung brachte ihn in Berührung mit bedeutenden politischen Persönlichkeiten und gab ihm Gelegenheit, tieferen Einblick in die politischen Händel seiner Zeit, an denen sein Herzog sich mit kühnen Plänen betheiligte, zu gewinnen. Auch mit manchen Gelehrten wie Cisner, Fichard, Jacob Sturm und Ursinus, dem kaiserlichen Leibarzt Crato von Crafftsheim und dem gelehrten Büchersammler Thomas Rehdiger in Breslau knüpften sich Beziehungen, die zu einem fortgesetzten freundschaftlichen Verkehre führten.

Wie lange er sein Amt in Zweibrücken beibehalten hat, steht nicht fest. Im Jahre 1565 ist er in Basel als Doctor

---

1) Nach Schard's Schriften unter Benutzung handschriftlicher Mittheilungen von J. Th. Schirmer. Adami vitae p. 198 s Pütter 1, 142. J. Th. Schirmer, Schardii epistolae VII ex Cod. ms. Rehdigerano. Regimon. 1864. 4°. Progr.

S. Schardius J. C. Saxo immatriculirt; wann und wo er promovirt worden, ist nicht ermittelt. Noch im folgenden Jahre finden wir ihn in Basel mit literarischen Arbeiten beschäftigt, und die zahlreichen in das Jahr 1566 fallenden Publicationen lassen auf eine längere Mußezeit schließen. Einen Antrag des Herzogs von Meklenburg, der Schard in seinen Dienst zu ziehen wünschte, lehnte er ab; nahm dagegen bei Ergänzung des Reichskammergerichts im Jahre 1566 eine Präsentation des Oberrheinischen Kreises an und wurde, nachdem er schon im Juli nach Speier gekommen, am 2. October als Beisitzer eingeführt. Eisner ward bald sein College.

Mit unermüdlichem Eifer setzte Schard seine historischen Studien und Sammlungen zur Zeitgeschichte fort; und bereits war der Druck seines großen Opus historicum bis über die Hälfte gefördert, als er am 28. Juni 1573, erst 38 Jahre alt, einer kurzen Krankheit in Speier erlag. Kurz vor seinem Ende hatte der Kaiser ihm die Pfalzgrafenwürde verliehen. Er hinterließ eine Wittwe, die von allen Subsistenzmitteln entblößt bei dem Manne ihrer Schwester, dem Syndicus Dr. Sailer in Worms, Aufnahme fand; ihr einziges Besitzthum war die, wie es scheint, werthvolle Bibliothek ihres Mannes nebst dessen eigenem handschriftlichen Nachlaß, den sie später so gut wie möglich zu verwerthen bemüht war.

Obgleich Schard's amtliche Stellungen nur praktische waren, sind seine Schriften doch ausschließlich theoretischer Art und zwar überwiegend historisch — aber freilich zum größeren Theil mit praktisch-politischen Zielen.

Seine Studien im griechischen Rechte hat er nach Publication des Eustathios (1561) nicht fortgesetzt; desto eifriger wandte er sich dem Studium der deutschen Geschichte zu, um, wie er sagte, „seinen Dank gegen das Vaterland abzutragen und zu zeigen, was der deutsche Geist vermöge, wenn er sich mit Beharrlichkeit auf ein Ziel richte". Sein Sammelwerk De imperiali jurisdictione auctoritate et praeeminentia Imperii atque juribus Regni syntagma tractatuum. Basil. 1566. fol. (Argent. 1609. fol.) enthält die wichtigsten Streitschriften zu Gunsten des Kaisers gegen päpstliche Anmaßungen seit Heinrich IV., darunter auch die Schrift des Laur. Valla über die Constantinische Schenkung. Eine lange Epistola dedicatoria an Kaiser Maximilian II., datirt von Basel am 20. März 1566, erörtert den Zweck und Standpunkt des Herausgebers. Den Schluß bildet eine Abhandlung von ihm selbst: De principum, quibus electio Imperatoris in Germania commendata est[1]), den Kurfürsten gewidmet (2. Aufl. Argent. 1608. 8°), in welcher er die von dem gelehrten Augustiner Onuphrius Panvinus († 1568) aufgestellte Ansicht, daß die Kurfürsten erst seit Kaiser Friedrich II. entstanden seien, bekämpft und die gemeine Meinung, nach welcher sie von Otto III. mit Zustimmung Gregor's V. eingesetzt sein sollen, vertritt. Dasselbe Thema behandelte in demselben Jahre Nikol. Cisner in einer Rede (gedruckt 1570. 1608 und Opusc. 1, 25), erregt, wie er sagt, hauptsächlich dadurch, daß Panvinus in feindseliger Gesinnung gegen Deutschland nachzuweisen suche, daß der Papst und die italienischen Fürsten ursprünglich am Wahlrechte ebenfalls einen Antheil gehabt hätten. Er nimmt nicht wie Schard eine feierliche Einsetzung durch Otto III. an, sondern eine allmähliche geschichtliche Entwicklung des Wahlrechts der mächtigsten Fürsten. Cisner vertritt also die heutzutage mehr und mehr zur allgemeinen Anerkennung gelangte Ansicht.

In demselben Jahre erschien von Schard Germanicarum rerum quattuor celebriores vetustioresque Chronographi. Francof. 1566. fol. (224 Bl.), dem Herzog von Meklenburg von Speier aus (Cal. Julii) gewidmet.

Sein großes Historicum opus in quatuor tomos divisum. Basil. 1574. fol. — in zweiter Ausgabe Schardius redivivus sive Scriptores rerum Germanicarum. Giessae 1673. 4 vol.

1) In M. Goldast's Politica imperialia. Francof. 1614. fol. finden sich außer dieser Schrift von Schard noch Narratio quomodo Maximilianus II electus fuerit. 1562 und Ἀνάμνησις juris, quod olim in approbandis ponticibus imperatores habuerunt etc. 1552.

fol. ist, wie bei Eisner erwähnt, von diesem vollendet worden. Es enthält nicht bloß eine Sammlung fremder Schriften, sondern auch Schard's eigene Aufzeichnungen über die Geschichte Europas seit 1558, welche durch originale Notizen über die schottischen, niederländischen und französischen Unruhen sehr interessant sind und wohl eine kritische Untersuchung verdienen, die ihnen bisher nicht zu Theil geworden ist. Die Kenntniß der politischen Vorgänge in so weiten Gebieten verdankte Schard ohne Zweifel den Beziehungen, welche er als Rath des Herzogs Wolfgang angeknüpft hatte.

Neun Jahre nach seinem Tode wurde aus seinen hinterlassenen Papieren herausgegeben Lexicon juridicum. Basil. 1582. fol. Es ist ein umfängliches Real-Wörterbuch, welches hauptsächlich auf J. Spiegel's Werk beruht, mit zahlreichen Nachträgen und Zusätzen aus den Lexicis von Oldendorp, Pratejus, Hotomanus und Brissonius. Es fehlt auch nicht an eigenen Studien, die jedoch mehr die Ausbeutung der modernen juristischen Literatur als eigene Quellenforschung zum Ziele haben. In diesem Sinne ist das ungünstige Urtheil Dirksen's (System der jurist. Lexikographie S. 45) zu verstehen. Merkwürdig genug wird dies Werk in der dritten Ausgabe von Freymon's Elenchus (1585) fol. 111, a als „künftig in Basel erscheinend" bezeichnet, eine Notiz, die offenbar aus der zweiten Ausgabe 1579 irrthümlich stehen geblieben ist. Neue Ausgabe bearbeitet von R. v. Kamphausen Colon. 1593. fol.

Außer den hier besprochenen werden Schard noch folgende Schriften zugeschrieben:

Eine Ausgabe der sog. Institutionen des Bartolus — ein Commentar, welcher, wie schon Ziletti (1566) und nach ihm Freymon bemerkt, von Bartolomäus de Novaria herrührt.

Oeconomia Pandectarum septem tabulis expressa ad Methodum Justinianeam (Freymon Elenchus fol. 12, a).

Successionum ab intestato in succinctis tabulis redacta (Freym. Elench. fol. 82, b).

Georg Tanner erwähnt in einem Briefe an Basil. Amerbach (Viennae 8 Mart. 1567) Schematismos in Bartholum Simonis Schardii in 4[to] nuper editos.

7. Johann Wolfgang Freymon[1]) ist am 14. März 1546 in Ingolstadt geboren. Sein Vater Rochus Freymon ward 1556 Kanzler des gefürsteten Abts zu Berchtesgaden und erwarb, nachdem er 1559 in den Reichsadel erhoben war, 1567 ein Gut zu Oberhausen bei Reichenhall, nach welchem sich seitdem die Familie nannte[2]). Seine Studien machte Freymon in Ingolstadt, wo er 1570 unter J. R. Ossanäus disputirte und am 2. Juni 1571 zum D. J. U. promovirt ward. Um sich mit der Praxis vertraut zu machen, hielt er sich längere Zeit am herzoglichen Obergericht in Straubing und am Reichskammergericht auf, beschäftigte sich aber daneben mit den Vorarbeiten zu seiner Symphonia juris chronologica, die er dann nach Berathung mit Donellus in Heidelberg, Val. Forster in Marburg, Eisner in Speier und unter Benutzung der reichen Bibliothek Joh. Fichard's, gleichzeitig mit dem Index scriptorum, 1574 in Frankfurt vollendete. Bald darauf 1575 ward er herzogl. bayrischer Rath und Mitglied der Regierung zu Burghausen in Oberbayern; in dieser Stellung bearbeitete er seine Observationum crepundia, deren Vorrede vom 5. December 1575 datirt ist. Nicht lange nachher (19. Novbr. 1576) ist er östreichischer Beisitzer am Reichskammergericht geworden; als solcher hat er das Dankschreiben des Collegiums an A. Gail (s. oben

1) Freimonius, Freymann. Lebensnachrichten finden sich in seinen Schriften. Ungenau ist, was sich bei Jöcher, Hugo, Michaud findet. Vgl. A. d. B. 7, 372 ff. (Stintzing) und dazu die Ergänzungen und Berichtigungen von v. Oefele A. d. B. 8, 795 f. — Eine „Hauschronik" von seiner Hand ist erhalten.

2) Rochus Freymon starb am 9. Mai 1583. In der Dedication der Perneder'schen Institutionen vom 25. November 1591 sagt der Drucker Eder in Ingolstadt, daß er Doctor der Rechte, Assessor am Kammergericht und „letzlich" herzoglich bayrischer Rath zu Ingolstadt gewesen sei. Bezüglich der Assessur scheint eine Verwechslung mit seinem Sohne vorzuliegen.

S. 497) 1578 mit unterzeichnet. Am 28. Mai 1581 resignirte er auf die Assessur, um in unmittelbaren kaiserlichen Dienst zu treten. Er ward in demselben Jahre Mitglied des Reichshofraths, 1589 des kaiserl. Geheimen Raths, 1594 Reichs-Vicekanzler, nahm aber 1597 seine Entlassung und zog sich auf sein Schloß Randeck bei Kelheim zurück, wo er am 10. November 1610 gestorben ist.

Freymon's bedeutendstes Werk ist die schon genannte Symphonia jur. utr. chronologica. Francof. 1574. fol., welche er seiner Angabe gemäß in seinem 27. Lebensjahre vollendete, ein Foliant von 917 Seiten. Es enthält eine tabellarische Darstellung der Quellengeschichte von Julius Cäsar bis Justinian, welche in vier Columnen die Imperatores, Consules, Jurisconsulti, Pontifices chronologisch mit Angabe der Jahre nach griechischer, römischer und christlicher Zeitrechnung aufzählt. In der ersten Columne sind die Constitutiones angegeben, deren Datum durch die daneben in der zweiten Columne stehenden Consuln bezeichnet wird; dabei ist verzeichnet, ob und wo sich die Constitution im Codex findet. Die dritte Columne giebt bei den einzelnen Juristen Nachricht über deren Leben und Schriften, unter Nachweisung der aus diesen in die Pandekten aufgenommenen Fragmente. In der vierten Columne finden sich außer den Päpsten auch die ökumenischen Concilien aufgeführt, mit Bezeichnung der in das C. J. can. übergegangenen Bestimmungen.

Dies ist der Grundriß, an welchen sich einige heterogene Bestandtheile anschließen. Vorausgeschickt ist eine universalhistorische Uebersicht, nach den Weltaltern und den Monarchien geordnet. Auf die reges Romanorum folgt eine Uebersicht der republikanischen Magistraturen; dann beginnt das eigentliche Werk mit Cäsar. In der Columne des „Pontifices“ ist der leere Raum bis zu Petrus zu einer Darstellung der römischen Priesterthümer benutzt. Unter Justinian sind seine sämmtlichen Constitutionen und Novellen chronologisch geordnet und am Schlusse die undatirten zusammengestellt. Den Schluß des Ganzen bilden zwei Anhänge: eine Tabelle, welche die Kaiser und Päpste von Justinian bis zur Gegenwart, und eine andere, welche die Rechtsgelehrten von Irnerius an, nach Jahrhunderten geordnet, aufzählt.

Die Symphonia ist ein Werk großen Fleißes, bei welchem Freymon die Arbeiten seiner Vorgänger sorgfältig benutzt hat. Er fußt auf den chronologischen Untersuchungen des Haloander, Augustinus und Contius, verweist auch gelegentlich auf die Rechtsgeschichten von A. Rivallius und B. Forster. Seine Nachweisungen der in die Pandekten aufgenommenen Fragmente beruhen auf dem Index Legum des Jac. Labittus (Paris. 1557. 8°), den dieser Lieblingsschüler des Cujas unter den Augen seines Lehrers und dem Beistande der beiden Brüder Peter und Karl Faber (du Faur) auf Grundlage der Torelli'schen Pandektenausgabe ausgearbeitet hatte. Mit einer Abhandlung „de usu indicis“ vermehrt war Labitte's Index als Anhang zu dem Index librorum des J. B. Ziletti Venet. 1566. 4° zum zweiten Male erschienen. Freymon's Verdienst ist es, sowohl das Material dieses Index als auch die Constitutionen chronologisch unter die Verfasser eingeordnet zu haben, während Labitte sich an die Ordnung des Index Florentinus hält und auf die Pandekten beschränkt.

Die Umfänglichkeit und der dadurch veranlaßte Mangel an Uebersichtlichkeit der Symphonia ist wohl der Grund, daß sie nur geringe Verbreitung gefunden hat. Ein Auszug aus derselben ist in den Indices juris varii. Genev. 1585. 8° enthalten, neben den Indices des Labittus und Antonius Augustinus. Dagegen ist sie später weder bearbeitet noch neu aufgelegt worden, während Labitte's Index von Wilhelm Schmuck, Professor in Leipzig (geb. in Suhl 1575, gest. 1634), im Jahre 1616 neu herausgegeben wurde, unter Beifügung von Anmerkungen zu der Abhandlung de usu indicis. Bekanntlich liegt das Labitte'sche Werk der Jurisprudentia restituta von Abr. Wieling (Amst. 1727. 8°) zu Grunde. Aber erst Hommel (Palingenesia. 1767) hat das schon von Jac. Gothofredus (Manuale. Biblioth. c. 2) ausgesprochene Desiderium einer *textuellen* Zusammenstellung der in den Pandekten enthaltenen Schriftenreste befriedigt.

Während seines Aufenthalts in Frankfurt unternahm Freymon zugleich eine neue Bearbeitung des Index scriptorum von Fichard. Der Buchhändler Jordanus Ziletti hatte den Index librorum omnium juris seines Verwandten Baptista Ziletti (Venet. 1566. 4⁰) mit Nachträgen neu herausgegeben. Fichard's Bibliothek und seine handschriftlichen Collectaneen standen Freymon zur Verfügung, unter denen sich literarische Notizen befanden, die Fichard theils selbst gesammelt, theils von anderen Juristen, namentlich von Ludwig Gremp in Straßburg und Heinrich Allmann in Magdeburg empfangen hatte. Auf diesem Material beruht der Elenchus omnium auctorum sive scriptorum qui in jure tam civili quam canonico — claruerunt (Francof. 1574. 4⁰), welchen Freymon Fichard dedicirte. Neue Auflagen erschienen schon 1579 und 1585. Den ersten, kürzeren Theil bilden Verzeichnisse der in den Pandekten excerpirten Juristen; der zweite enthält die Schriften der Juristen seit Irnerius, eingetheilt in Lecturae, Repetitiones, Tractatus, Consilia, Accessoria, nämlich: Disputationes, Quaestiones, Decisiones practicae, Singularia, Contrarietates, Repertoria, Clausulae et alia scripta.

Das Werk (113 Bl. 4⁰) giebt namentlich in der dritten, von Freymon nicht selbst besorgten Ausgabe eine ziemlich vollständige Uebersicht über den damaligen Bestand der juristischen Literatur und ist interessant durch die eingestreuten Hinweisungen auf Handschriften in den Bibliotheken des Anton. Augustinus u. A., sowie in den Bibliotheken von Florenz (St. Marco) und Bologna. Allein es fehlt durchaus an der wünschenswerthen Genauigkeit und Zuverlässigkeit der Angaben. Jahreszahl, Druckort und Format der Ausgaben fehlen meistens; und wo sie sich finden, beziehen sie sich keineswegs immer auf die editio princeps. Sehr viel brauchbarer würde das Werk sein, wenn der beigefügte alphabetische Index auf die Seiten verwiese, statt sich auf die Autorennamen zu beschränken.

Als bayrischer Rath in Burghausen publicirte Freymon,

wie schon erwähnt, Observationum juridicarum crepundia. Monaci 1576. 8°. 91 Bl., eine Sammlung von sprichwörtlichen Redensarten, metaphorischen Wendungen, Gemeinplätzen u. dgl. aus den Quellen und der juristischen Literatur, unter Benutzung von Erasmus, Alciat, Budäus u. A. zusammengetragen und erklärt. Ein Abschnitt stellt die juristischen „formulae loquendi" der reineren Latinität, sie mit denen des späteren barbarischen Sprachgebrauchs vergleichend, zusammen. Den Schluß bilden Regulae utriusque juris carmine redditae per M. Antonium Mokerum und Illustrium jureconsultorum Elogia, hauptsächlich aus Gribaldus entlehnt.

Nachweislich gedruckt ist außerdem nur noch seine erste Schrift Theses septuaginta de processu et ordine judiciario — sub praesidio cl. v. D. Ossanaei propugnatae. Ingolst. 1570. 8°. Dagegen spricht er in der Epistola dedicatoria zu den Crepundia von einer Anzahl anderer Schriften, die er „ad umbilicum fere" vollendet habe und herauszugeben gedenke; es sind dieselben, welche er in dem Elenchus zum Theil mit dem Beisatze „nondum editum" od. dgl. anführt:

Schematismorum sive tabularum de processu et ordine judiciario libri II.

Analysis testamenti sollemnis.

Enchiridion locorum in jure communium.

Observationum juridicarum tyrocinia.

In der ersten Ausgabe des Elenchus führten auch die Observationum crepundia den Beisatz „brevi publicabuntur". Die Ausgabe von 1585 fügt hier die Jahreszahl 1576 hinzu, läßt es dagegen bei den übrigen Schriften mit der Verheißung bewenden; und so viel ermittelt werden konnte, sind sie niemals erschienen.

8. Die cameralistische Literatur bewegt sich bis zur Mitte des 17. Jahrhunderts[1]), wo die Reformen des „jüngsten" Reichs-

1) Vgl. darüber Fahnenberg S. 26—83. Pütter, Lit. d. Staatsrechts 1, 116 ff.

abschiedes 1654 einen Abschnitt bezeichnen, in den verschiedenen Richtungen, welche die Werke von Mynsinger und Gail einerseits, von Cisner andrerseits vertreten, ohne diese Leistungen zu überbieten. Neben den Observationen erscheinen die Sammlungen kammergerichtlicher Urtheile, Ausgaben und Commentare der Kammergerichtsordnungen, Abhandlungen über einzelne Materien und Compendien. Hauptsächlich wird das processualische Verfahren erörtert, das, weil es auf gemeinrechtlicher Grundlage ruhte und wiederholt reichsgesetzlich zur Nachahmung empfohlen war (s. oben S. 481), das Vorbild für die Territorien wurde. Nur Sachsen behauptet daneben eine gewisse Selbständigkeit, die ihre Stütze in der geschlossenen Einheit des Sachsenrechts mit seiner Praxis und hervorragenden legislatorischen Fortbildung findet.

Die cameralistische Literatur ist nicht bloß von den Beisitzern des Reichsgerichts, sondern auch von anderen Praktikern, welche mit demselben in Berührung standen, namentlich den Procuratoren und Notaren gepflegt worden. Ueber die Mehrzahl der Autoren sind uns nur sehr dürftige Nachrichten erhalten. Manche Werke sind anonym erschienen, andere unter erdichtetem Namen[1]).

Wir stellen im Folgenden noch einige der wichtigsten Cameral-Schriftsteller zusammen, neben denen auch Justin Gobler wegen seiner lateinischen Uebersetzung der K.G.O. von 1548 und Nikolaus Vigelius wegen seiner Methodus practicar. observationum cam. imper. genannt werden müssen. Daß auch diese Literatur unter dem allgemeinen Zuge der Zeit zur methodischen und compendiarischen Behandlung steht, kann nicht verkannt werden.

1) Dahin gehören: Herm. Es. Rosacorb, practicarum forensium cam. imper. opus. Muhlhausen 1606. fol. Jul. Magenhorst, centuria observationum. Francof. 1600. 8°. Jo. Tilemann de Beningnis, apospasma prodromum — observationum und apospasma syndromum. 1600. 1601. fol. (J. Göth aus Wetzlar, Syndicus in Burgfriedberg). Adr. Gylmann, symphoremata supplicationum. 5 vol. fol. Francof. 1601. 1602. 1603 (vielleicht Ludwig Gilhausen).

Noä Meurer[1]), Dr. jur. und pfälzischer Rath, Practica von des kaiserl. Kammergerichts Ordnung und Proceß. Frankfurt 1566. fol. (1572. 1584. 1592. 1598). Beruht zum Theil auf Mynsinger's und in den späteren Ausgaben auf Gail's Observationen. Der Reichshofrath O. Melander schrieb dazu Commentaria in Meureri processum cameralem cum adjectione multarum observationum 1601. 1612. fol., die später 1621 mit Meurer's Werk zusammen gedruckt wurden; es ist die erste systematische (methodica) Darstellung des kammergerichtlichen Processes.

Meurer machte auch den Versuch einer systematischen Zusammenstellung der wichtigsten reichsgesetzlichen Bestimmungen: Loci communes aller des h. R. Reichs gehaltener Reichsordnungen u. s. w. gemeine Titul in guter Ordnung. Mainz 1578. fol. (2. Ausgabe). Ein Auszug daraus ist: Handtbüchlein oder Compendium darinnen summarie u. s. w. alle und jede des h. R. Reichs Abschied, Ordnungen und Constitutiones extrahirt. Mainz 1586.

Liberey keyserlicher, auch teutscher Nation Landt und Statt Recht. Heidelberg 1582. fol. — eine Darstellung des Civilprocesses und des Privatrechts nach der Ordnung des Würtembergischen Landrechts[2]).

Forst- Jagd und Wasserrecht. Frankfurt 1576. fol.

Raphael Sailer, welcher, vom fränkischen Kreise präsentirt, von 1563 bis 1573 Assessor war und 1574 als Syndicus der Stadt Worms starb, mit Schard verschwägert. Seine Selectae sententiae camerales. 3 vol. Francof. 1572. 1573. fol. sind eine Sammlung kammergerichtlicher Urtheile aus dem Zeitraum seit der Stiftung bis 1573. Nach seinem Tode ist ein Commentar zu den K.G.O. von 1548 und 1555 (Mainz 1574. fol.) erschienen, welcher ihm zugeschrieben und für dasjenige Werk gehalten wird, über welches Eisner (s. oben S. 507) sich wegen Plagiats beschwerte.

1) Fahnenberg S. 35 f. Stobbe 2, 177. 183.

2) Vgl. darüber Wächter, Gem. Recht S. 83 Anm. 98. Stobbe 2, 177.

Christian Barth, seit 1579 kurbrandenburgischer Beisitzer, † 1607, hat die Sailer'sche Sammlung bis 1587 fortgesetzt, in 5 Bänden. Speier 1604. fol.

Petrus Denaisius[1]) (Denais), aus vornehmem lothringischen Geschlecht, in Straßburg, wohin sich seine Eltern in den Religionskriegen geflüchtet hatten, am 1. Mai 1560 geboren, am 24. Juli 1583 in Basel zum Doctor promovirt; ward bald darauf kurfürstlich pfälzischer Rath und als solcher mehrfach zu Gesandtschaften nach Polen und an die Königin Elisabeth von England verwendet; 1590 Assessor am Kammergericht. Er hat dieses Amt bis zu seinem Tode bekleidet, jedoch seine letzte Lebenszeit, von schwerer Krankheit gebeugt, in Heidelberg zugebracht, wo er im Hause seines Schwiegersohnes Ludw. Culmann am 20. September 1610 starb.

Denais, ein Mann von vielseitiger Bildung und Welterfahrung, hat als Beisitzer des Reichskammergerichts eine ungewöhnliche Autorität besessen, die seine Collegen bereitwillig seinen Kenntnissen, seinem Scharfsinn und der Integrität seines Charakters einräumten. Sein Compendium juris cameralis. Argent. 1599. 8°. 1600. 4°. 1652. 8°. Spirae 1605. 1609. 1625. 8° ist ein alphabetisch geordnetes Handbuch des Cameralprocesses, das sich großes Ansehen erwarb. In den Streit des Kammergerichts mit der Stadt Speier wegen der Criminaljurisdiction über die Camerales griff er mit zwei Abhandlungen ein: De jure meri Imperii in eos qui Spirae etc. Heidelb. 1601. 4° und Assertio jurisdictionis cameralis etc. Heidelb. 1601. 4°.

Er gehörte zu dem Heidelberger Kreise der Poeten, welche Jul. Wilh. Zinkgref, der ihm eine Grabschrift in lateinischen Distichen (Epitaphium in der Heidelb. Peterskirche) widmete, in

1) Adam, Vitae JCtor. p. 444 s. Gervinus, Gesch. d. d. Dichtung 3, 136. 166. A. d. B. 5, 49 (v. Liliencron). Fahnenberg S. 58 f. — Die Lebensbeschreibung bei Sincerus 1, 98 ff. ist nur eine Uebersetzung der von Adam.

seiner Ausgabe der Gedichte von Opitz als dessen Vorläufer bezeichnet. Mit seinem Landsmann Fischart berührt er sich in dem satirischen Kampf gegen die Jesuiten (Drei Jesuiten-Latein. o. O. 1607); dem Opitz ist er verwandt als einer der ersten Gelehrten, welche die Dichtung in deutscher Sprache förderten und die Kunstdichtung einleiteten.

Genannt wird von ihm eine Dissertatio de Idolo Hallensi (1605), die gegen Lipsius' Diva virgo Hallensis gerichtet ist. Auch theologische Schriften soll er verfaßt haben, in der Medicin bewandert und ein Kenner der Musik gewesen sein, der französischen, italienischen und englischen Sprache gleich der lateinischen und deutschen mächtig. P. M. Wehner (s. unten) verdankt ihm seine praktische Ausbildung.

Wilhelm Roding[1]) (Rhoding) ist 1549 geboren. Sein Vater Nikolaus Roding ward in diesem Jahre Professor der Rhetorik in Marburg. 1570 bis 1576 war er Lehrer am dortigen Pädagogium, dann kurpfälzischer und später hessischer Rath. Landgraf Wilhelm präsentirte ihn zu einer Assessur am Kammergericht, allein Roding zog es vor, Anderen, die mit ihm nominirt waren, den Vorrang zu lassen, um sich nicht, wie er sagt, dem periculum repulsae im Examen auszusetzen. Er hat daher in keiner amtlichen Beziehung zum Kammergericht gestanden und nennt sich selbst „tyro in causis cameralibus“, muß indeß mit seiner Praxis wohl vertraut gewesen sein. Er ward 1586 zu dem Reichsdeputationstage in Worms, wo das kammergerichtliche Verfahren einen Hauptgegenstand der Verhandlungen bildete, deputirt. Ob er Doctor oder nur Licentiat der Rechte gewesen, bleibt dahingestellt. Er starb am 20. September 1603 in Kassel.

Roding, den wir schon oben (S. 425) unter den Systematikern nannten, war von der Ramistischen Richtung in Marburg berührt. Er gab P. Rami dialecticae libri II. Lugdun.

1) Deckherr, de cultu juris Cam. cap. 9. Fahnenberg S. 66 ff. Ludolf, Observationes 1, 381 s. Strieder 11, 325 ff.

1577. 8° heraus. So ist er denn auch der Erste, welcher das jus camerale in ein System zu bringen unternommen hat.

De judicio summo Rom. Imp., institutionum libri II de audientia camerali ejusque processu. Amberg. 1594. 12°.

Eine neue Bearbeitung ist Manuale Pandectarum juris cameralis. Spirae 1598. 8°. Nach dem R.D.A. von 1600 hat Roding sein Werk ergänzt und vergrößert, ist aber vor der Publication gestorben. Seine Erben gaben diese 3. Auflage Kassel 1604. fol. heraus.

Roding geht von der Definition des jus camerale aus: est quod constitutionibus et legibus Imperii Camerae Imperiali peculiariter constitutum, vel observatum stylove judicii receptum est. Es zerfällt in zwei Theile: de judicio camerali und de ejus personis; der erste Theil handelt de jurisdictione und de processu; der letzte zerfällt wieder in den processus audientiarum und causarum. So ergeben sich folgende vier Bücher: de jurisdictione; de processu audientiarum; de processu causarum; de personis. Die Bücher zerfallen in Titel und Paragraphen; die Darstellung schreitet durch Definition und Distinction vorwärts in kurzen Sätzen, denen Erläuterungen beigefügt sind. Hierin und in der Durchführung der Dichotomie, so weit der Stoff es irgend gestattet, zeigt sich der Ramistische Einfluß.

Das kleine Werk hat als Lehrbuch großen Beifall gefunden, ist dann aber nach dem jüngsten Reichsabschied durch Zusätze von der Hand verschiedener genannter und ungenannter Bearbeiter so angeschwollen, daß es seinem ursprünglichen Zweck nicht mehr diente und, wie Ludolf mit Recht sagt, „centoni magis, quam commentario ordinato similis“ geworden[1]). Vergeblich ist indeß später mehrfach der Wunsch geäußert, man möge den Roding einmal wieder in seiner ursprünglichen Gestalt herstellen.

1) Argentor. 1609. 8°. Spirae 1660. 1668. 1686. 8°. Francof. 1688 4°. Colon. 1710. 4°. Wetzlar 1756. 4°.

## Dreizehntes Kapitel.

# Praxis und Gesetzgebung.

I. Allgemeines. 1. Einleitung. 2. Die Consilien. 3. Consiliensammlungen deutscher Juristen. 4. Consiliensammlungen ausländischer Juristen in Deutschland. 5. Tractatus cautelarum und Verwandtes. — II. Die particulare Gesetzgebung. 1. Einleitung. 2. Nürnberg. Worms. Freiburg. Rheinland. 3. Würtemberg. 4. Solms. Frankfurt. Lüneburg. — III. Die sächsische Gesetzgebung und Praxis. 1. Der Sachsenspiegel. 2. Die Differentiae. 3. Die Constitutionen. 4. Die Consultationen. 5. Die Praktiker: Rotschitz. König. Gregorii. Goldstein. Termineus. Knauß. Die Pistoris. Clammer. Coler. Schultes. — IV. Süddeutsche Praktiker. 1 Perneder. 2. Spiegel. 3. Gobler. 4. Johann Fichard. 5. Raymund Fichard. 6. Gremp. — V. Damhouder.

**I. Allgemeines. — 1.** So wenig es unsere Aufgabe ist, die Umgestaltung des Rechts durch Gesetzgebung und Praxis darzustellen; eben so wenig dürfen wir uns der andern Aufgabe entziehen, die Berührungen und Wechselwirkungen zu schildern, welche zwischen jenen und der Rechtswissenschaft stattgefunden haben.

Wo ein Gegensatz zwischen der Praxis — von der wir zunächst reden — und der Theorie sich zeigt, da wird er im Wesentlichen auf die Ursache zurückzuführen sein, daß jene die Rechtssätze in concreter Gestalt als einzelne mit Bezug auf ihre Wirkung im Leben betrachtet, während diese sie in abstracter Form als Theile eines historischen und systematischen Ganzen zu begreifen sucht.

In diesem Unterschiede liegt die Gefahr der Entfremdung durch einseitige Verfolgung der verschiedenen Ziele, indem die Wissenschaft die concreten Gestaltungen des Lebens aus dem

Auge verliert und der praktischen Beschäftigung der Zusammenhang der einzelnen Bestimmungen mit der höheren Einheit des Ganzen aus dem Bewußtsein entschwindet. Je höher die Wissenschaft sich ihre Ziele stellt, je eifriger sie die Ergebnisse der Philosophie und Geschichte zu Hülfe nimmt, desto näher tritt ihr jene Gefahr: und sie wird sie schwer überwinden, wenn nicht die praktische Beschäftigung ihrer Vertreter ein Gegengewicht bildet.

Unter der Herrschaft des mos Italicus bestand ein Gegensatz zwischen Theorie und Praxis kaum, selbst der Unterschied war verhüllt. Denn weil die wissenschaftliche Behandlung den Stoff nicht in seiner Einheit erfaßte, sondern in Einzelheiten zersplitterte und auf Casuistik hinauslief; so galt mit vollem Recht noch in späterer Zeit gerade diese Methode als diejenige, welche den tüchtigen Praktiker heranbilde. Die in ihr erwachsene Literatur war das Rüstzeug für diesen, ja in ihrer Casuistik steckte geradezu das positive Recht in seiner geltenden Gestalt. So kam es denn, daß die italienische Jurisprudenz älterer und neuerer Zeit, die in den alten Wegen fortgewandelt war, in der deutschen Praxis ihre Autorität noch behauptete, während schon die deutsche Rechtswissenschaft unter dem Einfluß der Franzosen und durch eigene Kraft neue Bahnen eingeschlagen hatte; und dies um so mehr, als die Deutschen sich den Italienern in der Casuistik nicht gewachsen fühlten.

Als in der deutschen Wissenschaft die neuen Elemente und Methoden zur Geltung und selbst zur Herrschaft gelangten, würde sich in ähnlicher Weise wie in Frankreich eine tiefe Scheidung zwischen Theorie und Praxis vollzogen haben, wenn nicht die Stellung der deutschen Rechtsgelehrten eine ganz andere gewesen wäre. Wir haben bei den einzelnen Theoretikern berichtet, in welchem Uebermaße sie von praktischen Geschäften als Beisitzer von Gerichten, als Mitglieder der Spruchcollegien, als Consulenten und Räthe in Anspruch genommen waren[1]). Diese an-

1) Aus der späteren Zeit möge hier erwähnt werden, daß die Facultät in Greifswalde im Jahre 1589 innerhalb 17 Wochen über 50 consilia, im

gestrengte Betheiligung an der Praxis, die wir früher als ein Hinderniß für den Aufschwung der Wissenschaft bezeichneten, stiftete andrerseits den Nutzen, jene Scheidung wenn nicht ganz zu verhindern, so doch zu ermäßigen. Dazu kommt, daß häufig ein Wechsel der Stellungen, ein Uebergang aus theoretischer zu praktischer Thätigkeit und umgekehrt stattfindet.

2. Aus dieser Thätigkeit ging die massenhaft anschwellende Literatur der Consilien hervor, die in ähnlicher Weise wie in neuerer Zeit die Sammlungen von Entscheidungen höherer Gerichte bestimmt war, der Praxis als Vorbilder, Hülfsmittel und Autoritäten zu dienen[1]).

Lange Zeit kamen für die deutsche Praxis nur die Consilien der Italiener in Betracht, welche seit dem Ende des 15. Jahrhunderts in Venedig, Pavia, Mailand, dann seit 1517 auch in Lion publicirt wurden. Zu der fortschreitenden Geltung des römischen Rechts und der dadurch gesteigerten Nachfrage mußte der in weitere Kreise gedrungene Ruhm eines deutschen Juristen hinzukommen, ehe der Buchhandel hoffen konnte, bei der Publication von Consilien, die nicht durch italienischen Ursprung empfohlen waren, seine Rechnung zu finden. Auch hier bezeichnet Ulrich Zasius den Wendepunkt. Seine ausgewählten Consilien (Basil. 1538. 1539) sind die erste deutsche Sammlung. Dann wagt man es, die Consilien des längst verstorbenen Henning Göden, der bei Lebzeiten als „monarcha juris" gepriesen war, hervorzuziehen (Witeberg. 1541). Der erste deutsche Jurist, welcher sich getrauen durfte, bei seinen Lebzeiten eine Sammlung eigener Consilien in drei Folianten zu veröffentlichen, war Hieronymus Schürpff: die beiden ersten „Centuriae" er-

---

Jahre 1650 113, im Jahre 1653 144 consilia und Sentenzen abgegeben hat. Kosegarten, d. Univers. Greifswald 1, 219. 257. Dies ergiebt aber nur dann einen richtigen Maßstab, wenn man die von den Einzelnen ertheilten Gutachten hinzurechnet.

1) Stölzel, die Entwicklung d. gel. Richterthums 1, 188 ff.; 2, 61 ff. Seeger, die strafrechtlichen Consilia Tubingensia bis 1600.

schienen 1545 und 1551 bei Egenolf in Frankfurt a. M., die dritte im Jahr vor seinem Tode (1553) bei Eichorn zu Frankfurt a. O. Nachdem dann in Löwen die Consilien des Nikolaus Everardus von Middelburg († 1532) der Vergessenheit entrissen waren (1554), beginnt in Frankfurt a. M. die buchhändlerische Speculation sich dieses Zweiges der Literatur zu bemächtigen. Der betriebsame Justin. Gobler hat hier zuerst (1565) es unternommen, Consilien verschiedener Autoren in einer Sammlung zu vereinigen. Bald betheiligen sich auch andere Druckorte an der Concurrenz, und seit dem letzten Drittel des 16. Jahrhunderts wächst mit der Bedeutung der Spruchcollegien die Literatur der deutschen Consilien zu ansehnlichen Massen an.

Allein diese haben die Autorität, das Ansehen der italienischen keineswegs erschüttert. Mit dem Vorurtheil zu Gunsten des mos Italicus erhält sich auch der Glaube an die praktische Ueberlegenheit der Italiener, deren Literatur durch das 16. Jahrhundert hindurch sich mit Vorliebe auf dem casuistischen Gebiet bewegt. Die italienischen Consilien sind in Deutschland so gesucht, daß die buchhändlerische Speculation ihre Rechnung dabei findet, sie neben den deutschen in fast eben so großen Massen auf den Markt zu bringen.

Diese Erscheinung giebt Zeugniß von dem Einfluß, welchen die italienische Casuistik auf die deutsche Praxis ausgeübt hat. Die Nachfrage nach jenen Consilien ist die Wirkung dieser anerkannten Herrschaft; die ausgiebige Befriedigung der Nachfrage durch den Buchhandel dient dazu, jene Abhängigkeit zu erhalten und zu befördern.

Auf dem Gebiete der Casuistik ist ein Gegensatz der deutschen gegen die italienische Jurisprudenz nicht bemerkbar. Zwar sind manche von den namhaftesten deutschen Consiliatoren dieselben Universitätslehrer, welche wir als Vertreter einer Opposition gegen den mos Italicus, als Anhänger einer synthetischen und historischen Richtung in der Wissenschaft, zum Theil als Schüler der Franzosen kennen lernten. Aber wie sie nicht anstehen, überall den Bartolus und Baldus als Muster der Casuistik zu preisen, so beschränken sie ihren Gegensatz gegen die italienische Jurisprudenz auf das theoretische, eigentlich wissenschaftliche Gebiet und gehen mit ihr in der Praxis Hand in Hand. Ihre Consilien sind nicht nur mit Allegationen aus der älteren und jüngeren italienischen Jurisprudenz und eben so wie jene mit Citaten aus den Quellen, die oft durchaus die Sache nicht treffen, zu gelehrtem Prunke überhäuft; sondern es wird auch ganz in der alten Weise die Autorität der Glosse selbst von so humanistisch gerichteten Juristen wie Sichardt und Cantiuncula behauptet[1]); und die Argumentation ist die herkömmliche der Italiener, welche sich die deutschen Juristen durch das Studium ihrer Literatur und den Besuch ihrer Universitäten für die Praxis angeeignet haben. Und bemerkenswerth ist die Wechselwirkung zwischen der eng verbundenen Theorie und Praxis: wie jene auf Casuistik hinausläuft, so theoretisirt diese. Daher die Breite und Umständlichkeit der Deduction in den Consilien, daher das Voluminöse dieser Literatur und die Mühseligkeit ihres Studiums.

Eine genauere Erörterung derselben liegt außerhalb unseres Plans[2]); dagegen soll es versucht werden, von ihrem äußeren Umfange ein Bild zu geben.

Die folgenden zwei Verzeichnisse enthalten die bis gegen die Mitte des 17. Jahrhunderts in Deutschland erschienenen Consiliensammlungen und zwar zuerst der deutschen, dann der ausländischen Juristen, chronologisch geordnet. Sie umfassen etwa 200 Bände, meistens Folianten. Können auch diese Verzeichnisse auf absolute Vollständigkeit und Zuverlässigkeit keinen Anspruch

1) Seeger, Consil. Tubing. S. 17. 75 f. 82. Der Grundsatz: „deficiente textu glossa pro textu est“ wiederholt sich in den Consilien des Everardus (I, 3 Nr. 42), Cantiuncula (11 Nr. 25), Stuckius (1660. 12 Nr. 58) u. A.

2) Es wäre zu wünschen, daß auch andere Zweige der Consilien-Literatur eine ähnliche Bearbeitung erfahren möchten, wie sie die vortreffliche Schrift von Seeger, die strafrechtlichen Consilia Tubingensia bis 1600. Tübingen 1877 darbietet.

machen, so werden beide doch annähernd erreicht sein. Der Kürze wegen sind die Titel nur so weit angegeben, als es zur Unterscheidung nothwendig schien[1]).

### 3. Sammlungen von Consilien deutscher Juristen.

| Titel | Druckort | Jahr |
|---|---|---|
| U. Zasius, responsorum juris sive consiliorum lib. I. II. fol. | Basel | 1538. 1539. |
| Henning Göden, consilia latino-germanica T. I. II. fol. | Wittenberg | 1541. 1545. |
| Hieron. Schurpff, consilior. centur. 1. 2. fol. | Frankfurt | 1545—1551. |
| — — centuria 3 | Frankf. a. O. | 1554. |
| Nic. Everardi consilia sive responsa juris. fol. | Löwen | 1554. |
| Hieron. Schurpff, consiliorum seu respons. I—III. | Frankfurt | 1564. |
| Just. Gobler, consilia seu responsa. fol. | Frankfurt | 1565. |
| Joh. Fichard, communes opiniones. | Frankfurt | 1568. |
| Laur. Kirchov, consilia variarum academiarum et JCtorum clariss. T. I. II. III. IV. V. | Frankfurt | 1568. 1571. 1572. 1578. |
| Communes opiniones JCtorum. fol. | Frankfurt | 1571. |
| Cantiuncula, consilia sive responsa. fol. | Köln | 1571. |
| Commentaria et variae resolutiones. 3 vol. fol. | Frankfurt | 1572. |
| Mynsinger, responsorum sive consilior. decades VI. fol. | Basel | 1573. |
| Zasius, deutsche Consilien in J. Th. Freigii New Practica juris. fol. | Basel | 1574. |
| Henning Göden. fol. | Bautzen | 1575. |
| Hieron. Schurpff. fol. | Frankfurt | 1575. |
| Zasius. | Frankfurt | 1576. |
| Joach. Mynsinger, responsorum juris sive consiliorum decades X. | Basel | 1576. |
| Matth. Wesenbeck, consilia T. 1 fol. | Basel | 1576. |

1) Benutzt sind die Verzeichnisse bei Stölzel 2, 60 ff. und Landsberg, über die Entstehung der Regel Quicquid non agnoscit glossa (Bonn 1880) S. 55 ff.

| Titel | Druckort | Jahr |
|---|---|---|
| L. Kirchovius, sententiarum receptarum centuriae octo. | Frankfurt | 1576. |
| Nicol. Everardi. fol. | Frankfurt | 1577. |
| M. Wesenbeck T. II. fol. | Basel | 1577. |
| Hartmann Pistoris quaestiones. | Leipzig | 1579. |
| Jacob Tomingii quaestiones. | Leipzig | 1579. |
| Mynsinger. | Basel | 1580. |
| Pingitzer, responsor. sive consiliorum decas. fol. | Frankfurt | 1580. |
| M. Wesenbeck. 2 vol. fol. | Basel | 1584. |
| N. Reusner, quaestionum sive consultat. jurid. lib. II. fol. | Basel | 1585. |
| Modestinus Pistoris. fol. | Leipzig | 1586. |
| Modestinus et Simon Pistoris. fol. | Leipzig | 1588. |
| Joh. Fichardus, consilior. T. I. II. fol. | Frankfurt | 1590. |
| M. Wesenbeck T. III. fol. | Wittenberg | 1591. |
| Laurentii Kirchovii consilia. fol. | Frankfurt | 1594. |
| L. Fachs, consilia. | Leipzig | 1596. |
| Modestini D. Simonis fil. Pistoris consiliorum sive responsorum vol. I. II. fol. | Leipzig | 1596. 1599. |
| D. Martini Uranii cognom. Prenninger consilior. T. I. II. fol. | Frankfurt | 1597. |
| Ernst Cothmann, consilia et responsa juris T. I—VI. fol. | Frankfurt | 1597. |
| Reusner, sententiarum sive decisionum lib. I—IV. fol. | Frankfurt | 1599—1601. |
| Illustres s. quaestionum variarum decisiones — per Schneidewinum, Wesenbecium, Thomingium et alios etc. vol. I—V. fol. | Frankfurt | 1599. |
| Sichardi responsa. fol. | Frankfurt | 1599. |
| Consilia sive responsa trium Saxoniae JCtorum. | Leipzig | 1599. |
| Joh. Borcholten, consilia. fol. | Helmstädt | 1600. |
| Francisc. Pfeil, responsor. s. consil. centuriae duae. fol. | Magdeburg | 1600. |
| Nicolai Vigelii decisionum juris centuriae sex. 8°. | Frankfurt | 1600. |
| Joachim Mynsinger, responsorum juris sive consiliorum decades XV. fol. | Frankfurt | 1601. |

| Titel | Druckort | Jahr |
|---|---|---|
| Illustr. et celebr. JCtorum et divers. academ. consilia. | Frankfurt | 1601. |
| M. Wesenbeck. 4°. | Frankfurt | 1601. |
| Matth. Wesenbecii Tractatuum et responsorum P. I—II. fol. | Wittenberg | 1601. |
| Reusner, consilior. vol. III. fol. | Frankfurt | 1601. 1602. |
| Nicol. Everardus jun. | Augsburg | 1603. |
| Consilia s. responsa Altorfina (ed. Rittershusius). 4°. | Hanau | 1603. |
| M. Coler, decisiones Germaniae. 2 vol. 4°. | Leipzig | 1603. |
| Pruckmann, consilior. sive respons. jur. vol. I. | Leipzig | 1603—1610. |
| Kirchhovius, consilia praestantiss. German. Galliae Hispan. JCtor. vol. I—V. fol. | Frankfurt | 1605. |
| Pingitzer, quaestionum Saxonicar. decas sex. 4°. | Gera | 1607. |
| Ludolfi Schraderi consilior. sive respons. 2 vol. fol. | Leipzig | 1607—1609. |
| Prenninger T. II. | Frankfurt | 1607. |
| Illustres — decisiones per Schneidewinum, Wesenbecium, Thomingium et alios exhibitae T. III ed. sec. fol. | Frankfurt | 1608. |
| Jacob Thomingii responsa. fol. | Frankfurt | 1608. 1609. |
| Hieron. Pantzchmann, quaest. pract. lib. primus. 4°. | Jena | 1609. |
| Consil. Marpurg. vol. I—III (ed. Vultejus). | Frankfurt | 1611. 1614. |
| M. Wesenbeck T. III. fol. | Wittenberg | 1611. |
| H. Schurpff, consil. sive respons. jur. I—III. fol. | Wittenberg | 1612. |
| M. Coler, consilia. fol. | Leipzig | 1612. |
| Andreae Schefferi quaest. pract. 4°. | Halle | 1612. |
| E. Cothmann, lib. sing. respons. fol. | Frankfurt | 1613. |
| Illustres decisiones. T. II. ed. sec. fol. | Frankfurt | 1614. |
| Wehner, consilior. Franconic. decad. XI. fol. | Frankfurt | 1615. |
| E. Cothmann, cons. vol. V. fol. | Frankfurt | 1615. |
| Joh. Koeppen, decisiones. | Magdeburg | 1617. |

| Titel | Druckort | Jahr |
| --- | --- | --- |
| Georg. Everardus. | Augsburg | 1618. |
| M. Wesenbeck T. IV—VI. fol. | Wittenberg | 1619. |
| Nicol. Everardus. | Frankfurt | 1619. |
| M. Wesenbeck T. VII. VIII. fol. | Wittenberg | 1624. |
| Ant. Bullaei consil. decas. | Rinteln | 1628. |
| Consultationes de insignior. aliquot et in primis juris publ. quaestionibus (ed. Besold). 4 vol. fol. | Tübingen | 1628. |
| Responsa juris sive consilia vol. I. II. fol. | Straßburg | 1629. 1630. |
| Consil. Marpurgensia vol. IV. fol. | Frankfurt | 1631. |
| Dan. Moller, semestrium libri V quorum primi IV decisiones continent. 4°. | Leipzig | 1631. |
| Matthiae Coleri decisiones Germaniae. 4°. | Leipzig | 1631. |
| Consilia Argentoratensia vol. I. II. fol. | Straßburg | 1640. |
| Consil. Tubingensia vol. I. II. fol. | Tübingen | 1649—1661. |

**4. In Deutschland gedruckte Sammlungen von Consilien ausländischer, hauptsächlich italienischer Juristen.**

| Titel | Druckort | Jahr |
| --- | --- | --- |
| Pauli Castrensis consilia. | Nürnberg | 1485. |
| Marc. Ant. Nattae consilior. sive respons. T. IV. fol. | Frankfurt | 1548. |
| A. Gomezii opera omnia (variae resolut. jur. civ.). fol. | Frankfurt | 1572. |
| J. P. Portii consilior. sive respons. libri quattuor. fol. | Frankfurt | 1572. |
| Sigism. Loffredus. | Frankfurt | 1573. |
| Jaffredi Lanfranci Balbi decisionum quinque cent. fol. | Frankfurt | 1573. |
| Didacus Covarruvias a Leyva, variarum resolutionum juridicarum lib. III. fol. | Frankfurt | 1573. |
| Nic. Belloni consilia. fol. | Frankfurt | 1573. |
| Franciscus Bursatus, consilia. | Frankfurt | 1574. |
| Mart. Garratus, consilia. | Frankfurt | 1575. |
| Alex. Tartagni consilior. lib. VII. | Frankfurt | 1575. |
| Oldradi de Ponte consilia sive responsa et quaest. aureae. fol. | Frankfurt | 1576. |

| Titel | Druckort | Jahr |
| --- | --- | --- |
| Ludov. de Ponte consilia. fol. | Frankfurt | 1577. |
| D. J. Cephalus Ferrariensis. | Frankfurt | 1579. |
| Jul. Clari sent. recept. lib. V. fol. | Frankfurt | 1582. |
| Rolandi a Valle consilia vol. I—IV. fol. | Frankfurt | 1584. |
| Nattae consilia. | Frankfurt | 1588. |
| Phil. Decii consil. sive resp. fol. | Frankfurt | 1588. |
| Baldus, consilior. sive respons. vol. I—V. fol. | Frankfurt | 1589. |
| Tiberius Decianus, responsorum vol. I—IV. | Frankfurt | 1589—1596. |
| J. Pet. Surdus, consilia. | Frankfurt | 1590. |
| Paponius, consilia. | Frankfurt | 1594. |
| D. Franc. Bursati consilior. sive respons. libri IV. | Frankfurt | 1594. 1601—1610. |
| Anton. de Gama, decisionum supremi senatus, regni Lusitaniae cent. IV. fol. | Frankfurt | 1599. |
| J. P. Surdi libri tres consiliorum. 2 vol. fol. | Frankfurt | 1599. |
| Fabius de Anna, controversiae forenses. | Frankfurt | 1600. |
| Fachinaeus, consilia. | Frankfurt | 1600. |
| Comazanus, decisiones Rotae Lucensis. | Frankfurt | 1600. |
| M. A. Peregrinus, consilia. | Frankfurt | 1600—1615. |
| J. V. Hondedei, advocati Perusini, decisionum sive consultationum vol. I. II. fol. | Frankfurt | 1601. |
| Ant. Quetta, consilia sive responsa jur. fol. | Frankfurt | 1601. |
| Augustini Beroi consilior. vol. tria. fol. | Augsburg | 1601. |
| Vincentius Caroccius, decision. | Frankfurt | 1602. |
| Jac. Marchiselli sylva quaest. jur. pract. fol. | Frankfurt | 1602. |
| Franc. Curtii jun. consilia. | Frankfurt | 1604. |
| Menochius, consilia. 13 vol. | Frankfurt | 1604—1609. |
| Alex. Tartagni consilior. sive respons. lib. VII. | Frankfurt | 1610. |
| Curtius jun. | Speier | 1604. |
| Fulvius Pacianus. | Augsburg | 1605. |
| Aymon Cravetta. | Frankfurt | 1605. |

| Titel | Druckort | Jahr |
|---|---|---|
| Simon de Praetis. | Frankfurt | 1605. |
| J. P. Surdi decisiones. | Frankfurt | 1606. 1610. |
| Mascardus, communes conclus. | Frankfurt | 1609. |
| A. Quetta, centum consilia sive respons. juris. fol. | Hamburg | 1609. |
| J. P. Surdus, decisiones. | Frankfurt | 1610. |
| Manentus, decisiones. | Frankfurt | 1612. |
| Francisci de Caldas Pereyra ct Castro, recept. sent. sive quaest. lib. II. fol. | Frankfurt | 1612. |
| Seraph. Olivarii Razalii decisiones aureae. fol. | Frankfurt | 1615. |
| M. A. Peregrinus, decisiones Patavinae. | Speier | 1615. |
| Onufrii Cardin. Tuschi practicar. conclus. t. 1—8. Vol. I—IV. fol. | Frankfurt | 1621. |
| Steph. Gratiani Rom. discept. forens. judicior. T. I—IV. | Frankfurt | 1619—1623. |
| Julius Clarus. | Frankfurt | 1622. |
| Onufr. Card. Tuschi. Vol. I—IV. fol. | Frankfurt | 1623. |
| Paponius, decisiones. | Frankfurt | 1624. |
| Francischini Curtii jun. consilior. lib. III. | Frankfurt | 1624—1640. |
| Franc. Curtii sen. consilia. | Frankfurt | 1629. |
| J. P. Surdi consil. sive respons. juris lib. IV. | Frankfurt | 1629. 1630. |

5. Neben den Consilien und deren Sammlungen treibt die italienische Praxis noch mehrere Klassen verwandter Werke hervor, die nach Deutschland übertragen und hier nachgeahmt werden. Es gehören dahin die Sammlungen von Opiniones communes und Observationes practicae, welche wir bei den ersten deutschen Bearbeitern Mynsinger und Fichard besprochen haben und besprechen werden. Ferner sind zu nennen die unter den Titeln Quaestiones und Decisiones publicirten Sammlungen von Entscheidungen höherer Gerichte, als deren Mitglieder Gelehrte fungirten, welche ihre Rechtsprüche mit Motiven redigirten. Sie werden uns bei verschiedenen Autoren begegnen. Eine eigenthümliche, weniger bekannte Erscheinung, welche hier betrachtet

werden soll, sind die Tractatus cautelarum und deren Sammlungen. Die Gesammtheit der hier genannten Werke repräsentirt eine bedeutende Masse praktischer Literatur neben den Consilien.

Schon die altrömischen Juristen haben sich in der Aufstellung von Cautelen[1]) (Heuremata) nicht darauf beschränkt, Regeln der Vorsicht zu bieten und zu empfehlen gegen die Gefahren, welche böser Wille und Leichtfertigkeit dem Erfolge einer juristischen Handlung bereiten können; sondern auch Mittel und Wege gezeigt, um den in der formalen Strenge des Rechts liegenden Gefahren auszuweichen. In beiden Richtungen hat die mittelalterliche Jurisprudenz sich fortbewegt. Die jurisprudentia cautelaris ist einer ihrer praktischen Zweige, welcher vorzugsweise vom Notariat seine Pflege empfängt, in Regeln und Formeln für Geschäfte und gerichtliche Handlungen zur Erscheinung kommt. Wenn es sich zunächst darum handelt, durch Anweisungen und Beispiele die vorsichtige Beobachtung der Vorschriften des positiven Rechts zu lehren, um den Act gegen Anfechtungen sicher zu stellen; so überschreitet die Cautelarjurisprudenz in ihrer weiteren Ausbildung allmählich diese Grenzen und bildet sich aus zu der Kunst, die Vorschriften des Rechts zu umgehen und, gedeckt durch ihren Wortlaut, Zwecke zu verfolgen, die auf geradem Wege nicht zu erreichen sind. Die spitzfindige Casuistik, zu welcher sich die wissenschaftliche Behandlung seit Bartolus immer mehr gestaltet, die Form der Quästionen und Distinctionen, in der sie sich bewegt, begünstigt diese Kunst ungemein: und nicht mit Unrecht sagt Budäus, daß die Ausbildung der Cautelen wesentlich die Schuld an der Entartung der Rechtswissenschaft trage. Dem Baldus wird ein Tractatus de cautelis et remediis zugeschrieben, welcher sich in der Aus-

---

1) Vgl. darüber namentlich Heineccius, de jurisprudentia heurematica (Vorrede zu S. Stryck, Cautelae contractuum. 1763). Opuscula min. VIII. p. 301—338. — Brinz, Pandekten 1, 80.

gabe seiner Practica. Lugdun. 1528. 8° findet[1]). Die erste größere Sammlung von Cautelen rührt her von Bartholomäus Caepolla († 1477 in Padua). Sein Tractatus cautelarum, der weite Verbreitung fand, ist eine Zusammenstellung von „remedia" und „consilia", aus den Schriften älterer Scribenten zusammengetragen und durch eigene Erfindungen vermehrt. Es mischen sich darin die Anweisungen zur klugen Vorsicht mit solchen zur ränkevollen Schlauheit in so bedenklicher Weise, daß man wohl begreift, wie der Name „Cautelae Caepollae" bald die Bedeutung perverser und chicanöser Ausflüchte und Behelfe annehmen konnte. Seinem Beispiele folgten Thomas Ferratius, Joh. de Arnono, Joh. Dilectus Durantes und M. Antonius Blancus, deren Tractate Raimund Pius Fichard mit seiner eigenen alphabetisch geordneten Sammlung von Cautelen herausgab[2]). Johann Fichard, der Vater, begleitete dies Werk mit einer Vorrede, in der er den Werth der echten und redlichen Cautelen hervorhebt und darauf hinweist, daß es nützlich sei, auch die schlechten und frivolen kennen zu lernen, um ihnen gegenüber auf der Hut zu sein.

Einige Beispiele mögen dazu dienen, diese Literatur zu kennzeichnen.

Um den Aufschub der Vollziehung eines Todesurtheils zu erwirken, soll man sagen, daß der Verurtheilte erst noch wegen eines Handelsgeschäfts Rechnung ablegen müsse; oder der Verurtheilte soll Kleriker werden, damit der weltliche Richter nicht Hand an ihn legen darf. Caepolla 2, 3. 8. Blancus 1.

Einen Zeugen kann man dadurch unschädlich machen, daß man ihm eine Ohrfeige giebt und dann sagt, seine Deposition sei wegen Feindschaft verdächtig. Caep. 4.

Wenn man eine Sache erwerben möchte, die der Eigenthümer nicht verkaufen will, so soll man sie von ihm leihen,

---

1) Savigny 6, 246 g.

2) Tractatus cautelarum auctoribus atque collectoribus infra scriptis etc. Francof. 1575. fol.

dann vorgeben, daß man sie verloren habe. Hat man dann die aestimatio bezahlt, so kann man sie zufällig wieder zum Vorschein kommen lassen, ohne die rei vindicatio fürchten zu müssen. Caep. 208.

Wenn ein Testator seiner Frau nur den Usus fructus vermachen, der Notar aber aus Gunst für die Frau ihr, ohne daß jener es merkt, das Eigenthum verschaffen will, so möge der Notar nach den Worten „Item legavit uxori suae usumfructum talis fundi“ hinzufügen: „gravando tamen ipsam, quod non possit ipsum fundum pignorare, vendere, nec alienare“. Diese Worte wird der Testator nur als Bestärkung seiner Intention, daß der Usus fruct beim Tode der Frau zum Erben zurückkehre, verstehen. Allein sie können nachher so gedeutet werden, daß es die Absicht des Testators gewesen sein müsse, der Frau die proprietas zu vermachen, da sie sonst zwecklos sein würden. Ferratius caut. 2.

Wer eine beschworene Zusage brechen will, ohne des Meineids schuldig zu werden, der soll dafür sorgen, daß ihm der Eid an einem Festtage abgenommen werde, weil er dann nicht gilt. Ferratius caut. 3.

Wer genöthigt wird, ein Mädchen, mit dem er Unzucht getrieben, zu heirathen, soll sich zum Abschluß der Ehe bereit erklären, dann aber vor Pfarrer und Zeugen den Worten „accipio in uxorem istam puellam“ hinzufügen: „wenn sie aber mit einem Andern concumbiren sollte, so will ich das Recht haben, eine Andere zu nehmen“. Die Anwesenden werden das für einen ganz unschuldigen, durch die Vergangenheit des Mädchens gerechtfertigten Vorbehalt ansehen: in Wahrheit aber gilt nun die Ehe nicht, weil sie nur bedingt eingegangen ist. Ferrat. caut. 7.

Wenn ein Haussohn ohne Einwilligung des Vaters über sein mütterliches Vermögen verfügen will, so möge er die niedern Weihen annehmen: denn bei Klerikern wird das Vermögen, welches sonst peculium adventitium ist, als peculium quasi castrense betrachtet. Dilectus Durantes Tit. 1 caut. 1.

Die Vorschrift des kanonischen Rechts, daß keine Verjährung mit mala fides Kraft hat, gilt auch in foro civili. Um aber zu bewirken, daß abweichende Statuten Geltung haben, soll die Stadt durch ein generelles Statut bestimmen, daß alle Statuten über Verjährung die Kraft von Verträgen haben sollen. Dann kann von eigentlicher mala fides nicht die Rede sein nach l. 145 D. d. R. J.: nemo videtur fraudare eos qui sciunt et consentiunt. Caep. caut. 46 (wo irrthümlich l. non fraudantur allegirt ist).

Neben solchen mehr oder weniger perfiden Cautelen besteht die Mehrzahl in unverfänglichen Rathschlägen zu klugem und vorsichtigem Verhalten; und dies gilt namentlich von denen, welche R. P. Fichard zusammengestellt hat. Doch kann man auch hier Rathschläge von zweifelhafter Redlichkeit finden, so wenn z. B. einem Beklagten empfohlen wird, mit seinen fori-declinatorischen Einreden so lange wie möglich zurückzuhalten, um später den Kläger durch die Gefahr, den Proceß mit großen Kosten zu verlieren, zu einem vortheilhaften Vergleich zu nöthigen (Fichard caut. 67).

Mit der Aufstellung der Cautelen verbindet sich regelmäßig eine knappe Begründung, unter Berufung auf die Quellen und die Autoritäten, aus welchen jene geschöpft sind. In ihrer Gesammtheit ist diese Literatur ein Zeugniß für die auf die Spitze getriebene formalistische und spitzfindige Art sowohl der theoretischen als auch der praktischen Behandlung des Rechts durch die Italiener. Ihre Ausbildung verräth die innere Verwandtschaft einer gewissen Richtung in der Jurisprudenz mit der jesuitischen Casuistik, und das zeitliche Zusammentreffen ihrer Verbreitung in Deutschland ist gewiß kein zufälliges: vielmehr stehen beide in engem Zusammenhang mit der gesammten Richtung, in welcher sich die politischen und socialen Zustände gegen den Schluß des 16. Jahrhunderts hin entwickelten.

Außer Fichard's Sammlung sind noch zu nennen:

Cautelarum tractatus diversorum auctorum. Lugdun. 1577.

Cautelarum juris tractatus remissorius alphabeticus collectore D. Hippolyto Bonacossa. Venet. 1579.

P. C. Brederodius, Eurematixῶν sive Cautelarum tomi tres. Basil. 1590. 8°.

In der von Basel aus datirten Epist. dedicatoria spricht sich Brederode über den Werth und namentlich die Berechtigung der Cautelen vor dem sittlichen Urtheile aus: Klugheit und Vorsicht sei überall erlaubt, so lange sie mit der Redlichkeit nicht in Widerspruch trete. Die unredlichen Cautelen habe er angeführt, weil man sie kennen müsse, um sich gegen sie zu schützen; aber nicht unterlassen, sie als verwerflich zu bezeichnen.

Das Werk ist eine systematisch geordnete Sammlung, und in der übersichtlichen Ordnung liegt ihr Werth. In den drei Theilen sind unterschieden 1. Caut. contractuum et actuum inter vivos; 2. Caut. testamentorum etc.; 3. Caut. judiciales. Nach dieser Ordnung ist der Inhalt der in der Fichard'schen Sammlung (deren Vorrede hier wieder abgedruckt ist) vereinigten Schriften vertheilt; das Gleiche gilt von dem Tractat des Baldus. Ein Index giebt an, wo die einzelnen, in jenen Schriften mit laufenden Nummern versehenen Cautelen hier wiederzufinden sind. Der erste Theil ist alphabetisch geordnet; der zweite dagegen folgt der Ordnung der Pandektentitel von lib. 28, 1 bis 38, 18 (17). Eine neue Zugabe, welche Brederode dem D. Gothofredus verdankt, eröffnet die Sammlung: Herennii Modestini fragmenta ex libro singulari de Eurematicis [1]).

**II.** Die particulare Gesetzgebung. — **1.** Die Gesetzgebung, welche mit dem Ende des 15. Jahrhunderts beginnend sich durch das 16. in so mannigfaltiger Gestalt fortsetzt wie in keiner anderen Periode der deutschen Geschichte, ist angeregt durch den Drang der Zeit nach einer die Willkür bändigenden weltlichen Autorität und fester Gestaltung der staatlichen Verhältnisse —

1) J. Chirodoti Synopsis methodica cautelarum — in 4 partes distr. Basil. 1600, ein Werk, welches Brinz, Pandekten 1, 80 erwähnt, ist mir unbekannt.

ein Zug des Geistes, welcher dem römischen Recht die Wege bahnte und der erstarkenden Fürstenmacht die Stätte bereitete (vgl. oben S. 57). Die bunte Mannigfaltigkeit des geltenden Rechts war durch die Reception des römischen nicht gehoben, sondern, da man diesem ausschließliche Geltung nicht zugestehen wollte und konnte, nur vermehrt; die Schwierigkeiten der Kenntniß und Anwendung waren gesteigert und damit das Gefühl von der Unsicherheit einer Rechtspflege, welche zum größeren Theil noch in den Händen ungelehrter Richter lag. Was man erstrebte, war Befestigung der Zustände durch Sicherheit, Einfachheit und Klarheit des Rechts.

Die dringlichen Aufforderungen, welche, wie wir oben (S. 58 f.) sahen, von patriotischen Männern wiederholt an die Reichsgewalt gerichtet wurden, vermochten ihr weder den Impuls noch die Fähigkeit einzuflößen, dem allgemeinen Bedürfnisse durch eine allgemeine, centrale Gesetzgebung abzuhelfen. Die Hindernisse sind an anderen Stellen berührt worden. Nur auf dem Gebiete des Strafrechts gelang es, bis zu einem gewissen Grade ein einheitliches Recht zu schaffen. Im Uebrigen beschränkte sich die Gesetzgebung des Reichs auf den Landfrieden, die Reichsverfassung, Polizei und Organisation der Rechtspflege bei dem Reichskammergericht.

Die ergiebige Gesetzgebung des 16. Jahrhunderts ist überwiegend particularistisch nicht bloß in der That, sondern auch in der Tendenz. Denn ein wesentliches Motiv derselben ist es gerade, die Territorien durch selbständige Rechtsordnungen zu festen staatlichen Körpern abzuschließen.

Wenn zu allen Zeiten die Gesetzgebung unter dem Einflusse der Wissenschaft stehen wird, weil sie diejenige Macht ist, welche nicht nur das Wissen beherrscht, sondern auch dem Denken seine Form und zum guten Theil seine Richtung gibt: so mußten die Rechtsgelehrten in dieser Periode einen noch entscheidenderen Einfluß ausüben, weil es darum zu thun war, das zur Anerkennung gelangte fremde Recht zu praktischem Gebrauche zu gestalten und, so gut es gehen wollte, mit dem einheimischen zu verarbeiten. Es handelte sich nicht darum, neue legislatorische Gedanken durchzuführen und neue Ziele zu erstreben, sondern um Prüfung des Werths des geltenden Rechts nach dem Maßstabe seiner Uebereinstimmung mit dem römischen. Denn die beste Rechtsweisheit glaubte man in diesem zu besitzen. Klarstellung des darin Gegebenen und, wo es nöthig schien, Reform der heimischen Rechtsübung nach seinen Grundsätzen war die Aufgabe, zu deren Lösung die Rechtsgelehrten selbstverständlich die berufenen Arbeiter waren. Man konnte ihnen mit desto größerer Zuversicht das Geschäft in die Hand geben, als sie mit der Praxis stätig und in lebendiger Berührung standen.

Bei dieser regen Beziehung zwischen Jurisprudenz und Gesetzgebung darf diese letztere in einer Geschichte der Wissenschaft nicht unberücksichtigt bleiben, wenn auch eine ausführliche und vollständige Besprechung keineswegs im Plane liegen kann[1]).

Die Gesetzbücher dieser Zeit sind mehr noch als in manchen andern Perioden Niederschläge der Jurisprudenz. Aber sie ist in ihnen zu einer ihr sonst ungewohnten Form der Thätigkeit geführt. Die Analyse hat hier keinen Raum; die Aufgabe des positiven Setzens führt von selbst zur Synthese, die Einzelheiten müssen neu formulirt und höheren Gesichtspunkten untergeordnet werden. Dazu kommt die Aufgabe, dem Stoffe eine dem ungeschulten Denken zugängliche Gestalt zu geben; die Gesetzbücher sind deutsch in lehrhafter Sprache geschrieben und dürfen in gewissem Sinne zu den ältesten juristischen Lehrbüchern gezählt werden.

Eine unvermeidliche Folge dieser Stellung der Jurisprudenz zur Gesetzgebung war das Uebergewicht des kanonischen Rechts im Proceß und des römischen in den materiellen Bestimmungen, wie in den Begriffen und systematischen Kategorien. Dazu kam die bewußte Tendenz, dem römischen Recht als dem jus certum

1) Vgl. darüber Stobbe 2, 3. Periode, Abschn. 3—6.

sichere Anwendung zu bereiten. Gegenüber der rationellen Durchbildung, die es unter der Hand der classischen Jurisprudenz erfahren hatte, vermochten sich die heimischen Anschauungen, welche man nur in vereinzelten Sätzen empirisch kennen gelernt hatte, nicht zu behaupten. Zwar haben die Gesetzbücher keineswegs mit den Instituten des deutschen Rechts aufgeräumt; aber ihre Schonung und Berücksichtigung ist nach Umfang und Art der Behandlung sehr verschieden; abhängig von der Individualität der gelehrten Redactoren, von dem Maße der ihnen gelassenen Freiheit der Bewegung und vor allem von der dem heimischen Particularrechte innewohnenden Kraft und Bedeutung.

Niemals ist es dabei auf eine vollständige Codification mit ausschließlicher Gültigkeit abgesehen. Die subsidiäre Gültigkeit des gemeinen Rechts wird vorausgesetzt, und nur über diejenigen Gebiete, auf denen sich die untergerichtliche Praxis und das sociale Leben des gemeinen Mannes hauptsächlich bewegt, erstreckt sich die gesetzgeberische Thätigkeit. Aus diesem praktischen Bedürfniß erklärt sich die Begrenzung und Vertheilung des Stoffs, welche sich mit einer gewissen Gleichförmigkeit in den Land- und Stadtrechten wiederholt. Fast in allen finden wir behandelt den Proceß und die Gerichtsverfassung; vom Privatrecht die Contracte, Testamente, eheliches Güterrecht, Intestaterbrecht und Vormundschaft; dazu das Strafrecht und Polizei — dies Alles in mehr oder minder großer Ausführlichkeit und verschiedener Ordnung. An vielen Orten aber ist es mit einmaliger Gesetzgebung nicht gethan, sondern die amtliche Bearbeitung des geltenden Rechts wiederholt sich periodisch im Laufe des Jahrhunderts, mehr noch durch die Entwicklung der Wissenschaft als durch Aenderungen des socialen Lebens getrieben und bestimmt.

Wie in alten Zeiten die Rechtsaufzeichnungen von Ort zu Ort wanderten, so wirken auch jetzt die Gesetzgebungen der verschiedenen Gebiete auf einander ein; durch das Gelingen der einen wird die andere angeregt, die älteren werden in den jüngeren als Vorbild benutzt.

2. Die älteste „Reformation" des Stadtrechts ist für Nürnberg[1]) im Jahre 1479 vollendet „nach Rath viel hochgelehrter Doctor", wie es in der Einleitung heißt; gedruckt 1484. Sie ist der erste Versuch, die einheimischen Sätze des Processes und des Privatrechts mit denen der fremden Rechte zu einem Ganzen zu verschmelzen; erklärlich aus der geistigen und commerciellen Blüthe der Stadt und dem Einflusse, zu welchem die Doctoren als Rathsconsulenten seit dem 14. Jahrhundert hier schon gelangt waren[2]). Die Verfasser sind uns nicht bekannt; eben so wenig die „hochgelehrten Doctoren", mit deren „Rath" die Bearbeitung von 1503 stattgefunden hat. Dagegen werden als Mitglieder der 1514 zur neuen Bearbeitung niedergesetzten Commission neben drei Rathsherren und drei Stadtgerichtsschöffen die fünf Consulenten Dr. Ulr. Nadler, Dr. Peter Dözler, Dr. Joh. Prozer, Dr. Massilius Plenninger und der wohlbekannte ehemalige Wittenberger Professor Dr. Christoph Scheurl genannt. Sie ist 1521 und 1522 gedruckt. Der Dürer'sche Holzschnitt auf der Rückseite des Titelblatts trägt die Jahreszahl 1521. Der Förderung, welche Nürnberg dem gemeinen Recht durch freigebige Unterstützung Haloander's angedeihen ließ, entsprach die Aufmerksamkeit, welche man der Fortbildung des eigenen Gesetzbuchs zuwendete, um es auf der Höhe der Zeit zu erhalten. Nach Verlauf zweier Decennien schien es namentlich in formaler und systematischer Beziehung den Anforderungen nicht mehr zu entsprechen. Im Jahre 1544 bat der Rath den Cl. Cantiuncula, der damals Kanzler der Regierung zu Ensisheim war, um ein Gutachten. Es ist nicht umfangreich ausgefallen; seine Bemerkungen zu einzelnen Stellen „betreffen theils die Sache, theils Form und Ausdruck, gehen meist auf das Corpus juris und dessen Literatur zurück und erörtern nur selten principiell bedeutsame Fragen". Aber erst nach 20 Jahren fand die neue Redaction ihren Abschluß unter den Händen der Rathsconsulenten Dr.

1) Stobbe 2, 297 ff.
2) Stobbe 2, 59 N. 32.

Valentin Kötzler und Dr. Fabius Gugel, sowie unter Beirath des Dr. Just. Baier, Dr. Joh. Schürstab, Christ. Kötzler, des Sohnes, und Dr. G. Roggenbach. „Der Stadt Nurmberg verneute Reformation 1564" unterscheidet sich von der älteren namentlich durch die größere Uebersichtlichkeit und bessere Ordnung, sowie durch den modernisirten Ausdruck, während der Inhalt nicht wesentlich geändert, vom römischen Recht Manches neu aufgenommen, Anderes beseitigt oder modificirt ist. Das Würtembergische Landrecht konnte als Muster dienen.

Eigenthümlich, wenn auch in gewissen Stücken mit der ältesten Nürnberger verwandt, ist die Wormser Reformation von 1498[1]), ein umfassendes Gesetzbuch in 6 Büchern, von denen die drei ersten ausführlich den Proceß, das vierte und fünfte das Privatrecht, das sechste das Strafrecht behandeln. Zwar in deutscher Sprache geschrieben, enthält dies Stadtrecht doch fast nur die Grundsätze der fremden Rechte und berücksichtigt selten deutsche Institute. Man kann es in der That ein „zum Gesetz erhobenes gemeinrechtliches Lehrbuch" nennen. Darin sowohl wie durch die Aufstellung zahlreicher Formulare ist es dem Klagspiegel verwandt, den der leider unbekannte Verfasser mehrfach benutzt zu haben scheint[2]). Aber es unterscheidet sich von diesem zu seinem Vortheil durch größere Sicherheit in der Beherrschung des Stoffs und übersichtlichere Anordnung, in beiden Beziehungen den Fortschritt der Wissenschaft bekundend.

Das Freiburger Stadtrecht von 1520[3]) ist das Werk des U. Zasius, der bei seiner langjährigen Arbeit von dem Stadtschreiber Johann Armbruster und Ambrosius Kempf von Angredt unterstützt wurde. Es ist über dieses Werk, sowie über die stärker romanisirenden Statuten der Markgrafschaft Baden[4]), die er im Jahre 1511 vollendete, schon oben S. 169 berichtet.

---

1) Stobbe 2, 331 ff.

2) Stintzing, Gesch. d. popul. Literatur S. 400. 405 f.

3) Stobbe 2, 306 ff.

4) Stobbe 2, 390 ff.

Die Untergerichtsordnung für Mainz vom Jahre 1534[1]) ist bemerkenswerth, weil sie in die Weltliche Gerichtsordnung für das Erzstift Köln vom Jahre 1538 übergegangen ist, welche wiederum in dem Jülich-Bergischen Landrechte von 1555 und 1564, sowie im Würtembergischen Landrechte von 1555 verwerthet wurde[2]). Die Kurkölnische Reformation, ein Gesetzbuch, welches acht verschiedene Stücke umfaßt, ist von Kurfürst Hermann von Wied publicirt. Ob bei der Bearbeitung Oldendorp, der damals in Köln Professor war, zu Rathe gezogen ist, muß dahingestellt bleiben. Jedenfalls trägt das Werk in seiner bunten Zusammensetzung kein eigentlich wissenschaftliches Gepräge. Dasselbe gilt vom Jülich-Bergischen Landrecht, welches aus 108 ohne festes System an einander gereihten Kapiteln besteht. Sein Verfasser ist Konrad von Heresbach, der oben (S. 228 f.) besprochene vertraute Rath des Cleveschen Fürstenhauses.

**3.** Von hervorragender Bedeutung für die Geschichte der Gesetzgebungen dieser Periode ist das Würtembergische Landrecht von 1555[3]). Um bei der neuen Gesetzgebung dem bestehenden Recht seine Geltung zu sichern, ließ Herzog Christoph im Jahre 1552 die Rechtsaufzeichnungen der Aemter und Städte sammeln. Allein die in demselben Jahre niedergesetzte Commission, bestehend aus sechs städtischen Abgeordneten, den herzoglichen Räthen Dr. Kaspar Beer und Dr. Ulrich Rücker, sowie den Professoren Dr. Kaspar Volland und Dr. Joh. Sichardt, fand diese Rechte so widerspruchsvoll unter einander und mit dem gemeinen Rechte, ja selbst mit der Billigkeit unvereinbar, daß es unthunlich schien, sie bei der Ausarbeitung des Landrechts zu berücksichtigen. Als der Herzog dennoch diese Berücksichtigung verlangte und auf den Antrag, die Ausarbeitung einigen Gelehrten zu übertragen, nicht einging, wurden Entwürfe für den

1) Stobbe 2, 411. 258 N. 4.

2) Stobbe 2, 395. 396 f.

3) Wächter, Handbuch 1, 190 ff. 227 ff. Stobbe 2, 384 ff.

Proceß auf Grund des Tübinger Stadtrechts von 1493 und des Uracher von 1503, mit Benutzung der Mainzer Untergerichtsordnung von 1534, sowie für das Erbrecht auf Grund des Freiburger Stadtrechts von 1520 vorgelegt. Nach 1552 erhielten dann die genannten vier Doctoren den Auftrag, das Ganze zu bearbeiten. Daß Sichardt seiner ganzen Stellung nach bei diesen Berathungen von überwiegendem Einflusse gewesen, daß er, der Schüler des Zasius, vorzugsweise auf die Berücksichtigung des Freiburger Stadtrechts hingewiesen haben mag, darf man annehmen; den Abschluß des Werks hat er nicht erlebt; er starb schon im September 1552. Nachdem der Entwurf der juristischen Facultät[1]) zur Begutachtung mitgetheilt, dann von den Ständen berathen und schließlich noch einmal von den herzoglichen Räthen revidirt war, wurde er am 6. Mai 1555 als „New Landtrecht des Fürstenthumbs Würtemberg in 4 Theil verfaßt" publicirt. Der Inhalt ist, wie es nach der Entstehungsgeschichte nicht anders sein konnte, in der Hauptsache ein Niederschlag der damaligen gemeinrechtlichen Wissenschaft, unter Berücksichtigung des deutschen Rechts beim ehelichen Güterrecht, bei den Erbverträgen, dem Retract, der Geschlechtsvormundschaft, der Veräußerung von Grundstücken. Es schließt sich in einzelnen Ausführungen an die Theorien des Zasius und Sichardt, in der Systematik dem Freiburger Stadtrecht an, jedoch fehlen die polizeilichen und strafrechtlichen Theile. Es umfaßt: Th. 1 Proceß. Th. 2 Contract und Handtirungen. Th. 3 Testamente und letzte Willen. Th. 4 Gesetzliches Erbrecht. Diese Ordnung ist in die neue Redaction des Nürnberger Stadtrechts von 1564 übergegangen, nur daß der Concurs hier im zweiten, dort im ersten Theil steht

1) Ihre bedeutendsten Mitglieder waren nach Sichardt's Tod und vor Molinäus' und Gribaldus' Eintritt: Kaspar Volland (ein Verwandter des Kanzlers Ambrosius V., gest. 1551), seit 1540 Professor und Beisitzer des Hofgerichts, gest. 1554; Nik. Varenbüler, geb. in Lindau 1519, Professor seit 1544, fürstl. Rath, gest. 1604; Chil. Vogler, geb. in Cannstadt 1516, Professor in Straßburg 1546, in Tübingen 1552, Beisitzer des Hofgerichts, gest. 1585. Wächter 1, 236.

und die beiden erbrechtlichen Theile in einen zusammengezogen sind. Auch der Begriff „Handtirungen" neben Contracten ist im Nürnberger und später im Frankfurter Stadtrecht wiederholt.

Eine Revision des Würtembergischen Landrechts ward nach Berathung mit den Ständen und der Facultät[1]) 1567 publicirt. Aus einer dritten Bearbeitung ging hervor „des Herzogthumbs Württemberg ernewert gemein Landtrecht". 1610[2]). Die erste Revision hatte nur den Zweck, den Ausdruck deutlicher und bestimmter zu fassen; sachlich ist nur Weniges geändert. Viel eingreifender ist dagegen die letzte Bearbeitung, welche auf den Entwürfen der beiden Oberräthe Dr. Balth. Eisengrein und Dr. Jacob Haug vom Jahre 1604 und 1606 beruht[3]). Die uns erhaltenen Relationen dieser beiden Praktiker lassen uns die Quellen und die Art ihrer Benutzung erkennen. Wo Aenderungen des geltenden Landrechts (das großentheils noch die wörtliche Grundlage des dritten bildet) für nöthig erachtet werden, da schließt man sich an Autoritäten der Wissenschaft oder an die communis doctorum opinio an; und eben so entscheidet meistens die Uebereinstimmung mit dem gemeinen Rechte darüber, ob ein Satz des zweiten Landrechts beizubehalten sei. Benutzt sind vorzugsweise die Commentarien der Postglossatoren, des Cagnolus († 1551 in Padua), Sichardt's Commentar zum Codex und Schneidewin's Institutionen; die Consilien von Schürpf, Wesenbeck, Mynsinger; Hartmann Pistoris und Peter Heig's Quästionen;

1) Zu ihr gehörten damals außer Varenbüler und Vogler noch Kappelbeck (geb. 1506, Professor 1543, gest. 1586), Anast. Demmler (geb. in Mosbach 1520, gest. 1591), Joh. Hochmann (geb. 1527, gest. 1603), Val. Volz (geb. in Horb 1534, gest. 1581). Wächter, Handbuch I. 1, 268.

2) Wächter, Handbuch I. 1, 265 ff. 275 ff. 345 ff.

3) An den Berathungen der Commissionen zur Revision und Superrevision nahmen Theil die Professoren Andr. Bayer (geb. in Stuttgart 1566, Prof. des kanon. Rechts 1604, gest. 1635) und der bekannte H. Bocer. Mitglieder der Facultät waren außerdem Joh. Habritter (geb. 1560, gest. 1627), Joh. Harpprecht, Dav. Magirus (geb. zu Vaihingen 1565, gest. 1635) und Joh. Val. Neuffer (geb. in Herrenberg 1576, gest. 1610). Wächter I. 1, 337.

Gail's Observationen; dann die berühmten Paratitla (Commentarii) Wesenbeck's. Haug, der die beiden ersten Theile bearbeitete, bediente sich außerdem des damals beliebten Promptuarium von Balth. Clammer (Klammer) in der Bearbeitung von Scheplitz (Francof. 1599. 1608) und des Tractatus de contractibus von P. N. Mozzius. Eisengrein benutzte für den dritten und vierten Theil die erbrechtlichen Schriften von Vasquez († 1566) und Mantica († 1614), sowie von Michael Graß, Valentin Forster und Joh. Dauth. Demnach ist unverkennbar, daß die beiden Redactoren in ihrer Art bemüht gewesen sind, sich mit dem neuesten Stande der Wissenschaft und Praxis bekannt zu machen, und zwar namentlich der deutschen; auch die Consultationes Saxonicae sind nicht ganz unbeachtet geblieben. Dagegen haben die Werke der großen französischen Juristen fast gar keine Berücksichtigung gefunden, ein Umstand, der sich genügend aus der Stellung der deutschen Praxis zu ihnen erklärt, sowie aus der Tendenz, in welcher das Landrecht bearbeitet wurde, das, wie Haug sagt, „nicht für gelehrte, spitzfindige Leute, sondern allein für die gemeine Landschaft, Gerichte und Unterthanen, so mehrentheils einfältige, hartschaffende Leute seien“ bestimmt war.

**4.** Zu den bedeutendsten legislatorischen Arbeiten gehören die Solmser Gerichts- und Landesordnung vom Jahre 1571 und die Frankfurter Reformation vom Jahre 1578, beide verfaßt von dem Frankfurter Syndicus Dr. Johann Fichard, auf die wir in der Lebensbeschreibung dieses hervorragenden Gelehrten und Praktikers zurückkommen werden[1]).

An sie schließt sich die Lüneburger Reformation, deren einzelne Theile in den Jahren 1577 bis 1583 publicirt worden sind[2]). Verfasser derselben ist Dr. Heinrich Husanus[3]), der 1536 in Eisenach geboren sich zuerst in Norwegen der Kauf-

1) Ausführlich besprochen sind beide Gesetze bei Stobbe 2, 318 ff. 379 ff.

2) Stobbe 2, 328 ff. Gedruckt ist die Reformation mit dem nicht publicirten 8. und 9. Theil erst 1722. 4°.

3) Adami vitae p. 287 s. Zeumer 2, 34 s.

mannschaft widmete, dann in Wittenberg und Ingolstadt (1553) zum Studium der artes und der Jurisprudenz überging. Seine weitere Ausbildung empfing er in Bourges bei Duaren, besuchte Italien, wo er in Padua 1559 an schwerer Krankheit darniederlag. Heimgekehrt zog er nach Speier, um sich mit der Praxis des Reichskammergerichts bekannt zu machen, fungirte dann in Geschäften des Schweriner Hofes und der Stadt Wismar, die ihn nach Frankreich und England führten. 1561 im Herbst ward er Professor der Rechte in Jena und Weimarscher Rath, 1567 Kanzler des Herzogs Johann Albert von Meklenburg[1]). Im Jahre 1574 gewann ihn die Stadt Lüneburg unter glänzenden Bedingungen[2]) als Syndicus. In dieser Stellung hat er den Entwurf des reformirten Stadtrechts ausgearbeitet, welcher sich in der Anordnung und manchen Einzelheiten an die Frankfurter Reformation, die Arbeit des ihm befreundeten Fichard, anschließt, allerdings aber wohl mehr als jene vom heimischen Recht beibehält, da ihm dies hier in der mächtigeren Gestalt des sächsichen entgegentrat. Husanus starb am 9. December 1587; ein Epitaphium berichtet seinen Lebenslauf. Juristische Schriften hat er nicht publicirt. Dagegen sind lateinische Gedichte von ihm gedruckt[3]).

**III. Die sächsische Gesetzgebung und Praxis.** — **1.** Die altüberlieferte besondere Rechtseinheit der sächsischen Länder auf Grund des Sachsenspiegels, das „gemeine Sachsenrecht", hat sowohl der Praxis und Gesetzgebung wie der Wissenschaft eine Richtung gegeben, deren Einfluß sich auch im übrigen

1) Als solcher war er u. A. an der Einführung der Consistorialordnung von 1570 betheiligt. Krabbe, David Chyträus S. 238. 241. Der „Kanzler Husanus", den Herzog Ulrich von Mecklenburg 1579 (?) mit Ausarbeitung eines Obligationen-, Erb-, Lehn- und Strafrechts beauftragt hat, ist gewiß nicht „sein Vater", sondern wohl er selbst. Stobbe 2, 359 N. 37.

2) Neben kostenfreier Beförderung seiner Habe und einem Aversum von 3000 Thalern einen Gehalt von 500 Thlr. jährlich nebst Holz und anderen Lieferungen, freier Wohnung mit Garten und für jeden seiner Söhne ein Universitätsstipendium von 50 Thlr. auf 5 Jahre. Stobbe 2, 328.

3) Es werden genannt Horar. succisivarum s. imaginum Mosaicarum libri II. Elegiarum libri II.

Deutschland fühlbar machte. Von der größesten Bedeutung ist es gewesen, daß in den sächsischen Ländern neben den drei berühmten Schöffenstühlen von Magdeburg, Leipzig und Halle seit dem Anfange des 16. Jahrhunderts drei und seit der Mitte desselben vier Juristenfacultäten in Erfurt, Leipzig, Wittenberg und Jena bestanden; daß endlich mehr als in anderen Territorien für die Reorganisation und Neubegründung der oberen Instanzen durch die Landesherren Vorsorge getroffen wurde. Zu dem Allen kam die leitende und entscheidende Stellung, welche die sächsischen Länder in den geistigen und politischen Bewegungen des 16. Jahrhunderts einnahmen.

Bei aller Pietät, mit der man am Sachsenspiegel hing, konnte man sich doch der Einsicht nicht verschließen, daß seine Bestimmungen zum Theil unverständlich, zum Theil veraltet und nicht ausreichend waren. Dazu kamen die Zweifel über das Verhältniß zum eindringenden römischen Recht. Schon am Schlusse des 15. Jahrhunderts forderte das Hofgericht zu Leipzig eine Reform des Sachsenspiegels. Und wenn auch bei den Verhandlungen über die Abfassung der Carolina gerade Sachsen für die unverkümmerte Geltung seines besonderen Rechts eintrat, so erklärte doch kurz darauf (1534) das Oberhofgericht in einem Gutachten, daß der Sachsenspiegel ein „unverständliches" Buch sei, daß sein „zwiespältiges Verständniß" zu unbilligen Urtheilen Veranlassung gebe und daher eine Reform nothwendig sei, durch welche die Artikel, die Niemand verstehe, sowie diejenigen, welche nicht mehr in Gebrauch, auch an sich unrecht und beschwerlich seien, beseitigt würden und das Ganze in eine gute Ordnung gebracht werde. Dr. Ludwig Fachs hat sich um diese „Ordnung" bemüht. So erzählt Luther in seinen Tischreden, fügt aber hinzu, „er werde vergebens arbeiten", und in der That ist kein derartiges Werk von Fachs bekannt geworden. Einige Jahre nach jenem Gutachten (1542) erbietet sich Melchior Kling (vgl. S. 308 f.) dem Kurfürsten Johann Friedrich, diese systematische Reformation des Sachsenrechts durchzuführen, und der Kurfürst ermuntert ihn, das Werk zu unternehmen, indem er ihm eine „stattliche Verehrung“ in Aussicht stellt[1]).

Die politischen Umwälzungen in den sächsischen Landen unterbrachen die weitere Verfolgung solcher Pläne; erst 1572, nach Kling's Tode, erschien sein systematisch geordnetes „sächsisches Landrecht“. Inzwischen aber hatte man bereits begonnen, sich in anderer Weise zu helfen. Christoph Zobel, Dr. jur. und Professor in Leipzig (geb. in Würzburg 1499, gest. 23. März 1560), gab 1535 den ersten und 1537 den zweiten Theil des Sachsenspiegels (mit lateinischer Uebersetzung, Glossen und anderen Zusätzen) heraus und zwar, um die dem Buche vorgeworfene Unverständlichkeit zu beseitigen, in den meißnischen Dialekt übersetzt. An dieser Modernisirung hat Zobel noch weiter fortgearbeitet, wie die aus seinem handschriftlichen Nachlasse besorgten Ausgaben des Landrechts von G. Menius (1560) und des Lehnrechts von Romanus (1589) beweisen[2]).

2. Ungefähr um dieselbe Zeit entstand zu weiterer Abhülfe die Literatur der Differentiae juris civilis et saxonici, Sammlungen kurzgefaßter Sätze, in denen die abweichenden Bestimmungen beider Rechte einander gegenüber gestellt sind, nach dem Vorbilde der bekannten Differentiae juris civilis et canonici[3]). Handschriftlich sind zuerst zwei solche Sammlungen verbreitet worden: die eine von dem schwarzburgischen Kanzler Benedictus Reinhard in den Jahren 1549 und 1551 verfaßt, die andere vermuthlich schon früher von Dr. Ludwig Fachs[4]) ausge-

---

1) Muther, zur Gesch. d. Rechtswissenschaft S. 352 ff.

2) G. Menius war Zobel's Schüler und Schwiegersohn. Franz Romanus, Professor in Leipzig, 1620 Ordinarius, gest. 1636. Er hatte Zobel's Bibliothek und Papiere käuflich erworben.

3) Stintzing, Gesch. d. popul. Literatur S. 70. Stobbe 2, 155 ff.

4) Geb. 31. Januar 1497 zu Langensalza, studirt in Leipzig, wird hier 1524 Mitglied des Raths und des Schöppenstuhls, seit 1534 öfter Bürgermeister; daneben seit Winter 1528/29 Professor und einflußreiches Mitglied der jurist. Facultät, herzogl. Rath, Mitglied des Oberhofgerichts. 1541 Ordinarius. Gest. 6. April 1554. Viele Consilien von ihm finden sich in der Kirchhoff-

arbeitet. Gedruckt ist diese zuerst unter dem Titel: Differentiae aliquot juris civilis et Saxonici in quatuor partes divisae, nunc primum in lucem editae Colon. 1567. 8⁰ [1]). In einer zweiten Ausgabe, welche Gerard Velmann aus Geldern veranstaltete [2]) (Colon. 1569. 8⁰), ist als zweiter Theil die Reinhard'sche Sammlung hinzugefügt. Es heißt auf dem Titel: accessit secunda Pars Differentiarum — antehac nunquam typis edita collecta per juris Saxonici peritissimum virum D. R. B. Eine dritte Ausgabe erschien mit Velmann's Vorrede Colon. 1573. 8⁰ unter dem kürzeren Titel Differentiae aliquot juris civilis et Saxonici jam tertio auctae et locupletatae per Saxonici juris virum peritissimum D. R. B. [3]). Diese zerfällt in zwei Bücher; das erste umfaßt 70 Differentiae in 4 partes (Contracte, Erbrecht und Lehnrecht, Proceß, Delicte) getheilt; das zweite 151 Differentiae unter den Rubriken de contractibus, de successionibus, de tutelis, de feudis, de judicialibus, de poenalibus, de variis casibus. Hinzugefügt ist ein Anhang von 53 Differentiae unter denselben Rubriken, nur fehlen die de tutelis und de feudis.

Die Differentiae wurden von der Praxis sehr günstig aufgenommen und erwarben sich so großes Ansehen, daß sie nicht nur bei den Vorarbeiten zu den sächsischen Constitutionen vielfach berücksichtigt, sondern sogar einer besonderen Revision durch die Wittenberger und Leipziger Facultät auf dem Leipziger Convent 1571 und einer Superrevision auf dem Meißner Convent 1572

---

schen Sammlung und unter den Consilia illustrium. 1601. Eigene Sammlung Lips. 1596. fol. Vgl. A. d. B. 6, 528 ff. (Muther).

1) Außerdem erschien: Seb. Stelbagii Epitomes s. Summae universae doctrinae justitiae legalis Pars prima, praecipuis ac usitatis suo quolibet loco junctis Differentiis et Antinomiis juris civilis et Saxonici. (Budiss.) 1568. 8⁰.

2) Seine Vorrede ist datirt Colon. Pridie Kal. Septembr. 1568.

3) Mit diesen Buchstaben soll unzweifelhaft Doctor Bened. Reinhard bezeichnet sein; die Versetzung der Buchstaben ist wohl aus einem Irrthum des Herausgebers zu erklären.

für würdig gehalten wurden[1]). Neue Ausgaben mit Vermehrungen erschienen noch 1586. 1595. 1597. Unter Zobel's Namen hat sie mit weiteren Zusätzen, welche vielleicht seinen hinterlassenen Papieren entnommen sind, herausgegeben Franz Romanus Lips. 1598. 1610. 4°. Eine deutsche Uebersetzung erschien 1586, welche mit neuen Zusätzen herausgegeben wurde von Georg Schwartzkopf, Procurator in Braunschweig (Helmst. 1588. 8°).

Die Differentiae waren längere Zeit ohne Angabe der Verfasser gedruckt. Noch auf dem Leipziger Convent wurde die Autorschaft als ungewiß bezeichnet. Indeß bezieht sich diese Ungewißheit, sowie die dort und in Meißen vorgenommene Revision nur auf das erste Buch, welches auch in den Consultationen ohne Bezeichnung eines Autors angezogen wird. Dagegen ist in diesen das zweite Buch geradezu unter dem Namen des „Dr. Reinhard" allegirt (vgl. z. B. Consult. I, 1, quaest. 34. 35), wie denn schon bei der ersten Publication die Buchstaben D. R. B. auf jenen hinweisen. Bezüglich des ersten Buchs scheint sich die allgemeine Meinung gebildet zu haben, daß der berühmte Ludwig Fachs der Verfasser sei. Beider Namen sind zuerst auf dem Titel der von Leopold Hackelmann[2]) (Jenae 1595. 8°) besorgten Ausgabe genannt, jedoch mit der Wendung „vulgo adscribitur".

3. Die Klagen über die Verwirrung des Rechtszustandes dauerten fort, und gleichzeitig kämpften im Leipziger Rath und

1) Ueber diese Revisio differentiarum vgl. Schletter, die sächs. Constitut. 55 f. 356 f. und derselbe, die Revisio differentiarum. Leipzig 1869. — Gedruckt ist die Revisio am Schlusse des zweiten Bandes der Consultationes. Ferner in den späteren Ausgaben der Differentiae (Gerae 1586. 1595. 8°). Einen nach Handschriften revidirten Abdruck publicirte Schletter in der angeführten Schrift.

2) Leopold Hackelmann ist 1563 in Stade geboren, 1591 in Jena promovirt, 1594 außerordentlicher, 1596 ordentlicher Professor, Beisitzer des Obergerichts und Schöffenstuhls, 1599 Rath des Erzbisthums Magdeburg, 1612 Professor in Leipzig und Beisitzer des Obergerichts; 1618 Canonicus von Merseburg; gest. 11. Novbr. 1619. Vgl. Zeumer, Vitae prof. jur. Jenens. Witten, Memoriae p. 67 s. A. d. B. 10, 294 (Teichmann).

Schöppenstuhl mit einander die Doctoren und ungelehrten Beisitzer und suchten sich gegenseitig zu verdrängen[1]). Kurfürst August verlangte 1555 ein „unscheulich Bedenken" von M. v. Ossa über die Verbesserung der Justiz, das ihm dieser um Neujahr 1556 als sein „Testament" übersandte (s. oben S. 74). Die darin enthaltenen ausführlich motivirten Vorschläge verfolgen wesentlich die Tendenz, die Sicherheit und Einheit des Rechts durch Bevorzugung des römischen herzustellen. Daß der Kurfürst um das Jahr 1560 schon die Einleitungen zu einer Reform getroffen hatte, wissen wir aus Menius' Dedication der zweiten Zobel'schen Ausgabe des Sachsenspiegels. So fanden die Beschwerden und Anträge der Stände auf dem Landtage von 1565 das Werk der Reform vorbereitet, und auf dem Landtage von 1570 konnte der Kurfürst erklären, daß er sich bereits von den Facultäten zu Leipzig und Wittenberg Gutachten habe ertheilen lassen.

Das Wittenberger Facultätsgutachten, welches sich über 136 Rechtsfragen verbreitet, ist ausgearbeitet von Michael Teuber[2]), damals prof. ordinarius Decretal. Das Leipziger Gutachten bezog sich zunächst nur auf 9 Controversen; indeß ward noch ein Verzeichniß von 86 Controversen, deren gesetzliche Entscheidung wünschenswerth erschien, nachgesendet. Verfasser des

1) An der Spitze der Doctoren stand Thoming, an der Spitze der Laienschöffen der Bürgermeister Hieronymus Rauscher, welchem 1574 die Verdrängung der Doctoren gelang. Vgl. Gretschel, Beitr. z. Gesch. Leipzigs S. 63 ff.

2) Geb. 15. August 1524 in Eisleben, studirt in Wittenberg unter Schurff und Mauser, dann in Ingolstadt, 13. Januar 1550 Dr. jur. in Wittenberg und bald darauf als Nachfolger seines Schwiegervaters, Ben. Pauli, Professor; Kanzler des Bischofs von Camin, Syndicus von Stettin, seit 1565 wieder Professor in Wittenberg, Beisitzer des Oberhofgerichts. Gest. 16. Septbr. 1586. — Erwähnt ist oben S. 266, 2 die von Teuber 1554 gehaltene Rede Melanchthon's. Eine Rede (de officio boni magistratus), von ihm bei Gelegenheit mehrerer Promotionen 1580 gehalten, ist gedruckt Witeberg. 1580. — Formularbuch auff den Proceß 2c. herausgeg. v. Schultes 1598. 4°, öfter hinter G. v. Rotschitz Proceß. — Nothwendige Erklärung, was bei Anstellung und Vollführung der Proceß u. s. w. 1609. — Quaestiones insignes ed. Rauchbar. 1599. 4°. — Adami vitae p. 277. Walther, Literatur S. 53.

Gutachtens war Dr. Jacob Thoming [1]), damals Ordinarius der Facultät. Das Verzeichniß wurde der Wittenberger Facultät zum Gutachten übergeben, welche ein solches durch Matth. Wesenbeck redigiren ließ. Nach diesen drei Redactoren werden diese drei Gutachten als casus Teuberi, casus Thomingi und casus Wesenbecii unterschieden, wobei es freilich dahingestellt bleiben muß, wie weit die Autorschaft den genannten Gelehrten oder ihren Collegen zukommt.

Es folgte nun eine gemeinsame Berathung beider Facultäten auf dem vom Kurfürsten nach Leipzig berufenen Convent (1571). Im Ganzen wurden hier 277 Controversen berathen; das Resultat war der erste Entwurf der Constitutionen. Zugleich aber beschäftigten sich die versammelten Gelehrten mit jener bereits oben erwähnten kritischen Erörterung des ersten Theils der Differentiae.

Die in Leipzig hergestellte Vorlage ward zum Gegenstande eingehender Berathung gemacht auf dem Convent zu Meißen 1572, an welchem die Leipziger Professoren Dr. Jac. Thoming, Dr. Leonhard Badehorn [2]) und Dr. Joh. Reifschneider; die Wittenberger Dr. Mich. Teuber, Dr. Joachim von Beust [3])

---

1) Geb. 1518 zu Schwerin; 1558 Rathsherr und Proconsul der Stadt Leipzig; 1565 Vice-Ordinarius und 1572 nach Mordeisen's Tode Ordinarius. Gest. 15. August 1576. — Decisiones. 1576. 1616. 4°, s. oben S. 128.

2) Geb. 6. Novbr. 1510 zu Meißen, gest. 1. Juli 1587 zu Leipzig, studirte in Leipzig, ward Schulrector zu Annaberg, geht nach Leipzig, wo er Winter 1537/38 Rector, Sommer 1538 Decan der Artistenfacultät, 1538/39 Vicekanzler war. Dann hält er sich 5 Jahre in Italien auf und wird 1544 in Padua D. J. U. Nach Leipzig zurückgekehrt, wird er Winter 1545/46 Rector, dann Beisitzer des Schöppenstuhls und des Oberhofgerichts, seit 1552 Senior der Facultät, Assessor des Raths und mehrmals regierender Bürgermeister. 1552 ist er Gesandter Herzogs Moritz auf dem Tridentiner Concil. — Als Praktiker genoß er das größeste Ansehen und wird in M. Pistoris' Quästionen, sowie in den Resolut. Scabin. Lips. als Autorität citirt, hat aber keine Schriften publicirt. Vgl. Laband, Zeitschr. f. Rechtsgeschichte 6, 334 f. A. d. B. 1, 759 (Steffenhagen).

3) Geb. 19. April 1522 in Möckern, studirte in Leipzig, ging 1544 nach Italien, wo er Alciat hörte und 1548 in Bologna Doctor wurde. 1550 Professor in Wittenberg, 1556 kurfürstl. Rath, Präsident des Consistoriums in Dresden,

und Dr. Matth. Wesenbeck, überdies aber sieben kurfürstliche Hofräthe Theil nahmen. Nachdem eine Einigung erzielt war, ist das Ergebniß der Berathung den beiden ritterschaftlichen Ausschüssen unterbreitet worden, deren Einfluß in mehreren Einzelheiten nachgewiesen werden kann. Abgeordnete der Städte waren nicht zugezogen.

Die Schlußredaction ward dem damals einflußreichsten Rathe des Kurfürsten Dr. Georg Cracow übertragen, der, so viel zu ersehen ist, an den Vorberathungen nicht Theil genommen hatte. Die Publication erfolgte durch Rescript vom 21. April 1572 [1]).

Die Constitutionen, in verständlicher deutscher Sprache verfaßt, sind in 4 Partes getheilt: judicialia; de contractibus vel quasi; de successionibus vel ultimis voluntatibus et investitura feudali; criminalia — eine Theilung, welche der damals üblichen Schematisirung entspricht. Sie findet sich auch, nur in anderer Folge, in den Differentiae. Ein vollständiges Gesetzbuch war nicht beabsichtigt, sondern nur die Herstellung eines „gewissen" Rechts, da wo Zweifel und ungleiche Praxis den Rechtszustand schwankend gemacht hatten. Wo eine überwiegende Praxis sich nachweisen ließ, ward diese bestätigt und namentlich auch in solchem Falle das sächsische Recht gegenüber den abweichenden Bestimmungen des römischen Rechts in Schutz genommen. In anderen Fällen ward öfter dem letzteren der Vorzug gegeben, und der Einfluß der romanistischen Doctrin machte sich

---

gest. am 4. Febr. 1597 auf seinem Rittergut zu Planitz. Seine Schrift De jure connubiorum et dotium tractatus ist die Grundlage des von der Wittenberger Facultät erstatteten Gutachtens, welches als „Matrimonialia" in Consult. Saxon. hinter P. 1 Aufnahme gefunden hat. Die Ausgabe Francof. 1591. 4° kann nicht die erste sein. — Lectura in D. Vet. de jurejurando. Witeberg. 1576. fol. — Reden de legum et JCtor. dignitate. Witeberg. 1543. 8°. Vita M. Pistoris et Schneidewini. Witeb. 1585. 8°. — Vgl. A. d. B. 2, 587 (Flathe). Schletter, die Constit. S. 58. 154.

1) Außer den publicirten wurden noch beschlossen 9 Const. „separatae", die geheim gehalten werden sollten; ferner waren 46 oder 47 Constit. theils nicht zum Beschluß erhoben, theils vom Kurfürsten nicht bestätigt; es sind die „Const. ineditae".

darin geltend, daß die Rechtssätze überwiegend in römische Denkform gekleidet wurden und deutsche Institute eine romanisirte Gestalt annahmen — die ganz natürliche Wirkung der Schule und überlegenen Technik. Dagegen kann von romanisirender Tendenz durchaus nicht gesprochen werden; und wenn Chr. Thomasius (M. v. Ossa's Testament S. 474 Anm. 231) andeutet, daß ein Gegensatz zwischen Wittenberg und Leipzig, „den teutsch gesinnten Patrioten" und „den italienisch gesinnten Doctoren", bestanden habe, so ist dieser in den Consultationen nicht wahrzunehmen. Die Gesetzgebung wird als eine Fortbildung des Sachsenrechts betrachtet; man ist einverstanden darüber, daß dieses die Grundlage bilden und dem römischen vorgehen solle, daß allerdings aber im Zweifel diejenige Auslegung vorzuziehen sei, durch welche eine Abweichung vom römischen Recht vermieden wird [1]).

4. Die Ergebnisse der Vorberathungen einschließlich der des Leipziger Convents sind uns erhalten in den sogenannten „Consultationes constitutionum Saxonicarum", einem dreibändigen Werke, welches diesen üblichen Namen zwar nicht auf den Titelblättern führt, wohl aber in den Columnentiteln aller drei Bände so bezeichnet wird.

Der erste Band trägt den Titel: Illustres aureae solemnes diuque exoptatae Quaestionum — decisiones et discussiones — et ill. mem. heri D. D. Augusti Electoris — anno 1572 ad Celsitudinis ejus mandatum per Dn. Schneidewinum, M. Wesenbecium, Thomingium et alios — exhibitae. Francof. ad Moen. 1599. fol.

Der Buchhändler Theob. Schönwetter in Frankfurt hatte das Manuscript von einem Advocaten in Speier, Dr. A. Columbinus, gekauft. Kaum war das Werk erschienen, als die Leipziger Facultät und der Schöffenstuhl von dem Administrator Kursachsens, Herzog Friedrich Wilhelm verlangten, daß ein Verbot

1) Schletter a. a. O. S. 342 ff.

gegen den Verkauf erlassen werden möge, weil es nicht nur die vertraulichen Vorberathungen der Juristen, sondern auch die geheim zu haltenden Constitutionen dem großen Publikum mittheile. Ein an den Frankfurter Rath ergangenes Ersuchen, gegen Schönwetter einzuschreiten, und das Verbot des Buchs in Sachsen waren die Folge. Allein diese Maßregel scheint von kurzer Dauer gewesen zu sein; denn schon 1605 werden die Consultationen in einem amtlichen Bericht der Leipziger Facultät als ein sehr nützliches Buch gerühmt.

Der zweite Band erschien zuerst unter dem Titel: Variarum juris controversi quaestionum — E manuscripto quorundam clariss. J. C. Saxoniae — collectae et typis evulgatae. — Mogunt. 1600. fol.

Ferner unter dem Titel: Liber secundus, continens quaestionum juris controversarum — resolutiones — nunc primum e manuscripto quorundam clariss. J. C. Saxoniae — collectas et vulgatas. Ursellis 1601. fol.

Dieselbe Ausgabe mit verändertem Titelblatt: Tomus secundus — Editio secunda. Francof. 1608. fol.

Der dritte Band endlich führt den Titel: Tomus tertius, continens illustres — quaestiones — controversarum decisiones et discussiones. — Francof. 1606. fol.

Die beiden ersten Bände enthalten[1]) die Casus Teuberi, Wesenbecii, Thomingi, ferner die Resultate der Leipziger Berathung einschließlich der Revision der Differentiae. Hinzugefügt ist unter dem Titel Resolutiones Scabinorum Lipsiensium eine Sammlung von Quästionen des Dr. Modestinus Pistoris (mit Einschiebungen), der, schon 1565 gestorben, an den Vorberathungen gar nicht Theil genommen hat. Wie nun schon durch diese Zuthat ein nicht zu den Consultationen gehöriges Werk eingemengt war, so hat die buchhändlerische Speculation in dem dritten Bande eine Compilation von Quästionen hergestellt, welche

1) Das Genauere bei Schletter a. a. O. Abschn. 12. 13, wo auch die in diesem Werke sich findenden Wiederholungen bezeichnet sind.

insgesammt zu den sächsischen Constitutionen in gar keiner Beziehung stehen, sondern den schon gedruckten Quästionensammlungen von acht meistens sächsischen Juristen entnommen sind[1]). Schon M. Berlich hat in der Vorrede zu seinen Conclusiones practicabiles, datirt vom 18. Mai 1614, auf dieses Plagiat aufmerksam gemacht.

Eine neue Bearbeitung des Consultationenwerks unternahm Peter Frider, damals Syndicus in Frankfurt a. M.: Consultationum Saxonicarum ad illustres et gravissimas — quaestiones, habitarum — libri V. Francof. ad Moen. 1616. fol.

Die Absicht des Verlegers, in dessen Auftrag Frider die Arbeit unternahm, ging durchaus nicht darauf, die Sammlung von den nicht eigentlich zu den Vorarbeiten der sächsischen Gesetzgebung gehörigen Bestandtheilen zu reinigen und ein Quellenwerk herzustellen, wie es die heutige historische Kritik fordern

1) Es sind die folgenden:

Matth. Coler, Decisiones Germaniae ed. Schultes. 1606.

Andr. Rauchbar (geb. in Quedlinburg 1559, Professor in Wittenberg, gest. 12. Septbr. 1602), Quaestiones jur. insignes. 1605.

J. Thoming, Decisiones quaestion. ill. 1579. 4°.

Dan. Moller (aus Braunschweig, Assessor des Hofgerichts und des Schöppenstuhls in Leipzig, gest. 1600), Semestrium libri V. Ed. 2. 1598. 4°. Ill. princ. Augusti ordinat. et constit. in latinum translatae et commentar. Lips. 1599. fol.

Hier. Pantzschmann (geb. in Leipzig 1541, Oberhofgerichtsassessor, zog sich nach 13jähriger Amtsführung auf seine Güter zurück, gest. 1596), Quaestiones practicabiles. Ed. 2. 1609.

Pet. Heigius (geb. 1558 zu Stralsund, Professor in Wittenberg, gest. 1599), Quaestiones juris civ. et Saxon. 1601. 4°.

Virgil. Pingitzer, Illustrium Quaestionum Saxon. decades VI. Leipzig 1602. Gera 1607. 4°. Vgl. unten Kap. 15.

Jo. Koeppen, Decisiones. Magdeb. 1600. fol. Er ist geboren zu Wriezen 1531, promovirt zu Frankfurt a. O., wo 1560 Professor, seit 1572 Mitglied des kurfürstl. brandenb. Kammergerichts, später auch des Geheimen Raths, gest. 1611 am 15. Juli. Von seinem Sohne Johann Köppen d. J. (geb. 1564, außerordentl. Professor in Frankfurt a. O., Kammergerichtsrath, 1627 Vicekanzler, gest. 1630) sind bekannt Enucleationes ad quaestiones. Lips. 1621. fol. Vgl. (Hymmen) Beiträge 3, 159. 251; 4, 238. 239.

würde. Vielmehr sollte der Praxis nichts von dem Material vorenthalten werden, was sich in dem Werke bis dahin fand; und nur darauf kam es an, die Wiederholungen zu beseitigen und das Ganze in eine bessere Ordnung zu bringen. Die Flüchtigkeit und Planlosigkeit, mit welcher die ersten Verleger zu Werke gegangen waren, stand in Widerspruch mit den jetzt zur Herrschaft gelangten literarischen Gewohnheiten und Ansprüchen. Es handelte sich auch hier darum, die Methodus herzustellen, und Frider hat dies durchgeführt, indem er den Stoff in fünf Partes zerlegte und unter Rubriken vertheilte. Die Theile sind die vier bisherigen nebst einem fünften von Ehesachen.

5. Die sächsischen Constitutionen sind neben dem Würtembergischen Landrechte die bedeutendste Gesetzgebung ihrer Zeit und des nächstfolgenden Jahrhunderts, merkwürdig für uns vornehmlich dadurch, daß sie unmittelbar aus der Doctrin erwachsen ist. Sehr bald hat sie ihren Einfluß über die Grenzen des Kurfürstenthums auf die übrigen Länder des sächsischen Rechts bis in das Brandenburgische hinein ausgedehnt. Noch weiter aber reichte die Autorität der sächsischen Juristen, die ihren Fleiß auf die Auslegung der Constitutionen wendeten; das Ansehen der Consultationen und der daneben zahlreich publicirten Quästionen, Decisionen und Consilien.

Dieser von Sachsen ausgehende Einfluß hat, wie schon oben angedeutet wurde, seinen Grund wesentlich in der überlieferten und durch die Gesetzgebung fester begründeten Einheit des Sachsenrechts, sowie dem darauf fußenden Zusammenwirken der drei Rechtsfacultäten von Leipzig, Wittenberg und Jena. Mehr als irgendwo sonst waren deren Mitglieder mit dem Rechtsleben des Landes verwachsen. Die ausgedehnte praktische Beschäftigung mit der Rechtsprechung der angesehensten Dikasterien ward unterstützt durch ein auf Geburt und Seßhaftigkeit beruhendes Heimatsgefühl, von dem selbst der Niederländer Wesenbeck und der Salzburger Pingitzer erfaßt wurden. Mit ihrer Stellung als Professoren verbanden sie die

Mitgliedschaft der höchsten Gerichte und des Schöppenstuhls; Männer wie Ludw. Fachs, Thoming, Modest. Pistoris, Badehorn gehörten zum Leipziger Rath und führten das Bürgermeisteramt. Neben ihnen wirkten gelehrte Praktiker wie Moller und Pantschmann, welche auf die Rechtsprechung von nicht geringem Einfluß waren; so daß wir hier in der Berührung und Wechselwirkung der Personen, wie der Berufsarten, einer Verbindung von Theorie und Praxis, von gelehrtem Wissen und lebendiger Theilnahme an den bürgerlichen Verhältnissen begegnen, wie sie nur selten gefunden wird, noch seltener sich so lange erhält. Aus solchen Verhältnissen erklärt sich die Erblichkeit des Juristenstandes, die wir in den berühmten Familien der Pistoris und Carpzow in Sachsen, der Harpprecht in Würtemberg wahrnehmen; aber auch die ganz überwiegend praktische Richtung der sächsischen Juristen, welche vor allem in Leipzig traditionell in so festbegründeter Herrschaft stand, daß eine andere neben ihr nicht zur Geltung kommen konnte (s. oben S. 127 f.): eine Richtung, welche durch die neue Gesetzgebung wesentlich unterstützt wurde.

Eine größere Zahl sächsischer Praktiker haben wir bereits kennen gelernt. Die im Folgenden noch zu besprechenden haben vorzugsweise als Processualisten Bedeutung; ihre Handbücher sind es, welche seit Anfang des 16. Jahrhunderts dem sächsischen Verfahren neben dem kammergerichtlichen Geltung und Verbreitung sichern. Ueber dieses Gebiet hinaus greift der Einfluß der drei berühmten Pistoris. Der zuletzt zu nennende Schultes bildet als Editor und Commentator älterer Leistungen einen Abschluß. Henning Göde, der ebenfalls in diese Reihe gehört, ist oben S. 263 ff. besprochen.

1. Georg von Rotschitz[1]) war 1521 Kanzler des Bischofs von Meißen, 1526 Kanzler des Herzogs Heinrich des Frommen zu Freiberg und gab als solcher heraus Processus

1) Stobbe 2, 179 f. Muther, zur Geschichte S. 381 f.

juris deutzsch oder Ordnungen der Gerichtsleuffte. s. l. 1529. 8° [1]). Nach dem Widmungsschreiben an Wolf von Schönburg, der Amtmann in Meißen war, ist er von diesem aufgefordert, „ein deutsch Büchlein von Ordnung der Gerichtsleuffte" anzufertigen. Er giebt sich nicht als Urheber des vorliegenden aus, sondern nur als Herausgeber und Uebersetzer dessen, was „von hochgelarten und der Recht wohlverständigen Doctoren zusammengetragen und bewert". Es ist vielleicht nur ein übersetztes Collegienheft, das er am Ende des 15. oder Anfang des 16. Jahrhunderts nachgeschrieben hat.

Das Buch, welches von dem größesten Einfluß wurde, weil es zuerst das aus germanischen und romanischen Elementen zusammengesetzte, in der sächsischen Praxis ausgebildete Proceßrecht zur Darstellung brachte, behandelt im ersten Theile den Civilproceß, im zweiten den Strafproceß nebst Strafrecht; angehängt sind Ausführungen über das sächsische Familien- und Erbrecht.

2. Kilian König [2]), geboren um 1470 in Zwickau, ging 1491 nach Italien und kehrte als D. J. U. zurück, ward Mitglied des Raths seiner Vaterstadt, Armenprocurator des Oberhofgerichts zu Altenburg, legte 1504 diese Stelle nieder, um als Nachfolger Kuppener's das Kanzleramt in Ostfriesland zu übernehmen. 1507 ist er wieder in Zwickau an der Bearbeitung der Statuten betheiligt; 1508 bis 1514 Kanzler Herzogs Georg des Bärtigen von Sachsen; 1515 Syndicus von Zwickau, legt 1520 sein Amt nieder und stirbt am 25. Januar 1526. Sein berühmtes Proceßhandbuch erschien zuerst Leipzig 1541. fol. und zwar unter zwei verschiedenen Titeln: „Ein fast sehr und auserlesen guter Proceß, Practica und Gerichtsordnung" 2c. und

---

1) Spätere Ausgaben: s. l. 1530, am Schlusse Augsburg durch H. Steyner am 18. Novbr. 1530. 8°; Leipzig 1530. 1539. 1543; Erfurt 1531; Antw. 1531; Bautzen 1559. 1565; Zittau 1587; Frankfurt 1594, sämmtlich in 8°. Bearbeitungen von Schultes Leipzig s. a. (mit Vorrede von 1598). 1614. 1623; Eisleben 1604, sämmtlich in 4°.

2) Stobbe 2, 180. Muther, zur Geschichte S. 108 Anm.

„Processus und Practica der Gerichtsleufft e u. s. w.". Den Exemplaren mit dem zweiten Titel sind die Sippschaftsregeln von Voxdorff angehängt. König hatte dieses ausführliche Werk auf „Begehren eines ehrbaren Raths zu Zwickau" verfaßt als ein Hülfsbuch für die sächsischen Praktiker, und man darf vermuthen, daß es unter diesen längst handschriftlich verbreitet war, als es endlich 15 Jahre nach des Verfassers Tode gedruckt wurde. Er hatte bei seinen Lebzeiten das größeste Ansehen unter denselben genossen, und sein Werk übte einen so entscheidenden Einfluß aus, daß er als „Führer der sächsischen Praxis" bezeichnet zu werden pflegt. Nachdem es 1546 (?) neu aufgelegt, 1550 von einem unbekannten Herausgeber mit Additionen (zum Theil criminalistische) versehen war, ist es noch siebenmal (1555. 1567. 1572. 1577. 1581. 1588. 1594) gedruckt, dann von Dr. Joachim Gregorii[1]) aus Prietzen (1599. 4°) umgearbeitet worden. Aus den ursprünglichen drei Büchern hat Gregorii vier gemacht und Mancherlei aus eigener Erfahrung hinzugefügt. Indeß hat das Werk wesentlichen Nutzen aus dieser Bearbeitung nicht gezogen. Die Ordnung (Personen; Citation, Ungehorsam, Klage, Einrede; Reconvention, Litiscontestation, Beweis; Urtheil, Appellation, Kosten) ist keineswegs sehr übersichtlich durchgeführt, und der strafrechtliche Anhang (vgl. Kap. 14) so wenig revidirt, daß darin z. B. bei der Injurie „Chilian Königs Proceß cap. 59"

1) Ueber seine Lebensverhältnisse wissen wir Genaueres aus der Epist. dedicatoria zu „des hochgelarten und weitberühmten Herrn D. Chiliani Königs Proceß und Practica" Leipzig 1599. 4°. Er ist um 1527 zu Prietzen geboren, 1545 in Wittenberg immatriculirt, wo er Schürpf, Kling, Mordeisen und Mauser hörte, geht 1546 nach Magdeburg, wo er eine ausgedehnte Praxis als Advocat gewinnt; 1573 in Erfurt promovirt; 1577 in Schwerin am herzoglichen Archiv beschäftigt; läßt sich in Lübeck nieder, wo er 3 Jahre lang die Advocatur namentlich im Dienste der schleswig-holsteinischen Städte und adligen Geschlechter betreibt. Er kehrt dann nach Magdeburg zurück und ist hier 1599 Beisitzer des Schöppenstuhls. Wie es zusammenhängt, daß schon 1595 ein Proceß wegen Nachdrucks von Gregorii Annotationes zu König's Proceß geführt worden ist, bleibt dunkel. Stobbe 2, 181. Muther, zur Geschichte S. 393 ff.

allegirt wird, obgleich dieses Citat auf die Bearbeitung gar nicht mehr paßt.

Gregorii, der, wie er sagt, während seiner ganzen praktischen Thätigkeit unausgesetzt für dieses Werk (neue Auflagen 1617. 1625. 1687) gesammelt und allerdings ein reiches Material zusammengetragen hat, ist uns schon als Herausgeber von K. Lagus' Compendium juris Saxonici 1597 bekannt[1]). Er hat diesem Werke einen „deutschen Proceß" beigefügt, und die Ausgabe desselben von 1603 ist „mit zweyen guten angesatzten kurzen Processen in Druck verfertiget".

Diese beiden „Processe" sind auch selbständig in den Buchhandel gekommen; von wem sie verfaßt sind, bleibt zweifelhaft.

Der erstere: „Ein kurtzer und nützlicher Proceß u. s. w." ist nach dem Titel und Gregorii's Vorrede „vor fünfzig Jahren", als Gregorii in Wittenberg studirte, ihm von einem „Doctor und Practicus" mitgetheilt. Er ist identisch mit einer dem „Gerichtlichen Proceß" (Jena 1607) beigefügten Schrift: „Dn. Cunradi Mauseri J. U. Lic. instructio sive Processus juris parvus", und danach müßte man Mauser für den Verfasser halten, wenn nicht der Umstand, daß Gregorii den Namen seines Lehrers hier nicht als Urheber nennt, diesen vielmehr als Doctor bezeichnet, während Mauser nur Licentiat war, Bedenken erregte[2]).

Der zweite: „Ein kurtzer Proceß, wie der zu Magdeburgk und an andern Orten, da sächsisch Recht in Uebung ist, gemeinlich gehalten und observirt wird", könnte wohl von Gregorii selbst herrühren.

3. Kilian Goldstein[3]) ist am 25. März 1499 zu Kitzingen, wo sein Vater als Würzburgischer Rath lebte, geboren. In Wittenberg 1521 immatriculirt, betrieb er zunächst humanistische Studien, trat zu Melanchthon in ein näheres Verhältniß

1) S. oben S. 304. Muther, zur Geschichte S. 319. 390 f.

2) Vgl. über diese Frage de Wal, Beiträge S. 78 und namentlich Muther a. a. O. S. 390 ff.

3) Muther, zur Geschichte S. 385 ff. A. d. B. 9, 340 f. (Muther).

und gab 1525 dessen lateinische Grammatik heraus. Als lesender Magister ist er 1529 Decan der Artistenfacultät und beschäftigt sich daneben mit Jurisprudenz und juristischer Praxis; 1533 wird er Oberhofgerichtsprocurator, 1538 (?) Doctor juris und scheint als solcher juristische Vorlesungen gehalten zu haben. Wie mit Melanchthon, so auch mit Luther befreundet, nimmt er thätigen Antheil an den kirchlichen Angelegenheiten, wird 1539 Mitglied des Consistoriums und ist im folgenden Jahre mit Melanchthon kurfürstlicher Abgesandter bei dem Colloquium in Worms. Nach seiner Rückkehr ward er 1541 Rector, verließ aber noch in demselben Jahre Wittenberg, um das Syndicat der Stadt Halle zu übernehmen. Als Kurfürst Moritz 1546 die Stadt eingenommen hatte, mußte Goldstein sein Amt verlassen; indeß hat er es nach baldiger Rückkehr bis an seinen Tod (25. Januar 1568) verwaltet. Sein oft mit ihm verwechselter ältester Sohn Kilian (geb. 1527, gest. 1622?) war sein Nachfolger.

Enchiridion processus judiciarii tam secundum jus commune quam jus Saxonicum conscripti Auctore Ch. Goldstein. — Handbüchlein gerichtlichs Proceß u. s. w. 1569. 8°.

Der erste Theil enthält ein kurzgefaßtes Compendium des Proceßgangs mit Formularen. In den lateinischen Text sind häufig deutsche Wendungen eingeflochten. Mehrfach ist auf Kil. König verwiesen; einige Formulare sind mit denen bei Termineus gleichlautend; doch muß es dahingestellt bleiben, ob Goldstein sie ihm entlehnt hat. Der zweite Theil ist eine Sammlung deutscher Formeln von Klagen und Einreden.

Die Vorrede des Druckers (Egenolff's Erben in Frankfurt) ist vom 1. August 1568 datirt. Sie bezeichnet den Verfasser als verstorben und berichtet, daß „Freunde" das Manuscript zum Druck gegeben haben. Wahrscheinlich ist es ein altes Collegienheft, welches man in Goldstein's Nachlaß fand.

Die zahlreichen Auflagen (bis 1598 mindestens 6) beweisen die Beliebtheit des Buchs, dessen sich ebenfalls J. Schultes als

Bearbeiter angenommen hat. Unter dem Titel „Practica“ ist es von diesem mit Zusätzen herausgegeben Lips. 1604. 4° u. öfter.

Eine kurze Abhandlung von G. „de praecipuis materiarum juris sedibus“ findet sich (s. oben S. 145) in Reusner's Cynosura.

4. Processus juris scripti et consuetudinis frequentioris per Germaniam etc. Gerichtlicher Proceß des geschriebenen Rechts, gewonheit und teglichen brauchs in Germanien ꝛc. Auctore Petro Termineo, jurisconsulto. s. l. et a. 8°. Unter diesem Titel hat der Verfasser, dessen Lebensumstände nicht bekannt sind, sein kleines Handbuch des Processes zuerst publicirt und dem Rathe von Torgau 1565 gewidmet. In der lateinischen Epistola dedicatoria führt er aus, daß der Proceß nicht bloß auf Gesetzen beruhe, sondern schon von Gott selbst eingeführt sei. Denn die Frage des Herrn im Paradiese: „Adam, wo bist du?“ sei die erste Citation und das darauf folgende Gespräch enthalte die Elemente einer gerichtlichen Verhandlung. Die ganze umständlich ausgesponnene Betrachtung findet sich in fast wörtlicher Uebersetzung wieder in Knaust's Dedicationsschreiben (1571) an den Erzbischof von Mainz vor der fünften Ausgabe seines „Feuerzeugs“.

Termineus' Proceß ist lateinisch geschrieben; jedoch steht am Rande der Inhalt in deutschem Auszuge; deutsche Formulare sind in großer Zahl eingeschoben. Es lassen sich mindestens 10 Auflagen bis 1622 nachweisen, darunter vermehrte von Abr. Saur 1598. 8° und von Jac. Schultes Jena 1602. 4°. Obgleich der ursprüngliche Titel es nicht angiebt, ist doch auf die Besonderheiten des sächsischen Processes vielfach Rücksicht genommen; noch mehr in den späteren Bearbeitungen.

5. Heinrich Knaust[1]) (Chnaustinus, Cnustinus) ist in der deutschen Literatur bekannt als Dichter geistlicher Schauspiele

1) Moller, Cimbria literata 1, 302 s., wo seine zahlreichen Schriften verzeichnet sind. (Osann) Erfordia literata 3, 2, 128 s. Gervinus, Geschichte der deutschen Dichtung 3, 28. 102. 109. 248. Gödeke, d. Literatur 1, 193. Muther, zur Geschichte S. 394 f.

und Lieder, die er aus „Gassenhauern christlichmoraliter und sittlich veränderte“. Ueber sein Leben giebt er Nachrichten in seinen zahlreichen kleinen Schriften, namentlich auch in „Fünf Bücher von der göttlichen und edlen Gabe der philosophischen, hochtheuren und wunderbaren Kunst Bier zu brauen“ (1575), sowie im Verzeichniß seiner Schriften hinter der fünften Ausgabe seines „Feuerzeugs“. Er ist 1524 in Hamburg geboren, 1537 in Wittenberg immatriculirt und hier 1539 mit einem lateinischen Gedicht „de tentatione Christi“ zuerst als Schriftsteller aufgetreten. Um 1540 ward er Rector des Kölnischen Gymnasiums in Berlin, wo er sich verheirathete. Später (1544?) wandte er sich zur Jurisprudenz und scheint in Marburg studirt zu haben, da er Oldendorp seinen „lieben Herrn Präceptor“ nennt. In der Matrikel ist sein Name nicht zu finden. Er bekleidete dann einige Jahre lang das Amt eines Syndicus generalis in Bremen, hielt sich in Danzig „legationsweise“ auf, war einige Jahre Syndicus des Raths von Demmin und ließ sich endlich, nachdem er einen großen Theil Deutschlands, namentlich den Nordosten, durchzogen und seine Biersorten kennen gelernt hatte, 1558 in Erfurt nieder, wo er ein Canonicat erlangt haben soll. Obgleich er seine protestantische Gesinnung selbst in seinem Bierbuche nicht verleugnete, stand er doch bei dem Erzbischof von Mainz in besonderer Gunst. Sein Todesjahr ist unbekannt. Die Vorrede zur zweiten Bearbeitung seines Bierbuchs ist aus Erfurt 1575 datirt; auffallend aber ist es, daß er auf dem Titelblatt eines Erfurter Drucks vom Jahre 1614 nicht als verstorben bezeichnet wird. In dem Verzeichniß seiner Schriften vom Jahre 1571 nennt er sich: Philosophiae et U. J. D. Comes sacri Palatii Aulaeque Lateranensis et Poeta Caesareus. Wann er diese verschiedenen Würden erlangt hat, ist nicht ermittelt. Unter seinen juristischen Schriften sind hervorzuheben: Ars notariatus. Observationes juris in praxi passim obviantes. Erotemata Institutionum germanico-latina.

Großer Beliebtheit erfreute sich sein F e u e r z e u g k. Gerichtlicher Ordnunge, Proceß rc.; zuerst Erfurt 1558. 8°. Es erschien

1572 (Frankfurt) in fünfter Auflage mit der Erklärung, daß sein Werk in der jetzt „gebesserten und gemehrten" Gestalt „hinfort sein und bleiben" solle. Allein schon die sechste Auflage 1577 ist wiederum „gebessert"; bis zum Jahre 1601 sind noch fünf Auflagen erschienen. Dann ist das Werkchen von P. Ferrarius Castellanus revidirt 1616. 1624. 8°.

Das erste Buch behandelt das Verfahren erster Instanz, das zweite die Appellation. Das dritte Buch, welches für die Supplication, Leuterung, Arrest u. dgl. bestimmt ist, hat in den späteren Auflagen einen ganz unverhältnißmäßigen Umfang dadurch erhalten, daß Knaust demselben eine Anzahl anderer Schriften einschob oder anhängte. So die Tractate von den Cautelen und Regeln für Procuratoren, vom Mord der Zungen, vom rechten Gebrauch des Jurament, von Injurien; namentlich aber auch eine Uebersetzung der Progymnasmata fori von Johann Oldendorp (1552), den Knaust seinen „freundlichen lieben Herrn Präceptorn und Landtsmann" nennt. Die Beliebtheit des Buchs erklärt sich aus der Frische und Lebendigkeit der Darstellung, die diesem muntern Kopfe eigen war.

6. Der Familie Pistoris in Leipzig gelehrter Ruhm ist begründet durch den Doctor der Medicin Nikolaus, der als Professor, Bürgermeister und kurfürstlicher Leibmedicus 1471 starb. Sein Sohn Simon wählte den Beruf des Vaters, war gleich ihm Doctor und Professor der Medicin, Rathsherr und Syndicus der Stadt und Leibarzt seines Landesherrn, ein angesehener Schriftsteller, der einen lebhaften gelehrten Streit über die damals bekannt gewordene „Franzosen-Krankheit" führte. Er starb 70 Jahre alt 1523.

Mit seinem Sohne Simon[1]) (geb. am 28. October 1489) beginnt die Reihe der namhaften Juristen. Er machte seine ersten Studien in seiner Vaterstadt, ging 1510 nach Italien, wo er Jason's und Philipp Decius' Schüler in Pavia war, kehrte

1) M. Wesenbeck, Exempla jurisprudentiae. Adam p. 159 s. (Gerber) die Ordinarien der Leipziger Juristenfacultät S. 25 f.

1512 nach Leipzig zurück, erwarb hier 1513 die Licenz, der 1515 die Promotion zum Doctor und die Anstellung als professor Codicis folgten. 1519 ward er Ordinarius der Facultät und Mitglied des Oberhofgerichts. Ungern entschloß er sich, wie er in seinen Aufzeichnungen sagt, 1523 das Amt des Kanzlers beim Herzog Georg zu übernehmen. Er begleitete seinen Fürsten 1530 auf den Augsburger Reichstag, blieb bis zu dessen Tode in seinem Dienst und trat dann (nach 1537) in das Ordinariat zurück, welches inzwischen Georg von Breitenbach[1]) verwaltet hatte. Eine Berufung nach Ingolstadt lehnte er ab, übernahm dagegen 1542 im Herbst das Kanzleramt beim Herzog Moritz, den er 1546 nach Prag zu den Verhandlungen mit König Ferdinand begleitete. Auch für diesen Wechsel seiner Lebensstellung mag wohl gelten, was er von seiner ersten Anstellung als Kanzler sagt: „non parum invitus — sed favor vicit judicium et doctrinam potentia". Mit wiederholten Gesandtschaften an den kaiserlichen Hof betraut, ward er von Karl V. in den Reichsritterstand erhoben. Im Jahre 1549 zog er sich auf die um diese Zeit angekauften Güter Seuslitz und Merschwitz an der Elbe zurück, blieb jedoch als „Rath von Haus aus" in Diensten des Kurfürst August, bis zu seinem Tode (am 3. December 1562) eifrig mit Studien beschäftigt, zu denen ihm seine umfängliche Bibliothek das Material bot. Die Vorschrift, welche ihm sein Lehrer Jason eingeprägt, täglich das Gelesene in „loci" einzutragen, da, wie jener zu sagen pflegte, „calamus est qui facit Jurisconsultum", übte er mit Ausdauer und füllte die Bücher seiner Bibliothek mit Randnoten. Um Mitternacht aufzustehen, vier Stunden zu arbeiten und zwei Stunden wieder der Ruhe zu pflegen, um dann sein Tagewerk zu beginnen, war seine Lebensgewohnheit. Allein dieser emsige Fleiß ist der Literatur nur wenig zu gute gekommen; außer den Consilien, welche

1) Vgl. über diesen (Gerber) die Ordinarien der Juristenfacultät zu Leipzig S. 27 f.

sich in der Sammlung seines Sohnes Modestinus finden, ist nichts von ihm publicirt.

Seine Güter sind bis zum Jahre 1720 im Besitze seiner Familie geblieben. Von seinen 23 Kindern aus drei Ehen haben sich zwei Söhne (Modestinus und Hartmann) vor allen als Juristen hervorgethan.

Modestinus Pistoris[1]), am 9. December 1516 in Leipzig geboren, studirte in seiner Vaterstadt, dann in Pavia und Padua, wo er Alciat's und Marianus Socinus d. J. Schüler war, kehrte nach fünfjährigem Aufenthalt in Italien 1541 heim, ward Professor und 1554 für den zum Kanzler ernannten Ulrich Mordeisen Vice-Ordinarius. Mit seiner Professur verband er die Assessur am Oberhofgericht, fungirte als kurfürstlicher Rath, als Rathsherr und Stadtrichter von Leipzig, wurde 1557 Bürgermeister und starb am 15. September 1565. Er war Schwiegersohn des im Jahre 1554 verstorbenen Ordinarius Dr. Ludwig Fachs. Sein einziger Sohn (neben 11 Töchtern) Ludwig ward kurfürstlich brandenburgischer Beisitzer am Reichskammergericht.

Den Lehren seines Vaters folgend schrieb Modestinus einen Index locorum communium, der „methodo συνθετικῇ" geordnet ist (s. oben S. 128; Reusner, Cynosura 1, 131 s.). Seine Consilia s. responsa juris sind mit denen seines Vaters und seines Schwiegervaters gesammelt[2]) (Lips. 1586—88. 1596—99. 2 vol. fol.).

Sein Bruder Hartmann Pistoris, 1543 geboren, ward Beisitzer des Oberhofgerichts und Schöppenstuhls zu Leipzig, Dr. Mordeisen's Schwiegersohn, später Mitglied des Geheimen Raths und Appellationsgerichts in Dresden, wo er am 1. März 1601

---

1) Vita auctore Joach. a Beust. Viteberg. 1585. 8°.

2) Aus seinem handschriftlichen Nachlasse, in welchem sich auch Intellectus singulares super libros Codicis befunden haben sollen, sind herausgegeben: Quaestiones c. addit. J. Schultesii. Lips. 1599. 1600. 1613. 4°. Processus juris opera Ch. Crusii. Magdeb. 1623. 1630. 4°. Responsa juris ex bibliotheca J. B. Mansonii. Jenae 1659. 4°.

starb. In der Epist. dedicatoria zum ersten Theile seiner Quaestiones, datirt Dresdae Idib. Octob. 1578, bekennt er sich als einen ausschließlich praktischen Juristen und stellt die Aufgabe der Rechtsprechung hoch über die des Lehrens. Er führt die Worte des Baldus an „ea quae theorice dicuntur, quasi sub nube dici" und „in scholis leges deglutiuntur, in palatiis vero digeruntur". Daher hat er sich sein ganzes Leben hindurch eifrigst der Praxis hingegeben, und zwar mit solchem Erfolg, daß er sich den Namen des „sächsischen Papinian" erwarb. An den Arbeiten für die sächsischen Constitutionen ist Hartmann Pistoris nicht betheiligt; dagegen beruht die Ordnung für das sächsische Appellationsgericht auf seinem Entwurf [1]. Als Schriftsteller ragt er hervor durch seine Quaestiones juris tam Romani quam Saxonici, deren ersten Theil (50 Quaestiones) er 1579 publicirte. Der zweite Theil (liber secundus), in zwei Bände (partes) zerfallend, erschien successive 1582 und 1593, und zwar der zweite Band (der dritte des ganzen Werks) mit einer undatirten Vorrede von Matth. Wesenbeck. Diese beiden libri sind in neuer Auflage 1596. 1597. 1598 erschienen. Dann hat H. Pistoris' Sohn Dr. Simon Ulrich (bekannt als lateinischer Dichter, kurfürstlich brandenburgischer Geheimer Rath, † 1615) noch 2 libri aus den Papieren seines Vaters herausgegeben und allen 4 libri Additionen beigefügt (Lips. 1609. 4°).

Hartmann Pistoris hatte auch Observationes juris ausgearbeitet, aber nicht publicirt. Da er indeß ihre Benutzung Andern, die sich zahlreich auf Seuslitz einfanden, um sich Rath zu holen, bereitwillig zu gestatten pflegte, so waren sie schon bei seinen Lebzeiten in weiteren Kreisen bekannt geworden. Nach seinem Tode unternahm Simon Ulrich, sie zu ordnen und mit Additionen zu versehen, um sie dann zusammen mit den Quästionen zu ediren, starb aber vor Vollendung der Vorarbeiten. Sein Bruder Hartmann Pistoris hat dann Jacob Schultes mit der

1) Schletter, Beiträge Heft 1 S. 13 f.

Herausgabe beauftragt. So erzählt dieser in den Epist. dedicatoriae vom 1. Septbr. 1620. Beide Werke Quaestiones und Observationes sind dann zusammen unter dem Titel Opera omnia Hartm. Pistoris. Lips. 1629. Lips. et Francof. 1679. fol. herausgegeben.

Hartmann Pistoris ist nicht nur der Bedeutendste und Einflußreichste seines Geschlechts, sondern wohl der hervorragendste Praktiker seiner Zeit, der die meisten andern an Kritik, Scharfsinn und Gelehrsamkeit weit überragt [1]).

7. Balthasar Clammer [2]) (Klammer) ist zu Kaufbeuren aus der zweiten Ehe des Kaufmanns und Bürgermeisters Matthias Clammer († 1526) mit Elisabeth Brandenburger († 1501) geboren. Zum geistlichen Stande bestimmt, studirte er 1520 in Ingolstadt und 1527 in Leipzig zuerst Theologie, wandte sich dann zur Jurisprudenz, trat zur evangelischen Confession über und entsagte (1531?) seiner Pfründe zu Kaufbeuren. Als Professor der Institutionen nach Marburg berufen, ist er hier 1530 in die Matrikel eingetragen [3]). Ferrarius Montanus promovirte ihn 1532 zum Licentiaten. Noch in demselben Jahre übernahm er die Stelle eines Adjuncten des braunschweig-lüneburgischen Kanzlers Johann Forster in Celle, dessen Schwiegersohn und Nachfolger er wurde. Als eifriger Förderer der Reformation im Herzogthum hat er dasselbe auf dem Schmalkaldischen Bundestage zu Augsburg 1533, auf den Reichstagen zu Speier 1542. 1544 und zu Worms 1554 vertreten. Bei dem unter dänischer Vermittlung zu Naumburg am 24. Februar 1554 geschlossenen Endvergleich über die sächsische Kur zwischen Johann Friedrich und August von Sachsen fungirte und unterzeichnete er als Be-

1) Vgl. Eichhorn, d. Staats- u Rechtsgesch. 4, 436 a. — Hartmann's Enkel, der kursächs. Geheime Rath Hans Ernst von P., war Gesandter bei den westfälischen Friedensverhandlungen.

2) Strieder, hess. Gelehrtengeschichte 2, 207 ff. 4, 508 ff. A. d. B. 4, 272 f. (Steffenhagen).

3) Balthasar Clammer juris professor et causidicus. J. Caesar, Catalog. studios. scholae Marburg. P. 1 p. 4 (1875).

vollmächtigter des Königs von Dänemark. Seine einsichtige und gerechte Verwaltung des Herzogthums hat ungetheilte Anerkennung gefunden; er wird als „fecundus, prudens, integer atque pius" gepriesen. Er starb am 9. Februar 1578.

Clammer hat keine Schriften publicirt, dagegen zum Gebrauch für seinen Sohn Otto, Hauptmann zu Medingen im Herzogthum Celle, ein praktisches Handbuch in deutscher Sprache entworfen, welches längere Zeit handschriftlich verbreitet war, erst lange nach seinem Tode gedruckt und dann bis in das 18. Jahrhundert häufig wieder herausgegeben wurde.

Promptuarium tam juris civilis quam feudalis, kurtzer Auszug des gemeynen Lehn- und Keyser-Rechts. Mit Allegationen und lateinischem Commentar von Joachim Scheplitz[1]). Frankfurt 1599. 8°. 1608. 8°. 1611. 12°. 1620. 4°. Magdeb. 1609. 1616. 8°. Leipzig 1650. 12°

Promptuarium jur. civ. vermehrt durch Chr. Prätorius (Text mit Belegstellen). 1606. 1616. 1621. Magdeb. 1622. 12°.

Clammerus redivivus et Scheplitzius enucleatus h. e. Compendium juris tam civilis quam feudalis etc. Halle 1625. Schleusing. 1630. 8°. Eine durch Tobias Heidenreich besorgte kürzere Bearbeitung, welche später durch „H. L. Notarius" publicus wiederholt aufgelegt worden ist.

Compendium juris feudalis, civilis, matrimonialis et criminalis, herausgegeben von Dr. Esaias Cromhard. Erfurt 1708. Frankfurt und Leipzig 1732. 8°.

8. Matthias Coler[2]), Sohn eines Rathsherrn in Altenburg, 1530 geboren, studirte in Wittenberg die artes und Medicin, entschloß sich dann auf Melanchthon's Rath zur Jurisprudenz überzugehen und ward in Leipzig Peter Loriot's eifriger Schüler.

---

1) Stadtrichter zu Wittstock (geb. 1566, gest. 1634), gab heraus „Etzliche Statuten und Gewohnheiten der Chur und Marke Brandenburg". Jena (1608) 4°, eine durch Erkenntnisse und Ausführungen aus dem röm. Recht erläuterte Compilation, die fast gesetzliches Ansehen erlangte. Vgl. Stobbe 2, 357 f.

2) Zeumer p. 24. A. d. B. 4, 403 f. (Steffenhagen).

Dann indeß gewann ihn die praktische Richtung der Modestinus Pistoris und Christoph Zobel, denen er sich eng anschloß. Nachdem er schon 1550 zu Wittenberg in den artes promovirt war, erwarb er sich 1558 am 1. December den juristischen Doctorgrad und ward gleich darauf Professor in Jena. In die synergistischen Streitigkeiten verwickelt, gab er 1569 sein Amt auf und ließ sich in Leipzig als Praktiker nieder, ward Mitglied des sächsischen Appellationsgerichts, dann Anhaltischer Kanzler. Indeß führte ihn schon 1573 eine ehrenvolle Berufung nach Jena zurück, wo er professor primarius der Facultät, Ordinarius des Spruchcollegiums und Beisitzer des Obergerichts wurde. Er starb am 22. April 1587. Wenn auch nur zum Theil nach seiner Lebensstellung, so gehört er doch seinen Schriften nach zu den Praktikern[1]) und hat als solcher große Geltung erlangt.

9. Jacob Schultes[2]), 1571 in Elbing geboren, Doctor juris und Advocat in Leipzig. Seine Ernennung zum Beisitzer des Oberhofgerichts und später des Schöppenstuhls scheiterte an seiner Weigerung den sog. Religionseid zu leisten[3]); er starb als kurfürstlicher Rath am 7. September 1629. In gewissem Sinne bildet er einen Abschluß dieser literarischen Epoche als Herausgeber und Bearbeiter einer großen Zahl der oben genannten Werke. Georg von Rotschitz', Kilian König's, Kilian Goldstein's, Petrus Termineus' Processe hat er edirt und mit Zusätzen versehen; desgleichen die Quaestiones des Modestinus Pistoris und M. Coler's Decisiones — wie oben angegeben[4]).

1) Tractatus de processibus executivis ad Practicam fori Saxonici applicatus. Jenae 1562. 1602. fol. Lips. 1610. 4°. Francof. 1657. fol. Commentar. de exceptionibus. Jenae 1602. fol. (Anhang zum vorgenannten Werk). Die beiden ersten Bände von M. Wesenbeck's Consilien hat er in zweiter Auflage herausgegeben. Nach seinem Tode erschienen Decisiones Germaniae cum addit. J. Schultes. Lips. 1603. 1631. 4°. Consilia Lips. 1612. fol.

2) Witte, Diarium biograph. ad a. 1629.

3) Die darauf bezüglichen Briefe s. bei Thomasius, ein kleiner Versuch von Annalibus (hinter M. v. Ossa's Testament) S. 244 ff.

4) Von ihm selbst sind außer der Quaestio singularis an rex vel princeps christianus fidem hosti datam servare teneatur. Lips. 1599. 8°

**IV. Süddeutsche Praktiker.** — **1. Andreas Perneder**[1]) von Ried ist im Jahre 1518 in Ingolstadt immatriculirt, dann Unterrichter am Hofgericht in München und 16 Jahre lang herzoglich bayrischer Rath und Secretär gewesen. Als sein Todesjahr wird gewöhnlich 1540 angegeben. Seiner Tochter Anna Reitmor († nach 1584) in München verdankt man die eigenhändig gefertigte Abschrift der Kazmair'schen Chronik von München, ferner einen Band von 17 seltenen Drucken, welche ihr Vater gesammelt hatte. Eine wortreiche Notiz von ihrer Hand besagt, daß sie diesen Band 1564 von ihrem Bruder (auch Andreas Perneder) geerbt und 1574 dem Herzog Albrecht von Bayern „überantwort" habe[2]). Sie befand sich auch im Besitz der von der Hand ihres Vaters verbesserten Manuscripte seiner Werke, welche ihr Schwiegersohn Octavianus Schrenck, fürstlich bayrischer Regimentsrath zu Straubing, später Rath des Bischofs zu Würzburg, 1573 herausgab.

Perneder ist ein gelehrter Praktiker, der es unternommen hat, das geltende Recht (Privatrecht, Proceß, Lehnrecht, Strafrecht, Notariat) für das Bedürfniß seiner Berufsgenossen mit besonderer Rücksicht auf Bayern und Tirol darzustellen.

Nach Perneder's Tode hat Wolfgang Hunger zu Ingolstadt (vgl. oben S. 502 f.) die hinterlassenen Manuscripte seiner Werke im Jahre 1544 einzeln zum Druck befördert und zwar zum Theil nach incorrecten Abschriften. Für den „gerichtlichen Proceß" lieferte sie ihm Perneder's Freund, der Magister Minervius, Unterrichter in München; für das Lehnrecht und die

---

(auch in Lehmannus suppletus 1709) Quaestiones practicae. Jen. 1609. Lips. 1624. 4°. Observationes forenses. Lips. 1613. 4°. Loci communes juris Caesarei, Pontif. et Saxonici etc. Lips. 1607. fol.

1) Es ist über ihn nicht viel mehr bekannt, als Hunger und Schrenck in den Vorreden mittheilen. Vgl. außerdem Mederer, Annales Ingolstad. 1, 107, danach Kobolt, bayr. Gelehrtenlexikon 1, 507.

2) Chroniken der d. Städte 15, 457 ff. Münchner H.- u. St.-Bibl. J. publ. G. 438. Außerdem handschriftliche Annalen über die Jahre 1508 bis 1529. Cod. germ. 1594.

Halsgerichtsordnung erhielt er sie von dem Rath und Secretär Joh. Sollinger zu Landshut.

Die Hunger'schen Ausgaben sind bis zum Jahre 1567 mindestens zehnmal (1545. 1547. 1549. 1550. 1551. 1555. 1556. 1559. 1563. 1567. Ingolstadt. fol.) wiederholt; der Verleger sagt später, daß alle 3 bis 4 Jahre eine neue Auflage nöthig gewesen sei. Mit dem Jahre 1573 beginnen die Ausgaben von Dr. Octavianus Schrenck. Er hatte die Originalmanuscripte Perneder's von dessen Tochter, seiner Schwiegermutter, erhalten und konnte danach die Hunger'schen Ausgaben berichtigen. Er hat sich aber darauf nicht beschränkt, sondern die „Halsgerichtsordnung" ganz umgearbeitet. Mindestens drei Auflagen hat er besorgt (1573. 1578. 1581). Im Jahre 1592 sind nach Angabe des Buchdruckers Eder in Ingolstadt die Perneder'schen Werke abermals von „einem andern Doctor" revidirt und mit Zusätzen versehen; 1592. 1600. 1614 wiederholte Ausgaben. Auf dem Titel dieser Ausgaben der Institutionen wird auch Rochus Freymon von Obernhausen genannt. Indeß ist es ein Irrthum, wenn man ihn für den Herausgeber hält. Freymon war 1583 verstorben (s. oben S. 512), und der Verleger hat ihn auf dem Titel nur als einen bekannten Praktiker, der Perneder's Institutionen sehr geschätzt und mit verschiedenen Zusätzen versehen hatte, zur Empfehlung des Werks genannt.

Perneder hatte es wohl auf ein Werk abgesehen, das an die Stelle des Layenspiegels treten sollte. Allein sein früher Tod hat ihn verhindert, die Theile zu verbinden und das Ganze in den Druck zu geben. Nach mehr oder weniger zufällig erlangten Manuscripten sind daher die einzelnen Stücke als selbständige Bücher, mit eigenen, weitläufigen Titeln und Vorreden, aber meistens gleichzeitig gedruckt. Die Reihenfolge, welche Hunger ihnen gegeben hatte, ist auch später beibehalten.

1. Institutiones. Auszug und Anzaigung etlicher geschriebener keyserlicher und des heyligen Reichs Rechten, wie die gegenwertiger Zeiten in Uebung gehalten werden u. s. w.

Dieses Werk scheint in der Gestalt vorzuliegen, in welcher Perneder es herausgeben wollte. Er hat bald nach Publication der Carolina die letzte Hand daran gelegt, wie die Allegation derselben (Inst. 4, 1) ergiebt; er bezeichnet sie als „jetzo jüngstlich zu Regensburg auffen Reichstag anno 32 aufgericht".

Wie schon der lange Titel angiebt, ist dies Buch nicht Uebersetzung der Institutionen, kaum Paraphrase derselben, sondern ein populäres Compendium des geltenden Rechts „in den Titeln nach Ordnung der vier Bücher Kayserlicher Institutionen gestellt". Neben dem römischen Recht wird der „gemeine Gebrauch" berücksichtigt und auf particulare Satzungen, namentlich auf das bayrische Landrecht, die Wormser, Nürnberger und Freiburger Reformation verwiesen und von der Praxis in lehrreicher Weise Kunde gegeben. Als zuverlässiges Bild des praktischen Rechts ist das Werk von großem Werth. Die erstrebte Popularität geht so weit, daß zu § 3 Inst. 1, 2 mitgetheilt wird, die geschriebenen Rechte hätten ihren ersten Ursprung von den römischen Bürgermeistern, die mit Willen des Volks nach gehaltener Umfrage Ordnungen aufgerichtet; dann seien Zünfte aufgekommen und nach Umfrage der Zunftmeister durch das gemeine Volk Zunftgesetze gemacht, die Plebiscita' hießen; endlich sei das römische Reich in Regierung eines Raths gekommen, dessen Beschlüsse für Gesetze genommen würden und Senatusconsulta heißen. Die späteren Auflagen wiederholen derartige Geschmacklosigkeiten unverändert, fügen dagegen gelehrte Marginalien hinzu und machen der systematischen Richtung der Zeit durch tabellarische Darstellung des Institutionensystems eine Concession.

2. Gerichtlicher Processſ, in wölichem die gemainen weltlichen und gaistlichen Recht auf alle und jede Articul u. s. w. — Das Werk zerfällt in 6 Bücher: 1. de praeparatoriis judicii, worin zugleich die Personen abgehandelt werden; 2. de libellorum conceptione, Klagformeln mit theoretischen Ausführungen nach der Art des Klagspiegels; 3. de exceptionibus; 4. de reconventione, de litiscontestatione, de positionibus et responsionibus; 5. de

probationibus, in späteren Ausgaben irrthümlich „de obligationibus" überschrieben; 6. von Urtheilen und Vollziehung derselben. Es versteht sich von selbst, daß hauptsächlich der Speculator ausgebeutet und allegirt ist. Jedoch hat Perneder nicht versäumt, die deutsche, namentlich die bayrische Praxis [1]) und die Kammergerichtsordnung zu berücksichtigen. Er hat nach 1532 die letzte Hand daran gelegt, wie (Th. 6 Tit.: von Straf des der freventlich Appellation vornimmt) die fast wörtliche Anführung des Schlusses von Art. 12 der P. G.O. beweist.

3. Das Lehnrecht. Ein systematisches Compendium, nach den Libri feudorum und der lehnrechtlichen Literatur gearbeitet. Berücksichtigt sind die Reformation des bayrischen Landrechts von 1518 und die Landsordnung von 1520.

4. Halsgerichtsordnung [2]) oder „Von Straff und Peen aller und jeder Malefizhandlungen ein kurzer Bericht".

Eine Uebersicht des Strafprocesses und Strafrechtes auf Grund des römischen Rechts und der italienischen Literatur, unter Berücksichtigung des bayrischen Landrechts, der goldenen Bulle, einzelner Reichsgesetze und der Tiroler Malefizordnung. Nach Perneder's Plan sollte dieser Theil einen Anhang zu den Institutionen bilden und zwar eine weitere Ausführung des L. IV tit. 18 de publicis judiciis, wo er auf diesen „Auszug aus gemainen Rechten" hinweist. Die Stellung hinter dem Lehnrecht, welche von Hunger herrührt, entspricht daher nicht der Absicht des Verfassers.

Bei der Beurtheilung dieser „Halsgerichtsordnung" ist, was bisher übersehen wurde, die Hunger'sche Publication durchaus von der Schrenck'schen zu unterscheiden.

Jene, welche vom Jahre 1544 bis 1573 unverändert wiederholt worden ist, beruht auf einem Manuscript, welches Perneder

1) Hunger hebt hervor, daß „die bayrischen Proceß von ihrer Formlichkeit wegen" beim K.G. in besonders gutem Ansehen stünden.

2) Wächter, Archiv f. Criminalrecht 1836 S. 121 ff. Gemeines Recht S. 76 ff. Hälschner, preuß. Strafrecht 1, 119 ff. Geib, Strafrecht 1, 286 ff.

etwa im Jahre 1530 vollendet hat, ohne es nach Publication der P. G.O. zu revidiren. Er citirt nämlich ein Straßburger Statut über den Ehebruch als „im nächstvergangen 29. Jahr fürgenommen". Bei der Gotteslästerung beruft er sich auf die „Reichsordnung jetzo jüngstlich zu Augsburg anno 30 aufgericht". Beim Landzwang wird die „peinliche Halsgerichtsordnung so jetzo auf dem Reichstag zu Augsburg anno 31 (irrthümlich statt 30) fürgenommen" erwähnt, womit offenbar das Augsburger Project[1]) der P. G.O. gemeint ist. Dagegen wird der Regensburger Reichstag, dessen Perneder in den Institutionen gedenkt, nicht erwähnt und eben so die Carolina nirgends allegirt.

Das von Schrenck 1573 benutzte Originalmanuscript der Halsgerichtsordnung hat dagegen, wie er angiebt, fortlaufende Verweisungen auf die Carolina enthalten. Perneder hat demnach den Entwurf, von welchem durch Sollinger eine Abschrift in Hunger's Hände gekommen war, nach dem Erscheinen der Carolina wieder durchgesehen und ergänzt. Allein Schrenck fügt hinzu, daß Perneder durch vorzeitigen Tod gehindert worden sei, sein Werk in „rechte Ordnung" zu bringen[2]). Dem Mangel hat Schrenck selbst abzuhelfen gesucht: er theilte das Buch in 10 Titel, diese in numerirte Artikel und vermehrte es bis fast zum doppelten Umfang. Die P. G.O. ist durchgängig allegirt, daher bei der Gotteslästerung zu der R.P.O. von 1530 der Art. 106 der P. G.O. hinzugefügt und beim Landzwang an die Stelle der Perneder'schen Allegation des Augsburger Reichstags von 1530 die Berufung auf den Regensburger von 1532 getreten.

Bemerkenswerth aber bleibt es, daß die Perneder'sche Halsgerichtsordnung bis zum Jahre 1573, also fast 30 Jahre lang,

1) Vgl. Güterbock, die Entstehungsgeschichte der Carolina. 1876. S. 128 ff.

2) Man muß danach annehmen, daß Perneder bald nach 1532 gestorben ist. Allein diese Annahme ist ausgeschlossen, wenn wirklich die sämmtlichen Stücke des oben S. 573 erwähnten Sammelbandes schon in seinem Besitz gewesen sind, da die letzten Stücke im Jahre 1540 gedruckt sind.

in derjenigen Form verbreitet und von der Praxis gesucht war, welcher jede Bezugnahme auf die P. G.O. fehlte: eine Thatsache, welche entschieden die Behauptung unterstützt, daß die Geltung dieses Reichsgesetzes nur sehr langsam durchgedrungen ist.

Wie man die salvatorische Clausel (vgl. unten Kap. 14) verstand und benutzte, ist an mehreren Stellen zu erkennen. Perneder behandelt den Diebstahl nicht in der Halsgerichtsordnung, sondern in den Institutionen (4, 1), die er nach 1532 revidirt hat, und verweist hier auf die P. G.O. Damit aber, fügt er hinzu, „der Gebrauch unser Landsart disfalls halber nit umbgangen werde“, führt er die Bestimmungen des Bayrischen Landrechts an. Dann bemerkt er, daß die Bamberger und Brandenburger H.G.O. mit der kaiserlichen ganz übereinstimmen, dagegen die Tiroler M.O. eine andere Bestimmung enthalte, die er mittheilt. Und trotz der P. G.O., welche das Verbrechen der Ketzerei nicht kennt und im Art. 218 die Vermögensconfiscation untersagt, vertritt Schrenck (Tit. 10 Art. 9) gerade diese als Strafe der Ketzerei.

Auf höheren wissenschaftlichen Werth kann das Werk weder in der ursprünglichen Form, noch in der Schrenck'schen Bearbeitung Anspruch machen. Zu einer tieferen Begründung der allgemeinen Grundsätze des Strafrechts ist nicht einmal der Versuch gemacht. Dagegen hat es das Verdienst eines brauchbaren Handbuchs, welches das Verhältniß des überlieferten gemeinen Strafrechts zur P. G.O. zeigt und viele in dieser nicht berührte Materien erörtert. Die Schrenck'sche Bearbeitung ist überdies ein Zeichen des Fortschritts der Wissenschaft in der systematischen Richtung.

5. Summa Rolandina, das ist ein kurzer Bericht von allerhand Contracten und Testamenten 2c.

Item ein Tractat der Regeln — sampt den davon ausgenommenen Fällen oder Fallencien Bartholomäi Socini.

Hunger hat diese beiden Schriften als einen Anhang zu den vorher besprochenen herausgegeben; unverändert erscheinen sie bei Schrenck. Die erste ist eine abgekürzte Uebersetzung der berühmten Summa artis notariae von Rolandinus Passagerii († 1300); von der Notariatsordnung von 1512 ist gar keine Notiz genommen. Die zweite ist eine apokryphe Schrift. B. Socinus († 1507), unter dessen Namen sie verbreitet wurde, soll dagegen Protest erhoben und gegen den Drucker eine Injurienklage angestrengt haben. So erzählt Hunger (vgl. auch Savigny 6, 353 d.), indem er hinzufügt, daß die Zweifel an der Echtheit der Brauchbarkeit keinen Eintrag thun.

Ein Theil der Perneder'schen Summa Rolandina ist nach langer Zeit noch einmal herausgegeben unter dem Titel: A. Perneder's vollständige Nachricht von Testamenten und Codicillen, nach des Autoris Tode durch und durch verbessert — von Wolfgang Hungern, J. U. D. und Professore zu Ingolstadt. Frankf. und Leipzig 1725. 4°. Perneder's Arbeit ist hier umgestaltet und wesentlich erweitert, nur zum Theil sein Text beibehalten. Die kurze Vorrede, mit Hunger's Namen unterschrieben, ist gänzlich apokryph.

**2.** Jacob Spiegel[1]), der Neffe Jacob Wimpheling's, ist 1482 oder 1483 in Schlettstadt geboren und nach dem frühen Tode seines Vaters im Hause seines Oheims herangewachsen. In Heidelberg studirte er Dialektik und Philosophie, wie er sagt unter „barbarischen Lehrern" (um 1499); dann in Tübingen und Freiburg Jurisprudenz; er nennt Johann Adler aus Rottweil und Zasius als seine juristischen Lehrer. In Wien setzte er seine classischen Studien unter K. Celtes, zugleich aber die juristischen fort, ward (1507) zum Doctor promovirt und hielt kurze Zeit juristische Vorlesungen. Schon 1512 ist er Geheimschreiber Kaiser Maximilian's, nach dessen Tod (1519) er eine Zeit lang in Schlettstadt in regem Verkehr mit den oberrheinischen Huma-

1) Adam, Vitae p. 66 s. Böcking, Index biographicus U. Hutteni operum Supplem. T. 2 p. 2. 476. Rivier, la Nomenclatura jurisperitorum de Jacques Spiegel in Nieuwe Bijdragen voor Regtsgeleerdheid en Wetgewing N. R. Deel 1 St. 2 bl. 219. 1873. Aschbach, Gesch. d. Wiener Universität 2, 356 ff.

nisten zurückgezogen lebt. Bald aber tritt er in den Dienst Karl's V. und Ferdinand's, wird kaiserlicher Rath und Pfalzgraf. Er gab 1536 seine Stellung aus Gesundheitsrücksichten auf, nachdem er seinen Stiefbruder Johann Majus in dieselbe eingeführt hatte. Seine letzten Jahre verlebte er in Schlettstadt, mit Studien beschäftigt, die sich auf Jurisprudenz und Geschichte bezogen. Sein Todesjahr ist unbekannt; doch muß er 1545 noch gelebt haben, da aus diesem Jahre die von ihm selbst besorgte dritte Ausgabe seines Lexicon juris datirt ist[1]). Seine schriftstellerische Thätigkeit erstreckt sich über die Gebiete der Philosophie, Geschichte, Politik und Jurisprudenz; vorwiegend besteht sie in der Herausgabe fremder Werke mit Anmerkungen. Die Jurisprudenz ist von ihm bereichert worden durch das Lexicon juris, welches zuerst Straßburg 1539 erschien[2]).

Wir haben Spiegel unter die Praktiker gestellt, weil er seiner Lebensstellung nach zu diesen gehört. Seine literarische Richtung ist dagegen eine gelehrte, humanistische.

Das Lexicon juris civilis ex variis probatorum autorum commentariis congestum[3]) hat er, wie er sagt, zum Besten seines Stiefbruders Johann Majus ausgearbeitet, um ihm ein besseres Hülfsmittel als die „jejuna Vocabularii juris utriusque pervulgati consarcinatio" zu bieten. Allerdings erhebt sich sein Werk bedeutend über jenes dem Anfang des 15. Jahrhunderts an-

1) Die Ausgabe trägt auf dem Titelblatt die Jahrszahl 1545. Am Schlusse die Worte: Haec habui — quae tertiae hujus operis editioni — ad priores — eos recognoscens adjicerem. Dieselben Worte sind wiederholt in der Ausgabe Basil. 1564 mit dem Zusatz Finis VI Mart. anno XLVI. J. S. Sollte damit sein Todestag angedeutet sein?

2) Ueber seine literarische Thätigkeit vgl. Aschbach a. a. O. S. 359 ff., wo jedoch irrthümlich behauptet wird, daß sein Lexicon juris civilis „bisher noch nicht gedruckt sei". Rivier p. 7 s.

3) Argentor. 1538. 1539. Lugdun. 1541. 1545. 1549. Basil. 1548. 1564. 1569. fol. In der Ausgabe von 1545 ist auf dem Titelblatt vermerkt „iterumque ab ipso recognitum ac locupletatum". Am Schlusse heißt sie tertia.

gehörende Vocabular [1]), da Spiegel die Schriften des Alciat, Budäus, Zasius und Haloander's Ausgaben benutzen konnte, um die Bedeutung der Worte festzustellen. Allein ähnlich wie der Vocabularius vermischt er das Terminologische und das Dogmatische und giebt statt der eigenen Ansicht über die Quellen oft nur die Ansichten seiner Gewährsmänner, worauf von vorn herein der Titel vorbereitet. Bald darauf, noch bei Lebzeiten Spiegel's, erschien das Werk von Joh. Oldendorp de copia verborum et rerum in jure civili. Colon. 1542. fol., welches wesentlich mit demselben Material gearbeitet ist, aber mehr als jenes auf die Quellen zurückgeht [2]).

Spiegel hat seinem Werke einen besonderen Werth zu verleihen gewußt durch Anhänge, welche in den folgenden Auflagen vermehrt sind.

In der Ausgabe des Lexicon juris 1564. Basil. sind es folgende:

1. J. Oldendorpii in verba legum XII tabular. scholia col. 1.
2. Oldendorp, Nomina atque tempora prudentium c. 87.
3. L. Vallae, JCtor. laus c. 90.
4. In eos qui sermonis proprietatem negligentes rem ipsam spectare se dicunt c. 91.
5. Oldendorp, quo tempore Romanorum leges introd. c. 93.
6. Quae ad aequitatis cognitionem requirantur c. 96.
7. Oratio de scripto jure c. 98.
8. Oldendorp, Catalogus regum et imperatorum c. 101.
9. Spiegel, anni et vitae Imperatorum c. 106. Caesarum germ. c. 112.
10. Romanorum leges a Langobardicis et Francicis oppr. c. 113.

1) Stintzing, Gesch. d. popul. Literatur S. 129 ff. Die dort gegebene Zeitbestimmung wird bestätigt durch eine von mir übersehene Stelle s. v. corona, wo Sigismund als „nuper coronatus" bezeichnet ist. Schulte, Geschichte 2, 488.

2) Dirksen, System der juristischen Lexikographie S. 38 ff.

11. Oldendorp, Index c. 114.
12. Nomenclatura c. 198.
13. Hegendorfinus, Epitome tyrocinii juris civilis c. 212.
14. Melanchthon, Oratio Roman. jus antecellere c. 231.

Die Nomenclatura jurisperitorum ist eine kurzgefaßte Literärgeschichte [1]). Er macht in dieser kein Hehl aus seiner Hinneigung zur modernen Jurisprudenz, seiner Verehrung für Hegendorfinus und Oldendorp, deren kleine Schriften er dem Anhange zum Lexicon eingefügt hat. Wenn er dazu von Oldendorp sagt „nec interim a verae pietatis studio factus est alienus, ut in eo nostrate verbum vetus: Ein Jurist, böser Christ! locum non habeat", so liegt darin ein Beweis seiner Sympathie für den Protestantismus, dem er jedoch keineswegs in alle Consequenzen folgte [2]).

3. Justinus Gobler ist in St. Goar am Rhein (Goarinus) geboren und zwar wohl 1504 [3]). Er hat von 1515 bis 1519 die Schule in Mainz besucht, später dort und in Erfurt studirt, auch bei Alciat in Bourges Vorlesungen gehört und ist in Mainz promovirt. Dann lebte er eine Zeit lang in Trier, wo er 1527 die Wittwe des Dr. Ulrich Fabricius, kurtrierischen Raths († 1526), heirathete und durch sie in den Besitz der von Fabricius hinterlassenen Bücher und Manuscripte kam, die er muthmaßlich bei

---

1) Sie ist eingehend besprochen und erläutert von Rivier a. a. O.

2) Vgl. darüber Rivier p. 6 s.

3) Spangenberg, Neues Archiv des Criminalrechts 7, 438 ff. Stobbe 2, 174 Anm. 35. Muther, zur Geschichte S. 153. 336. 348. Die von diesen Gelehrten aus G.'s Schriften und Briefen geschöpften Nachrichten sind leider in der A. d. B. 9, 301 (v. Eltester) nicht benutzt. — G.'s Geburtsjahr ist zweifelhaft. Auf seiner Grabschrift heißt es Obiit a. dom. 1567 die 21 Aprilis aetatis autem 63. Dies scheint mir das sicherste Datum, welches sich auch wohl mit den übrigen weniger genauen Angaben, welche auf die Jahre 1503 und 1505 hinzudeuten scheinen, vereinigen läßt. In dem Rechtenspiegel nämlich wird 1550 sein Alter auf 9 lustra angegeben, eben so nennt er sich 1565 in einem Briefe sexagenarius. Dagegen steht auf seinen Bildern in der Uebersetzung der R.P.O. 1564 „aetatis 61" und in der Braunschweiger Chronik 1561 „aetatis 58".

seiner betriebsamen Büchermacherei noch mehr ausgebeutet hat, als er selber angiebt [1]). Dann ist er kurze Zeit Syndicus in Lübeck gewesen [2]). 1539 trat er als Rath in die Dienste Herzog Erich's d. Ä. von Braunschweig-Lüneburg bei der Kanzlei in Münden, 1544 Hofrichter zu Münden, 1546 Kanzler des Bischofs von Münster, 1549 Nassauischer Rath, lebt als solcher 1559 in Dillenburg und läßt sich in diesem Jahre in Frankfurt a. M. nieder. Er ist hier Bürger geworden und vom Rathe in Geschäften verwendet ohne amtliche Stellung. Eine Berufung nach Marburg lehnte er ab und starb am 21. April 1569.

Gobler's literarische Thätigkeit ist ohne jede wissenschaftliche Bedeutung, im Ganzen auf untergeordnete Bedürfnisse berechnet. Aber durch die ihm eigene Betriebsamkeit im Büchermachen hat er doch unzweifelhaft einen gewissen Einfluß ausgeübt: und es ist um diesen zu charakterisiren nothwendig, seine namhafteren Werke zu verzeichnen.

1. Summa Othonis Senonensis de interdictis etc. Mogunt. 1536. fol.

---

1) U. Fabricius (Windenmacher) ist 1489 in Coblenz geboren, 1506 in Erfurt immatriculirt, besuchte italienische und französische Universitäten, trat in den Dienst des Erzbischof Richard von Trier, bei dem er zum Mitglied des Geheimen Raths aufstieg. Zu vielen Gesandtschaftsreisen (nach Italien, Frankreich) verwendet, starb er auf der Heimreise von Spanien, wohin ihn ein Auftrag Karl's V. geführt hatte, in Genua am 22. Juli (Maria Magdalena) 1526. Er war ein eifriger Humanist, mit Hutten von Jugend auf befreundet, in regem Verkehr mit den namhaftern Humanisten seiner Zeit. Im Auftrage des Erzbischofs durchforschte er das Erzstift nach alten Codices mit vielem Erfolg und theilte Manches dem Aldus Manutius zum Abdruck mit. Einen Processus judiciarius hat Gobler aus seinen Papieren (Bas. s. a. 8°) herausgegeben. A. d. B. 6, 524 f. (Muther).

2) Nächster Nachfolger Oldendorp's in diesem Amt war Stephan Klyngebyl J. U. L., mit welchem der Vertrag am Michaelistage 1536 abgeschlossen wurde. Ob Gobler neben diesem oder nach ihm angestellt worden, ist ungewiß. 1539 hat der Marburger Professor Joh. Rudel († 1563) das Amt übernommen. J. v. Melle, Gründliche Nachricht von der Stadt Lübeck. 1713.

2. Jo. de Blanasco commentaria. Mogunt. 1539[1]). fol.

3. Aug. Imp. Caroli V de capitalibus judiciis constitutio — in Latinum versa. Basil. 1543. fol. Darüber unten Kap. 14.

4. H. Bonni Chronicon urbis Lubecensis in latin. vers. Basil. 1543. 8°.

5. Reformation und Satzung der Ober- und Hofgerichte zu Münden. Hanov. 1544. Von Gobler entworfen.

6. Gerichtlicher Proceß, in 3 Theyl verfasset. — Frankf. 1536. 1538. 1542. fol. (anonym). Der zweite Theil (de actionibus) ist aus dem Klagspiegel abgeschrieben. Eine neue Bearbeitung: Gerichtlicher Proceß — in 2 Theyl. 1549. fol. läßt diesen zweiten Theil hinweg, verschmilzt den dritten mit dem ersten und fügt als nunmehr zweiten Theil eine Darstellung des Civilprocesses mit einem strafrechtlichen Anhang hinzu, welche nicht Anderes enthält als Perneder's „Gerichtlichen Proceß“ und „Halsgerichtsordnung“, fast wörtlich wiederholt; jedoch ist der strafrechtliche Theil durch Berücksichtigung der Carolina ergänzt. — Spätere Ausgaben, in denen Gobler sich nennt: 1555. 1560. 1562. 1564. 1567. 1578. 1594. fol.

7. Institutiones imperiales latino-germanicae. Uebersetzung der Institutionen. Dillenburg 1551. 8° und Frankf. 1552. fol. ohne lateinischen Text; dann mit eingeflochtenem Commentar Frankf. 1557. fol.; mit lateinischem Text Köln 1563. 1565. 1570. 1574. 1583. 8°. Mainz 1599. 8°.

8. Der Rechten Spiegel. Frankf. 1550. fol. Ein umfassendes Handbuch des geltenden Rechts, welches Tengler's Layenspiegel und Perneder's Werke zu ersetzen bestimmt war. Es zerfällt in folgende Theile: 1. Personen (Landesherren und Beamten). 2. Rechtsquellen. 3. Contracte. 4. Erbrecht. 5. Eigenthum und dingliche Rechte. 6. Klagen. 7. Civilproceß.

1) Die Angabe auf dem Titel „nunc primum aedita“ ist unrichtig. Die erste Ausgabe erschien Lugduni 1515. 8°. Vgl. Stintzing, Gesch. d. popul. Literatur S. 200 Anm.

8. Strafrecht und Strafproceß. 9. Lehnrecht. 10. Landfrieden und Polizei. Goldene Bulle angehängt. — Auch dieses Werk ist zum großen Theil nachweislich mechanische Compilation aus dem Klagspiegel und Perneder's Schriften.

9. C. Lagi Methodica juris traditio. Francof. 1552. 1555. fol. Vgl. darüber oben S. 299 ff.

10. Statuten-Buch, Gesetz, Ordnungen u. s. w. Frankf. 1553. 1558. 1572. fol., anonym erschienen, aber ohne Zweifel auf Gobler zurückzuführen: ein fast wörtlicher Auszug aus Perneder's Institutionen und gerichtlichem Proceß; der strafrechtliche Theil im Wesentlichen nur Abschrift des Anhangs zu Gobler's Proceß.

11. Hannetonii de judiciorum ordine — in das Deutsche übersetzt. Frankf. 1559. 8°.

12. Imp. judicii camerae constitutio et ordinatio etc. Francof. 1564. fol. Uebersetzung der dritten K.G.O. mit Zusätzen. Näheres giebt Spangenberg a. a. O. S. 447.

13. Uebersetzung der R.P.O. von 1548 ins Lateinische mit Commentar. Frankf. 1566. fol. Vgl. Neue Sammlung der R.A. Frankf. 1747. fol. Einleitung S. 29.

14. Consilia s. responsa. Francof. 1565. fol.

15. Novella das ist des — Kays. Justiniani newe Satzunge, welchen des fürtrefflichen und hochgelehrten Herrn Juliani, Bürgermeisters zu Constantinopel, summarischer Auszug dieser Novellen angehenkt, mit sondern Fleiß verteutscht und mit etlichen Auslegungen erklärt. Frankfurt 1564. 1566. 1576. Spangenberg a. a. O. Derselbe, Einleitung S. 369. f. Stobbe 2, 166 N. 7.

16. Handbuch und Auszug keiserl. und bürgerl. Rechten aus dem Latein ins teutsche übersetzt. Frankf. 1564. 1566. 1576 fol. Stobbe 2, 166 N. 8 (s. oben S. 240).

17. Chronica der vom Kaiser Maximilian I. — geführten Kriegshändel. Frankf. 1566. fol.

18. Chronica vom Herkommen, Stamm und Geschlechte der Braunschweig-Lüneburgischen Fürsten. Frankf. 1566. fol.

Andere Schriften, welche von Gobler genannt werden, s. bei Spangenberg a. a. O. S. 449 ff.

4. Johann Fichard[1]) (Fickart) ist am 23. Juni 1512 in Frankfurt a. M. geboren. Sein Vater Johann Fichard aus Gemünden unweit Kirn an der Nahe hat seinen Geschlechtsnamen Richard mit dem seines mütterlichen Großvaters Johann Fichard, bei dem er in Kirchberg in der Grafschaft Sponheim erzogen wurde, vertauscht. Er ist als Schullehrer nach Frankfurt gekommen und hat das Amt eines Protonotars von 1509 bis zu seinem Tode am 18. October 1530 bekleidet. — Fichard's Jugendleben ist uns durch seine eigenen Aufzeichnungen genauer bekannt und verdient als Zeitbild ausführlichere Darstellung. In der öffentlichen Schule hatte er bis zu seinem 11. Lebensjahre kaum mehr als Lesen und Schreiben gelernt. Dann ward er durch den Privatunterricht seines Vaters und des Johann Esbach rasch gefördert, trat mit dem 14. Jahre in die von Jacob Micyllus geleitete Schule ein und bezog 1528, 15 Jahre alt, die Universität Heidelberg, um Jurisprudenz zu studiren. Während seines zweijährigen Aufenthalts besuchte er die Vorlesungen der Juristen Adam Werner von Themar, Johann Pavonius (Pfau), Paul Bauttenbach und Konrad Dym, setzte jedoch seine humanistischen Studien unter Simon Grynäus, der 1529 nach Basel ging, und seinem Nachfolger Sinapius eifrig fort. Im April 1530 wandte er sich nach Freiburg, um bei dem berühmten Ulrich Zasius zu hören. Gern hätte er bei diesem Wohnung genommen; allein sein Haus war damals mit Convictoren überfüllt, und später nahm er, um ungestörter zu leben, keine Kostgänger mehr

---

1) H. Petrejus, Vita Fichardi. 1590; vor F.'s Consilia und bei Buder, Vitae p. 241 s. — Descriptio brevis cursus vitae meae Joh. Fichardi. Frankf. Archiv herausgegeben von J. C. v. Fichard gen. Baur v. Eysenek Bd. 2 S. 1—53. 1812. — Handschriftl. Convolut „Fichard" (von J. C. v. Fichard) auf der Frankf. Stadtbibliothek. — Vgl. auch F.'s Annales und Italia, abgedruckt in Frankf. Archiv Bd. 1. 3. — A. d. B. 6, 757 f (Stintzing).

auf. So zog Fichard in das Haus des Johann Sichardt, der kurz vorher von Basel nach Freiburg übergesiedelt war. In den Pfingstferien besuchte er seinen ehemaligen Lehrer Simon Grynäus in Basel, der, damals mit Uebersetzung der Predigten des Chrysostomus beschäftigt, ihm die Uebersetzung einer Predigt auftrug, die dann auch unter Fichard's Namen in der Sammlung des Grynäus gedruckt ist. Im Herbst floh Fichard vor der Pest von Freiburg nach Basel, blieb dort den Winter im Hause des Buchdruckers Andreas Cratander, hörte Vorlesungen über die Pandekten bei Bonifacius Amerbach, philologische bei Grynäus und übersetzte auf Wunsch Cratander's mehrere Schriften des Galenus. Der Tod seines Vaters veranlaßte ihn im April 1531 zur Heimreise nach Frankfurt. Hier sagte ihm der Rath ein Stipendium von 40 Gulden zu gegen Ausfertigung des üblichen Reverses, durch welchen er sich verpflichtete, nach beendigten Studien und Erlangung eines akademischen Grades dem Rathe auf Verlangen Dienste zu leisten. Bald indeß gereute ihn die eingegangene Verpflichtung und gegen Verzicht auf das Stipendium ward sie ihm erlassen. Im Mai 1531 kehrte er nach Freiburg zurück und schloß sich nun dem Zasius auf das innigste an. Was er in vertrautem Gespräch von ihm vernahm, sammelte er als Apophtegmata Zasii; und in der Biographie seines verehrten Lehrers hat er später seiner Liebe und Dankbarkeit ein schönes Denkmal gesetzt. Neben Zasius waren Sebastian Derrer und Georg Amelius seine Lehrer in der Jurisprudenz; Glareanus förderte ihn in den humanistischen Studien; auch dem bewunderten Erasmus durfte er sich nähern. Sichardt, bei dem er wieder Wohnung genommen, bestimmte ihn sich mit ihm gemeinsam um die insignia Doctoratus zu bewerben, und am 28. November 1531 wurden beide zugleich von Seb. Derrer als Decan zu Doctoren promovirt. Später beklagte er diesen Schritt als jugendliche Uebereilung, die ihn zu früh (er war erst 19 Jahre alt) aus der Schule ins praktische Leben gerissen habe. Er trug sich mit dem Plane, Italien und Frankreich zu weiterer Ausbildung zu besuchen; allein Grynäus rieth ihm[1]) zunächst eine praktische Schule durchzumachen, da es ihm nicht anstehen würde, diese erst als gereister und gereifter Mann zu beginnen. So zieht er denn um die Frühjahrsmesse 1532 nach Frankfurt, rüstet sich mit Kleidern und Büchern aus, wie es einem Doctor geziemte, und führt schon im Mai den ersten Proceß mit glücklichem Erfolg. Doch bricht er bald wieder nach Speier auf, um die Praxis des Kammergerichts kennen zu lernen, wird im Mai 1532 unter die Advocaten und ein Jahr später unter die Procuratoren recipirt. Bei den jungen Juristen, welche sich in großer Zahl ungebunden und müßig, wie sie meistens waren, am Sitze des höchsten Gerichts zusammenfanden, scheint wüste Zügellosigkeit guter Ton gewesen zu sein. Fichard bekennt, gleich seinen Genossen sich eingeredet zu haben, daß solches Treiben ihrem Alter wohl anstehe. Zu seinem Glück berief ihn im Juli 1533 der Rath seiner Vaterstadt „ad officium Assessoris judicialis et Consiliarii, quod istic Advocatio Reipublicae appellatur". Im September trat er sein neues Amt an.

Indessen hatte er in seiner neuen Stellung unter dem Gefühl der Unreife und Unerfahrenheit in politischen Angelegenheiten, mit denen sein Amt ihn in Berührung brachte, zu leiden; es drückte ihn, daß er weder die Verhältnisse und den Geschäftsgang an fürstlichen Kanzeleien, noch fremde Länder kennen gelernt; und Uebelwollende zählten ihm spöttisch die wenigen Städte auf, die er besucht habe. Die Zeit war gekommen, um die verschobenen Reisepläne auszuführen. Er nimmt seine Entlassung und bricht Ende April 1536 auf in der Hoffnung, bei dem ihm geneigten kaiserlichen Prokanzler Mathias Held, der damals Karl V. auf den Kriegszügen in Italien begleitete, geschäftliche Verwendung zu finden. In Innsbruck, wo König Ferdinand Hof hielt, lernte er dessen Rath Cl. Cantiuncula kennen. Von Trient, wo Kaspar Frundsberg dem Kaiser ein Heer gesammelt hatte, zog er mit

1) Den Brief theilt F. mit in seiner Vita Sichardi.

den Soldaten bis Brescia, machte sich dann von dieser ihm lästigen Begleitung los und erreichte endlich in Asti den kaiserlichen Prokanzler. Freundlich aufgenommen, verlebte er mehrere Monate in Held's Umgebung. Als aber die Belagerung von Marseille beschlossen war, verließ er, dem Rath seines Gönners folgend, das kaiserliche Hoflager, um seine Reise durch Italien fortzusetzen. Nachdem er die bedeutenderen Städte des nördlichen Italiens besucht, in Pavia den berühmten Alciat kennen gelernt hatte, ging er über Ancona nach Rom und Neapel und kehrte im December 1536 nach Padua zurück, wo er ein Jahr lang zu bleiben beschloß. Gern gedenkt er der juristischen Vorlesungen des schon ergrauten Marianus Socinus[1]) und der humanistischen des Bonamicus, während er den Juristen Johann Anton Rubeus einen Mann von staunenswerthem Gedächtniß aber wenig Geist und schwachem Urtheil nennt. Im September 1537 kehrte er nach Deutschland zurück; er hatte 200 Goldgulden verzehrt und noch Schulden gemacht.

Um diese Zeit kamen ihm Anerbietungen von den verschiedensten Seiten: die Stadt Memmingen, der Erzbischof von Trier suchten ihn zu gewinnen; Cantiuncula wollte ihn in den Dienst des Kaisers ziehen, der ihn beauftragt hatte, eine Anzahl tüchtiger Juristen anzuwerben; die Wiener Universität bot ihm eine Professur; auch für eine Stelle in Padua wurden ihm Aussichten eröffnet. Man sieht, wie begehrt, ja umworben damals tüchtige Juristen waren, auch wenn sie noch keine hervorragenden Leistungen aufzuweisen hatten!

Bei Fichard siegte schließlich die Anziehungskraft der Vaterstadt: um Pfingsten 1538 übernahm er sein früheres Amt wieder[2]). Bald folgte die Ehe mit der Patricierstochter Elisabeth Grünberger, die Aufnahme ins Bürgerrecht und Patriciat, denen der

1) Es ist M. Socinus der Jüngere, geb. 1582, gest. 1556, gemeint.

2) Im Jahre 1541 ward nach Fichard's Annalen Hieronymus Agninus D. J. U. aus Speier sein College im Syndicat (vgl. oben S. 232). Aus demselben Jahre ist sein Brief an Camerarius bei **Freytag**, Epist. p. 55.

Kaiser 1541 in Speier den erblichen Adel und die Pfalzgrafenwürde hinzufügte.

Bis dahin konnten wir der eigenen Lebensbeschreibung Fichard's folgen; für die spätere Zeit, welche ihm ohne eingreifende Wechselfälle in emsiger Thätigkeit als Syndicus der Stadt und vielgesuchter Rechtsconsulent verlief, sind wir auf weniger ergiebige Quellen verwiesen.

Die Stadt Frankfurt hatte sich dem Protestantismus zugewendet und war dem Schmalkaldischen Bunde beigetreten, der mehrmals in ihren Mauern tagte. Fichard scheint sich erst nach seiner Heimkehr aus Italien zum Protestantismus offen bekannt zu haben; sonst wären ihm schwerlich die vorhin erwähnten Anträge von erklärten Anhängern des Katholicismus gemacht worden. In seiner Selbstbiographie berührt er die kirchlichen Angelegenheiten mit keiner Silbe; dagegen in seinen Annales kommt seine Verehrung für Luther und seine kirchliche Parteistellung zum wärmsten Ausdruck. Später ist ihm die evangelische Lehre eine ernste Angelegenheit gewesen, die er im Studium der heil. Schrift und häuslicher Andacht pflegte; das Sprichwort „Juristen böse Christen" wies er zurück als eine scheinheilige Anmaßung solcher, welche das Christenthum als ihr Privilegium behandeln möchten[1]). Indeß nahm er in den kirchlichen Kämpfen eine vermittelnde Stellung ein: und als es zwischen den protestantischen Ständen und dem Kaiser zum Bruch kam, war Fichard unter denen, die den Frankfurter Rath zur Vorsicht, zum Festhalten am Kaiser mahnten, auf deren Rath die Stadt im December 1546 den kaiserlichen Truppen unter dem Grafen Büren die Thore öffnete. Er führte die Gesandtschaft, welche im Januar 1547 in Heilbronn die Gnade des Kaisers erbat. Auch in dem Kriege mit Moritz von Sachsen blieb Frankfurt auf kaiserlicher Seite und widerstand dem Angriffe des Kurfürsten. Auf den Reichstagen, welche die Stadt beschickte oder bei sich aufnahm,

1) Nach Petrejus. Vgl. auch F.'s Epigramm auf H. Husanus bei **Adam**, Vitae p. 291.

und in wichtigen politischen Verhandlungen hatte Fichard sie zu vertreten. Seiner klugen Mäßigung, die ihn zum geschickten Unterhändler machte, und seinem vorsichtigen Rathe verdankt Frankfurt zum großen Theil die günstige Stellung, welche es in den gefahrvollen Zeiten der Religionskämpfe behauptete.

Neben den Pflichten des Amts war sein Leben ausgefüllt von den mannigfaltigen Geschäften, welche sich in jenen Zeiten an einen Juristen herandrängten, der in angesehener Stellung durch Zuverlässigkeit des Charakters und umfassende Kenntnisse das allgemeine Vertrauen in weiten Kreisen erworben hatte. Vielen Fürsten (u. A. denen von Solms, Nassau, Braunschweig) diente er als Rath von Haus aus. Darüber kam es denn freilich zu größeren wissenschaftlichen Leistungen auch bei ihm nicht; die Studien seiner Jugend haben in den Jahren der Reife zwar den Schmuck seines Lebens und die Freude seiner Mußestunden gebildet, aber der deutschen Rechtswissenschaft nur geringe Früchte getragen. Ansehen und Vermögen ward ihm im reichsten Maße zu Theil; ihn umgab der Glanz und das Behagen eines wohlbegründeten Patricierhauses. Allein er selbst beklagt (in der vita Sichardi 1565) durch die Last der „illitterati labores", deren er sich fast schäme, gedrückt zu sein! Zahlreiche Nachkommenschaft ward ihm geschenkt: doch nur der älteste Sohn, Raymundus Pius, überlebte den Vater. Gleich diesem sollten auch zwei jüngere Söhne durch längeren Aufenthalt in Italien ihre juristische Bildung vollenden; allein sie kehrten nicht zurück: Christoph starb 1574 in Padua, Johann Jacob 1576 in Este, beide 21 Jahre alt. Auch die Gattin ging ihm im Tode voran. Allein die Frische des Geistes und der ihm eigene heitere Gleichmuth blieb ihm in frommer Ergebung und rüstiger Arbeit erhalten, bis er nach kurzer Krankheit am 7. Juni 1581 aus dem Leben schied. Er hinterließ ein bedeutendes Vermögen, bestehend in Kapitalien und Grundbesitz, in Silbergeschirr und Pretiosen, die ihm von seinen Clienten verehrt waren. In seinem Testament sagt er, daß er sein Vermögen zum größten Theil durch „schwere

Arbeit und die sparsame Haushaltung seiner lieben Hausfrau" erworben habe. Seine Bibliothek, die er seinen „liebsten Schatz" nennt, sollen sein Sohn Raymund Pius und dessen Mannserben zum voraus haben.

1. Fichard's frühste schriftstellerische Leistungen sind jene oben erwähnten Uebersetzungen des Chrysostomus und des Galen. Wie er zu diesen Arbeiten durch äußere Veranlassungen bestimmt wurde, so geschah es auch mit der literärgeschichtlichen Schrift, welche noch heute einen gewissen Werth hat. Nach seiner Heimkehr aus Italien bat ihn der Drucker Oporinus in Basel, die Schrift des Bernardinus Rutilius († 1538) Vitae veterum Jurisconsultorum (Romae 1536), welche er neu aufzulegen gedachte, bis in die neueste Zeit fortzusetzen. So erschien: Jurisconsultorum vitae veterum quidem per B. Rutilium una cum ejusdem Decuria, recentiorum vero ad nostra usque tempora per Johannem Fichardum Francofurtensem. Ad haec Indices duo omnium scriptorum in Jure — ad haec nostra usque tempora editorum per Jo. Nevizanum, Lud. Gomessium et Jo. Fichardum collecti. Basileae. 4° min. s. a. Dies Buch ist so selten geworden, daß selbst der gelehrte Christ. Gottfr. Hoffmann 1721 die Vitae Fichard's (hinter Panzirolus) nur nach dem veränderten Nachdruck Patav. 1565 herausgeben konnte; es sind daher auch viel unrichtige Nachrichten darüber verbreitet[1]).

Den ersten Abschnitt (p. 1—175) bildet das Buch des Rutilius, die Lebensbeschreibungen einer großen Zahl alter Juristen von Papirius bis Tribonian enthaltend. Sie sind mit Geschmack und reicher antiquarischer Gelehrsamkeit entworfen: gegen Zasius (Scholia ad l. 2 de O. J.) polemisirt der Italiener oft mit Schärfe. Die angehängte Decuria ist eine Sammlung philologischer Observationen und Emendationen zu verschiedenen Classikern. Den Vitae geht eine Epist. dedicatoria des Philo-

1) Zweite Ausgabe Basil. 1557.

logen und Juristen Nikolaus Gerbel (Argentor. Novemb. 1537) voraus, worin er berichtet, daß Christoph Welsinger ihm diese vortreffliche Schrift des Rutilius kürzlich aus Italien mitgebracht habe.

Es scheint, daß dieser Theil fertig gedruckt oder jedenfalls zum Drucke fertig vorlag, als Oporinus mit Fichard in Verhandlung trat. Nach einem leeren Blatt folgt das Titelblatt: Vitarum recentiorum Jureconsultorum Periochae per Jo. Fichardum Francofurtensem; dann die Epist. dedicatoria an Claudius Pius Peutinger in Augsburg, datirt Kal. Jul. 1539, worin Fichard erzählt, daß er anfänglich Oporin's Aufforderung abgelehnt habe, weil er über die neueren Juristen nicht viel mehr als Caccialupus beibringen könne: denn das Werk des Baldus existire nicht mehr und die „XII libri de praestantia Doctorum et clarissimis Jureconsultis Thomae Diplovataccii" würden zurückgehalten (supprimuntur). „Möchten sie doch endlich herausgegeben werden!"[1]) Fichard wußte von diesem Werke durch Egnatius[2]) († 1553), den er ohne Zweifel bei wiederholten Besuchen Venedigs aufgesucht hatte. Wenn er sich im Leben des Bartolus auf eine Notiz des Diplovataccius beruft, so ist anzunehmen, daß diese Biographie damals schon gedruckt war[3]). Auf wiederholtes Zureden Oporin's hat er sich dazu verstanden, die Lebensbeschreibungen der berühmteren Rechtsgelehrten von Irnerius bis Zasius in Umrissen darzustellen, unter Benutzung der ihm zugänglichen Quellen und mit Einfügung der Grabschriften, welche er in Italien gesammelt hatte.

Den Schluß des Ganzen bilden Indices duo locupletissimi omnium scriptorum in jure etc. Der erste, von Fichard ent-

1) Atque utinam illi ederentur tandem. Fichard sagt also nicht, wie Savigny 3, 42 angiebt, daß das Werk verloren sei. Es wird F. nicht unbekannt gewesen sein, daß Diplovataccius († 1541) damals noch lebte.

2) „Teste Bapt. Aegnatio." Savigny a. a. O. sagt, er habe die Stelle des Egnatius bis jetzt nicht auffinden können. Aber F. spricht auch gar nicht von einer „Stelle".

3) Vgl. Savigny 3, 46. c.

worfen, verzeichnet die in den Pandekten excerpirten Juristen, nach den Titeln ihrer Schriften geordnet und zusammengestellt. Der zweite verzeichnet nach derselben Ordnung die neueren Juristen. Die Grundlage bildet der Index scriptorum von Jo. Nevizanus († 1540), welchen Ludov. Gomessius († 1541) vermehrt hatte. Fichard's Zusätze sind mit Sternchen bezeichnet. Obgleich Fichard auf diese Arbeiten nicht viel Zeit und Studium gewendet hat, so sind sie doch nicht ohne Werth und mit Recht von Späteren vielfach benutzt worden, wenn auch Panzirol (Lib. 1 c. 1) sehr vornehm darüber aburtheilt. Die verschiedenen Nachrichten hat er mit Vorsicht gegen einander abgewogen; über italienische Gelehrte konnte Manches nach eigener Beobachtung berichtet werden; die mitgetheilten Epitaphien, die ausführliche Biographie des Zasius haben den Werth unmittelbarer Zeugnisse; die Unzulänglichkeit der literarischen Angaben wird durch den Index einigermaßen ersetzt: und im Ganzen steht das, was geliefert worden, durchaus nicht hinter den späteren Arbeiten des Mantua und Panzirol zurück. Für uns aber ist die Schrift aus doppeltem Grunde bemerkenswerth: einmal als die erste von einem Deutschen verfaßte juristische Literärgeschichte; dann deswegen, weil wir durch den Index eine ziemlich vollständige und zuverlässige Uebersicht des damaligen Bestandes der juristischen Literatur erhalten, wenn ihr auch diejenige Akribie fehlt, welche wir heute fordern.

Fichard hat seine literärgeschichtlichen Arbeiten noch fortgesetzt, wie wir aus Wolfgang Freymon's Zeugnisse wissen, der zu seiner neuen Bearbeitung des Index (Elenchus scriptorum. 1574) die Collectaneen und Bibliothek Fichard's benutzte. Eine Frucht dieser Beschäftigungen ist auch die Biographie seines Jugendfreundes Johann Sichardt, welche 1565 vor dem zweiten Bande der ersten Ausgabe von dessen Codexvorlesung erschien, geschöpft aus eigener Erinnerung und den Mittheilungen Nahestehender.

2. Die einzige theoretische juristische Schrift Fichard's ist Exegeses summariae titulorum Institutionum; welche in den

Iudices von Ziletti 1565 und von Freymonius 1574 genannt wird. Sie scheint verloren zu sein.

Auch als lateinischen Dichter hat Fichard sich mehrfach versucht. Petrejus erzählt, daß er einen Band Carmina anonym herausgegeben habe; manche sind zerstreut unter seinem Namen gedruckt, z. B. eine große Ode auf Zasius vor dessen Intellectus 1532 (vgl. Riegger, Zasii epistolae p. 230 s.); sein oben erwähntes Epigramm auf Husanus. Ein Lobgedicht auf Zasius findet sich in seinem handschriftlich erhaltenen Collegienheft, mitgetheilt von Fichard, Frankf. Archiv 2, 20 f. Auch seine Autobiographie schließt mit einem Gedicht.

3. Die bedeutenderen Arbeiten Fichard's liegen dagegen, wie es nach der Gestaltung seines Lebens nicht anders sein konnte, auf dem praktischen Gebiet.

Ein lateinisches Notariatsbuch, welches er (nach Petrejus, anonym) herausgegeben, erwähnt er selbst in seinen Briefen (21. Juli 1567).

Im Jahre 1568 betheiligte er sich auf den Wunsch des ihm befreundeten Druckers Feyerabend an der Herausgabe einer Sammlung von Opiniones communes[1]). Er dedicirte dieselbe dem Markgraf Georg Friedrich von Brandenburg, der damals die Regentschaft im Herzogthum Preußen übernommen hatte; und wir erfahren bei dieser Gelegenheit, daß Fichard für diesen Fürsten seit längerer Zeit juristische Bücher zusammenzukaufen beauftragt war.

Die Zusammenstellung von Opiniones communes war damals eine neu aufgekommene literarische Erscheinung, zuerst von Franciscus Tursanus 1557 unternommen, dann von Joh. Baptista Villalobus aus Toledo (1561), Matth. Gribaldus Mopha (opus postumum 1567) u. A. fortgesetzt, deren Werke

1) Receptarum sententiarum sive ut nunc loquuntur Communium opinionum JCtor. utriusque juris. Francof. 1568. fol. Das Werk ist in mehreren Bänden fortgesetzt worden. Den zweiten Band hat 1569 Fichard's ältester Sohn Raymundus Pius herausgegeben.

in dieser Sammlung vereinigt sind. Fichard meint, es sei ein viel nützlicheres Unternehmen, receptae sententiae zu sammeln, als die Masse der Meinungen durch neue zu vermehren. Zwar seien die opiniones communes nicht immer richtig und Manche stellten den communes nach ihrer Behauptung „communiores" entgegen: allein man dürfe von jenen nicht ohne zwingende Gründe abweichen. Er selbst hat deren ebenfalls gesammelt und sie zum Villalobus als Zusätze notirt; sie erschienen in dieser Ausgabe, obgleich sie nicht zum Zwecke der Publication niedergeschrieben waren.

Die Sammlung Tractatus cautelarum. Francof. 1575. fol., welche sein Sohn Raymundus Pius herausgab, hat Fichard mit einer Vorrede „de recto atque vero Cautelarum usu" versehen. Sie beginnt mit der Bemerkung, daß die Cautelen in schlechtem Ruf stehen und daß man listige und verschmitzte Wendungen „Cautelae Caepollae" nenne. Indeß sucht Fichard den Werth der echten Cautelen darzulegen, ohne zu bestreiten, daß auch in den hier publicirten Sammlungen manche Cautel sich finde, die in fraudem legis erfunden sei. Den Schluß der Sammlung bildet eine Centuria cautelarum von Raymund Pius selbst. Eine vermehrte Auflage erschien 1582.

4. Wichtiger aber als diese compilatorischen Arbeiten ist Fichard's legislatorische Thätigkeit.

Für die Grafschaften und Herrschaften des Gesammthauses Solms ward in den sechziger Jahren eine Reformation des Landrechts unternommen[1]). Der Solmsische Secretarius Georg Terhell zu Laubach hatte einen Entwurf angefertigt, welcher Fichard 1567 zur Revision zugesendet wurde. Fichard schickte den Entwurf mit seinen Notaten zurück; seine Bemerkung aber, daß Terhell „der Sach noch nit so gar erfahren" sei, gab wohl

1) Fuchs, die Quellen des Solmser Landrechts. Zeitschr. für d. Recht 17, 292 ff. (1857). — Stobbe 2, 379 ff. — Fuchs, zur Geschichte der Abfassung rc. Zeitschr. f. Rechtsgeschichte 8, 270 ff. (1869). — Senckenberg, Selecta 1, 586 s.

den Anlaß ihn zu ersuchen, „solch Werk von neuem vollkommlicher zu tractiren". Im August 1569 war der erste Theil (Gerichtsordnung) vollendet; im Juli 1570 der zweite Theil (Landrecht), welcher die privatrechtlichen Bestimmungen enthält. Bei Uebersendung seiner Concepte verlangt Fichard, daß dieselben den Räthen und Amtleuten zu mündlicher Berathung, an der er Theil zu nehmen sich erbietet, vorgelegt werden möchten; und aus der Verzögerung der Publication ist zu schließen, daß diesem Vorschlage entsprochen wurde. Unter dem Titel „Deren Graveschafften Solms unnd Herrschaft Mintzenberg Gerichts Ordnung und Land-Recht" ist das neue Gesetz durch Verordnung vom 4. April 1571 publicirt worden. Es gehört sowohl wegen seines Inhalts als wegen seiner Reception durch Gesetze und Gerichtsgebrauch in den benachbarten Landschaften zu den bedeutenderen Erscheinungen seiner Art[1]).

Das Gelingen dieses Werks war der Anlaß, daß Fichard im Jahre 1571 vom Frankfurter Rath beauftragt wurde, die Reformation des Frankfurter Stadtrechts vom Jahre 1509 zu „erneuern"[2]). Es ist aus dieser Revision ein ganz neues Werk hervorgegangen, welches an Umfang und Bedeutung das Solmser Landrecht noch übertrifft. Der erste Theil (Proceß) ward schon 1572 vollendet, im folgenden Jahr auf Fichard's Antrag durch eine vom Rath ernannte Commission revidirt. Zur Beschleunigung der Arbeit ward 1574 die Zahl der Revisoren vermehrt. Im März 1578 war sie vollendet, und noch in demselben Jahre ist das Gesetzbuch publicirt[3]).

Fichard hat in diesen legislatorischen Arbeiten die ganze Fülle seines in praktischer Erfahrung gereiften Urtheils ver-

1) Gedruckt Frankf. 1571. fol. — Nach Koch bei Walch, Beitr. 3, 341 f. erhielt F. von den Solmser Grafen ein Honorar von 150 Gulden.

2) Wir besitzen über den Gang dieser Arbeit seinen eigenen Bericht. Senckenberg, Selecta 1, 586 s. — Ueber das Gesetzbuch vgl. Stobbe 2, 318 ff.

3) Der Statt Franckenfurt am Main erneuwerte Reformation. 1578. Frankfurt. fol. 261 Bl.

werthet. Sie sind nicht originale Schöpfungen, sondern unter Benutzung der voraufgegangenen ähnlichen Werke verfaßt: und eben dies giebt ihnen ihren hohen Werth. Allerdings ist die Hand des römisch gebildeten Juristen nicht zu verkennen; allein es ist gewiß zu weit gegangen, wenn Fichard eine „romanisirende Tendenz" zum Vorwurf gemacht wird. Seine Absicht war es nicht, dem heimischen Recht Gewalt anzuthun; er unterwirft sich keineswegs blindlings der Autorität des Corpus juris, sondern trägt kein Bedenken, seine Gültigkeit auszuschließen oder seine Sätze zu ändern, wo die Verhältnisse es fordern. Allein wo es sich darum handelte, ein festes und klares Recht herzustellen, konnte gegenüber der schwankenden und unklaren Praxis nur das gemeine Recht den Ausschlag geben. Von seinen Zeitgenossen ist Fichard als Solon und Lykurg Frankfurts gepriesen: und unstreitig gehören seine Gesetzbücher zu den bedeutendsten ihrer Zeit.

5. Die Frankfurter Reformation war unter Fichard's größeren Arbeiten die letzte. Mit Unrecht hat man ihm zwei Werke zugeschrieben, deren Publication ihn als einen Anhänger des Hexenglaubens und Förderer der Hexenprocesse charakterisiren würden. Es liegt aber eine Verwechslung mit seinem Zeitgenossen, dem Satiriker Dr. Johann Fischart, Amtmann zu Forbach, vor, welcher 1581 eine Uebersetzung der Daemonomania von Bodin und 1582 eine revidirte Ausgabe des Malleus maleficarum erscheinen ließ. Wie Fichard zu den Hexenprocessen stand, ist aus zwei Consilien[1]) zu ersehen. Allerdings kann er, dem geltenden Rechte gemäß, das Verbrechen der Zauberei nicht als Aberglauben behandeln: allein er dringt auf strengen Beweis, sichere Indicien vor Anwendung der Tortur, weist die gefängliche Einziehung (selbst „zweier alter Weiber, an denen nicht viel gelegen"!) wegen bloßer Gerüchte und erpreßter Bekenntnisse zurück; er bezeichnet die Annahme fleischlicher Vermischung mit dem Teufel als „lauter Phantasei".

1) Consil. 1590. T. 2 fol. 211. 215. Teutsche Rathschläge 113 116.

Die Sammlung und Herausgabe der Consilien Fichard's ist nach seinem Tode durch seinen Freund Heinrich Petrejus, welcher bald nachher Frankfurt verließ, veranlaßt worden. Fichard's Sohn Raymundus Pius war mit der Arbeit beschäftigt, als er 1584 starb. Auf Petrejus' briefliches Zureden setzte der Syndicus Kelner die Vorbereitungen fort, wobei Petrejus die Uebersetzung der zum Besten der Clienten in die lateinischen Consilien eingeflochtenen deutschen Ausführungen übernahm. Als auch Kelner 1589 gestorben war, wollten Fichard's Erben die Herausgabe fallen lassen, weil mit jeder Messe neue Consiliensammlungen erschienen. Allein Petrejus ruhte nicht; unterstützt von Dr. N. Rucker in Frankfurt, bestimmte er bei persönlicher Anwesenheit die Erben zu anderem Entschlusse: und so erschienen denn die Consilien 1590 bei Feyerabend in zwei Folio-Bänden, von denen der erste die lateinischen „Consilien", der zweite die deutschen „Rathschläge", nach Materien geordnet, enthält[1]). Es sind darin Arbeiten aus verschiedenen Lebensepochen; so ist z. B. T. 1 No. 46 von 1537 aus Speier datirt. Manche Consilien sind mit anderen Doctoren gemeinsam verfaßt und unterzeichnet. Die Summarien sind theils von Raymund Pius, theils von Rucker, welcher auch einige Randglossen beigefügt hat. Fichard's Enkel Johann Oswald und Johann Christian haben den ersten Band dem Herzog Heinrich Julius von Braunschweig, den zweiten dem König Christian IV. von Dänemark gewidmet. Die von Petrejus verfaßte Biographie steht vor dem ersten Bande.

5. Auch Fichard's mehrfach erwähnter Sohn Raymund Pius[2]) verdient unter den Praktikern dieser Zeit genannt zu werden. Er ist 1540 geboren, wurde 1554 nach Basel geschickt,

1) Zweite Ausgabe in drei Bänden, mit Beifügung vieler Consilien anderer Gelehrten, herausg. von A. O. Faber, nebst Vorrede von Joh. Strauch. Darmstadt und Gießen 1677. fol.

2) Petrejus, Vita Fichardi. — Johann F.'s Annales und Autobiographie. Convolut „Fichard" auf der Frankf. Stadtbibliothek. Vgl. A. d. B. 6, 760 (Stintzing).

um unter Coelius Secundus Curio seine humanistische Bildung zu empfangen, kehrte 1556 nach Frankfurt zurück und ward von seinem Vater in die Jurisprudenz eingeführt, hielt sich kurze Zeit bei seinem Oheim, dem Kammergerichtsprocurator Kaspar Fichard, in Speier auf, um von der Praxis eine Vorstellung zu bekommen, und studirte dann von 1557 bis 1559 in Tübingen. Im Herbst 1559 läßt ihn sein Vater mit den Lyoneser Buchführern, welche die Frankfurter Messe besucht hatten, nach Frankreich reisen. Er studirt in Valence, Bourges und Orleans, kehrt aber wegen der kriegerischen Unruhen 1561 zurück. Um seine Studien zu vollenden reist er im Frühjahr 1562 in Gesellschaft des Buchdruckers Ziletti aus Venedig nach Padua und wird am 23. April 1563 in Ferrara zum J. U. D. promovirt. In seinem Diplom wird er als „filius clarissimi Jureconsulti D. Joannis Fichardi, quem ejus praeclarà virtus et laudabilia gesta reddunt insignem“ präconisirt. Nach seiner Heimkehr 1563 erlangt er das Bürgerrecht und heirathet Katharina Völker. Die beantragte und zunächst verweigerte Aufnahme beider Ehegatten in die adlige Zunft führte zu einer langen Verhandlung, welche, nachdem die erbetene Intervention des Raths und sogar des Kaisers den gewünschten Erfolg nicht gehabt hatten, erst 1570 zu befriedigendem Abschlusse kam. Die längere Zeit nicht mitgetheilten Gründe der Verweigerung waren nachtheilige Gerüchte über die Frau, der namentlich vorgeworfen wurde, daß sie vor der Ehe einem jungen Florentiner Raphael Torresani unerlaubte Vertraulichkeiten gestattet haben solle. Raymund Pius selbst ward zwar schon 1566 aus Rücksicht für seinen Vater, seine Ehefrau jedoch erst, nachdem sie die Gerüchte einigermaßen widerlegt und „seit 7 Jahren wohl und erbarlich Wandel und Wesen geführt“ hatte, wirklich recipirt.

In demselben Jahre ward R. P. Fichard als College seines Vaters zum Syndicus ernannt, ein in den Annalen Frankfurts sich wohl kaum wiederholender Fall. Noch mehr als ein Jahrzehnt hatte der Vater die Freude mit seinem Sohne gemeinsam die Interessen der Stadt zu vertreten. R. Pius, gleich seinem Vater als Rechtsconsulent hoch angesehen, hatte Frankfurt wiederholt auf Kreis- und Städtetagen zu vertreten: allein in rüstigem Wirken erlag er schon am 24. November 1584 einem Tertian-Fieber, erst 44 Jahre alt. Seine literarischen Arbeiten stehen unter dem Einflusse seines Vaters und sind ganz der Praxis zugewendet. Die von seinem Vater begonnene Sammlung der Opiniones communes setzte er fort. Der zweite Band, 1569 erschienen, ist von ihm edirt. Eine selbständige Arbeit ist der Tractatus cautelarum, welcher das letzte Stück der von ihm besorgten, von seinem Vater bevorworteten Sammlung der Tractatus cautelarum (Francof. 1575. fol. 1582. fol.) bildet. Mit der Sammlung und Redaction der Consilien seines Vaters war er beschäftigt, als der Tod ihn ereilte. In der Nachkommenschaft seines jüngsten Sohnes von 13 Kindern, Johann Christian[1]) (geb. 1584, gest. 1627), hat sich der Fichard'sche Mannesstamm noch durch drei Generationen fortgepflanzt. Sein Urenkel Johann Karl, geb. 1695, seit 1737 Schöff zu Frankfurt, starb ledig 1771. Er ist der Stifter des Fichard'schen Familienfideicommisses, welches an die Linie seiner Mutter Anna Maria Baur von Eysenneck fiel[2]), nachdem er 1767 Johann Karl Baur von Eysenneck adoptirt hatte.

6. Ludwig Gremp[3]) von Freudenstein ist 1509 in Stuttgart geboren. Seine Familie, ursprünglich Gremper, aus Vaihingen stammend, führt, wie das Wappen vermuthen läßt, jenen Beinamen nach einer Besitzung im Dorfe Freudenstein unweit Maulbronn. Im Winter 1525/26 ist er in Tübingen immatriculirt und hat später längere Zeit in Ingolstadt studirt.

1) Derselbe heirathete 1610 Elise Raiß und ward „wegen übermäßigen Drehens und Küssens im Tanz“ auf seiner Hochzeit, von den Stubenmeistern mit einer Buße belegt.

2) Nach dem handschriftlichen Convolut „Fichard“ auf der Frankf. Stadtbibliothek. Vgl. A. d. B. 6, 759 (Kelchner).

3) Vgl. A. d. B. 7, 637 (Teichmann).

1537 als Professor in Tübingen angestellt, erscheint er in wichtigen Geschäften der Universität thätig neben ihren hervorragendsten Mitgliedern, wie Sichardt und Camerarius, bekleidet 1538/39 das Rectorat und mehrmals das Decanat der juristischen Facultät. Als in Tübingen die Zwinglische Richtung die Oberhand gewann, verließ er mit anderen der lutherischen Richtung anhängenden Collegen die Universität (1541) und trat als Stadtadvocat (Syndicus) in den Dienst Straßburgs. In dieser Stellung entfaltete er eine ausgedehnte juristische und politische Thätigkeit für die Stadt und als Berather auswärtiger Fürsten, an Reichstagen und Gesandtschaften betheiligt. Herzog Christoph bemühte sich vergebens, ihn 1552 als Nachfolger Sichardt's zu gewinnen; er blieb in seinem Straßburger Amte bis zu seinem Tode 1583. Da sein einziger Sohn vor ihm gestorben war, bestimmte er in seinem Testamente vom 11. Mai 1583 ein Kapital, welches jährlich 1100 Gulden Zins eintrug, zu einer Studienstiftung für die Nachkommen seiner Töchter, seines Bruders und seines Vetters, indem er die näheren Anordnungen über Vertheilung und Verwaltung dem Herzog von Würtemberg überließ. Auch seine Bibliothek, deren Aufbewahrung er der Universität Tübingen zuwies, sollte zu dieser Stiftung gehören.

Wir besitzen von ihm zwei mit Hieronymus zum Lamb (Agninus, vgl. S. 232 f. 589, 2) gemeinsam verfaßte Gutachten[1]: „Summa und Inhalt aller untergebenen Acten und darauf gestellter Radtschlag der Erbaren Frey- und Reichsstatt Session, Stand und Stimm belangende" (Spirae s. a. und Frankfurt 1615. 4°).

Codicis Justinianei methodica tractatio. Francof. 1593. 4°, nach seinem Tode herausgegeben von Dr. Jacob Schegk, Professor in Tübingen, nach dem Manuscript, welches sich in Gremp's Bibliothek vorfand. Es ist eine Summe der 9 ersten Bücher

1) Vgl. darüber auch Harpprecht, Staatsarchiv 5, 83.

des Codex. Der Inhalt der Titel wird durch Fragen zergliedert, welche nach systematischen Gesichtspunkten aufgestellt werden.

Mit einem empfehlenden Vorworte gab Gremp heraus **Analysis. Resolutio dialectica quatuor librorum Institutionum imperialium. Argentor. 1567. 1569. 8°.** Es ist eine Summe der Institutionen nach Ordnung der Titel, deren Inhalt durch Fragen zergliedert wird, in so fern also dem vorigen Werke ähnlich. Allein bei Aufstellung der Fragen ist eine strengere, den ramistischen Regeln verwandte Methode durchgeführt, indem sie durch definitio, partitio, causae, effectus, cognata, pugnantia bestimmt werden.

Sowohl Gremp wie der Drucker versichern nachdrücklich, daß der Verfasser nicht bekannt und nicht zu ermitteln sei. Indeß ist die Vermuthung gestattet, daß es nur darum zu thun gewesen ist, Gremp's Urheberschaft zu verschleiern. Gremp sagt nämlich in der Vorrede, daß er während seiner Tübinger Professur, vor 30 Jahren etwa, das ganze Corpus juris in dieser Weise behandelt habe, daß seine damaligen Arbeiten noch jetzt in den Händen einiger Studenten seien und daß er den Werth solcher methodischen Behandlung nicht bloß bei dem Lehrvortrage, sondern auch für die Praxis selbst erfahren und erprobt habe. Dieses Buch lege die Fundamente; der weitere Aufbau sei aus N. Vigelius' Methodus zu erlernen. Indem er den Autor (quisquis ille est, non enim de eo nobis constat) mit Maßen lobt, spricht er die größeste Anerkennung zwei Gelehrten, Lic. Kaspar Reich und M. Reinh. Kilwald, für die Mühen aus, mit denen sie das Werk ergänzt und bereichert haben.

Wie nun die Tractatio Codicis ohne Zweifel ein Stück jener in Tübingen verfaßten Arbeiten ist, so darf dasselbe von diesem Buche angenommen werden. Die Anonymität ist Mystification. Ihr Grund liegt darin, daß Gremp nicht geneigt war mit seinem Namen für seine Jugendarbeit einzutreten, deren Werth nach der damals üblichen Schätzung für einen angesehenen Praktiker zu gering und leicht befunden wurde.

Gremp's literarische Leistungen sind demnach vorwiegend theoretisch, ja systematisch. Indeß überwiegt in seinem Lebensgange die 40 Jahre lang geübte praktische Thätigkeit doch so sehr, daß wir ihm nur in den Praktikern einen Platz anweisen durften.

V. Wir schließen die Reihe der Praktiker mit einem Manne, welcher zwar nach Geburt und Wirkungskreis Deutschland nicht angehört, aber durch seine Schriften für die deutsche Praxis so einflußreich gewesen ist, daß er nicht mit Stillschweigen übergangen werden darf.

Josse Damhouder[1]), in Brügge am 25. November 1507 geboren, studirte seit 1527 in Löwen, dann um 1530 in Orleans, wo er 1533 zum Doctor promovirt ward. 1536, vielleicht schon früher, ist er „consiliarius pensionarius“ seiner Vaterstadt, eine Stellung, die er selbst so definirt: „assessores, alio nomine consiliarii pensionarii, non sunt etiam judices, sed assistentes judici et consilium ei dantes“. Er fand in dieser Stellung ausgiebige Gelegenheit, sich mit der gerichtlichen Praxis in Civil- und Strafsachen vertraut zu machen. Nur ungern gab er sie auf, um das ihm fast aufgezwungene Amt des Schatzmeisters oder Generalzahlmeisters in der niederländischen Finanzverwaltung, das ihm Karl V. am 6. Januar 1551 unter Erhebung in den Adelsstand übertrug, zu führen. Außerdem hat er, wie sein Epitaphium in Brügge angiebt, die „praefectura littoris Flandrici“ verwaltet. Er starb am 22. Januar 1581 in Antwerpen: ein Mann von kräftigem Willen und unabhängiger, rechtschaffener Gesinnung, der sein Leben mit angestrengter Arbeit ausgefüllt hat.

---

1) Joost, Jodocus de D. Vgl. A. d. B. 4, 717 f. (Steffenhagen), wo die Literatur angegeben ist. Beachtenswerth ist zur Ergänzung und Berichtigung J. J. Haus, la pratique criminelle de D. et les ordonnances de Philippe II in Bulletins de l'Acad. royale. Bruxelles 1871. 2me Série XXXI, 415 s.; XXXII, 81 s. 297 s. Ein Verzeichniß seiner Schriften giebt Foppens, Bibl. belg. 2, 766 s.

Seine beiden Hauptwerke, in denen er seine reichen Erfahrungen in der juristischen Praxis verwerthet, hat er erst nach seinem Uebertritt in die Finanzverwaltung publicirt. Sie sind lateinisch geschrieben und von ihm selbst ins Französische übersetzt.

Das bedeutendste Werk, welches für die Praxis und Gesetzgebung eine Autorität wurde, ist: Practica rerum criminalium (Enchiridion rer. crim.), das er nach dem Druckerprivileg vom 15. Januar 1551 und der Dedication der französischen Uebersetzung vom 20. October 1552 schon in diesen Jahren in drei Sprachen (latein, französisch und flämisch) vollendet haben muß. Die ersten bekannten Ausgaben sind: lateinisch Antwerpen 1554; französisch Löwen 1555; flämisch 1554 (1564?). Neue Bearbeitungen von ihm vollendet 1562. 1570 und von ihm vorbereitet 1601. Außerdem Abdrücke: 1555. 1556. 1557. 1572. 1616. Obgleich Damhouder überzeugter Katholik gewesen war, wurde sein Werk doch 1625 auf den Index gesetzt.

Allgemeine Principien des Strafrechts sucht man in diesem Werke vergebens. Desto ergiebiger ist die Behandlung des Processes und der einzelnen Verbrechen. Er fußt auf den italienischen Praktikern, deren Lehre er mit Auswahl, in klarer Sprache, mit Einmischung eigener Bemerkungen und Mittheilung aus eigener Erfahrung, vorträgt. Er vertritt den Inquisitionsproceß, wie er sich in den Niederlanden eingebürgert hatte; die Carolina ist nur an wenigen Stellen berücksichtigt. Bei Beurtheilung seines Werks, das uns manchen Einblick in die sittlichen und socialen Zustände seiner Zeit und seines Landes eröffnet, ist wohl zu beachten, daß Damhouder gleichzeitig gegen sittliche Verwilderung der Bevölkerung und gegen den Mißbrauch der Strafgewalt zu kämpfen hat.

Angehängt ist dem Werke in den späteren Ausgaben: Praxeos rer. crim. et aliarum partium juris scientiarumque sententiae selectae etc. — eine alphabetisch geordnete Sammlung von Worterklärungen und Sinnsprüchen, aus den verschiedensten Quellen zusammengetragen, nur zum Theil von juristischer Bedeutung.

Praxis rerum civilium. Antw. 1569. 4° (die Epist. dedicator. ist vom Juli 1567 datirt). 1601. 1617. 4°; französisch Antw. 1572; flämisch Haag 1626. Ein Compendium des Civilprocesses, der hier nach altem Herkommen in „decem tempora" zerlegt wird. Die Darstellung ist fließend und klar; aber Damhouder entschuldigt sich in der Vorrede, daß er nicht in gewählter und eleganter Sprache rede, sondern in der den Praktikern gebräuchlichen, weil er für diese schreibe. Er verwendet und erklärt daher viele in der belgischen Gerichtssprache gebräuchlichen Ausdrücke. Was er vorträgt ist im Ganzen der gemeine Proceß nach den Quellen und der italienischen Literatur; aber er berichtet ausführlich über die Abweichungen und Besonderheiten der belgischen Praxis.

Die Ausgabe von 1617 ist durch Annotationes von Dr. Nik. Thuldenus, Silvaducensis, bedeutend vergrößert.

Beide Werke sind ins Deutsche übersetzt: die Prax. rer. crim. von Michael Beuther Frankf. 1565; die Praxis rer. civilium von Joh. Vetter Frankf. 1571. 1575 und mit der Beutherschen Uebersetzung Frankf. 1581. 1591. 2 Bde. fol.

Enchiridion parium aut similium utriusque juris. Antw. 1569. 4° erschien als eine Zugabe zu der Praxis rer. civilium und ist dann unter dem Titel Loci communes parium et similium utriusque juris. Antw. 1601. 4° mit Annotationen von Dr. Nik. Thuldenus herausgegeben.

Seine frühste Schrift Pupillorum patrocinium. Brug. 1544. Antw. 1564, französisch Antw. 1567 — eine Abhandlung über die Vormundschaft, ist ebenfalls ins Deutsche übersetzt: Frankf. 1580. 1595. fol. von Joh. Burckhardt.

Vierzehntes Kapitel.

## Das Strafrecht.

1. Einleitung. — 2. Schwarzenberg. — 3. Die Bambergensis. — 4. Die Carolina. — 5. Die ältere strafrechtliche Literatur. — 6. Fortschritte der strafrechtlichen Literatur. — 7. Steigerung der Strafrechtspflege. Hexenprocesse.

**1.** Das Strafrecht und der Strafproceß nehmen eine abgesonderte Darstellung in Anspruch, weil ihr Entwicklungsgang sich in mehrfacher Beziehung von dem der übrigen Zweige des Rechts unterscheidet[1]). Denn länger als die anderen Gebiete ist dieses von der volksthümlichen Rechtspflege beherrscht geblieben, früher als auf den übrigen hat hier die Gesetzgebung umfassend eingegriffen, viel später dagegen ist es von der wissenschaftlichen Arbeit berührt worden.

Bis gegen die Mitte des 16. Jahrhunderts haben Strafrecht und Strafproceß eine selbständige theoretische Behandlung weder in der Literatur noch in den akademischen Vorlesungen gefunden. Hier kamen sie als Bestandtheile der Justinianischen Rechtsbücher bei der Exegese der „libri terribiles" der Pandekten (lib. 47. 48), des 9. Buchs des Codex und des letzten Titels der Institutionen, sowie des C. jur. canonici in Verbindung mit dem Civilproceß zur Sprache; und hier wie sonst stand die

1) Kein anderer Zweig der deutschen Rechtswissenschaft ist in gleichem Maße historisch durchforscht und bearbeitet worden. Nach den Leistungen von Henke, Abegg, Wächter, Geib, Hälschner, Güterbock u. A. kann die folgende Darstellung nicht den Anspruch erheben, wesentlich Neues zu bieten, sondern nur den, das Bekannte anschaulich zusammenzufassen und zu ergänzen.

deutsche Jurisprudenz unter dem entscheidenden Einfluß der Italiener. Die Literatur bestand aus den strafrechtlichen Abschnitten in den Commentaren, im Klagspiegel und Tengler's Laienspiegel, zu denen einige populäre Proceßhandbücher mit dürftigen strafrechtlichen Anhängen kamen.

Die unverkennbar untergeordnete Stellung dieses Zweiges der wissenschaftlichen Beschäftigung erklärt sich zum Theil daraus, daß das praktische Interesse daran für die Gelehrten ein geringes war. Denn nur spärlich sind die gelehrten Juristen an der Strafrechtspflege betheiligt. Bei der Tendenz, in welcher sie herkömmlich geübt wurde, lag es den Gerichten fern, jene herbeizuziehen. Die Juristen selbst sind wenig geneigt, sich mit dieser nicht lucrativen Praxis zu befassen. Die Tübinger Facultät lehnte vor der Reformation (1527) die ihr angesonnene Betheiligung an einem Ketzergericht ab, indem sie sich darauf berief, daß ihren Mitgliedern als Klerikern nicht zieme über das Blut zu richten. Aber auch noch später weigert sich die Facultät der rerum criminalium cognitio und spricht dies 1549 geradezu als ihren regelmäßig befolgten Grundsatz aus. Aehnlich scheint es in Wittenberg bestellt gewesen zu sein, wo 1529 ein kurfürstliches Rescript die Doctoren anwies, in peinlichen Sachen Urtheile abzufassen und sich dessen nicht zu weigern[1]). Die strafrechtlichen Consilien sind daher im Anfange des 16. Jahrhunderts noch selten.

Im Laufe des 15. Jahrhunderts hatte sich eine tiefgreifende Umgestaltung der Strafrechtspflege vollzogen durch die Einführung des Inquisitionsprocesses und der damit in Verbindung stehenden neuen Beweismaximen. Wenn früher nach den Principien des Anklageprocesses die Verfolgung des Verbrechens als eine Angelegenheit behandelt wurde, welche wesentlich nur den Verletzten oder seinen Vertreter, den Ankläger, betreffe; so ist, nachdem durch Privilegien und Gewohnheit das Verfahren „auf

1) Seeger, die strafrechtl. Consilia Tubingensia S. 21 f. Muther, zur Geschichte S. 134.

Leumund" und daran sich anschließend der Untersuchungsproceß zur Geltung gelangt, der entgegengesetzte Gesichtspunkt des öffentlichen Interesse der leitende geworden. Der Strafrichter ist amtlich befugt und berufen gegen den Verdächtigen einzuschreiten, um seine Schuld zu erforschen. Nicht darauf beschränkt sich jetzt die Aufgabe der Urtheiler, zu entscheiden ob der formelle Beweis geführt ist, den das alte Verfahren von dem Ankläger verlangt; sondern das Beweismaterial soll amtlich herbeigeschafft und die überzeugende Kraft desselben abgewogen werden.

Unter dem Einflusse des römisch-kanonischen Rechts hat sich diese Umgestaltung vollzogen, dessen Kenntniß und Anwendung außerhalb der geistlichen Gerichte wesentlich durch den Klagspiegel (s. oben S. 43 ff.) gefördert worden ist. In seinem zweiten Tractat findet sich neben dem Anklageverfahren das inquisitorische dargestellt. Anlaß zur Einleitung desselben ist der Leumund (das „Geschrei"), dessen Werth der Richter zu prüfen hat, ehe er gegen den Verleumdeten thätig wird. Unter dieser Voraussetzung ist Jeder, der über das Blut zu richten hat, dazu befugt; es ist die Pflicht des „Landrichters", der wie der praeses provinciae die Aufgabe hat, das Land von bösen Leuten zu reinigen (l. 13 D. de offic. praes. 1, 18). Zwar nicht wegen aller Vergehen soll es stattfinden; aber die schweren werden aufgezählt; und wenn der Anklageproceß wegen ungenügenden Beweises nicht zur Verurtheilung geführt hat, so kann der Richter wegen bleibenden „Leumunds" noch zur Inquisition schreiten. Nur auf Grund vollständigen Zeugenbeweises oder Geständnisses darf Verurtheilung erfolgen. Die Anwendung der Tortur, um ein Geständniß zu erzwingen, ist beim Vorhandensein genügender Indicien („Warzeichen") gestattet; aber es kann auch von dem nicht vollständig Ueberführten der Reinigungseid gefordert werden, um einen zurückbleibenden Verdacht (Leumund, Geschrei) zu beseitigen.

Diese der italienischen Doctrin entlehnten Grundsätze sind in Deutschland zur Herrschaft gelangt und haben der Hauptsache nach in mehreren Particulargesetzen um das Ende des 15. Jahrhunderts (Wormser Reformation von 1498. Tiroler Malefizordnung von 1499) Bestätigung gefunden.

Allein eben diese Grundsätze tragen in sich den Keim des bedenklichsten Mißbrauchs, statt das schwierige Problem einer gerechten Handhabung und Würdigung des Beweisverfahrens zu lösen. Nachdem man bei Annahme des inquisitorischen Verfahrens das formale Beweisprincip mit Recht verlassen, dagegen die Verurtheilung von dem Gelingen eines vollständigen Zeugenbeweises oder in dessen Ermangelung von dem Geständnisse des Beschuldigten abhängig gemacht hatte, war die Justiz in den zahllosen Fällen heimlicher That, wo der Zeugenbeweis unmöglich, dem leugnenden Verbrecher gegenüber lahm gelegt, wenn es nicht ein Mittel gab, seine Hartnäckigkeit zu brechen. Damit war die Rechtfertigung der Tortur gegeben, bei deren Zulassung man darüber hinwegsah, daß der Zwang dem abgelegten Geständnisse im Grunde nur noch den Werth eines formalen Beweismittels übrig läßt, um dem größeren Uebel, welches in der Zulassung einer freien Würdigung des Beweises zu liegen schien, auszuweichen.

Entgangen ist man ihm dennoch nicht; die Klagen über die willkürliche Strafjustiz sind gegen das Ende des 15. Jahrhunderts allgemein. Das öffentliche Interesse, in welchem sie gehandhabt wird, ist nicht bestimmt durch das ethische Princip der Gerechtigkeit, sondern von dem praktischen Gesichtspunkte, daß die Strafgewalt das Mittel sei, um die Gemeinde gegen gefährliche Individuen zu schützen, und daher der Strafrichter die Aufgabe habe, „das Land von ihnen zu säubern“. Mit dieser Tendenz handhabt die Justiz die „peinliche Frage“ gegen den Verdächtigen und schafft sich auf diesem Wege das Geständniß als die Basis der erstrebten Verurtheilung.

Neben dieser Uebung blutiger Strafjustiz mit der Tendenz, gefährliche Subjecte in der Form Rechtens unschädlich zu machen, geht einher ihre Ausbeutung im pecuniären Interesse des Strafrichters. Weit verbreitet ist der Mißbrauch, daß dem Verbrecher gestattet wird, die verwirkte Strafe durch ansehnliche Geldzahlung an das Gericht abzulösen.

Allein die Klagen sind nicht bloß so weit begründet, als jene vorhin charakterisirten Tendenzen in die Strafrechtspflege eingreifen; sondern es wird fühlbar, daß der neue, im Interesse des gemeinen Friedens eingebürgerte Inquisitionsproceß dem Urtheiler Aufgaben stellt, denen das ungeschulte Denken der Schöffen nicht gewachsen ist. Denn ihm liegt es ob, den Werth des Zeugenbeweises zu schätzen, die Aussagen zu combiniren, das Resultat abzuwägen. Wo die Befähigung mangelt, da wird nach schwankender Meinung freigesprochen und verurtheilt; und gerade das Gefühl der Unsicherheit des Urtheils über den Werth der beigebrachten Beweismittel verleitet nicht minder zur leichtfertigen und grausamen Anwendung der Tortur, des bequemen Mittels um der Ungewißheit ein Ende zu machen.

Damit aber das Bild der von der reformirenden Gesetzgebung vorgefundenen Zustände vervollständigt werde, ist die Verwirrung und Willkür, welche in das materielle Strafrecht eingerissen war, zu jenen Mißbräuchen des Verfahrens hinzuzudenken. Es fehlte an festen Grundsätzen sowohl über die Voraussetzungen der Strafbarkeit, wie über das Maß derselben; grausame Härte und träge Nachsicht wechselten unter zufälligen Einflüssen. Mehr noch als auf dem Gebiete des Privatrechts empfand man hier den Mangel geschriebener Normen, die mit zwingender Macht der willkürlichen Justiz Schranken zögen. Es war der Ausdruck des allgemeinen Nothstandes, als das Kammergericht dem Reichstage zu Lindau 1496 eine Vorstellung[1]) übergab, in der es hieß, daß ihm täglich die Klagen gegen Fürsten, Reichsstädte und andere Obrigkeiten vorgebracht würden, daß sie Leute unverschuldet, ohne Recht und redliche Ursache zum Tode verurtheilen und richten ließen.

1) Müller, Reichstheatrum 2, 78. 446.

Eine Besserung der Zustände war nur zu erwarten, wenn es gelang, die Geldabfindung zu beseitigen, die Anwendung der peinlichen Frage an feste Regeln zu binden und für die Beurtheilung des Verschuldens und der Strafbarkeit klare Grundsätze aufzustellen. In dieser Richtung bewegt sich die Gesetzgebung, durch welche Schwarzenberg ein Reformator des deutschen Strafrechts geworden ist.

2. Johann Freiherr zu Schwarzenberg und Hohenlandsberg [1]), geboren am 25. December 1463, einem in Franken reich begüterten Rittergeschlecht entsprossen, verbrachte seine Jugend nach der Art seiner Standesgenossen auf Turnieren und Gelagen, durch gewaltige Körperkraft, Gewandtheit und Muth seine Genossen überragend. Ein drohend zürnender Brief seines Vaters Sigmund von Schwarzenberg rief ihn zur Besinnung, als er mit Raufen, Zechen und Würfelspiel seine Tage an den rheinischen Herrenhöfen vergeudete. Mannhaft entschlossen brach er mit seiner Vergangenheit und wandte sich einer ernsten Lebensführung zu, die ihre beglückende Grundlage durch das Ehebündniß empfing, welches er in seinem 20. Lebensjahre mit Gräfin Kunigunde von Rieneck knüpfte. Zwei Jahre später zog er ins gelobte Land Palästina, begleitete nach seiner Heimkehr Kaiser Maximilian auf seinen deutschen und italienischen Feldzügen und erwarb sich den Beinamen des Tapfern, als vir clarus armis et belli arte primus gerühmt.

Allein nicht im Kriegshandwerk fand er die Aufgaben, denen er, zum reifen Mannesalter gelangt, sein Leben zu widmen gedachte. Leider fehlen uns Nachrichten, aus denen wir die Wege erkennen könnten, welche ihn den friedlichen Interessen staatlicher Verwaltung zuführten. Seit den neunziger Jahren etwa finden wir ihn im Dienste des seinen Besitzungen benachbarten Bischofs von Bamberg; schon vor dem Jahre 1501 bekleidet er das höchste

1) E. Herrmann, Johann Freiherr zu Schwarzenberg. 1841. Weißel, Hanns Fr. v. Schwarzenberg. 1878. Güterbock, die Entstehungsgeschichte der Carolina. 1876. Brunnenmeister, die Quellen der Bambergensis. 1879.

weltliche Amt des Bisthums, die Stelle eines Hofmeisters, welche er unter fünf Bischöfen bis zum Jahre 1524 versah. Sie brachte ihn in unmittelbare Berührung mit der gerichtlichen Praxis. In zahlreichen Processen hat er, wie die noch erhaltenen Urtheile ergeben, als Vorsitzender des zum Theil mit Rechtsgelehrten besetzten Hofgerichts fungirt, welches als erste und zweite Instanz in Civil- und Criminalsachen Entscheidungen gab [1]). In dieser praktischen Thätigkeit, verbunden mit unermüdlichen Studien, reifte ihm die Einsicht und Erfahrung, welche ihn befähigte, ein Reformator des deutschen Strafrechts zu werden. Wir sind über die Vorarbeiten zu der Bambergischen Halsgerichtsordnung vom Jahre 1507 nicht genau unterrichtet. Daß Schwarzenberg der eigentliche Verfasser war, ist unzweifelhaft. Wenn uns aber gesagt wird [2]), daß er dieses Gesetz „nach Rath der Gelehrten und anderer Verständigen zusammengebracht" habe, so dürfen wir annehmen, daß er sich vorzugsweise der Hülfe der gelehrten Beisitzer des Hofgerichts bedient hat. Das Verfahren wird vermuthlich analog demjenigen gewesen sein, welches er bei seinen Bearbeitungen Ciceronianischer Schriften anzuwenden pflegte. Selbst der lateinischen Sprache nicht kundig, ließ er sich Uebersetzungen anfertigen und gestaltete dann das ihm zugetragene Material nach eigenem Geiste zu Volksbüchern, welche den Bedürfnissen der Zeit entsprachen. In gleicher Weise wird er sich von seinen gelehrten Mitarbeitern das Nöthigste aus der juristischen Literatur haben mittheilen lassen, während er den Klagspiegel und die Wormser Reformation unmittelbar benutzen konnte. Sein eigen ist jedenfalls die richtige Erkenntniß der Mängel und Schäden des Rechtszustandes, des Ziels, auf welches die Reform zu richten war, sowie die Gestaltung der Gedanken zu klarem, körnigem und kräftigem Ausdruck.

---

1) Seitz, das Bamberger Hofgerichtsbuch. Zeitschr. f. Rechtsgeschichte 2, 435 ff.

2) Vorrede zu der Uebersetzung von Cicero's Officien. 1531.

Von der Aufmerksamkeit, mit welcher man prüfenden Blicks die Bewährung des neuen Gesetzbuchs in der Praxis beobachtete, zeugt das handschriftlich erhaltene „Correctorium in der Bambergischen neuen Halsgerichtsordnung“: eine Sammlung gerichtlicher Entscheidungen und einzelner Verordnungen des Bischofs, wodurch einzelne Vorschriften des Gesetzes erläutert, zurückgenommen, durch andere ersetzt und Lücken ausgefüllt werden; sie fallen in die Jahre von 1507 bis 1515.

Im Jahre 1502 traf Schwarzenberg das Unglück, seine Frau zu verlieren. Seinen Schmerz, den er niemals ganz überwinden konnte, und zugleich den Trost, welchen er aus der Tiefe seines religiös überzeugten Gemüths schöpfte, sprach er in einem oft gedruckten Gedichte „Kummertrost“ aus, das er veröffentlichte, um die zu „erquicken, die um tödlichen Abgang ihrer Geliebten trauern“. Und wie er hier in weite Kreise Trost zu bringen suchte, so drängte es ihn in populären Schriften die Laster seiner Zeit zu bekämpfen, die Nation zur sittlichen Kräftigung zu erwecken. Sein „Büchle wider das Zutrinken“, sein „Lied wider das Mordlaster des Raubens“, seine Lehrgedichte „Memorial der Tugend“ waren in Aller Händen, Erbauungsbücher und sittliche Wegweiser für das Volk. Zu diesen eigenen Schöpfungen kommen die Uebersetzungen ethischer Schriften Cicero's, des Buchs von den Pflichten, vom Alter, von der Freundschaft, die er nach der vorhin angedeuteten Methode verfertigte. Ein Anderer, gewöhnlich sein Caplan Hans Neuber, mußte ihm die erste Verdeutschung entwerfen; dann bearbeitete er den Stoff nach seinem Verständniß in „fränkisch Hofdeutsch“; die Officien und das Buch vom Alter haben der gelehrte Stiftsherr Lorenz Behaim und Hutten ihm revidirt. Nicht um Beförderung tieferer Kenntniß der Originale war es ihm zu thun, sondern darum, ihren ethischen Gehalt in der Gestalt von Volksbüchern zu verbreiten. So fand ihn Luther's Weckruf schon auf verwandten Pfaden; mit vollem Verständniß schloß er sich an. Unter dem ihm gleichgesinnten Bischof Georg III. (1505—1522) durfte die päpstliche Bannbulle gegen den kühnen Reformator in Bamberg nicht publicirt werden; lutherische Geistliche fanden Schutz auf den Schwarzenbergischen Besitzungen, und ungehindert breitete sich die neue Lehre in Franken aus, so weit Schwarzenberg's Einfluß reichte. Auf dem Reichstage zu Worms 1521 war er persönlich anwesend; dann ist er Mitglied der zur Entscheidung von Religionssachen erwählten Deputation und tritt in der zweiten Hälfte des Jahres 1522 in das Reichsregiment ein, dessen der Reformation günstige Haltung wesentlich seinem Einflusse zuzuschreiben ist; im Jahre 1523 verwaltete er an Stelle des ausgeschiedenen Pfalzgrafen Friedrich das Amt des kaiserlichen Statthalters. In denselben Jahren knüpfte er persönliche Beziehungen mit Luther an, dem er ein die Glaubenslehren erörterndes Buch übersendete, das leider verloren zu sein scheint. Wie weit er sich an der damals im Zuge befindlichen Strafgesetzgebung für das Reich unmittelbar betheiligt hat, werden wir unten sehen.

Das Reichsregiment in seiner damaligen Zusammensetzung mußte der päpstlich gesinnten ständischen Opposition schon im Anfang des Jahres 1524 weichen. Auch in Bamberg änderten sich die Verhältnisse, seitdem 1522 der schlaue und päpstlich gesinnte Bischof Weigand von Redwitz zur Regierung gelangt war. Der Schutz, den Schwarzenberg seiner Tochter gewährte, als sie, durch ihn der Reformation gewonnen, das Kloster, dem sie 20 Jahre lang angehört hatte, verließ, brachte ihn in persönlichen Conflict mit dem Bischof; sein Sendschreiben an diesen ward in demselben Jahre (1524) von Osiander in Nürnberg publicirt; von Luther empfing er einen freudig zustimmenden Brief.

Schwarzenberg verließ den bambergischen Dienst und übernahm das Amt des Landhofmeisters bei den Markgrafen Casimir und Georg von Brandenburg. Seine Besitzungen Schwarzenberg und Hohenlandsberg waren nach langen Streitigkeiten seit 1511 in brandenburgische Afterlehen verwandelt; bei dem Regierungsantritte der genannten Markgrafen 1516 war Schwarzenberg das einflußreichste Mitglied des ständischen Ausschusses gewesen, welcher von den neuen Fürsten die Einführung strengen Regiments, gerechten Gerichts und geordneten Haushalts gefordert hatte. Noch in demselben Jahre war die Bamberger Halsgerichtsordnung als Landesgesetz für die fränkischen Fürstenthümer publicirt worden. Jetzt, seit 1524 etwa, stand Schwarzenberg an der Spitze der Regierung, mit der ganzen Macht seiner Persönlichkeit bei den Fürsten und auf den Landtagen zu Rothenburg an der Tauber und zu Ansbach für die Durchführung der Reformation eintretend.

Um dieselbe Zeit war es, daß sein ältester Sohn Christoph, der sich der päpstlichen Partei in bayrischem Dienste angeschlossen hatte, mit einer Schrift hervortrat, welche bestimmt war, dem Einflusse des Vaters entgegenzuwirken. Schwarzenberg antwortete mit der „Beschwörung der alten teuflischen Schlangen mit dem göttlichen Wort", einer „Unterrichtung und Ermahnung, so ein Vater seinem irrenden Sohn evangelischer Lehr halber aus Grund göttlicher Schrift thut". Und nachdem der Franciscanerprovincial Kaspar Schatzger mit einer Gegenschrift für Christoph eingetreten war, antwortete Schwarzenberg noch einmal mit dem „Büchlein Kuttenschlag genannt", 1526.

Markgraf Casimir, dessen kirchliche Haltung durch politische Rücksichten beeinflußt ward, hatte sich unter dem Eindruck des Bauernkrieges der Reformation völlig entfremdet. Die Vermählung des Herzog Albrecht von Preußen gab ihm den willkommenen Anlaß, Schwarzenberg aus Franken zu entfernen. Um die Mitte des Jahres 1526 reist er als markgräflicher Gesandter nach Marienburg und verweilt bis zum Februar 1527 etwa in Preußen an der Seite des Herzogs[1]), ihn mit seinem Rath und persönlicher That in der Durchführung der kirchlichen Neuerungen und der Organisation seines Landes, sowie bei der Regelung der schwierigen Verhältnisse zur polnischen Krone unterstützend.

---

1) Güterbock, die Entstehungsgeschichte der Carolina S. 90 f.

Um die Zeit als Markgraf Casimir zum kaiserlichen Heere nach Ungarn abgegangen war, kehrte Schwarzenberg nach Franken zurück. Nach Casimir's Tode (21. Septbr. 1527) gewann unter Markgraf Georg's Regierung die Durchführung der Reformation wieder freie Bahn; allein nur eine kurze Zeit des Wirkens war Schwarzenberg noch vergönnt. Die Einrichtung der Kirchenvisitation in Gemeinschaft mit Nürnberg auf Grund der Schwabacher Artikel vom 15. Juni 1528 war seine letzte That, durch die er die Arbeit seines Lebens in einer Richtung zu festem Abschluß brachte. Er sollte seinen Landesherrn zu einer Conferenz mit dem Kurfürsten von Sachsen nach Coburg begleiten; durch Krankheit in Nürnberg zurückgehalten, starb er am 21. October 1528.

**3.** Die Bambergische Halsgerichtsordnung[1]), welche Bischof Georg 1507 mit Gesetzkraft publicirte, ist, wie die Vorrede sagt, nicht bloß Gesetz, sondern zugleich ein Lehrbuch, welches den Ungelehrten, mit denen die Halsgerichte besetzt sind, „ein Form und Weise zu handeln und zu richten, die den kaiserlichen Rechten und guter Gewohnheit nach beständig sein möchten, anzeigen“ soll. Um „derselben Leut Unbegreiflichkeit zu Hülfe zu kommen“ ist es in populärer lehrhafter Form geschrieben, durch beigefügte „Figuren und Reime“ (Holzschnitte) geziert und erläutert. Weil aber dennoch Schwierigkeiten bleiben und nicht Alles erschöpfend festgesetzt werden kann und soll, darum sind die Schöffen angewiesen, in schwierigen Fällen bei den Gelehrten „Rath zu suchen“, ehe sie ein Urtheil abgeben.

Das Gesetz ist eine „Reformation“; es will weder ganz neues Recht einführen, noch das alte erschöpfend codificiren. Seinen

---

1) Der erste Druck ist Bamberg 1507. fol. Ueber spätere Ausgaben und Literatur s. d. Nachweisungen bei Stobbe 2, 241 Anm. 22. — Zöpfl, die peinl. Gerichtsordnung Kaiser Karl's V. nebst der Bamberger und Brandenburger Halsgerichtsordnung. 2. Ausg. 1876. — Brunnenmeister, die Quellen der Bambergensis. 1879. Das Verdienst dieser sorgfältigen Untersuchung besteht hauptsächlich darin, den Einfluß der italienischen Jurisprudenz im Einzelnen nachgewiesen zu haben.

Inhalt entnimmt es dem gemeinen kaiserlichen Rechte und den heimischen Gewohnheiten und Satzungen; seine geschriebenen Quellen sind das Bamberger Stadtrecht und die Bamberger Landgerichtsordnung von 1503 für das heimische Particularrecht, während das kaiserliche Recht aus der Wormser Reformation, aus dem Klagspiegel und aus der italienischen juristischen Literatur geschöpft ist.

Geistiger Urheber des Werks ist ohne Zweifel Schwarzenberg, der die heimischen Satzungen, die Wormser Reformation und den Klagspiegel mit der ihm eigenen Gründlichkeit studirt haben wird, während er sich das Material aus der italienischen Jurisprudenz von seinen gelehrten Mitarbeitern liefern ließ, um es dann in der oben bezeichneten Weise zu gestalten. Selbst wenn ihm Schritt für Schritt die benutzte Quelle noch bestimmter nachgewiesen werden könnte, als dies in der That geschehen ist, so bliebe ihm dennoch das Verdienst des Schöpfers. Von einheitlichem Gedanken ausgehend, dessen Ziel die Herstellung einer durch das Princip der Gerechtigkeit beherrschten Strafjustiz war, hat er aus der bunten Fülle des überlieferten Materials durch Auswahl und Sichtung, durch Klärung und Zusammenfügung ein Ganzes hergestellt, welches den Stempel seines Geistes trägt. Dies ist seine „legislatorische Kunst", bei deren Anwendung er sich zugleich als einen Mann bewährte, „welcher neben hoher Achtung für das übertragene römische Recht Sinn und Liebe für das einheimische Recht und einen offenen Blick für dessen Vorzüge bewahrt hatte"[1]).

Nur Einiges möge hier hervorgehoben werden.

Für das Strafverfahren behielt die Bambergensis den Grundsatz bei, daß, wenn die „Missethat nicht unzweifelich" (handhafte That, crimen notorium) sei, nur auf Grund eines genügenden Zeugenbeweises oder des Geständnisses zu peinlicher Strafe verurtheilt werden dürfe. Fehlt es an jenem, so kann im Falle

1) Brunnenmeister S. 292.

des Leugnens auf Grund vorhandener Indicien nicht Strafe, sondern nur die Anwendung der Tortur durch Urtheil verhängt werden. Hier ist es nun Schwarzenberg's Verdienst, durch die sorgfältigste Behandlung der Lehre von den Indicien einen Damm gegen den eingerissenen Mißbrauch dieses gefährlichsten aller Hülfsmittel der Strafgewalt aufgeführt zu haben, indem er den Richter unterwies, wann er einen zur Anwendung der peinlichen Frage genügenden Verdacht annehmen dürfe und annehmen solle, damit sowohl das Interesse des Gemeinwesens als auch des Angeschuldigten gewahrt sei. Auch wenn man anerkennen muß, daß er das Material zu seiner Indicienlehre im Klagspiegel, im Wormser Stadtrecht und in der italienischen Jurisprudenz vorfand, so bleibt ihm das Verdienst, sie durchgebildet und vervollständigt zu haben. Und wenn wir nach den Vorstudien fragen, welche ihn zu einer solchen Beherrschung und freien Gestaltung des Stoffs befähigten, so werden wir auf seinen Lieblingsschriftsteller Cicero geführt. Denn die Grundlage der Theorie von den Indicien ist die Lehre vom Wahrscheinlichkeitsschluß (conjecturalis), welche wir in Cicero's rhetorischen Schriften (ad Herennium, de inventione und Topica) finden. Die darin entwickelte Lehre von der Beweisführung war ein Bestandtheil der schulmäßig betriebenen Dialektik und Rhetorik; auch Riedrer's Spiegel der wahren Rhetorik[1]) (1493. 1503) enthält darauf bezügliche Ausführungen[2]).

1) Vgl. Stintzing, Gesch. d. popul. Literatur S. 327 f.

2) Zu weit geht Brunnenmeister S. 237, wenn er meint, die Behauptung des Einflusses von Cicero's rhetorischen Schriften „für immer abgethan" zu haben. Seine Ausführungen widerlegen denselben keineswegs; vielmehr scheint mir der Einfluß der Rhetorik auf die strafrechtliche Indicienlehre noch einer genaueren Untersuchung zu bedürfen. So steht z. B. das Indicium der C. C. B. Art. 44 („welicher dann in den Brüsten Milch gefunden wird, die muß von nodt wegen ein Kindlein gehabt haben"), welches, wie Br. S. 231 hervorhebt, sich bei keinem Italiener findet, mit alten rhetorischen Schultraditionen in Verbindung. Bei Aristot. Rhetor. (Op. ed. Berolin. 2, 1357, b) heißt es: *σημεῖον ὅτι νοσεῖ, πυρέττει γὰρ, ἢ τέτοκεν ὅτι γάλα ἔχει, ἀναγκαῖον.* Aehnlich Aristot. Analyt. Op. 1, 70, a (Mittheilung von J. Bernays). Mit Modification nachgebildet Auct. ad Herenn. 2, 25, 39: Necesse est, quoniam pallet, aegrotasse; aut, necesse est peperisse, quoniam sustinet puerum infantem.

Im materiellen Strafrecht setzt die Bambergensis zwar die Geltung des römischen Rechts voraus und will von diesem im Grunde nicht abweichen (Art. 125). Aber für eine gerechte Handhabung der Strafgewalt, wie sie Schwarzenberg als Ziel vorschwebt, ist eine strengere Unterscheidung der Vergehen und des Grades der Verschuldung erforderlich, als sie das römische Recht durchgeführt hat; ist es Bedürfniß, dem Richter Anweisungen zu geben, welche ihm die Kenntniß der fremden Rechte ersetzen. Denn nicht mehr beschränkt sich seine Aufgabe darauf, wie ehemals, zu entscheiden, ob die Anschuldigung formal bewiesen sei; er soll vielmehr die der Art und dem Grade des Verschuldens entsprechende Strafe finden und setzen. Daher genügte es nicht, die Verbrechen mit ihrem Namen zu bezeichnen; sondern es war die Aufgabe zu lösen, ihren Thatbestand klar und scharf zu fixiren: und mit bewundernswerther Meisterschaft ist sie Schwarzenberg gelungen, indem er die römischen Begriffe mit deutschen Anschauungen vereinigte. Ueber die Zurechnung, den Versuch, die Nothwehr werden mit glücklichem Tacte die leitenden Grundsätze in einfacher Klarheit vorgeschrieben; Gedanken, die, wenn auch nicht neu, so doch hier zum ersten Male und in eigenthümlicher Weise zusammenhängend zu fester Gestalt gebracht sind.

Das Streben nach gerechten, dem Maße der Schuld entsprechenden, Strafnormen führt mit Nothwendigkeit zu mannigfaltiger Abstufung der Strafen. Wenn nun die Zustände, wie sie waren, einen ausgedehnten Gebrauch der Freiheitsstrafen nicht gestatteten, da es an den dazu erforderlichen Einrichtungen fehlte; andrerseits den Anschauungen der Zeit die Strafen an Leib und Leben als die gewohnten und gerechten erschienen: so blieb nichts übrig, als diese zu mannigfaltigen Gestalten und Abstufungen zu combiniren. Die Verstümmelungen, die grausamen Todesarten und Strafschärfungen sind nicht von Schwarzenberg erdacht, sondern der Praxis entnommen. Es war nicht seine Absicht, die Ausübung der Strafjustiz zu mildern, sondern sie zu einer gerechten zu gestalten: sie sollte nur den Schuldigen, aber diesen auch in verdientem Maße mit ihrer ganzen Kraft und Strenge treffen: und damit dies desto sicherer geschehe, wird den Gerichten (Art. 272) gänzlich untersagt, die peinliche Strafe („als der Taschen-Richter gewohnheyt ist") mit Geld ablösen zu lassen. Allerdings entspricht die Grausamkeit des Strafsystems nicht unseren heutigen humanen Gefühlen; aber für ein rauheres Geschlecht und wildere Zeiten war die harte Gerechtigkeit Schwarzenberg's die allein verständliche und nutzenbringende Humanität.

Die Bamberger Halsgerichtsordnung ist bald zu einem beliebten Rechtsbuche geworden, wie die seit 1508 mehrfach wiederholten Ausgaben zeigen. Mit Recht konnte der Drucker sie „allen Stetten, Communen, Regimenten, Amtleuten, Vögten, Verwesern, Schultheißen, Schöffen und Richtern" empfehlen, als eine Ordnung, welche „ganz gleichförmig gemeinen geschriebenen Rechten" und daher in ganz Deutschland anwendbar sei. Unter dem persönlichen Einflusse Schwarzenberg's ward sie von den Markgrafen Casimir und Georg im Jahre 1516 fast unverändert als Gesetzbuch für die fränkisch-brandenburgischen Länder eingeführt. Weiter noch sind die in ihr niedergelegten Grundsätze durch Tengler's Laienspiegel[1]) (1509. 1511) über einen großen Theil Deutschlands verbreitet worden. Vor allem aber liegt die historische Bedeutung der Bambergensis darin, daß sie nicht nur das Vorbild, sondern die wesentliche Grundlage der Carolina geworden ist.

4. Für das Reich[2]) machte sich das kaiserliche Kammergericht schon fast unmittelbar nach seiner Einsetzung zum Organ der allgemein verbreiteten Beschwerden über den Zustand der

1) Vgl. Stintzing, Gesch. d. popul. Literatur S. 444 f.

2) Güterbock, die Entstehungsgeschichte der Carolina. 1876. Durch diese auf der umsichtigsten Quellenforschung beruhende ausgezeichnete Schrift sind zwar die älteren Arbeiten antiquirt; indeß verdienen immer noch Malblank's Gesch. d. P. G.O. (Nürnberg 1783) und J. C. Koch's Vorrede zu seiner Ausgabe der P. G.O. (7. Aufl. Marburg 1821) ehrenvoll genannt zu werden.

Strafrechtspflege, indem es der zu Lindau 1496 tagenden Reichsversammlung eine Vorstellung wegen Verbesserung der K.G.O. übergab, in welcher es auch diesen Punkt berührte. Auf dem folgenden Reichstage zu Freiburg 1497. 1498 gelangte sie zu ernster Erwägung und veranlaßte den Vorschlag, eine „gemeine Reformation und Ordnung, wie man in criminalibus procediren soll" reichsgesetzlich aufzurichten; ein Vorschlag, welcher auf dem Reichstage zu Augsburg 1500 zum Beschluß erhoben, dessen Ausführung dem Reichsregiment, mit Rath und Hülfe des Kammergerichts, übertragen wurde. Allein die Angelegenheit gerieth ins Stocken und ward erst 1517 auf dem Mainzer Reichstage wieder aufgenommen, indem die Stände in einer dem Kaiser übergebenen Denkschrift die bestehenden Uebelstände nachdrücklich schilderten. Die Folge war, daß der Kaiser für den im folgenden Jahre zu Augsburg ausgeschriebenen Reichstag die Verbesserung der Strafjustiz unter die Proponenda aufnehmen ließ. Hier ward abermals, einem Gutachten der kaiserlichen Räthe entsprechend, die Abfassung und Publication einer „Ordnung der peinlichen Sachen" beschlossen. Allein auch dieser Beschluß kam nicht zur Ausführung.

Der denkwürdige erste Reichstag endlich, den Karl V. im Januar 1521 zu Worms eröffnete, legte den festen Grund zur Durchführung der längst geforderten Reform: und zwar waren es die Stände, von denen das Werk in die Hand genommen wurde. Die Ausarbeitung einer „peinlichen" oder „Halsgerichts-Ordnung" ward einem besonderen Ausschusse übertragen, der schon am 21. April 1521 das erste Project derselben den Ständen vorlegte. Wiederum zwar kam es nicht zu definitivem Beschluß; doch ward dem Reichsregiment der Auftrag ertheilt, den Entwurf nach nochmaliger Berathung und Revision als Reichsgesetz zu verkündigen.

Erinnern wir uns der Bedeutung, welche die Bambergensis bereits erlangt hatte, ihrer Verbreitung als Handbuch, ihrer Empfehlung durch den Laienspiegel, ihrer Uebertragung auf die brandenburgischen Länder, so werden wir es fast selbstverständlich finden, daß der Ausschuß dieses bereits erprobte Gesetzbuch seiner Arbeit zu Grunde legte. Erhalten ist uns von dieser das erste vorläufige, durchcorrigirte Concept und das darauf gegründete Project in 7 Handschriften. Wir ersehen daraus, daß auch das Bamberger Correctorium berücksichtigt worden ist und zwar an drei Stellen, deren Zahl bei den späteren Redactionsarbeiten nicht vermehrt wurde. Sehr auffallend aber ist es, daß der Entwurf eine große Zahl von Abweichungen des Textes von dem der Bambergensis zeigt. Sie erklären sich nur daraus, daß man bei der Ausarbeitung nicht den officiellen Text von 1507, sondern die fehlerhafte J. Schöffer'sche Ausgabe von 1510 vor Augen hatte und ausschließlich benutzte. Dieser Umstand ist denn auch wohl ein zwingender Beweis dafür, daß Schwarzenberg, obgleich er auf dem Reichstage anwesend war, nicht zu den Mitgliedern des Ausschusses gehörte: denn sicherlich würde er die Corruption seines Werks weder übersehen noch geduldet haben. Daneben bleibt es immerhin möglich, daß die Redactoren sich das Correctorium durch seine Vermittlung verschafften.

Die Fortführung des Werks lag nunmehr in den Händen des Reichsregiments, welchem Schwarzenberg vom Herbste 1521 bis zum Frühjahr 1524 angehörte. Allein durch andere dringende Geschäfte in Anspruch genommen, ließ es die Sache ruhen und wagte auch, nachdem auf Anregung des Nürnberger Reichstags (Winter 1522/23) ein neuer Entwurf ausgearbeitet war, bei seiner damals bereits sehr erschütterten Stellung nicht, das Project als Gesetz zu verkünden, sondern erklärte sich dem am 14. Januar 1524 in Nürnberg eröffneten Reichstage bereit, ein revidirtes Project vorzulegen Zur Berathung ist es nicht gekommen. Von diesem zweiten Nürnberger Project hat sich nur eine Handschrift erhalten in dem Provinzialarchiv zu Königsberg, welche ohne Zweifel durch Schwarzenberg nach Preußen gebracht worden ist. Es zeigt im Vergleiche zum Wormser Project einen Fortschritt, der wohl wesentlich seinem Einflusse zu verdanken ist. Da wo der Wortlaut der Bambergensis beibehalten wird, ist der richtige

Text der Originalausgabe hergestellt, und materielle Aenderungen sind mit solchem Glück und Geschick festgestellt, daß die späteren Redactionen zu Verbesserungen keinen Anlaß gefunden haben.

Das nach dem Nürnberger Reichstage neu constituirte Reichsregiment hat den damals vorgelegten Entwurf einer abermaligen Revision unterzogen und konnte dem Reichstage zu Speier 1529 ein drittes Project übergeben, als derselbe die Förderung der schon so lange schwebenden Reform beschloß. Eine zur Prüfung niedergesetzte Commission rechtsgelehrter Räthe gab den Entwurf dem Regiment zu nochmaliger Durchsicht zurück und schlug bezüglich der weiteren geschäftlichen Behandlung die Ernennung von Revisoren vor, welche in häuslicher Ruhe und Muße den Entwurf bearbeiten und dann in Conferenzen ihre Beschlüsse fassen sollten. So kam denn der Beschluß des Reichstages zu Stande, daß jeder Kreis zwei sachkundige und rechtsgelehrte Deputirten ernennen solle, die am 2. Februar 1530 in Speier sich zu versammeln hätten.

Noch hatte keiner der Kreise diesem Beschlusse Folge geleistet, als der neue Reichstag auf den 8. April 1530 nach Augsburg berufen wurde. Wenn sich auch dessen förmliche Eröffnung bis zum 20. Juni verzögerte, so hatten doch die versammelten Stände sich zur Niedersetzung eines Ausschusses vereinigt, welcher die Münzreform und die Halsgerichtsordnung berathen sollte. Nach Erledigung des ersten Gegenstandes kam der zweite auf Grund des Speierer Entwurfs am 10. Juni 1530 zur ersten Verhandlung und ward bis gegen Ende des Monats Juli in viermaliger Lesung durchberathen. Mitglieder des Ausschusses waren u. A. die beiden Kanzler Christian Baier für Kursachsen und Simon Pistoris für das Herzogthum Sachsen, von denen der Erstere den Vorsitz und die Leitung der Verhandlungen fast bis zur Schlußredaction geführt zu haben scheint.

Der so entstandene vierte Entwurf der P. G.O. ward dem Reichstage übergeben: allein abermals kam es nicht zum definitiven Beschluß. Denn schon in den Verhandlungen des Ausschusses hatten Sachsen, Brandenburg und Pfalz gegen Aenderungen ihrer particularen Rechte Protest erhoben; und so wenig es dem Ausschusse gelungen war, eine Verständigung herbeizuführen, eben so wenig vermochte man in den späteren Verhandlungen eine Formel zur Befriedigung der protestirenden drei mächtigen Fürsten zu finden. Der Reichsabschied vom 19. November 1530 verschob daher die definitive Beschlußfassung auf den nächsten Reichstag.

Als dieser im Frühjahr 1532 zu Regensburg zusammentrat, gelang es der versöhnlicheren Stimmung bald, den allgemein gewünschten Ausweg zu finden. Man verständigte sich über eine Vorrede, welche am Schlusse die berühmte sog. salvatorische Clausel enthielt und so die Bedenken der protestirenden Stände beschwichtigte. Eine nochmalige sachliche Prüfung des Augsburger Entwurfs fand nicht statt; die Revision beschränkte sich auf Verbesserung einiger Redactionsfehler. So konnte denn das Gesetz im officiellen Text, als auf den Reichstagen zu Augsburg und Regensburg 1530 und 1532 aufgerichtet und beschlossen, amtlich bezeichnet werden. Am 22. Juni meldeten die Stände dem Kaiser die Vollendung der Arbeit und baten, die Publication zu veranlassen. Die zusagende kaiserliche Antwort erfolgte am 5. Juli, und durch Vollziehung des Abschiedes am 27. Juli 1532 erhielt das seit 35 Jahren in der Schwebe gehaltene Werk seinen Abschluß und seine reichsgesetzliche Kraft. Die Publication geschah durch den Druck, welcher dem Ivo Schöffer in Mainz, unter Verleihung eines kaiserlichen Privilegiums gegen den Nachdruck auf zwei Jahre, aufgetragen wurde. Die in dieser Officin erschienenen sind als amtliche Abdrucke zu betrachten. Sie führen den ohne Zweifel officiell festgesetzten Titel: „Des allerdurchlauchtigsten großmächtigsten unüberwindlichsten Keyser Karls des fünfften: und des heyligen Römischen Reichs peinlich gerichtsordnung auff den Reichstägen zu Augspurgk und Regenspurgk in jaren dreißig und zwey und dreißig gehalten, auffgericht und beschlossen."

Merkwürdig genug ist es, daß wir keinen Druck aus dem Jahre 1532 besitzen, der älteste bekannte vielmehr vom Februar

1533 datirt. Da Schöffer's Freibrief schon am 31. Juli 1532 ausgefertigt und nicht anzunehmen ist, daß er ein halbes Jahr, den vierten Theil der privilegirten Frist, ungenützt habe verstreichen lassen, so muß man vermuthen, daß eine im Jahre 1532 erschienene Editio princeps verloren ist. Diese Vermuthung wird bestätigt durch ein Schreiben der brandenburgischen Räthe an den Markgrafen Georg, in welchem sie unterm 14. September 1532 berichten, daß die Halsgerichtsordnung bereits im Druck sei. Weniger befremden kann der Verlust des geschriebenen Originals. Es scheint eine feierliche Ausfertigung gar nicht stattgefunden zu haben, sondern nur eine in der Kanzlei angefertigte Reinschrift des als Beilage zum Reichsabschiede betrachteten Gesetzes dem Drucker zugefertigt und im Gebrauche consumirt zu sein.

Die umständlich berichtete Entstehungsgeschichte der Carolina bietet uns in ihrem Verlaufe, wie in ihrem Abschlusse ein trauriges Bild der Ohnmacht deutscher Reichsgesetzgebung. Unternommen auf Andrängen der Stände, um unerträglichen Mißbräuchen ein Ende zu machen, und mit ernster Gründlichkeit theoretisch vorbereitet, stellen sich dem praktischen Abschlusse des Werks die mannigfaltigsten, in der Schwerfälligkeit des Reichsorganismus begründeten Hindernisse in den Weg, und die widerstrebenden Interessen wissen sich derselben mit Erfolg zu bedienen. Als nach dem Wormser Reichstage das Project festere Gestalt angenommen hatte, machte sich auch sofort eine Opposition namentlich der Städte geltend, welche in dem von der Reichsgesetzgebung erstrebten geordneten Rechtsgang eine Begünstigung der Uebelthäter und Schädigung ihrer Sicherheit, die bei dem willkürlichen Mißbrauch der Strafjustiz am besten gewahrt schien, erkannten: denn statt die Uebelthäter mit Schwert und Galgen auszurotten, wolle die Halsgerichtsordnung sie „harzen und pflanzen" [1]).

1) Instruction des Ulmer Gesandten zum Städtetage zu Eßlingen 1523. Abegg im N. Archiv des Criminalrechts 1854 S. 440 ff. Vgl. Güterbock S. 181 ff.

Wohl mit Rücksicht auf solche Opposition stellte der dritte Entwurf (zu Speier) im Publicationspatent eine Unterscheidung auf zwischen solchen Satzungen der Halsgerichtsordnung, welche absolut verbindende Kraft haben sollten, und solchen, welchen nur die Bedeutung dispositiver Normen zukomme. Allein da jene die Regel bildeten, so genügte dieser Vorbehalt der immer stärker werdenden particularistischen Strömung nicht. Die Beschlußfassung ward auf dem Speierer Reichstage ausgesetzt, damit bei nochmaliger Revision auf die ungleichen Gebräuche der Landschaften gebührende Rücksicht genommen werden könne; und als nun endlich das Gesetz seine definitive Gestalt durch die gründliche Bearbeitung in Augsburg erhalten hatte, scheiterte seine Annahme an den oben erwähnten Protestationen zu Gunsten der particularen Satzungen und Gewohnheiten. So ward man denn dazu gedrängt, das Gesetz mit der Clausel zu verkünden:

„Doch wollen wir durch diese gnädige Erinnerung Kurfürsten, Fürsten und Ständen an ihren alten wohlhergebrachten rechtmäßigen und billigen Gebräuchen nichts benommen haben."

Ohne Zweifel liegt in dieser sog. salvatorischen Clausel eine Concession an den Particularismus, welche den bei den Gesetzgebungsarbeiten ursprünglich leitenden Gedanken erheblich einschränkt. Allein auf der andern Seite ist ihre Tragweite keineswegs so groß, daß, wie behauptet worden ist, durch sie dem Werke jede für die Reichsstände verbindliche Kraft genommen wäre[1]. Vielmehr ist die Carolina als ein eigentliches Reichsgesetz publicirt, dessen Geltung vom Belieben der Stände unabhängig ist: aber die salvatorische Clausel giebt ihm die Stellung eines subsidiären Rechts, läßt es in der Geltung hinter die Par-

1) Dagegen ist nicht zu bestreiten, daß die salvatorische Clausel so verstanden werden konnte. Ein schlagender Beweis liegt vor in einem Consilium der Tübinger Facultät vom Jahre 1566, worin ausgeführt wird, daß die P. G.O. nur diejenigen Reichsstände binde, welche sich ihr unterworfen hätten, ihre Anwendbarkeit in den einzelnen Ländern daher davon abhänge, ob sie eingeführt sei und in Uebung stehe. Seeger, die strafrechtl. Consilia Tubingensia 1877 S. 38 f. 89 f. Vgl. oben S. 578 über Perneder.

ticularrechte treten, während die Intention bei dem Beginn des Unternehmens wohl auf das umgekehrte Verhältniß gerichtet war. Daneben darf jedoch nicht übersehen werden, daß die salvatorische Clausel nur den „alten wohlhergebrachten" Gebräuchen gilt, also nicht Aenderungen des Gesetzes durch neue particuläre Gewohnheiten oder Satzungen frei läßt; und daß sie ferner nur die „rechtmäßigen und billigen" Gebräuche in ihren Schutz nimmt, folglich nicht solchen eine Hinterthür öffnet, welche in einer Reihe von Artikeln (Art. 61. 104. 105. 135. 140. 204. 218) ausdrücklich mißbilligt sind.

Die Entstehungsgeschichte der Carolina erfüllt dieselbe Zeit, in welcher sich die Entwicklung der reformatorischen Bewegung von ihren ersten Regungen bis zu ihrem Abschlusse durch das Augsburger Bekenntniß vollzog. Befremden müßte es daher, wenn sich nicht gewisse Berührungspunkte fänden, zumal Schwarzenberg, der ernste und eifrige Förderer der evangelischen Richtung, einen so wesentlichen Einfluß auf die Gesetzesreform geübt hat und nach seinem Ausscheiden die Leitung in die Hände des kursächsischen Kanzlers Baier überging. Indeß lassen sich die Beziehungen doch mehr nur in der allgemeinen geistesverwandten Richtung, als in einzelnen Bestimmungen, die etwa geradezu reformatorische Grundsätze sanctionirten, erkennen. Selbst wenn der Einfluß der protestantischen Stände mächtiger gewesen wäre, als er in der That war, hätte die politische Klugheit sie abhalten müssen, den Religionsstreit in das Werk der Strafrechtsreform zu übertragen und ihren einseitigen Standpunkt in einem für beide Parteien bestimmten Gesetze mit Schroffheit geltend zu machen. Gewisse Punkte aber waren es, über die sich Juristen beider Richtungen leicht verständigen konnten. Zu diesen gehörte vornehmlich die Zurückdrängung des geistlichen Einflusses auf die Rechtspflege, eine Tendenz, aus der die Streichung des Verbrechens der Ketzerei und des Asylrechts sich erklärt. Eine Concession an die reformatorische Bewegung mag doch wohl auch darin liegen, daß im Art. 117 die auf Entführung der Klosterfrauen bezügliche Bestimmung der Bambergensis gestrichen wurde, wenn auch weder Luther's Heirath noch Schwarzenberg's Erlebniß an seiner Tochter von unmittelbarem Einflusse gewesen sein können, da schon das erste, Wormser, Project jene Bestimmung ausließ. Fast mit Sicherheit aber läßt sich die bestimmende Einwirkung von Schwarzenberg's evangelischer Gesinnung erkennen in der Anweisung des Geistlichen, wie er den zur Richtstätte begleitenden Verbrecher ermahnen soll (Art. 102, cf. Bamb. art. 124), sowie darin, daß sowohl in den vorgeschriebenen Eidesformeln als in dem Art. 106 (cf. Bamb. 127) die Erwähnung der Heiligen hinweggelassen ist.

Obwohl Schwarzenberg's Einfluß auf die Gesetzgebung mit seinem Austritt aus dem Reichsregiment endigt, so ist doch auch in der zweiten Hälfte der Redactionsgeschichte der durch seine Arbeit gelegte Grund nicht verlassen. Zwar haben sich die später leitenden Persönlichkeiten in einzelnen Stücken von der Bambergensis weiter entfernt und namentlich in mehreren Artikeln eine Verweisung auf die geschriebenen kaiserlichen Rechte an die Stelle der in jener gegebenen Bestimmungen treten lassen. Allein im Ganzen ist doch die Carolina nur eine zu gemeinrechtlicher Anwendbarkeit zugeschnittene Bambergensis geblieben, auch darin ihr gleich, daß sie es nicht auf eine erschöpfende Codification des Strafrechts abgesehen hat, sondern — mit Vorbehalt der Particularrechte — die Gültigkeit des gemeinen Rechts voraussetzt. Beide sehen, wie die Vorreden sagen, das Bedürfniß zur Gesetzgebung in dem Umstande begründet, daß die Gerichte mit Ungelehrten besetzt sind. Diesen soll das Gesetzbuch Lehre und Anweisung geben, und wo diese nicht ausreicht, sollen sie bei Oberhöfen, hohen Schulen und anderen Rechtsverständigen Rath suchen. Aber freilich ist nicht gemeint, daß die P. G.O. nur ein populäres Lehrbuch sei, dessen Autorität sich die in den kaiserlichen geschriebenen Rechten Bewanderten entziehen könnten, vielmehr ist sie bindend für Alle, ein Gesetzbuch und Lehrbuch zugleich, ähnlich wie Justinian's Institutionen.

**5.** Nach dem, was oben (S. 608) über das Verhalten der Juristen zur Strafrechtspflege angeführt worden ist, dürfen wir eine wissenschaftliche criminalistische Literatur nicht erwarten[1]). Bis gegen das Ende des Jahrhunderts beschränkt man sich im Ganzen auf eine äußere Zusammenstellung des Materials unter Bezugnahme auf gemeinschaftliche Quellen und Autoritäten in populärer Form. Jene Handbücher der Praktiker, welche Kap. 13 besprochen sind, behandeln regelmäßig neben dem Civilproceß auch das Strafverfahren und das Strafrecht. Es gilt dies für die Zeit vor der Carolina namentlich von G. v. Rotschitz' Processus juris (1529) — eine Schrift, welche speciell die sächsischen Verhältnisse im Auge hat, während die süddeutschen Bedürfnisse durch die Bambergensis und Tengler's Laienspiegel befriedigt wurden. An Rotschitz schließt sich Kilian König's „Proceß und Practica" (1541), ebenfalls für Sachsen bestimmt, ein Buch, welches in dieser ersten Ausgabe dem Strafrecht nur geringen Raum gewährt.

Von größerer Bedeutung sind die für Süddeutschland bestimmten Werke Perneder's 1544 (s. oben S. 573 ff.) und zwar vor allem die „Halsgerichtsordnung" und daneben die strafrechtlichen Abschnitte in den Institutionen. Daß dieses 12 Jahre nach der Carolina publicirte Werk sein Material hauptsächlich dem römischen Recht entnimmt, hat an sich nichts Befremdendes, da ja das neue Reichsgesetz die Gültigkeit des alten gemeinen Rechts aufrecht erhielt, mit demselben wesentlich in Einklang stehen wollte und vielfach sich damit begnügte, auf dasselbe zu verweisen. Jede auf Vollständigkeit ausgehende Darstellung konnte daher das römische Recht zur Grundlage nehmen und die P. G.O. als jus imperiale novissimum mit demselben verbinden.

---

1) Vgl. Wächter, Archiv des Criminalrechts 1834 S. 83 ff.; 1836 S. 132 ff. (Separatabdruck: über die deutsche criminalist. Literatur des 16. Jahrh.) Wächter, Gemeines Recht S. 73 ff. Geib, Lehrbuch des Strafrechts 1, 283 f. Hälschner, Gesch. des Strafrechts (das Preuß. Strafrecht Bd. 1) S. 118 ff.

Merkwürdig aber ist es, daß Perneder's Halsgerichtsordnung die Carolina gar nicht berücksichtigt und dennoch ein ungemein beliebtes und einflußreiches Handbuch geworden ist. Wir haben oben (S. 576) gezeigt, daß uns das Werk in zwei Bearbeitungen vorliegt; daß die zweite Form, in welcher die Carolina Beachtung findet, zwar ebenfalls von Perneder herrührt, aber erst publicirt ist, nachdem die auf einem nicht von Perneder revidirten Manuscript beruhende erste fast 30 Jahre lang wiederholt gedruckt und in der Praxis gebraucht worden war.

Dasselbe gilt von König's Practica. Daß der Verfasser selbst, der 1526 starb, die P. G.O. nicht erwähnt, ist selbstverständlich. In seiner ursprünglichen Gestalt ist das Buch 1541 publicirt; aber selbst die dritte von einem Unbekannten 1550 besorgte Ausgabe, welche sich von jener ersten gerade durch die strafrechtlichen Additionen unterscheidet, erwähnt die P. G.O. nur an einer Stelle, bei der Bigamie. Im Uebrigen sind diese Additionen zum größten Theil wörtlich aus Rotschitz und Perneder abgeschrieben. Auf Verbesserungen hat der Plagiarius sich so wenig eingelassen, daß z. B. bei der Fehde nur der Perneder bekannte Landfriede von 1521, nicht der neueste von 1548 citirt wird. In dieser Gestalt ist das König'sche Werk siebenmal aufgelegt worden, bis J. Gregorii von Prietzen (S. oben S. 561) eine neue Bearbeitung herausgab, welche jedoch jenen strafrechtlichen Anhang ohne jede Correctur und Ergänzung wiederholte.

Unter Perneder's Werken ist demnach die „Halsgerichtsordnung" in ihrer ersten Form nicht nur durch ihre Verbreitung in zahlreichen Auflagen, sondern auch dadurch von weitgreifender Bedeutung geworden, daß sie von späteren Schriftstellern mit der naivsten Unverschämtheit ausgebeutet wurde. Wenn nun Theorie und Praxis es nicht als einen Mangel empfanden, daß sie gleich Rotschitz und König die Carolina mit Stillschweigen überging[1]), so

1) Wenn Wächter, Gemeines Recht S. 73 sagt, er kenne kein Werk über gemeines Criminalrecht aus den ersten Jahrzehnten nach der Carolina in welchem ihr nicht ihre Stelle als entscheidendes Gesetz eingeräumt worden

scheint daraus zu folgen, daß man diesem Reichsgesetz geringe Bedeutung beilegte, daß man in weiten Kreisen die salvatorische Clausel in dem Sinne des oben (S. 627) erwähnten Tübinger Gutachtens verstand und daher das Reichsgesetz nur sehr langsam zur Geltung gelangte. Allein es darf dieser Erscheinung doch kein zu großes Gewicht beigelegt werden. Man konnte immerhin Perneder's, Rotschitz', König's Schriften als Handbücher des gemeinen und sächsischen Rechts gebrauchen und sie dann durch unmittelbare Benutzung des populär geschriebenen Reichsgesetzes ergänzen, so daß sie trotz dieses Mangels einen gewissen Werth behielten. Eine wahrhaft lebendige Jurisprudenz würde freilich das neue Gesetzbuch zum Gegenstande wissenschaftlicher Betrachtung gewählt, sich bemüht haben in die legislatorischen Gedanken einzudringen, sie zu Principien zu gestalten und aus ihnen in Verbindung mit dem überlieferten gemeinen Recht ein System des Strafrechts herzustellen. Allein wo war die Kraft vorhanden, um ein solches Problem auch nur zu stellen, geschweige denn zu lösen? Die Entstehung des Gesetzes fällt in eine Zeit, welche nur noch die ersten Regungen zum Uebergange in eine rationelle, synthetische Behandlung des Rechts zeigt. Sie beschränken sich auf das Privatrecht; erst spät wird das Strafrecht von ihnen berührt, dessen Literatur lange Zeit einen durchaus untergeordneten Charakter beibehält.

Das erste Werk, welches nach Publication der Carolina über dieses Gesetzbuch geschrieben wurde, ist Gobler's (vgl. oben S. 584, 3) lateinische Uebersetzung mit Anmerkungen (auctaria)[1].

---

wäre, und dasselbe S. 76 namentlich auch von Perneder's Halsgerichtsordnung behauptet, so erklärt sich dies nur daraus, daß er den Unterschied der älteren Form von der jüngeren Form dieses Werks nicht bemerkt hat.

1) August. Imp. Caroli quinti de capitalibus judiciis constitutio, Germanice primum evulgata, nuncque a Justino Goblero Goarino Jcto in Latinum versa et aeque Commentario aucta etc. Basil. 1543. fol. — Neuer Abdruck ohne die auctaria von Abegg, Gobleri interpretat. — et Rémi Nemesin Carolinum — denuo vulgavit etc. Heidelb. 1837. 8°. — G.'s Uebersetzung war schon im Anfang des 17. Jahrhunderts ein seltenes

Die Absicht des Verfassers scheint — so weit überhaupt bei einem Vielschreiber, wie er war, von einem klaren Zweck die Rede sein kann — gewesen zu sein, die P. G.O. in die gelehrte Literatur einzuführen; darum giebt er ihr das zunftmäßige Gewand und fügt in seinem Commentar gelehrte Citate bei. Irgend ein Werth kommt dem Werke nicht zu. Die gelehrte Jurisprudenz hat sich dieser Uebersetzung niemals bedient; die „Auctarien" sind nach allgemeinem Urtheil „das fadeste Geschwätz". Wie wenig die Zeitgenossen Gobler's Arbeit beachtet haben, geht daraus hervor, daß eine zweite Auflage nicht erschienen ist. Aber auch als Hülfsmittel für die Auslegung ist die Uebersetzung wegen Ungenauigkeit und Unzuverlässigkeit werthlos.

Gobler's „Gerichtlicher Proceß", der zuerst 1536. fol. erschien, berührt die Carolina nicht, sondern schreibt den Klagspiegel aus. In der neuen Bearbeitung von 1549 sind in derselben Art Perneder's Werke ausgebeutet, indeß hat er die strafrechtlichen Theile durch Berücksichtigung der Carolina ergänzt. Dasselbe gilt von seinem Rechten-Spiegel 1550. fol. und dem Statutenbuch 1553. fol.

Rauchdorn's Practica [1]) ist, abgesehen von der Berücksichtigung des sächsischen Rechts und der Carolina, nichts Anderes als eine Compilation aus dem Klagspiegel, Gobler's Rechten-Spiegel, König's Practica und Perneder's Halsgerichtsordnung. Im Ganzen dasselbe ist zu sagen von Joh. Arnold v. Dorneck's Practica [2]), welche im ersten Buche den Criminalproceß, in den beiden folgenden einzelne Verbrechen behandelt und seine Vorgänger, namentlich Gobler, die Additionen zu König und Rauch-

---

Buch geworden; Freher und Phil. Camerarius bemühen sich vergebens, es aufzutreiben. Stobbe 2, 252 N. 61. Spangenberg, N. Archiv des Criminalrechts 7, 429 f.

1) Practica und Proceß peinlicher Halsgerichtsordnung ꝛc. Durch Magistrum Heinrichen Rauchdorn von Erffurdt etwan des Meißnischen Bisthumbs Cantzlern ꝛc. Budissin 1564. fol.

2) Practica und Proceß peinlicher Gerichtsordnung u. s. w. Frankf. 1576. fol.

dorn, wenn auch mit größerer Zurückhaltung, ausschreibt. Uebrigens behandelt Dorneck nur die Verbrechen gegen die Religion und die Fleischesverbrechen.

Es möge endlich noch erwähnt werden, daß Gobler's Statutenbuch 1556, sein Rechten-Spiegel 1559 und Perneder's Halsgerichtsordnung 1620. 1648 ins Holländische übersetzt worden sind [1]). In dieser zuletzt genannten Uebersetzung [2]) wird Jacob Salwechter als Verfasser des Originals genannt, ein Schriftsteller, von welchem nur bekannt ist, daß er um 1546 in Marburg gelebt und in diesem Jahre einen „Acervus exceptionum juris". Francof. 1546. fol. herausgegeben hat, ein dürftiges Machwerk, welchem Oldendorp eine empfehlende Vorrede vorausschickte. In welchem Verhältniß Salwechter zu dieser Uebersetzung steht, bleibt dunkel. Er selbst sagt in der Vorrede zum Acervus, daß er früher „ein klein Gerichts-Proceßlein" für Ungelehrte herausgegeben habe. Dies ist vermuthlich das Original der „Manieren"; dagegen fehlt es für seine Autorschaft des Tractat crimineel an jedem sicheren Anhalt.

Den Schluß dieser deutsch geschriebenen Literatur des 16. Jahrhunderts bildet Abraham Sawr's Strafbuch [3]). Es giebt fast wörtlich die Bestimmungen der Carolina, fügt römisches und kanonisches Recht hinzu und nimmt Rücksicht auf manche Particularrechte. Die eingeflochtenen Bemerkungen sind vielfach Gobler's gerichtlichem Proceß und demnach mittelbar Perneder entlehnt. Dem Ganzen fehlt Plan, Ordnung und Vollständigkeit.

An diesen wissenschaftlich untergeordneten Schriften, welche mehr oder weniger unter Perneder's Einfluß stehen, ist bemerkens-

1) Wächter, Archiv d. Criminalrechts 1834 S. 82 ff.; 1836 S. 138 ff. de Wal, Beiträge S. 51 f.

2) Manieren om een Proces te voeren etc. Met noch seecker Tractat crimineel — door Jacobum Salwechterum, Licenciaet in de Rechten. Na de Copye. In 's Graven Hage.

3) Straffbuch, gründtliche und rechte Underweysung, wie heutiges Tags — Missethaten zu strafen gepflogen werden. 1577. fol. 7. Aufl. 1590 fol. und nach des Verf. Tode von seinem Sohne besorgte 1598. Wächter, Gemeines Recht S. 84 f. Geib 1, 289.

werth einestheils die steigende Berücksichtigung der Carolina und anderntheils die Berücksichtigung der Particularrechte, unter denen durch die Werke von Rotschitz, König, Rauchdorn und Abr. Sawr das sächsische in den Vordergrund tritt.

6. Unverkennbar verändert sich die Stellung der Jurisprudenz zum Strafrecht seit der Mitte des Jahrhunderts. Die Criminaljustiz geht mehr und mehr in die Hand gelehrter Richter über[1]), und die schon in der Bambergensis ausgesprochenen, in Tengler's Laienspiegel wiederholten, durch die Carolina gesetzlich erweiterten Vorschriften über das „Rath suchen" bei den Rechtsgelehrten bringt die Facultäten mehr und mehr in unmittelbare Berührung mit der criminellen Rechtsprechung. Während z. B. die Tübinger Facultät sich früher gegen diese ablehnend verhielt, erwähnt sie in einem Gutachten von 1566, daß sie beinahe täglich Anlaß habe, sich über eine bestimmte strafrechtliche Frage in ihren Consilien auszusprechen[2]). Damit stimmt die Zahl strafrechtlicher Consilien anderer Facultäten, welche uns aus dieser späteren Zeit erhalten sind, überein, wenn sie auch nicht die Spruchpraxis in solchem Umfange documentirt. Peter Theodorich (s. unten) aber berichtet 1618 aus eigener Erfahrung, daß der Schöppenstuhl in Jena mit Strafsachen mehr als mit anderen Processen beschäftigt sei.

Die mittelbare Folge dieser Veränderung war eine stärkere Betonung des Strafrechts im akademischen Unterricht und in der wissenschaftlichen Literatur. Die beginnende Gliederung des akademischen Lehrplans nach Materien kommt zuerst dem Strafrecht zu gute, welches wir seit der Mitte des Jahrhunderts nach und nach in Tübingen, Jena, Rostock, Ingolstadt als ein selbständiges Fach vertreten finden[3]).

---

1) Stölzel, die Entwicklung des gel. Richterthums 1, 349 ff.

2) Seeger, die strafrechtl. Consilia Tubingensia S. 83 f.

3) Wächter, Gemeines Recht S. 96. Krabbe, die Univers. Rostock S. 700. Prantl, Gesch. d. L.M.-Universität 1, 311. Gewöhnlich ist es mit der Vertretung des Lehnrechts verbunden.

Daß die akademische Behandlung das römische Recht zur Grundlage nimmt und die Carolina nur als das jus novissimum hinzufügt, ist bei der Stellung, welche das Reichsgesetz zum alten gemeinen Rechte einnimmt, nicht auffallend. Auch die wissenschaftliche Literatur mußte zu dieser Behandlung um so mehr neigen, als sie ihr Material zum großen Theil der italienischen Doctrin entlehnte.

Indeß finden wir doch gegen das Ende des Jahrhunderts Werke entstehen, welche die Carolina selbst zum Ausgang nehmen und zwar indem sie die synthetische Methode auf das Strafrecht anwenden. Es gilt dies zuerst von Nikolaus Vigelius' Constitutiones Carolinae publicorum judiciorum in ordinem redactae. 1583, einer Schrift, über welche oben (S. 437) Genaueres angegeben ist. Sie ist das erste wissenschaftlich gehaltene System des Strafrechts, freilich mit allen Schwächen der Zeit und des Urhebers behaftet. Einen Fortschritt in gewisser Richtung bezeichnet Ludw. Gilhausen's Arbor judiciaria criminalis. Francof. 1606. fol. — eine umfassende Darstellung, deren Mittelpunkt die Carolina bildet. Der Verfasser bemüht sich, ihre Bestimmungen mit dem römischen Rechte und der italienischen Doctrin in Verbindung zu setzen, was ihm freilich nur in sehr äußerlicher Weise gelingt. Vigelius ist vielfach benutzt, ohne daß er genannt wird, während andere, namentlich italienische Autoritäten in Menge citirt werden.

Zwischen diesen beiden liegt die Nemesis Karulina [1]) von Georg Rem (Remus). Der Verfasser, am 4. Januar 1561 in Augsburg geboren, hatte sich in Deutschland, Frankreich und Italien (in Padua war er Schüler des Jac. Menochius) eine

1) Nemesis Karulina. D. Karuli V Imp. — leges capitales a Georgio Remo paraphrasi expositae et scholiis auctae. Herborn. 1594. 8°. 1600. 1604, bei Goldast, Constit. Imper. T. III. 1610. Francof. 1618. 4°. Ueber diese und spätere Ausgaben sowie über den Verf. vgl. Will-Nopitsch, Nürnb. Gelehrtenlexikon 2, 294 ff.; 7, 244 f. Neuer Abdruck Gobleri — et Remi Nemes. Karulinam denuo vulgavit Abegg. 1837.

umfassende, namentlich auch philologische Bildung und die juristische Doctorwürde erworben, als er 1589 in die Dienste der Grafen von Wied trat. Im Jahre 1600 ward er Consulent der Stadt Nürnberg, übernahm 1624 das Amt des Prokanzlers an der Universität Altdorf und starb am 15. August 1625. Neben seiner juristischen Praxis hat er sich, wie seine Briefe und Schriften ergeben, mit Philologie, Poesie und Rhetorik beschäftigt. Seine „Nemesis Karulina“, welche er seinem Landesherrn, dem Grafen Wilhelm von Wied, dedicirte, ist nicht, wie das gewöhnlich mit ihr zusammen genannte Gobler'sche Werk, eine Uebersetzung, sondern eine exponirende Paraphrase der Carolina mit kurzen erläuternden Anmerkungen, in denen er auf gemeinrechtliche Quellen verweist. Sein Zweck ist, wie er selbst sagt, die Anfänger in das Gesetz und die correspondirenden Quellen einzuführen, weshalb er sich in seinen Allegationen auf einige Schriftsteller, namentlich Jul. Clarus († 1575), M. A. Blancus († 1548), Mynsinger und Gail, beschränkt. Sieht man auf diesen Zweck und legt an das Buch nicht den Maßstab einer Uebersetzung, so wird man ihm eine gewisse Anerkennung nicht versagen können: und die zahlreichen Auflagen beweisen, daß die Zeitgenossen sie ihm entgegenbrachten.

Eine mehr gelehrte Behandlung erfährt das Strafrecht in Valent. Volz (Professor des Criminalrechts in Tübingen von 1560 bis 1581) Commentarii in tit. Dig. ad leg. Cornel. de sicariis und Joh. Harpprecht Tractatus criminalis — aliquot titulorum libri IV Instit. explicationem complectens etc. (Francof. 1603. 4°) — Commentare, welche vom römischen Rechte ausgehen und die Carolina als ius novissimum berühren[1]).

---

1) Der Harpprecht'sche Tractatus ist, wie es scheint, zuerst unter dem Titel de publicis judiciis Tubing. 1599. 8° erschienen, dann mehrmals bearbeitet und schließlich ein Bestandtheil seines großen Institutionen-Commentars geworden. Vgl. unten Kap. 15. Wächter, Gemeines Recht S. 91 f.

Eine Förderung erhält auch dieser Zweig der Rechtswissenschaft durch die Disputationen. Wie für die Behandlung des Civilrechts werden zum Zweck von Disputationen über strafrechtliche Materien „collegia criminalia“ gebildet und die gehaltenen Disputationen dann in Sammlungen publicirt. So entstehen monographische Bearbeitungen, welche vom römischen Rechte ausgehend die Carolina und die deutsche Praxis berücksichtigen. In ihrer Zusammenstellung umfassen sie den größten Theil des Strafrechts. Einige von diesen Sammlungen stellen durch ihre rationelle Anordnung eine Art von System dar. Dahin gehören folgende criminalistischen Werke, deren Verfasser im Kap. 15 näher besprochen werden.

H. Bocer, Disputationum de universo — quo utimur jure. Classes 1—5. Tub. 1596—1602. 3 Tomi. 4°. Darin handelt die Classis IV de criminibus.

Petri Theodorici Collegium criminale. Jenae 1618. 4°. 1671. 4°, eine systematisch geordnete Sammlung von 11 criminalistischen Disputationen. Vgl. Wächter, Gemeines Recht S. 95 N. 124.

H. Hunnius, Collegium criminale, ex Disputationibus XV Gissae habitis, constans. Giss. 1621. 4°, eine ohne systematische Ordnung zusammengetragene Sammlung.

In diesen Disputationen sowohl wie in den zahlreich seit dem Schlusse des Jahrhunderts erscheinenden Dissertationen wird, wie gesagt, regelmäßig vom römischen Rechte ausgegangen und die Carolina als Anhang behandelt. Dasselbe gilt von Th. Petrejus[1]), Thesaurus controversorum conclusionum criminalium. Marp. (1594?) 1598. 4°. Der Fortschritt, welcher in dieser Literatur nicht verkannt werden darf, liegt in der Gliederung des Stoffs nach Materien und dem mehr oder weniger gelungenen Streben nach systematischer Gestaltung. Die

1) Von dem Verfasser ist nur dies bekannt, daß er aus Westfalen gebürtig war und 1594 in Marburg promovirte. Jöcher. Vgl. Wächter, Gemeines Recht S. 94.

steigende Betonung des Rechts der Praxis gehört zu den Merkmalen der Zeitrichtung [1]).

Schließlich sind noch einige Commentare zur Carolina aus der ersten Hälfte des 17. Jahrhunderts zu nennen [2]):

Constitutiones criminales Caroli V — cum jure communi collatae notisque brevissimis illustratae. Francof. 1614. fol. — Der deutsche Text des Gesetzes mit lateinischen Anmerkungen, welche größtentheils dem Remus entlehnt sind. Der auf dem Titel nicht genannte Verfasser ist P. Musculus. In demselben Jahre erschien diese Schrift als Anhang zu Gilhausen's Arbor und ist später noch öfter selbständig gedruckt [3]).

B. Zieritz, Notae et Observationes — ad constitut. criminalem. Francof. 1622. 1625. 1676. 4°.

M. Stephani, Caroli V Constitut. publ. jud. cum jure comm. collatae etc. Francof. 1626. 1650. 4°.

Ant. Bullaeus, In Caroli V et S. R. J. criminales sanctiones annotat. Marp. 1631. 4°.

Casp. Manzius, Comment. in Carolin. sanction. crimin. Ingolst. 1650 u. öfter.

Diese durch wiederholte Auflagen verbreiteten Schriften haben zwar die Wissenschaft und selbst das Verständniß des commentirten Gesetzes nicht auf eine höhere Stufe gehoben; allein in so fern sie gerade das Reichsgesetz in den Vordergrund stellen, auf seine Auslegung und die Praxis den Nachdruck legen, sind sie Zeichen und Träger der im Anfang des 17. Jahrhunderts zur Geltung gelangenden Richtung der Jurisprudenz.

Den Abschluß dieser Periode bildet, seine Vorgänger weit überragend, Matthias Berlich [4]), den man als den Begründer

---

1) Näheres darüber Kap. 15.

2) Böhmer, G. W., Handbuch d. Lit. d. Criminalrechts S. 62 ff. Henke, Gesch. d. Criminalrechts 2, 140 ff. Geib 1, 292 f. Wächter, Gem. Recht S. 99 ff.

3) Koch, Vorrede zur P. G.O. § 24.

4) Vgl. unten Kap. 15. Wächter, Gemeines Recht S. 102 f. Besonders aber Hälschner, Gesch. des Strafrechts S. 127 ff.

einer neuen Epoche bezeichnen müßte, wenn sein Einfluß nicht durch Benedict Carpzow in den Hintergrund gedrängt wäre. Seine Conclusiones practicabiles secundum ordinem Constitutionum D. Augusti Electoris Saxoniae discussae. Lips 1614. 4° enthalten ein ausführliches System des gemeinen und sächsischen Rechts nach Ordnung der sächsischen Constitutionen. Im vierten und fünften Theil behandelt er das Strafrecht, indem er vom Standpunkte des gemeinen Rechts ausgeht, dieses umfassend abhandelt und dann die Grundsätze des sächsischen Rechts und der Praxis danebenstellt. Seine umfassende Kenntniß der Literatur verwerthet er in der Weise, daß er die verschiedenen Meinungen unter bestimmte Gesichtspunkte ordnet und dann durch Darlegung der rationes dubitandi et decidendi wissenschaftlich prüfend zu einer Entscheidung gelangt. Der Thatbestand der einzelnen Verbrechen wird tiefer eingehend untersucht, die allgemeinen Lehren des Strafrechts werden berührt, ein reicher Apparat von praktischen Beispielen soll den Stand der Praxis zeigen. Eine tiefere Einsicht in das germanische Strafrecht fehlt ihm allerdings, und darum hat er das Verständniß der Carolina nicht wesentlich gefördert.

7. Es ist aus verschiedenen Umständen zu schließen, daß die Strafrechtspflege gegen das Ende des Jahrhunderts in stets wachsendem Umfange gehandhabt wurde. Wenn die Tübinger Facultät 1566 erwähnt, daß sie täglich in Strafsachen zu respondiren habe, so darf man annehmen, daß andere Facultäten sich in ähnlicher Lage befanden. In der That spricht Ludwig Gilhausen 1606 von der Zunahme der Criminalfälle als einer bedenklichen Erscheinung, die durch Peter Theodorich's Zeugniß 1618, daß der Jenaer Schöppenstuhl vorzugsweise mit Strafsachen befaßt sei, Bestätigung erhält.

Die Ursache mag zum Theil in der Verwilderung des Volkslebens liegen. Indeß bleibt es zweifelhaft, ob sich in der That die Zahl der Verbrechen vergrößerte, oder nicht vielmehr nur ihre Verfolgung energischer und sichtbarer betrieben wurde.

Denn ohne Zweifel mußte die straffere Organisation der staatlichen Behörden, die schon von der Carolina vorgeschriebene Ausbildung des Gerichtswesens und die zunehmende Betheiligung berufsmäßiger Juristen der Criminaljustiz neue Impulse geben, die sich darin fühlbar machten, daß Vorgänge, welche bis dahin unbeachtet geblieben oder in der Stille verlaufen waren, jetzt in das Licht öffentlicher Discussion und Aburtheilung gezogen wurden.

Daß Veränderungen der Justiz den täuschenden Schein veränderter Volkssitten hervorbringen können und daß der Schluß von der wachsenden Zahl der Verurtheilungen auf die Zunahme strafbarer Thaten ein unsicherer ist, zeigt die beobachtende Erfahrung. Das lehrreichste Beispiel aber bietet eben die Zeit, von welcher wir reden, in den Hexenprocessen[1]) dar, deren erschreckende Vermehrung sicherlich nicht in der Zunahme des Hexenwesens, sondern in dem Justizwesen ihren Grund hat.

Welche thatsächlichen Verhältnisse dem in Deutschland wuchernden Glauben an Zauberkräfte und Hexentreiben ursprünglich zu Grunde liegen, ist schwer zu entscheiden. Wo einmal der Glaube an unheimliche dämonische Kräfte, die sich den Menschen zur Verfügung stellen, verbreitet ist, da werden sich auch stets Thatsachen, Erscheinungen einfinden, deren nicht aufgeklärter ursächlicher Zusammenhang als Wirkung solcher Kräfte gedeutet und als Beweis ihrer Realität benutzt werden kann. Es ist der sich immer wiederholende Cirkel, daß der Glaube das Wunder schafft und das Wunder dem Glauben zum Beweise dient. Wir können nicht zweifeln, daß gegen das Ende des 15. Jahrhunderts mit dem Glauben an Zauberkräfte die Lehre und Uebung der Zauberkünste sich in Deutschland verbreitet hatten, als die Kirche, bis dahin jenen als Aberglauben verdammend, ihn durch die berühmte Bulle Innocenz' VIII. vom Jahre 1484 gewissermaßen sanctionirte, indem sie das Zauberwesen nicht mehr als Blend-

1) Wächter, Beiträge zur d. Geschichte. Vierte Abhandlung. S. 81 ff. 279 ff.

werk, die fleischliche Vermischung mit dem Teufel nicht mehr als widerlichen Unsinn, sondern als strafbare Realitäten behandelte. Der von den päpstlichen Inquisitoren H. Institor (Krämer) und J. Sprenger in Köln verfaßte Malleus maleficarum (Colon. 1489. 4°)[1]), der in seinen ersten beiden Theilen die Realität jener Dinge und ihrer Wirkungen theoretisch zu begründen sucht und im dritten das gegen Zauberer und Hexen zu beobachtende Verfahren lehrt, giebt dem Aberglauben eine kirchlich approbirte Grundlage und bahnt ihm die Wege, auf denen er immer weiter fluthend sich ausbreitet. Die umständlich geschilderten Zauberkünste finden bald gelehrige Schüler in Menge; im Vertrauen auf ihre Kraft bedient man sich ihrer, sei es um Gewinnsucht, Haß und Rache zu befriedigen, sei es um unschuldigere Zwecke zu erreichen. Die gerichtlichen Verfolgungen befestigen und verbreiten den Glauben an dunkle Mächte und Gefahren; die Untersuchungen, welche wahre und unwahre unheimliche Thatsachen ergeben oder zu ergeben scheinen, erhitzen die Phantasie und steigern die Angst; die Masse glaubt sich von einem Gewebe dämonischer Kräfte umgeben, und unter dem ansteckenden Einfluß der herrschenden Wahnvorstellungen geht selbst nüchternen Köpfen die Klarheit und Sicherheit des Urtheils verloren.

An den Malleus maleficarum, der von der theologischen Facultät in Köln approbirt, in wenig Jahren fünf Auflagen erlebte und selbst in den Gerichten Autorität gewann, schließt sich bald eine ähnliche Literatur. Ulrich Molitoris von Constanz[2]), Procurator am bischöflichen Gericht daselbst und seit 1497 am Kammergericht, stellt in seinem Gespräche de lamiis et phitonicis mulieribus (s. l. et a. 4°), einem Gutachten, welches er dem Erzherzog Sigismund 1489 erstattete, den damals geweckten und noch schwankenden Streit der Meinungen dar. Sein Resultat ist, daß zwar die meisten der den Hexen zugeschriebenen Unthaten nur Fabeln seien: allein da es doch wahr sei, daß solche „male-

1) Schulte, Gesch. d. kanon. Rechts 2, 376 f.

2) Stintzing, Gesch. d. popul. Literatur S. 471 ff.

dictae mulieres“ sich dem Teufel ergeben hätten, so müßten sie wegen solcher haeretica pravitas nach l. 6 C. de maleficis 9, 18 mit dem Tode bestraft werden.

Thomas Murner tritt den Zweiflern entgegen, indem er erzählt, wie er selbst in seiner Kindheit durch Zauberei gelähmt sei[1]). Der erfahrene und verständige U. Tengler[2]) berichtet in seinem Laienspiegel (1509. 1511), daß die Rechtsgelehrten lange Zeit an der Realität des Hexenwesens gezweifelt hätten. Daher sei diese „Kätzerei“ ungestraft geblieben und habe „merklich Ueberhand genommen“, bis endlich die päpstlichen Inquisitoren im Malleus maleficarum die Sache dargelegt und gezeigt hätten, wie gegen solche Uebelthaten zu procediren sei. Tengler giebt dann in einem Auszuge aus dem dritten Theil des Malleus eine Darstellung des gegen die Hexen einzuleitenden Verfahrens; und bei dem großen Einfluß, den der Laienspiegel auf die Praxis übte, kann nicht bezweifelt werden, daß gerade auch Tengler zur Beförderung der Hexenverfolgungen wesentlich beigetragen hat.

Die Bambergensis (Art. 131) und die Carolina (Art. 109) gehen, wie der Codex, von der Realität der Zauberei aus und bedrohen sie, falls sie Schaden gestiftet hat, mit dem Feuertode. Die Zauberei an sich soll „nach Gelegenheit der Sach“ bestraft werden. Diese unter den bestehenden Verhältnissen maßvollen Bestimmungen sind von Theorie und Praxis weit überschritten worden. Mit Berufung auf die bunteste Sammlung von Autoritäten, unter denen die Stelle der Bibel Exod. 22 „du sollst die Hexen nicht leben lassen“ eine Hauptrolle spielte, wüthete die Strafjustiz namentlich gegen das weibliche Geschlecht. Der Bund mit dem Teufel, die fleischliche Vermischung mit ihm, das Wettermachen, das Reiten auf Besen durch die Luft zu nächtlichen Orgien auf dem Blocksberg und ähnliche abgeschmackte Unmöglichkeiten wurden als erwiesene Verbrechen mit dem Tode bestraft.

---

1) Tractatus perutilis de phytonico contractu. Friburg. 1499. 4°. Stintzing, Gesch. d. popul. Literatur S. 464.

2) Stintzing, Gesch. d. popul. Literatur S. 443 f.

Der Beweis des Unsinns gelang durch die Folter, deren Qualen den verdächtigen armen Weibern das Geständniß des Unmöglichen abpreßten. Die täuschende Uebereinstimmung so vieler Geständnisse erklärt sich theils daraus, daß der Inhalt den Inculpaten durch Suggestivfragen in den Mund gelegt wurde, theils daraus, daß sich bald ein gewisser Kanon von Hexenfabeln gebildet und unter dem Volk verbreitet hatte. So erlebte und that, genoß und vollbrachte jede Hexe nach den Gerichtsprotokollen stets dasselbe; ein Proceß diente dem andern zur Bestätigung, dem Wahn zur Stärkung. Je mehr Hexen man verfolgte und verbrannte, desto größer wurde ihre Zahl. Die abgepreßten oder in Angst und Bosheit ersonnenen Angaben über Mitschuldige zogen immer neue Opfer in den Kreis der Verfolgung. Haß und Neid, Wollust und Rache, Erbschleicherei und Habsucht jeglicher Art sowohl der Behörden wie der Privaten fanden in den Hexenprocessen willkommene Hülfsmittel ihrer Pläne.

Das Uebel hatte noch nicht seine Höhe erreicht, als Johann Weier (Wierus) aus Grave an der Maas mit seiner Schrift de praestigiis daemonum 1563 freimüthig der Verirrung entgegentrat. Weier war Leibarzt des Herzogs Wilhelm von Cleve, des Schülers Konrad's von Heresbach, dem dieser bis an sein Lebensende ein zuverlässiger Berather blieb. Weier konnte rühmen, daß in den Cleveschen Landen der Unfug der Hexenverfolgungen an dem Herzog energischen Widerstand gefunden. Indeß ist er weit davon entfernt, die Zauberei überhaupt für Aberglauben zu halten; nur will er strenge unterschieden wissen zwischen den Zauberern, Magi infames, welche mit dem Teufel im Bunde stehen, den Giftmischern und den Hexen. Die Zauberer und Giftmischer sollen mit dem Tode bestraft werden, dagegen nicht die Hexen, alte armselige Weiber, die sich nur durch Täuschung des Teufels einbildeten, mit ihm ein Bündniß geschlossen und allerlei unmögliche Dinge gethan zu haben. Das Verdienst des Buchs liegt in dem Nachweise, daß die den Hexen gewöhnlich Schuld gegebenen Dinge: das Wettermachen, Vermischung mit dem Teufel u. s. w. nur Einbildungen und Vorspiegelungen seien; daß die den armen Weibern abgepreßten Geständnisse gar nichts beweisen könnten, da sie nur in der Angst vor Fortsetzung und Wiederholung der Folterqualen erfundene Aussagen seien; daß endlich die Hexenverfolgungen eine Kette theils boshafter, theils wahnsinniger Ungerechtigkeiten bildeten.

Weier's Schrift erregte Aufsehen, ward in vielen Auflagen, auch in deutscher Uebersetzung, verbreitet. Ihr folgte 1582 eine kürzere von ihm gleichen Inhalts (de lamiis). Allein ihren wohlthätigen Einfluß hemmte bald eine andere fanatisch gläubige Literatur, an deren Spitze das Werk des berühmten Jean Bodin (geb. 1530, gest. 1596) de magorum daemonomania. Paris 1579 steht. Das französisch geschriebene Buch erschien schon 1581 zu Basel in lateinischer und deutscher Uebersetzung. Und als ein Zeichen der Zeit muß es gelten, daß der Verfasser der letzteren kein Anderer war als der kecke Satiriker und freisinnige Patriot Joh. Fischart, Dr. jur., damals Amtmann in Forbach, der im folgenden Jahr auch eine Uebersetzung des Malleus maleficarum publicirte[1]). Bald folgten die Schriften des Peter Binsfeld[2]) 1589, Weihbischofs in Trier; des Nik. Remigius 1598, lothringischen Raths, und vor allem das Werk des Jesuiten Martin del Rio 1599, welches zur allgemeinsten Autorität wurde. Daneben ist noch die Sammlung kleiner Tractate von Abraham Sawr (Theatrum de veneficis. Frankf. 1586. fol.) zu nennen.

Die deutsche Jurisprudenz hat sich bis in die zweite Hälfte des 16. Jahrhunderts die Begünstigung der Hexenprocesse nicht zu Schulden kommen lassen. Perneder und die durch ihn bestimmte Literatur halten sich an die Bestimmungen der Carolina und des gemeinen Rechts. Aber freilich hat die Rechtswissenschaft die Verwilderung der Praxis nicht zu bändigen verstanden und ist seit dem Ende des Jahrhunderts selber mehr und mehr

1) Vgl. A. d. B. 7, 31 ff. (E. Schmidt). Vgl. oben S. 598.

2) Schulte, Gesch. d. kanon. Rechts 3, 1, 128.

von dem Strome des Aberglaubens überfluthet worden. Bis dahin aber finden wir in den Consilien von Fichard (s. oben S. 598), sowie in denen der Tübinger Facultät[1]) theils die specifischen Auswüchse des Hexenglaubens zurückgewiesen, theils mit Nachdruck die Einhaltung des gesetzlich vorgeschriebenen Verfahrens gefordert und den willkürlichen Mißbrauch der Tortur gerügt. Indeß bezogen sich die Meinungsverschiedenheiten nicht auf die Realität des Zauberwesens und der Bündnisse mit dem Teufel. Daß dieses mit dem Feuertode zu bestrafen sei, war herrschende Meinung. Nur darüber gingen die Ansichten auseinander, wie Zauberei ohne Teufelsbündniß, wenn sie keinen Schaden gestiftet habe, zu bestrafen sei, da die Carolina für diesen Fall auf den Rath der Rechtsgelehrten verwies. Der Sachsenspiegel 2, 13 hatte die Zauberei allgemein und also auch diesen Fall mit dem Feuertode bedroht; milder war der Vorschlag der sächsischen Juristen auf der Leipziger Conferenz 1571; die sächsische Constitution IV, 2 setzt auf das Teufelsbündniß Strafe des Feuers, auf andere Zauberei die Schwertstrafe[2]).

Wichtiger aber noch war der Gegensatz der Meinungen über die Frage, woran denn das Teufelsbündniß zu erkennen und wie gegen Hexen zu procediren sei? Nach der herrschenden Meinung dienten alle jene von den Hexen erzählten abgeschmackten Thatsachen als Beweise, während eine kleinere Zahl der Aufgeklärten und unter diesen die namhaften Juristen diese Thatsachen selbst für Fabeln erklären. So Fichard und die Tübinger Juristen[3]), denen sich Joh. Jacob Godelmann (vgl. unten Kap. 15) mit seinem Tractatus de magis, veneficis et lamiis anschließt.

Diese Schrift, welche von dem gesunden Urtheil und gerechten Sinne des Verfassers ein ehrendes Zeugniß giebt, ist aus einer zu

1) Seeger, die strafrechtl. Consil. Tubing. S. 94 ff.

2) Schletter, die Constitutionen Kurfürst August's S. 315 f.

3) Unter diesen ist besonders hervorzuheben Joh. Harpprecht, Tractatus criminalis und Commentar. ad Institut. lib. IV, 18 de publicis judiciis No. 299 s. in ausführlicher Erörterung.

Rostock (1584) gehaltenen Vorlesung hervorgegangen und wohl 1590 zuerst gedruckt[1]). Godelmann nimmt die Unterscheidung Weier's auf: das erste Buch handelt von den Zauberern und Giftmischern, das zweite von den Hexen, das dritte von dem Verfahren und der Strafe. Die Strafbarkeit der beiden Ersten ist ihm unzweifelhaft: aber er fordert, daß auch gegen sie das gesetzlich geordnete Verfahren eingehalten werde, und bekämpft die in neuerer Zeit besonders von Bodinus vertretene Meinung, daß die Zauberei zu den sogenannten delicta excepta gehöre, bei deren Verfolgung der Richter nicht an die gesetzlichen Regeln gebunden sei. Godelmann beruft sich auf die Vorschrift der Carolina Art. 83, die alle Richter und Schöffen stets vor Augen haben müßten; und fügt hinzu, daß alle Rechtsgelehrten derselben Meinung seien, indem er namentlich Fichard's Consilium 105 und Wesenbeck's Schriften citirt. In demselben Sinne entschied sich die Tübinger Facultät. — Die Hexen (lamiae) sind nach Godelmann armselige bethörte Weiber, die allerlei unmögliche Dinge sich und Anderen einbilden. Bekennen sie solche Thaten, als Reiten durch die Luft, Verwandlung in Thiere, Concubitus mit dem Teufel, so sind sie gar nicht zu bestrafen, sondern zur Belehrung in Gottes Wort zu unterweisen. Dagegen kann es ja sein, daß sie wirklich Zauberei getrieben und dadurch Schaden gestiftet haben: dann sind sie nach der Carolina Art. 109 mit dem Feuer zu bestrafen. Eben so kann es sein, daß sie zwar keinen Schaden gestiftet, aber wirklich mit dem Teufel ein Bündniß geschlossen haben. Dann sind sie deswegen mit außerordentlicher Strafe, Staupenschlag, Landesverweisung, Geldbuße, zu belegen, wie es Art. 109 will. Und hier wendet sich Godelmann gegen diejenigen, welche die Todesstrafe verhängen, weil in der Hexerei ein Versuch zu Tödtung und Schadenzufügung liege. In einer ausführlichen Erörterung weist er nach, wie die „cogitatio“ vom

1) Spätere Ausgaben Frankf. 1601. 4°. Nürnberg 1676. 8°. Ins Deutsche übersetzt Frankf. 1592. 4°.

„conatus“ zu unterscheiden sei und daß, selbst wenn conatus vorläge, dennoch eine Todesstrafe nicht verhängt werden dürfe.

Dem dritten Buche ist ein sehr lesenswerthes deutsches Gutachten beigefügt, welches Godelmann 1587 an Bürgermeister und Rath einer westfälischen Stadt ertheilt hat. Die Anfrage bezog sich u. A. auch darauf, wie viel Autorität Bodinus zukomme: Godelmann antwortet, daß kein Richter, weil er die P. G.O. befolgen muß, mit gutem Gewissen dem Bodinus folgen könne.

Godelmann's Schrift wirkte sehr günstig. Joh. Althusen, damals noch Professor in Herborn, schloß sich ihm in seiner Jurisprudentia (1592) lib. 1 c. 52 an und verfaßte eine kleine Schrift „Ad judicem admonitio“, in welcher er in Godelmann's Sinn die Richter zur gewissenhaften Prüfung bei Hexenverfolgungen eindringlich mahnt. Sie ist in den späteren Ausgaben des Godelmann'schen Tractatus als Anhang zum ersten Buche abgedruckt.

Mit Godelmann wesentlich, zum Theil wörtlich übereinstimmend ist die Darstellung in Gilhausen's (1606) Arbor criminalis 2, 17. Allein gleichzeitig beginnt eine Wendung zum Schlimmeren, die sich schon in Theodorici Collegium criminale (1618) c. 7 aph. 2 zeigt und unter Carpzow's Einfluß fortschreitet.

Fünfzehntes Kapitel.

## Die Epigonen und Vorboten in der ersten Hälfte des 17. Jahrhunderts.



I. Allgemeines. — 1. Die Generationen, welche die Grenze des 16. Jahrhunderts überschritten und das erste Menschenalter des folgenden durchlebten, dürfen wir ein Epigonengeschlecht auf dem Gebiete der Jurisprudenz in dem Sinne nennen, daß sie von ererbtem Reichthum zehren und die vor ihnen gebrochenen und geebneten Bahnen fortwandeln. Ein reicher Schatz des Wissens und Könnens ist ihnen zugefallen. Die zusammenwirkende Arbeit der Nationen hat das Verständniß des römischen Rechts aufgeschlossen, das nun durch Lehre, Anwendung und Gesetz zur nicht mehr angefochtenen Grundlage des Rechtszustandes geworden ist. Daneben hat das synthetische Bemühen eine Fülle rationeller Gesichtspunkte und systematischer Anschauungen in Fluß gebracht, die eine früher nicht geahnte Herrschaft über die Gesammtheit des Stoffs begründen, zu der dem Einzelnen durch Methode und didaktische Hülfsmittel der Zugang geöffnet ist.

Im Organismus des Reichs und der Territorialstaaten haben die Juristen ihren festen Platz eingenommen; Justiz und Verwaltung liegen in ihren Händen, das Staatsleben bewegt sich in juristischen Formen.

Mit ehrenwerther Treue hat das fleißige Geschlecht dieser Tage sich den Pflichten seines Berufs hingegeben, den überlieferten Schatz des Wissens gehütet und genützt. Unter den Verwüstungen, welche sich lange vorbereitend im zweiten Jahrzehnt über Deutschland hereinbrachen, haben unsere Juristen, unbeirrt durch politische Wechselfälle, die Pflege des Rechts geübt und, ungebrochen durch bittere Noth, die so oft dem Einzelnen nahe trat, die emsige Arbeit des Gelehrten gepflegt. Wohl ist unter dem Drucke der schweren Zeit eine Minderung der literarischen Production wahrzunehmen; aber ihm erliegt nicht die Arbeitslust. Die Furcht vor dem drohenden Feinde, selbst die Flucht aus der Heimat unterbricht nur den Fleiß des eifrigen Gelehrten: am sichern Orte wird die begonnene Arbeit fortgesetzt. Kaum am Umfang, wohl aber an der Ausstattung der Bücher, den elenden Typen und dem grauen, dünnen Papier, merkt man die Noth der Zeit.

Neue Bahnen werden nicht eröffnet; aber mit Ausdauer und Erfolg schreitet die Wissenschaft fort auf der alten und verwerthet die überlieferten Schätze. Es ist eine Zeit, die ihre Freude hat am Sammeln und Ordnen, die von neuen Zielen und Gedanken nicht erregt, ihren Fleiß auf die breite Mannigfaltigkeit der Kenntnisse verwendet. Es ist die Periode der Polyhistorie, der Sammelwerke, der Bearbeitungen, in der Wehner's und Besold's Thesauri entstanden, Freher, Goldast, Lindenbrog, N. Reusner ihre großen Sammlungen zusammentrugen, Dionysius Gothofredus seine Notae zum Corpus juris compilirte und sein Sohn Jacobus in dem Commentar zum Codex Theodosianus ein Riesenwerk der Gelehrsamkeit schuf. Im Gebiete der civilistischen Theorie baut die Literatur fort auf den Leistungen der vorhergehenden Zeit: Treutler's Disputationen werden von Bachoff und Hunnius in dickleibigen Commentarien erläutert und erweitert; O. Hilliger excerpirt Donell's System und ergänzt es durch eine umfassende Compilation literarischen Apparats; M. Wesenbeck's Commentarien werden von verschiedenen Autoren zur Ablagerung eigener Gelehrsamkeit benutzt; Mynsinger's und Gail's Observationen bilden den Mittelpunkt einer ausgedehnten Literatur des Cameralrechts, während auf dem Gebiete des Sachsenrechts Jacob Schultes (s. oben S. 572) seinen Fleiß auf Edition und Bearbeitung einer großen Zahl älterer Schriften wendet.

Mit der compilatorischen Thätigkeit verbindet sich die Arbeit des methodischen Ordnens, der compendiarischen Darstellung. Sie geht nicht in die Tiefe; eine gewisse Oberflächlichkeit, die sich an dem übersichtlichen Wissen, der cognitio universalis, genügen läßt, ist unverkennbar. Aber aus einem demnächst genauer zu bezeichnenden Gebiete wird neues Material der Wissenschaft zugeführt und der folgenden Zeit zur Verfügung gestellt. Denn wenn auch unsere Epigonen sich von dem Strome der alten Zeit tragen lassen, so mündet doch in diesen ein anderer mit neuen Elementen ein, welche zwar nach ihnen, aber durch ihre Vorarbeit zur vollen Fruchtbarkeit gelangen. Sie sind daher zugleich Vorboten der folgenden Zeit, deren Träger zum Theil neben ihnen heranwuchsen.

Es fehlte der Zeit an einer mächtigen Idee, die das Dasein des Einzelnen hob und kräftigte, an idealen Zielen, die das Leben mit edler Wärme erfüllen konnten. Die Lust am classischen Alterthum war gesättigt; die Freudigkeit des Humanismus und des protestantischen Bewußtseins war hier in jesuitischer Zucht und Geisteskechtschaft, dort in confessioneller Dürre und Unduldsamkeit erstickt.

Auch in so fern ist diese Zeit eine Periode der Epigonen zu nennen, als in ihr keine Persönlichkeit auftritt, deren geistiger Schwung und sittliche Kraft das Mittelmaß übersteigt, kaum ein Mann, den wir auf seinem Lebensgange mit lebhafterem Interesse und wärmerer Befriedigung begleiten. Einem Zasius und Oldendorp, einem Fichard und Vultejus, Forster und Wesenbeck stehen gegenüber die verkümmerten Existenzen der Convertiten Bachoff, Hunnius und Besold.

2. Bereits gegen den Schluß des 16. Jahrhunderts ist das wissenschaftliche Interesse mehr und mehr aus der Ferne in die Nähe, auf die heimatlichen Verhältnisse und die realen Bedürfnisse der Gegenwart hingelenkt. Wir sahen, wie sich Juristen dem Studium der deutschen Geschichte ergaben; wie die Gesetzgebung den Rechtszuständen neue, feste Gestalt verlieh; wie die gerichtliche Praxis zu einem nicht geringen Reichthum von Ergebnissen gelangte, die in den Consilien und Observationen ihren Ausdruck fanden. So wird durch Studium, Gesetzgebung und Praxis der Wissenschaft aus dem deutschen Leben ein Stoff zugeführt, gegen den sie sich bis dahin ablehnend verhalten hatte oder der ihr in der That neu war. Nicht nur in den aus der Praxis hervorgehenden und für sie bestimmten, sondern auch in den theoretischen Schriften finden wir das heimatliche Recht, wie Praxis und Gesetz es gestaltet haben, in steigendem Grade berücksichtigt.

Langer Zeit hatte es bedurft, um dieses neue Material herauszubilden und zur wissenschaftlichen Geltung zu bringen. Zwar hatte schon Zasius ausgesprochen, daß vom römischen Recht nur das „utile" zu lehren sei; allein das Kriterium der „utilitas" war ursprünglich ein durchaus subjectives. Von der Größe des römischen Rechts überwältigt, wagte man nicht leicht, die Geltung einzelner Sätze zu bezweifeln; der Zug der Zeit ging zunächst dahin, es in seiner Reinheit zu erkennen, seine Herrschaft auszudehnen und zu befestigen. Nachdem der Kampf zu seinen Gunsten entschieden ist, beginnt langsam eine unbefangenere Würdigung Raum zu gewinnen. Wenn gegen das Ende des 16. Jahrhunderts die Klagen über das fremde Recht verstummt sind, so hat dies seinen Grund nicht etwa nur in der Gewöhnung und dem Erlahmen der oppositionellen Kräfte, sondern auch darin, daß Gesetzgebung und Praxis das Fremde dem Einheimischen anzubequemen vermocht haben. Mit der wachsenden Herrschaft über den Stoff wächst das Selbstvertrauen und die Selbständigkeit, die in der Handhabung des Rechts eine langsam umbildende Kraft ausüben. Und nachdem die Praxis auf diesem Wege eine lange Strecke zurückgelegt hat, folgt die Theorie und bequemt sich zur Anerkennung der gewonnenen Resultate.

So beginnt in der Wissenschaft eine wohlthätige Reaction gegen die einseitig romanisirende Tendenz, die ihre Nahrung empfängt in der ausgedehnten Betheiligung der Theoretiker an der Praxis. Allein es mußte sich durch Gewohnheit und Gesetzgebung erst ein gewisser Niederschlag fester Substanz bilden und das Vertrauen auf die eigene Kraft hinzukommen, ehe die Theorie es wagen konnte, Rechtssätze in sich aufzunehmen, die unabhängig vom Wortlaute des römischen und kanonischen Rechts Bestand hatten. Wir sahen, wie sich an die Wirksamkeit des Reichskammergerichts eine praktisch-theoretische Literatur knüpfte. Sachsens Gesetzgebung und Praxis bietet einen zweiten festen Punkt; bei Kling, Schneidewin und Wesenbeck finden wir sie in den theoretischen Commentarien berücksichtigt, die Consultationes Saxonicae verknüpfen sie mit dem gemeinen Recht. In der Entwicklung der strafrechtlichen Literatur konnten wir die stätig zunehmende Bedeutung der Carolina, der gemeinen und der sächsischen Praxis bis in das 17. Jahrhundert hinein verfolgen. Eine neue Stütze empfängt in unserer Epoche die praktische Tendenz der Theorie von Würtemberg her, dessen Gesetzgebung und Praxis in Harpprecht's und Bocer's Schriften mit Sorgfalt behandelt wird.

Diese Richtung nun ist es, welche in der ersten Hälfte des 17. Jahrhunderts zu immer breiterer Geltung gelangt und diejenige Gestalt der wissenschaftlichen Theorie vorbereitet, welche in der zweiten Hälfte des Jahrhunderts als „Usus modernus“ ihren Abschluß findet.

Es ist diese praktische Tendenz nicht als Rückkehr zu der alten Casuistik des mos Italicus zu denken. Was hier vorgeht, ist die Erweiterung der Wissenschaft durch Aufnahme eines neuen Stoffs. Allerdings aber liegt darin eine Reaction gegen die philologisch-antiquarische Richtung, welche im 16. Jahrhundert den Fortschritt der Wissenschaft bestimmt hatte. Aeußerlich tritt diese Wendung auch darin hervor, daß die kritischen Arbeiten nach Rittershusius fast gänzlich ruhen. Der Gothofredische Text des Corpus juris civilis wird zur Norm, zu recipirter Grundlage für Theorie und Praxis (s. oben S. 208). Für das kanonische Recht war durch die officielle römische Ausgabe (Romae 1582) ein authentischer Text geschaffen und damit jede kritische Bearbeitung ausgeschlossen[1]). Neue Quellen des römischen Rechts kommen nicht zum Vorschein, und ihr Bestand ist bis in das 19. Jahrhundert fast unverändert derselbe geblieben, wie er am Schlusse des 16. Jahrhunderts hergestellt war. Das Suchen und Sammeln hat seine Richtung genommen auf die deutsche Vergangenheit und Gegenwart; die Thesauri sind gefüllt mit praktisch verwendbarem Material, welches aus der gerichtlichen Praxis, dem Rechtsleben, den ökonomischen Verhältnissen der Gegenwart geschöpft ist. Die mit der philologisch-antiquarischen und synthetischen Arbeit der Wissenschaft verbundene Gefahr, in ihrem Gegensatze zum mos Italicus die Fühlung mit den realen Verhältnissen zu verlieren, wird überwunden, und es bereitet sich eine Richtung der Rechtswissenschaft vor, welche als „theoretisch-praktische“ bezeichnet werden kann, eine Bezeichnung, welche in der ersten Hälfte des 17. Jahrhunderts mehr und mehr gebräuchlich wird. Es ist eine Wendung, für welche das Zeitalter der Postglossatoren eine Analogie darbietet: aber der wesentliche Unterschied liegt darin begründet, daß dem 17. Jahrhundert die Re-

1) Schulte, Geschichte 1, 72; 2, 23. 44. 50. 63.

formen des 16. in Stoff und Methode vorausgegangen sind. Zutreffender ist die Vergleichung mit dem, was um dieselbe Zeit etwa in Frankreich geschah (s. oben S. 385 f.), wo wir an der Spitze der theoretisch-praktischen Richtung Anton Faber finden, dessen hervorragende Werke auch auf die deutschen Juristen bestimmenden Einfluß ausgeübt haben.

3. In der wissenschaftlichen Methode hat das systematische Element die Oberhand gewonnen, auch wo noch die exegetische Form festgehalten wird. Fast überall finden wir das „methodice" betont; es erscheint auf den Titeln der Bücher, sowie als Bezeichnung für die Vorlesungen, denen häufig statt des gesetzlichen Textes die beliebtesten Lehrbücher, Treutler's Disputationen und Wesenbeck's Commentarien, oder auch selbständig ausgearbeitete Thesen, Axiomata, Paratitla zu Grunde gelegt werden. Wir stehen vor der beginnenden Herrschaft der Compendien.

Die „methodische" Richtung bringt naturgemäß für die Vorlesungen die Theilung nach Materien zu weiterer Durchführung.

In Wittenberg steht sie schon 1614 in Uebung, wie der Lectionskatalog[1]) zeigt. Barthol. Reußner[2]) liest über den Arrest, hält außerdem „lectionem ordinariam in Decretalibus", worunter die allgemeine Proceßvorlesung zu verstehen ist. Lucas Beckmann[3]) setzt die „materiam l. 7 § 19 de pactis" (Erlaßverträge) fort. Wolfgang Hirschbach († 1620) liest „materias juris emphyteutici et compensationis". Erasmus Unruh[4]) setzt die Materie von der Enterbung fort. Val. Wilh.

1) Grohmann, Annalen d. Univers. Wittenberg 2, 86.

2) Geb. zu Breslau 1565, gest. am 16. Novbr. 1629.

3) Geb. 1571 in Hamburg, studirt in Rostock, Leiden, Oxford, Wittenberg und Leipzig, promovirt in Basel, wird Professor zu Wittenberg und Appellationsrath in Dresden. Gest. 7. Febr. 1624.

4) Geb. zu Torgau 17. August 1576, studirt in Leipzig und Wittenberg, wo er zum Doctor promovirt und 1605 als Professor und Beisitzer des Hofgerichts angestellt wird. Gest. 10. Mai 1628.

Forster will das bisher von ihm gelesene „Compendium Institutionum“ erweitert und zwar „aliam earum Epitomen paulo prolixiorem singularum materiarum naturam et requisita continentem, quanta fieri poterit brevitate perspicuitateque“ vortragen; außerdem über auserwählte Lehren nach Ordnung der Institutionen (auf Verlangen einiger Commilitonen) Samstags disputiren.

Die Straßburger Statuten[1]) von 1634 bestimmen, daß der professor Codicis diejenigen Titel vortragen soll, welche den Proceß betreffen, und zwar entweder „von einem Buch zum andern“ oder in einer andern Ordnung, die ihm oder auch „ein gantzes Collegium am nützlichsten und bequemsten bedünken würde“. Dabei ist das neueste Recht, Reichs-, Landrecht und Gewohnheit zu berücksichtigen; die „methodus“ bleibt seinem Ermessen anheimgestellt. Er soll auch das „Jus Feudorum je zu Zeiten lesen“, und zwar entweder den Text interpretiren „oder alle titulos in ein compendium und methodum bringen“. Der erste Professor der Pandekten hat diejenigen „Materias juris“ vorzutragen, welche „am nützlichsten und in täglicher Uebung“ sind; er soll diese Materien „methodice“ disponiren und den „Studiosis so viel möglich veram juris civilis sententiam und den Kern desselbigen herausziehen und kürzlich erklären“. Dabei hat er gleich dem professor Codicis das neueste Recht zu berücksichtigen. Auch soll er „je nach Gelegenheit alle und jede leges expliciren“, welche Responsen von Papinian, Ulpian, Paulus u. s. w. enthalten, und „solche ad praesentis seculi usum so viel möglich accomodiren“. Der zweite Professor der Pandekten soll dagegen die Pandekten „summarie et isagogice proponiren“, damit die Studenten lernen, „was in einem jeden titulo sonderlich begriffen und vornehmlich zu merken sei“. Er soll „in Summa sich dahin bearbeiten, daß die Studiosi eine generalem totius juris cognitionem ergreifen mögen“. Aehnliche Anweisungen

1) Zeitschr. f. Gesch. des Oberrheins 28, 228 ff. Statuta academiae Argentinensis, mitgetheilt von Rathgeber.

werden dem Professor der Institutionen gegeben, der namentlich auch die geschichtlichen Quellen und die juristische Terminologie lehren, die Titel de Verbor. signif. und de Regul. juris interpretiren soll.

Wie schon früher in Tübingen, Rostock, Jena die Disciplinen des Criminal- und Lehnrechts zu selbständiger Vertretung ausgeschieden waren, wie die Behandlung des Processes an den protestantischen Universitäten die hauptsächliche Aufgabe des Kanonisten war; so haben, wie wir sahen, die Straßburger Statuten[1]), die einen Kanonisten gar nicht mehr kennen, dem professor Codicis den Proceß und das Lehnrecht als seine „Materien" übertragen.

In Ingolstadt finden wir, wie oben erwähnt, seit 1586 eine selbständige Professur für das Criminal- und Lehnrecht; seit 1629 verlangt man eine besondere Vertretung des jus publicum. Im Jahre 1647 wird eine Reform des juristischen Studiums in Angriff genommen[2]). Der Kurfürst fordert Vorschläge von den Professoren, wie es „methodice" einzurichten sei, damit eine cognitio universalis et fundamentalis sich ergebe und die Juristen auch für die Praxis herangebildet werden. Einverstanden sind die Gutachten darüber, daß das Studium in 4 bis 5 Jahren zu Ende geführt werden müsse. Der ganze Stoff soll in „Materien" zerlegt werden, die dann wieder in Hauptstücke zu theilen sind; Wesenbeck's „Paratitla" (Commentarii) und Treutler's Disputationen werden als Muster und zur Benutzung empfohlen. Nicht so ungetheilt waren die Stimmen über die „cognitio universalis", da namentlich von Professor Manz[3])

1) Tit. 11 sagt, daß „vier professores pandectarum, so dann ein professor institutionum" angestellt werden sollen. In den folgenden Titeln ist dagegen nur von einem professor Codicis und zwei Pandektisten neben dem Institutionarius, auch im Tit. 11 nachher nur von „allen vier professores juris" die Rede.

2) Prantl, Gesch. d. L.M.-Universität 1, 414 f., dessen auf urkundlichem Material beruhende Darstellung ich zum Theil wörtlich beibehalte.

3) Kaspar Manz, geb. in Gundelfingen, studirt in Dillingen und Ingolstadt, bischöflicher Rath in Augsburg, Professor in Dillingen, 1636 Professor

hervorgehoben wurde, daß die Studirenden sie nur durch Privatlecture in den späteren Studienjahren erwerben können; und ähnlich verhielt es sich mit der gewünschten Beseitigung der Subtilitäten, denn Arn. Rath[1]) wies darauf hin, daß hierbei allerdings schädliche Uebertreibung möglich sei, aber man dieselben nicht ganz entbehren könne, wenn man nicht bloße Routiniers heranbilden wolle.

Die Theilung des Lehrstoffs nach Materien hat auch auf die Stellung des kanonischen Rechts eingewirkt. Zwar bleibt seine Gültigkeit selbst in protestantischen Ländern — so weit es mit dem evangelischen Lehrbegriff und der Kirchenverfassung verträglich ist — unzweifelhaft[2]); als Grundlage des gemeinen Rechts gilt nach wir vor das „jus utrumque"; der Doctorgrad wird in „beiden" Rechten verliehen, wenn nicht eine besondere Beschränkung der Promotion auf „ein" Recht stattfindet[3]). Auch bleiben auf den alten Universitäten die überlieferten Lecturae in Decretalibus und die Würde des Ordinarius juris canonici erhalten[4]). Allein wie sehr die wissenschaftliche Bedeutung des kanonischen Rechts vermindert war, verräth sich

---

in Ingolstadt, 1653 Pfalz-Neuburgischer Kanzler, 1660 wieder in Ingolstadt. Gest. 28. März 1677. Prantl, Gesch. d. L.M.-Universität 1, 415. 424 f. 486. 511; 2, 500.

1) Geb. 1599 in Herzogenbusch, calvinistisch und später katholisch; 1626 Professor in Ingolstadt; gest. 25. Mai 1671. In seinem Hause starb Tilly am 30. April 1632. Prantl 1, 376. 414. 423. 483; 2, 499. Sein Vetter Hieronymus Rath aus Bommel in Gelderland ward 1594 Professor in Ingolstadt, von 1601 bis 1613 Rath und Prinzenlehrer in München, dann bis zu seinem Tode 1625 wieder Professor. Prantl 1, 418. 421; 2, 499.

2) Die hierauf bezüglichen Aeußerungen protestantischer Juristen seit Mitte des 16. Jahrhunderts sind zusammengestellt bei Böhmer, jus ecclesiast. protest. lib. 1 tit. 2 § 65 s.

3) Dies gestatten z. B. die Straßburger Statuten von 1636. Vgl. Zeitschr. f. d. Gesch. d. Oberrheins 28, 266 f. Eben so ein Regulativ von 1656 in Ingolstadt. Prantl 1, 485 f.

4) In Ingolstadt erklärt die Facultät 1595 ausdrücklich: der Vertreter des kanon. Rechts müsse ihr professor primarius sein, weil die Universität „clerica" sei. Prantl 1, 409.

nicht nur in der ungemein dürftigen Literatur, sondern auch darin, daß das Corpus juris canonici seit dem Erscheinen der römischen Ausgabe bis 1650 nur dreimal in Deutschland gedruckt worden ist[1]). Daß bei den Studenten eine merkliche Abneigung gegen dasselbe bestehe, wird sogar in Ingolstadt hervorgehoben[2]). Auf mehreren seit der Reformation gestifteten Universitäten und Akademien waren kanonistische Professuren gar nicht eingeführt. Und wenn Dauth[3]) als Beweis für die fortdauernde Gültigkeit anführt, „cum in omnibus Academiis jus canonicum sollemniter legatur et explicetur“, so ist dies nach den sonstigen Nachrichten nicht wörtlich zu verstehen. Ueber das Decretum wird gar nicht mehr gelesen. Nur bei Erörterung derjenigen Materien, für welche das kanonische Recht von grundlegender Bedeutung ist, erfährt es tiefer eingehende Behandlung. Aus den alten Lecturae juris pontificii sind die Vorlesungen über Proceß, Eherecht und Kirchenrecht hervorgegangen. Aber die alte Stellung eines dem römischen Recht im Range gleichen, wenn nicht vorgehenden Grundpfeilers der Rechtswissenschaft hat das kanonische Recht verloren und die Bezeichnung „jus utrumque“ erhält sich nur noch traditionell als Reminiscenz[4]).

Die Disputationen und Exercitia werden in erhöhtem Grade gepflegt, und zwar vorzugsweise in den Collegia privata, deren Bedeutung steigt. Wir ersehen dies aus den zahlreichen Publicationen, welche dieser Thätigkeit ihren Ursprung verdanken; aber auch die Statuten und Universitätsacten lassen darüber keinen Zweifel.

In Straßburg ist verordnet, daß allgemein „die exercitia disputationum mit Ernst“ getrieben werden sollen; der Institutionarius soll „insonderheit die disputationes privatas und extraordinarias wöchentlich halten“. Daneben wissen wir aus

1) Francof. 1586. 1590. 8°. Colon. 1631. 4°. Vgl. Schulte, Gesch. d. kanon. Rechts 3, 1, 69 f.

2) Prantl, Gesch. d. L.M.-Universität 1, 484.

3) De testamentis. Lips. 1594. fol. Prolegom.

4) Vgl. auch Schulte, Geschichte 3, 3, 279 ff. 315.

D. Tabor's Gedächtnißrede auf Bitsch und Lokamer, sowie aus Justus Meier's Werken, daß Collegia privata, „examinatoria" und ähnliche Uebungen mehr dogmatischer Art von den Straßburger Professoren mit besonderem Eifer und Erfolg gepflegt wurden. Gerade in diesen suchten sie ein Gegengewicht zu bieten gegen die Herrschaft der Compendien, welche schon Giphanius bekämpft[1]). Man machte mit Recht geltend, daß ihre Benutzung die Gefahr der Ungründlichkeit und der Vernachlässigung der Quellen mit sich bringe, der namentlich Justus Meier in seinem Collegium entgegentritt.

Bei den oben erwähnten Verhandlungen in Ingolstadt hebt Arnold Rath hervor, daß die exercitia in den Collegia privata das einzige Mittel seien, die Zuhörer überhaupt zum Privatstudium zu nöthigen. Denich[2]) will sie auf die Anfangsjahre beschränkt wissen. Manz aber betont die mißbräuchlichen Seiten der Privatcollegien, in so fern bei denselben die Gewinnsucht der Professoren mitspiele und daher eine so große Zahl von Studirenden aufgenommen werde, daß diese nicht mehr sämmtlich sich activ betheiligen können, sondern zum allgemeinen Gespötte in redende und schweigende eingetheilt werden; ferner erwachse, da man um des Examens[3]) willen sich schaarenweise zu diesen Uebungen dränge, eine bedenkliche Vernachlässigung der Lectiones publicae und eine leidige Hast, eine Menge Notizen über einzelne Controversen zu sammeln, während man das Corpus juris bei Seite liegen lasse; jedenfalls sei sonach eine gesetzliche Regelung der Privatcollegien nöthig.

1) Giphanius, Explanatio — Codicis. 1614. Praef. gen. in fine. Sunt enim nonnulli qui praeter veterum scripta interdum recentiorum libros tamquam materiam juris in scholis introducunt et vel paratitla sua vel theses suas proponunt et explicant. Quorum ratio mihi minime probatur.

2) Kaspar Denich (Sohn Joachim D.'s, welcher 1563 in Brüssel geboren, 1590 in Ingolstadt Professor wurde; gest. 1633), in Ingolstadt 1591 geboren, 1614 Professor, 1655 emeritirt, gest. 1660. Prantl 1, 414. 421 ff.; 2, 499.

3) Es ist hier an die Promotionen zu denken, da es eigentliche Amtsexamina nicht gab.

Der Gegensatz der Lectiones publicae zu den Collegia privata bestand also, wie wir sehen, fort. Allein der Unterschied beginnt sich, wenn auch in ungleichem Schritte auf den verschiedenen Universitäten, auszugleichen. Die Richtung auf das „methodice“ dociren und die „cognitio universalis“ giebt den Lecturae eine Form, welche sich den von jeher „methodice“ geleiteten Collegia annähert; und von der andern Seite kommen diese ihnen entgegen, indem sie mehr und mehr die Dogmatik in sich aufnehmen. Die Collegia privata erhalten ihren festen Platz im Lehrplan; bald identificirt sich der Gegensatz mit bezahlten und nicht bezahlten Lehrstunden und der Sprachgebrauch beginnt sie mit den Lectiones zusammenzuwerfen[1]).

Neben diesen Reformen finden wir indeß, daß auf den beiden kursächsischen Universitäten die alte Methode amtlich festgehalten wird. In Leipzig befahl 1616 ein kurfürstliches Rescript[2]) den Professoren, „daß sie von einem Capitulo oder Lege, so nicht viel Paragraphos hat, nach Gelegenheit nicht über 1, 2 oder 3 Lectiones zubringen; auch nicht in forma Tractatuum oder Paratitlorum lesen, sondern in explicatione textuum per formationem casus seu quaestionis, propositis rationibus dubitandi et decidendi cum notabilibus aufs schleunigste fortfahren, zuvörderst der Professor Institutionum alle 4 Bücher zum längsten innerhalb 2 Jahren jedesmal gäntzlich absolviren soll“. Also zwar Beschleunigung, aber doch Ablehnung moderner Hülfsmittel. In Wittenberg[3]) wird 1624 den Professoren Jeremias Reusner und Konrad Carpzow geboten, daß sie „nicht mehr synopticos tractatus lesen, sondern

1) Prantl, Gesch. d. L.M.-Universität 1, 410. 413. — O. Tabor spricht 1637 von dem Fleiße der Straßburger Professoren „in collegiis publicis et privatis, in disputationibus et lectionibus“. Witten, Memoriae JCtor. p. 187.

2) Thomasius, ein kleiner Versuch von Annalibus etc. 1717. 4° S. 256. Hinter M. v. Ossa's Testament. Vgl. oben S. 124.

3) Cod. Augusteus 1, 973. Oben S. 124 ist nicht hervorgehoben, daß sich dieses Rescript auf Wittenberg bezieht. Stobbe 1, 29.

die textus expliciren sollen". Auch die Art, wie Wilh. Valentin Forster die „communis methodus" behandelt (S. 124), zeigt noch das Uebergewicht der alten Methode, trotz der oben (S. 655) erwähnten Theilung des Lehrstoffs nach Materien.

**4.** Mit der gesammten Richtung der Zeit steht in innerem Zusammenhange der Aufschwung, welchen die germanistischen Studien nehmen. Rechtsgelehrte sind es, denen wir ihn zu verdanken haben. Gegenüber der landläufigen Beschuldigung, daß sie kein Herz und kein Verständniß für deutsches Wesen gehabt hätten, muß mit Entschiedenheit auf die den Anklägern meist völlig unbekannte Thatsache hingewiesen werden, daß gerade Juristen es gewesen sind, welche schon im Laufe des 16. Jahrhunderts die Studien des germanischen Rechts, der deutschen Geschichte und Sprache belebten, den Sinn dafür weckten. Von Johann Sichardt's Ausgabe der leges Barbarorum, von Nikolaus Cisner's und Simon Schard's Arbeiten für die deutsche Geschichte ist oben (S. 214. 505. 509) die Rede gewesen. Sleidanus[1]), der Geschichtschreiber des Schmalkaldischen Bundes, war Jurist in Straßburg. Johann Fischart († um 1586), der geistreiche Kenner deutschen Volksthums, das er in kecker Satire vertritt, ist gleich seinem geistesverwandten Landsmann Sebastian Brant Basler Doctor juris und hat als Advocat in Speier sowie als Amtmann in Forbach juristische Praxis geübt. Mit dem steigenden Interesse wächst gegen das Ende des Jahrhunderts auch die dahin gerichtete Thätigkeit. Aeltere Arbeiten zieht man hervor; unter diesen ist Wolfg. Hunger's Linguae germanicae vindicatio (S. 503), die sein Sohn 1586 herausgab. Drei Juristen sind es endlich gewesen, welche im Beginne des 17. Jahrhunderts eine neue Epoche für die germanistischen Studien begründeten[2]). Marquard Freher, Melchior Goldast und Friedrich

1) Johann Philippson wird nach seiner Vaterstadt Schleiden in der Eifel, wo er 1506 geboren ist, genannt. Er hatte in Paris und Orleans studirt, ward 1542 Professor (?) in Straßburg, wo er am 31. Octbr. 1556 starb.

2) R. v. Raumer, Gesch. der germanischen Philologie S. 46 ff.

Lindenbrog haben durch ihre Forschungen und Sammlungen in deutscher Sprache und Geschichte, in Poesie und Recht neue Gebiete aufgeschlossen, die folgenden Zeiten haben von ihren Leistungen gezehrt, denen auch heute noch ein gewisser Werth geblieben ist.

5. Den größesten Gewinn unter allen juristischen Disciplinen hat das öffentliche Recht aus den germanistischen Studien und der veränderten Richtung der Wissenschaft gezogen, ja man darf sagen, daß die Disciplin des Staatsrechts um die Wendezeit der beiden Jahrhunderte erst entstanden ist. Noch gegen das Ende des 16. Jahrhunderts konnte Giphanius in seinen Ingolstädter Vorlesungen (Explanatio leg. diff. Codicis. Praefatio specialis) sagen, daß es herkömmlich sei, in den akademischen Vorlesungen nur das Privatrecht zu berücksichtigen. Das öffentliche Recht pflegte zwar in den Vorträgen über Aristoteles' Politik, wo sie gehalten wurden, berührt, dagegen in den juristischen, abgesehen von der kirchlichen Verfassung, nur bei Gelegenheit der jurisdictio (D. 2, 1. C. 3, 13) abgehandelt zu werden: denn nach überliefertem Sprachgebrauch ward unter diesem Wort das ganze „imperium civile", also das, was wir etwa Staatsgewalt nennen, verstanden. Und in der Erörterung hielt man sich an die Bestimmungen des römischen Rechts, unbekümmert darum, daß ihnen vielfach im deutschen Leben die thatsächlichen Voraussetzungen fehlten: denn daß das Justinianische Recht auch in seinen publicistischen Theilen Gültigkeit habe, so weit es thatsächlich anwendbar sei, war nicht zweifelhaft. Andere Stücke des öffentlichen Rechts kamen im Lehnrecht zur Sprache. Dagegen gab es für die Erörterung der Verfassung des deutschen Reichs keinen Raum im juristischen Unterricht, und nur einzelne Fragen, wie die vom dominium mundi des Kaisers, pflegten an gewissen loci ordinarii[1]) abgehandelt zu werden. Eben diese Quaestio hat den Gegenstand der frühesten staatsrechtlichen Disputation auf

---

1) Es sind folgende: l. 1 D. de constit. princ. 1, 4; l. 9 D. de l. Rhod. 14, 2; l. 1 C. de summa trin. 1, 1; Feud. 2, 53.

einer deutschen Universität gebildet, indem der Italiener Doctor Ubertus de Lampugnano sie in Prag verhandelte, als er 1385 sich als Gesandter bei König Wenzel aufhielt[1]).

In der zweiten Hälfte des 15. Jahrhunderts (1460) hatte Peter von Andlau[2]) sein dem Kaiser Friedrich III. gewidmetes Werk „de imperio Romano“ geschrieben, in welchem er den Ursprung der obrigkeitlichen Gewalt philosophisch zu begründen, die Entstehung des imperium Romanum nachzuweisen und das Verhältniß des Kaisers zum Papste durchaus im curialistischen Sinne darzustellen sucht. Es erörtert die Wahl des römischen Königs, die Rechte der sieben Kurfürsten, welche er auf eine Verfügung Papst Gregor's V. zurückführt, die Stellung des Adels und tritt endlich energisch ein für die Geltung des römischen Rechts im deutschen Reiche, indem er beklagt, daß es in den Gerichten, da sie mit Unwissenden besetzt seien, nicht zur Anwendung komme.

Es ist bezeichnend, daß diese in ihrer Art und für ihre Zeit merkwürdige Schrift mehr als 1½ Jahrhunderte unbeachtet geblieben und erst im Anfang des 17. Jahrhunderts von Marq. Freher wieder ans Licht gezogen ist[3]). Das 16. Jahrhundert vernachlässigt die theoretische Behandlung des Staatsrechts; nur wo eine bestimmte Frage durch die Ereignisse augenblicklich zu praktischer Bedeutung gelangt, wird sie in mehr oder minder

1) Hugo, Zeitschr. f. gesch. Rechtswissenschaft 1, 338 ff. Dolliner, ebendas. 2, 238 ff. Stobbe 2, 456.

2) Vgl. über ihn oben S. 34 f. Nur durch Versehen ist dort die alte Behauptung, daß er aus dem alten Adelsgeschlechte stamme, ohne Vorbehalt wiederholt. Er führt den Beinamen wohl nur nach seinem Heimatsorte. Vgl. Laband, Rede über die Bedeutung der Reception des röm. Rechts für das deutsche Staatsrecht S. 4. 1880.

3) P. de Andlo — de imperio Romano — libri duo. Curante M. Frehero. Argentor. 1603. 1612. 4°. Schon aus dem im Text angegebenen Umstande scheint mir zu folgen, daß dieser Schrift nur geringe Bedeutung für die Reception des röm. Rechts zukommt und daß aus ihr nicht die publicistische Tendenz der Reception gefolgert werden kann, in dem Sinne wie es von Laband a. a. O. geschieht.

polemischen Schriften (Deductionen) erörtert. Abgesehen von der nie aussterbenden Frage über den Umfang der kaiserlichen und päpstlichen Gewalt, welche u. A. Petrus Ravennas beim Antritt seiner Professur in Wittenberg am 3. Mai 1503 abhandelte[1]), regten die Vorgänge bei Karl's V. Wahl und Krönung Controversen an, die in Staatsschriften und namentlich auch in Consilien von H. Göden in Wittenberg und Simon Pistoris in Leipzig erörtert wurden[2]).

Die Zahl der brennenden Fragen wächst mit der Bewegung, welche die Fortschritte der Reformation in die politischen Verhältnisse hineintragen. Während Kaiser Karl V. es seiner Gesinnung gemäß liebte, sich von italienischen Rechtsgelehrten im deutschen Staatsrecht berathen zu lassen, wandten sich die protestantischen Fürsten an deutsche Juristen und Theologen, um ihr Gewissen über die Frage zu beruhigen, ob und in wie weit es ihnen gestattet sei, der Religion halber wider den Kaiser zur Gegenwehr zu schreiten[3]). Dazu gesellten sich die Fragen über Besetzung und Competenz des Reichskammergerichts und des Reichshofraths, sowie über die Machtbefugnisse der zur Landeshoheit emporstrebenden Fürstengewalt im Reich gegenüber dem Kaiser, in den Territorien sowohl den Ständen, als auch den geistlichen Personen und Gütern gegenüber. Manche Fragen staatsrechtlicher Art kamen zur Entscheidung des Kammergerichts, wenn sie zu Streitigkeiten der Unterthanen mit Reichsständen oder der Reichsstände unter einander Anlaß gegeben hatten; sie sind in der cameralistischen Literatur, namentlich in Mynsinger's und Gail's Observationen zu finden.

Für alle diese Materien des öffentlichen Rechts fehlte es der Wissenschaft an einer festen und haltbaren Theorie. Die Entscheidungsnorm suchte man im Corpus juris, als dem für das Reich geltenden Gesetzbuch, oder im kanonischen Recht und hatte kein

1) Muther, aus dem Universitäts- und Gelehrtenleben S. 70 ff.
2) Pütter, Lit. des t. Staatsrechts 1, 100—103. S. oben S. 265. 566 f.
3) Hortleder, Handlungen von Rechtmäßigkeit Bd. 1. 2.

Bedenken, auf die Autorität des Baldus gestützt, die deutschen Fürsten als praesides provinciarum, die Kurfürsten als praefecti praetorio zu behandeln und zugleich sie in ihren Territorien als principes dem Kaiser gleichzustellen, namentlich das „legibus solutus“ für sie in Anspruch zu nehmen. Wo das römische jus publicum im Stiche ließ, auch das kanonische Recht und die Libri feudorum keinen Anhalt boten, da suchte man die Entscheidung aus privatrechtlichen Grundsätzen abzuleiten, oder aus der Bibel und Aristoteles eine principielle Entscheidung zu entlehnen.

In mehreren der oben besprochenen Rechtssysteme wird dem jus publicum Beachtung geschenkt, aber ein sehr untergeordneter Platz angewiesen: und es ist eben so wenig hier wie im Corpus juris civilis selbst von Ulpian's systematischem Grundgedanken „hujus studii duae sunt positiones: publicum et privatum“ Gebrauch gemacht. So ist das öffentliche Recht von Lagus und Vultejus beiläufig in der Lehre von den Personen berührt und zwar unter dem Gesichtspunkt der potestas, welche in die publica und privata zerfällt. Eine ähnliche untergeordnete Stellung giebt ihm Vigelius in seiner Methodus; erst in seinen Digesta bildet es, Ulpian's Andeutung entsprechend, die selbständige Pars I des Systems[1]). Bei Althusius dagegen, der doch wie Einer Verständniß für die eigenthümliche Bedeutung des öffentlichen Rechts hatte, ist ihm wiederum derselbe systematische Nebenplatz unter dem Gesichtspunkt der zweiten Hauptart der potestas angewiesen; allerdings aber geht er auch in der Lehre von den Verträgen auf die societas vitae publicae, welcher der Staat sein Dasein dankt, und auf das öffentliche Mandat der Regierungsgewalt näher ein.

Eine neue Epoche für das öffentliche Recht ist eingeleitet seit dem Schlusse des 16. Jahrhunderts. Es beginnt nun sowohl im akademischen Unterricht als auch in der Literatur seinen selb-

1) Seine Instit. juris publ. libri 3 enthalten wenig Staatsrechtliches. S. oben S. 436.

ständigen Platz einzunehmen. Giphanius, der, wie erwähnt, in Ingolstadt die herkömmliche Vernachlässigung des jus publicum beklagt, erklärt, daß er es in seinen Vorträgen über den Codex besonders berücksichtigen werde, denn es sei „multis partibus splendidior et majoris momenti“ als das Privatrecht; und ihm selbst, dem gelehrten Kenner der Aristotelischen Politik, lag seine Erörterung auf dem Wege.

Bald finden wir, daß Gegenstände des öffentlichen Rechts mit besonderer Vorliebe zum Thema von Disputationen gewählt werden. In Jena hat vor Allen Domin. Arumäus († 1637) in seinen Collegia das jus publicum behandelt, und man pflegt ihn den Stammvater der akademischen Publicisten zu nennen. In Tübingen hat Chr. Besold († 1638) in ähnlicher Weise gewirkt. In Ingolstadt bezeichnen 1629 die kurfürstlichen Commissare die Errichtung eines eigenen Lehrstuhls für jus publicum als Bedürfniß, dem in glänzender Weise abgeholfen wurde, als es 1636 gelang, Chr. Besold zu gewinnen[1]). Ihm folgte Kaspar Manz († 1677). Des Arumäus berühmter Schüler, Johann Limnäus († 1663), sagt 1629 (Juris publici libri IX) bereits: „hodie in multis imperii nostri academiis juris publici professores docere novimus feliciter“ und „nunc vero singulari Dei gratia jus publicum majestati suae redditum, in dies splendorem debitum recepit“.

Die Veränderung in der Behandlung des öffentlichen Rechts ist dieselbe, welche wir auf den andern juristischen Gebieten wahrnehmen, und durch analoge Ursachen herbeigeführt. Erneute, gesteigerte Anregung empfängt sie aus der politischen Entwicklung Deutschlands, welche die beiden großen, das öffentliche Leben spaltenden Gegensätze kaiserlicher und fürstlicher Macht, katholischen und protestantischen Bekenntnisses zur höchsten Spannung getrieben hat. Die fortschreitende Zersetzung des Reichs und die

1) Prantl, Gesch. d. L.M.-Universität 1, 412. 424. 426. Leider fehlt es für andere Universitäten an den nöthigen Nachweisungen.

Consolidirung der territorialen Gewalten, die Conflicte, welche die große Krisis des 17. Jahrhunderts vorbereiten, drängen zur Beantwortung fundamentaler Fragen. Und indem sie die Aufmerksamkeit auf die realen Verhältnisse der Gegenwart und ihre geschichtlichen Gründe mit einer bisher dem Gelehrten auf diesem Gebiet ungewohnten Spannung hinlenken, führt sowohl das historische Studium, wie die Beobachtung der Wirklichkeit der theoretischen Behandlung staatsrechtlicher Materien die Fülle neuen Stoffes zu. Sie empfängt durch ihn eine andere Gestalt, indem man zunächst versucht, die alten dem Aristoteles und dem römischen Recht entlehnten Begriffe mit dem neuen Stoff in Verbindung zu setzen, dann aber diesem neue Gesichtspunkte abzugewinnen lernt.

In engster Beziehung zum öffentlichen Recht, seine Ausbildung wesentlich fördernd, stehen die in dieser Zeit ernstlicher gepflegten Wissenschaften der Politik und der politischen Oekonomie. Der Uebergang von dem einen Gebiet in das andere ist ein fast unmerklicher, weshalb wir alle drei oft gemeinsam behandelt finden. So ist es u. A. der Fall in dem großen Werke J. Bodin's (de la République. 1576), welches seit 1591 in lateinischer Uebersetzung in Deutschland verbreitet war. In Deutschland sind schon M. v. Ossa, später Hippol. a Collibus und Georg Obrecht zu nennen; an der Spitze der politischen Schriftsteller aber stehen seit dem Anfang des 17. Jahrhunderts Johann Althusius und Christoph Besold. Wir dürfen unsere Darstellung auf diese Gebiete nicht ausdehnen[1]). Nur darauf möge hingewiesen werden, daß sich auf den Gebieten der Politik und politischen Oekonomie dasselbe Bemühen zeigt, mit den über-

---

1) In Bluntschli's Gesch. d. allgem. Staatsrechts und der Politik 1864 sind die hier genannten deutschen Schriftsteller nicht berücksichtigt; dagegen behandelt sie Roscher, Gesch. d. Nationalökonomik S. 112 f. 144 f. 151 ff. 195 ff. Dazu kommt jetzt das schon oben genannte gründliche Werk von Gierke, Joh. Althusius und die Entwicklung der naturrechtlichen Staatstheorien. 1880.

lieferten, meistens dem Aristoteles entlehnten philosophischen Gesichtspunkten die Betrachtung der historischen und in der Gegenwart gegebenen Thatsachen und Bedürfnisse zu verbinden.

Die Literatur des öffentlichen Rechts bewegt sich zunächst in der Form der Disputationen, Abhandlungen und Staatsschriften (Deductionen), welche bald durch brennende praktische Fragen veranlaßt, bald mehr in theoretischem Interesse verfaßt werden. Die massenhafte Production giebt den Anlaß, sie in Sammlungen zusammenzustellen[1]), unter denen die des Arumäus die bedeutendste ist.

In dieser Sammlung findet sich eine ausführliche Abhandlung von Daniel Otto[2]) de jure publico Rom. Imp. (Jen. 1616), welche als das erste staatsrechtliche Compendium betrachtet wird. Dieses Compendium, welches Limnäus († 1663) später mit Anmerkungen begleitete, verdient Beachtung, weil darin zuerst die systematische Methode in Anwendung auf das Staatsrecht durchgeführt ist. Seine Form gleicht derjenigen, welche durch Treutler's Disputationen in der akademischen Behandlung des Privatrechts zur Geltung gekommen war: der Lehrstoff ist in kurze Thesen nach definitio, divisio, causae, cognata u. s. w. in ramistischer Art gegliedert, denen dann in der Form von Anmerkungen, Erläuterungen, Beweise und Quästionen hinzugefügt sind. So wird z. B. in Cap. XI (vol. V p. 131 s.) an das

1) C. Biermannus, Jus publicum S. R. J. Vol. 1—3. Francof. 1614—1618. 4°. Nucleus discursuum hactenus in jure publ. editorum Giessae (Hampelius) 1621. 4°. Vor allem D. Arumaeus, Discursus academici de jure publico. Vol. 1—5. Jenae 1617—1623. 4°. Nur zum kleineren Theil sind diese Abhandlungen von A. selbst. Auch seine Jenenser Collegen haben Beiträge geliefert; manche rühren von A.'s Schülern her.

2) Ueber Otto's persönliche Verhältnisse wissen wir nur wenig. Er nennt sich Oringensis, ist also aus Oehringen, und J. U. D. Er soll seit 1606 in Jena studirt und 1616 dort das philosophische Decanat bekleidet haben. Bei Zeumer ist er nicht zu finden. Moser, Bibl. jur. publ. S. 229 f. Pütter, Lit. d. Staatsrechts 1, 170 f. Ob dieser „Discursus — methodice conscriptus“ seine juristische Inauguraldissertation gewesen, lasse ich dahingestellt. Sie findet sich in Arumäus' Sammlung Vol. V No. 2 Bl. 41—217, füllt also, da nur die Blätter numerirt sind, 352 Quartseiten.

foedus, dessen Zweck defensio ist, die Frage geknüpft, ob die Reichsstände zur Vertheidigung der Religion Bündnisse gegen den Kaiser eingehen dürfen? Sie wird bejaht, weil 1. magistratus jurisdictionis terminus excedens pro privato habetur, dies sei aber der Fall, wenn der Kaiser in Religionssachen einen Zwang ausübe, da er auch die reformirte Religion zu schützen geschworen habe; 2. weil der Kaiser den Reichsständen bei der Belehnung zugleich den Schutz ihrer Kirchen einräume. Dann wird speciell auf den Schmalkaldischen Bund eingegangen.

In ähnlicher Weise werden andere unmittelbar praktische Fragen des öffentlichen Rechts ausführlich erörtert. Die Beweisführung stützt sich überall auf das römische und kanonische Recht, auf Reichsgesetze, theologische und juristische Autoritäten; die Literatur älterer und neuerer Zeit ist ausgiebig benutzt.

Jena ist durch Arumäus Sitz und Pflanzschule der deutschen Publicistik geworden, aus der Johann Limnäus hervorging, den wir in der folgenden Periode besprechen werden. Schüler und Collegen des Arumäus haben zu seiner Sammlung des Discursus academici in jure publico Beiträge geliefert, und man sieht aus den Namen, wie lebhaft jetzt das Interesse an den Fragen des öffentlichen Rechts dort erregt war. Unter den Mitarbeitern erscheint auch der Jenenser Professor der Geschichte Quirinus Cubach (geb. in Roßla 1589, gest. in Jena 1624), der ein selbständiges Compendium unter dem Titel Jurisprudentiae germano publicae h. e. constitutionum imperii — compendiose et methodice digestarum liber I et II (Erford. 1617. 12°) herausgab, in welchem er seine Grundsätze hauptsächlich auf die heimischen Quellen zu gründen suchte[1]). Neben ihm ist Georg Brautlacht zu nennen, ein Westfale, der in Jena Vorlesungen gehalten hat. In seiner Epitome jurisprudentiae publicae (Jenae 1621. 12°. 1671. 12°) nimmt er für sich in Anspruch, daß er zuerst „omnes materias, quae sub jurisprudentiae publicae

1) Theile dieses Werks finden sich auch in Arumäus' Sammlung Vol. 2. Moser, Bibl. jur. publ. S. 627 f.

jamjam renascentis nomine et methodo pertractandae sunt" zusammengefaßt habe[1]) — ein Anspruch, der doch Daniel Otto gegenüber kaum als begründet anerkannt werden kann.

Die publicistischen Studien beschränkten sich indeß keineswegs auf den Kreis, dessen Mittelpunkt Jena war. In Marburg hatte Regner Sixtinus eine Vorlesung de regalibus gehalten, welche, nachdem er 1591 seine Professur niedergelegt hatte, 1602 ohne seinen Willen nach einem Collegienhefte publicirt wurde. Als hessischer Geheimer Rath hat er sie dann gänzlich umgearbeitet und (Cass. 1609. 4°. Francof. 1617. 8°) herausgegeben. Außerdem sind die Schriften Paurmeister's[2]) de jurisdictione (Hanov. 1608. 4°) und Stephani's de jurisdictione (Francof. 1611. 4°) zu nennen. Alle drei knüpfen ihre Erörterung noch an die alten Schulbegriffe der regalia und der jurisdictio an; Sixtinus geht von F. 2, 56 de regalibus aus; Paurmeister und Stephani lehnen sich an D. 2, 1 de jurisdictione[3]). Wie das Werk des Bultejus de jurisdictione zu den staatsrechtlichen Streitschriften des G. Antonius in Gießen (1607—1610) Veranlassung gab, ist oben (S. 462 f.) berichtet.

**II.** Einzelne Rechtsgelehrte. — Wir stellen im Folgenden die bedeutendsten Juristen zusammen, deren Lebenszeit das Jahr 1650 nicht überschreitet. Diese zunächst nur durch äußere Gründe motivirte Grenzbestimmung findet ihre Rechtfertigung darin, daß diejenigen Persönlichkeiten, welche der folgenden Zeit ihren Charakter geben, diese Zeitgrenze überlebt

---

1) Vgl. Moser, Bibl. jur. publ. S. 222 f.

2) Tobias Paurmeister, zu Kochstädt bei Halberstadt 1553 geboren, ist Professor in Freiburg gewesen, dann Syndicus des Domcapitels zu Halberstadt, Kanzler des Herzogs von Braunschweig, kaiserl. Rath und Pfalzgraf. Er starb am 17. August 1608. Diese Lebensumstände giebt Jöcher an nach Reinmann, Histor. lit. Bei Schreiber, Gesch. d. Univers. Freiburg ist nur (2, 367) seine Promotion am 19. Septbr. 1581 erwähnt.

3) Wie und in welchem Umfange die staatsrechtlichen Schriftsteller dieser Zeit durch die politische Doctrin des Althusius bestimmt sind, zeigt Gierke, Joh. Althusius S. 164 ff.

haben, wenn auch ihr Wirken schon längere Zeit vorher bemerklich ist. Wir gruppiren die Personen nach den Universitäten, an welchen sie die längste Zeit als Lehrer thätig gewesen sind, und besprechen am Schluß einige Praktiker, welche als Schriftsteller Hervorragendes geleistet haben, ohne Rücksicht darauf, ob ihre literarische Richtung der Praxis zugewendet ist.

1. Freiburg. — Friedrich Martini aus Hainstadt in Franken war von 1573 bis 1579 Professor der Philosophie in Ingolstadt, trat dann zur juristischen Facultät über, las zunächst über Civilrecht, übernahm 1582 das kanonische Recht und folgte 1589 einer Berufung nach Freiburg. Die ihm 1592 vom schwäbischen Kreise mit der üblichen Besoldung von 500 Gulden angetragene Assessur am Reichskammergericht lehnte er ab, erhielt in demselben Jahre die erste Professur des kanonischen Rechts, welche er bis zu seinem Tode 1630 bekleidete. Neunmal hat er das Rectorat verwaltet, ist auch sonst in den Geschäften der Universität vielfach thätig gewesen. Als Beweis des Ansehens, dessen er sich zu erfreuen hatte, mag erwähnt werden, daß die Universität seinem Sohne Dr. Friedrich Martini d. J. einen silbernen Pokal zum Hochzeitsgeschenk (1611) verehrte und ihm sogar aus Rücksicht für seinen Vater 1615 „die Institutiones imperiales übertrug; obgleich er übel qualificirt und vorauszusehen war, daß er der Universität schlechten Ruhm bringen werde". In der That mußte die Professur bald einem Andern übertragen werden [1]).

2. Straßburg. — 1. Georg Obrecht [2]), am 25. März 1547 in Straßburg, wo sein Vater Syndicus der Stadt war,

1) Seine Schriften, meistens Dissertationen sowohl civilistischen wie kanonistischen Inhalts, verzeichnen Mederer, Ann. Ingolst. 2, 150. Kobolt, bayr. Gelehrtenlexikon S. 433. Nachtr. S. 198. 371. Schulte 3, 1, 131 f. Vgl. außerdem Schreiber, Gesch. d. Univers. Freiburg 2, 367 f. Prantl 1, 256 f. 314. 335; 2, 493.

2) Marcus Florus, oratio parentalis. Danach Adami Vitae p. 454 s. Sincerus, Vitae 1, 92 ff. Jöcher. Roscher, Gesch. d. Nationalökonomik S. 151 f. und in den histor.-philolog. Abhandlungen d. kgl. sächs.

geboren, machte seine ersten Studien in seiner Vaterstadt und in Tübingen, ging dann 1570 nach Frankreich, um sie in Dôle, Besançon, Paris und Orleans fortzusetzen. Nur mit Lebensgefahr entkam er den Verfolgungen, welche 1572 nach der Pariser Bluthochzeit über die Protestanten hereinbrachen; die werthvolle Bibliothek, die er in Frankreich gesammelt hatte, ging ihm verloren. Heimgekehrt soll er vorübergehend den Plan gehegt haben, sich von der gelehrten Laufbahn der militärischen zuzuwenden. Indeß blieb er seinem Berufe treu, ging nach Basel, wo er am 13. Mai 1574 zum Doctor promovirt wurde, und erhielt im folgenden Jahre die juristische Professur in seiner Vaterstadt, welche er 37 Jahre lang bekleidet hat. 1577 ward er Canonicus, 1589 Propst bei St. Thomas; 1595 war er Rector der Akademie und übernahm 1598 die Stelle eines Advocaten und Consulenten der Stadt. 1604 erhielt er von Kaiser Rudolf II. den erblichen Adel, 1607 die Pfalzgrafenwürde. Berufungen als Professor nach Heidelberg und Helmstädt, eben so die ihm 1583 vom Kurfürst Ludwig von der Pfalz angetragene Assessur am Kammergericht (als Cisner's Nachfolger) lehnte er ab. Hoch angesehen starb er in seiner Vaterstadt am 7. Juni 1612. In erster Ehe mit einer Tochter des Theologen Marbach vermählt, war er ein Schwager des Giphanius (S. 406).

Bei seinen Lebzeiten hat Obrecht nur kleinere Schriften drucken lassen; es sind Disputationes und Tractatus. Einzelnes ist gegen seinen Willen nach seinem Dictat herausgegeben, so Disputationes. Ursellis 1604. 4⁰. Tractatus feudalis. Francof. 1606. 8⁰ [1]). Unter jenen ist die Methodica tractatio tit. C. et D. d. adquir. poss. in tres partes atque disputationes distincta (zuerst Argent. 1580) „eine sehr brauchbare Schrift,

Gesellschaft 4, 277 ff. (1865). Walther, d. Lit. d. Civilprocesses § 170. de Wal, Beiträge S. 77.

1) Dieser von J. J. Porsius als Theil der Cynosura juris feudalis gedruckte Tractat ist nach der Erklärung des Sohns J. Th. Obrecht gar nicht von seinem Vater verfaßt.

sowohl wegen der leichten, natürlichen Anordnung, als wegen der richtigen Ansichten, die dabei zum Grunde liegen" (Savigny, Recht des Besitzes 7. Aufl. S. 11).

Oeconomia tit. C. et D. de transactionibus. Argent. 1579. 4°.

Eine systematische Abhandlung über den Vergleich in 7 Kapiteln.

Exercitium juris practicum, studia et opera St. Berchtoldi[1]) u. j. candidati editum. Argent. 1585. 4°.

Ein dramatisirter Proceß, in welchem die a. commodati verhandelt wird. Mit Einwilligung Obrecht's publicirt ihn Berchtold, und der Rector Melchior Junius lädt die Studirenden durch Programm ein, der Aufführung des processualen Exercitiums am Tage nach Georgi Morgens 8 Uhr beizuwohnen, wobei die Vertheilung der Rollen angegeben wird.

Dies Exercitium ist 1597 wieder gedruckt und ein zweites hinzugefügt: de poena militis qui excubias in castro parum diligenter egit, welches am Johannistage 1597 Morgens 8 Uhr im „neuen Auditorium" von 21 namhaft gemachten (meistens norddeutschen) Studenten mit vertheilten Rollen aufgeführt werden sollte.

Auch ein Exercitium juris antiqui ad intellectum l. un. C. de pedaneis judicibus hat Obrecht (1585?) verfaßt, in welchem der altrömische Proceß mit in jus vocatio und Trennung des Verfahrens in jure und in judicio dramatisirt ist. Auch dieses Drama ist aufgeführt worden. Eine neue Ausgabe mit erläuternden Anmerkungen veranstaltete Imm. Weber Gissae et Francof. 1722. 8°[2]).

Tractatus de necessaria defensione. Argent. 1604. 4°.

Tractatus methodici tres de concipiendis et formandis libellis; de litis contestatione; de jurejurando calumniae. Argent. 1604. 4°.

---

1) Stephan Berchtold ist bekannt durch eine Schrift de judiciis et processu judiciario. Basil. 1586. 4°.

2) Alle drei Exercitia scheinen öfter gedruckt zu sein; sie werden aber in den literarischen Angaben gewöhnlich nicht unterschieden. Eines derselben ist noch am 19. Januar 1737 zu Rostock von 13 Studenten, Schülern des Professor Mantzel, in dessen Hause aufgeführt worden. de Wal, Beiträge S. 77.

Nach seinem Tode hat sein Sohn Joh. Thomas Obrecht (JCtus, comes palatinus) zwei größere Werke seines Vaters, dessen letztem Willen entsprechend, mit Druckerprivileg und Vorreden (Dedicationen) publicirt. Es sind neue ausführlichere Bearbeitungen von Abhandlungen, welche schon früher, zum Theil gegen Obrecht's Willen, herausgegeben waren.

Tractatus feudalis. Argent. 1617. 4°.
Tractatus de jurisdictione. Argent. 1617. (Titelausgabe 1618.) 4°.

In demselben Jahre erschienen bei demselben Verleger

Tractatus de juramento calumniae. Argent. 1617. 4°.
Tractatus de litis contest. Argent. 1617. 4°.

Obgleich Joh. Thomas Obrecht gleich nach dem Tode seines Vaters ein kaiserliches Privileg für dessen Schriften erlangt hatte, erschien doch ohne seine Erlaubniß

Oeconomia Institutionum Obrechtiana. Rostoch. 1617. 4°,

die er für incorrect erklärt.

Fünf unterschiedliche Secreta Politica von Anstellung, Erhaltung und Vermehrung guter Policey und von billicher, rechtmäßiger und nothwendiger Erhöhung eines Regenten jährlichen Gefällen und Einkommen. Straßburg 1644. 4°.

Joh. Th. Obrecht hatte diese, zu verschiedenen Zeiten verfaßten, der politischen Oekonomie angehörenden Abhandlungen seines Vaters schon 1617 „sub secreto" drucken lassen. Sie sind dann 1644 in den Buchhandel gekommen [1]).

Eine größere Zahl Obrecht'scher Schriften verzeichnen Lipenius und Adam, darunter Oeconomia juris universi und Topica legalis.

Durch Giphanius', Gothofredus' und Obrecht's Lehrthätigkeit ist die Straßburger Facultät zu hoher Geltung gelangt, die sich unter ihren Schülern und Nachfolgern J. Meier, Bitsch und Lokamer erhält und von Otto Tabor in die folgende Periode übertragen wird. Aus den Mitgliederverzeichnissen der Collegia ersehen wir, daß Studirende aus weiter Ferne sich in Straßburg sammelten und namentlich die vornehmen Stände des nördlichen

---

1) Eingehend bespricht sie Roscher, Gesch. d. Nationalökonomik S. 151 ff.

Deutschlands ihren Zug dahin hatten. In den Stürmen des großen Krieges bot Straßburg eine verhältnißmäßig gesicherte Stätte für die Pflege der Wissenschaft. Gothofredus kehrte 1621 als Flüchtling von Heidelberg dahin zurück und starb im Hause seines Freundes Bernegger 1622.

Die Lehrart, welche hier in den Collegia gepflegt wurde, bildet nach den uns vorliegenden Aeußerungen und directen Zeugnissen einen Gegensatz zur rein exegetischen Behandlung der Quellen einerseits und zur dogmatischen Darstellung nach Compendien andrerseits. Die Schüler werden zur selbstthätigen systematischen Bearbeitung der Quellen herangezogen, die Ergebnisse in Examinatorien erörtert. Dabei ist es bemerkenswerth, daß das gelehrte und theoretische Interesse im Vordergrunde steht und viel weniger als z. B. in Tübingen die praktische Richtung zur Geltung kommt. Während J. Meier zugleich als Schriftsteller sich hervorragende Geltung erworben hat, sind die literarischen Leistungen von Bitsch und Lokamer untergeordnet[1]).

2. Justus Meier[2]) (Meyer) ist in Nymwegen am 1. August 1566 geboren. Sein Vater Jesaias Meier stammte aus Goslar und war Münzmeister, seine Mutter die Tochter eines Nymwegener Bürgers. Als er kaum 3 Jahre alt war, mußten seine Eltern vor Alba's Verfolgung der Protestanten fliehen. Sie kamen nach Goslar, dann nach Ober-Ursel, wo der Vater 1570 eine Anstellung als Münzmeister bei dem Grafen von Stollberg und Königsstein fand, kehrten noch einmal nach Nymwegen zurück, mußten abermals fliehen und zogen dann in

---

1) Beide zusammen hat Otto Tabor am 21. Septbr. 1637 in einer gehaltreichen Gedächtnißrede gefeiert, der wir bei ihren Biographien folgen. Vgl. Witten, Memoriae p. 171—198.

2) Joh. Monachus, christliche Leichpredig bey der Begräbniß 2c. Straßburg 1622. 4°. Rector Argentinensis Academ. M. Berneggerus civibus Academicis. Leichenprogramm v. 9. August 1622. 4°. C. Bitsch, oratio parentalis de vita et obitu D. J. Meieri habita Argent. 15 Mart. 1623. Argent. 1623. 4°. Piae lachrymae. Argent. 1622. 4°. Epicedion et piae lachrymae — quas fudit J. C. Meurer Holsatus J. U. D. Argent. 1622. 4°.

raschem Wechsel des Domicils nach Friedberg in der Wetterau, Köln und Emmerich. 1577 nahm ihn ein Verwandter, Kellermann, zu sich nach Ober-Ursel; 1580, als Kellermann nach Pfalzburg gezogen war, ward Justus auf seinen Wunsch auf das Gymnasium in Straßburg gebracht, lebte im Hause eines Münzmeisters, mußte aber dann zwei Jahre im Dienste seines Pflegevaters Kellermann in Pfalzburg zubringen. Endlich 1584 erreichte das unstäte Leben ein Ende, da die Verhältnisse der Familie sich günstiger gestaltet hatten. Er kam nach Straßburg in das Haus des Diaconus M. Nikolaus Florus und konnte nun ohne Unterbrechung seine Gymnasialstudien fortsetzen. 1585 ward er gleichzeitig mit Hieronymus Treutler zum Baccalaureus, 1587 zum Magister promovirt. Dann wandte er sich zur Jurisprudenz, ward Obrecht's Schüler und ging nach Helmstädt, um unter Borcholten seine Studien fortzusetzen. Ungünstige Veränderungen seiner Vermögensverhältnisse nöthigten ihn 1593 zur Rückkehr nach Straßburg, wo er im folgenden Jahre als Hofmeister junger Adliger eine Stellung fand, welche ihm die Vollendung seiner juristischen Studien unter Obrecht und dem inzwischen berufenen Dionys Gothofredus ermöglichte. Mit Erlaubniß der Facultät hielt er nun Collegia privata, an denen 1600 auch Kaspar Bitsch theilnahm, entschloß sich aber 1601 mit vier jungen Adligen nach Frankreich zu reisen. Er besuchte Angers, lebte 1602 und 1603 mit Bitsch zusammen in Poitiers, ging dann nach Orleans, wo sein Zögling Ludwig von Fleckenstein 1603 Procurator der mit königlichen Privilegien ausgerüsteten deutschen Nation ward, als deren Quästor Meier im Jahre 1604 fungirte. Im November 1604 kehrte er nach Straßburg zurück und erhielt, nachdem er am 2. Januar 1605 in Basel den Doctorgrad erworben, die Professur der Institutionen. In den folgenden Jahren wurden ihm die Aemter eines Syndicus, des Visitators der Akademie, ein Canonicat bei St. Thomas, das Decanat der philosophischen Facultät, das Rectorat übertragen. 1612 erhielt er die zweite Professur der Pandekten und stieg endlich zum

Seniorat und 1619 zur ersten juristischen Professur (des Codex und Lehnrechts) auf. Als 1621 die Akademie durch kaiserliches Privilegium zur Universität erhoben wurde, war er als Decan der juristischen Facultät der Erste, welcher das neu erworbene Recht der Doctorpromotion ausübte. Er starb am 7. August 1622.

Im Jahre 1607 hatte er sich mit Sara Pilgram, der Tochter eines wohlhabenden Antwerpener Bürgers, der nach Nürnberg gezogen war, verheirathet. Seine Frau und zwei Kinder überlebten ihn. Von früh auf hatte er unter körperlicher Schwäche und Kränklichkeit zu leiden; die letzten 10 Jahre seines Lebens quälte und lähmte ihn die Gicht; nur mit Aufwand aller Kraft konnte er in seinem Hause Collegien halten, deren Mitglieder sich oft um sein Schmerzenslager versammeln mußten; um den Act der Promotion vollziehen zu können, ließ er sich auf das Katheder tragen. Trotz dieser Schwäche ist seine Wirksamkeit als Lehrer von ungewöhnlicher Bedeutung gewesen. Mit der Praxis hat Meier sich wenig beschäftigt.

Sein bedeutendstes Werk ist sein Collegium Argentoratense, welches zuerst unter dem Titel Pandectae sive Collegium juridicum Argentoratense (2 Tomi. 4°. Argent. 1616. 1617) erschien, dann von D. Tabor unter Mitwirkung seines Schülers Joh. Bechtold mit umfänglichen Zusätzen unter dem Titel J. Meieri Collegium Argentoratense totius jurisprudentiae absolutum systema exhibens (Argent. 1657. 3 vol. 4°) herausgegeben ist.

Ueber den Plan und die Entstehung dieses umfänglichen Werks giebt Meier in den Vorreden ausführliche Rechenschaft.

Seine Absicht ist es, im Gegensatz zu der überhandnehmenden compendiarischen Behandlung, auf eine gründliche Kenntniß der Quellen hinzuwirken, aber methodische Behandlung und systematisches Verständniß des Stoffs damit zu verbinden. Er hat auserwählte Schüler zu einem Collegium vereinigt und jedem successive ein oder mehrere Bücher der Pandekten zum Excerpiren zugetheilt. Aus jeder Lex, so war seine Anweisung, soll die „medulla“ ausgezogen werden, der die Parallelstellen beizufügen sind; dann ist das Material „methodice“ zu ordnen und zwar nach der als vorzüglich anerkannten und einzig richtigen Methodus causarum, wie sie von Wesenbeck und schon früher von Oldendorp befolgt sei. Wenn man einwendet, daß diese Arbeit überflüssig sei, da man sich ja z. B. der Treutler'schen Disputationen bedienen könne, so ist dagegen zu bemerken, daß Niemand ein tüchtiger Jurist werden könne, wenn er seine Kenntniß nur aus Compendien schöpfe.

Die so unter seiner Leitung entstandenen Arbeiten seiner Schüler hat Meier revidirt, überarbeitet und zusammengestellt; bei jedem Buch ist aber der Name des ersten Bearbeiters angegeben. Das Ganze ist ein ungemein reichhaltiges, wohlgeordnetes „System“ nach der Pandektenordnung, bei dem die rubricae der tituli freilich nur noch die Bedeutung behalten haben, das Thema im Allgemeinen anzugeben.

Endoxa Justinianea s. disputationes apologeticae pro juris civilis dignitate. Argent. 1611. 1612. 4°.

Quaestio juris publici, sintne Protestantes jure caesareo haeretici etc. contra Gasparis Schoppii classicum. Argent. 1621. 4°.

3. Kaspar Bitsch, von geringer Herkunft, am 5. April 1579 in Hagenau geboren, kam 1596 nach Straßburg, hörte bei D. Gothofredus und Obrecht, war J. Meier's Studiengenosse und später sein Schüler. 1600 ward er Erzieher des jungen Grafen von Solms-Laubach, dann Begleiter der jungen Herren von Kronbergk, mit denen er Marburg besuchte und 1602 nach Frankreich reiste, wo er, wie oben erwähnt, mit J. Meier zusammentraf. 1604 kehrte er nach Straßburg zurück, ward 1608 Professor der Geschichte und las über Sueton. Am 7. Juni 1608 erwarb er sich den juristischen Doctorgrad in Basel und verheirathete sich in demselben Jahre. 1613 Professor der Institutionen, 1617 Professor der Pandekten, 1621 Professor des Codex und des Lehnrechts. Nachdem er schon 1612 Canonicus bei St. Thomas geworden, erhielt er 1624 die Präpositur. Dreimal hat er das Rectorat bekleidet. Er starb am 2. December 1636.

Bei seinen Lebzeiten sind nur kleine Schriften, namentlich Disputationen, von ihm herausgegeben.

Decas casuum pro amico. Argent. 1670. 4°.

Commentarius in usus feudorum. Argent. 1673. 4°.

Er war ein eifriger Sammler und besaß eine bedeutende Bibliothek. Seine Annotationes zu Wehner's Thesaurus finden sich in der Schilter'schen Ausgabe von 1701. Seinem Lehrer und Freunde J. Meier hat er die obengenannte Gedächtnißrede gehalten.

4. Georg David Lokamer ist in Landau um 1588 als Sohn des gelehrten Pastors M. Georg Lokamer geboren. Er kam 1608 nach Straßburg, war Obrecht's und Meier's Schüler. Im Collegium des Letzteren bearbeitete er das 5. Buch und zum Theil das 28. Buch der Pandekten. Um 1615 etwa ging er als Begleiter junger Leute auf Reisen, besuchte Wittenberg, Leipzig, Gießen, das nördliche Deutschland und Dänemark. 1618 in Heidelberg promovirt, ward er bald darauf Professor in Straßburg. Er starb am 26. April 1637. Außer zahlreichen Disputationen sind von ihm publicirt

Centuria quaestionum criminalium. Argent. 1623. 4°.

Annotationes in Justin. institutionum libri IV. Rost. 1632. Argent. 1634. 12°.

Quaestiones Justinianeae. Argent. 1634. 8°. 1658. 12°.

Quaestiones Justin. et feudales. Argent. 1659. 8°.

3. Heidelberg. — 1. Marquard Freher[1]) ist am 25. Juli 1565 in Augsburg geboren. Sein gleichnamiger Vater lebte hier als angesehener Rechtsgelehrter, trat später in pfälzische Dienste und starb als Kanzler des Kurfürsten Casimir von der Pfalz. Der Sohn studirte die Rechte in Altdorf und in Bourges, wo er 1585 von Cujas zum Licentiaten promovirt wurde. Von 1596 bis 1598 bekleidete er in Heidelberg die durch Pacius'

1) Adami Vitae JCtor. p. 216 s. P. Freher (sein Neffe), Theatrum p. 1002. Pütter, Lit. d. Staatsrechts 1, 190. Hautz, Gesch. d. Univers. Heidelberg 2, 146. 148. K. v. Raumer, Gesch. d. Philologie S. 50 f. A. d. B. 7, 334 f. (Wegele). Ein Verzeichniß seiner Schriften giebt Jöcher.

Abgang (s. oben S. 390 f.) vacant gewordene Professur. Schon im ersten Jahr ward seine Lehrthätigkeit durch die sog. Pest unterbrochen; die Universität löste sich auf, Freher ging nach Köln. Und bald darauf zog ihn Kurfürst Friedrich IV. als Rath in seinen unmittelbaren Dienst, um ihn zu diplomatischen Missionen und zur Ausarbeitung staatsrechtlicher Deductionen zu verwenden. Später ward er zum Vicepräsidenten des Hofgerichts ernannt und vom Kurfürsten mit dem heimgefallenen Lehngute Luststadt belehnt. Er starb am 13. Mai 1614 in Heidelberg, erst 49 Jahre alt. Mit unermüdlichem Fleiße hat Freher, der die vielseitigsten Kenntnisse und gründliche Gelehrsamkeit[1]) mit künstlerischer Begabung und der feinen Bildung des Weltmanns verband, dem Studium des deutschen Rechts und der deutschen Geschichte die Muße gewidmet, welche seine zersplitternden Amtspflichten ihm ließen. Seine Origines Palatinae sind als ein auf urkundlichem Material beruhendes wichtiges Geschichtswerk anerkannt. Als Herausgeber der Scriptores rerum Germanicarum (denen ein „Directorium" d. h. von ihm zusammengestelltes Verzeichniß der deutschen Geschichtschreiber beigefügt ist), der opera Trithemii, der Schrift Peter von Andlau's de imperio Romano (cum notis Strassburg. 1603. 4°), sowie durch seine Untersuchungen über die Fehmgerichte[2]) hat er sich bleibende Verdienste erworben. Seine historischen Arbeiten haben ihn auf das Gebiet der altgermanischen Sprachdenkmale geführt, und einige der wichtigsten unter den kleineren derselben verdanken ihm ihre Herausgabe[3]).

Unter seinen staatsrechtlichen Arbeiten ist hervorzuheben seine Abhandlung de legitima tutela curaque electorali Palatina. Heidelb. 1611. 4°, welche den alten Streit über die Kurwürde zwischen den Pfalzgrafen am Rhein und den Herzögen von

1) Mit Jos. Scaliger stand er in literarischem Briefwechsel. Bernays, Scaliger S. 184 f.

2) De secretis judiciis olim in Westphalia — usitatis, postea abolitis Commentariolus. Heidelb. 1599.

3) R. v. Raumer, Gesch. d. german. Philologie S. 51.

Bayern literarisch wieder anregte und zu einem lebhaften Schriftwechsel zwischen Freher und dem bayrischen Archivar und Historiographen Christoph Gewold (geb. um 1560—1565 in Amberg, gest. 1621 in Ingolstadt) Veranlassung gab[1]).

Aber auch im Civilrecht ist Freher schriftstellerisch thätig gewesen. Mit dem gelehrten Leunclavius stand er in freundschaftlicher Verbindung und gab dessen Jus graeco-romanum „cum auctario" Francof. 1596. 2 vol. fol. heraus. Kleinere Abhandlungen civilistischen Inhalts sind bei Otto Thesaurus (I, 853; IV, 365; V, 529) zu finden. Unter diesen wird die Schrift Parergorum s. verisimilium libri duo (Otto I, 853) als opus posthumum bezeichnet, während die übrigen, wie auch die Abhandlung de existimatione acquirenda Basil. 1591. 8° seinen früheren Zeiten angehören.

2. Johann Kahl[2]) (Calvus, Calvinus), aus Wetter bei Marburg, studirte 1571 in Marburg, 1576 unter Donellus in Heidelberg und war hier von 1595 bis 1614 Professor der Jurisprudenz neben Freher und Gothofredus.

Sein bedeutendstes Werk ist das voluminöse Lexicon juridicum (magnum) juris caesarei simul et canonici, feudalis item, civilis, criminalis, theoretici ac practici — penus. Francof. 1600. 1610. fol. Nach seinem Tode öfter aufgelegt, Francof. 1669. 1683. Genev. 1653. 1689. 1734. fol. Gothofredus und Vultejus, Kahl's specieller Landsmann, führten dies Werk mit Vorreden beim Publikum ein. Der Letztere rühmt, daß Kahl die Arbeit durchgeführt habe, welche er selbst längst für wünschenswerth gehalten: die Werke der Vorgänger Spiegel, Olden-

1) A. d. B. 9, 131 ff. (v. Oefele). Die Streitschriften sind gesammelt bei Oelhofen, Repraesentatio reipublicae Rom. German. Norimb. 1657. 4°. Buder p. 764. Pütter, Lit. d. Staatsrechts 2, 239.

2) Dirksen, System der jurist. Lexikographie S. 45 f. Walther, Lit. d. Civilprocesses § 173. de Wal, Beiträge S. 78. Stölzel, Entwicklung des gel. Richterthums 1, 114 Note 8. Nach Hautz, Gesch. d. Univers. Heidelberg 1, 146 wäre K. erst seit 1605 Professor gewesen. Allein er legt sich diesen Titel schon früher bei. A. d. B. 3, 715 f. (Steffenhagen).

dorp, Hotomanus, Pratejus, Schard und des vor Allen zu rühmenden Brissonius zu einem neuen zu verbinden, damit auf diese Weise das eine durch das andere ergänzt werde. Das Werk kann denn auch nicht den Anspruch machen, mehr als Compilation zu sein. Es beschränkt sich nicht wie das des Brissonius auf Feststellung der Terminologie, sondern ist ein juristisches Reallexikon, das an kritischer Sorgfalt Vieles zu wünschen übrig läßt[1]).

3. Dionysius Gothofredus wirkte als Lehrer in Heidelberg von 1604 bis 1621 (s. oben S. 386 ff.).

4. Reiner Bachoff[2]) von Echt (Bachovius ab Echt), im Jahre 1575 in Leipzig geboren, aus einer Kölner Patricierfamilie stammend, der 1683 der Reichsadel verliehen wurde, ist der Sohn des gleichnamigen gelehrten Kaufmanns, der sich in Leipzig niedergelassen hatte und dort Mitglied des Raths, des Schöppenstuhls und Bürgermeister wurde. Als Calvinist verlor er 1591 sein Amt und mußte 1593 fliehen. Er ging nach Zerbst, dann nach Heidelberg, wo er 1614 starb. Ueber die Jugend und den Bildungsgang des Sohnes ist nichts bekannt. Er scheint seinem Vater nach Heidelberg gefolgt zu sein, wo er 1594 immatriculirt und 1598 promovirt ist[3]). Er bekleidete zuerst die Professur der praktischen Philosophie, ward 1614, neben Dionysius Gothofredus, Professor der Jurisprudenz und Rector. Als nach der Schlacht am Weißen Berge die Schrecken des Krieges über die Pfalz hereinbrachen (1620) und sich die Universität zerstreute,

1) Seine übrigen Schriften sind: Προπαιδεία practica. 1595. Themis Hebraeo-Romana. 1595. Jurisprudentiae Rom. synopsis methodica. 1595. Processus judiciarii prima parasceve. 1597. Jurisprudentia feudalis. 1611.

2) Niceron 41, 361 s. Gundling, Otia 1, 216 ff. Mausoleum Taboris vor Taboris Tractatus vol. 1. Lips. 1688. fol. Hautz, Gesch. d. Univers. Heidelberg 2, 161—166. A. d. B. 1, 755 (Gautsch). 756 (Stintzing). Jöcher. Stepf, Galerie 1, 101 f. Bei Adam und Bayle wird B.'s Lebenslauf zum Theil mit dem seines Vaters zusammengeworfen.

3) Dies ergiebt die Dedication seines Disputat. miscell. liber unus. Heidelb. 1604. 8°.

floh Bachoff nach Heilbronn, wo er seinen Tractatus de actionibus vollendete, den er 1623 dem Rath jener Stadt zum Dank für den genossenen Schutz widmete. Nach der Einnahme Heidelbergs durch Tilly finden wir ihn wieder in seinem Amte; 1623 und 1626 bekleidete er das Rectorat und blieb in der Stadt, als die Universität am 11. August 1626 geschlossen wurde. Eine Berufung nach Franecker soll um diese Zeit durch M. Lyclama, den Bachoff in seinen Schriften rücksichtslos angegriffen hatte, vereitelt sein. Er bemühte sich nun (1627) durch seinen jungen Verehrer J. O. Tabor, der ihm von Straßburg aus eine Abhandlung zur Beurtheilung eingesandt hatte, an der dortigen Universität als Privatlehrer zugelassen zu werden, indem er dabei erklärte, daß sein Calvinismus nicht im Wege stehe, da er sich schon längst von der größeren Wahrheit der Lutherischen Unterscheidungslehren überzeugt habe. Tabor konnte melden, daß die Stadt ihn willkommen heiße, und Bachoff machte sich mit seiner Bibliothek auf den Weg. Allein er fand nicht, was er erwartet hatte. Er selbst erzählt, die Professoren hätten ihm zum Verdruß der Studenten verboten, Privatvorlesungen zu halten, durch die er seinen Lebensunterhalt zu erwerben gehofft hatte. Von allen Hülfsmitteln entblößt, zog er nach Speier, wo er seine Commentarii in Institutiones (Spirae 1628. 4°) vollendete und herausgab. Als die Universität Heidelberg im folgenden Jahre und zwar als katholische wieder hergestellt wurde, fand sich auch Bachoff wieder ein, trat zur katholischen Kirche über, wurde von Kurfürst Maximilian von Bayern aufs neue in seine Professur eingesetzt und führte das Rectorat, legte dies Amt indeß gegen Schluß des Jahres wegen Kränklichkeit nieder. Im folgenden Jahre widmete er dem Kurfürsten seine Commentarii in primam partem Pandectarum (Spirae 1630. 4°) und bekannte sich in der Zueignung als „per Dei gratiam Catholicae religionis sine ulla aequivocatione cliens“. Tabor, der damals von einer Reise durch Frankreich zurückkehrend Heidelberg berührte, fand ihn körperlich und geistig in traurigem Zustande. Als dann

1633 Heidelberg von den Schweden erobert wurde und die Mehrzahl der kürzlich angestellten katholischen Professoren ihr Amt und die Stadt verlassen mußten, blieb Bachoff — und trat zur reformirten Kirche zurück! Er hat indeß diesen dritten Wechsel der Confession nicht lange überlebt; völlig zerrüttet starb er 1534, als er wegen seines bisherigen Verhaltens zur Rechenschaft gezogen werden sollte[1]).

Bachoff's erste Schrift „Disputationum miscellarum de variis juris civilis materiis liber unus (Heidelb. 1604. Jenae 1624. 8°) ist eine Sammlung von Abhandlungen auf dem Gebiete der Obligationen und des Erbrechts, die in fließender Sprache allgemeinere theoretische Fragen mit Scharfsinn und Feinheit erörtern. Dann scheint er es für opportun gehalten zu haben, seine literarischen Arbeiten mit berühmten Namen in Verbindung zu setzen. Die den folgenden 20 Jahren angehörenden Schriften sind polemische und ergänzende Erörterungen zu den Werken der seiner Zeit am meisten genannten Juristen.

Unter diesen war Anton Faber[2]), dessen Chilias de erroribus pragmaticorum et interpretum (Lugdun. 1598. 4°) und Rationalia in Pandectas (Genev. 1604. 4°) schon durch ihre Titel, noch mehr durch die darin geübte scharfe Polemik gegen die communis opinio Aufsehen erregten. Gegen diesen richtete Bachoff sein Examen rationalium A. Fabri. 1611. 8° und seine Exercitationes ad partem posteriorem Chiliados Ant. Fabri. 1624. fol.

---

1) Nach Jöcher soll er sich 1535 vor Notar und Zeugen auf dem Krankenbette zur lutherischen Confession bekannt und dies Bekenntniß später öffentlich in der Kirche wiederholt haben. — Dagegen heißt es in der Vorrede zu M. Wesenbecii Commentaria ed. Hermes Colon. 1650. 4° über B.: „in exilio pie obiit“. Mit „pio“ ist „katholisch“ gemeint. Der kurze Satz enthält also zwei tendenziöse Unwahrheiten.

2) Favre, geb. zu Bourg-en-Bresse am 2. Octbr. 1557, in savoyischen Diensten, starb am 1. März 1624 als Präsident des Senats von Chambery. — Von der Chilias erschien der zweite Theil 1604 und in zweiter Auflage 1612; der dritte 1609. Vgl. oben S. 386.

Auf den deutschen Universitäten stand kein Werk in stärkerem Gebrauch als Treutler's Disputationen. Weil, wie Bachoff sagt, „in omnibus Academiis Treutlerus quasi regnum teneat, omniumque manibus studiosorum teratur", hat er sich dieses Werk zum Gegenstande kritischer Erörterungen gewählt. So ist sein umfänglichstes[1]) Werk entstanden:

Notae et Animadversiones ad Disputationes Treutleri. Heidelb. 1617. 1619. 3 vol. 4°[2]).

Die unmittelbar nach dem Erscheinen des ersten Bandes herausgegebenen Resolutiones absolutissimae des Hunnius reizten Bachoff zum Beginn des widerwärtigen Federkriegs, über welchen bei Hunnius berichtet wird.

Neben Treutler waren Matth. Wesenbeck's Commentare eines der beliebtesten Werke. Bachoff konnte es sich daher nicht versagen, „Notae in M. Wesenbecium" herauszugeben[3]).

Auch das Werk des J. Paponius[4]): Corpus juris francici s. Collectio arrestorum, decisionum et rerum judicatorum (Genev. 1624. fol.) veranlaßte ihn, Observationes ad J. Paponii c. j. francici (Francof. 1628. fol.) zu publiciren.

Aus den Collegia, die Bachoff in Heidelberg gehalten hatte, ging hervor der in Heilbronn vollendete

Tractatus de actionibus (Francof. 1623. 1657. 4°),

eine Sammlung von 8 Disputationen, in denen er seinen Groll gegen Anton Faber, der seine Angriffe unbeantwortet gelassen, und gegen Hunnius, der in jenem Zank das letzte Wort behalten hatte, Luft machte.

---

1) Nicht „ursprünglichstes", wie ein Druckfehler in der A. d. B. 1, 756 sagt.

2) Sie sind mit Recht den Resolutiones des Hunnius vorgezogen und öfter gedruckt. Colon. 1655. 1658. 1675. Francof. 1659. Bachovius augmentatus. Colon. 1688. 4°.

3) Notae in Paratitla Wesembecii super Pandectis. Colon. 1611. 4°. In den Kölner Ausgaben des Wesenbeck'schen Commentars (1640. 1650) wiederholt.

4) Jean Papon, geb. 1505, gest. als maitre des requetes zu Monbrison 1590. Das im Text genannte Werk war von ihm französisch geschrieben.

Auch unter dem Drucke trauriger politischer Verhältnisse, die zerrüttend in sein Leben eingriffen, hat er eifrig fortgearbeitet. Dieser letzten Periode gehören an

Tractatus de pignoribus et hypothecis. Francof. 1627. 1656. 4°.
Comment. in Institut. Francof. 1628. 1643. 1661. 1665. 4°.
Comment. in primam partem Pand. Spirae 1630. 4°.
De supplicationibus. (?)

Die Anerkennung, welche Bachoff gefunden[1]) hat, ist wesentlich beeinträchtigt durch den Eindruck unedler Gesinnung, welche sich auch in seinen Schriften nicht verleugnet. In seiner Polemik scheint es ihm nicht um die Wahrheit, sondern darum zu thun zu sein, sich selbst auf Kosten seiner Gegner zu heben. Unbedingte Anerkennung findet[2]) sein „acumen philosophicum". Man wird aber weiter gehen und ihn, von seinen ethischen Mängeln absehend, einen hervorragenden Juristen nennen müssen, dessen Schriften auch heute noch neben denen der Franzosen Beachtung verdienen. Seinem Tractatus de pignoribus ist diese in neuester Zeit gebührend zu Theil geworden[3]). Sein Pandekten-Commentar, der nur bis zum 4. Buche reicht, ist ein durch Methode und Inhalt ausgezeichnetes Werk, worin den Büchern und Titeln zusammenfassende Darstellungen der Materien vorausgeschickt, dann die wichtigsten Stellen exegetisch behandelt sind.

4. Tübingen. — 1. Nikolaus Varenbühler[4]), Sohn des Bürgermeisters von Lindau, aus patricischem Geschlecht, ist am 5. December 1519 geboren. Nachdem er seine

1) S. die Urtheile Majansii Epist. p. 255. Leyser, Meditat. ad Pand. Spec. 204, 1. Gundling, Otia 1, 245.

2) Bayle. Morhof, Polyhistor III, 592.

3) Dernburg, das Pfandrecht 1, VII.

4) Harpprecht, oratio de ortu, vitae cursu et obitu D. Nicol. Varenbüleri. Tubing. 1605. 4°. Danach Adami Vitae p. 395 s. Amerbachiorum et Varnbueleri epistolae mutuae ed. Mähly. Basil. 1877. 4°. (Festschrift zum Tübinger Jubiläum.) Dieser Briefwechsel umfaßt die Jahre 1550 bis 1553; Bonifacius A.'s Sohn Basilius lebte als Student vom Herbst 1552 bis dahin 1553 in V.'s Hause, wofür er ein Kostgeld von 53½ Gulden bezahlte. Vgl: oben S. 544, 1.

erste Bildung in seiner Vaterstadt empfangen hatte, besuchte er von 1537 bis 1540 die Straßburger Akademie, ging 1541 nach Löwen, um Mudäus zu hören, 1542 nach Köln, wo er Oldendorp's Schüler war, 1543 nach Tübingen, wo er am 23. Februar 1544 zum Doctor promovirt wurde. Er widmete sich hier zunächst der Praxis als Advocat, ward aber noch in demselben Jahre Professor der Pandekten, bald darauf herzoglicher Rath und 1557 Nachfolger des Gribaldus in der Professur des Codex. 1547 heirathete er die Tochter des Augsburger Patriciers und Rathsherrn Bernhard Walther, Regina, mit der er im Kreise zahlreicher Nachkommenschaft am 30. August 1597 die goldene Hochzeit feierte.

Im Jahre 1594 legte er seine Professur nieder, blieb aber noch Mitglied der Facultät und des akademischen Senats, bis an sein Lebensende thätig. Nach 56 jähriger Ehe verlor er seine Frau; einige Monate darauf folgte er ihr im Tode, am 20. August 1604. Er ist der Stammvater des jetzt noch blühenden freiherrlichen Geschlechts.

Während seiner 60 jährigen Amtsführung ist er eine der einflußreichsten Persönlichkeiten an der Universität gewesen, als Lehrer beliebt und wirksam, aber durch zahlreiche praktische Geschäfte oft in seiner Lehrthätigkeit unterbrochen. Ein großes Verdienst erwarb er sich schon 1548 während des Schmalkaldischen Krieges, da es seiner diplomatischen Gewandtheit gelang, durch Verwendung beim Kaiser in Augsburg spanische Besatzung und Contribution von Tübingen fern zu halten. Nach diesem Erfolge ist er fortwährend in den verschiedensten Angelegenheiten verwendet worden; vier Herzogen von Würtemberg hat er als Rath gedient und wiederholt das Herzogthum auf Reichstagen vertreten. An der Bearbeitung des ersten und zweiten Landrechts hat er wesentlichen Antheil genommen[1]), an der Praxis der Facultät und des Hofgerichts sich eifrig betheiligt, auch als

1) Wächter, Würtemb. Privatrecht 1, 1, 236. 253. 257. 265.

brandenburgischer Rath namentlich in kammergerichtlichen Sachen fungirt.

Varenbühler hat keine Schriften publicirt. Seine Vorlesungen werden als elegant und klar gerühmt. Seine überwiegend praktische Richtung, welche durch die neue Gesetzgebung unterstützt wurde, ist für die Tübinger Facultät bestimmend geworden.

2. Joh. Heinrich Halbritter[1]), zu Michelfeld bei Amberg 1560 geboren, studirte in Wittenberg, Leipzig und Heidelberg, hielt sich dann als Praktikant am Reichskammergericht in Speier auf, ward 1586 Professor in Tübingen, später herzoglicher Rath, war neunmal Rector und starb 1627.

Tractatus de pignorib. et hypoth. Tubing. 1589.

Oratio de privilegiis doctorum. Tubing. 1607. 1616.

Addit. ad Commentar. Fr. Schenkii de Tautenberg et Franc. Sonsbecii super jus feudale. Heidelberg. 1584. fol.

Es ist eine Ausgabe der lehnrechtlichen Schriften der beiden Genannten, mit Anmerkungen begleitet.

3. Johann Harpprecht[2]), im Januar 1560 zu Wellenheim in Würtemberg geboren, verlor seine Eltern, schlichte Landleute, schon 1564 an der Pest und wuchs bei seinem Oheim in Germersheim heran, der ihn für die Landwirthschaft bestimmte. Gegen den Willen seiner Vormünder geschah es daher, daß Harpprecht, als er mit 14 Jahren nach Besigheim zur weiteren Ausbildung in den Elementarfächern geschickt war, sich für das gelehrte Studium entschied. 1578 ging er nach Straßburg, trieb drei Jahre lang humanistische und philosophische, dann zwei Jahre lang juristische Studien unter Obrecht und Giphanius, setzte diese in Tübingen unter Demler und Varenbühler, in Marburg unter Vigelius, Vultejus und Göddäus fort und ward am 22. September

1) A. d. B. 10, 404 ff. (Teichmann), wo weitere Nachweisungen gegeben sind. Vgl. oben S. 545, 3.

2) Th. Lansius, J. Harpprecht suprema laudatione celebratus. 1639. Witten, Memoriae p. 224 s. Danach Sincerus 2, 77 ff. Beide verzeichnen H.'s Schriften. A. d. B. 10, 621 f. (Eisenhart). Vgl. oben S. 483. 545, 3.

1586 in Tübingen zum Doctor promovirt. Bald darauf trat er in den Dienst des Markgrafen Ernst von Baden, der ihn zum Hofrath ernannte und ihn veranlaßte nach Speier zu gehen, um beim Kammergericht die Praxis kennen zu lernen und zu betreiben. Nach wenig Monaten indeß änderte er, aus unbekannten Gründen, seinen Entschluß. Er kehrte wieder nach Tübingen zurück und begann seine akademische Thätigkeit mit Disputationen. Am 19. März 1592 erhielt er die juristische Professur, welche er 47 Jahre lang bekleidete. Er starb fast 80jährig am 18. September 1639. Seine erste Ehefrau, die Tochter des Kanzlers Jacob Andreä, verwittwete Schütz, brachte ihm fünf Kinder in die Ehe (1590), aus der noch drei Söhne und vier Töchter hervorgingen. Von den Söhnen überlebte den Vater keiner; aber durch seinen Enkel Johann Christoph, späteren Hofgerichtsadvocaten, ist Harpprecht der Stammvater einer noch heute in Würtemberg blühenden Juristenfamilie geworden. Die zweite Ehe, welche Harpprecht 1625 mit der Wittwe des Advocaten Barth einging, war so unfriedfertig, daß sein Schüler Thomas Lansius[1]) in der Gedächtnißrede öffentlich sagen durfte, Harpprecht habe die Zänkereien seiner Xantippe 14 Jahre lang (die Frau lebte also noch) mit sokratischer Geduld ertragen.

Seine Opera (Tubing. T. 1. 1626; T. 2. 1628; T. 3. 1629; T. 4. 1630. 4°)[2]), deren Seltenheit wohl die ungenauen und un-

1) Geb. zu Bergen in Ober-Oestreich 1577, studirte in Tübingen und Marburg, verlebte längere Zeit auf Reisen, ward 1604 in Tübingen promovirt, 1606 Professor der Jurisprudenz am dortigen Collegium illustre; starb am 22. Decbr. 1657.

2) Die einzelnen Bände sind den Bürgermeistern und Rathsherren der Städte Straßburg, Regensburg, Heilbronn und Ulm gewidmet. Die langen Epist. dedicator. enthalten manche biographischen Notizen; die an Straßburg gerichtete giebt überdies eine Darstellung der straßburgischen Stadtverfassung. — In zweiter Auflage vermehrt: Commentariorum Jo. Harpprechtii etc. in IV libros Institut. Tom. 1. Francof. 1658. 4°. Operum Joh. Harpprechti etc. Tom. 2. 3. Francof. 1657. 4°; Tom. 4. Hanov. 1657. 4°. Herausgeber ist Joh. Beyer (Bayer) bibliopola Francof., der das Werk Cal. Sept. 1657 dem Grafen Ernst v. Oettingen-Wallerstein dedicirte. Das mit der Jahreszahl 1658

richtigen Angaben in den Biographien Harpprecht's veranlaßt hat, enthalten seine Commentarii in Institutiones, jeder Band das entsprechende Buch. Dieselben sind aber nichts Anderes als Bearbeitungen der zahlreichen Commentare zu einzelnen Titeln und Büchern der Institutionen, welche Harpprecht im Laufe der Zeit einzeln hatte erscheinen lassen[1]). In das 4. Buch ist auch der Tractátus criminalis verarbeitet, welchen Harpprecht 1615 „quarta vice auctus" (Tubing. 4°) herausgegeben hatte[2]).

Diese „Opera", das Ergebniß einer langen, emsig fortgesetzten Lebensarbeit, befriedigen durch die klare und gesunde Art der Deduction; mit großer Gewissenhaftigkeit ist die Literatur der neueren Zeit berücksichtigt, während die Glossatoren und Postglossatoren weniger benutzt werden. Die deutsche Praxis und neuere Gesetzgebung, namentlich das Würtemberg. Landrecht und die P. G.O. werden herbeigezogen, praktische Fälle erzählt und Formulare mitgetheilt. Ueberhaupt ist es Harpprecht's Absicht, wie schon der Titel ankündigt, ein für den Praktiker brauchbares Hülfsbuch herzustellen. Der elementare Zweck der Institutionen ist freilich in diesen vier dicken und enggedruckten Quartanten ganz vergessen und verschwunden; der Text dient nur zum Leitfaden und Anlaß der breitesten und massenhaftesten Gelehrsamkeit und Casuistik; Form und Ordnung sind ohne strenge Methode, die Materien nach der alten Art exegetischer Commentare willkürlich an einander gereiht.

Tractatus de processu judiciario in Decades XXIII — distinctus. Tubing. 1602. 1611. 8°.

Das Werk ist, wie Harpprecht sagt, aus Disputationen hervorgegangen, die er 20 Jahre früher gehalten und publicirt hat. In gegenwärtiger Bearbeitung umfassen sie den ganzen

---

versehene Titelblatt und die Epist. dedicatoria vor dem ersten Bande sind elegant, das Werk selbst ist sehr dürftig ausgestattet.

1) Vgl. die Verzeichnisse bei Witten und Sincerus.

2) Die erste Auflage ist vermuthlich die Schrift de publicis judiciis. Tubing. 1599. 8°. Die folgenden erschienen Francof. 1603. 4°. Tubing. 1609. 8°. Ueber diesen Tractatus vgl. oben S. 637.

Proceß. Je 10 „conclusiones controversae“ in thesenartiger Fassung mit erläuternden Anmerkungen sind zusammengefügt[1]).

4. Christoph Besold's[2]) Leben ist bis in seine letzten Jahre in seiner Vaterstadt Tübingen, wo er im Jahre 1577 geboren wurde, still verlaufen. Sein Vater, Advocat am Hofgericht, kehrte, nachdem er eine Zeit lang Stadtschreiber in Eßlingen gewesen, nach Tübingen zurück, als Christoph die Universität beziehen sollte. Schon 1598 zum Doctor juris promovirt, betrieb er längere Zeit die Advocatur, bis ihm 1610 eine juristische Professur übertragen wurde, die er mit Eifer und Treue versah. Im Jahre 1630 trat er nach langen inneren Kämpfen in Heilbronn heimlich zur katholischen Kirche über; erst nachdem im Jahre 1635 nach der Nördlinger Schlacht die Kaiserlichen Würtemberg besetzt hatten, erklärte er öffentlich seine Convertirung. Vom Kaiser zum östreichisch-würtembergischen Regimentsrath ernannt, hatte er mit einigen von Wien gesandten Hofräthen das Land zu verwalten. Indeß scheint ihm diese Stellung bald verleidet zu sein, denn schon im folgenden Jahre übernahm er die Professur des Codex und des öffentlichen Rechts in Ingolstadt. Eine Berufung des Papstes nach Bologna und eine ihm am kaiserlichen Hof in Wien angetragene Stellung hatte er abgelehnt. Für Ingolstadt war der Eintritt dieses berühmten Convertiten ein bedeutsames Ereigniß, dessen günstige Wirkungen sich indeß nur in geringem Grade zeigen konnten,

1) Die Frage de Wal's, Beiträge zur Gesch. d. Civilprocesses S. 91, wie sich dies Werk zu den Commentarii de exceptionibus, de replicationibus, de interdictis et de officio judicis. Tubing. 1619. 8° verhalte, ist dahin zu beantworten, daß diese eben Commentare zu Inst. IV, 13. 14. 15. 17 und in die Opera verarbeitet, also ein ganz anderes Werk sind.

2) Jugler 1, 82 ff. Mederer, Annales Ingolst. 2, 278 s. 286 s. Spittler, Werke 12, 96 f. 283 ff. Dieser berühmte Aufsatz ist zuerst in Moser's Patriot. Archiv 8, 433 ff. erschienen. Prantl, Gesch. d. L.M.-Universität 1, 426. 482; 2, 500. A. d. B. 2, 556 ff. (Muther). Ausführliche Verzeichnisse seiner Schriften geben Jugler 1, 85—124. und Kobolt, bayr. Gelehrtenlexikon S. 92—96. Nachtr. S. 38—40.

da Besold schon am 16. September 1638 starb. Seine große Bibliothek hat im Jahre 1649 die Universität Salzburg angekauft.

Besold hatte sich durch emsigen Fleiß und ungewöhnliche Arbeitskraft von Jugend an ein umfassendes Wissen auf den verschiedensten Gebieten angeeignet. Er beherrschte acht Sprachen, war in der Theologie und Philosophie, in Geschichte und Naturwissenschaften, in der Politik und Volkswirthschaft eben so heimisch wie in den verschiedenen Zweigen der Jurisprudenz. Ein Polyhistor nach der Art seiner Zeit, dessen zum Theil sehr voluminöse Schriften (die Jugler unter 92 Nummern nicht einmal ganz vollständig aufzählt) eine massenhafte und vielseitige Gelehrsamkeit bezeugen. Aber der Masse des Wissens entspricht nicht überall die Kraft und Schärfe des Urtheils. Seine Arbeiten sind zum Theil nur Compilationen, und da er sich zum Excerpiren der gelesenen Bücher, wie glaubhaft erzählt wird, der Hülfe junger Leute zu bedienen pflegte, deren Thätigkeit er bei seiner eben so umfänglichen als raschen Production nicht genügend controliren konnte, so fehlt oft die Genauigkeit und Zuverlässigkeit.

Immerhin ist er einer der hervorragenden Gelehrten seiner Zeit, dessen dogmatische Schriften heute noch nicht nur wegen des reichen Materials, sondern auch wegen der klaren und fließenden Darstellung Anerkennung verdienen. In der Tübinger Juristenfacultät neben Bocer und Harpprecht auf verschiedenen Gebieten als Lehrer und Leiter von Disputationen thätig, hat er die Wirksamkeit seiner Collegen durch die Pflege des würtembergischen Particularrechts, besonders aber des öffentlichen Rechts ergänzt und zum Studium der Politik, der Volkswirthschaft und Statistik angeregt.

Auf diesen Gebieten liegt seine Bedeutung. Mit Recht nennt ihn Roscher[1]) den größesten Staatsgelehrten, welchen Deutschland in der ersten Hälfte des 17. Jahrhunderts besaß.

1) Roscher, Gesch. d. Nationalökonomik S. 195—205. Wir verweisen auf diese Darstellung der bisher nicht genügend gewürdigten Leistungen B.'s auf volkswirthschaftlichem Gebiete; sowie bezüglich der politischen Schriften B.'s auf Gierke, Joh. Althusius bes. S. 245 ff. 284 ff.

Seine Convertirung, welche in dieselben Jahre fiel, in denen auch Bachoff und Hunnius zur katholischen Kirche übertraten, hat uns Spittler als Resultat psychologischer Entwicklung erklärt. Für eigennützige Motive liegt kein Anhalt vor. Dagegen ist es begreiflich, daß Besold's ausgesprochene Hinneigung zur Mystik in der Orthodoxie des damaligen Lutherthums keine Befriedigung finden konnte und er bei geringer Charakterstärke und unsicherm Urtheil den Versuchungen erlag, die von der andern Seite an ihn herantraten. Noch 1626 widersprach er in einem Briefe an seinen Freund und Lehrer Keppler dem Gerüchte, daß er zum Katholicismus übergetreten sei, aber freilich in einer Weise, welche die Entschiedenheit der Abneigung bereits vermissen läßt. Die Erfüllung seines unter Gelübden erflehten Herzenswunsches, die Geburt einer Tochter nach 29 Jahren unfruchtbarer Ehe, war entscheidend. Am 1. August 1630 schwur er zu Heilbronn feierlich den Protestantismus ab.

Kann dieser Schritt als das Ergebniß eines innern Dranges vor dem sittlichen Urtheil bestehen, so muß es doch treulose Feigheit genannt werden, daß Besold seinen Uebertritt vor denen, die ihm vertrauten, verheimlichend in würtembergischen Diensten blieb, dann, nachdem das Land in die Hände der Feinde gefallen war, zu diesen übertrat und in ihrem Dienste seine genaue Kenntniß der würtembergischen Verhältnisse und Archive zum Nachtheil seines Landesherrn benutzte. Sein Prodromus Vindiciarum ecclesiasticarum Würtembergicarum. Tubing. 1636. 4°, Documenta rediviva monasteriorum praecipue in ducatu Würtembergico sitorum. Tubing. 1636. 4°, Virginum sacrarum monimenta. Tubing. 1636. 4° sind die bedeutendsten von denjenigen Schriften, welche er im Auftrage der kaiserlichen Commissarien publicirte, um die Unrechtmäßigkeit des Besitzes des Herzogs von Würtemberg an den geistlichen Gütern zu beweisen. Es handelte sich darum, ihm den dritten Theil seines Landes als reichsunmittelbares Territorium, dem gegenüber den Herzögen das jus reformandi gefehlt habe, zu entreißen. Erst im Westfälischen Frieden ist der Streit zu Gunsten Würtembergs erledigt. Besold's Darstellungen sind seinem Zwecke gemäß einseitig und parteiisch. Moser sagt, er habe mit großer Geschicklichkeit, aber auch mit eben so großer Bosheit geschrieben, indem er Alles, was zur Defension Würtembergs dienen konnte, ausgelassen oder verdreht habe[1]. Durch das urkundliche Material haben diese Werke bleibenden Werth.

Die große Mehrzahl von Besold's juristischen Schriften sind Disputationen und Dissertationen, welche zum Theil von ihm verfaßt, zum Theil nur unter seiner Leitung ausgearbeitet und vertheidigt, dann, oft ganz äußerlich, zusammengefügt sind. Dahin gehören z. B.

Disputationum juridico-politicarum in Acad. Tubing. propositarum. Fascic. 1. 2. Tubing. 1623; Fascic. 3. Tubing. 1629. 4°.

Die einzelnen Stücke sind hier nur durch jene Collectivtitel verbunden, haben dagegen ihre Separattitel und eigene Paginirung behalten.

Delibata juris. T. 1. Tubing. 1621; T. 2. Tubing. 1629. 4°.

Diese Disputationen über Pandektenfragen erstrecken sich in der neuen Ausgabe Tubing. 1632. 3 vol. 4° über alle 50 Bücher der Pandekten. Es sind feine und eingehende Erörterungen.

Besold's berühmtestes Werk ist der

Thesaurus practicus continens explicationem terminorum atque clausularum in aulis et dicasteriis Rom.-German. Imperii usitatorum; ubi simul quam plurima ad statum rei publicae, mores, historiam, linguamque Germanicam pertinentia passim inserantur. Tubing. 1629. 4°.

Diese erste Ausgabe ist von Besold's Schüler J. J. Speidel besorgt, eben so die folgende Tubing. 1643. fol., aus Besold's Papieren und mit eigenen Zusätzen vermehrt. Spätere Ausgaben mit zahlreichen Additiones sind von Chr. Ludw. Dietherr[2]) Nürnberg 1659. 1666. fol.; ferner

1) Die Literatur über diese Werke s. bei Jugler 1, 110—117.

2) Er nennt sich D. J. Patricius Noricus et Advocatus reipubl. patriae. 1661 hat er ein Supplementum zu Wehner's Observationes herausgegeben.

Continuatio Thesauri Besoldi Speideliani s. Orbis novus c. appendice Ahasv. Fritschii. Norimb. 1679. 1699. 2 vol. fol.[1])

Der ausführliche Titel charakterisirt den mannigfaltigen Inhalt des alphabetisch geordneten voluminösen Werks, welches nach dem Vorbilde von Wehner's Observationes gearbeitet ist. Es giebt über juristische, ökonomische und historische Dinge die reichhaltigste Auskunft; der Hauptsache nach eine Compilation von Excerpten. Seit der zweiten Ausgabe sind dem Thesaurus drei Disputationes angehängt, welche zuerst Ingolst. 1637. 4° erschienen waren: de judiciario processu (succincta tractatio); de modo referendi seu votandi; de regalibus.

Unter Besold's Schriften sind einige eingemischt, welche seinen Bruder zum Verfasser haben. Joh. Georg Besold[2]) ist am 21. December 1580 in Tübingen geboren, 1605 zum Doctor promovirt, lebte dort als Advocat, bis er 1621 zum Professor am Collegium illustre ernannt wurde. Er starb schon am 6. October 1625.

5. Heinrich Bocer[3]), geb. am 6. Januar 1561 in Salzkotten, bezog 1577 die Universität Marburg, wo er Valentin Forster's und Nikol. Vigelius' Schüler war, ging dann nach Helmstädt, um bei Borcholten zu hören, und begann selbst Privatvorlesungen zu halten. Nach längerem Aufenthalt in Heidelberg und Straßburg kam er 1584 nach Tübingen, ward hier im folgenden Jahre zum Doctor promovirt und docirte privatim, leitete namentlich Disputationen. 1587 zum Beisitzer des Hofgerichts und 1595 zum Professor des Criminal- und Lehnrechts ernannt, trat er erst 1603 als stimmberechtigtes Mitglied in die Facultät ein; 1608 herzoglicher Rath. Als Mitglied einer vor-

---

1) Dieser Anhang war schon 1674 erschienen.

2) Jugler 1, 127 f., wo auch seine Schriften verzeichnet sind.

3) Jugler 6, 57—71 nach A. Bayeri Bocerus s. laudatio funebris etc. Tubing. 1630. 8°. Wächter, Würtemb. Privatrecht 1, 337. 344. 356. Wächter, Gem. Recht S. 94 f. A. d. B. 2, 759 (Göppert). Vgl. oben S. 545, 3.

berathenden Commission nahm er Antheil an der Ausarbeitung des 1610 publicirten Würtembergischen Landrechts (gedruckt Tüwingen 1607). Er starb am 5. Juli 1630. Neben Harpprecht war er das angesehenste Mitglied der Tübinger Facultät; während jener vorzugsweise das römische Recht vertrat, pflegte Bocer daneben seine beiden Nominalfächer, das Strafrecht und Lehnrecht, mit Vorliebe. Seine zahlreichen und zum Theil sehr umfänglichen Schriften, welche Jugler aufzählt, zeigen ihn als einen mit der modernen Wissenschaft vertrauten Gelehrten von methodischer Richtung, mit Vorliebe die Disputationen pflegend.

Unter seinen criminalistischen und lehnrechtlichen Schriften sind die folgenden die umfänglichsten, durchschnittlich über 15 Bogen stark. Im Strafrecht berücksichtigt er, dem Standpunkte der Tübinger Facultät entsprechend, die Peinliche Gerichtsordnung als das maßgebende Recht. Dagegen wird ihm vorgeworfen, daß er im Lehnrecht zu wenig die deutsche Gewohnheit gelten lasse [1]).

Tractatus methodicus de jure pugnae. Tub. 1591. 4°. 1607. 8°. 1616. 8°.

Tractatus de quaestionibus et torturis reorum. Tub. 1607. 8°.

Tractatus compendiosus de crimine majestatis. Tub. 1607. 1629. Francof. 1631. 8°.

Commentarius in L. unic. C. de famos. libellis. Tub. 1611. 8°.

Tractatus feudales duo. Tub. 1611. 8°.

Tractatus quaestionum controversarum de jure succedendi in feudum. Tub. 1612. 8°.

Commentarius brevis de adulterio. Tub. 1625. 1691. 8°.

Tractatus singulares septem de modis amittendi feudum. Tub. 1626. 8° [2]).

Tractatus de omnis generis homicidio. Tub. 1629. 8°.

Zu diesen kommen privatrechtliche Schriften:

Commentarii in celebr. L. Contractus 23 D. de R. J. Spirae 1587. 8°.

Tractatus methodicus de donationibus. Spirae 1587. 8°.

---

1) Ludewig, Bibliotheca 1, 599.

2) Der hierauf bezüglichen Tractatio quatuor quaestionum — ad modos amittendi feudum etc. Tub. 1629. 8° ist angehängt ein Catalogus operum Auctoris in Acad. Tubing. editorum.

Disputationes ad tres priores partes Pandectar. Tub. 1588. 4°.
Commentarius ad I. II. III libros Institutionum. Tub. 1618. 1619. 1621. 4°.

Das namhafteste, seiner Zeit oft genannte und empfohlene Werk (vgl. oben S. 139) ist

Disputationum de universo, quo utimur, jure pulchra methodo conscriptarum etc. Classes I—V. Tubing. 1592—1602. 3 tom. 4°. Edit. 2: Classes I—VI. Tub. 1612. 1613. 2 tom. 4°. Ed 3 stud. J. J. Frisch (mit Zusätzen). Tub. 1634. 2 tom. 4°.

Eine systematisch geordnete Sammlung von Disputationen, bei denen dem Gebrauch gemäß die Respondenten genannt sind. In ihrer Gesammtheit bilden sie eine Art Rechtssystem und erstrecken sich über das ganze Rechtsgebiet: Classes I—III enthalten privatrechtliche Materien; Classis IV behandelt Strafrecht, Classis V Lehnrecht, Classis VI Proceß.

**5. Gießen.** — 1. **Gottfried Antonius** [1]), geb. 1571 zu Freudenberg in Westfalen, Sohn eines Goldschmieds, besuchte die Schulen in Unna und Hamm, dann das Gymnasium in Soest, war zugleich Informator der Söhne eines Herrn von Thal, mit denen er 1594 die Universität Marburg bezog. Hier erwarb er am 1. November 1596 die Doctorwürde und verheirathete sich an demselben Tage mit Elisabeth, des darmstädtischen Raths Dr. Konrad Pistorius Tochter. Daß er sich eifrig an collegia privata betheiligt, dann ihre Leitung selbst übernommen hat, ist schon oben (S. 136) erwähnt. Er setzte diese Thätigkeit fort, während er in Marburg die juristische Praxis betrieb. 1603 erhielt er die Professur der Institutionen, 1604 die der Pandekten. Die Einführung der reformirten Confession durch Landgraf Moritz verleidete ihm als Lutheraner den Aufenthalt in Marburg. Obgleich ihm sein Landesherr volle Gewissensfreiheit zugesichert hatte, zog er es doch vor, die ihm vom Landgrafen Ludwig angebotene Stellung eines fürstlichen Raths und

---

1) Th. Reinkingk, Oratio parentalis. Witten, Memoriae p. 42 s. Strieder 1, 79 ff.; 2, 522; 4, 528; 5, 519; 13, 313 verzeichnet seine kleinen Schriften. A. d. B. 1, 496 f. (Steffenhagen).

eine Professur an dem neu gegründeten Gymnasium zu Gießen (1605) anzunehmen. Als dasselbe 1607 zur Universität erhoben wurde, erhielt er die erste juristische Professur, ward Prorector und Kanzler der Universität. In diese Jahre fallen die oben (S. 462 f.) besprochenen Streitschriften gegen Vultejus. Berufungen nach Helmstädt als Valentin Forster's Nachfolger und nach Lüneburg als Syndicus lehnte er ab und blieb im Dienste des Landgrafen, neben seiner Professur von vielen politischen Geschäften am kaiserlichen Hofe, auf Reichstagen, am Kammergerichte in Anspruch genommen. Schon in seinen besten Jahren hemmten heftige Gichtbeschwerden, die seine Glieder krümmten, die Arbeitskraft des hochbegabten Mannes. Er starb am 16. März 1618.

Disputationes feudales XV. Marp. 1604. Giessae 1613. 4°.
Adversaria in plerasque And. Gailii observationes ed. Wilh. Antonii filio. Marb. 1629. 4°. Vgl. oben S. 499.

2. Peter Frider[1]), nach seiner Vaterstadt Mindanus genannt, über dessen Leben wenig sichere Nachrichten erhalten sind, soll 1593 in Basel promovirt und später nach Rostock gekommen sein. Bei Begründung der Universität 1607 ward er vierter Professor der Jurisprudenz in Gießen und verwaltete sein Amt, bis er 1613 als Syndicus nach Frankfurt a. M. ging. Schon 1614 nahm er seine Entlassung, trat 1615 wieder in dieselbe Stellung ein und starb am 22. Januar 1616.

Tractatus de processibus, mandatis[2]) etc. Francof. 1595. 8°[3]).
Comment. synopticus de materia possessionis. Giessae 1597. 8. 1614. 8°. De interdictis. Francof. 1616. 4° (beide Schriften zusammen Wetzlar 1731. 4°).

Savigny (Recht des Besitzes 7. Aufl. S. 12) urtheilt: „Frider giebt überall die Absicht an den Tag, ein ganz neues System des Be-

---

1) Nebel, Series profess. in ord. JCtor. Giessens. p. 4. 1813. 4° (Progr.). Strieder 4, 224 ff. A. d. B. 7, 385 (Muther).

2) Winther, Parthenius 1, 16, 14 erwähnt von Fr.: Epist. dedicatoria lib. 1 de extrah. proc.

3) Zahlreiche spätere Ausgaben bei Walther, Lit. d. Civilprocesses S. 72. Dazu de Wal, Beiträge S. 80.

sitzes aufzustellen, und scheint selbst durch gelehrte Untersuchungen diesen Zweck erreichen zu wollen. Allein es giebt vielleicht kein Buch über diesen Gegenstand, das so wenig Wahres und so viel Falsches enthielte als dieses, und man thut ihm im geringsten nicht Unrecht, wenn man es für völlig unbrauchbar erklärt. Indessen scheint das eben nicht die gewöhnliche Meinung gewesen zu sein, denn das Buch ist nicht selten von späteren Schriftstellern stark benutzt worden." Und in der That muß diesem harten Urtheil gegenüber das Bemühen Frider's, die schwierige Lehre auf systematische Gesichtspunkte zurückzuführen, ehrend anerkannt werden.

Am meisten ist Frider genannt worden als Herausgeber einer neuen Bearbeitung der sächsischen Consultationen, die er im Auftrage des Verlegers besorgte:

Consultationum saxonicarum — libri V. Edit. II. Francof. 1616. fol.

Ueber diese Ausgabe ist oben S. 557 gesprochen.

3. Helferich Ulrich Hunnius[1]), der Sohn des Aegidius Hunnius und Bruder des Nikolaus Hunnius, der beiden berühmten lutherischen Theologen, ist am 27. März 1583 in Marburg geboren, wo sein Vater als Professor der Calvinisirung Hessens energischen Widerstand leistete, bis er 1592 mit den Seinigen nach Wittenberg übersiedelte. Helferich widmete sich hier der Jurisprudenz unter Valentin Wilhelm Forster. Frühzeitig trat er selbst als Lehrer auf, hielt privatim Vorlesungen und leitete Disputationen in Collegien, zu denen sich viel vornehme Herren, u. A. auch der spätere Kanzler Oxenstierna und der spätere Feldmarschall Gustav Horn, zusammenfanden. Im Jahre 1608 disputirte er öffentlich unter Forster's Präsidium, ging noch in demselben Jahre nach Gießen, wo die neue Universität soeben eröffnet war, ward am 4. September 1609 zum

---

1) Jugler, Beiträge 4, 92 ff.; Strieder 6, 277 ff., wo Verzeichnisse seiner Schriften. Eine ausführliche Biographie findet sich vor seiner Encyclopaedia. Verfasser ist Arnoldus Meshovius, S. Petri apud Colon. Agripp. pastor. Vgl. auch Schulte, Gesch. d. kanon. Rechts 3, 1, 137. Nebel, Series prof. in ord. JCtor. Giess. p. 4.

Doctor promovirt und setzte hier seine Thätigkeit als Privatlehrer fort. Indeß kehrte er bald auf Verlangen seiner Mutter nach Wittenberg zurück, bis ihn 1613 Landgraf Ludwig als Nachfolger Peter Frider's nach Gießen berief und zum Rath ernannte. Als 1523 durch Entscheidung Kaiser Ferdinand's Marburg dem Landgrafen Ludwig zugesprochen war und es sich darum handelte, die Universität der Lutherischen Confession wieder zuzuführen, ward Hunnius (Mai 1625) als erster Professor der Jurisprudenz dahin versetzt und, nachdem Vultejus seine Stelle niedergelegt hatte, zum Vicekanzler ernannt. Ganz unerwartet verließ er im Mai 1630 sein Amt und die Stadt und trat in den Dienst des Erzbischofs von Trier. Ein vom 14. Mai datirtes Abschiedsprogramm des Rectors im Namen der Universität rühmt seine Verdienste und sagt: Vocationi huic prorsus inopinatae ipse paruit et praedicto reverend. Electori operam suam, salva religione, addixit. Allein unmittelbar darauf bekannte er sich zum Katholicismus, ein Schritt, den er gegen vielfache Angriffe in einer berühmt gewordenen Schrift (Invicta prorsus et indissolubilia argumenta. Heidelb. 1631. Colon. 1632. 12°.) zu rechtfertigen suchte. Sein Biograph Meshovius giebt über die Ursachen der Conversion Näheres an. Er lebte einige Jahre zu Udenheim (später Philippsburg) als Kanzleidirector des Bisthums Speier, zog sich dann 1532 vor den Kriegsunruhen nach Köln zurück, wo er als Rath katholischer Fürsten fungirte und zugleich an der Universität Vorlesungen über kanonisches Recht hielt. Schon vier Jahre darauf, an seinem 55. Geburtstage (27. März 1636), ist er gestorben, wie es heißt, äußerlich und innerlich zerrüttet. Dieser Angabe Senckenberg's (Meditationes 1, 128) und Nebel's (Professores juris Giessenses. Progr. 1813 p. 4) steht gegenüber der Bericht seines priesterlichen Freundes und Biographen Meshovius [1]), welcher zwar von schmerz-

1) Hartzheim, Biblioth. Coloniensis p. 25 sagt von diesem „obiit zelosus et eruditus pastor 1667“.

lichen Todesfällen und Bedrängnissen, wie die schwere Zeit sie brachten, zu erzählen weiß, aber die Geltung, in der Hunnius bis zu seinem Lebensende gestanden, und die Befriedigung, die er in der katholischen Kirche gefunden, aus eigener Wahrnehmung bezeugt. Es liegt kein genügender Grund vor, anzunehmen, daß Hunnius um äußerer Vortheile willen gegen seine innere Ueberzeugung die Confession gewechselt habe. Die Stellung, welche der Erzbischof ihm bot, war kaum günstiger als diejenige, welche er aufgab. Aber Stärke des Charakters und einschneidende Sicherheit des Urtheils waren Hunnius nicht eigen: und so begreift man wohl, daß er in einer Zeit, da die Sache des Protestantismus in Deutschland verloren schien, während einer Krankheit, wie er selbst erzählt, durch die Schrift des Jesuiten Martin Becanus de republica ecclesiastica der katholischen Kirche gewonnen wurde.

Die erste Schrift, welche Hunnius nach seiner Doctordissertation publicirte, besteht nur aus einer Sammlung der in seinem Collegium Institutionum zu Wittenberg gehaltenen Disputationen (Collegii Instit. disputationes XXII. Gissae 1609. 4°). Nach einer größeren Zahl von Dissertationen erschienen

De interpretatione et authoritate juris libri duo (Gissae 1615. 8°),

eine Schrift, welche wegen der darin behandelten fundamentalen Fragen Beachtung verdient. Das erste Buch (Tract. de optima ratione interpretandi jura) unterscheidet sich von dem zwei Jahre früher herausgegebenen Werke des jüngeren Forster (S. 421) durch seine Kürze und viel engere Begrenzung des Thema: denn nicht die gesammte wissenschaftliche Behandlung, sondern nur die Auslegung im eigentlichen Sinne wird erörtert; auch ist nicht von der Methode des exegetischen Vortrags überhaupt, sondern nur von den Principien der extensiven und restrictiven Interpretation die Rede, welche in durchaus rationeller Weise entwickelt werden. Der zweite Tractat (de auctoritate juris civilis) ist werthvoll, weil er uns in präciser Form die damals geltende Ansicht über Grund und Umfang der Gültigkeit des römischen und kanonischen

Rechts, sowie der libri feudorum darlegt. Das römische Recht hat Gültigkeit wegen der kaiserlichen Autorität, auf der es beruht; wegen der Weisheit, von der es durchdrungen ist; endlich wegen der Anerkennung und Anwendung, die es thatsächlich bei allen civilisirten Nationen gefunden hat: es sind dies, wie wir sehen, ungefähr die Gedanken Donell's. Vom römischen Rechte gelten aber nicht die im letzten Jahrhundert aufgefundenen vorjustinianischen Quellen, weil Justinian ihre Gültigkeit aufgehoben hat; nicht die Basiliken, noch die Novellen Leo's, weil sie nicht für das Abendland erlassen sind. Bindende Kraft kommt nicht zu den in den Codex eingerückten Authentiken, eben so wenig aber dem Authenticum: denn beides sind Bearbeitungen der echten Novellen von Privatpersonen, und nur der griechische Text ist entscheidend (lib. 2 cap. V). Dieses Urtheil, welches mit der von Rittershusius angedeuteten Auffassung übereinstimmt, ist bemerkenswerth als ein Beweis, wie wenig damals der Satz „quidquid non agnoscit glossa nec agnoscit forum“ in Anerkennung stand[1]). In einem Schlußkapitel, welches die Autorität der communis opinio und der Glosse behandelt, wird diese ohne Unterscheidung abgelehnt. Aus den Erörterungen über die bindende Kraft des kanonischen Rechts ist hervorzuheben, daß Hunnius sich zunächst mit größester protestantischer Schärfe gegen die päpstlichen Satzungen ausspricht: es gebe fast kein göttliches Gebot, mit dem nicht ein päpstliches in Widerspruch stände! Indeß meint er doch schließlich, daß das kanonische Recht ohne die schwersten Nachtheile für den Staat nicht beseitigt werden könne. Der in allen Gerichten übliche Proceß beruhe vorzugsweise auf ihm, und es enthalte auch sonst manche vortreffliche Bestimmungen. Das Gute daraus müsse beibehalten werden; in den protestantischen Ländern werde es überdies nur so weit anerkannt, als es der Billigkeit und dem natürlichen Recht entspreche. Gültigkeit aber habe es nicht des-

1) Landsberg, über die Entstehung der Regel quicquid non agnoscit glossa S. 60.

wegen, weil es vom Papste herrühre, sondern nur, weil es durch Genehmigung unserer Fürsten und durch Gewohnheit das unsrige geworden sei.

Das umfänglichste Werk, welches Hunnius' Namen berühmt gemacht hat, sind seine „Resolutionen" zu Treutler's Disputationen [1]), die von 1617 bis 1620 in drei dickleibigen Bänden (4° maj.) erschienen. Treutler's Thesen nebst den Anmerkungen bilden den Leitfaden, aber nur in so fern sie die Reihenfolge bestimmen. Im Uebrigen verfolgt Hunnius seine eigenen Seitenwege und zieht in breitester Erörterung willkürlich Quästionen heran, so daß Treutler's Hauptverdienst, die Uebersichtlichkeit und Präcision, verloren geht und wir statt dessen einen schwerfälligen Commentar vor uns haben, in welchem eine Fülle von Wissen und fremden Meinungen ohne viel Scharfsinn zusammengestellt ist. Den ersten Band griff R. Bachovius, von dessen Notae et Animadversiones ad Treutleri Disputationes der erste Band fast gleichzeitig erschienen war (oben S. 686), in der Vorrede zum zweiten Bande (1618) mit scharfem Tadel an, hauptsächlich geärgert durch den anmaßenden Titel „Resolutiones absolutissimae", dessen Berechtigung er mit gutem Grunde bestritt. Hunnius antwortete in der Vorrede zu seinem zweiten Bande (10. August 1619) mit plumpen Anzüglichkeiten: Bachovius habe wohl gehört, daß seine (Hunnius') Resolutionen den abgeschmackten Animadversionen Bachovius' vorgezogen würden, und darum suche er ihn neidisch herabzusetzen; aber die Angriffe eines „asinus" und eines „scarabaeus" seien nicht zu fürchten. Bachovius blieb die Replik in seinem dritten Bande (1619) nicht schuldig. In einer ausführlichen Apostrophe an den Leser versteigt er sich zu der Behauptung: kein Mensch denke so gering von ihm, um Hunnius ihm gleichzustellen oder gar vorzuziehen. Dieser beschloß

1) H. Treutleri — disputationum ad jus civile Justinianaeum — Resolutiones absolutissimae auctore H. U. Hunnio. Francof. 1617—20. 3 vol. 4°.

endlich den widerwärtigen Zank mit der Erklärung in einer Vorrede zu seinem dritten Bande (1620), daß er sich um Bachovius' Schmähungen fernerhin nicht kümmern werde. Merkwürdig genug ist es, daß die beiden erbitterten Gegner zehn Jahre später fast gleichzeitig den Weg in die katholische Kirche fanden. Hermann Göhausen, Professor zu Rinteln, urtheilt in seiner Necessaria Informatio super Bachovii animadversionum et Hunnii resolutionum ad Treutlerum libris (Rint. 1623. 4°) sehr ungünstig über Hunnius' Leistungen und scheint damit die Ansicht seiner Zeitgenossen getroffen zu haben, da Hunnius' Werk, wenn überhaupt, so jedenfalls nur noch einmal (1624?) neu aufgelegt worden ist.

Schon vor den Resolutionen zu Treutler hatte Hunnius Variarum resolutionum juris civilis libri IV (1616. 1620. 4°) herausgegeben, eine ohne strenge Systematik in Bücher und Tractate getheilte Sammlung von „Quaestiones", die mit Gründen und Gegengründen breit verhandelt werden. Das Werk ist eben so wässerig wie das oben besprochene, dem es auch dem Inhalte nach so nahe kommt, daß sowohl Bachov wie Göhausen nicht mit Unrecht sagen konnten, die Resolutionen zum Treutler seien nur aufgewärmter Kohl.

Zahlreich sind die Disputationen, welche er einzeln und gesammelt herausgegeben hat; unter letzteren

Collegii Institutionum disput. XXII. Gissae 1609. 4°.
Disput. feudales XII. Witteb. 1612. 4°.
Collegii criminalis disputat. XV. Giss. 1620. 1621. 4°.
Collegii juris canonici disput. XIV. Francof. 1628. 4°.

Nach seinem Uebertritt zum Katholicismus hat er außer seiner Rechtfertigungsschrift, welche mehrere Entgegnungen von protestantischer Seite fand, noch zwei polemische Schriften gegen die Protestanten herausgegeben:

Resolutio juridica trium quaestionum praejudicialium etc. Trev. 1631. 12°.
Duodecim praejudicia et responsa Lutheranorum et Calvinistarum de bonorum ecclesiasticorum — restitutione. Colon. 1633. 4°.

Nach seinem Tode erschien die Encyclopaedia juris universi. Colon. 1638. fol. (1642. 1658. 1675). Sie ist eine Art Rechtssystem nach den sehr äußerlichen Eintheilungsgründen, welche für die Gesetzbücher gebräuchlich geworden waren. Pars 1: τὰ πρῶτα (jus, personae); Pars 2 de judiciis et de processu judiciario; Pars 3 de contractibus; Pars 4 de materia ultimarum voluntatum, in welche das Intestaterbrecht eingeschoben wird. Einen Anhang bildet Pars 5 continens Jus canonicum, durch ein besonderes Titelblatt und eigene Paginirung von den übrigen Theilen unterschieden. Dieser Theil ist ohne Zweifel aus Hunnius' Vorlesungen in Köln hervorgegangen, überhaupt aber das ganze Werk in seinen letzten Lebensjahren ausgearbeitet. Daher lauten seine Aeußerungen über die Gültigkeit des kanonischen Rechts ganz anders als ehemals. Indeß nimmt er für dasselbe einen unbedingten Vorrang dem Civilrecht gegenüber nur in Anspruch in causis ecclesiasticis et spiritualibus, in materia peccati, in materiis causas pias concernentibus und nach allgemeiner Ansicht der Juristen bezüglich des Processes — wogegen bei anderen Materien in geistlichen Gebieten das kanonische, in weltlichen Gebieten das kaiserliche Recht vorgehe! Wie nicht anders zu erwarten, wird das kanonische Recht nach strictester Observanz gelehrt, die Häresie als ein von dem geistlichen Gerichte abzuurtheilendes, von der weltlichen Macht mit dem Tode zu bestrafendes Verbrechen dargestellt.

6. Marburg. Die Blüthe der Marburger Facultät, mit Oldendorp und Ferrarius Montanus beginnend, setzt sich in Valentin Forster, Vigelius und Treutler (der zwar formell ihr nicht angehörte) fort und wird durch G. Antonius und vor Allen durch Vultejus in das 17. Jahrhundert übertragen. Viel weniger bedeutend als diese Männer, welche wir bereits besprachen, sind die folgenden, unter denen Göddäus hervorragt; an ihn schließt sich Hunnius mit seiner fünfjährigen Wirksamkeit in Marburg.

Ein in der Geschichte Hessens und namentlich Marburgs vielgenanntes Juristengeschlecht sind die Lersners[1]). Ihrer

1) Näheres über diese s. bei Strieder 7, 490 ff.

vielfachen Verdienste wegen sind sie zu nennen, wenn auch ihre wissenschaftliche Thätigkeit nicht hervorragend ist.

Jacob Lersner, geb. 15. Juli 1504 in Marburg, 1541 hessischer Rath und Assessor am Hofgericht, 1553 Doctor, 1558 Vicekanzler der Universität, gest. 5. März 1579.

Seine Brüder sind:

Johannes L., geb. 1512 in Marburg, 1545 Professor der Rechte und Assessor am Hofgericht, gest. 19. Januar 1550. — Christoph L., geb. 1520 in Marburg, 1553 Professor der Institutionen, 1560 meklenburgischer Kanzleirath, später Syndicus von Braunschweig, gest. 11. April 1603.

Heinrich L., geb. 1506, gest. 1576 als Kanzler in Kassel.

Von diesem stammt Hermann L., 1534 in Marburg geboren, 1564 Professor der Rechte, 1579 Vicekanzler als Nachfolger seines Oheims, nahm 1603 seinen Abschied und starb am 13. October 1613 in Lengsfeld.

1. Regner Sixtinus[1]), in Leuwarden 1543 geboren, studirte in Frankreich[2]), ward 1565 in Orleans zum Doctor promovirt. Herzog Alba's Maßregeln veranlaßten ihn als Protestanten in Deutschland eine neue Heimat zu suchen. Nachdem er sich eine Zeit lang in Speier als Praktikant am Kammergericht aufgehalten, ging er nach Marburg, wo er 1568 außerordentlicher, bald darauf ordentlicher Professor und Beisitzer des Hofgerichts wurde, nach Forster's Abgang zur ersten Professur aufrückte. 1591 ging er als Syndicus nach Frankfurt a. M., kehrte jedoch schon 1594 als Geheimer Rath des Landgrafen Moritz nach Hessen zurück. Bis zu seinem Tode am 11. Mai 1617 hatte er seinen Wohnsitz in Kassel.

1) Freher, Theatrum p. 1014. Foppens, Bibl. Belgica 2, 1059 Strieder 15, 24 ff.

2) Seine Biographen sagen, daß er der Schüler des Baro, Duaren, Balduin, Donell, Cujas und Coras gewesen sei. Da indeß Baro schon 1550 starb, Balduin 1555 Frankreich verließ, so ist die Angabe bezüglich dieser Beiden gewiß unrichtig und bezüglich Duaren's, der 1559 starb, mindestens unwahrscheinlich.

Sein bedeutendstes Werk ist der schon oben (S. 671) genannte

Tractatus de regalibus. Mulhus. 1602. 4°. Hanov. 1607. 8°. Cassell. 1609. 4°[1]).

Seine übrigen Schriften, meistens Disputationen und Consilien in der Sammlung des Vultejus, s. bei Strieder.

2. Johannes Göddäus[2]), geb. am 7. December 1555 in Schwerte, besuchte, nachdem sein Vater den Plan, ihn zur Uebernahme des väterlichen Kaufmannsgeschäfts heranzubilden, aufgegeben hatte, seit 1568 die Schule in Dortmund, ging 1570 nach Deventer, kehrte aber nach einem Jahre der Kriegsunruhen wegen heim, ging dann nach Dortmund zurück, wo er seit 1576 Begleiter des jungen Johann von der Mark war. Er hatte sich bis dahin mit den alten Sprachen, namentlich dem Hebräischen, mit Geschichte und Philosophie beschäftigt, entschloß sich dann 1578 zur Theologie überzugehen und kam nach Marburg. Allein durch die confessionellen Zänkereien angewidert, kehrte er der Theologie den Rücken und wandte sich zunächst ohne innere Neigung zur Jurisprudenz, in der er Vigelius', Herm. Lersner's und Vultejus' Schüler wurde, mit Einwilligung der Facultät Vorlesungen über die Institutionen hielt und am 29. April 1585 den Doctorgrad erwarb. Nachdem er sich dann eine Zeit lang in Speier als Praktikant aufgehalten hatte und eine Berufung nach Heidelberg durch Intriguen vereitelt war, ließ er sich in Marburg als Privatdocent nieder, lehnte 1587 die ihm von seiner Vaterstadt angetragene Bürgermeisterstelle ab und folgte 1588 einer Berufung als Professor der Rechte nach Herborn, wo er Althusius' College war. 1594 ward er Professor der Institutionen in Marburg, erhielt 1603 die Professur der Pandekten. Seit 1623 öfter von apoplektischen Zufällen heimgesucht, nahm er 1630 seinen Abschied und starb am 5. Januar 1632. Zahreiche Anträge, die

1) Spätere Ausgaben Francof. 1617. 1620. 8°. Hanov. 1657. 8°. Norimb. 1683. 1693. 1717. 4°.

2) Strieder 4, 507 ff. A. d. B. 9, 312 f. (H. Müller).

ihn als Professor nach Heidelberg, Helmstädt, Franecker, als Syndicus nach Bremen, als Vicekanzler nach Kassel, als k. dänischen Rath nach Kopenhagen riefen, lehnte er ab, um sich seiner befriedigenden Thätigkeit in Marburg zu erhalten. Er hat die Universität vielfach auf den Landtagen vertreten und gehörte auch neben Sixtinus 1604 der Commission an, welche den Marburger Successionsstreit zum Austrag bringen sollte.

De contr. et committ. stipulat. Marp. 1585. 4°. Herborn. 1596. 1609. 8°.
Commentarius in Tit. D. de Verbor. signif. Herborn. 1590. 1601. 8°.
Theses et disputationes juris. P. 1. 2. 3. Marp. 1595. 1596. 4°.

In Vultejus' Sammlung der Consilia Marpurg. finden sich 34 Nummern von ihm.

Seine übrigen Schriften s. bei Strieder.

3. Philipp Matthäus[1]), am 24. August 1554 in Marburg geboren, ist der Sohn des dortigen Professors der Rhetorik Konrad Matthäus († 1580), der zugleich Dr. jur., Universitätssyndicus und Beisitzer des Samthofgerichts war. Philipp Matthäus erwarb am 28. Februar 1581 die juristische Doctorwürde in Basel und erhielt in demselben Jahre die Professur seines Vaters. 1591 ward er Vultejus' Nachfolger in der Professur der Institutionen und 1594 des Vigelius Nachfolger in der Professur der Pandekten. Er starb am 18. Juni 1603.

Commentarius in extremum D. tit. qui est de divers. reg. jur. Marp. 1595. 1600. 1607. 1615. 1633. 8°. Francof. 1625. 1670. 8°.

Seine übrigen Schriften (Disputationen und Consilien) verzeichnen Jugler und Strieder.

4. Anton Matthäus[2]), Philipp Matthäus' Bruder, ist am 27. December 1564 in Frankenberg, wohin die Eltern der Pest wegen geflüchtet waren, geboren. Er studirte in Marburg, Heidelberg, Helmstädt und Wittenberg, besuchte dann als Hofmeister eines siebenbürgischen Edelmanns Sombor nochmals die

1) Jugler 2, 277 f. Strieder 8, 254 ff.
2) Jugler 2, 281 ff. Strieder 8, 261 ff.

Universitäten Heidelberg und Altdorf, ward 1594 Doctor juris in Marburg und Göddäus' Nachfolger in dessen juristischer Professur zu Herborn; 1606 nach Marburg berufen, 1625 Professor in Groningen, wo er am 28. Mai 1637 starb.

Ein großer Theil seiner zahlreichen Schriften ist gesammelt in den

Collegia juris sex. Groning. 1638. 4°. Franeck. 1647. 4°.

Dies Werk umfaßt

1. Collegium fundamentorum juris; 30 Disputationen, von denen 17 schon Herborn 1623 erschienen waren.

2. Collegium Institutionum juris primum; 20 Disputationen, welche 1604 und 1623 in Herborn gedruckt waren.

3. Collegium Institutionum juris alterum; 22 Disputationen, zuerst Herborn 1625.

4. Collegium Institutionum juris tertium; 20 zuerst in Groningen 1632 gedruckte Disputationen.

5. Collegium Pandectarum; 52 Disputationen.

6. Collegium Codicis; 20 Disputationen, 1627 zuerst gedruckt.

Seine übrigen Schriften s. bei Jugler und Strieder, wo auch Majansius' (Epist. p. 261) Urtheil angeführt ist: Vir multae lectionis et nullius electionis; multiplicis doctrinae, sed propositae magis quam expositae et inordinatae. Fuit ei diligentia ad colligendas difficultates quam plurimas, ab aliis interpretibus excogitatas; judicium defuit ad dissolvendas illas.

7. Jena. — 1. Nikolaus Reusner[1]), am 2. Februar 1545 in Lemberg geboren, erwarb sich eine tüchtige humanistische

1) Parentalia N. Reusnero facta. Jenae 1603. 4° (von Arumäus und Sagittarius); danach Adami Vitae p. 379 s. Zeumer Vitae p. 61 s. Jugler 5, 296—331 (ausführliches Verzeichniß seiner Schriften). Schulte, Geschichte 3, 2, 30. — Aus dem alten, ehemals in Ungarn und Siebenbürgen begüterten Reusner'schen Geschlecht ist eine große Zahl in der zweiten Hälfte des 16. Jahrhunderts literarisch berühmter Männer hervorgegangen, deren

Bildung auf den Schulen in Goldberg und Breslau. Melanchthon's Name zog ihn 1560 nach Wittenberg; allein er fand ihn nicht mehr am Leben. Seine Studien richteten sich auf Philosophie, Mathematik, die alten Sprachen und Medicin. Erst in Leipzig, wohin er 1563 übersiedelte, wandte er sich zur Jurisprudenz unter Modestinus Pistoris, Jacob Thoming, L. Badehorn und setzte unter Beust und Schneidewin seine Studien seit 1564 in Wittenberg fort. Als 1565 ein Reichstag nach Augsburg angesagt war, ging er dorthin in der Hoffnung seine Talente verwerthen zu können. Empfehlungsbriefe von Joachim Camerarius und Victorin Strigel vermittelten nähere Beziehungen zu dem Schulrector Hieron. Wolf, dem einflußreichen Schüler des Ramus, Joh. Thomas Freigius' Freunde. Da die Eröffnung des Reichstags verschoben wurde, übernahm Reusner interimistisch eine Lehrstelle an der Schule und wußte daneben durch seine poetischen und rhetorischen Talente die Gunst des Kaisers und der zum Reichstage versammelten Fürsten zu erwerben. Auf Wolf's Empfehlung erhielt er 1566 eine Professur der alten Sprachen am Gymnasium in Lauingen; 1572 ward ihm dort die juristische Lehrstelle und das Rectorat übertragen. 1582 ist

---

Verwandtschaft nicht ganz klar ist. Jöcher führt nach Eberti, Leorinum eruditum Folgende auf:

Franz R. aus Lemberg, Dr. theol.; gest. 1530 zu Schweidnitz.

Ein anderer Franz R., Bürger und Rathsherr zu Lemberg, ist der Vater folgender Söhne:

1. Bartholomäus (1532—1572), Dr. med., Arzt in Breslau, Stadtphysicus in Zittau.
2. Nikolaus (1545—1602).
3. Elias (1555—1612), Dr. med. und Professor der Medicin in Jena.
4. Jeremias, Dr. jur. und fürstl. Liegnitzischer Rath.

Bartholomäus aus Breslau (1565—1629), Dr. jur., Professor in Wittenberg, Sohn des Bartholomäus 1.

Hieronymus, Brudersohn des Bartholomäus 1., geb. Lemberg 1558, gest. als Dr. med. und Physicus in Hof.

Jeremias, geb. 1557 in Lemberg, Rath des Grafen Salm, gest. 1594.

Jeremias, geb. 1590 in Lemberg, Dr. jur. und Professor in Wittenberg, gest. 1652.

er wiederum in Augsburg, um während des Reichstages alte Beziehungen zu erneuern und neue zu knüpfen. Hier mag der Entschluß gereift sein, sich der Jurisprudenz ganz zuzuwenden. Er holt sich im folgenden Jahre aus Basel den Doctortitel, wird vom schwäbischen Kreise zur Assessur am Reichskammergericht präsentirt, giebt aber einer ihm angetragenen Professur als Nachfolger des Giphanius in Straßburg den Vorzug. Nachdem er dies Amt vom October 1583 an bekleidet hat[1]), folgt er 1589 einer Berufung nach Jena als Senior der Juristenfacultät und Beisitzer des Hofgerichts und Schöppenstuhls. 1594 ernannte ihn Kaiser Rudolf II. zum Pfalzgrafen und erneuerte seinen Adel. Im folgenden Jahre ging er als kursächsischer Gesandter nach Polen, um bei dem Reichstage in Gemeinschaft mit den kaiserlichen und brandenburgischen Gesandten die Stellung von Hülfstruppen gegen die Türken auszuwirken[2]). Er starb, während er zum zweiten Male das Rectorat bekleidete, am 12. April 1602. Die Universitätsbibliothek in Jena bewahrt sein Bildniß.

Seine zahlreichen Schriften[3]), die Jugler unter 83 Nummern zusammenstellt, zeigen ihn uns als einen Polyhistor. Poetische, rhetorische, philosophische, historische, geographische, naturwissenschaftliche Schriften und Sammlungen, welche zum Theil von seinen Brüdern Elias und Jeremias bearbeitet und herausgegeben sind, bilden die Mehrzahl; unter den juristischen sind die folgenden zu nennen, welche, so weit sie theoretisch sind, den Einfluß des Ramismus verrathen. Es ist ihm um methodische Darstellung

---

1) Tabor, Oratio Bitschio etc. habita in Witten, Memoriae p. 179 s. Tabor sagt, R. sei 1588 nach Jena abgegangen, was freilich mit seiner Angabe, daß er 6 Jahre die Professur in Straßburg bekleidet habe, nicht stimmt.

2) Mit dieser erfolglosen Bemühung stehen in Verbindung die von ihm herausgegebenen Sammlungen Selectissimarum orationum et consultationum de bello Turcico etc. Voll. IV. Lips. 1595. 1596. 4° und Epistolarum Turcicarum diversor. auctor. libri XIV. Francof. 1595—1600. 4°.

3) Er selbst hat einen Catalogus s. Elenchus operum partim in lucem editorum, partim vero edendorum. Lauing. 1583. 8°, der einen Bogen füllt, herausgegeben.

zu thun; er ist weder durch Gelehrsamkeit noch durch Scharfsinn hervorragend.

1. Disputationes tres de jure et qualitate rerum divinarum. Lauing. 1579. 8°.
2. Disputationum juris civilis libri III; item politicarum disput. liber I. Argent. 1579. 4°. Herausgegeben von Jeremias R.
3. Μικροτέχνη s. ars parva et quasi medulla jurisprudentiae Justinianeae. Lauing. 1579. Francof. 1589. 8°.

Es ist ein in Fragen und Antworten aufgelöstes Lehrbuch nach der Institutionenordnung. Der zweiten von Jeremias Reusner besorgten Ausgabe sind angehängt:

J. Th. Freigii Rudimenta s. epitome Instit. und Summa s. medulla Jurisprudentiae. Dion. Gothofredi Epitome Instit. P. Peccii[1]) Observationes ad illustrat. Institut.

4. Oeconomia juris utriusque. Argent. 1584. 1626. 4°.
5. Quaestionum s. Consultationum juridicarum libri II. Basil. 1585. 8°.
6. Institutionum s. Elementorum juris civilis libri IV ex vetustissima bibliotheca Opus depromtum ac olim quidem sub titulo Brachylogus totius juris civilis s. Corpus legum in lucem editum etc. Francof. 1585. 8°[2]).

Reusner hat zu dieser Ausgabe keine Handschrift benutzt, und schon darum ist sie ohne kritischen Werth. Er hat aber überdies den Text auf den Wortlaut derjenigen Stellen des Corpus juris, aus welchen der Brachylogus geschöpft ist, zurückgeführt und die Abtheilungen nach seinem Ermessen verändert; den Paragraphen sind Verweisungen auf die Quellen, Summarien und erläuternde Anmerkungen hinzugefügt. Aus diesem Verfahren ergiebt sich, daß wir es hier nicht eigentlich mit einer Ausgabe, sondern mit einer Bearbeitung des Brachylogus zu thun haben. Allerdings aber scheint sich Reusner diesen Gegensatz nicht ganz klar gemacht zu haben, sondern von der Meinung auszugehen, daß die Abweichung des Textes von dem Wortlaut der Quellen spätere Corruption sei. Den Werth des Buchs

1) Peter Peck, Professor in Löwen, später Mitglied des hohen Raths zu Mecheln. Gest. 1589.

2) Senckenberg, Praef. ad Brachylogum p. IV. Savigny, Gesch. d. röm. Rechts im M.A. 2, 257 f. Böcking, Praef. ad Brachyl. p. XXXV. CVII.

setzt er gerade darin, daß es eine methodische Compilation nicht nur der sententiae et praecepta, sondern auch der verba der Quellen sei, daher nicht wie andere compendia, die besser dispendia genannt würden, „a fontibus ipsis studiosos abducant potius, quam ad eos deducant“.

7. *Χειραγωγία* sive Cynosura juris. Spirae 1588. 2 vol. 8°.

Im folgenden Jahre ist noch ein kleiner Anhang hinzugekommen. — Eine Sammlung von Reden und Abhandlungen über die „ratio docendae et discendae Jurisprudentiae“. Von ihm selbst sind darin außer den Vorreden eine Oratio de juris arte Justinianea, gehalten in Straßburg 1583 bei Antritt seines Lehramts, und im Appendix Epigramme de juriscons. Italiae, Galliae, Germaniae. S. oben Kap. 4 S. 145.

8. Tractatus de jure testamentorum et ultimarum vuluntatum. Jenae 1597. 1598. 2 vol. 4°.

Von Jeremias Reusner herausgegebene Vorlesungen.

9. Centuria thematum controversas et selectiores ex jure feudali quaestiones continens. Jenae 1597.

10. Sententiarum s. Decisionum juris singularium libri IV. Francof. 1599. 1600. 1601. fol.

Reusner's juristische Schriften haben geringe Bedeutung und sind längst vergessen. Von den übrigen haben auch heute noch einen gewissen Werth seine beiden Porträtsammlungen:

Icones s. imagines virorum litteris illustrium. Argent. 1587. 8°. Ex secunda recognitione Argent. 1590. 8°[1]) und Icones s. imagines vivae literis clarorum virorum. Basil. 1589. 8°.

2. Peter Wesenbeck[2]), der Neffe des berühmteren Matthäus, ist in Antwerpen am 5. Mai 1546 geboren, hat in Leipzig zuerst Theologie studirt, sich dann der Jurisprudenz zugewendet und 1567 nach Frankreich (Orleans) begeben. Durch die kriegerischen Unruhen bald vertrieben, kam er 1568 nach Heidelberg, ging im folgenden Jahre zu seinem Oheim nach Jena,

1) Der Seltenheit wegen ist dieses Buch Frankfurt 1719. 8° neu gedruckt worden.

2) Zeumer p. 54. Adam p. 148. Zeidler, Vitae profess. juris Altdorfin. 1, 140 s.; 3, 173 s.

wo er am 3. Februar 1574 zum Doctor promovirt und noch in demselben Monat als Professor angestellt ward. Zugleich fungirte er als Beisitzer des Hofgerichts und des Schöffenstuhls. Im Jahre 1587 folgte er einer Berufung nach Wittenberg als Nachfolger seines dort verstorbenen Oheims, indem er gleichzeitig Assessuren im Consistorium, Schöppenstuhl und Hofgericht übernahm. Conflicte seiner calvinistischen Ueberzeugung mit der officiellen lutherischen Richtung veranlaßten ihn 1591 aus dem Consistorium auszuscheiden und 1592, als ihm zugemuthet ward, die Concordienformel zu unterschreiben, sämmtliche Aemter niederzulegen. Er lebte dann eine Zeit lang ohne Amt in Zeitz, folgte aber noch in demselben Jahre einer Berufung nach Altdorf als Donell's Nachfolger. Bald ward er auch unter die Rechtsconsulenten des Nürnberger Raths aufgenommen und trat in freundschaftliche Beziehungen zu seinen Collegen Gentilis und Rittershusius. Aehnliche Collisionen wie in Wittenberg vertrieben ihn von Altdorf. Er verließ es gegen Ende des Jahres 1598, um in Koburg das Ordinariat des neu gegründeten Schöffenstuhls und zugleich, zum Geheimen Rath ernannt, die erste Assessur am herzoglichen Hofgericht zu übernehmen. Hier starb er am 27. August 1603, 57 Jahre alt.

Er hat keine Schriften publicirt. Nach seinem Tode sollen unter seinem Namen erschienen sein

Promptuarium juris opera Jo. Flitneri. Francof. 1625.
Annotationes in Pandectas cum notis Bachovii. (??)
Commentarius in tit. Dig. de reg. jur. Francof. 1625. 8°.

3. **Virgilius Pingitzer**[1]), am 9. November 1541 in Hallein geboren, Sohn des dortigen Bürgermeisters. Obgleich katholisch erzogen, hatte er sich früh dem Protestantismus zugewandt. Er ging nach Jena, wo er 1558 bei Eröffnung der Universität zugegen war und vier Jahre lang neben den juristischen theologische und philosophische Studien betrieb. Nach zwei-

1) Zeumer, Vitae 2, 40 s. Du Roi, Biograph. helmst. Rechtsgel. in Hagemann u. Günther, Archiv 2, 116 ff.

jährigem Aufenthalt in Ingolstadt begleitete er Matth. Wesenbeck auf einer Reise durch die Niederlande, verweilte längere Zeit in Löwen, besuchte Frankreich und erwarb sich 1567 in Orleans den Doctorhut. Nach Deutschland zurückgekehrt, trieb er eine Zeit lang Advocatur am Hofgericht zu Jena, erhielt 1570 hier eine juristische Professur. Bei Gründung der Universität Helmstädt 1574 ward er dorthin als der erste juristische Professor berufen, fungirte aber nur kurze Zeit, da er 1576 gleich nach der feierlichen Einweihung der Universität von dem Weimarschen Hofe als Lehrer des jungen Herzog Johann gewonnen wurde. 1587 übernahm er wieder eine Professur in Jena, ward später Senior und Ordinarius der Facultät, Beisitzer des Hofgerichts und 1607 Präsident des Consistoriums. Dreimal bekleidete er das Rectorat; er starb am 20. Juli 1619. Nachdem er seine erste Frau im Jahre 1605 nach 37jähriger Ehe verloren, verheirathete er sich 1607 zum zweiten Male. Von seinen 13 Kindern erster Ehe überlebten ihn zwei Söhne und vier Töchter; Dominicus Arumäus war sein Schwiegersohn.

Außer einer Anzahl Thesen und Disputationen, bei denen die Autorschaft zweifelhaft ist, sind nur zwei größere Werke praktischer Art von ihm publicirt:

Responsorum s. consiliorum decas una. Francof. 1580. fol. Stuttg. 1684. 4°. Francof. 1694. 4°.

Vorgedruckt sind zwei Reden de vita Baldi und de praecipuis utilitatibus Institutionum Justiniani.

Illustrium Quaestionum Saxonicarum decades sex. Gerae 1607. 4°.

Rechtsfälle aus seiner Praxis an den sächsischen Gerichten, die er seinen Zuhörern dictirt hatte; einer von diesen hat sein Heft dem Drucker Spies in Gera zur Publication verkauft.

Einen von ihm begonnenen Commentar zum Titel D. de Verbor. Signif. hat er nicht vollendet.

4. **Oswald Hilliger**[1]), am 20. October 1583 zu Freiberg geboren, machte seine juristischen Studien in Leipzig,

1) **Agricola**, oratio funebris in honor. et mem. Osw. Hilligeri. Jenae 1619. 4°. **Zeumer**, Vitae prof. Jenens. 2, 96 s.

Wittenberg und Jena, wo er 1606 promovirt ward. In die nächstfolgenden Jahre fallen Reisen, auf denen er die Mehrzahl der deutschen Universitäten besuchte und mit den hervorragenden Rechtslehrern Verbindungen knüpfte. 1616 ward er Professor in Jena und Assessor des sächsischen Hofgerichts. Nach kurzer Amtsführung erlag er, noch nicht 36jährig, einer schweren Krankheit am 25. März 1619.

Durch seinen Lehrer Wilh. Valentin Forster in Wittenberg ist Hilliger auf das Studium des Donellus geführt, in dessen Commentarii juris civilis er das bedeutendste juristische Werk der neueren Zeit erkannte. Daß gewisse Eigenthümlichkeiten desselben seiner Verbreitung und Benutzung in weiten Kreisen hinderlich waren, übersah er nicht. In der Breite und Ausführlichkeit der Deduction waren System und Einzelheiten gleichsam versenkt und versteckt: man vermißte die immer mehr erstrebte compendiarische Uebersichtlichkeit. Donellus liebt es nicht, sich mit den Meinungen Anderer auseinanderzusetzen: es fehlen die begehrten Allegationen der Literatur. Diesen Mängeln — denn so betrachtete die Zeit jene Eigenthümlichkeiten — abzuhelfen hat Hilliger sich zur mühevollen Aufgabe gemacht. Daraus ist sein „Donellus enucleatus“ entstanden, den er auf Andringen der Jenenser Professoren Suevius und Theodoricus in zwei Bänden (Jenae 1610. 1613. 4°) herausgab [1]. Die Aufgabe, deren Durchführung er in der langen praefatio umständlich erörtert, war zunächst das „in compendium redigere“ der Commentarii, damit sie, wie es auf dem Titelblatt heißt, „juris artem, quae amplo verborum cortice in illis tecta, apertius exhibeant“. Also ein übersichtlicher, kurz gefaßter Auszug, in den aber gelegentlich zur Ergänzung Stücke aus anderen Schriften Donell's eingefügt sind. Seine Allegationen der Quellen hat Hilliger revidirt, berichtigt und an die Stelle der Anfangsworte der leges Zahlen gesetzt, überhaupt aber die Citate nach der

1) Spätere Ausgaben Jenae 1617. 4°. Lugdun. 1619. fol. Antwerp 1642. fol.

Gothofredischen Ausgabe des Corpus juris eingerichtet, weil diese „passim omnium fere manibus hodie teri compertum est“. Diesem Auszuge sind bei jedem Kapitel „Notata“ hinzugefügt, deren Umfang nicht selten den des Textes übersteigt. Sie bestehen zum Theil in erläuternden Bemerkungen Hilliger's, zum größeren Theil aber in massenhaften Allegationen und kurzen Excerpten der juristischen Literatur. Obgleich „Bartolus et congeneres Accursiani“ fast ganz unberücksichtigt geblieben sind, ist die Zahl der benutzten Schriftsteller, deren Namen ein Register angiebt, auf 520 angewachsen.

Hilliger's Arbeit muß als eine durchaus tüchtige Leistung anerkannt werden, die mit gutem Grund der neueren Ausgabe der Opera Donelli (Lucae 1762—1770. fol. Florent. 1840—1847. 8°) in der Form einverleibt ist, daß seine „Notata“ als „Notae“ dem Originaltexte der Commentarii beigefügt sind. Nach Plan und Ausführung trägt sie den Stempel einer neuen Zeit: das Bedürfniß systematischer Compendien, die moderne Citirmethode und die Herrschaft des „Gothofredus“, endlich die Beschränkung der literarischen Allegationen (mit wenig Ausnahmen) auf die Juristen des 16. Jahrhunderts. Als Epigonen aber haben wir Hilliger zu bezeichnen, in so fern er ganz auf den Schultern des großen Vorgängers steht.

In den Discursus academici de jure publico, von Arumäus Jenae 1616—1623 herausgegeben, finden sich Vol. II No. 13. 30 zwei Abhandlungen von Hilliger: de principis Romani potestate und de feudis.

5. Leopold Hackelmann[1]), geboren in Stade im Jahre 1563, besuchte die Universitäten Helmstädt, Leipzig und Jena, ward hier am 23. September 1591 zum Doctor promovirt und hielt an demselben Tage Hochzeit; 1594 außerordentlicher, 1596

1) Gualtherus, parentatio bei Witten, Memoriae p. 67. Danach Sincerus 2, 157 ff. Zeumer, Vitae p. 71 s. (Gerber) die Ordinarien der Juristenfacultät Leipzig S. 32. A. d. B. 10, 294 (Teichmann). Schulte, Geschichte 3, 2, 33. Vgl. oben S. 551.

ordentlicher Professor der Pandekten und Beisitzer des Hofgerichts in Jena. Aus seiner akademischen Thätigkeit, die er schon vor seiner Anstellung mit Erfolg begonnen hatte, sind seine juristischen Schriften hervorgegangen: Disputationen, die er in seinen Collegia behandeln ließ.

Im Jahre 1598 ging Hackelmann als Rath des Erzbischofs nach Magdeburg. Als 1604 der Kurfürst von Sachsen ihn als Hofrath nach Dresden ziehen wollte, verweigerte das Domkapitel ihm die Entlassung. Erst 1612 gelang es dem Kurfürsten, ihn für Leipzig zu gewinnen, wo er Ordinarius der juristischen Facultät, Beisitzer des Hofgerichts und Canonicus von Merseburg wurde. Er starb am 11. November 1619.

Quaestiones juris illustriores — XXVI Disputat. propositae Jen. 1594. Francof. 1602. Magdeb. 1613. 4°.
Differentiae juris civ. et Saxonici. Jen. 1595. 8°. Vgl. oben S. 551.
Disput. select. ex juris canon. materiis. Ed. 2. Francof. 1602. 4°.
Disput. feudales. Jen. 1595. 4°.
Disput. in lib. Pand. Francof. 1602. 4°.

Die übrigen Schriften s. bei Zeumer.

6. Dominicus Arumäus[1]), aus dem verarmten Adelsgeschlecht von Arum, ist 1579 in Leuwarden geboren, bezog 1593 die Universität Franecker und studirte später in Oxford und Rostock, ob auch in Helmstädt ist ungewiß. Als Hofmeister eines Sohnes des Bürgermeisters von Stade, Daniel Busmann, kam er nach Jena. Er verlobte sich hier mit einer Tochter Pingitzer's, ward am 31. März 1600 zum Doctor promovirt und an demselben Tage getraut. Seine Lehrthätigkeit begann er mit Eröffnung von Collegien für Institutionen und Pandekten, welche er zum Theil gratis hielt. 1602 ward er außerordentlicher, 1605 ordentlicher Professor, Beisitzer des Schöppenstuhls und des Hofgerichts, 1619 Senior, 1634 Ordinarius der Facultät. Er starb am 24. Februar 1637 während einer Facultätssitzung. Seine Bibliothek hatte er der Universität Jena vermacht.

---

1) Foppens, Bibl. belg. 1, 246. Zeumer p. 84. Jugler 1, 235 ff. Pütter, Lit. d. Staatsrechts 1, 165 ff. A. d. B. 1, 614 f. (Muther).

Arumäus' Lehrthätigkeit ist, wie oben gesagt, für das öffentliche Recht so bedeutend gewesen, daß man ihn den „Stammvater der Publicisten“ nennt. Seine Kenntnisse, die Gewandtheit seiner Rede, seine stattliche Erscheinung machten ihn zu einer als Rath und Gesandten in Staatsgeschäften gesuchten, am Weimarer Hofe sehr geschätzten Persönlichkeit. Hier fand auch der Geschichtsforscher Friedrich Hortleder (geb. 1579, gest. 1640) seinen Wirkungskreis zunächst als Informator der Prinzen Johann Ernst und Friedrich, mit denen er von 1608 bis 1613 in Jena lebte. Seine Aufzeichnungen[1]) über den Studiengang seiner Zöglinge sagen uns, wie seit dem Jahre 1610 der Unterricht des älteren Prinzen mehr und mehr eine staatswissenschaftliche, politische und juristische Richtung erhielt, bei der in Anknüpfung an Sleidanus und Jun. Brutus' Vindiciae contra tyrannos, sowie an die Wahlcapitulation die Theorie von der Beschränkung der kaiserlichen Macht durch die reichsständischen Freiheiten entwickelt wurde.

Solche Umgebungen und persönliche Beziehungen begünstigten die Wirksamkeit des Arumäus. Wir sehen aus seiner Sammlung der Discursus academici, wie lebhaft das Interesse für publicistische Fragen angeregt war. Seine Collegen Pingitzer, Fomann, Schwabe, Hilliger haben Beiträge geliefert; auch Hortleder gab Decades 4 excerptorum ex Sleidano dazu; eine große Zahl von Schülern hat in dieser Sammlung seine ersten publicistischen Arbeiten niedergelegt.

Unter seinen Schriften, welche Jugler verzeichnet, sind außer den Discursus (s. oben S. 669) hervorzuheben

Tractat. method. de mora. Jenae 1608. 8°.

Exercitat. Justin. ad Institutiones. 1607. 4°. Ed. 3.

Wann die früheren Ausgaben erschienen sind, bleibt fraglich.

Decision. et Sententiar. libri II. 1612. 4°.

---

1) M. Ritter, F. Hortleder als Lehrer der Herzöge Joh. Ernst und Friedrich von Sachsen-Weimar. N. Archiv f. sächs. Geschichte u. Alterthumskunde 1, 188 ff. (1880).

Disput. ad praecipuas Pand. et Cod. leges, consuetud. feudorum et quat. Instit. libros. Jenae 1613. 1620. 1628. 4°;

bearbeitet von E. F. Schröter 1665. 1672.

Discursus academici ad auream Bullam. Jenae 1617. 1619. 4°;

mit Zusätzen von E. F. Schröter Jenae 1663. 4°.

Commentar. de comitiis Rom. Germ. Imperii. Jenae 1630. 1635. 1660. 4°.

Dies Werk gilt für eines der besten des Verfassers, bei dem er indeß, wie ihm vorgeworfen wird, Goldast's Comment. de regno Bohemiae, ohne ihn zu nennen, benutzt hat.

7. **Petrus Theodoricus**[1]) (Dietrich), geboren am 11. August 1580 in Crossen, wo sein Vater Pfarrer war, besuchte die Schule in Zeitz, studirte in Jena und Leipzig, kehrte nach Jena zurück und ward hier 1606 Doctor juris, 1608 Professor und Beisitzer des Schöffenstuhls, 1616 Assessor des Hofgerichts und fürstlicher Rath, 1638 Ordinarius der Facultät und bekleidete viermal das Rectorat. Er war dreimal verheirathet, in zweiter Ehe mit D. Hilliger's Schwester, lebte in sehr günstigen Vermögensverhältnissen und starb am 11. Mai 1640 als Erbherr auf Groß-Löbichau. Seine praktische Thätigkeit ist eine sehr ausgedehnte gewesen und hat sich, wie er selbst berichtet (vgl. oben S. 640), vorzugsweise auf strafrechtliche Fälle bezogen. Unter seinen Schriften, welche meistens kurze Dissertationen sind, ist die bedeutendste das oben (S. 638) erwähnte

Collegium criminale. Jenae 1618. 1671. 4°,

in welchem namentlich die Berücksichtigung der Praxis hervortritt. Die zweite Ausgabe unter dem Titel Judicium criminale practicum beruht auf einer Bearbeitung des Verfassers, deren Publication indeß durch seinen Tod und die Kriegsunruhen über 30 Jahre verzögert wurde.

---

1) Programma funebre auct. E. Ungepaur († 1659) vor Th.'s Judicium criminale 1671. Danach Zeumer, Vitae JCtor. Jenens. p. 92 s., wo ein Verzeichniß seiner Schriften.

8. **Wittenberg**[1]. Es gehören in diesen Zeitabschnitt noch Valentin Wilhelm **Forster** († 1620), den wir (S. 419 ff.) als Ausläufer der französischen Schule besprochen haben; ferner **Lukas Beckmann** († 1624), **Wolfgang Hirschbach** († 1620), **Erasmus Unruh** († 1628), über welche oben (S. 655) Nachrichten gegeben sind. Neben diesen sind Folgende zu nennen:

1. **Bartholomäus Reusner**[2], Bruderssohn des Nikolaus Reusner, geb. 1565 in Breslau, wo sein gleichnamiger Vater als Arzt lebte[3], studirte Jurisprudenz unter seinem Oheim in Straßburg und Jena, ward hier zum Doctor promovirt, 1594 als Professor der Institutionen nach Wittenberg berufen, 1607 professor primarius und kursächsischer Rath, dann Ordinarius und Senior der Facultät, 1624 Assessor des Oberappellationsgerichts in Dresden. Er starb am 16. November 1629 in Wittenberg.

Diss. de obligatione ex die vel ad diem contracta. Jenae 1589. 4°. Sie ist unter Nikolaus Reusner's Präsidium vertheidigt. Nach Witten und Sincerus ist sie in Wittenberg 1601. 4° gedruckt.

Commentarius in septem leges difficillimas. Francof. 1606. 4°. Jugler 5, 327 schreibt diese exegetischen Abhandlungen dem Nikolaus Reusner zu.

Eine Anzahl Disputationen s. bei Witten und Sincerus.

Die in der Zeit liegende Neigung und die dem Reusnerschen Geschlechte eigene Begabung zu polyhistorischer Ausbildung wird auch von ihm gerühmt. Das Griechische, Hebräische, Französische und Italienische beherrschte er; in der Astronomie, Geometrie, Geographie, Musik und Poesie war er bewandert.

---

1) Es fehlt an einer befriedigenden Geschichte dieser Universität. Allgemeine Mittheilungen enthalten **Sennertus**, Athenae itemque inscriptiones Wittebergenses. 1678. 4°. cap. 12. **Beger**, Oratio de juriscons. Wittebergens. 1703. 4°. **Grohmann**, Annalen d. Univers. Wittenberg.

2) **Witten**, Memoriae p. 137 s. Danach **Sincerus** S. 176 ff.

3) Seine Mutter Katharina geb. Uthmann gehörte demselben Breslauer Geschlecht an, aus welchem Franz Hotomanus stammt.

2. Jeremias Reusner[1]) aus Lemberg, geb. am 4. Mai 1590, studirte in Jena, ward dann in Wittenberg Assessor der juristischen Facultät und Hofgerichtsadvocat, später Professor und Beisitzer am Consistorium. Er starb am 29. September 1652. Gegen ihn ist die oben (S. 661) erwähnte Zurechtweisung des Kurfürsten gerichtet.

3. Benedict Carpzov[2]), geb. am 22. October 1565 zu Brandenburg, der Sohn des dortigen Bürgermeisters Simon Carpzov, ist der Stammvater des auf dem Gebiete der Jurisprudenz und Theologie berühmten Geschlechts[3]), aus welchem vor Allen der im nächsten Abschnitt zu besprechende zweite Sohn Benedict (geb. 1595, gest. 1666) hervorragt. Er besuchte die Schulen in seiner Vaterstadt und in Braunschweig, bezog 1583 die Universität Frankfurt a. O., studirte seit 1594 drei Jahre in Wittenberg, wohin er nach einer längeren Studienreise zurückkehrte, um zu promoviren und sich an demselben Tage zu verheirathen (8. Septbr. 1590). 1592 ward er Assessor der Juristenfacultät, übernahm daneben die Stelle eines Kanzlers bei dem

---

1) Vgl. über diesen Witten, Diarium ad a. 1652 und Jöcher, wo seine Schriften aufgezählt sind. Er gab außerdem Bd. 7. 8 der Wesenbeck'schen Consilien Witeb. 1624. fol. heraus.

2) Witten, Memor. p. 104 s. Jugler 1, 269 f. A. d. B. 4, 11 (Muther).

3) Carpzow'sche Stammtafel:

Benedict I. Carpzow (geb. 1565, gest. 1624)

Konrad 1593—1658. Dr. jur. | Benedict II. 1595—1666. Dr. jur. | Christian 1605—1642. Dr. jur. | Johann Benedict I. 1607—1657. Dr. theol. | August 1612—1654. Dr. jur.

(Söhne des Johann Benedict I.:)
Johann Benedict II. 1639—1699. Dr. theol. | August Benedict 1644—1708. Dr. jur. | Samuel Benedict 1647—1707. Dr. theol. | Friedrich Benedict 1649—1699. Dr. jur.

Johannn Benedict III. 1670—1733. Dr. theol. (Sohn des Johann Benedict II.) | Johann Benedict IV. 1675—1739. Dr. jur. (Sohn des Samuel Benedict)

Johann Benedict V. 1720—1803. Dr. theol. (Sohn des Johann Benedict III.) | Friedrich Benedict 1702—1744. Dr. jur. (Sohn des Johann Benedict IV.)

Grafen Martin von Reinstein und Blankenburg, erhielt 1599 die Professur der Institutionen, 1601 die zweite der Pandekten und verheirathete sich zum zweiten Male. 1602 berief ihn die Wittwe des Kurfürsten Christian I. von Sachsen, Sophia, als Kanzler an ihren Hof, den sie zu Colditz hielt. Dort mußte auch Carpzov seinen Wohnsitz nehmen, fungirte indeß gleichzeitig als Rath am Dresdener Appellationsgericht. Nach dem Tode der Kurfürstin Sophia legte er sein Kanzleramt nieder und zog sich nach Wittenberg zurück, wo er am 24. November 1624 starb. Außer einigen Dissertationen hat Carpzov keine Schriften publicirt.

4. Konrad Carpzov[1]), geb. in Wittenberg am 11. Juli 1593, ist der älteste Sohn des Vorhergehenden und älterer Bruder des berühmten Benedict II., mit dem er erzogen und nach gemeinsamen Studien in Wittenberg, Leipzig, Jena im Februar 1619 gemeinsam in Wittenberg zum Doctor promovirt wurde. Er ward zunächst Hofrath beim Herzog Franz von Pommern, 1621 Professor der Rechte in Wittenberg (s. oben S. 661), zugleich Assessor am Hofgericht und Consistorium, sowie Mitglied des Dresdener Appellationsgerichts. 1636 fungirte er als kursächsischer Gesandter beim Kurfürstentag zu Regensburg und ward bald nach seiner Rückkehr als Kanzler und Geheimer Rath zum Herzog August von Sachsen berufen. Er trat diese Stelle 1638 an und lebte seitdem in Halle, wo der Herzog als Administrator des Erzstiftes Magdeburg Hof hielt. Carpzov starb am 12. Februar 1658. Seine Schriften (Dissertationen) verzeichnet Jugler. Als die bedeutendste gilt die mit seinem Bruder Benedict gemeinsam verfaßte Doctordissertation de regalibus, welche Arumäus unter seine Discursus (3, 15) aufgenommen hat.

9. Leipzig. Die Leipziger Juristenfacultät hat bis zu Benedict Carpzov's Eintritt (1645) nur wenig bedeutende

1) Jugler 1, 276 f. A. d. B. 4, 25 (Muther).

Mitglieder gezählt. Johann Dauth hatte einige Jahre als Privatdocent gewirkt, als er 1574 Leipzig verließ, und war dann auf 3 Jahre (1588—1591) als Professor dahin zurückgekehrt. Leopold Hackelmann gehörte der Facultät in seinen letzten Lebensjahren (1612—1619) an. Sein Nachfolger im Ordinariat war Franz Romanus (1620) aus Cöthen, Erbherr auf Muckershausen und Brauswig, Beisitzer des Oberhofgerichts und Canonicus von Merseburg. In dem oben (S. 661) erwähnten Rescript vom Jahre 1616 heißt es, daß gegen ihn „wegen verübten Unfleißes, Gezänks und Competenz am Canonicat Beschwerung einkommen“ sei. Er starb 1636 [1]). Von ihm ist eine Ausgabe des sächsischen Lehnrechts und der Differentiae nach Zobel's Papieren [2]).

Sigismund Finkelthaus [3]), 1580 in Leipzig geboren, ward hier 1609 zum Doctor promovirt, dann Professor und 1636 Romanus' Nachfolger im Ordinariat der Facultät; 1615 war er Rector der Universität, Mitglied des Schöppenstuhls, Präses des Consistoriums; 1639 Bürgermeister. Er starb am 12. August 1644 in Dresden auf einer Geschäftsreise. Er zeichnete sich durch seltene Virtuosität in der griechischen Sprache aus. Sein Nachfolger im Ordinariat ward Benedict Carpzov II., mit dem er wegen der concurrirenden Competenz der Facultät und des Schöppenstuhls in criminalibus in Streit gerathen war.

Tractatus de jure patronatus. Lips. 1619. 1639. 1680. 4°.
Controversiae feudales. Lips. 1630.
Observationes practicae. Lips. 1636.

1) Dies Todesjahr giebt Gerber, die Ordinarien S. 33 an. Jöcher verwechselt ihn mit seinem gleichnamigen Sohn, der ebenfalls juristischer Professor in Leipzig war und am 28. Decbr. 1648 starb. Witten, Diarium. Auch der Enkel Paul Franz († 1675) war Professor der Jurisprudenz in Leipzig.

2) S. oben S. 549. 551.

3) Gerber, die Ordinarien der Juristenfacultät zu Leipzig S. 33. A. d. B. 7, 20 (Muther), wo weitere Literaturangaben. Schulte, Geschichte 3, 2, 63.

Zu den Leipziger Juristen sind auch zu rechnen die Praktiker Jakob Schultes[1]) († 1629) und Matthias Berlich († 1638), beide des Buchhändlers Henning Grosse Schwiegersöhne, dessen geschäftliche Interessen nicht ohne Einfluß auf ihre schriftstellerische Thätigkeit gewesen sind.

**10.** Helmstädt hat nach Borcholten († 1593) und Valentin Forster († 1608) längere Zeit keine namhaften Juristen aufzuweisen. Erst mit Conring beginnt wieder eine glänzende Epoche. Aus der Zwischenzeit sind nur die beiden Cludius zu nennen.

Andreas Cludius[2]) (Cluten), am 7. November 1555 zu Osterode geboren, besuchte 1572 das Gymnasium in Gandersheim und siedelte mit diesem 1574 nach Helmstädt über, studirte in Wittenberg, ward 1582 in Basel Doctor juris und 1585 Professor der Institutionen in Helmstädt, 1589 Professor Codicis, herzoglicher Rath, Beisitzer des Hofgerichts in Wolfenbüttel. Er nahm 1617 seinen Abschied und zog sich nach Osterode zurück, wo er am 9. September 1624 starb. Unter seinen Schriften, welche Du Roi verzeichnet, sind seine Arbeiten über die Condictionen hervorzuheben.

Commentarius in XII libros D. etc. quibus nobilis condictionum materia continetur. Helmst. 1598. 4°.
Disputationes tres de cond. indeb. Helmst. 1601. 4°.
Commentarius ad Tit. C. et D. de cond. ind. Francof. a. V. 1605. 4°.
Tractatus de cond. c. d. n. s. Mogunt. 1610. 8°.
Tractatus de cond. ob turpem c. Francof. 1610. 4°.
Commentarius ad Tit. C. et D. de cond. furt. Lips. 1630. 1650. 4°.

Johann Thomas Cludius[3]), Andreas' Sohn, in Helmstädt am 22. November 1585 geboren, studirte in Helmstädt und Jena, begab sich dann auf Reisen, ward 1614 in Basel zum Doctor promovirt und erhielt in demselben Jahre

1) Vgl. oben S. 572. Briefe von ihm aus dem Jahre 1607, welche sich auf die kirchlichen Streitigkeiten beziehen, finden sich bei Thomasius, ein kleiner Versuch von Annalibus (hinter M. v. Ossa's Testament) S. 244 ff.

2) Du Roi, Biogr. Helmst. Rechtsgel. in Hagemann u. Günther's Archiv 3, 49 ff. Vgl. oben S. 130.

3) Du Roi a. a. O. 4, 170 ff.

die Professur der Pandekten in Helmstädt. Er starb am 14. December 1642.

Succincta processus judiciarii delineatio. Helmst. 1641. 4°.

Seine übrigen Schriften (Disputationen) s. bei Du Roi.

**11. Rostock.** Hier hatten am Schlusse des 16. Jahrhunderts Lorenz Kirchoff[1]), der sich durch seine große Consiliensammlung verdient und berühmt machte, und Johann von Borcholten vor seinem Abgange nach Helmstädt (1577) zusammen gewirkt; neben und nach ihnen Michael Graß[2]) († 1595) und Heinrich Camerarius[3]) († 1601), welche beide mit großem Erfolg als Lehrer thätig waren.

Ernst Cothmann[4]), in Lemgo am 6. December 1557 geboren, besuchte das Gymnasium in Düsseldorf, war in Marburg Vigelius', Valentin Forster's und R. Sixtinus' Schüler, ging nach Rostock, wo er 1584 zum Doctor juris promovirt wurde und nach kurzem Aufenthalt in Wittenberg sich 1586 verheirathete. Er lebte zunächst als Praktiker und Privatdocent, ward 1587 herzoglich meklenburgischer Rath und Beisitzer des Hofgerichts, 1595 ordentlicher Professor, 1603 Kanzler und starb am 13. April 1624.

Disputationes jur. civ. Witteb. 1590. 12°.

Consiliorum vol. V. Francof. 1597. 1615. 1662. fol.

Liber singularis responsorum juris et consultationum academicarum. Francof. 1613. fol.

Commentarius in lib. I Cod. Francof. 1616. 4°.

Institutiones imperiales ad compend. redactae. Rostoch. 1618. 1625. 12°.

Johann Georg Godelmann[5]), am 12. Mai 1559 in Tuttlingen geboren, wo sein Vater Amtsvogt war. Seine

1) Gest. am 16. Octbr. 1580. Krabbe, d. Univers. Rostock S. 686.

2) A. d. B. 9, 590 (Stintzing).

3) A. d. B. 3, 719 f. (Fromm).

4) Programma ad sacrum exequiale. Witten, Memoriae p. 94 s. Freher, Theatrum p. 1039. A. d. B. 4, 518 (Fromm).

5) Adami Vitae p. 447 s. Krabbe, d. Univers. Rostock S. 700 f. A. d. B. 9, 316 (Distel). Vgl. oben S. 646, wo statt Johann Jacob zu lesen ist Johann Georg G

Mutter stammte aus dem Nürnberger Patriciergeschlecht der Holtzschuher. In Straßburg, dann in Tübingen studirte er seit 1572 die Artes und wandte sich, nachdem er 1576 Magister geworden, zur Jurisprudenz, war in Wittenberg Wesenbeck's und Beust's Schüler, ging auf Reisen, lebte eine Zeit lang in Rostock und ward am 1. September 1580 in Basel promovirt. Er kehrte darauf nach Rostock zurück, um seine schon 1579 begonnene Lehrthätigkeit fortzusetzen, erhielt 1583 eine außerordentliche Professur. Nachdem er vorher über Cicero de legibus und den Titel de regulis juris gelesen hatte, ging er zum Lehnrecht und Criminalrecht über. Aus seiner 1585 begonnenen Vorlesung über die Carolina ist sein oben (S. 646) besprochener Tractatus de magis enstanden. 1587 wurde seine Lehrthätigkeit durch eine politische Mission nach Riga und Warschau unterbrochen; 1589 berief ihn der Statthalter Heinrich Rantzau nach Holstein als Rath; 1592 ward er kursächsischer Hofrath in Dresden, 1597 kaiserlicher Pfalzgraf, später kursächsischer Geheimer Rath. Er starb in Dresden am 20. Februar 1611.

Godelmann ist, seit er in Dresden lebte, von dem Administrator der sächsischen Kur, Friedrich Wilhelm von Altenburg, und später dem Kurfürsten Christian II. in den wichtigsten Staatsangelegenheiten, u. A. bis 1605 vierundzwanzigmal zu Gesandtschaften an den kaiserlichen Hof, verwendet worden; der Kurfürst schenkte ihm ein Haus und ein Gnadengeld von 10000 (polnische?) Gulden. Wenn sich Godelmann das große Verdienst erworben hat, an die Spitze der Gegner der Hexenverfolgungen zu treten, so wirft dagegen sein Verhalten in dem Processe gegen den unglücklichen Kanzler Dr. Krell ein bedenkliches Licht auf seinen Charakter [1]).

Proleg. lection. in Cic. de legib. 1583.

De litiscontest. 1578. Diss.

De legum Rom. dignitate oratio. Rost. 1583.

---

1) G. Saran, der Kryptocalvinismus in Kursachsen. Deutsch-evangel. Blätter 4. Jahrg. 1879 S. 612 f.

De jure patronatus. Rost. 1585.
De studiis privatis. Rost. 1588.
Tractatus de magis, veneficis et lamiis. Rost. 1584. Francof. 1591. 4°.

12. Greifswald. — Joachim Stephani[1]) aus Pyritz, studirte in Wittenberg und Rostock, ward 1572 Professor der Mathematik in Greifswald, 1577 Doctor und 1578 Professor der Rechte, herzoglicher Rath, Syndicus der Universität und Director des Consistoriums. Er starb am 14. Januar 1623.

Demonstrationes Politicae. Gryphisw. 1599. Francof. 1615. 8°.
Tractatus de jurisdictione Judaeorum. Gryphisw. 1582. 4°.
Institutiones juris canon. Gryphisw. 1612. 8°.
Expositio Novellarum. Gryphisw. 1608. Francof. 1616. 8°.

Matthias Stephani[2]) aus Pyritz, Bruder des Joachim, 1590 bis 1603 Privatdocent in Königsberg, Frankfurt a. O., Rostock, 1604 außerordentlicher, 1624 ordentlicher Professor zu Greifswald. Er starb am 26. August 1646. Er war ohne Zweifel der bedeutendere von beiden Brüdern.

Commentarius in Novellas. Gryphisw. 1630. 1653. 4°,

neu herausgegeben nach dem Manuscript des Verfassers und mit Zusätzen von Brunnemann 1700. 4°; vgl. Landsberg, über die Entstehung der Regel quicquid non agnoscit glossa S. 66 f.

Tractatus de jurisdictione. Francof. 1610. 1611. 4°. 1623. 4°;

vgl. darüber Pütter, Lit. des Staatsrechts 1, 159; Schulte 3, 2, 34.

Synopsis Jurisprud. Rost. 1624. 12°.
Discursus academici ex jure publico. Rost. 1624. 4°.
Tractatus de jure patronatus. Francof. et Lips. 1631. 1639. 1701. 4°. Gothae 1672. 4°;

vgl. darüber Schulte a. a. O.

---

1) Witten, Memoriae p. 89 s. Kosegarten, Gesch. d. Univers. Greifswald 1, 248. Schulte 3, 2, 30. Das bei K. und Sch. angegebene Todesjahr 1617 ist unrichtig; in diesem Jahr starb St.'s Frau, die er noch fast 6 Jahre überlebte, wie sein Sohn Laurentius St. in dem vom 21. Januar 1623 datirten Leichenprogramm (Witten l. c.) angiebt.

2) Kosegarten 1, 232. Schulte 3, 2, 34.

**13. Praktiker.** — 1. Jakob Ayrer[1]) ist der Sohn des gleichnamigen Dichters, welcher in Nürnberg geboren nach langjährigem Aufenthalt in Bamberg seines evangelischen Bekenntnisses wegen 1593 in seine Vaterstadt zurückkehrte und hier 1605 starb. Der Sohn Jakob Ayrer d. J. wurde 1593 Nürnberger Bürger, war Dr. jur. und Advocat. 1603 ging er nach Weiden in pfälzische Dienste. Sein Todesjahr ist unbekannt. Er hat sich einen Namen erworben durch die Bearbeitung des deutschen „Belial", welche er unter dem Titel „Historischer Processus juris" (Frankf. 1597. fol.) herausgab. Dieses Werk ist bis zum Jahre 1737 noch etwa 27 mal aufgelegt worden. Da es nicht zur wissenschaftlichen Jurisprudenz gehört, genügt hier seine Erwähnung[2]).

Enodatio L. un. C. de errore calculi. 1599. 1643. 1699. 1700.

Commentarius in L. Ut vim D. de just. et jure in quo universa materia homicidiorum tractatur. 1599. 1604. 1612. 1646.

2. Paul Matthias Wehner[3]), geb. zu Heldburg bei Meiningen am 24. Februar 1583, Sohn des dortigen herzoglichen Amtmanns, besuchte nach sorgfältiger häuslicher Erziehung die Schule zu Koburg und studirte Jurisprudenz in Jena, Ingolstadt, Altdorf, Straßburg und Basel. Er durchreiste Italien und Frankreich und ward in Orleans nach längerem Aufenthalt am 15. Januar 1605 zum Doctor promovirt. An diese „peregrinatio academica" schloß sich eine Zeit praktischer Uebung am Reichskammergericht in Speier, wo sich namentlich der gelehrte und vielerfahrene Assessor Peter Denaisius seiner annahm. Dann ließ er sich in Kitzingen nieder und betrieb eine ausgedehnte Praxis als Advocat und Consulent, diente Fürsten und Herren

---

1) A. d. B. 1, 710 (Steffenhagen).

2) Näheres s. bei Stintzing, Gesch. d. popul. Literatur S. 278 f. A. d. B. 1, 710.

3) Leben des berühmten JCti P. M. Wehner, beschrieben von M. Chr. Ernsten, mit Anmerkungen und einer Vorrede versehen von Verono Francken. Nürnberg 1735. 8°. Danach Niceron-Rambach 19, 66 ff. Fahnenberg, Lit. des R.G. S. 74 ff.

(Brandenburg-Onolzbach, Castell und Limburg, Braunschweig, Leiningen) als „Rath von Haus aus" und ward 1610 während eines Aufenthalts in Prag von Kaiser Rudolf II. zum Pfalzgrafen ernannt. Mit Goldast, Hortleder und M. Freher stand er in freundschaftlichem Briefwechsel; er war namentlich dem Erstgenannten bei seinen Sammlungen behülflich. Neben der Praxis, die ihn zu so vielen Reisen nöthigte, daß er einmal (3. April 1611) an Goldast schreibt, er sei innerhalb 10 Monaten nur 30 Tage zu Hause gewesen, war er eifrig mit literarischen Arbeiten beschäftigt. Diese bewegen sich durchaus auf dem praktischen Gebiet: seinen Standpunkt in der Jurisprudenz bekennt er (Tractatus de modo appellandi. Epist. dedicatoria) mit den Worten: „Non antiquae fabulae discendae aut illud siendum quod inutile, perperam positum et abrogatum — Quid enim aliud est jurisprudentia nostra, si usu destituitur nec ad praxin et negotia quotidiana recte accommodatur, quam campana sive pistillo? Tolle usum, quid poterit scientia!"

Den Anstrengungen seines Berufs und eifrigen Arbeit war seine zarte Constitution nicht gewachsen. Vergeblich suchte er Kräftigung im Schwalbacher Bade: er starb, ehe er das 30. Lebensjahr vollendet hatte, am 24. December 1612.

Sein bedeutendstes Werk ist

Practicarum juris observationum selectarum liber singularis. Francof. 1608. 4°.

Es wurde so günstig aufgenommen, daß der Verleger Schönwetter schon 1609 an eine neue Auflage denken mußte und den Verfasser bat, es um das Vierfache zu vermehren. Wehner war damit beschäftigt, als er starb. Neue Auflagen erschienen 1624. 1661. 1674. Schilter gab das Werk mit Zusätzen 1701 heraus; letzte Ausgabe 1735. fol. Es ist als Vorbild des Besold'schen Thesaurus zu betrachten. In alphabetischer Ordnung sind deutsche Wörter, welche auf das Rechtsleben, gerichtliche Verfahren und die ökonomischen Verhältnisse Bezug haben, erklärt. Manche an das Wort geknüpfte „Observationes“ sind ausführliche Abhandlungen. So ist z. B. zum Worte „Goldgulden“ das Münzwesen umständlich erörtert. Unter „Güterwürdigung, taxa bonorum immobilium“ wird in acht Titeln das Schätzungsverfahren besprochen und der gemeine Preis beweglicher und unbeweglicher Sachen im „vogtländischen Kreis“ mitgetheilt. Bei „Justizwesen, de litibus abbreviandis, Justitia“ findet sich eine lange Abhandlung über die Schäden und Verbesserung des Justizwesens, in welche fünf „consultationes“ (Gutachten) verschiedener Verfasser aufgenommen sind. Auch die Mißbräuche der Hexenprocesse sind darin besprochen. Zum Worte „Matrikel“ ist die Reichsmatrikel mitgetheilt. Bei dem Worte „Vogt“ findet sich eine längere Erörterung der buntscheckigen deutschen Gerichtsverfassung.

Die Stichwörter sind, wie gesagt, deutsch; auch in der Erörterung überwiegt die deutsche Sprache, aber es sind nicht nur längere lateinische Ausführungen eingeschoben, sondern der Autor geht häufig ohne weiteres von einer Sprache in die andere über. Das Ganze macht den Eindruck einer massenhaft gehäuften, schlecht disponirten und nur flüchtig durchgearbeiteten Materialiensammlung, die aber durch ihre Reichhaltigkeit Werth hat und sich lange in Ansehen erhielt.

Zu Adr. Gylmanni Symphoremata supplicationum T. 1—6. 1601—1608. fol. hat Wehner den 6. Band geliefert, welcher „de modo appellandi in Camera Imper.“ handelt. Es sind darin namentlich auch die älteren privilegia de non appellando besprochen.

Tractat von Veränderungen, Untergang und Verwandlung der Regimenten. Gießen 1610. 8° (1632. 1665).

Alte und erneuerte Ordnung und Reformation des — keyserlichen Hoffgerichts zu Rotweil, cum notis et observationibus P. M. Wehneri. Frankf. 1610. fol.

Consilia Franconica. Francof. 1615. fol.

Eine Sammlung von 110 Consilien, deren Herausgabe Wehner vorbereitet hatte, ohne jedoch die letzte Hand an die Redaction zu legen. Die Summarien und Register sind von einem Ungenannten hinzugefügt. Die Sprache ist die deutsche, nach damaligem Gebrauch mit lateinischen Sätzen untermischt.

3. Johann Dauth[1]), geb. in Ochsenfurt 1544, studirte in Leipzig erst Theologie, dann Jurisprudenz, trat zur evangelischen Confession über, 1564 Magister, 1574 Syndicus der Stadt Braunschweig, 1577 (?) in Leipzig promovirt. 1584 legt er sein Amt nieder und zieht sich nach Nordhausen ins Privatleben zurück. 1588 folgt er einer Berufung nach Leipzig als Professor und Beisitzer des Oberhofgerichts, geht 1591 als Syndicus nach Magdeburg, wo er 1621 stirbt.

Tractatus de testamentis duplex unus methodicus, alter interpretationem legum praecipuarum. Lips. 1594. 1611. fol.

Ein seiner Zeit sehr geschätztes gründliches Werk. Das erste Stück ist nach der Methodus causarum disponirt.

4. Kaspar Schieferdecker[2]) (Schifordegherus) mit dem Beinamen von Wilkaw, der Sohn eines angesehenen, aus Sachsen stammenden Beamten, ist 1583 in Breslau geboren. Seine juristischen Studien machte er in Frankfurt a. O. und Tübingen. Die Schriften Anton Faber's, welche im Beginn des 17. Jahrhunderts bei Gelehrten und Praktikern Aufsehen erregten und durch ihre scharfe Polemik zu Widerspruch reizten, fanden in ihm einen begeisterten Verehrer. Zu seiner weiteren Ausbildung ging er (um 1607) nach Frankreich und suchte dann Anton Faber, mit dem er schon früher in Briefwechsel getreten war, in Annecy persönlich auf. Freundlich empfangen verweilte er dort längere Zeit, um ihm das Manuscript seines Werks Ad Ant. Fabrum lib. 1. 2 vorzulegen. Das Widmungsschreiben ist Necii Allobrogum XI Kal. Nov. 1608 datirt, Faber's dankende und anerkennende Antwort X Kal. Mart. 1609.

---

1) Jugler 4, 76 f.; 6, 372 f. A. d. B. 4, 775 f. (Steffenhagen).

2) M. Hanke, Vitae Silesiorum eruditorum. Handschriftlich auf der Stadtbibliothek in Breslau. Vgl. Gundling, Otia 1, 227 f. Jöcher. Witten, Diarium ad annum 1631.

Nach einer Reise durch Italien kehrte Schieferdecker heim. Jenes Werk erschien 1610 mit einer Feriis Archang. 1609 aus Breslau datirten Vorrede. Bald darauf hat er sich in Schweidnitz als Advocat niedergelassen. Als Rechtsconsulent hoch angesehen und von einer vornehmen Clientel gesucht, lehnte er verschiedene ihm angetragene Stellungen, darunter die eines kaiserlichen Raths, ab. Auch die Doctorwürde, welche ihm in Frankreich angeboten sein soll, hat er nicht erworben. Als im Jahre 1629 kaiserliche Truppen Schweidnitz einnahmen, während er in Geschäften sich am kaiserlichen Hofe aufhielt, floh seine Frau mit den Kindern vor den Verfolgungen, denen die Protestanten ausgesetzt waren, nach Breslau, wo Schieferdecker nach schweren Vermögensverlusten eine neue Heimat gründete. Allein schon nach zwei Jahren, am 17. März 1631, erlag er einer tödlichen Krankheit.

Ad Ant. Fabrum lib. I. II. Opus verae jurisprudentiae per varia impedimenta nostro seculo eluctanti subsidiarium. Oppenh. 1610. fol.
Disputationum ad A. Fabrum lib. III. Francof. 1613. fol.

Es sind Erörterungen zu Faber's Errores pragmaticorum und Rationalia ad Pandectas, in denen Schieferdecker Faber's Ansichten erläutert, zum Theil corrigirt und meistens verficht.

Außerdem werden genannt

Controversiarum forensium libri II.
Consilia et responsa varia.

Handschriftlich ist erhalten

De jure regni Bohemiae haereditario.

5. **Melchior Haiminsfeld Goldast**[1]), 1576 oder 1578 zu Espen im Canton Thurgau von armen Eltern geboren, studirte Jurisprudenz in Ingolstadt (1595) unter Giphanius, in Altdorf unter Rittershusius. In der Noth, die ihn unstät von einem Ort zum andern trieb, fand er 1598 einen freigebigen Gönner an dem Rechtsgelehrten Barthol. Schobinger zu

1) Niceron-Rambach 17, 308. Bayle. Senckenberg, Gold. memoria vor den Scriptores rer. Alem. 1730. Nachträge: Senckenberg, Selecta 1, 295 s. R. v. Raumer, Gesch. d. germ. Philologie S. 52 f. A. d. B. 9, 327 ff. (Gonzenbach).

St. Gallen, der mit ihm die Begeisterung für das deutsche Alterthum theilte und ihn bis zu seinem Tode (1604) während seines Aufenthalts in Bern, Genf, Lausanne unterstützte. Nach mehrfachem Wechseln des Orts und der Stellung ließ sich Goldast 1606 in Frankfurt a. M. nieder und begründete hier, mit einer Frankfurterin verheirathet, eine Art von Heimat, so weit es seinem unruhigen Wesen, in stätem Kampfe mit äußerer Noth, überhaupt beschieden war, heimisch zu werden. 1611 ward er an den Hof nach Weimar berufen, während Hortleder in Jena lebte. Er kehrte nach Frankfurt zurück, ging 1615 als Geheimer Rath des Grafen von Schaumburg nach Bückeburg. Vor den Drangsalen des Kriegs 1624 nach Bremen geflüchtet, ließ er dort seine große, auserlesene Bibliothek in sicheren Händen, als er 1625 abermals nach Frankfurt zurückkehrte. Im Jahre 1627 ward er kaiserlicher und kurfürstlich trierischer Rath, trat endlich in den Dienst des Landgrafen von Hessen und starb in Gießen 1635. Die Stadt Bremen kaufte von seinen Erben die noch in ihren Mauern zurückgebliebene Bibliothek, mußte sich aber leider dazu verstehen, viele der werthvollsten Codices später der Königin Christine von Schweden zu überlassen, durch die davon Manches in die Vaticana gerathen sein soll.

Goldast ist ein unermüdlicher Sammler und Herausgeber auf den verschiedensten Gebieten, dem seine großen Verdienste bleiben, wenn auch die Gewissenhaftigkeit nicht immer seinem Sammeltriebe das Gleichgewicht gehalten zu haben scheint[1]).

---

1) Wahrheitsliebe wird ihm nicht nur von seinem Gegner, dem Jesuiten Gretser († 1625), sondern auch von H. Conring (de orig. jur. German. p. 27 s.) abgesprochen. Auch Senckenberg bezweifelt G.'s Zuverlässigkeit, und wenn in neuester Zeit eine Ehrenrettung für ihn versucht worden ist, so muß doch u. A. an das apokryphe Schriftstück erinnert werden, welches G. (Reichssatzung 1609 S. 166—180) als „Reformation Friedrich's III. a. 1441" abdruckt, obgleich M. Freher, der es im Jahre 1607 mitgetheilt hatte, ihn noch in demselben Jahre vor der Publication warnte: „nil est authenticum!" es sei ein „somnium", eine „meditatio privata sine nomine, die et consule". Epist. ad Goldastum p. 166. 200. 205. Vgl. Stobbe 2, 52 f.

Wir erinnern nur an seine historischen Werke, seine Leistungen für altdeutsche Sprache und Literatur, in denen vornehmlich sein Ruhm begründet liegt. Für die Jurisprudenz hat er durch originale Arbeiten wenig, desto mehr durch Edition und Sammlung geleistet[1]).

Mit M. Freher (oben S. 680) stand Goldast in lebhaftem brieflichen Verkehr. Ihrem mit Schobinger vereinten Bemühen ist es zu verdanken, daß die mittelhochdeutsche Lyrik durch die kostbare Liederhandschrift, die Freher auf dem Stammschlosse des Freiherrn von Hohensax am Bodensee gefunden, wieder bekannt wurde. Bruchstücke wurden veröffentlicht, und wenn es auch zunächst das rechtshistorische Interesse war, was sie fesselte, so gewinnt doch auch die Freude an der Dichtung bei ihnen Raum. Durch sie erwarb Kurfürst Friedrich IV. den kostbaren Schatz für die Heidelberger Bibliothek, deren Schicksal er theilte, um endlich eine der größten Zierden der Pariser Bibliothek zu werden.

6. Matthias Berlich[1]), am 9. October 1586 in Stöhlen bei Weißenfels geboren, besuchte die Schule in Naumburg, die Universitäten Jena und Marburg, ward hier 1610 zum Doctor juris promovirt und ließ sich 1611 in Leipzig nieder, wo er bis zu seinem Tode (am 8. August 1638) als vielgesuchter

1) Nach dem St. Galler Codex gab er heraus Dosithei mag. liber III. 1601. 8°. (Böcking, Dosithei liber III. Bonnae 1832. 8°. Praef. p. IX. XXIII.) Wichtiger sind seine Sammlungen für das deutsche Staatsrecht:

Imperatorum, regum et electorum S. R. J. statuta et rescripta. Francof. 1607. fol.

Imperiales recessus constitutiones etc. Hano. 1607. fol.

Reichshandlungen und Reichssatzungen. 2 Bde. Hanau 1609. fol.

Collectio consuetudinum et legum imperial. Francof. 1613. fol.

Politische Reichshändel. Frankf. 1614. fol.

Politica imperialia. Francof. 1614. fol. — eine systematisch geordnete Sammlung staatsrechtlicher und politischer Abhandlungen, welche bis in das 14. Jahrhundert zurückreichen.

2) Jugler 2, 131 f. Wächter, Gemeines Recht S. 102 ff. Hälschner, das preuß. Strafrecht 1, 127 f. de Wal, Beiträge S. 89. A. d. B. 2, 405 (Stintzing).

Rechtsanwalt und Consulent beschäftigt war, und daneben juristische Vorlesungen hielt, ohne Mitglied der Universität zu sein.

Er ist einer der bedeutendsten Praktiker seiner Zeit, der durch seine Schriften, in denen er das gemeine Recht mit der sächsischen Gesetzgebung und Praxis zu einer Einheit verarbeitet, ein Vorgänger Ben. Carpzow's wurde. Daher entstand unter den sächsischen Juristen später das Sprichwort: „Nisi Berlichius berlichizasset, Carpzovius non carpzoviasset.“

Conclusiones practicabiles secundum D. Augusti constitutiones Saxonicas. Lips. 1615—19. 5 vol. 4°.

Neue Auflage der drei ersten Bände 1619. Neue Bearbeitung: 1628. 5 vol. fol. Nach des Verfassers Tode noch neunmal bis zum Jahre 1739. Die Polemik gegen die Schönwetter'sche Ausgabe der Consultationes Saxonicae (s. oben S. 555 f.) ist zum Theil durch das commercielle Interesse seines Schwiegervaters, des Leipziger Buchhändlers Henning Grosse, motivirt. Ueber die Bedeutung der criminalistischen Theile ist oben S. 639 f. gesprochen.

Decisiones. Lips. 1625. 4°. Lips. 1638. 2 vol. 4°.

Unter dem Titel Decisiones aureae. 1656. 4°. 3. Theil 1668. 4° von M. Z. Cramer besorgt und Leipzig 1699 mit Decisionen Kaspar Ziegler's.

7. Ludwig Gilhausen[1]), dessen Geburtsort und Geburtsjahr nicht sicher bekannt ist, wurde 1577 in Marburg immatriculirt, später zum Doctor promovirt, Advocat zu Friedberg in der Wetterau, Richter in Butzbach in Lich, Geheimer Rath des Grafen zu Solms. Hermann Vultejus war sein Schwager. Sein Todesjahr ist unbekannt, scheint aber nach 1642 zu fallen.

Commentarius in Tit. D. de injuriis. Jenae 1602. fol.

Arbor judiciaria civilis secundum augustissimum camerale jus atque Saxonicum. Francof. 1604. 1612. 1621. Colon. 1620. fol.

Unter dem Titel Processus absolutissimus tam civilis quam criminalis. Francof. 1626. 1642. 1662. 1694. fol. mit dem Criminalprocesse vermehrt.

Arbor judiciaria criminalis. Francof. 1606. Colon. 1642. fol.

Viridarium juridicum s. Flores utriusque juris. Jenae 1610. 1624.

---

1) A. d. B. 9, 171 ff. (H. Müller). Vgl. oben S. 636.

8. Friedrich Lindenbrog[1]), der Sohn des durch seine Ausgabe des Adam von Bremen bekannten Notars Ergold Lindenbrog, ist 1575 in Hamburg geboren. Er hat seine Studien seit 1594 in Leiden gemacht, dann England und Frankreich durchreist, war in Paris 6 Jahre lang Hofmeister der Söhne des Kanzlers Calignan. Nachdem er 1608 in Basel zum Licentiaten (1624 Doctor) promovirt war, ließ er sich in seiner Vaterstadt nieder, wo er 1648 als angesehener Rechtsconsulent gestorben ist. Als Kenner des classischen Alterthums in regem Verkehr mit Pithöus in Paris, mit Scaliger[2]) und Casaubonus, machte er sich bekannt durch Herausgabe classischer Autoren, wendete seinen Fleiß aber mit Vorliebe den Quellen der älteren deutschen Geschichte und ihren Rechtsdenkmälern zu[3]). Sein Codex legum antiquarum ist bis ins 19. Jahrhundert die bedeutendste Sammlung (neben der des Baluzius. Paris 1687. fol.) der sog. leges Barbarorum und Formeln geblieben.

1) Moller, Cimbria literata 1, 343 s.

2) Der ihn übrigens trotz des brieflichen Verkehrs „un fat et plagiaire" nennt. J. Bernays, Scaliger S. 70. 187.

3) Vgl. R. v. Raumer, Gesch. d. d. Philologie S. 46 ff. Stobbe 1, 10 f. 29. Für die Jurisprudenz kommen vor allem in Betracht

Liber legis Salicae. Glossarium s. interpretatio rerum et verborum etc. Ex bibliotheca Fr. Pitoei. Paris 1602. 8°. Der vorgedruckte Brief giebt L. als Herausgeber zu erkennen.

Codex legum antiquarum, in quo continentur etc. Et glossarium s. interpretatio rerum vocumque difficilium et obscuriorum. Ex bibliotheca Frid. Lindenbrogii. Francof. 1613. fol.

# Verzeichniß
## der angeführten und besprochenen Schriften.

# Namen- und Sachregister.

## Berichtigungen:

S. 11 Z. 9 v. o. wie es sagt, lies: wie er sagt
S. 100 Z. 19 v. o. Carticucula, lies: Cantiuncula
S. 155 Z. 9 v. o. Cambray, lies: Chambery
S. 189 A. Z. 2 v. u. Obsopolus, lies: Obsopöus
S. 589 Z. 4 v. u. geb. 1582, lies: geb. 1482
S. 736 Z. 18 v. o. Berlich [1]), lies: Berlich [2])

www.ingramcontent.com/pod-product-compliance
Lightning Source LLC
LaVergne TN
LVHW090736081026
849558LV00079B/89